自然観の民俗学

生活世界の分類と命名

安室　知〈著〉
Yasumuro Satoru

慶友社

自然観の民俗学　目　次

Ⅱ 空間の民俗分類

Ⅲ　気象の民俗分類

まえがき――自然観への接近法――

一　自然と自然観――生活世界からの発想――

1　自然と文化

本書はフィールドワークから惹起される小さな疑問から出発している。「自然」とは何か。それは民俗学において生業研究をおこなってきた筆者にとっては、たえず頭のどこかに引っかかってきた問題である。そして、それは同時に「文化」とは何なのかという問題とも重なる。文化の定義については諸説あるが、いちおう筆者は以下のように考えている。文化とは、人が個人的また社会的な生活を送る上で必要な知恵・技術や情感・行動のうち、遺伝的に獲得されたもの以外のすべてを指す。文化は自然の対義語とされることが多いが、その文化から自然を規定することはできないか。

逆説的な言い方をするなら、人が文化とするもの以外はすべて自然ということになる。自然は形あるものもあれば、観念として想起されるものもある。そうなると、そもそも文化とは自然と対立するものなのか、という疑問に突き当たってしまう。むしろ民俗学がフィールドとする生活世界においては自然と文化は対立するものというよりは、さまざまに関係し合うものであり、相互浸透的な存在であるといった方がよい。

地域に暮らす人びとへの聞き取り調査により捕捉可能な自然は、いつも文化との連続性の中にある。少なくとも、暮らしや生業と切り離され、対置されるような関係として語られることはない。民俗学の手法で知り得る生活世界においては、「自然」はまさに「文化」そのものである。本書は、そうした発想のもとにまとめたものである。

フランスの地理学者オギュスタン・ベルクも指摘するように、人間は文化というメタファによってしか自然を知ることができない。自然と文化は「偶発的かつ規定的という抜き難い関係」にあるからである（オギュスタン、一九八八）。

同様に、生態人類学者の松井健も、抽象的で相対的な概念とされる文化に対して自然とは実態概念であり普遍的なものという考え方を批判して、自然の概念は「自然という記号によって喚起されるイメージ」にすぎず、「必然的に文化的なもの」であることを主張する（松井、一九九七）。

そうしたとき、技術は文化と自然とを結ぶ回路として重要な役目を果たす。文化人類学者の川田順造は、自然と文化をつなぐものとして身体技法に注目し、「道具の人間化」「道具の脱人間化」「人間の道具化」という三つの指向性があることを説く（川田、二〇〇八）。このことは自然と文化との関係は対置的ではなく、三つの指向性を有する相互浸透的なものであることを教えてくれる。

また、民俗学者の篠原徹は、自然と人間との交通手段として「生きるための技術」を捉え、それが自然観の形成と深く関わることを指摘する。そのとき、自然にかかわる技術を、「道具（機械）と身体知と自然知の総和」と定義する（篠原、二〇〇五）。こうした「生きるための技術」の中核をなすのが、本書の具体的な分析視点となる「分類」と「命名」である。

2　生活世界における自然観

これまで検討してきたように、「自然」は人の五感を通して認識されるものであり、それ自体が人間との関係を離れて自立的に孤立しては存在しない。とくに生活世界において展開する「自然」はそうである。

ただし、ここでいう生活世界とは、人が日常生活を送るなかで実際に体験し身体をもって知覚することができる世界を指しており、概念としては大きく影響を受けながらも、科学的認識の基盤となるようないわゆるフッサールの提起した哲学概念とは必ずしも一致しない。

民俗学が描き得る「自然」は、たえず人の暮らしとの関係性で語られる自然界のものすべてをいう。当然、ある地域では「自然」でも、他の地域では「自然」の範疇に入らないものもでてくる。その意味で「自然」に普遍性はない。民俗学が描く「自然」とは、人の暮らしを反映しながら、可変性をもつものとなる。言い換えるなら、自然界に存在しても、なんら生活と関係しないものは、その人にとって「自然」ではない。そのように、自然観には、個人差はもちろんのこと、民族性や地域性も存在する。また同時に、時代的な偏差もあれば、通時的にほとんど変化することのないものもある。

そのため、地域により、そこで営まれる生活のありようにより、また時代により、「意味の詰まった自然」とそうでない自然ができてくる（大槻、一九八八）。「意味の詰まった自然」は一見すると情緒的ともとれる表現であるが、生活世界における自然観のあり方を議論する上で重要な視点を提供してくれる。

自然観とは、いわば自然との付き合い方の技法、または人による自然の解釈の仕方でありその描き方であるということができよう。そのとき、もっとも基本的な自然との付き合い方となるのが、自然を分類し命名するという行為に現れる。これは従来、民俗学では民俗知識・民俗技術の分野に属する研究であり、民俗分類学や民俗自然誌とも深く関わる。

そのとき、「自然観」を抽象的な議論を通してではなく、生活世界で繰り広げられる生活の営みの具体に求めるのが本書の狙いである。生活世界において人が自然のどの部分とどのようにかかわってきたかを五感のレベルにおいて具体的に描くことで、その人、その地域、またその時代において「自然」とは何なのかを影絵のように浮かび上がらせることができる。言葉の定義を厳密化し抽象的に議論することの必要性は認めつつも、それはともすると民俗学が重視する生活の現場から遊離した議論になりがちである。

そこで、生活世界にある自然の事物や現象を取り上げ、それがいかに人に対峙するのかを時代性・地域性の中に見てゆくことにした。そのように考えてくると、実のところ民俗学はこれまで自然と人とのかかわりについて民俗知識・民俗技術という形で、相当量の研究蓄積があることに気がつく。ただし、それが自然観の表出として整理・分析されることがなかっただけである。

3　時間と自然観

日本の場合、自然観を問うとき、そこにはもはや原生自然と呼びうるものはない。それは、歴史的にみると多かれ少なかれ人為による改変を受けた自然、いわゆる「二次的自然」しか存在しないことを示す。「二次的自然」は安易に使いがちな言葉・概念ではあるが、その「二次的」とはどのような状態をいうのか、それを今一度問い直すことは、生活世界における自然観のありようを問題とするとき重要な意味をもつ。

民俗学は広義の歴史学の一方法論である。生活者の記憶の中にある伝承を手掛かりに歴史を再構成する学問と言い換えてもよい。「二次的」とされる意味のひとつはそこにある。と同時に、民俗学の時制は狭義の歴史学が使う時間軸を必ずしも重視せず、言い換えると文化事象が展開してゆくときの順序に意味を見いだし、さらに人によるその取捨選択のありようを問題とする。そのため、時の流れは一過性ではなく循環する時間という捉え方も民俗学では可能となってくる。当然そうして描かれる歴史像は狭義の歴史学とは異なったものとなる。

そうした立場に立つと、民俗学による自然観の研究は、人と自然との関係史を描くことと深く関わることになるし、それは自然の持つ歴史性を問うことにもなる。つまり、自然観の民俗学とは、人と自然とのかかわり方に法則性を見つけるか、両者の間に断絶を見るかはひとまず置くとして、生活世界の環境史研究として位置づけられよう。

生態学的視点に立つと、自然は「ひとつの精妙な系（システム）である」という考えは根強く、その系はたえず変動していても恒常的な状態を保っているとされる（吉良、一九七一）。自然がそうした精妙な系をなすにあたって文化は時に破壊的にまた時に共生的に関与してくる。そのことは、反対から視ると、自然との係わりにおいて、文化は系（システム）として捉えることが可能であることを示している。そうした自然との係わり方から視たとき鮮明となる文化の体系性のひとつに「分類」と「命名」があり、そこに注目するのが本書の特徴である。

たとえ生活世界に形成される自然観であっても、自然物の分類と命名から描こうとする以上、当然のことではあるがその分析には生物分類学の考え方は有効である。むしろ、生物分類学それ自体も生活世界を無視しては成り立たないというべきである。

進化学者の三中信宏は現象世界を分類学の立場から眺める視点として、「共時的な多様性」と「継時的な可変性」があることを指摘する。共時的な多様性とは同一時空間の中でのさまざまな姿形をいい、継時的な可変性とは異なる時空を貫くようにしてある姿形の変化をいう（三中、二〇〇九）。

歴史の積み重ねとしてある生活世界においては分類と命名もまさに二つの視点が同時に存在する。基本的には、本書では共時的な多様性を問題としつつ、それは同時に歴史的継続性もはらむことになる。

当然、本書で問う自然観も、過去に遡って解釈するばかりではなく、現代につながるものとして捉えられなくてはならない。これまでの民俗学はともすると、「かつての日本人が持っていた（今は失われた）豊かな自然知」を描こうとしていたが、歴史展開の一プロセスとしてならそうしたことはいえるかもしれないが、それをもって日本人の自然観とするのは誤りである。当たり前のことではあるが、自然観は生活世界においては現在に至る歴史的継続性を持つものであるということを強調しておきたい。

二　生活世界の分類と命名―三つの視角―

1 分類と命名

分類と命名は生活世界においてはまさに「生きるための技術」として機能する。ひと言でいえば、本書は、生きるために人はいかに自然を利用してきたか、その技法と特性を、自然認識のあり方から探るものである。具体的には、民俗学の手法を用いることで生活者の視点に立ち、自然利用に伴う分類と命名の行為に注目する。

自然を生業に利用しようとするとき、丸ごとの自然はとても人の手に負えるものではない。人が扱える状態にまで自然を馴化させる必要がある。自然の一部を切り取ってきたり、また自然の力をそいだりしながら、やっと人が利用可能な状態にできる。それは農耕や漁撈・狩猟といった自然に寄り添い、その力を借りることで成り立つ生業において顕著である。海や山でのくらしには、自然を分節化し利用するための民俗技術が発達している。それは海村や山村においては生活文化体系の骨格をなすものである。

また一方で、都市生活のなかにもそうした自然とうまく付き合うための民俗技術は存在する。それは、自然を馴化させるためのものであるとともに、さらに人為度を高め、さまざまな人工物を自然に見立てるような人為的自然の指向性もみられるようになる。

分類と命名は、自然を分節化し利用するためのもっとも基本的な技術ということができる。自然の一部を切り取り、分類しさらに命名することで、人ははじめて自然を利用することができるが、それはその地域またその民族における自然観を如実に示すものとなる。

自然利用に関していうと、分類と命名は単に言葉や形だけの問題ではなく、生活文化全般と深く関わっている。そのため、本書では、①生物、②空間、③気象の三部に分けて、その分類と命名の体系を明らかにし、それが地域で暮らしてゆく上でどのような意味を持つのかを検討した。

具体的には、①生物の場合、ヒツジ（哺乳類）、ブリ（魚類）、アワビ（貝類）、ハチ（昆虫類）を取り上げた。また、②空間の場合には、海村（民俗空間）、磯根（海底地形）、盆地（陸上地形）、溜池（人工地形）といった海・山・里・町の生活空間をさまざまなレベルで取り上げている。さらに、③気象の場合には、風を中心に雨や雪といった自然現象に注目している。どれも具体的な地域および時間を設定し、フィールドデータをもとに考察することにつとめた。

2　生物・空間・気象

自然観を分類と命名のあり方から探ろうとするとき、なぜ生物・空間・気象という三つの視角から論じようとしたのか説明しておく必要があろう。民俗学は日常の生活から問題を発見する学問である。通常、特定の社会的大事件や歴史上の重要人物を通して課題を設定することはない。

そうしたとき、当たり前の暮らしの中で、自然観が表出する場面として、上記の三要素についてはもっとも多くの民俗知識のデータが集積されている。当然、それに対応する民俗技術の記述も多様性に富んでいる。それだけ生活者にとって関心が高いことであるといってよいし、翻って考えれば、それは民俗学的にみれば当たり前の生活を構成する三つの重要な要素であるということもできよう。

また、上記の三要素は単に民俗知識の対象として設定されるだけでなく、具体的には以下に述べるが、三者の間には位相を異にする視点が存在する。①生物は食物や趣味といった暮らしを成り立たせるための「対象」となり、②空間は生活の「場」、そして③気象はそのときどきの「状況」を示している。こうした視点の違いが生み出す位相差がいわば自然観を語るとき立体的で構造的な分析を可能にしてくれる。

①生物であれば、人にとって危険か、食物となりえるか、家畜化は可能か、商品価値はあるかなど、分類し命名するための指標が数多く存在する。どの指標に意味を持たせるかは、その地域その時代また民族性といったものが大きく関わってくる。とくに動植物については、栽培化・家畜化・養殖化といったドメスティケーション（セミ・ドメスティケーション段階も含む）が、新たな成長段階名を生み出すなど、分類と命名の体系に大きな影響を与えている（Ⅰ―一・三・四章）。また、同様に現代社会においては、流通段階における市場名と小売り段階における商品名の果たす役割はますますその重要性を増すことになる。たとえば、ブランド名のように、商品としての価値が新たな分類概念や命名の体系を生み出す契機になるなど、市場名・商品名は分類・命名のありかたに近年大きな変化をもたらしている（Ⅰ―一・二章）。

②空間に関しては、集落や盆地といった一種の伝承基盤となりえる生活の場に注目し、人が生活する上でさまざまになされる空間への意味づけを、民俗空間構造や民俗世界観として取り上げた（Ⅱ―一・五章）。また、海底の微地形に関して、それをいかにして生業空間として利用するか、ネ（根）と呼ぶ漁場の命名法とともに、海底という不可視空間を可視化する技術であるヤマアテに注目して検討している（Ⅱ―二・三章）。さらには、溜池という稲作のための人工地形を取り上げて、その名称が文字に頼ることのない、一種の記憶装置として機能していることにも注目している（Ⅱ―四章）。こうした分類と命名により想起される記憶の中の歴史は、住民が生活をおくる上で不文律として存在し、重要な役割を果たしていることも多い。

③気象に関しては、生活や生業が営まれる前提であり状況を示すものである。自然利用の技術は、いつも伝承的な民俗技術でだけ成り立つものではなく、その時々、人はさまざまな機会をとらえて科学的知見をそこに取り入れてきた。むしろ自然利用の民俗技術自体が、ときに科学的知見とトレードオフし、またときには融合しながら伝承されてゆくと考えるべきである。自然利用の民俗技術について、科学的知見とのトレードオフの関係について、本書ではた

とえば風に基づく天気予測（在来知）と気象庁発表の天気図（科学知）との関係を例にして論じ、科学的知見の民俗技術化の実態について検討している（Ⅲ─一・二・四・五章）。また、観天望気について、農と漁を対比し、「意味の詰まった自然」として農においては雨（雪）、漁においては風がそれぞれ重要な意味を持っていることを検証した（Ⅲ─三章）。

引用参考文献

大槻恵美　一九八八「現代の自然」『季刊人類学』一九─四

オギュスタン・ベルク（篠田勝英訳）一九八八『風土の日本─自然と文化の通態─』筑摩書房

川田順造　二〇〇八『もうひとつの日本への旅』中央公論新社

吉良竜夫　一九七一『生態学からみた自然』河出書房新社

篠原　徹　二〇〇五『自然を生きる技術─暮らしの民俗自然誌─』吉川弘文館

松井　健　一九九七『自然の文化人類学』東京大学出版会

三中信宏　二〇〇九『分類思考の世界』講談社

I

生物の民俗分類

一章　出世魚の民俗分類学
——ブリの分類と命名——

一　はじめに

「方言学者の手に成る大部分の研究資料は魚種の認定が困難なる場合が多く、殆ど全部割愛してしまった。」

（渋沢、一九四二）

こう言って、魚名の研究を主導したのは渋沢敬三である。当時の様子を知る河岡武春によると、民俗語彙による研究についても渋沢の扱いは同様であったという（河岡、一九七九）。渋沢が魚名の収集整理を始めたのは一九三六年だとされる（二野瓶、一九九二）が、それは柳田国男の論文「蝸牛考」（柳田、一九二七）が発表されてから一〇年後、単行本の『蝸牛考』（柳田、一九三〇［一九四三］）が出版されて七年後のことである。

渋沢敬三は人のくらしや民俗を知ろうとするとき、まずモノはモノとして理解した。そして、その上で言葉とモノとの関係を説こうとした。それに対して、柳田国男はまず言葉があり、それにモノを従属させようとした。先の言葉は、そうした柳田民俗学に対して呈した渋沢の直截な疑問である。

伝承（言葉）への注目は、柳田も渋沢も変わらない。しかし、渋沢は民具に強い関心を示したことをみても理解されるように、言葉とともにそれが意味する実体に強い関心を持っていた。それは、両者の場合、動物名彙の研究に対する根本的な態度の違いとして現れてくる。つまり、当初大学で動物学を志した渋沢ならではの同定（identification）

へのこだわりである（渋沢、一九四二・一九四四）。その違いは、柳田の「蝸牛考」と渋沢の「日本魚名の研究」に象徴的に現れてくる。

両者の違いを際立たせるのが「同名異種」への対応である。これは実体と言葉との齟齬に対する態度と言い換えることができる。言葉に絶対の信頼を置きそこから出発する柳田の民俗学と、言葉に対してその実体とのずれを問題にする渋沢の違いである。

渋沢は同名異種にこだわったのに対して、柳田はそれには無頓着であった。むしろ柳田は同種であるかどうかの同定作業を経ることなく、「異名同種」を前提にして、民俗学理論としての周圏論の完成を急いだ。(1) この問題は別稿において改めて論じることとして、ここでは渋沢の魚名研究における基本的なスタンスを確認するにとどめたい。

本論の最終的な目的は、日本人の自然観を「分類」「命名」という行為を通して歴史的に明らかにすることにある。その時、具体的な手がかりとしたのが魚名である。そのため、本論のひとまずの目的は、魚名が現代社会においてどのような意味を持つのかを考察することにある。とくに成長段階名に注目することで、なぜそうしたものが必要とされたのか、またそれはどのように変化しつつ現在に至っているのかをみてゆくことにする。

二　魚名の研究史

1　魚名をめぐって

人は動物をいかに認識するか。また、そうした認識のあり方は、人と動物との関係性のなかでどのような意味を持つのか。これは、すぐれて文化的なテーマである。人が動物を眺めるとき、その眼差しは多様である。そのなかでも、分類と命名のあり方は、もっともストレートに、人が動物をいかに認識してきたかを表すことになる。

魚に限っていうなら、日本では研究対象として、その分類と命名に本格的に注目したのは渋沢敬三が初めてといってよい。渋沢は、日本漁業史を明らかにするための三つの手がかりの一つに魚名研究を挙げている(2)（渋沢、一九五九）。つまり渋沢にとって魚名の研究は漁業史を明らかにするためのプロセスであるといってよい。

そうした歴史究明の目的を持った渋沢には、魚名研究においていくつかの前提があった。まず、魚名は他の動植物に比べると外来語が少なく「古来からの日本語」で示されるとする。また、魚名を「人と魚との交渉の結果成立した社会的所産」と位置づけ、「時と所と人とにより多くの場合複雑なる変化を示す」とした。そして、魚食の長い伝統がある日本には魚をめぐる豊かな文化があり、それは魚の多様な分類・命名に象徴されるとする（渋沢、一九五九）。

漁業史を明らかにするという渋沢の敷いた魚名研究の路線は現在でもほとんど変わっていない。そのため、これまでの研究では魚名は過去の文化遺産として、「自然に対する豊かな漁民の知識」「豊かな漁撈文化の所産」を示し、とくに成長段階名は段階を踏むことから「自然に対する体系的理解の典型」として紹介されることが多かった。こうした所与の前提が、魚名は現在でも変化し続けているという当たり前のことから研究者の目を遠ざけることになる。つまり魚名を過去の文化遺産の中に閉じ込めたがため、今を生きる人びとの現在的課題として魚名が研究されることはなかったのである。

そして、渋沢の推し進めた研究は、具体的な研究成果として、まずは全国に分布する魚名を集成すること、そして集めた魚名を漁業史解明を目的に歴史を遡り考察することに主眼が置かれていた。魚名を社会的所産とする渋沢の着眼点は先駆的であり、かつ明確な目的設定のもと進められたものであったが、そのことがかえって後の魚名研究を強く規定することになった。こうして、魚名研究の多くは漠然とした過去に時を設定しつつ地域的な差異にばかり注目するものとなっていった。

その結果、実際には時流が魚名に影響を与えているにもかかわらず、そうした事実は見過ごされてきた。「蝸牛考」

の評価をみても分かるように、時間差と地域差を同時に扱うことの難しさがその一因としてあげられるが、市場の戦略や技術革新また流通業の発達といった魚名に影響を与える時間差の概念および現在に至る歴史プロセスへの関心が魚名研究には欠けていたといわざるをえない。

2　成長段階名をめぐって

魚類の中には、成長の段階で複数の名称を持つものがいる。ブリやボラ、スズキなどがその典型で、『日本魚名の研究』によれば、日本において成長段階名を持つ魚は八二種ある。こうした成長段階名を持つのは、動植物の中では魚類が圧倒的に多い（渋沢、一九五九）。つまり、成長段階名とは、日本人と動植物との関わりを見るとき、魚類が有するひとつの大きな特徴といってよい。

渋沢敬三は魚類の成長段階名が成立する生物学的背景として、「魚類の移動性と隠顕」、「幼魚の棲息場所」、「魚類出現の季節的変化」の三点を上げるとともに、その経済的要因として、成長段階ごとに商品となりえること、成長段階ごとに相当量の漁獲があること、各成長段階の出現時期に季節的変化があることの三点に注目している（渋沢、一九五九）。このように生物学的背景とともに経済的な要因に注目した点は、当然のことではあるが命名という行為が経済性を反映したすぐれて文化的なものであることをあらためて教えてくれる。

ただし、成長段階名における経済的側面については指摘されるにとどまり、それが研究として深められることはなかった。また、その後、渋沢の先駆的な魚名研究の視角は歴史学や民俗学に引き継がれることはなかった。そうした中、渋沢の研究視角を継承し、魚名研究を深化させたのが皮肉にも「方言学の資料は使えない」と渋沢に否定された言語学分野であった。

たとえば、室山敏昭は鳥取県の一小漁村を取り上げて、そこにおける成長段階名について言語学的な考察を加えている（室山、一九七七）。それによると、成長段階名が成立する要因として、成長に応じて魚体が急激に大きくなること、成長の各段階がそれぞれ美味で人々の要求があること、成長段階のそれぞれが漁獲の対象となること、歴史的にみて長期にわたる漁獲がなされることの四点を挙げている。そのとき注目されるのは、調査対象地において成長段階名を持つ魚類は歴史的にも経済的にも当地において中心的な漁獲技術である地引き網漁の主要な漁獲対象であることを明らかにした点である。この点も、渋沢の指摘と同様に、魚類における成長段階名の成立が経済的要因に大きく左右されることを明らかにしている。

また、川本栄一郎は、渋沢や室山が魚名をおもに沿岸部でしか見なかったのに対して、青森県や富山県という限られた範囲ではあるが内陸地でのブリの成長段階名を調査している（川本、一九八二・一九八九）。これは、渋沢や室山が漁業者の視点からしか魚名を見なかったのに対して、川本は魚を消費する側からも調査することで魚名研究を深化させた。

そうした中、二〇〇〇年代になりやっと、渋沢や室山が指摘し川本が先鞭をつけた成長段階名における経済的側面について大きく研究は進展し、いくつかの実証的な研究がなされるようになった（中井、二〇〇五・二〇一四　安室、二〇〇三・二〇一四）。中でも言語学者の中井精一による研究は本論で注目するブリを取り上げて考察しており、現在における研究水準を示している（詳細は後述）。

三　ブリからみた日本の中の山口

1　山口県におけるブリ

山口県は地理的には本州（中国地方）と九州との接点にあり、海域としては瀬戸内海と日本海という二つの海に面

表1-1-1　ブリ類漁獲高―二〇〇六年、山口県―
（単位t）

漁法＼海域	東シナ海区（日本海岸）	瀬戸内海区
底曳網	―	一
縦曳網	○	一
船曳網	○	四
巻網	―	―
巻巾着網	二三	―
刺網	九一五	五
敷網	一	―
棒受網	一	―
五智網	―	一
定置網（大型）	一一四	―
定置網（小型）	七九	一三
延縄	五	○
釣り	九四六	五一
シイラヅケ	二一	―
その他	二一	○
（合計）	二一二六	七六

＊中四国農政局山口農政事務所「山口農林水産統計年報」より作製

している。また、経済的には、北九州や博多を中心とした福岡の商圏に含まれつつ、歴史的には関西（大阪）との関係も深い。こうした地理的、経済的な特徴がブリの成長段階名とどのように関わるのかが問題となる。

山口県ではブリを対象とする漁業は昔からおこなわれている。二〇一一年現在、長崎県（一四〇〇〇t）や鳥取県（一一〇〇〇t）、石川県（一一〇〇〇t）などに比べると漁獲高は少ないが、日本全体では主産地の一つに数えられている。また、山口県では年間約二二〇〇tを超えるブリが漁獲され、それは県内ではイワシ、アジ、サバ、イカ、タイに次ぐもので、生産額では有数の漁獲対象魚とされる。さらに、近年は大きく減少したとはいえ、年間四〇〇tほどの養殖もおこなわれている。

このとき注目すべきは、山口県の場合、ブリは漁獲量や漁法に地域的な偏りが大きい点である。山口県統計書によると、二〇〇六年の場合、山口県全体で二二〇二tの漁獲があり、そのうち東シナ海区（日本海岸）が二一二六t、瀬戸内海区が七六tとなっている。天然魚の場合、全体の約九七％が日本海岸での漁獲ということになる。それに対して、養殖魚の場合には、ハマチ養殖が始まった当初はほぼすべてが瀬戸内海側でおこなわれていた(3)。

また、漁法の場合も、地域的な偏差を見て取ることができる。山口県では、大型定置網、刺網、釣りの三漁法がブリ漁では主に用いられている。表1-1-1をみると、漁獲量は定置網が約二〇〇t、刺網が九〇〇t、釣りが九〇〇tとなっているが、瀬戸内海側ではおもに釣り漁しかおこなわれていないのに対して、日本海岸では三漁法ともおこなわれる。とくに大型のブリに特化した漁法として重要な大型定置網漁は日本海岸にしかない。こうした漁場や漁法の偏りが後に述べるように成長段階名の組成とその変遷に大きな影響を与えている。

なお、以下本論に示す山口県内のデータは統計数値以外はすべて二〇〇〇年から二〇〇一年にかけて筆者自身が現地調査したものである。山口県史編さん事業の一環として、地区漁協および地区農協において聞き取り調査を中心におこなったもので、一部は『山口県史民俗編』（山口県、二〇一〇）において公表している。

今回、山口県史のネットワークを利用して調査したところでは、県内において三段階以上の成長段階名を持つ魚類は、ブリ、マグロ、スズキ、ヒラマサ、サワラ、シイラの七種しかない。中でもブリは、もっとも広域に、またもっとも成長段階の数が多く見いだされた。それに対して、マグロやシイラは日本海岸でしか成長段階名を見いだせなかった。このほか、ほとんどの魚は成長段階名を有する地域に偏りがあった。それはそれで興味深いことではあるが、本論では県内一七地点の調査地のうち、そのほとんどに成長段階名が存在するブリに注目して考察することにする。

2　山口県におけるブリの成長段階名

ブリはスズキ目アジ科の魚類で、学名を *Seriola quinqueradiata* という。東シナ海から日本列島周辺の限られた水域にしか分布しない。北は北海道・樺太沿岸から南は台湾に至る範囲にわたって季節回遊をおこなっているが、なかには瀬付きのブリも存在する。おもに春から夏にかけては餌を求めて日本列島沿いを北上し、秋から冬にかけては成魚の場合は産卵のため南下する（原田ほか、一九六九）。

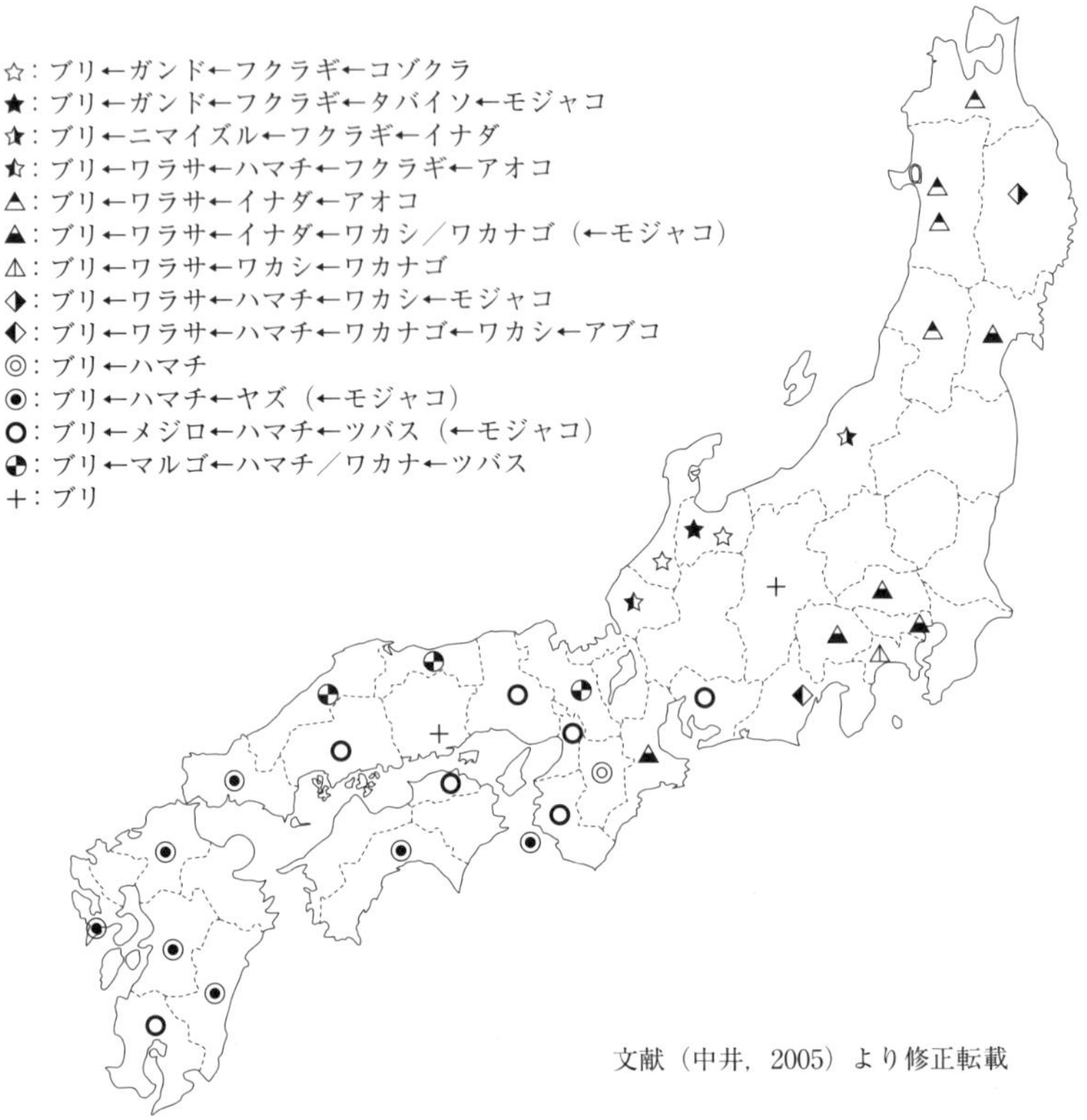

文献（中井，2005）より修正転載

図1－1－1　ブリの成長段階パターン

まず、全国的なブリの成長段階名の分布についてみてみる（図1－1－1）。従来の研究では、日本列島は大きく東日本系名称、西日本系名称、瀬戸内系名称、北陸系名称に四区分される（中井、二〇〇五）。成長段階との関わりでいうと、東日本系名称はイナダ・ワラサ、西日本系名称はヤズ・ハマチ、瀬戸内系名称はハマチ・メジロ、北陸系名称はフクラギ・ガンドをそれぞれ成長段階名として持つことに特徴がある。

これに当てはめると、山口県は西日本系名称の地域になるが、後に詳述するように、ひとくちに山口県内といっても実際には多様な成長段階名が存在し、先の地域区分でいえば西日本系名称と瀬戸内系名称が交錯する地域となっている。そうした交錯する地域に注目することで、新たに見えてくることも多く、さまざまな分析が可能となっている。

山口県の場合、日本海岸と瀬戸内海岸という異なる海域があるため、同じ大きさ（成長段階）であっても地域によって漁獲時期が異なる。ブリの場合は回遊魚なので、とくにその傾向は強い。そのため、ブリとモジャコといった各地に共通する名称がある反面、その中間にあるヤズ、ワカナ、ハマチ、メジといった成長段階は名称が異なっていても同じ大きさを示すものであったり、また同じ名称でも異なった大きさを示すものであったりする。さらにいえば、各地の成長段階パターン（成長段階名の順列組み合わせ）を見ると、成長段階名の順番が入れ替わったりするなど、魚の名称と魚体の大きさとの関係は錯綜する。当然、県内を一つの成長段階パターンで示すことはおよそ不可能である。そうしたことが、山口県という狭い領域ながら多様な成長段階名とその組み合わせを生む背景にある。

四　成長段階名からみた地域区分―地域差の視点―

1　成長段階名の組成

全国的な視野に立つと、山口県における成長段階名の組成は、「モジャコ→ヤズ→ハマチ→ブリ」というように、九州、四国と同様の傾向を示すとされる（中井、二〇〇五）。一方で、表1-1-2をもとに、もう少し詳細に山口県内を見てみると、成長段階名の組成は以下に示す六パターン（A①～C②）あることがわかる。それにより、大凡ではあるが、図1-1-2に示したごとく、山口県内を地域区分することができる。

まず、山口県は大きく沿海部（A・B地区）と内陸部（C地区）に分けられる。そして、次の段階として、沿海部は日本海岸（A地区）、瀬戸内海岸（B地区）に区分される。さらに、地域区分と成長段階名との関係を考慮しつつ、細かくみると、同じ日本海岸でも鳥取・島根と続く日本海岸（A①）と、響灘に面し北九州など福岡の大消費地へと直

表1-1-2　山口県におけるブリの成長段階名

図1-1-2 地域類型	○調査地点（山口県漁協支店名） 成長段階名（基準値）
B①	①大島町日前（日良居支店） ワカナ→メジ*→ハマチ→ブリ　＊あまりつかわない
B①	②大島町沖家室（白木支店） モジャコ（6cm未満）→ワカナ（1kg未満）→ヤズ（1-2kg）→メジ（2-3kg）→ハマチ（3-4kg）→ブリ（5kg超）
B①	③光市室積（光支店） モジャコ（5cm）→ワカナ（30cm以下）→ハマチ（1-2kg）→ツチ（3kg）→ブリ（4kg）
B①	④周南市築港町（徳山市支店）［養殖］ ワカナ（5-10cm）→ショウジンゴ（15cm）→ヤズ（20-30cm）→ハマチ（1kg）→メジ（1-4kg）→ブリ（5kg超）
B②	⑤宇部市八王寺町（宇部岬支店） ヤズ（1kg未満）→ハマチ（1-2kg）→メジ（3-4kg）→ブリ（6kg超）
B②	⑥下関市彦島（彦島支店） ヤズ（30cm）→バッチョ（2-4kg）→ブリ（5kg超）
B②	⑦下関市安岡（下関ひびき支店） ショウジンゴ（15-20cm）→ヤズ（40cm）→メジ（50cm、1.5-2kg）→ブリ（2kg超）
A②	⑧下関市豊浦町川棚（川棚支店） モジャコ（5cm）→ヤズ（40cm）→メジ（2-6kg）→ブリ（6kg超）

A②	⑨下関市豊北町矢玉（矢玉支店） 名称不詳（30cm未満）→ヤズ（2kg）→メジ（3-5kg）→ブリ（6kg超）
A②	⑩下関市豊北町特牛（特牛支店） モジャコ（5cm未満）→ヤズ（1kg）→ヤズブトリ（1kg超）→マルゴ（2-3kg）→コブリ（4-5kg）→ブリ（5kg超）
A①	⑪長門市仙崎（長門支店） モジャコ（5-6cm）→ショウジンゴ（20cm）→ワカナ（0.6-1.5kg）→メジ（3-5kg）→ブリ（6kg超）
A①	⑫萩市三見（三見支店） モジャコ（10cm未満）→ショウジンゴ（10cm）→ワカナゴ（10-30cm）→ワカナ（30cm超）→メジ［メジロ］（2kg超）→ブリ（6kg超）
A①	⑬阿武町奈古（奈古支店） モジャコ（10cm以下）→ショウジンゴ（15cm）→ワカナ（1kg）→バッチョウ（1.7kg）→メジ（2kg超）→メジブトリ（5-6kg）→コブリ（7-10kg）→オオブリ（10kg超）
A①	⑭萩市田万川町（江崎支店） モジャコ（1-3cm）→ショウジンゴ（15-20cm）→名称不詳（基準不詳）→ワカナ（0.8-2kg）→ワカナブトリ（2-2.5kg）→メジ（2.5-3.5kg）→メジブトリ（3.5-4.9kg）→ブリ（5kg超）
C②	⑮岩国市錦町広瀬〈個人〉 ブリ…成長段階名なし
C②	⑯萩市川上村笹尾〈個人〉 ブリ…成長段階名なし
C①	⑰山口市内〈個人〉 ヤズ（ハマチ）→ブリ

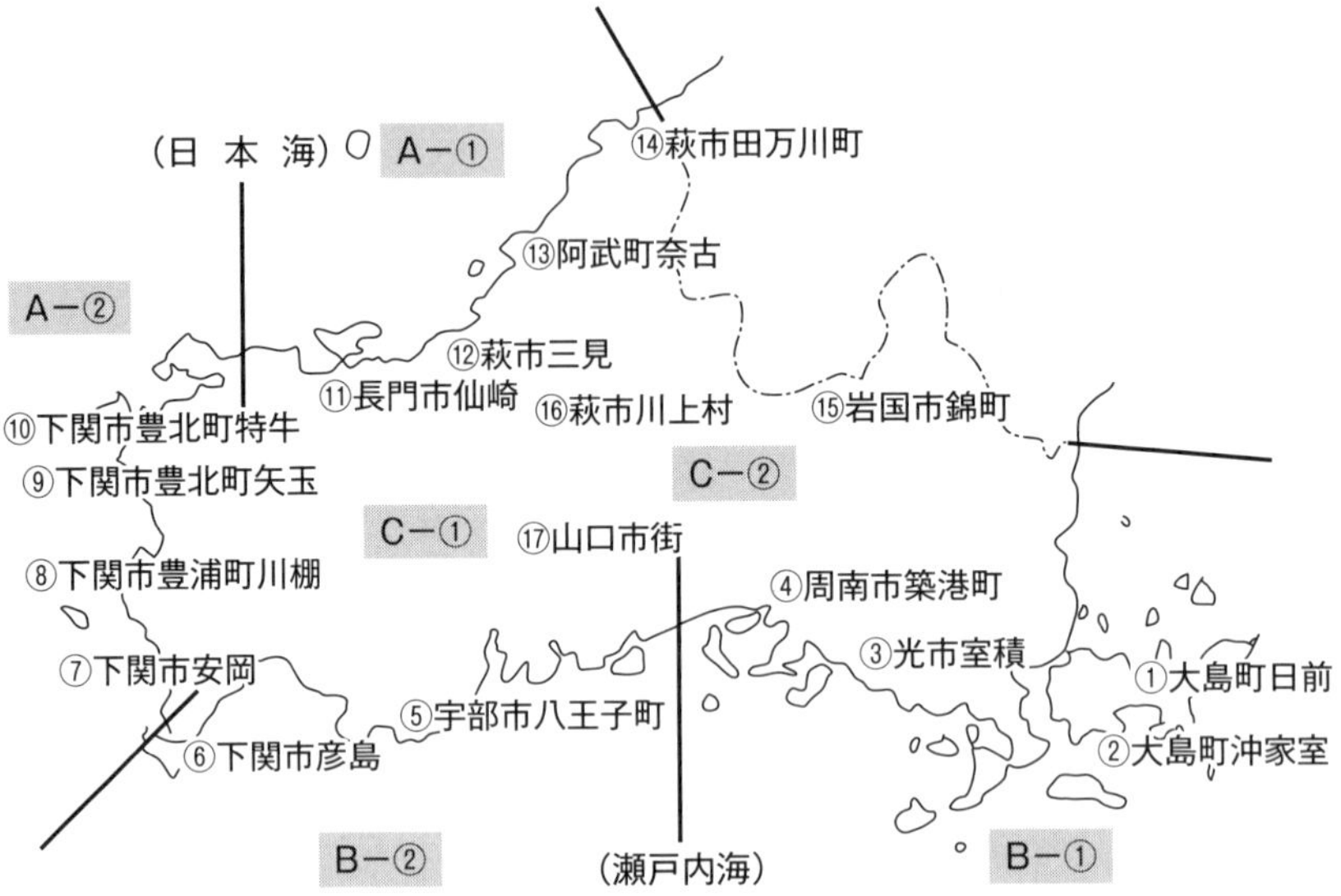

図１－１－２　ブリの成長段階パターンによる地域区分

結する地域（A②）とに、また瀬戸内海岸も周南市あたりを境に周防大島など島嶼が多く存在する東部（B①）と、やはり福岡とつながりが強い西部（B②）とに分けることができる。そして、内陸部は都市域（C①）と村落域（C②）に分けられる。

地域区分ごとに成長段階名の組成について典型を示すと、以下の通りである。ただし、一地点にしか見られないような成長段階名は除き、ある程度の広がりを持つ（共通性の高い）名称に注目した。

A①　モジャコ→ショウジンゴ→ワカナ→メジ→ブリ
A②　モジャコ→ヤズ→メジ→ブリ
B①　モジャコ（ワカナ）→ヤズ→ハマチ（メジ）→ブリ
B②　ヤズ→ハマチ→メジ→ブリ
C①　ヤズ（ハマチ）→ブリ
C②　ブリ

各地域区分において成長段階名およびその組み合わせとして特徴的な点を挙げると、A①ではショウジンゴとワカナの区別があること、A②はヤズがあること、B①はワカナとハマチがあること、B②はヤズとハマチの区別があること、C①は名称により養殖と天然を区別する意識が強いこと、C②は名称がブリしかないこと、となる。

2　地域類型から読む成長段階名

①　モジャコとワカナの分布域

もっとも大きな成長段階を示すブリは、地域類型に関係なく、すべての地点でみられる。それと同様に、もっとも小さいモジャコも沿海部においては、やはりほとんどの地点で認められる成長段階名である。ただし、モジャコに関しては、その意味するところは地域により大きく異なっている。その違いに注目すると、沿海部においても、あらたな地域類型が見えてくる。

モジャコはハマチ養殖のための稚魚つまり種苗である。それ自体が食用のために漁獲されることはない。日本海岸では、捕ったモジャコの多くは、かつて養殖の盛んであった瀬戸内海方面に送られる。漁獲対象ではあるものの、厳密にはモジャコはその地域における成長段階名とは言えない。あくまで、日本海岸はモジャコの供給地にすぎず、それ以降の成長段階は移送された先でのものとなる。一方で、詳しくは後述するが、日本海岸にある養殖用稚魚の採集地では、モジャコの次の養殖用稚魚段階としてショウジンゴが存在する。つまり、食用鮮魚とは別次元で、養殖用稚魚においてもモジャコ→ショウジンゴという二段階に成長段階名が設定されている。

つまり、日本海岸では、養殖技術が確立されるまでは、ブリの成長段階名は、食用鮮魚として漁獲対象となるワカナを第一段階として、その後にメジ→ブリとされていた。そうしたなか、瀬戸内地域でハマチ養殖が盛んとなり、日本海岸はそのための稚魚を採取・供給するための役割を担うようになる。それとともに、ワカナ以降の成長段階名とは別次元つまり養殖目的の稚魚を畜養する中で、モジャコを第一段階とし、続いてショウジンゴという二段階の成長段階名ができあがっていった。つまり、日本海岸では食用鮮魚の次元と養殖目的の次元という本来は二つの成長段階名が、現状では一続きのものとして意識されるようになったといってよい。

それに対して、自らは養殖用稚魚の漁獲はおこなわないが、養殖業が多くみられた瀬戸内海側ではモジャコはあくまで養殖用の稚魚として他地域から購入・移送されてくるものである。そして、それは養殖ハマチの第一番目の成長段階名に位置づけられることになる。

そのときまた興味深いことが起こる。ワカナに関してである。ワカナはA①とB①にしか存在しない成長段階名である。A①とB①は図1-1-2に示したように海域としてはA②やB②を挟んで遠く離れている。それでいながら両地域に共通してワカナの成長段階名が存在するのはなぜか。A①では、モジャコとショウジンゴが養殖用の稚魚として出荷されるため、実際に食用鮮魚として市場で取引されるのはワカナ段階以降である。その意味でA①ではワカナはあくまで食用鮮魚となる第一段階と言える。

それに対して、B①ではワカナはモジャコと並び養殖用の稚魚を意味しており、この地域では養殖用稚魚として他地域のものを購入してくる。その意味で、B①ではワカナは食用としては意味がない成長段階名である（B①の場合、食用として意味を持つ成長段階名は、ヤズまたはハマチ以降である）。

詳しくは後述するが、ハマチ養殖業が瀬戸内海を中心に山口県で普及するのとほぼ時期を同じくして、A①地域ではワカナはヤズと呼ばれるようになってしまう。それは、ひとつの理由としては、A①地区が福岡の商圏に組み込まれたことで、それまでワカナと呼んでいたものが北部九州において同じ成長段階を示す名称のヤズに取って代わられたためである。そして、もうひとつの理由が、瀬戸内地域で養殖業が盛んになるに従って、B①ではワカナがモジャコと同様に養殖用の稚魚として認識されることになり、食用鮮魚として扱われなくなったことが挙げられる。ワカナに見る成長段階名の地域的相違の問題は、より強い商圏への編入と養殖業の普及という二つの要因がほぼ同時期に起こったことから引き起こされた現象であるといってよい。

②ハマチとメジの分布域

明らかにハマチの名称は日本海岸では伝統的には存在せず、瀬戸内海岸にしか見られない。そして、その分布は関西へとつながる。その意味で、B①、B②は瀬戸内海を介して遠く関西の文化圏にあると言える。しかし、ハマチの場合、ことはそう簡単ではない。つまり、ハマチは天然ものの成長段階名として伝統的に存在するとともに、養殖ものを意味するものとして広がった呼称でもある。こうした二つの要素が絡み合って、現状では分布の読み解きを複雑にしている。

詳しくは後述するが、ハマチの成長段階名は山口県内では、海岸線のみならず、C地域（内陸地）にも見られるし、また元はハマチの成長段階名を持たなかった日本海岸でも近年ではその名称を多くの人が知っている。内陸ではハマチはブリの小さなもの、また養殖のブリを意味する。また日本海岸のように伝統的にハマチの成長段階名を持たない地域では、ブリの成長段階名には含まれず、あくまで養殖ものの代名詞として、天然ものと差別化するときに用いられる。つまり、天然ものとはまったく別次元のものとしてハマチの名称は存在するといってよい。

その時興味深いのはメジと呼ぶ成長段階である。メジの名称は沿海部においては地域類型に関係なくほぼ全県的に存在する。ハマチの成長段階名が存在しないAの日本海岸では、メジはブリの直前の段階名を示すことが多い。それに対して、養殖業の盛んだった瀬戸内海岸では、ハマチとメジが同時に存在し、ブリの前段階として、あるときはハマチ→メジ→ブリ、またある地域ではメジ→ハマチ→ブリの順となる。天然ものとして一本釣りされることの多いメジと元はやはり天然ものであったが後に養殖ものという認識に大きく変化していったハマチとが、ほぼ同じ魚体の大きさでありながら同時に成長段階名として存在することができた背景にはやはり天然ものと養殖ものとの差別化という歴史があると考えられる。

③　ヤズの分布域

ヤズは響灘に面するA②からB①②の瀬戸内海岸に広く分布する成長段階名である。つまりA①にだけヤズの成長段階名は存在しなかった。ブリやメジが一本釣り（瀬戸内海岸）や定置網（日本海岸）で捕られるのに対して、ヤズは小型のため巻網や刺網で群れごと捕ることが可能となる。また、ブリやメジが切り身として売られるのに対して、ヤズは丸のまま一匹売りされるという違いがある。また、ブリやメジが高級魚であるのに対して、ヤズは庶民的な魚として売られており、ブリの成長段階名としてはブリやハマチとともに山口県内の鮮魚店では広く知られた名称である。(4)

こうしたヤズが近年では分布域を広げる現象が見られる。詳しくは後述するが、元は存在しなかったA①でもヤズの名称が普及しているのである。A①では伝統的に、ヤズとほぼ同じ大きさにあるものをワカナと呼んできた。それが高度成長期以降になって、ワカナの名称を止め、ヤズに統一されてきている。市場での扱いが、ヤズに統一されるようになったためである。

さらに、ごく近年では、ヤズが大きさをほぼ同じくするハマチに名称を取って代わられる現象が見られる。これは、ハマチの名称が養殖業の発達とともに普及し、さらにはハマチが意味する範囲が拡大していっていることと関わる。それは漁業者側の都合というよりは、流通業者側ひいては消費者側からの変化である。この問題も詳しくは後述することにするが、福岡の商圏に取り込まれるとともに起こった成長段階名の再編の動きとして興味深い。

3　沿海部と内陸部

成長段階の認識にあって、沿海部（A・B）と内陸部（C）は明らかな対照をなす。沿海部においては成長段階名の地域差がきわめて大きいのに対して、内陸部ではほとんど地域差がみられない。

一般に内陸部は村落域・都市域を問わず、沿海部に比べると、海産魚における成長段階名の数は少ない。山口県の場合、ブリは沿岸部においては最低で四段階、多いと八段階にも成長段階を分けているのに対して、内陸部ではせいぜい二段階程度である。こうした海産魚の成長段階数が内陸において少なくなる傾向にあることは、青森県や富山県のブリにおいても言語学的に実証されている（川本、一九八二・一九八九　中井編、二〇一四）。

そのひとつの要因として、そもそも沿海部と内陸部とでは魚を認識する主体が異なることが挙げられる。成長段階の認識にあっては、沿海部は直接魚を漁獲する漁業者とともに漁協・仲卸といった流通に携わる多くの人びとがその主体となるのに対して、内陸部では非漁業者とくに消費者及び小売業者が認識の中心となる。そのため、海産魚の場合、沿海部では漁獲対象であるとともに市場における商品という性格も併せ持つのに対して、内陸部では海産魚はあくまで小売りされる商品にすぎない。また、内陸部では、成長段階名は、沿海部のように一連の成長過程を示すものというよりは、たとえばヤズとブリの関係に見られるように、両者はいわゆる旬（つまり主漁期）が異なる別個の商品として認識される傾向が強い。

漁の現場においては、魚体の大きさによって、一本釣りや巻網、定置網などと漁法を変えなくてはならないため、それに対応して成長段階は数を増すことになる。しかもブリのような大型魚の場合、稚魚と成魚との体格差は大きいため、成長段階の認識は数多くならざるをえない。

それに対して、商品の場合には、漁法の数に対応して成長段階数が増減することはない。また、魚の成長段階は消費者の理解を超えて細分化しても無意味なため、同一種だと分からないほどの多様な分類・命名は避けられ、成長段階名は数が絞られる傾向にある。たとえば、詳しくは後述するが、魚はある程度大きくなると切り身として売られるため、そのサイズに達した時点で成長段階の細分は不要となる。当然、内陸部においては、魚は商品として人びとの前に登場してくるので、成長段階名の数は絞られる。そのため、商品としての成長段階名は、一つの成長段階が意味する成長（大きさ）の幅は大きくなる。

具体的に、ブリの成長段階名について内陸部と沿海部とを比較してみる。内陸部（山口市街の例）ではハマチ→ブリの二段階であるのに対して、沿海部（宇部市八王寺町の例）ではヤズ→ハマチ→メジ→ブリの四段階となる。この場合、魚体の大きさとしては、内陸部ではハマチといった場合、その範囲は沿海部でいわれるハマチとヤズの二段階を含むもの、またブリといった場合はメジとブリの二段階を含むものとなっている。また極端なときは、内陸部のハマチは沿海部でいうメジ・ハマチ・ヤズの三段階を含むことさえある。この場合は、ブリでなければ、あとはすべてハマチの扱いということであろう。

また、同じ内陸部でも、村落域では魚体の大小を区別することなくブリと総称されることが多かったのに対して、山口市街のような都市域ではハマチ→ブリの二段階が設定されるのは前述の通りである。このとき、ハマチの名称はブリの下の段階名であるとともに、養殖されたブリという意味も強かった。ハマチ養殖の普及がその背景にある。そのため、ハマチが養殖魚として流通する以前は、山口市街ではハマチではなくヤズないしはワカナの呼称が用いられていた可能性が高い。また、ハマチ養殖が普及後は、ハマチを瀬戸内海で栽培された養殖魚、ブリを日本海で捕れた天然魚という対比がなされるようにもなっている。とくに都市域では、天然ものが優先されるようになって、そうした養殖ものとの差別化の意識は強まっている。

なお、都市は沿海部にもあるが、住民の意識は内陸の都市生活者と共通するといってよい。つまり、上記の沿岸部と内陸部に認められる成長段階名の相違は沿岸部の中における漁村と都市との間でもいえることである。ただし、図1-1-2の中では、地域類型を明確にするため、この点は表現できなかった。

4　日本海岸と瀬戸内海岸

ブリの場合、日本海岸（A）は瀬戸内海岸（B）に比べ、より多くの成長段階名が設定されている。日本海岸では八段階に達するところがあるのに対して、瀬戸内海岸は多くても六段階にとどまる（表1-1-2参照）。それは端的に漁獲量の違いとして表れる[6]。前述のように、山口県におけるブリの漁獲量を比べると、日本海岸が全体の九七％であるのに対して、瀬戸内海岸は三％しかない（表1-1-1参照）。

日本海岸では、たとえば萩市田万川町は、モジャコ→ショウジンゴ→名称不詳→ワカナ→ワカナブトリ→メジ→メジブトリ→ブリの八段階、阿武町奈古はモジャコ→ショウジンゴ→ワカナ→バッチョウ→メジ→メジブトリ→コブリ→オオブリの八段階の成長段階名を持つ。こうした八段階にも成長段階を設定しているところは、日本海岸でもA①地域以外にはない。

また、通常は成長の最終段階となるブリの大きさが五―六kgであるのに対して、八段階にも及ぶ成長段階を設定しているところでは最終段階の大きさが一〇kg超に設定されている。そうした最終段階に対して、成長の第一段階となるモジャコの場合、そのサイズはどこでもほとんどかわらない。それは、モジャコは養殖用稚魚としてごく近年に成立した成長段階名で、その漁獲は当初から公的な規制を強く受けており、たとえば県の漁業調整規則によりその大きさが定められてきたからである。

つまり、ブリの場合、モジャコのような第一段階の大きさに地域差がないことから、その地域でどれだけ大きな魚が捕れるかということが成長段階数の設定に大きく作用したといえる。当然、成長段階名の多いところほど漁獲される魚体の大きさ（最初と最終段階との間）に幅がある。

また、漁法と成長段階名との関わりに注目すると、日本海岸の中でも、成長段階名を六段階以上持つところは、多様な方法でブリを漁獲してきたところである。ブリは数㎝の段階のものから一〇㎏を超えるものまでその大きさに幅があるため、魚体に合わせさまざまな漁法が考案されている。そのため、成長段階名が多いほど対応する漁法も多様化する傾向にある。たとえば、六段階の成長段階名を持つ萩市三見では、モジャコは目の細かい巻網や掬網、ワカナは小型定置の壺網、そしてメジやブリは大型定置の大敷網で捕っている。前述のように、大敷網のような大型定置網が存在するのは日本海岸でもA①の地域だけである。成長段階名が八段階も存在するところは大型定置網の存在するところと重なっている。

端的に言えば、成長段階数が多いところほど、大きなブリが捕れるところで、かつ大型魚を捕るのに適した漁法を伝えてきたところということになる。山口県の場合、それは日本海岸でもとくにA①地域しかない。

五　市場原理がもたらす成長段階名の変化—時代差の視点—

過去のある時期に成立したかのように見えて、実のところ成長段階名は現代に入ってからも新しいものが生み出されている。また、過去に成立した成長段階名であっても、不変のまま現在に至っているわけではない。成長段階の名称とともに、そこに託された意味や社会経済上の位置づけは変化し続けている。成長段階名の数に地域差があることはこれまでみてきた通りではあるが、その時代差はこれまでほとんど注目されることはなかった。

変化のあり方としては、魚の成長段階名の場合、以下の三パターンが顕著であった。ひとつは①成長段階名が別のものに取って代わられるパターン、もうひとつは②新たに成長段階が設けられることで結果として名称数が増加するパターンである。そして、三つ目が、③成長段階名が減少ないし消滅するものである。こうした変化をもたらす最大の要因は、市場原理への対応にある。

1　成長段階名の入れ替わり

市場との関係で成長段階名が新たなものに置き換えられるパターンとしては、県内における流通名（市場での呼称）や許可漁法名（公的漁業統計上の分類）への統一という事例が挙げられる。それは行政と深く関わり、たいていの場合は県を単位として進められる。たとえば、長門市仙崎では、かつてワカナと呼んでいた成長段階は現在ではヤズと呼ばれるようになっており、漁協職員や戦後生まれの漁業者のなかにはワカナという成長段階名を知らない人も多い。

日本海岸をみてみると、山口県の西部（A②）は食用鮮魚の最小段階をヤズと呼んでいるが、それは西日本系統のなかでもとくに北部九州に特徴的な成長段階名である。それに対して、仙崎のある東部（A①）は同じサイズのブリをワカナと呼んでいた。それは島根県や鳥取県など山陰地方に特徴的な成長段階名である。

そうした状況が、太平洋戦争後に変化することになる。成長段階名のヤズがそれまで分布していなかった東部にまで拡大したのである。もともとヤズの名称が見られる西部の場合、地理的には山陰地方にあるとはいっても、響灘を介して北九州や博多という大消費地と対峙するため、福岡の文化的・経済的な影響は強かった。そのため、北部九州を中心に分布するヤズの名称が過去から現在に至るまで西部地域に見られたが、反対に山口県東部は鳥取や島根と共通してワカナの名称が分布する地域となっていた。

それが、太平洋戦争後になると、漁獲物の移出先としてとくに福岡との結びつきが強くなり、山口県の西部のみならず、東部においてもそれまでワカナとされてきたサイズのブリをヤズと呼ぶようになった。つまり戦後になり、山口県にとって福岡がもつ市場としての重要性が高まる（商圏が拡大する）とともに、ワカナと呼ばれた成長段階が福岡での流通名であるヤズに取って代わられたのである。

また、仙崎のような山口県東部では、ワカナの名称が北部九州の市場名であるヤズに取って代わられることと並行して、漁協を介して行政による成長段階名変更の動きが進むことになる。

かつて仙崎では、成長段階のなかではワカナ（〇．六〜一．五kg）が食用鮮魚として第一番目の漁獲対象になっていた（ワカナより小さな成長段階は養殖用稚魚となる）ことは前述の通りである。そのように食用鮮魚として初期段階にあるワカナは、魚体が小さいため一本釣りには適しておらず、多くは群れごとワカナ網と呼ぶ巻網の一種で漁獲されていた。そのワカナ漁を運営するのがワカナ網組と呼ばれる漁業組織である。太平洋戦争の前、最盛期には仙崎に三六のワカナ網組が存在していた。

それが、戦後になると、県により漁法の許可名がワカナ網ではなくヤズ巻網やヤズ刺網というようにヤズの成長段階名を付したものに統一された。そのため、行政文書や公的な漁業統計の上では、一気にワカナからヤズへの転換が図られることになった。これは当然、県内だけでなく福岡の市場も含め、より広域の取引を可能にするための措置であるといってよい。事実、仙崎市場に水揚げされたブリ類は山口県内で販売・消費されるとともに、遠くは関西や中京方面にまで販売のため移送されるが、それは北九州の仲買を経由することが多い（長門市水産物需要拡大総合推進協議会、online : 07yazu. pdf）。そうした魚の流通のあり方が、仙崎では伝統的にワカナと呼んでいたサイズのブリを、福岡（北九州）における成長段階名であるヤズに呼び変えていくひとつの原動力になったと考えられる。また翻って考えると、そうした流通のあり方が、県など自治体や漁協においては、漁業許可や漁業統計を取るときの名称として、ワカナ網ではなくヤズ刺網やヤズ巻網とせざるをえなかったことの背景にある。

2　新たな成長段階名の付加

既存の成長段階名が新たなものに入れ替わるという現象は、ハマチにも当てはまる。さらにいえば、ハマチの場合、その名称は急激に全国的に流通したもので、ヤズのような名称との入れ替わりというよりは、まったく新たなものとしてその地域に付加された場合が多い。前述の長門市仙崎の場合、市場では現在、ヤズ（かつてのワカナ）は天然もの、ハマチは養殖ものという区別がなされるようになっているが、それは明らかに養殖ハマチが流通して以降のことである。こうした現象は、仙崎に限られたことではない。ハマチは本来は近畿地方における天然魚の成長段階名のひとつであったが、一九二七年に香川県安戸池でのハマチ養殖が確立して以降はそうした養殖技術が全国普及するとともに、ハマチは養殖魚という認識が広まることになった。

かつて仙崎では、成長段階としてワカナ以降が漁獲対象（つまり市場の競りに商品としてかけられるもの）になっており、ショウジンゴやモジャコは漁獲対象ではなかった。ショウジンゴは「精進」から来ているとされ、食用魚としては脂の乗りの悪い不味いものというマイナス評価がなされる。それは狙って捕るものではなく、たまたま巻網などに掛かるが、食べ物としてはあまり喜ばれないし、当然市場で扱う商品ともならなかった。そうした状況が一変するのが養殖業の普及である。この問題については後に詳述するが、モジャコとともにショウジンゴも養殖用の稚魚としての需要が開拓されたといってよい。つまり、モジャコやショウジンゴの場合、養殖がおこなわれるようになって以降に、新たに付け加えられた成長段階名である。

つまり、ブリの場合には、一九三〇年代以降、養殖技術が普及したことで、一地点の成長段階名でありながら、養殖系の成長段階名と漁撈系の成長段階名とが同時に存在し、それが一体化して認識されるようになったことが、成長段階名の数を増やす背景にある。

また、養殖のような新技術の導入により変化が促進される一方、成長段階名の新設は伝統的な成長段階名の組成の中にも生起する。成長段階の細分化という現象である。成長段階の認識の仕方として、ブリの特徴を挙げると、基本となる成長段階の間に中間項を設けることで、全体の成長段階数を増やしてゆくことがある。たとえば、「〇〇ブトリ」という成長段階名の設定がそれに当たる。「ブトリ」は成長を表す「太り」の意味であろう。

萩市田万川町では、ブリの成長段階は、モジャコ→ショウジンゴ→名称不詳→ワカナ→ワカナブトリ→メジ→メジブトリ→ブリ、の八段階となる。これは、モジャコ→ショウジンゴ→名称不詳→ワカナ→メジ→ブリ、という基本となる六段階の認識の上に、より詳細を期す目的から、ワカナの次にワカナブトリを、メジの次にメジブトリをそれぞれ追加したものと考えられる。こうした「○○ブトリ」のような言葉を補って中間項を設けるのは、総じて成長段階数が多数に及ぶところである。また同時に、成魚の最終段階がもっとも大きなサイズ（重量）で設定されているところが多く、したがって稚魚から最終成魚までのサイズの幅が大きいところに見られる現象である。

こうした現象は、田万川町の他、萩市三見や下関市豊北町特牛など、大型のブリが漁獲される日本海岸においてみられるもので、そうした地域はブリが漁業者による漁獲対象として、また流通現場の市場において、もっとも重要な魚種となっているところである。

また、「○○ブトリ」の他、「コ○○」（コは「子」ないし「小」の意味）も、中間項を設定するときに用いられる言葉となっている。さらには、中間項ではなく、成長の最終段階を詳細化するときは、「オオ○○」（オオは「大」の意味）と称することもある。たとえば、阿武町奈古における「コブリ」「オオブリ」がそれにあたる。

ブリの他、今回の全県的調査では中間項を設けて成長段階名を詳細化するという現象が見られるのは、マグロ、ヒラマサ、サワラだけであった。たとえば、田万川町では、サゴシ→サゴシブトリ→サワラ、となる。しかし、どれも二段階ないし三段階程度の成長段階名しか持たず、ブリに比べるとはるかに認識の段階数は少ない。日本海岸では漁獲対象としても市場の商品としてもブリは突出した存在感を放っていたことが分かる。

3　成長段階名の消滅

一地域の中で成長段階名が時代とともにその段階数を減じ、ついには消滅してしまう場合がある。まずは、新たな成長段階名が導入されることで、全体としては成長段階が簡略化された例を見てみる。ブリのほか、市場における流通名がその土地での成長段階名に取って代わる例としてはマグロがある。それはそれまで使われていた成長段階名の消滅も同時に意味する。

長門市仙崎では太平洋戦争以前にはマグロの追い込み網漁が網元によりおこなわれていた。それをシビ網と呼んでいた。当時、マグロという呼称はなく、

ヨコワ（三―一〇kg）→ヒッサゲ（一〇―一五kg）→シビ（一五―一〇〇kg）→オオシビ（一〇〇kg超）

の四段階に成長段階が区分されていた。それは成長段階のそれぞれが食用鮮魚として商品となっていたことを意味している。

それが、現在は、全国名称であるマグロに統一され、せいぜい食用鮮魚として捕ることのできる最小のサイズがヨコワとして区別されるだけになっている。現在マグロは、ヨコワ→マグロの二段階しか成長段階が存在しない(7)。

つまり、現在のマグロと称される成長段階には、かつてシビと呼んでいた時代に比べ、はるかに広範囲のサイズの魚が含まれている。具体的には、成長の第一段階であるヨコワは戦前も今も共通しているため変わらないが、それ以上のヒッサゲ→シビ→オオシビの三段階が現在ではマグロで一括されている。そうした変化に伴い、ヒッサゲの名称は消滅し、シビは三段階をまとめマグロに呼び変えられた。

次に、成長段階名の消滅する典型例としてシイラを挙げてみる。一九二〇年代終わりころまでシイラは中国地方の内陸農村部においては正月魚として、フカ（サメ）等とともに用いられていた。今回の調査では、ブリ以外に三段階以上の成長段階名を有する魚は、シイラ、スズキ、マグロ、ヒラメ、ヒラマサ、サワラしかないことは前述の通りだが、そのほとんどが現在も高い商品価値を持つ魚である。そうしたなかにあって、シイラだけはかつての正月魚の面影はなく、市場や小売店ではアジやサバのような大衆魚に比べても商品価値は低くなってしまった。

かつて、シイラは複数の成長段階名をもっていた。たとえば、萩市三見では、シイラ（四〇―五〇cm）→マンサク（六〇cm）→トッキン（一〇〇cm）という三段階に成長段階が区別されていた。このとき注目するのは、シイラの名称は粃（しいな：不稔籾）に通ずるとして農村部では嫌われるため、シイラをとくにマンサクと呼び変え、満作（豊年）をイメージさせて正月のめでたい魚として農村部に流通させたことである。またはシイラの一成長段階名にすぎないマンサクをシイラを総称する名称として選択したと考えられる。こうしたことは魚が商品となり流通する段階で、消費する側の意向を汲み取って、おもに販売する側の都合（戦略）により名称を変えた例として注目される。

しかし、高度成長期において一気に進んだ商品価値の低下およびそれに伴う漁獲対象魚からの脱落は、シイラに成長段階名があったこと自体を忘れさせる傾向にあり、主な漁場の一つであった日本海岸でさえも今回の調査でシイラの成長段階名が確認されたのは、萩市三見だけであった。(8) また確認された地域でも、シイラ漁の往事を知る老漁師しか成長段階名を知る人はいなかった。若い漁師はシイラの成長段階名はおろか、シイラ漁の経験さえない。そして、消費者のレベルでいえば、シイラの名前さえ知らされず、「沖鰆（オキサワラ）」などと偽称され、粕漬けなどに加工され販売されている。それはシイラに比べるとサワラは高級魚として商品価値が高いため起こった現象である。このことなどは成長段階名はおろか、魚名自体が商品的には意味がなくなりつつある現象といえよう。

六　技術革新と成長段階名―ハマチ養殖がもたらしたもの―

1　「モジャコ」の誕生

瀬戸内海岸は本来、日本海岸に比べるとブリ漁は盛んではなかった。そのため、ブリの成長段階名は日本海岸に比べて少なかった。そうした状況が一変するのが、高度成長期にハマチ養殖が導入されてからである。とくに瀬戸内海岸の県東部は周防大島をはじめとする島嶼や入江が発達しているため当初はそこを中心にハマチ養殖が多くおこなわれた[9]。これにより、モジャコやワカナといった養殖用の稚魚段階のみならず、ハマチのような成魚段階の段階名も追加されたと考えられる。

また、ブリ漁の本場ともいえる日本海岸でも養殖技術の普及に関連して成長段階名が増加した様子が見て取れる[10]。長門市仙崎では前述のように、本来は漁獲対象にならず、そのため名前もなかった二〇cm以下のものが、モジャコやショウジンゴとして命名されるようになった。それは、まさにこれまで市場では売り物にならなかった稚魚についても、養殖業者という新たな買い手が生まれたことをしめす。これにより稚魚の需要が生み出され、その段階のブリも漁獲対象となった。

そして、興味深いことに、養殖用の稚魚の中でもさらに成長段階名が分化するようになる。流れ藻を巻網で巻き捕るのがモジャコ漁のもっとも一般的な方法であるが、捕ったモジャコはすぐに養殖業者に出荷されるのではなく、詳しくは後述するが、多くの場合は一―二ヶ月程度モジャコ漁師のもとで生け簀の中に入れられ中間育成される。これは養殖用の網生け簀に馴らすためだともいわれるが、この間五―一〇cmほどしかないモジャコは一五―二〇cm程度に成長する。それをショウジンゴと呼んでいる。これは、「モジャコ→ショウジンゴ」という養殖系の成長段階名が誕生したことを意味する。これにより、漁撈系と養殖系という二系統の成長段階名が同時に存在することになった。つまり、ブリの場合、一九三〇年以降、養殖技術が普及したことで、一地点の成長段階名でありながら、養殖系と漁撈系の成長段階名が並存し、それが一体化して認識されるようになったといえる。

モジャコという名称は高知県土佐地方の方言がハマチ養殖とともに全国に普及したとされる（原田ほか、一九六九）が、本来はモジャコといった場合、ブリの稚魚だけを指す名称ではない。流れ藻に着く稚魚を総称しており、実際はブリの他にカンパチやイシダイ、メダイなどの稚魚も含まれる。それがハマチ養殖の普及とともに、ブリの稚魚のみが商品として流通するようになり、モジャコがブリの第一番目の成長段階名として位置づけられるようになった。当然、ハマチ養殖やブリの成長段階名という文脈を離れるとき、現在でも漁業者は流れ藻に着く小魚を総称してモジャコと呼んでいる。(11)

そこで、モジャコという成長段階名の持っているもうひとつの特徴が見えてくる。それは、モジャコの名称は山口県内はおろか、全国的に見ても異称がほとんど無いことである。モジャコ自体が他の魚類の稚魚も含むものであったのとは対照的に、ブリの成長段階という文脈のなかでは画一化された存在となっている。

それは、モジャコの名称自体がブリの成長段階の一つに設定された当初から、強い人為を受けていたことと関係している。養殖技術とともに広がったモジャコの名称は漁獲や流通などあらゆる面において当初から人の強い管理のもとにあった。その一つの表れとして、モジャコの名称は、官製のものとして普及した側面が強い。たとえば、山口県の場合、「山口県漁業調整規則」（昭和四二年指定）において、「モジャコ」は「全長一五cm以下のぶりの稚魚」と規定され、その漁は種苗採取のための許可を別途得た場合を除きすべて禁止されている（山口県　online : Li05_Hon_Main_Frame.exe）。このように、モジャコの名称や規格、またその漁獲方法に関する規定は、モジャコ漁が盛んな宮崎県や鹿児島県の漁業調整規則とも共通しており、漁業調整規則という法令とともにモジャコの名称が画一的に全国へ広められた感がある。(12)

2　不完全な養殖技術がもたらすこと

ハマチやブリの養殖は完全養殖の段階には至っていない。つまり、採卵から孵化の段階を経て稚魚を養成し、それを出荷サイズにまで育てることをしていない。完全養殖は技術的には可能とされ、放流用には採卵・孵化と稚魚の養成はおこなわれているが、実際の養殖現場においては採算を考えると天然のモジャコ（一・五〜一五㎝）を購入して、そこから養殖をはじめる方がはるかに効率的である。そのため、ハマチ養殖の普及とともに必要となったのがモジャコ漁である。その意味で、ヤズやメジと同様に、養殖ハマチとはいってもモジャコの段階までは漁業者が漁獲した天然ものということになる。

モジャコ漁はハマチ養殖に種苗を供給することを目的になされるもので、養殖業者自身がおこなう場合と専門の漁業者がおこなう場合とがある。前者を自給採捕、後者を供給採捕と呼ぶが、山口県では後者の方が一般的である（古林、一九九二）。後者の場合は、あくまで養殖業者はモジャコを購入することから養殖をはじめることになり、養殖業と種苗採捕とは完全に分業化されている(13)。

モジャコは文字通り「藻についた雑魚」に由来する。それはブリの産卵および生活史と大きく関わる。ブリは前述のように日本近海に生息する魚類であるが、産卵は東シナ海でなされ、孵化した稚魚は流れ藻（ホンダワラ類などの藻が海底の藻場から離れて海上を浮遊するようになったもの）とともに黒潮の流れに乗って日本列島沿岸を北上する。そうした流れ藻ごとモジャアミなどと呼ぶ巻網（網目五㎜ほど）で包み込むようにして採補するのがモジャコ漁である。そのため、黒潮本流の流れる南九州地域から四国の太平洋岸および対馬暖流の流れる北部九州から山陰地方南部までがおもにモジャコ漁がおこなわれる地域となっている。四月中旬に鹿児島や宮崎県で始まった漁は山口県あたりでは漁の開始が六月になっている（古林、一九九二）。当然、同じモジャコといっても、四月に採補されるものと六月のものとでは大きさがかなり違っている。

ここで注目したいのは、山口県の場合、モジャコ漁がおこなわれるのは日本海岸であり、一九六〇年代まではハマチ養殖がおこなわれるのはおもに瀬戸内海岸であったことである。それが成長段階名にも現れており、ハマチと呼ぶ成長段階は日本海岸にはないが、瀬戸内海側では広く見られる。また、モジャコ漁がおこなわれた日本海地域ではモジャコ→ショウジンゴという二段階がハマチ養殖の種苗として設定されている。これは、種苗の供給地だからこそ成される種苗段階の詳細な分類であるといえよう。

長門市仙崎を例に示したように、日本海岸のブリ漁は、成長段階として本来はワカナ以降の食用鮮魚しか捕っていなかった。実際にこの地域の主たる漁撈法である刺網と定置網ではワカナ以降の大きさになったものしか捕ることはできない、その意味で、モジャコ→ショウジンゴは明らかに養殖種苗を捕るようになってから付加された養殖系の成長段階名である。

次に、モジャコとショウジンゴの関係に注目してみる。ショウジンゴもモジャコと同様に、ハマチ養殖の発達が生み出したものである。ともに種苗でありながらなぜ名称が異なるのかというと、たいていの場合、前述のようにモジャコは採捕後は体長二〇㎝程度になるまで中間育成されることが多く、そうしたとき最初に捕ったときと中間育成後とでは明らかに大きさが違っているため、こうした二段階の名称が必要になったものと考えられる。そう考えると、モジャコとショウジンゴは同じ種苗とはいいながら、その意味する範囲に大きな違いがある。つまり、モジャコはブリに限らず藻に着く魚の稚魚を総称するものであったのに対して、ショウジンゴはあくまでブリの稚魚のみを意味する。つまり、モジャコはショウジンゴとなるとき、その意味内容は大きく限定され、ブリに特化したものになるといってよい。

ただし、ショウジンゴが養殖業者に出荷されるときにはあくまでハマチ養殖のための種苗であり、それは漁業調整規則にも記載される名称のモジャコとされることが多い。そのため、瀬戸内海側のハマチ養殖地帯ではモジャコという名称（成長段階）しか存在しない。

なお、瀬戸内海側（周南市戸田・徳山）には養殖用の種苗をワカナと呼ぶところがあるが、それはモジャコが日本海岸に多いモジャコ漁師のもと中間育成されたものを瀬戸内海岸の養殖業者はワカナ（日本海岸では食用鮮魚の成長段階名）と呼んでいた可能性がある。その意味では、日本海岸においてモジャコ→ショウジンゴというのと同様に、瀬戸内海岸ではモジャコ→ワカナという二つの成長段階が種苗にも設定されていた可能性がある。四節において検討したように、表1-1-2でワカナという成長段階名が分布するのが日本海岸のA①と瀬戸内海岸のB①に跳んであること、またワカナの意味する成長段階がA①では食用鮮魚であるのに対して、B①では稚魚となっているのは、日本海岸が稚魚の供給地であるのに対して瀬戸内海岸は養殖地であったことが引き起こした現象であると考えられる。

また、成長段階名と関連して、モジャコは採補された時期により特別な名称が付与される場合がある。たとえば、二〇日間ほどの漁期の最初に捕れるモジャコを「一番仔」とよぶ（古林、一九九二）。それは、漁期の早い時期に捕ったものほど早く肥育ができるため、養殖業者の人気が高く、そのように特別な名称が与えられたと考えられる。その意味では成長段階名の一種であるといってよい。この場合は、養殖業の都合上、必要とされた命名であるといえよう。また、一回のモジャコ漁で捕れた魚を目の大きさの異なるトオシ（ふるい）を使って三から五段階に分類する。それは大きさの異なるモジャコを一つの生け簀の中に入れておくと共食いをおこすためだとされる。五段階の場合、分ける目安は、網の目合いが六㎜・九㎜・一二㎜・一五㎜・一八㎜となるが、もっとも大きなモジャコを大分県蒲江ではトビと呼んでいる。この場合は、モジャコを種苗として管理するときの必要から生まれた分類であり、やはり養殖業の都合上、生み出された呼称であるといってよい。

3　「ハマチ」の拡大

ブリの養殖化が進む過程で、ハマチの名称は全国的かつ安定した成長段階名になった。その背景には、養殖により、市場への周年出荷と需要に応じたきめ細かな供給が可能になったことがある（田坂、一九九九）。周年出荷は、消費者にとって、旬を待つことなく、ハマチをいつでも食べられるようにした。また、需要に応じたきめ細かな供給は、価格の低減と安定に寄与し、消費者にとっては価格の面でも手に入れやすい状況を作り出した。こうしたことを通してハマチは安定した商品となりえたわけで、それが成長段階名としてのハマチに与えた影響は多大である。

本来は漁獲時期にずれがあることが成長段階名を生む背景として重要である。天然ものの場合、ハマチとブリの関係にもそれがいえる（渋沢、一九五九　川本、一九八二　中井、二〇〇五）。たしかに、図1-1-3に示す仙崎市場（長門市）の月別ブリ類漁獲高[14]［二〇〇九年］（長門市水産物需要拡大総合推進協議会、online : 07yazu.pdf）においてもそれは確認される。二〇〇九年現在、仙崎市場においてセリにかけられるのは、ヤズ→メジ→ブリの三段階である[15]。目安としては、二kg未満をヤズ、二kgから一〇kg未満をメジ、一〇kg以上をブリと呼んでいる。二〇〇九年の場合、ブリは二月をピークに一〇月から五月までの期間しか漁獲がないのに対して、メジは四月をピークにあとは少ないながら八月から六月まで（七月以外）捕ることができる。さらに、ヤズになると、その差は明瞭である。メジやブリに比べ、ヤズは漁獲量が格段に多い。また、メジやブリとは違って、ヤズは一年中漁獲があり、さらには四月と一〇月という二つのピークが存在するが、そのうち一〇月のピークはヤズだけに見られる特徴である。ただし、ヤズの漁獲が八月に極端に落ち込むのは、この期間がヤズ刺網漁が禁止されるからであり、漁獲に二つのピークがあるように見えるのはそのためでもある。

一方、ハマチが養殖化されることとの関係で、その名称が全国区化した要因として重要なことは、前述のごとく、旬が不明瞭になること、つまりいつでも入手可能となることが挙げられる。図1-1-4は、大阪市場における天然ハマチと養殖ハマチの二〇〇八年取扱高を示したものである。大阪は養殖以前からハマチの成長段階名があるところで、そのため養殖ものと天然もののハマチが同時に存在し、かつ別々に取引される市場である。図1-1-4からは、天然ハマチは月ごとの漁獲の変動が大きく、かつ漁獲の多い時期（九・一〇・一一月）とそうでない時期との差が大きいことが分かる。それに対して、養殖ハマチは月五〇ｔから一〇〇ｔの間で推移しており、年間を通して大きな変動はな

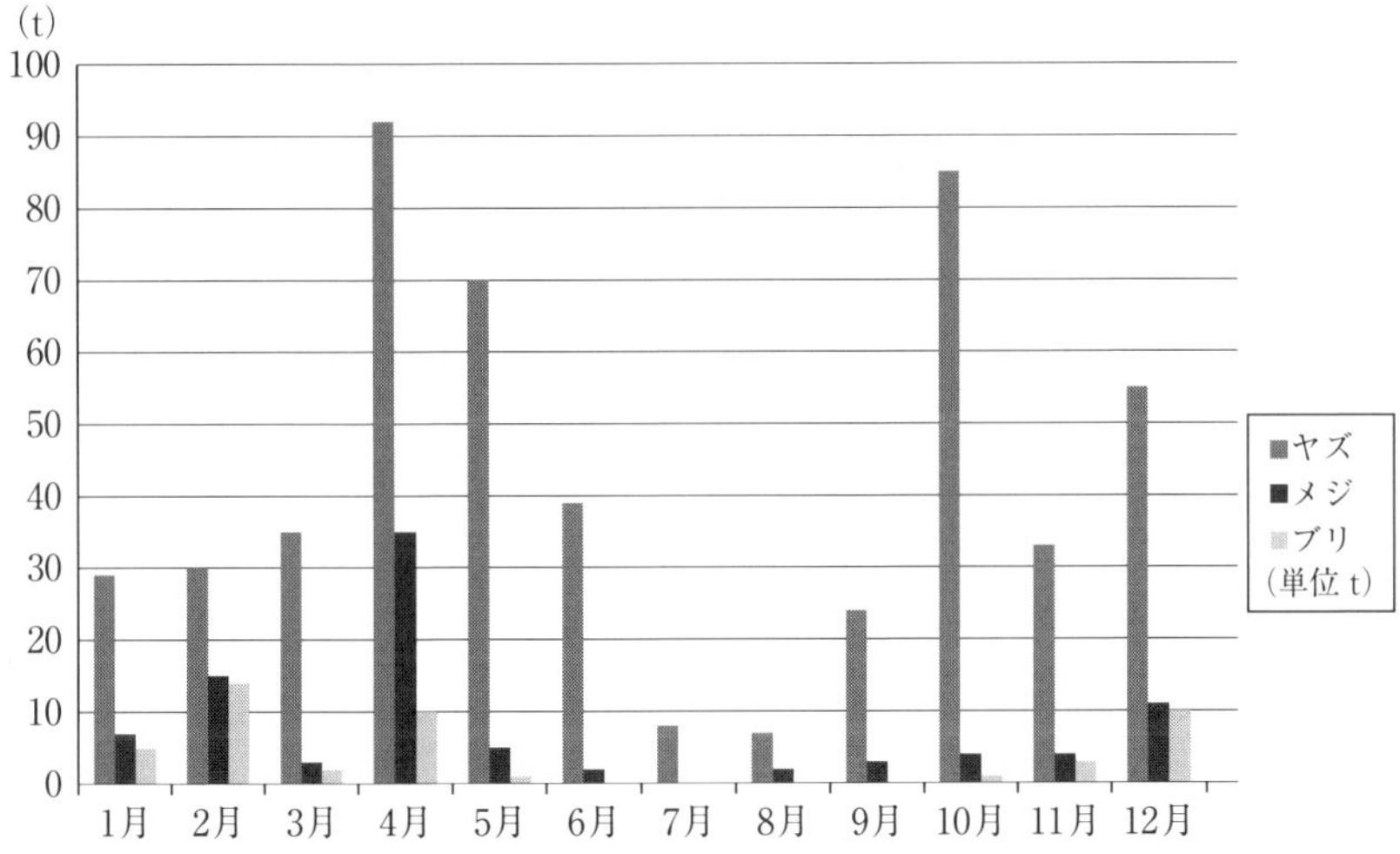

＊長門市水産物需要拡大総合推進協議会ＨＰ「長門市仙崎のヤズについて」より作製

図１－１－３　成長段階別ブリ漁獲高―2009年、仙崎市場―

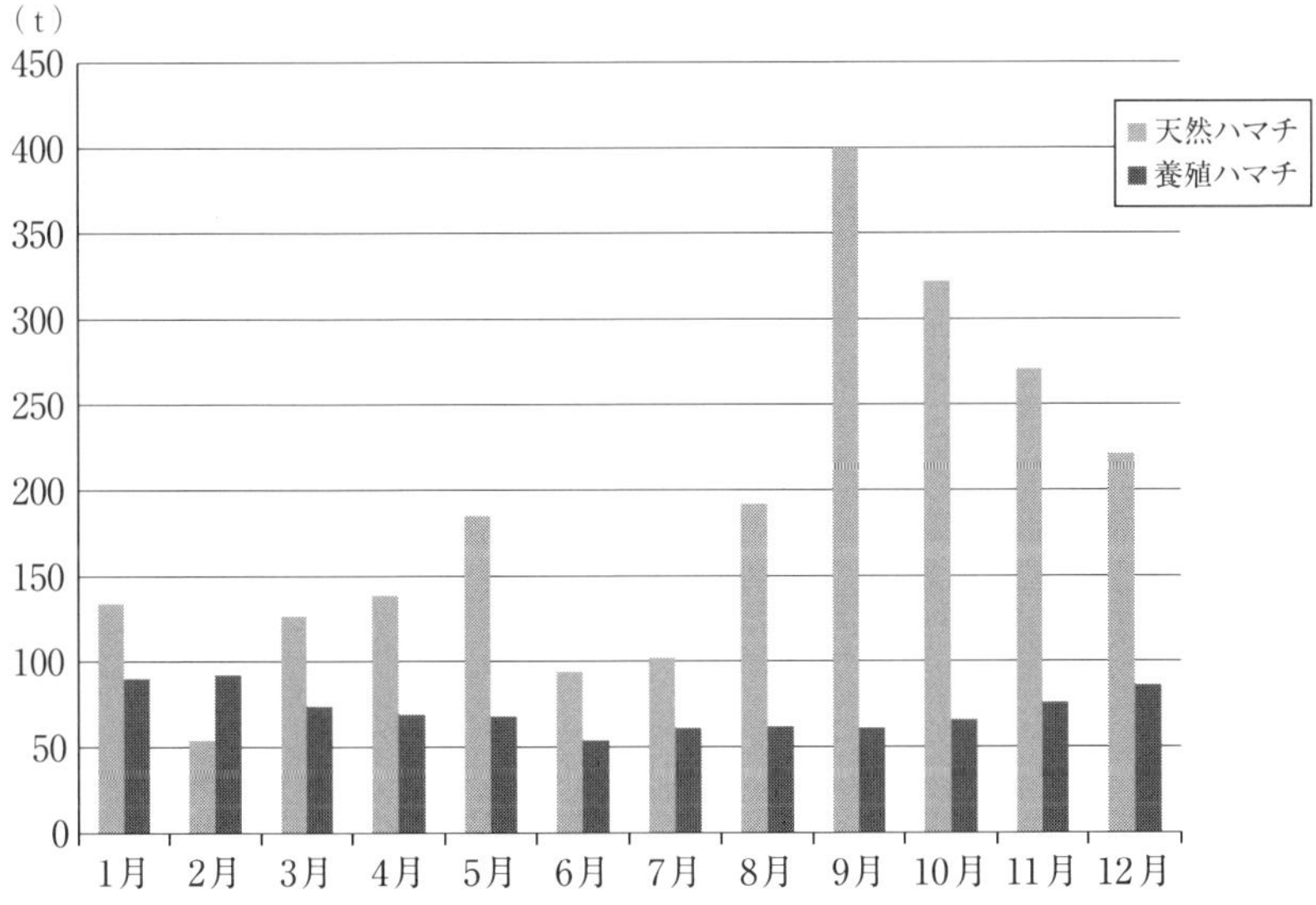

＊「市場月報」より作製

図１－１－４　月別ハマチ取扱高―2008年、大阪市場―

い。また、天然ハマチが品薄な時期（二月）には天然ものを上回る量の養殖ハマチが市場に出されている。さらには、天然もののもっとも少ないときに養殖ものの出荷が最大値化するように調整されており、両者はあきらかに補完関係にある。つまり、年間また月ごとの変動差を見ても、養殖ハマチがあることで市場のハマチは安定化している。

こうしてハマチは、天然ものに養殖ものが加わることで、いわゆる旬の意識は薄くなるものの、供給は安定化・全国化し、ひとつの独立した成長段階名として、全国の市場の中でその地位を獲得していった。当然、市場での取引名称であるハマチは小売りの段階でも引き継がれ、それは消費者全体に広まることになる。そして、大阪市場のように養殖以前からハマチの成長段階名を持つ地域では養殖ものと天然ものという差別化がなされるようになる。また、天然もののハマチが存在しない市場にも養殖ハマチは出荷されることになり、都市や内陸地の消費者のレベルでは、ハマチといえば養殖もの、ブリといえば天然もの、という新たな差別化の意識もハマチ名称の普及とともに進むことになる。

七　生活世界における成長段階名の意味—「尾頭つき」から「切り身」へ

1　二つの分類基準

山口県内各地の成長段階名を示した表1-1-2を見ていると、その分類基準について興味深いことに気がつく。多くの地域で、成長の早い段階においては魚の体長（cm）を分類基準とするのに対して、成長の後期においては重量（kg）が分類基準となっていることである。その境目としては、成長段階でいえば、おおむねヤズやワカナまでが前者、メジやハマチ以降が後者ということになる。たとえば、下関市豊浦町川棚と萩市三見では、以下の通りである。

【川棚】　モジャコ（五cm）→ヤズ（四〇cm）→メジ（二—六kg）→ブリ（六kg超）

【三見】　モジャコ（一〇cm未満）→ショウジンゴ（一〇cm）→ワカナゴ（一〇—三〇cm）→ワカナ（三〇cm超）

↓メジ（二kg超）↓ブリ（六kg超）

魚類図鑑の場合、一般には成長段階の分類は体長でなされることが多い。体重（質量）や年齢による分類もあるが、少なくとも複数の分類基準が一魚種の成長段階において混用されることはない。魚類図鑑と同様、水産学や魚類学のようなリンネの生物分類が基礎にある、いわゆる科学的とされる分野においては当然のことである。しかし、これまで見てきたように、生活世界において意味をなす民俗分類では、単一基準で成長段階が示されることはむしろ少なく、基準の単一化はときには実生活に大きな不都合をもたらす。

ブリの成長段階を示す基準として、体重と体長という二つの指標が同時に存在するのは、ひと言でいえば、商業上の理由、なかでも魚の流通と関係がある。食用鮮魚としてはヤズやワカナといった段階までは小売店において尾頭つきで一匹売りされることが多い。ヤズやワカナの場合、市場の仲買段階では尾頭つきのまま複数の魚がひとまとめにトロ箱に入れられて競りにかけられる。ましてや、モジャコのような養殖用の稚魚の場合は、一匹ずつ体重を量ることは取引の現場では不可能である。それに対して、メジ以降とくに五kgを超えるブリの段階に達したものは小売りの現場では切り身にして売られることが多い。正月魚のようなハレの時には一匹売りや半身での販売もなされるが、日常的には小売りの段階で切り身にされてしまう。また、メジやブリの段階に達したものは市場でも一匹ずつ競りにかけられることが多い。

そのため、成長段階としては魚体の小さなうちは体長を分類基準としていたものが、切り身にして売らなくてはならなくなった時点でその魚は一匹からどれだけの切り身がとれるかということに意味が出てくる。つまり肉の量が重要な取引の要素となるわけで、そのためにメジやブリの段階に達したときには、体重（質量）が分類基準とされるのである。喩えるなら、痩せて細長いブリと太っていても短軀のブリがあった場合、体長ではその市場価値を判断できず、肉の量を反映する体重が取引の判断材料として重要視される。つまり、ブリの分類基準はその成長の過程で「尾頭つき」から「切り身」の論理に変化することに大きな特徴があり、そうした変化は魚の流通販売側からの要請によるものといえる。これは商業論理による成長段階名への一種の介入ということができよう。

2　多様な分類基準の意味

異なった分類基準が併用されることに関しては、コイの成長段階名との対比で説明すると、ブリの特徴がさらに明確となる。

長野県佐久地方では近世から水田養鯉がおこなわれている。そこではコイは夏の間、肥育を目的に水田に入れられ、秋から翌年の春までは越冬を目的に池に入れられる。そのようにコイは毎年ほぼ一定のサイクルで、稲作暦に準拠しながら水田と池とを行き来している。そして、そのサイクルのもと稚魚は三年かけて出荷サイズまで育てられるが、その間に以下に示す四段階の成長段階名を持つことになる。

コイゴ（孵化後四ヶ月まで）→トウザイ（一才）→チューッパ（才/匁）→キリ（二〇〇匁超）

その三段階目にあたるチューッパ段階において、コイを分類・命名する基準は年齢秩序から質量秩序へと転換することになる（安室、二〇〇三）。そのため、チューッパはそれまで順調に育っていれば二才ということになるが、次に取り上げたときに二〇〇匁（約七〇〇g）に達していなければ（つまりキリになっていないときには）、そのコイはもう一度チューッパをやり直すことになる。つまりチューッパと呼ばれる成長段階には実際には二才もあれば三才以上のものもあることになる。そうしたことが起こるのは年齢秩序から質量秩序への転換がこのチューッパの段階で図られるためである。

こうしたコイに対して、ブリの場合には、異なった基準への転換点はワカナやヤズとメジやブリとの間に存在することになる。ここで二つのことがコイとブリとの相違点として指摘できる。ひとつは、ブリには、コイの分類基準には有る年齢秩序の段階が存在せず、反対にコイにはなかった体長をもとにした基準が存在することである。つまり、コイの分類基準が年齢から体重へと変化するのに対して、ブリの場合は体長から体重へと変化する。そして、もうひとつの相違点は、コイの場合にはチューッパのような転換のための調整段階が一つの独立した成長段階名として設定されていることである。こうした調整段階はブリの場合には存在しない。

年齢秩序による分類基準がコイにはあるがブリにはないという点は、ひと言でいえば、魚に対する人の管理の度合いに由来する。具体的には、その違いは、ブリが現在まで完全養殖の段階に至っていないこと、つまり稚魚はモジャコとして漁獲しそれを購入することから養殖が始まるのに対して、コイの場合には産卵・孵化の段階から人の管理が及ぶ完全養殖段階に至っていることと大きく関係している。つまり、コイは完全養殖のもと、誕生してからの時間が正確に把握できること、また秋になり水田から取り上げられるときに名称が変化（次の成長段階に移行）するというように、稲作暦に対応して毎年ほぼ同様のサイクルで魚の成長が人により把握されていたことが、そうした年齢秩序による分類基準の根底にあるといえよう。

また、チューッパのような調整段階の有無は、まさにその存在そのものの必要性に関わっている。成長段階としてコイには必要であるが、ブリには必要なかったということである。年齢による把握は、必ずしも体長や体重とは比例しない。同じ年月を経ても、成長のよいものと悪いものがあるように、必ず個体差がでてしまう。ブリの場合、その成長段階において、前半は体長、後半は体重で弁別されるので、見かけ上そうした個体差は存在しない。つまり漁獲した時点で矛盾なく、その大きさ（体長ないし体重）に応じて分類・命名されてしまう。コイの場合、体重によって決められる出荷サイズ（つまりキリ）に合わせるため、年齢が生み出す矛盾をどこかで解消せざるをえず、その役目を果たすのがチューッパ段階なのである。それは見方を変えれば、コイは完全養殖の段階に至っているからこそ必要になった成長段階だといえよう。

そして、ブリの分類基準に関してもうひとつ注目すべき点は、養殖技術の導入以降、体長によるものと体重によるものとの差がいっそう明瞭になったことである。

養殖以前には、海から捕ってくる天然の魚はそれが捕獲された時点において魚体の大きさ（体長ないし体重）に応じて成長段階名が付与されるが、それはまさに「商品」となったことを意味する。つまり、自然界の海から人間界を象徴する船に上げられた時に、市場で通用する名称が付与される訳で、それはそのまま消費者へと直結する。

養殖以前においては、漁獲対象となり、しかも捕ったものをそのまま商品として売ることのできる成長段階にのみ命名されるため、それはある程度成長したもの（ワカナやヤズ以降）からしか命名の対象とはならなかった。そのため、そうした養殖以前の天然魚の漁獲段階においては最初から体重に応じた魚の認識がなされていた可能性が高い。

それに対して、養殖以降は漁師にとってはそれまで捕ることのなかった稚魚の段階まで漁獲対象になり、かつ養殖を主とする漁師の場合にはそうした稚魚の段階からブリやハマチといった出荷の段階まで継続的に成長を観察することになる。そのとき、稚魚の段階は一個体の重さが小さいため体重による分類基準を当てはめることは不可能で、当然見た目の魚体の大きさ（体長）が重要となる。つまり、養殖技術の普及以降、新たに成長段階名として追加された分については、すべて体長が分類の基準となっている。

ブリの場合、現状として、成長段階は早期においては体長で示され、成長の後期になるほど従来からの体重による認識になるのは、いわば養殖により体長の概念が成長段階の分類基準に持ち込まれたためであるといってよかろう。

そのひとつの傍証となるのは、成長段階の細分化に関してである。それは具体的には、先にも注目した成長段階名における中間名称の設定方法として顕れる。たとえば、下関市豊北町特牛では、基本となる成長段階名にプラスして、「ヤズブトリ」といった中間的な段階が設定されている。これは、ヤズより大きくマルゴより小さい成長段階であるが、その基準は体長ではなく、「ブトリ（太り）」という言葉にも表れているように体重にある。つまり、食用鮮魚としては第一段階となるヤズ以降においては、成長段階を細分化する上でも、重量が重要な分類基準となっている。

3　地域ごとに異なる分類基準

さらにもうひとつ分類基準に関して興味深い点は、同じ名称を持つハマチやブリでも地域ごとにその分類の基準値が異なることである。たとえば、表1-1-2でみると、下関市豊浦町川棚ではブリは六kg超のものをいうのに対して、阿武町奈古では一〇kgのものをブリと呼ぶ。同じ名称を持つ成長段階であっても地域ごとにその分類の基準値が異なることは多く、それは山口県にとどまらず全国的に見ても顕著なことである。じつはそのことが、これまで全国的な視野で成長段階名の比較研究をしようとするとき、大きな課題とされてきた。たとえば、まったく同じ成長段階名の組成を持つ地域があったとしても、それぞれの成長段階の基準値が異なっているため、厳密な意味で、体長なり体重なりで成長段階を比較することができなかったのである(16)。

こうしたことはなぜ起こるのか。それは、ひと言でいえば、地域ごとに市場で取引されるときの分類基準が異なるからである。たとえ同じメジやブリの成長段階名が設定されていても、地域ごとにどの大きさをメジやブリと呼んで取引しているかが異なる。このことはアワビを例に論じたことがあるが、こうした分類基準はじつは市場ごとに秘匿される傾向にあり、とくに近接する市場間では取引上の重要事項としてお互いに知られることを嫌がる（安室、二〇一四）。それは市場関係者にとっては商売の手の内を知られてしまうことになるからである。

そうした市場の指向があるため、同じ成長段階名であっても地域が異なるとその分類基準値が異なってしまうのである。そして、それはやはり市場における取引上の慣行が生み出したことであるといってよい。現在では、魚の流通が全国的になっているため、また養殖魚の場合については、分類基準が全国的に共通化される傾向にあるが、まだ天然魚の場合には在地の漁協（市場）ごとに異なった分類基準を設定していることは多い。ブリのような日本人にとってなじみ深く、また市場にとっては重要な魚だからこそ余計に統一が進みづらいということもいえよう。

八　魚名は社会の鏡

これまで検討してきたように、魚名は漁業の現場でだけ意味を持つものではないし、当然、その生成に関わるのも漁業者だけではないことは明白である。魚名の誕生と変遷は、市場及び流通業者、そして現代にあっては消費者が大きな役割を担っている。いってみれば、魚の分類・命名は漁業者・流通業者・消費者の三者関係の中で設定されるが、その関係性の中においては行政がさまざまに関与している。その意味では、四者関係の中に魚の分類・命名はなされるといった方がよい。とくに現代にあっては、四者のなかでも消費者の動向はもっとも大きな意味を持ち、魚名の変更は消費者の意向を汲む形で流通側（市場、仲卸、小売り）が主導する場合が多い。

また、従来、魚名の研究は「自然に対する豊かな漁民の民俗知識」を示すものとされ、とくに成長段階名は段階を踏むことから「自然に対する体系的理解」の典型例として紹介されることが多かった。しかし、ブリの成長段階名から見えてくることは、むしろ自然に対する豊かで体系的な理解というよりは、技術革新や商業経済に対応するプラグマッチックで戦略的な漁業者・流通業者の意識であり、またそうした現象と呼応する行政や消費者の動向である。当然、魚名とくに成長段階名は過去の歴史遺産などではなく、現在進行形で新たに生み出され、またこれからも柔軟に組み替えられていくものである。

注

（1）『蝸牛考』では、「遠方の一致」を重要な発見として、地域差を時間差に読み替える作業をおこなう。たとえば、日本列島を眺めたとき北と南の端には「ナメクジ」という言葉で蝸牛が示される地域があるとするが、そのナメクジが本当に蝸牛を示すものなのかどうか、そこに渋沢は疑問を持つのである。同名異種を指す言葉かもしれないし、その言葉が示す範囲が蝸牛よりも広い概念を有しているかもしれない。

（2）渋沢の考える日本漁業史を究明するための手立てには、「魚名」のほか、「漁具」と「漁人伝」がある。具体的な実践としては、漁具についてはウケ（筌）に注目して、出版物としての研究成果は出せなかったが全国からウケの実物を収集しコレクション化をはかっている。また、漁人伝については自ら『日本漁民事績略』（一九五五）をまとめると同時に、たとえば進藤松司著『安芸三津漁民手記』（新藤、一九六〇）のような漁業者自身の手になる記録の出版をおこなっている。

（3）後には、ブリ類の養殖が山口県全体では衰退する中、その中心は瀬戸内海岸から日本海岸に移ってゆく。一九九三年には山口県のブリ類養殖業者は二一軒あるが、うち一九軒が日本海区、二軒が瀬戸内海区となっている（中四国農林局山口統計情報事務所、online : h6nenpou1.pdf）。

（4）仙崎市場の二〇一二年におけるkgあたりの平均単価はブリが四八三円、メジが四四九円なのに対して、ヤズは半額以下の二三一円である（長門市水産物需要拡大総合推進協議会、online : 07yazu.pdf）。

（5）村落域の場合、かつてブリは大きさに関係なくブリとしてしか呼ばれず、成長段階名がなかった。しかし、高度経済成長以後、自動車交通の普及および冷蔵・冷凍技術の発達により、養殖魚のハマチが容易に届けられるようになり、その後は都市域と同じような状況になっている。

（6）川本栄一郎は、東北・北陸の日本海岸におけるブリの成長段階名の数に注目して、西（南）は段階数が多いのに対し、東（北）は少ないことの要因としてブリの消費量に注目する。それは引いては日本列島上の西のブリ文化と東のサケ文化に関係すると想定している（川本、一九八九）。山口県内の分析では、消費量よりも漁獲量の方が成長段階名の段階数には大きく作用していたが、汎日本的な視野から見たとき川本の指摘した傾向性は十分に考えられることである。

（7）マグロの場合、山口県では成長段階名が簡略化し、かつ一部に消滅した段階名が存在するが、反対に、地域によっては市場の影響により名称が大きく増加する場合もある。それは大消費地に立地する市場で見られる現象で、おもに商品名の細分化として現れる。業者の間では、産地ごと（地中海、オーストラリアなどの世界的な産地とともに、国内でも大間産、津軽産といった区分けもおこなわれる）、大きさごと、種類ごと（メバチマグロ、クロマグロ、キハダマグロなど）、さらには養殖ものか天然ものか、といったことにより非常に複雑な分類体系が構築されている。順列組み合わせにより、その分類数は多様を極める。さらに、マグロの特徴として、大きなものは流通の段階でいくつもの部位に切り分けられ取引されるため、結果として部位ごとの分類も付加される。そうした名称の細分化という現象が起こってくるのは、とりもなおさず商品価値が高いからに他ならない。この点は、別稿において再度考察するつもりである。

(8) 歴史的には、山口県の北浦（日本海岸）はシイラヅケ漁の発祥地（楠美、一九八〇）ともされるところで、かつては盛んにシイラ漁がおこなわれていた。山口県の場合、シイラの漁獲高は一九八三年には一〇二二七ｔあったが、その後は減少を続け、二〇〇三年には二六八ｔとなり、それを最後に漁獲高の調査はおこなわれなくなった（長門市水産物需要拡大総合推進協議会、online : 09shiira. pdf）。

(9) ハマチ養殖が『山口県統計書』に初めて項目として登場するのは、昭和一六年（一九四一）のことである。その時は、ハマチは独立して一項目にはなっておらず、タイとともにその他の魚の扱いで計上されている。それによると、ハマチ養殖（タイその他も含む）がおこなわれていたのは、山口県内では瀬戸内岸の大島郡だけで、経営体数が一〇ヶ所、収穫高が五〇〇貫（約一八七五kg）、価格が三円となっている（山口県知事官房文書課、一九四三）。

(10) 長門市仙崎は、一九二七年に香川県引田町の安土池で世界で初めてハマチ養殖がおこなわれるようになったのとほぼ同時期の一九三三年に天然のモジャコを囲った網の中に入れて畜養したとされる（大島、一九九四）。これは日本海岸がモジャコ漁が可能な立地にあったことを示している。

(11) モジャコと同様のことは、「ショウライゴ」の名称にも見られる。ショウライゴは「将来、大きくなる子」の意味とされるが、山陽町埴生ではボラの稚魚（第一成長段階名）とともに、スズキの稚魚（第一成長段階名）を示すものでもある。

(12) モジャコに関する規定は、どの県の漁業調整規則もまったく同じ文言・形式で、まさにモジャコ漁業地のある県ごとにコピーされていったといってよい。

(13) 近年、養殖ブリのブランド化を目的に、モジャコ漁を自らおこない、一貫した養殖を営む業者もでてきている。

(14) 市場において「ブリ類」といった場合、それは、スズキ目アジ科のブリ（学名 *Seriola quinqueradiata*）のほかに、同属のカンパチ（*Seriola dumerili*）とヒラマサ（*Seriola lalandi*）を含む。

(15) ヤズ→メジ→ブリの三段階はあくまで市場で競りにかけられる単位にすぎず、仙崎の漁業者による成長段階の認識は表1－

1-2に示したように五段階ある。また、太平洋戦争前まではヤズではなくワカナと呼んでいた。

（16）その証拠に、さまざまな学問分野でブリの成長段階名に関する研究はおこなわれているが、体長または体重で一律の基準値を設け、そこに各地の成長段階名を当てはめ全国比較をしようとしても、実際にそうした図表は作ることができないでいる。この点は在地の論理が研究者による安易な比較を阻んでいる点で興味深いし、そうした在地の論理を含み込む形で論理化を進めない限り、この問題には接近できないことを示している。

引用参考文献

大島泰夫編　一九九四　『水産増・養殖技術発達史』緑書房

河岡武春　一九七九　「『日本魚名集覧』解題」『渋沢敬三　上』渋沢敬三伝記編纂刊行会

川本栄一郎　一九八二　「青森県における『鰤』の成長段階名」『文経論叢』一七巻三号

同　一九八九　「富山県における『ぶり』の成長段階名の分布と変遷」『富山大学人文学部紀要』一四号

楠美一陽　一九八〇　『山口県豊浦郡水産史（復刻版）』マツノ書店

古林英一　一九九二　「魚類養殖業の経済的研究」学位論文（京都大学）

渋沢敬三　一九四二　『日本魚名集覧第一部』アチック・ミューゼアム

同　一九四四　『日本魚名集覧第二部』日本常民文化研究所

同　一九五九　『日本魚名の研究』角川書店

進藤松司　一九六〇　『安芸三津漁民手記』角川書店

田坂行男　一九九九　「ハマチ養殖地に見るブランド確立条件の解明」『中央水産研究所研究報告』一三号

中井精一　二〇〇五　「魚類の成長段階名と地域社会」『日本語学』二四巻九号

中井精一編　二〇一四　『庄川流域言語地図二〇一三年度版』（平成二五年度科研費報告書）富山大学人文学部日本語学研究室

二野瓶徳夫　一九九二　「日本漁業史研究の先覚者」『澁澤敬三著作集第二巻』平凡社

日本常民文化研究所編　一九五五　『日本漁民事績略』日本常民文化研究所

原田輝雄ほか　一九六九　『ハマチ・カンパチ　養魚講座第四巻』緑書房

室山敏昭　一九七七　「漁業社会の魚名語彙」『国語と国文学』四五巻三号
安室　知　二〇〇三　「民俗分類の思考―コイの成長段階名とドメスティケーション―」『国立歴史民俗博物館研究報告』一〇五集（『水田漁撈の研究』慶友社、二〇〇五年、所収）
同　二〇一四　「再考、魚名の研究―アワビの民俗分類と商業論理―」『国立歴史民俗博物館研究報告』一八一集
柳田国男　一九二七　「蝸牛考」『人類學雑誌』四二巻四～七号
同　一九三〇［一九四三］『蝸牛考』刀江書院［創元社］（『定本柳田国男集第一八巻』筑摩書房）
山口県編　二〇一〇　『山口県史民俗編』山口県
山口県知事官房文書課　一九四三　『昭和一六年　山口県統計書　第三編（産業）』山口県知事官房文書課

［オンライン文献］

長門市水産物需要拡大総合推進協議会ＨＰ「長門市仙崎のヤズについて」：http://www.city.nagato.yamaguchi.jp/kurashi/industry/downloads/07yazu.pdf　（二〇一四．八．一）
長門市水産物需要拡大総合推進協議会ＨＰ「長門市仙崎のシイラについて」：http://www.city.nagato.yamaguchi.jp/kurashi/industry/downloads/09shiira.pdf　（二〇一四．八．一）
山口県ＨＰ「山口県漁業調整規則」http://reiki.pref.yamaguchi.lg.jp/reiki/Li05_Hon_Main_Frame.exe　（二〇一四．八．一）
中四国農林局山口統計情報事務所「山口農林水産統計年報―平成六年」：http://www.maff.go.jp/chushi/kohoshi/kankoubutu/35yamaguchi/pdf/h6nenpou1.pdf　（二〇一四．八．一）

二章　民俗分類と商業論理の相関
——アワビの分類と命名——

一　はじめに

人は自然をいかに認識するか。そもそも自然とは何なのか。また、その認識のあり方は、人と自然との関係のなかでどのような意味を持つのか。これは、自然観そのものを問うことであり、すぐれて文化的なテーマである。人が自然物を眺めるとき、その眼差しは多様である。そのなかでも、分類と命名のあり方は、もっともストレートに、人がいかに自然を認識し、また利用してきたかを表すことになろう。

従来、人による自然の認識と利用といったことを考えるとき、海や山に暮らす人びとが生業を通して体得した海や山についての民俗知識をもって語られることが多かった。もちろんそれは魅力的なテーマになりえるし、それに応えるだけの豊富な知識をそうした人たちは提供してくれる。その一方で、日本人論や日本文化論においては、自然と対峙して日々の生業を営む人びとの知識や技術がそのまま日本人全体に一般化されてしまうことが多くみられる。しかし、両者を一足飛びに結び付けることは可能なのだろうか。

海や山で生業を営む人、いわゆる第一次産業の従事者は、現代では国民の四．八％（二〇〇五年現在）にすぎない。そこで、現代の日本において、海や山に暮らす人びとの民俗知識と、国民の約七〇％を占める都市生活者の自然観とを結ぶ回路として、ここでは商業活動に注目することにする。海や山の産物は商業活動を通して都市生活者のもとに届けられるが、その過程で海や山の知識は変成を加えられながら都市生活者が解読可能なものに変換されていることが想定される。

本論では、とくにアワビの分類と命名のあり方に注目して、漁業者・商業者・消費者（都市生活者）について比較し、漁師の民俗知識がいかに都市生活者の知識として受け入れられてゆくのか、そのプロセスを追究する。

魚介に限っていうなら、研究対象として、その名称に本格的に注目したのは渋沢敬三が嚆矢であろう。渋沢は魚名を「人と魚との交渉の結果成立した社会的所産」と位置づけ、「時と所と人とにより多くの場合複雑なる変化を示す」とした（渋沢、一九五九）。そして、渋沢は全国各地の多様な魚名語彙を収集し分類整理するという方法をとったが、その多様さゆえに結局のところ「人と魚との交渉」のあり様をうまく抽出することはできなかった。

魚介の民俗分類と命名に関する研究は、分類の法則なり意味なりを見つけだすこととともに、なぜその魚介は分類・命名されなくてはならなかったのかが問われてはじめて人にとって意味のあるものとなる。民俗分類はいわば人が自然界の存在である魚に対してきわめて恣意的な意味付けをおこなうことであるが、そうした恣意性のなかに内在する文化の特性や価値の体系を明らかにすることこそ重要であろう（秋道、一九八四）。

それには、広範囲に類例を集めて分析するという渋沢のとった辞典編集方式ではなく、一地域において魚介の民俗分類が人の生活といかに関わるのかを多面的に検討することが必要となる。本論では、基本的にそうした立場に立って魚介の民俗分類を考察する。

したがって、本論は、先に示した研究目的とともに、古くから高い商品価値を持ち続ける貝（アワビ）に注目し、その分類・命名のあり方を通して、民俗分類の持つ文化的意味を考察し、それが現代生活といかに関わるのかを明らかにする。ひと言でいえば、生活文化体系における民俗分類の存在意義を問うものである。

なお、命名の体系についてはさまざま存在するが、以下に示す通り、本論では使い分けている。実体としては一種にすぎない魚であっても、学名、標準和名、一般和名、地方名、市場名、商品名など、命名の体系ごとに異なった名称をもつことになる。

「学名」は、生物につけられた世界共通の名称で、一般にはリンネにより体系化されたといわれる。おもにラテン語で表記され、生物学など学術世界で使用される。その学名に対応して、日本における名称として設定されたのが「標準和名」で、日本国内では共通する名称となる。また、標準和名と同じ意味で慣行的に他の名称が用いられることがあるが、そのときにはそれを「一般和名」と呼ぶ(1)。学名および標準和名と一般和名はそれぞれ生物分類学上でいう種に対応している。

そうした生物学的なレベルの命名体系とは別に、本論で注目するのは「地方名」である。日本国内で共通する標準和名とは異なり、同じ生物であっても地域ごとに違った名称となる。地方名の場合、単に地域ごとに呼称が異なるだけでなく、生物学とは別の論理で命名されていることに特徴がある。たとえば、地方名のひとつに「成長段階名」があるが、それは同じ種でありながら成長の段階ごとに異なった名称が付けられる。成長段階名は成長のどの時点で名称が変化するか、またどのような名称を与えるかといったことで、生物学上の論理とはまったく異なった在地および生活者の論理が見えてくる。なお、この問題についてはすでに別稿にて論じている（安室、二〇〇三）。

そして、本論においてとくに注目するのが、自然界から人の手に渡って以降、商品として流通する段階でさまざまに分類・命名されることである。その第一段階を本論では「市場名」と呼ぶことにする。市場名は漁業協同組合の市場つまり生産者から仲買へと魚介が移行する段階で設定されるものである。そのときの市場とは築地のような公設の巨大卸売市場ではなく、魚が水揚げされる港において漁協単位で運営される地域市場（漁協市場）を想定している。つまり、市場名は生産者の論理から商業者の論理へという最初の移行段階にあり、そうした論理の展開が分類・命名にどのような変化をもたらすかを見ることができる。

さらに、本論において新たに研究の視角として導入するのが「商品名」である。仲買段階で分類・命名されたものが、今度は小売りのため消費者の前に並べられる。当然、それは「商品名」をもって消費者の前に現れることになる。そのとき商品化に伴う分類と命名の論理は地方名のそれとは大きく異なることが想定される（比嘉、二〇一一）。その不連続面を問うことなしに現代における魚名の研究はありえない。つまり、仲買・小売りといった流通を経て最終段階である消費者の手に渡るとき、何が連続し、何が不連続なのか、また何が新しく付加され分類・命名されているのかを改めて問題とする。

これまで魚名の研究において「市場名」や「商品名」が注目されることはなかった。しかし、現代を射程に入れた民俗研究をおこなおうとするとき、経済活動の中でどのような論理のもと分類・命名され、消費者の段階に至るのかという問題は避けて通ることはできない。言い換えるなら、漁業者という生産段階だけの問題とするのではなく、仲買・小売りを介して最終的には消費者に至るまでの見通しをもって魚名の研究はなされなくてはならないと考える。むしろそうした視角なくしては、現在に繋がるプロセスの解明を目的とした歴史方法論たる民俗学の研究とはいえまい。

二　海付きの村の生業

1　海付きの村、佐島の概観

フィールドとして取り上げる海付きの村は、神奈川県横須賀市佐島である。聞き取り調査における時間軸は、一九五〇年代を中心にしつつ、そこから二〇一〇年現在まで、つまり日本が高度経済成長に入る直前からその後の安定成長の時代およびバブル景気崩壊を経て現在に至るまでにおいている。

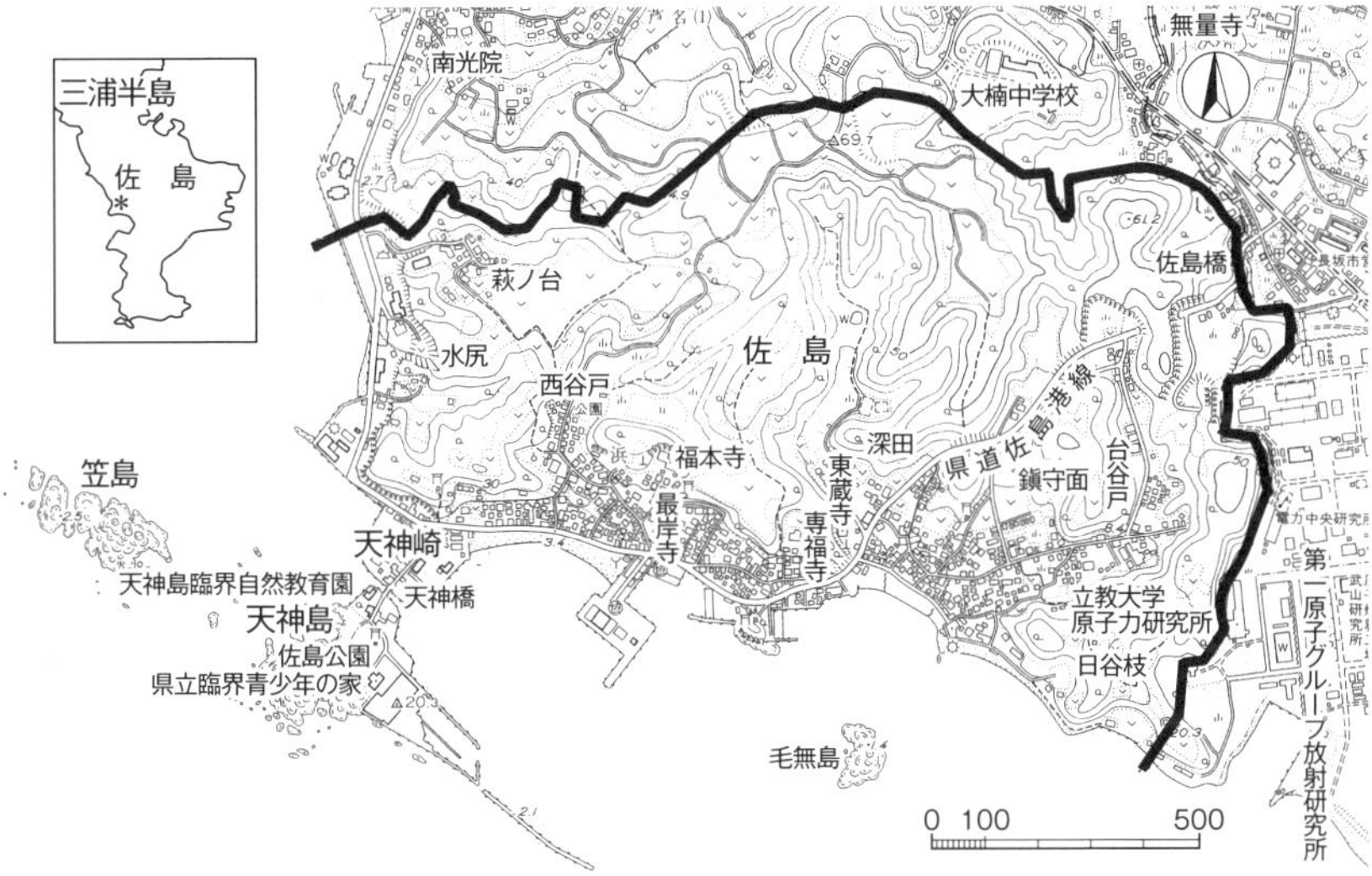

図1-2-1　佐島　　（横須賀市作成「横須賀市域図2」1989年を改変）

以下では、佐島について概略を述べておく。なお、佐島については、本書Ⅱ—一・二章において、海村の民俗空間構造および漁場認識について論じており、本論と図版やデータの一部が重複していることをあらかじめ断っておく。

佐島は、北緯三五度一四分、東経一三九度三六分、本州太平洋側の中程に位置する（図1-2-1、図1-2-2）。三浦半島の西岸、相模湾に面する三〇〇戸（一九七〇年、世界農林業センサス）ほどの海付きの村である。太平洋岸を北上する黒潮の影響を受け、年平均気温は一五・八度と温暖な気候のもとにある。それを象徴するように、海浜植物のハマユウが自然群落を形成する北限地として知られる。

佐島は集落から見て南側に海が開け、北側は集落のすぐ後ろに三浦半島台地の丘陵地（ヤマと呼ばれる）が迫っている。そのため集落は山と海に囲まれた隔絶した景観をなしている。そして、傾斜地にヤト（谷戸）と呼ぶ浅谷が切れ込んであり、そこに小規模な水田が作られている。また傾斜面には畑が点々と拓かれている。そして、その傾斜地は三浦半島の最高峰である大楠山（標高二四二m）に続く。

集落南側に開ける海域は、地先に天神島や笠島、毛無島

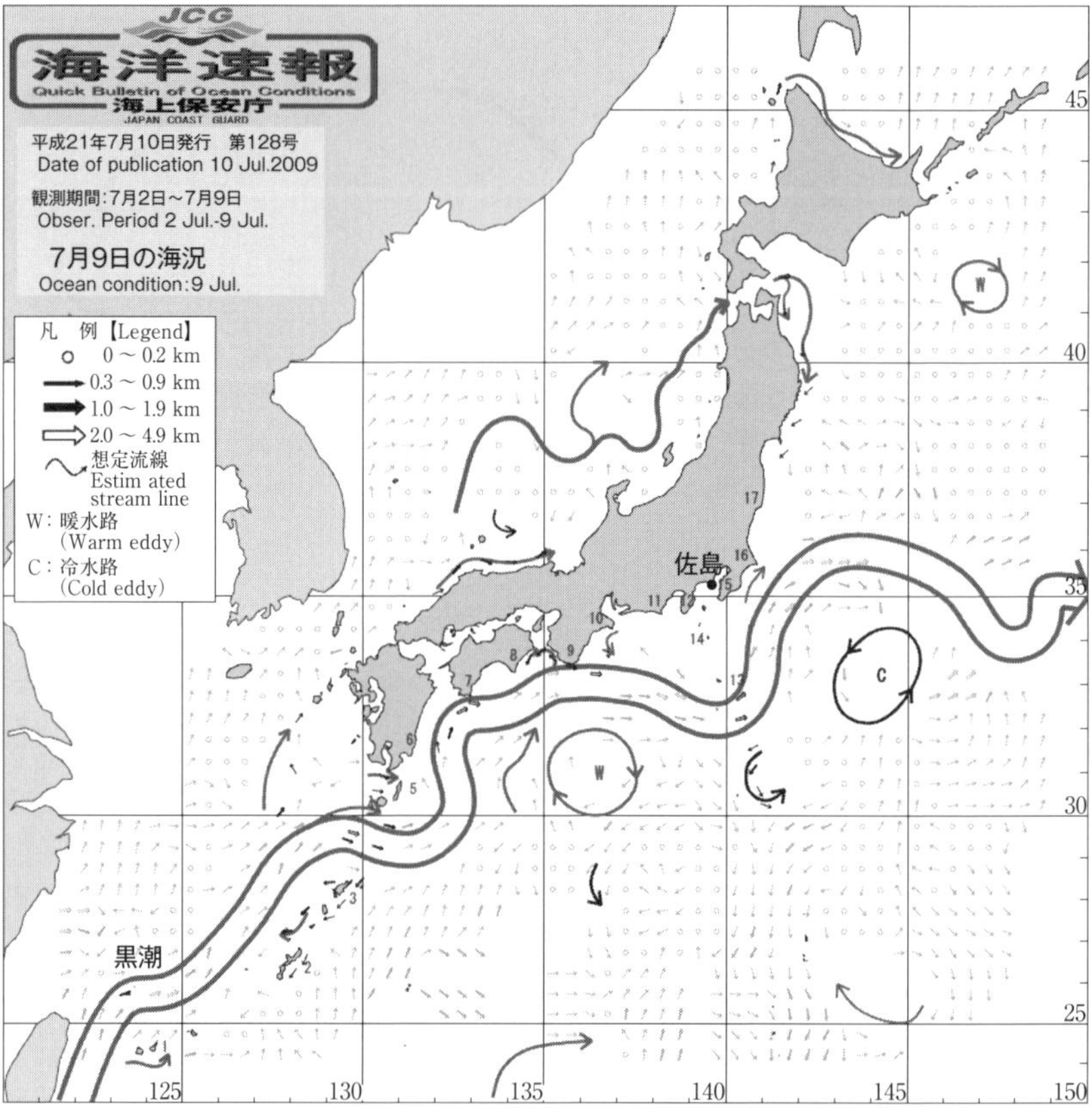

図１－２－２　日本列島と黒潮　　出典（海上保安庁 HP 2009）

といった小島が点在する。また集落の西には天神崎、東には小田和湾があり、出入りの多い複雑な海岸地形をなしている。海岸には磯根の岩礁帯が広がるが、集落前や磯根の合間には砂地もある。そうした複雑で多様な環境が佐島の海の特長であり、黒潮の影響を受けた温暖な気候と相俟って、生活文化の形成に多大な影響を与えている。

　明治四年（一八七一）の戸籍簿によると、総戸数一七六戸のうち一五一戸が漁業に従事するが、そのうち一三五戸が農業も営む「農間漁業」とされている（神奈川県教育庁指導部文化財保護課、一九七一）。じつに漁家割合は八五パーセントに達する。そうした状況は、本論で設定した時間軸である昭和三〇年代の高度経済成長期の直前まで、ほとんど変わっていなかった。

しかし、いわゆる漁村とされる佐島も、横須賀（一〇km圏）、横浜（二五km圏）、東京（四〇km圏）といった大都市に近接するため、交通網の整備やモータリゼーションが一気に進んだ高度経済成長期以後はマリーナなどのリゾート開発や大規模な住宅開発が進んでおり、村落としての景観は大きく変貌しつつある。農林水産省の漁業センサス調査（第一〇次、一九九八年実施）では、佐島は第二種漁港を有する漁業集落と認められるが、総世帯数五七五戸（一九九七年統計）のうち漁業世帯は一三五戸で、漁家割合は二四パーセント弱にすぎない。

2 百姓漁師という生き方

佐島では、イソネ（磯根）を中心とした多様な海岸環境を背景に、近代以降だけみてもさまざまな漁がおこなわれてきた。モグリ（潜り）やミヅキ（見突き）のほか、エビ網（磯立て網）やゴロタ網などの網漁、一本釣りや延縄といった釣漁、そのほかイソドリ（磯採り）のような漁撈とも採集行為ともつかない生業も広くおこなわれていた。さらには、太平洋戦争後になると、ハマチやノリ・ワカメの養殖といった栽培漁業もおこなわれるようになる。

そうした多様な漁法の中にあって、まず基本として、秋から春にかけてのミヅキと夏のモグリという組み合わせがあり、その合間を縫って、またはそれに並行していくつかの漁が組み合わされるというのが、佐島のようなイソネ（磯根）を中心とした海付きの村における漁撈パターンであるといってよい。歴史的にみて、このミヅキとモグリという組み合わせはいっかんして変わらない。そのとき、ミヅキとモグリに対する組み合わせの要素として、イソドリは大きな意味を持っている。この点も歴史的には不変の組み合わせとなる。

佐島では漁のことを「商売」という。「商売になる」「商売にならない」というように使う。自家消費的な漁は商売とはいわない。だから、いくら多く捕れても金にならなければ、商売とはいえず、そうした漁は男はおこなわない。佐島の場合、商売上の商品として突出して高い地位にあるのがアワビである。

佐島には、男の漁と女の漁がある。その漁としての性格や位置づけは対照的である。前者はモグリやミヅキに代表され商売とされるが、後者はイソドリに代表されるもので商売とはいわない。多くの場合、モグリとミヅキはアワビに特化した漁である。

そうした男の漁に対して、女が担う漁はオカズトリであり、自家消費を目的としている。ただし、だからといって女の漁が生産性が低いわけではない。むしろイソドリのように年間を通じて漁が可能となるため、一回に捕れる量はその日に消費される分程度であっても、年間の生産高はかなり大きなものがあると推測される。しかし、イソドリによる漁獲物はほぼすべて自家消費されてしまうため行政資料や統計書に現れることはなく、漁自体も行政や漁協の管轄外に置かれている。

また、男の漁がいわば市場で取引される「商品」に特化したものであるのに対して、女の漁はその家で食される多種多様な魚介類が対象となる。そうした女の漁の獲物のなかには、食べておいしいものも多いとされる。その点では十分に商品価値を持ちえるが、結果的に漁獲の絶対量が少ないために商品となることはない。けっして男の漁よりも商品として劣っているため、女の漁の獲物が自家消費に回されるわけではない。

同じことが、農と漁の対比でもいえる。漁が男の仕事だとすると、農は女（および老人）の仕事となる。農地の管理は女とくに主婦のもとにあった。そこでは、自家用として、ムギやマメをはじめ、ダイコンなどの野菜ものが作られていた。とくに食卓に直結するヤシキバタケ（屋敷畑）の管理はすべて女に任されている。

その時、男は「指先が鈍る」（漁に差し支える）として、鍬を持たないという人は多かった。また、モグリの期間はモグリのこと以外は農事に限らず一切しないという人もいた。総じて商売（現金収入）にならないものを壮年の男は忌避したり馬鹿にしたりする傾向がある。

さらに佐島の女は、ボテフリ棒（天秤棒）を担いで魚の行商をしたり、土方（日雇いによる土木作業）に出るものさえあったという。このほかにも、モグリをおこなう家では船上で暖を取るための薪の調達は女の仕事とされた。そうした家の女は大楠山山麓にある佐島の飛び地へ木を切りに行っては五〇～六〇kgもあるマツの束を担いできた。こうした薪取りが女の仕事として認識されていたことは、佐島に限らず、海士（男の裸潜水漁）の村では一般的なことであった。瀬川清子は男（海士）が裸潜水漁をする地域はもちろんのこと、裸潜水漁自体を女（海女）がおこなうところにおいてさえ、薪の調達は女の義務であったことを指摘している（瀬川、一九四九）。

このように見てくると、男は漁に専心することで金銭を稼ぎ、女がさまざまな仕事で生活や男の漁を支え、トータルとしてその家の生計が維持されていたことがよく分かる。イソネ地帯の海付きの村においては、生計維持において、男はスペシャリストを志向し、女はジェネラリストを志向したことになる。つまるところ、男が「漁師」で女が「百姓」となるわけで、その総計が「百姓漁師」という生計維持のあり方になる（安室、二〇一二）。こうした男女の分業と協力が、イソネ地帯の海付きの村に暮らす百姓漁師にとって、その生き方を特徴づけているといってよい。

3　百姓漁師の漁場と漁法

佐島漁師のほとんどは百姓漁師であるが、彼らが主として用いる漁場が民俗空間としてのキワである。水深約二〇mを境に、それより浅い海域をキワ（際）、深いところをオキ（沖）と呼ぶ。一本釣りなどのオキでの漁は沖職と呼ばれるが、それはキワでの磯漁の合間におこなわれるにすぎず、生計活動のほとんどはキワで営まれていたといってよい。そのひとつの現れとして、図1-2-3に示すように、佐島の漁師は陸上の地名にもまして詳細にキワのネ（根）やイソ（磯）を命名している。漁場としての日常的かつ継続的な利用がそうした海底の詳細な認識を生んでいるといっ

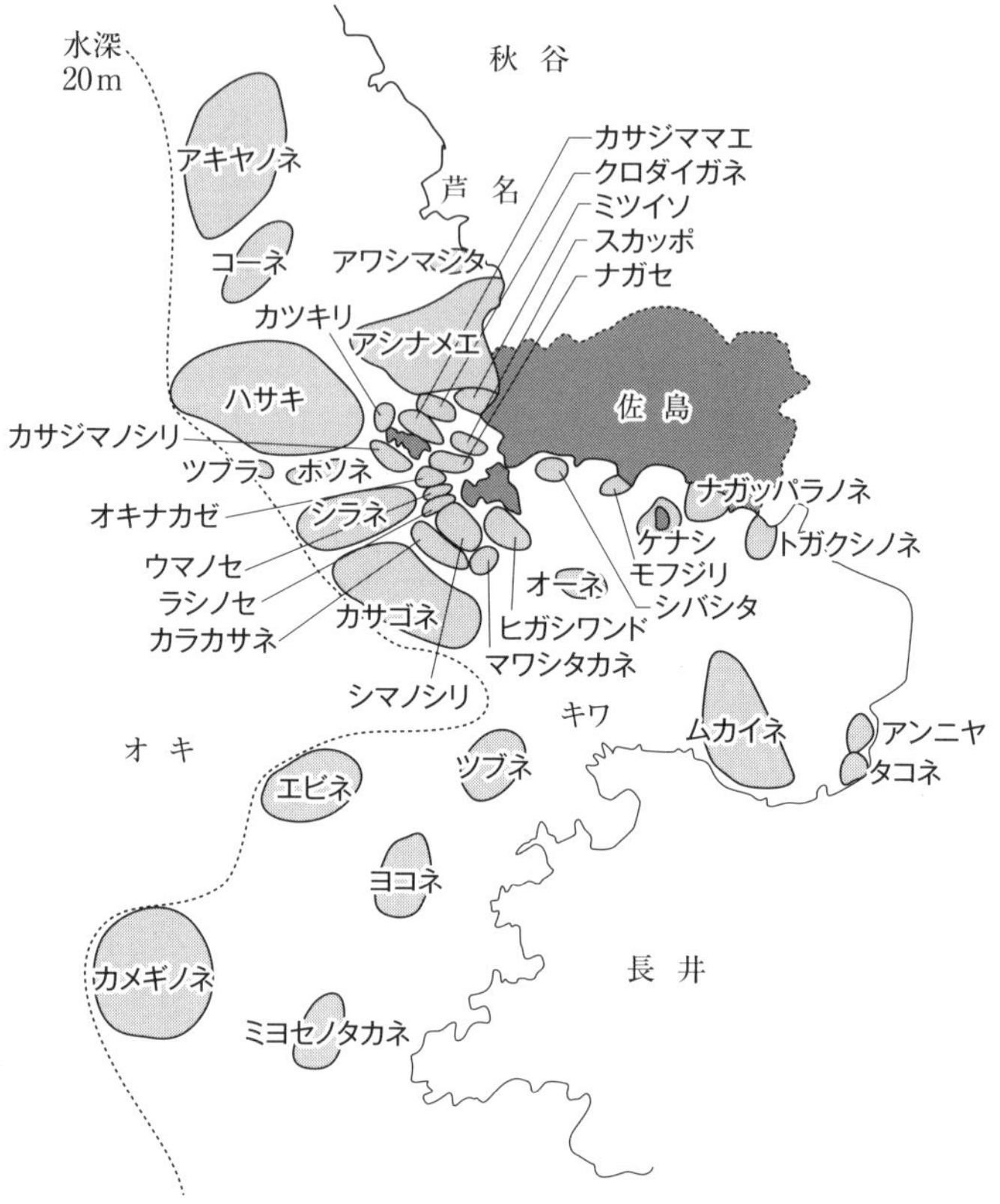

図１－２－３　ネの名前—佐島とその周辺—

てよい。

佐島の場合、集落前の一部に砂浜があるものの、キワの大半は岩礁地で、そこは海藻が生い茂るイソネ（磯根）となっている。佐島のイソネを模式的に描いたものが図1-2-4である。アワビはそうしたイソネの中でも、岩の隙間や割れ目となるホラ（えぐれた穴）の中やタナ（張り出した岩）の下に多く棲んでいる。

佐島においてアワビを採集できる漁法はミヅキとモグリにほぼ限られるといってよい。両者は漁法としてはまったく対照的であるが、漁場として用いる空間はほとんど同じである。主として狙う魚介類も同じで、第一に商品価値のもっとも高いケー

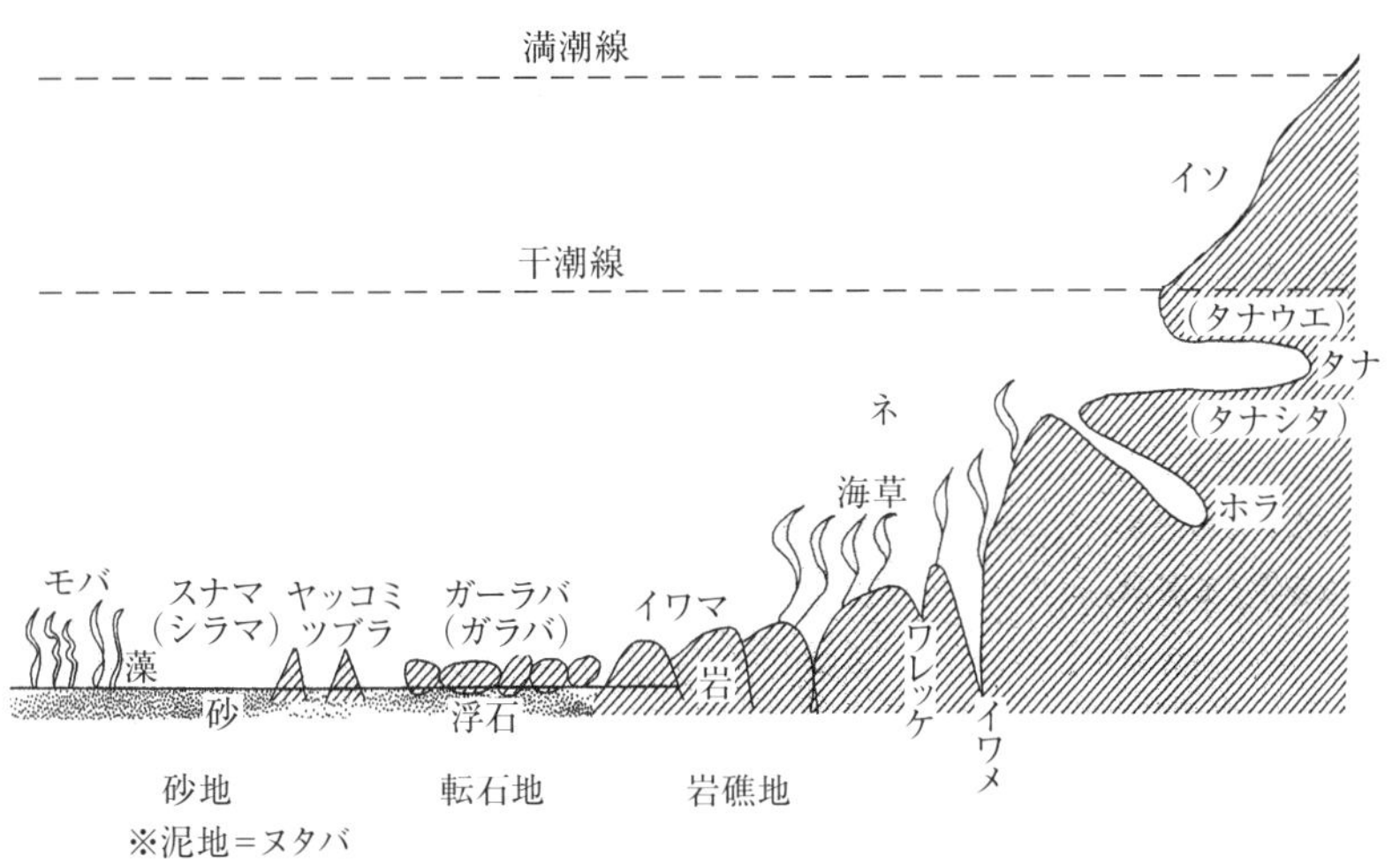

図１－２－４　イソネの海底微地形（模式図）

（アワビ）となる。ただし、モグリは夏、ミヅキはそれ以外の時というように時期を分けているため、ひとりの人がミヅキとモグリの両方をおこなうことが可能である。なお、モグリは漁協の取り決めで操業期間が七月から九月までの三ヶ月間に制限されているが、ミヅキにはそうした期間の制限はない。したがって、何らかの理由でモグリができない人の中には、一年を通してミヅキをおこなう人もいた。[2]

　ミヅキの場合、船上からほぼ真下に竿を下ろしてその先端部で掻いたり突いたりして獲物を捕るため、ホラ（洞）やタナ（棚）に入っているアワビを採ることはできない。そのため、ノテンゲ（野天貝）と呼ぶ岩の上に出ているアワビを狙うことになる。ノテンゲは水深三ヒロ（四・五―四・八m）より深いところに多い。[3] また、ミヅキで採ることのできるアワビは、多くがマダカアワビで、一〇個に一個の割合でメガイアワビが混じる。もっとも商品価値の高いクロアワビは一年のうちのごく限られた期間しか採ることはできない。

　それは、クロアワビは暗いところを好むためミヅキをおこなう日中はタナやホラの奥に入っているからである。[4] それに対して、マダカアワビはホラやタナのような暗いところよりも、タナの庇部の上などに出てノテンゲとしていることが多く、ミヅキで採るのに適している（マダカアワビも小さいときはタナや岩の下に入っている）。また、メガイアワビはタナの中でもあまり奥の方は好まず入り口付近にいるため、ミヅキでも採ることができる。

そうしたミヅキに対して、実際に海底に潜るモグリではノテンゲに加えタナが主たる狙い目となる。必然的にミヅキでは採ることのできない、また商品価値のもっとも高いクロアワビを多く採ることができる。タナやホラは手や腕しか入らないような小規模なものばかりではなく、半身やまた身体全体が入ってしまうような深く大きなものもあり、そこは多くのクロアワビやメガイアワビが入っている。そのため、大きなタナやホラばかりを専門に狙うモグリもいた。

しかし、それは大きな危険を伴い、かつ息が長い人しかできない。そのため、体力がありまた怖いもの知らずの若いうちにしかできないとされ、多くの人はある期間（せいぜいできるのは一生のうちで五年ほどだとされる）だけオオホラ（大洞）やオオタナ（大棚）を専門にしていたに過ぎず、その後は手で採れるくらいのタナやホラをこまめに採って回るモグリに転換していく。

そうしたことからいえば、モグリはミヅキに比べると、アワビ採集に関しては有利で、かつはるかに効率の良い漁であった。しかし、モグリはウエットスーツが登場するまでは裸での潜水を余儀なくされたため、夏でも何時間も連続して潜ることはできなかった。当然、七月から九月中頃までのもっとも暑い期間、せいぜい二ヶ月半程度しかできなかった。しかも、そうした時期はネにはカジメなどの海草が生い茂っており、ホラやタナの見通しは悪くなっている。そうしたことを考えれば、モグリでも相当数の取りこぼしがあったといってよい。

それに対して、ミヅキの場合には、一年の残りの期間、つまり約九ヶ月の間おこなうことができる（ただし、アワビについては一一月一日から一二月三一日までの二ヶ月間は禁漁）。また、一一月くらいからカジメなどの海草が枯れ始めるため海底は見通しがきくようになるという利点もある。

つまり、モグリは短期間に相当量のクロアワビを集中的に捕ることが可能な漁法であるのに対して、ミヅキは少しずつではあるが長期に渡ってマダカアワビを中心にアワビを採集することが可能な漁法であるといえる。その二つの漁を組み合わせることで年間の漁撈の基本パターンとするのが佐島のようなイソネ地帯における「商売」であり、生計維持法であった。

三　百姓漁師の漁撈活動—男の漁と女の漁—

1　モグリ—男の漁

裸潜水漁を三浦半島では一般にモグリと呼ぶ。それはミヅキ漁とともにアワビを漁獲することのできる主たる漁法となる。しかし、モグリは三浦半島の場合、相模湾岸にしか見られない。つまり、裸潜水漁は東京湾岸ではおこなわれない。また、三浦半島では志摩半島や房総半島とは異なり、男性しかモグリに従事することはない。

相模湾岸にある佐島はモグリの村として知られる。一九七〇年代にウエットスーツが用いられるようになるまでは、身に着けるのはスコシ（素腰）と呼ぶごく小さな褌のみで、まさに裸に近い姿で潜水していた。いわゆる機械モグリおよびアクアラングの装着は現在でも禁止されている。

佐島のモグリは潜る深度に応じて、オキモグリ（沖潜り）、キワモグリ（際潜り）、イソモグリ（磯潜り）に三分類される。大まかな基準としては、イソモグリは、背の立つところ、つまり水深が一ヒロ（一・五—一・八m）より浅いイソ（磯）が主たる漁場となり、キワモグリは五ヒロ（七—八m）くらいまでのイソおよびネ（根）が漁場となる。オキモグリではその人の潜水能力や生業戦略にもよるが六ヒロ（九m）から一五ヒロ（二三m）くらいまでのネが漁場となる。

なお、イソモグリはキワモグリの一部という認識の人もおり、その場合には佐島のモグリはキワモグリとオキモグリに二分類されることになる。このうち佐島においてもっとも一般的なモグリはキワモグリである。

一九五〇年代、オキモグリは多いときでも一五人くらいしかいなかった。それに対してキワモグリはさまざまな漁と兼業する人を含めると五〇人は存在した。キワモグリ五〇人のうち、イソモグリは一〇から二〇人くらいであった。イソモグリの数に幅があるのは、キワモグリかイソモグリかの違いは自己認識による部分が大きく、客観的に見て明確な基準といったものがなかったからである。

二〇一〇年現在はモグリの仲間（任意組合）はひとつだが、一九五〇年代には、オキモグリとキワモグリとは別の仲間ができていた。そのとき、イソモグリには独自の仲間はなく、キワモグリに含まれていた。その意味で、イソモグリは独立した類型というよりは、キワモグリの中に含まれるものであるといってよい。事実、普段はキワモグリでも、風が強くて舟が出せないときにはイソモグリをする人は多い。

二〇一〇年現在、佐島ではモグリの漁期は七月一日から九月三〇日までの三ヶ月間と漁業協同組合で決められている。その間、モグリに出るのは四〇～五〇日である。一九五〇年代は、六月一日から一〇月一〇日までの四月十日《よつきとうか》（四ヶ月と一〇日間）がモグリの漁期であった。しかし、実際には九月半ばにもなると寒くてモグリの能率は落ちてしまうため、エビ網やミヅキといった他の漁に移る人は多い。

① キワモグリ

キワモグリは、キワ（際：水深二〇m以浅の水域）を主な漁場とするモグリである。通常、岸から漁場となるキワのネまでは舟で行く。ひとりで行く場合と、一艘の舟（三丁櫓の大船）に四・五人が乗り込んで行く場合とがある。比較的経験の浅い（若い）うちは集団で舟に乗り合って行くことが多い。その後、経験を積み自分の舟を持てるようになると、ひとりで行くようになる。

狙いをつけたネに着くと碇を打って舟を固定し、旗を立てて海に潜る。旗がモグリをしていることの印となる。この旗が立っている半径五〇m以内は危険防止のため他の船舶が通ること、および網を掛けることが禁じられている。そして舟を中心に、アワビが多いとされるネのハタフチ（砂地との境）をおもに潜ってまわる。複数で行った場合には、お互い邪魔にならないよう舟を中心に放射状に広がって漁をする。

モグリの時にはメガネ（水中眼鏡）をつける。浮子として使うタル（樽）には、スカリ（網でできた獲物入れ）をつり下げ、ケーオコシ（アワビの掻爬具）も長い紐で繋いでおく。こうしてタルを使うためキワモグリのことをタルモグリ（樽潜り）ともいう。人によっては、モリやヒシ（ともに刺突具）も持っていくこともある。トコブシはイソガネで採り、アワビは身に傷を付けないようにケーオコシで剝がしてから採った。ヤスは魚、ヒシはタコを突く。

キワモグリでは、午前八時に漁に出て午後三時頃まで海にいるが、その間に一人当たり一〇〇～一五〇回の潜水を繰り返す。その間は、一～二時間に一度の割合で舟に上がって三〇分ほどヒドコ（火床）の火に当たって暖をとる。どれくらいの間隔で舟に上がるかは人により、また海中の状況により異なる。

写真１－２－１　キワモグリ

② オキモグリ

オキモグリはキワの先にあるオキ（沖：水深二〇m以深の水域）にまで漁場を拡大したモグリである。そのため、オキモグリは必ず漁場まで舟で行く。基本的にオキモグリはひとりでおこなうが、トモロシという助手を連れて行くこともある。

トモロシの役目としては、潜水中に潮に流されないよう舟を操ったり、火を起こしたり、またフンドン（分銅：四―五kg程度の重り）を引き上げたりする。男児がいればそれをトモロシにするが、女児の場合はたとえ子どもであっても舟には乗せない（トモロシにはしない）。とくに風が吹いて舟を一定の場所に停泊しておくことが難しいときにはトモロシが必要である。

漁場とするネに着くと、ひとりの場合には、碇を降ろしてしっかりと舟を固定し、キワモグリと同様に旗を立てておく。そうしてから舟の真下かごく近くでモグリをおこなう。キワモグリのようにタルを使って舟から離れて漁をおこなうことはない。

ケーオコシに紐を付けて首に掛けておき、ヒシやモリは手に持ち、メガネ（オキモグリ用のものは水圧調整のためのフウセンが着いている）をして潜る。持ち物はキワモグリに比べると少なく、最小限に留める。潜るときには、フンドンを利用する。そのため、オキモグリをフンドンモグリ（分銅潜り）ともいう。フンドンにつかまり頭を下にして一気に海底へ降りる。獲物があるときは手に持って浮上するが、持ちきれない分はスコシ（褌）の紐のところに挟んでくる。水面に上がると獲物を舟に上げ、櫓元に結び付けてある紐をたぐってフンドンを引き上げ、またそれにつかまって海底へ潜る。そのように五～一〇回、潜水を繰り返す。そうすると真夏でも身体が冷え切ってしまうため、いったん舟に上がって暖をとる。舟上では体を拭き、ボッタと呼ぶ仕事着を背に掛けてヒドコの火に当たる。舟にはトバ（覆い）を掛けてヒドコの火が消えないようにしておく。

海中にいる時間は三〇～五〇分程度で、その後三〇～六〇分は舟上で火に当たるということを繰り返す。その単位をクラという。つまり舟から海中に下り、また舟に上がるまでが一クラである。なお、一クラあたり潜る回数や時間は人それぞれである。通常一日に、昼飯までに二クラ、その後に二、三クラの計四、五クラおこなう（つまり一日に計三〇～五〇回潜ることになる）。午前八時過ぎから潜り、午後三時には漁を終える。

③　イソモグリ

イソモグリはイソ（磯）つまり干潮になると水面に岩が露出する水域を主な漁場とする。そのため、通常イソモグリは舟を使わない。陸（オカ）を歩いて漁場となるイソに入って行くので、オカモグリ（陸潜り）ともいう。基本的にひとりでおこなう。ショイビク（背負い篭）に漁具等の道具を入れてゆくが、帰りにはそこに獲物も入れる。漁場は主に天神島や笠島の周囲のイソである。水深二m以浅の背の立つところが中心となる。メガネを着けて水に潜り、イソガネ（トコブシトリ）を用いてトコブシやアワビを採る。採ったものはイソの潮だまりのところにスカリに入れて置いておく。強風のため舟を使えずキワモグリに行けないときにおこなわれることが多い。

2　ミヅキ―男の漁

ミヅキは佐島を代表する磯漁の一種で、モグリと並ぶアワビ採集の漁法である。舟上から筒状の桶にガラスをはめたメガネを用いて海中を覗き、長い柄の付いた掻爬具や刺突具を用いてアワビやイセエビなど魚介類を捕ったり、また切除具を用いてワカメなどの海藻類を採集したりする。なお、メガネが普及する以前（明治時代前半頃まで）は、竹筒に油を入れていき、そこに棒を差して先に付いた油を水面に垂らしては、その油が海面に広がる一瞬を利用して水底を見通しては獲物を捕っていたとされる。

また、夜間におこなうミヅキの一種にヨヅキ（夜突き）がある。夜、松の根を燃やして灯りとし、それに目が眩んで動きの鈍くなった魚を銛で突きとる。水深三メートル以内の浅いところでおこなうが、昼間にはいない大型の魚を捕ることができる(5)。

ミヅキは基本的にひとりでおこなう漁である。片手で各種の竿（採取具）を操り、顔でメガネを海面に押さえ、もう片方の手で櫂を漕ぐ。しかし、ゾー（アワビトリ）で起こしたアワビを竿先に付けたタマで掬ったり、またエビスキ（エビスクイ）のように、竿先に付けたタコで脅しながら、タマでエビを掬ったりするときには、両手が竿の操作でふさがってしまうため、足で櫂を操ることになる。まさに全身を使っての漁である。

ミヅキの場合、波や潮の流れのある海上で一定のところに舟を留めておかなくてはならないため、どうしても細かな櫂の操作が必要となる。そのため、かつては二人で舟に乗ることもあった。その場合、ひとりがトモロシといって櫓を操る役となり、もうひとりが竿を操り実際の漁をおこなった。

ミヅキ漁をおこなうのは男性のみである。現在、佐島ではミヅキ漁に重きを置く人は四・五人になってしまったが、かつてはモグリに匹敵する人数が従事していた。

そうした状況が変化するのは、モグリにウエットスーツが登場（一九七〇年頃）して以降である。これにより、夏のモグリと秋から春にかけてのミヅキという生計維持の基本的な組み合わせが成り立たなくなったとされる。ウエットスーツを着用することで長時間の潜水が可能となり、アワビが夏場のモグリでおおかた採られてしまうようになったためである。そのため、ミヅキは生計上の重要性が低くなり、結果としてミヅキ漁師の数が減少していった。また、その後もミヅキを続ける人はアワビ専門では成り立たないため、サザエやイセエビに漁の重心を移した人が多い。

ミヅキはその気になれば一年中おこなうことはできるが、主たる漁期は一一月から二月頃までの寒冷期である。ただし、一一月一日から一二月三一日まではアワビは禁漁となるため他の獲物を狙うか、またはミヅキ以外の漁に重心を移す。

一一月、北風が強くなり、海水が澄んでくるとともに、カジメなどの海藻が枯れてネの中が空いてくる。そうなるとミヅキに適した環境となる。舟上からメガネで覗いたときの見通しが良くなるからである。さらに一月は、いったん枯れたカジメからでる新芽を食べに昼間でもホラやタナの奥からアワビが出てくるため、ミヅキでも採りやすくなる。とくに普段は暗いところを好みホラの奥にいるクロアワビをミヅキで採ることができるのはこの時期しかない。

カジメの新芽がでる季節は浜から見ても海が真っ赤になったという。一月末になるとカジメは葉を広げだすため、また徐々に海中の見通しは悪くなっていく。そうして二月末まではなんとかアワビを主としたミヅキが可能となる。その後も、漁獲の対象を変えれば、夏でもミヅキはでき、実際に年間を通しておこなう人もかつては存在した。しかし、夏になると、アワビ採りに関しては、ミヅキはほとんどおこなわれなくなる。モグリの方がはるかに効率が良くなるし、また網漁を中心に他の漁もおこなわれるようになるためである（身体上の理由でモグリができない人やミヅキ漁が得意な人がわずかにおこなう程度）。

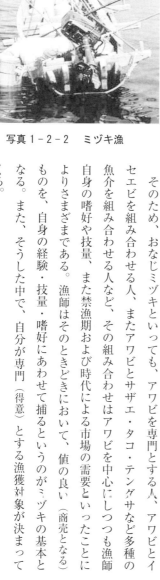

ミヅキの漁獲物は、アワビ（禁漁期一一・一～一二・三一）を中心に、イセエビ（禁漁期　六・一～七・三一）、サザエ、タコ、ウニ、テングサなど多様なものがある。このほか、ヨヅキでは、コショウ（コショウダイ）やクロダイ、ヒラメなど大型の魚を捕ることができる。このように多種の魚介類を採補することができるのがミヅキ漁の大きな特長である。

写真１－２－２　ミヅキ漁

そのため、おなじミヅキといっても、アワビを専門とする人、アワビとイセエビを組み合わせる人、またアワビとサザエ・タコ・テングサなど多種の魚介を組み合わせる人など、その組み合わせはアワビを中心にしつつも漁師自身の嗜好や技量、また禁漁期および時代による市場の需要といったことによりさまざまである。漁師はそのときどきにおいて、値の良い（商売となる）ものを、自身の経験・技量・嗜好にあわせて捕るというのがミヅキの基本となる。また、そうした中で、自分が専門（得意）とする漁獲対象が決まってくる。

そうした多様な漁獲物のなかにあって、アワビの位置は特別である。近代以降、商売としておこなうミヅキでは主要な漁獲対象はアワビとなる。それはその商品価値の高さに起因する。しかも、そうした商品価値はテングサのように大きく変動することがない。この点は、アワビが第一の漁獲対象とされる背景として、ミヅキに限らず、モグリにも共通することである。

そのため、実際には、まずはアワビを狙いつつ、自然条件や技量によりそれがかなわないときには他のものを採るという戦略をとることになる。そして、さらにそうした基本に、時期を限定してテングサやイセエビなど多様な漁獲対象を組み合わせていく。

3　イソドリ――女の漁

イソドリ（磯採り）はオカドリ（陸採り）ともいい、磯物採集のことである。おもにイソおよびイソに近いネにおいて、背の立つ深さまでの範囲でおこなわれる。水中を見るためにメガネ（筒状をした桶の底面にガラスを張ったもので、ミヅキで使用するものより小型・軽量に作られる）を用いることが多いが、モグリ漁のおこなわれる相模湾岸の佐島では、モグリ漁師の用いるようなメガネ（頭の後で固定し顔に密着させるもの）を使うことは慣行として禁じられている。それを用いれば、漁業権が必要なイソモグリとみなされる。

しかし、実際にはイソモグリとイソドリの境界は曖昧である。用いられる漁具はほとんど変わらない。前述の補助用具としてのメガネが異なるだけである。とくにウエットスーツが登場して以降は、イソドリといいながら、背の立つ水深の範囲を超えて潜水による採取がおこなわれたりしている（ただし素目が基本で潜水眼鏡は使用してはならない）。

イソドリを商売（金銭収入）としておこなう人はいない。そのためイソドリ漁およびイソドリ漁師という言い方はしない。当然、漁獲物を市場に出すことはない。オカズトリが主の漁であり、楽しみでやっている人も多い。そのため、イソドリは女性（漁師の妻）や年寄り（隠居漁師、とくに会社経営されるアグリ網やキンチャク網の漁船員を引退した人

写真1－2－3　イソドリ（貝採集）

写真1－2－4　イソドリ（ヒジキ採集）

またミヅキやモグリの技術がない人）がするもので、壮年の漁師はおこなわない。イソにおける漁撈活動のうち、女性や年寄りがおこなうのがイソドリであり、青壮年の男性がおこなうのがイソモグリということになる。

ここで重要な点は、漁業権に関してである。モグリにしろ、ミヅキにしろ、それをおこなおうとする人にとって漁業権の取得（漁業協同組合に属すること）は必須の条件である。しかし、イソドリをおこなう人は漁業権を問われることはない。厳密に言えば、漁業権を必要とするが、一家の主人が漁業権を受けていれば、その妻や隠居老人といった家族がイソドリをすることは何ら問題ないとされる。そうしたことを考えれば、イソドリは「商売にはならない」という側面とともに「商売にしてはならない」といった側面もあるといえよう。

佐島の場合、イソドリは、ほぼ一年中おこなわれるが、もっとも適するのは二・三月の水の澄んだ大潮の時である。反対に、八月は潮が悪いためイソドリには適さない。また、イソドリは昼間だけでなく夜もおこなう。それをヨイソ（夜磯）またはヨシオ（夜潮）という。冬の大潮の晩、カンテラを灯してヨイソをした。

この場合、注目すべきは、漁業権に縛られないことで、ヨイソが可能になっていることである。ミヅキは神奈川県漁業調整規則により明確に夜間の漁は禁止されているし、モグリはもとより夜間の操業は不可能である。

そう考えると、イソドリの場合は漁業権に代表される法令規則に縛られないからこそ、各自の裁量のもと、大潮の時間に合わせて昼夜を問わず自由に採取をおこなうことができたといえる。

イソドリの漁獲物は多種多様である。イソにいる魚介類は食べられるものならすべてが対象となる。その意味で獲物が一種ないし多くて二・三種に特化する他の漁法とは一線を画している。具体的に佐島では、タマ（タマ、カジメッタマ）、トコブシ、タコ（マダコ、サムケダコ）、ナマコ、ウニ（アカッカゼ、クロッカゼ、バフン）、サザエ、カレイといった魚介類とワカメ、ヒジキ、テングサ、カジメ、アカモクなどの海藻類が採捕されている。なかでもタマとトコブシはイソドリで採ることが多く、主要な漁獲対象となっている。当然、アワビも希ではあるが採ることができる。

これらイソドリで採捕される魚介類はすべて自家消費を目的とする。その意味で、多種のものが少量ずつ（その日に家で食べる分程度）でも安定して採捕されることに意味（イソドリの漁業戦略）があるといえる。

三　百姓漁師における貝の認識―アワビの位相―

1　三浦半島のアワビ

アワビはミミガイ科アワビ属の巻貝の総称である。英名はabaloneで、日本ではアワビのほか、カタゲンナ（沖縄県）、イソモン（長崎県ほか）、オービ（三重県ほか）、ナマガイ（神奈川県）など地域によりさまざまな名称で呼ばれ、表記には鮑・鰒・蚫といった漢字が当てられる（川名、一九八八）。詳しくは後に分析するが、三浦半島（横須賀市域）は狭い地域ながら、アワビをケー（カイ）と呼ぶところ（相模湾岸）とナマガイと呼ぶところ（東京湾岸）に大別することができる。

日本には、種としては、クロアワビ（*Haliotis discus discus*）、メガイアワビ（*Haliotis gigantea*）、マダカアワビ（*Haliotis madaka*)、エゾアワビ(*Haliotis discus hannai*)の四種があり、このうちエゾアワビはクロアワビの北方亜種とされる。また、アワビに形態の似るトコブシもミミガイ科の一種である。アワビは一般に磯根地帯に棲息し、岩礁に育つカジメ・アラメ・ワカメ・コンブなどの褐藻類の海藻を餌としている。

本論において主なフィールドとなる三浦半島には、クロアワビ、メガイアワビ、マダカアワビの三種が棲息する。この三種は、分布域が太平洋岸では黒潮の流域とほぼ一致するため暖流系アワビと一括されることもある。その意味で、図1-2-2にあるように、三浦半島は暖流系アワビの漁場としてはほぼ北限に近いところにあるといってよい。また、三浦半島内をもう少し微視的に捉えると、アワビの漁獲は、相模湾岸に多く、東京湾岸には少ないという地域差が見てとれる。さらに言うと、クロアワビはその傾向がいっそう顕著である。しかし、近年ではその比率は大きく変化してきており、相模湾岸でもクロアワビの漁獲率は大きく減少している(神奈川県水産技術センター、二〇〇六)のに対して、東京湾岸ではむしろクロアワビの比率が高まっている(二〇一二年、横須賀市久比里にて聞き取り)。近年においては、相模湾岸でもまた東京湾岸でも大きくアワビの漁獲量は減少する中、クロアワビの分布にかつてのような偏差はなくなってきている。

クロアワビは、三種の中ではもっとも貝殻が長い楕円形をしており、殻の渦巻が高く盛り上がっている。身は濃い青灰色をしているため肉色により他の二種と見分けがつきやすい。成貝の生息域は、水深が潮下帯から餌となるアラメ・カジメの分布域までとなり、三種の中ではもっとも浅い海域にあるが、一方で習性として岩の下や穴の中など暗いところを好む。日本列島では北限が太平洋岸は千葉県銚子、日本海岸は北海道奥尻島となっており、南は九州南部まで分布する。

メガイアワビは、クロアワビに比べ貝殻が円形に近い形をしており、殻の表面に凹凸が少なく平たいのが特徴である。身は黄茶色をしている。成貝の生息域は、クロアワビよりはやや深いところのアラメ・カジメの分布域である。

日本列島の太平洋岸では北は房総半島から南は九州南部にまで分布する。

マダカアワビは、三種の中ではもっとも大型になり、一個が一kgを超えるものがある。中には殻長二五㎝重さ三kgに達するものもある。貝殻の表面には、凹凸が多く、とくに呼水孔（穴）が高く突出するので殻形により見分けがつきやすい。身は黄茶色である。成貝の生息域は、三種の中ではもっとも深い場所になる。日本列島の太平洋岸では北は房総半島から南は九州南部にまで分布する（奥谷、二〇〇六）。

なお、昭和二六年（一九五一）施行の神奈川県漁業調整規則により、アワビの産卵期を中心とした一一月一日から一二月三一日までの二ヶ月間は繁殖保護を目的に禁漁になっている。また、一九六八年からはアワビ資源の回復を目的に稚貝の中間育成とその放流を漁業協同組合単位でおこなうようになっている。三浦半島の場合、相模湾側と東京湾側とでクロアワビの分布に差がなくなってきたのは、そうした放流事業のためであるとも考えられる。

三浦半島は全体に台地状の地形をなしており、その台地が海にまで迫っている。そのため海岸線に平地は少なく、その狭い平地に海付きの集落が張り付くようにある。とくに相模湾側はそうした立地環境が多く、そこがアワビなど岩礁性の魚介類の主な生産地となっている。

図1-2-5は三浦半島におけるアワビ漁獲量の経年変化を示したものである（神奈川県水産技術センター、online：14697.pdf）。一九八〇年代後半まで年間四〇ｔを超える漁獲量を上げていたものが、それ以降には急激に減少し、年間一〇ｔ台になっていることがわかる。こうした現象は全国的な傾向でもある（海女研究会、online：matusuda.pdf）。さらに同図からは、神奈川県内の漁獲量のうち、その多くが三浦半島産であることが分かる。アワビの漁獲についていえば、三浦半島は神奈川県内において特別な位置にあるといってよい。

また、図1-2-6は神奈川県内におけるアワビの漁獲量と生産額の推移を示したものである（神奈川県水産技術センター、online：14697.pdf）。これを見ると漁獲量が多いときは相対的に価格は安いが、漁獲量が減少すると価格があがっ

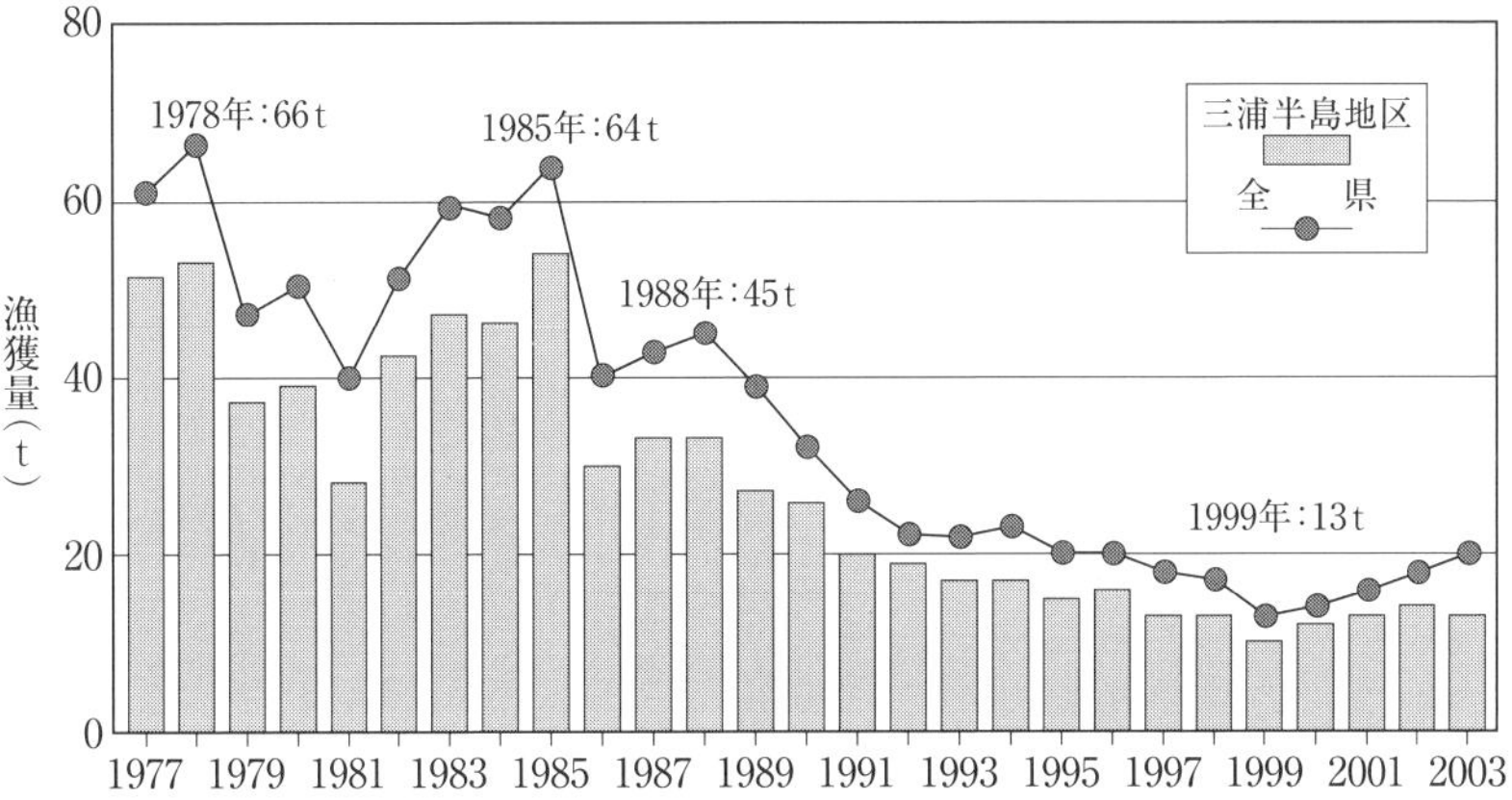

出典（神奈川県水産技術センター　2006）

図１－２－５　三浦半島におけるアワビ漁獲量の経年変化

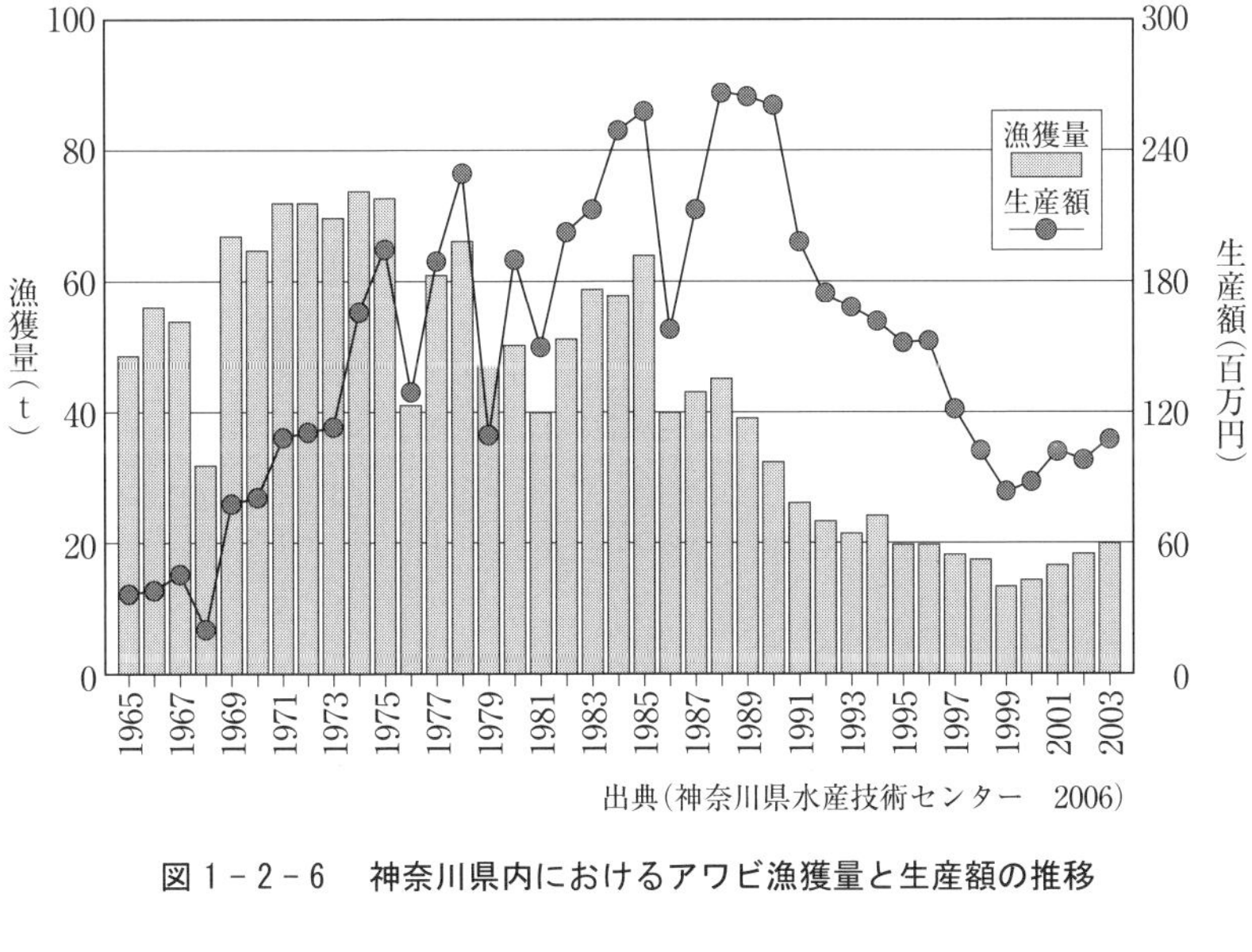

出典（神奈川県水産技術センター　2006）

図１－２－６　神奈川県内におけるアワビ漁獲量と生産額の推移

ている ことが分かる。そうしたとき、図1-2-6に示された最近一〇年間におけるアワビのkg当たりの単価を他の魚介類と比べると、アワビが六〇〇〇円から九〇〇〇円台で推移しているのに対して、たとえばサザエはその六分の一以下（一〇〇〇円から一三〇〇円）にすぎない。しかも、サザエについては太平洋戦争（一九四〇年代）の前までは三浦半島内の市場では値が付かず出荷されることもなかった。そう考えると、アワビの商品価値は他の魚介類に比して非常に高いものがあったといえる。佐島において聞き取りで復元した昭和三〇年代においてもその状況は変わらないが、それはさらに時代を遡っても当てはまる。漁師の感覚としても、相対的にみて現在よりもかつての方がアワビの価値は高かったとされ、漁獲対象としてその存在感は常に別格であった。

2　アワビの位置―佐島における「貝」―

佐島の漁師は彼らなりの貝の分類体系を持っている。それは近代科学における分類体系とは違ったもので、詳しくは後述するが、その地域における生活文化から生み出されたものである。したがって生活に関係ないものについては、名前さえないものがある一方、彼らの生活に深く関わるものについては近代科学でなされる以上に緻密な分類体系を持っているものがある。そうしたとき分類の根拠とされることは科学的には正しいものばかりではないが、地域住民の生活文化においては重要な意味を持っている。ここでは貝類とくにアワビを中心にその民俗分類の体系と生活文化とのかかわりについて見てゆくことにする。

佐島では通常、アワビのことをケー（カイ）と呼ぶ。佐島の漁師にとって貝はアワビしかない。他の巻き貝や二枚貝をケー（貝）とすることはない(6)。しかもケーは二段階の成長段階名を持つ。アワビは小さいものをナミノコという。後述するように、ケーは三種に民俗分類されるが、小さいものはすべてナミノコである。

アワビのほか成長段階名を持つ貝にはサゼッポことサザエがある。サザエは、小さなものはコニガラと呼び、二〇

○gを超えるような角が張って大きなものはハビロという。ただサザエの場合、太平洋戦争前までは市場では需要がないため漁の対象としてはあまり重要視されなかった。とくにコニガラはまったく売り物にならず、食べてもたいして美味しくないためゲバチロ（カワハギ）釣りの餌にしたり、時には捨ててしまうこともあった。そして、何よりコニガラはサザエではなく、民俗分類上はタマの一種（後述）として扱われていた。

それが太平洋戦争後はサザエに高値が付くようになり、一転して商売（金銭収入を目的とした漁）の対象となった。サザエはミヅキやモグリのほか、底刺網の一種であるイソタテ網でも採ることができる。佐島のような相模湾岸の岩礁地帯では角が成長したハビロになるが、東京湾岸のような波の静かなところではいわゆる日蓮上人の渡海伝説に登場する「角無しサザエ」が多くなる。[7]詳しくは後述するが、現在では角の大きなサザエほど商品価値は高くなっている。その意味でハビロの需要は近年高まったといえる。

以上のように、成長段階名を持つ貝はともに佐島のようなイソネを中心とした海付きの村においては生計維持の上で重要な意味を持つ貝である。佐島において成長段階名を持つのはアワビとサザエだけであるが、サザエについては太平洋戦争後、商品価値が出て以降になってはじめて成長段階（コニガラ→サザエ）が意識された。その意味で、歴史的にみて過去から現在にいたるまで一貫して成長段階名を有していたのはアワビだけであるといってよい。

もうひとつ商品価値を持つ貝にトコブシがある。これもサザエと同様、太平洋戦争後に商品価値が高まったものである。そのトコブシについてもアワビほどではないが民俗分類がなされる。トコブシはタナにいるものと石の下にいるもので区別される。アワビは波で移動してしまうような岩には付かないのに対して、トコブシはむしろそうした浮石の下に多く付着する。石の下にいたトコブシはアサリのように貝殻に模様があり、かたちは細長く薄い。そのため、貝殻を見るとどこで採れたものだか分かる。また、海藻（餌）の多いところとそうでないところのトコブシも違う。海藻が豊富にあるところのトコブシは身が厚く美味しいとされる。

表1-2-1　佐島で捕れる貝―地方名（標準和名）―

巻　貝

ケー（アワビ一般）、クロッケ（クロアワビ）、マルッケ（メガイアワビ）、マタケェ（マダカアワビ）、ナミノコ（アワビの稚貝）、タマ（クボガイ、イシダタミ、スガイ、タマキビガイ、クマノコガイなど、小型の巻き貝）、カジメッタマ（バテイラ）[*1]、シッタカ（バテイラ）[*1]、ニシダマ（イボニシ、レイシ）[*1]、キサゴ（キサゴ）[*1]、トコブシ（トコブシ）、ゴーネ（イソニナ）[*1]、スガイ（小さなサザエか）[*1]、アカガイ（アカニシ）[*1]、ケーッポノコ（ナガニシ）[*1]、コニガラ（小さなサザエ）[*1]、ケーッポ（ホラガイ）、ボウシボラ（ボウシュウボラ）[*2]、ハビロ（大きなサザエ）、ベー（バイガイ）、メクラッケ（クボガイ）、ミミダレ（ツメタガイ）[*3]、オトメッケ（マツバガイ）、モジナガイまたはガニモツガイ（ヤツシロガイ）、タカラガイ（タカラガイ）[*3]、ルリガイ（ルリガイ）、デンバラコ（オオヘビガイ）[*3]、ヨコツブリ（不詳）、タツブ（タニシ）

二枚貝

アサリ（アサリ）、ハマグリ（ハマグリ）、ヨコクシ（カリガネエガイ）、カラスガイ（イガイ、ムラサキイガイ）、カキ（カキ）、カクレッケ（イシマテガイ）、シオフキ（バカガイ）、エイギ（不詳）、ゴウニュウ（不詳）、

甲殻類

カマド（クロフジツボ）[*3]、フジサン（フジツボ）[*3]、カメノテ（カメノテ）[*3]

＊1：広義のタマ
＊2：以前は食べなかったが、今は食べるようになった貝
＊3：食用にはしない貝。フジツボやカメノテも貝の一種と考えられている

現在、アワビを中心にサザエ・トコブシが商品とされる一方、貝類は日常の食材としても頻繁に用いられている。市場に出ることはあまりなく、ほとんどが自家消費される貝の代表がタマ（玉）である。佐島では小型の巻き貝を総称してタマと呼ぶ。ただし、サザエやベー（バイガイ）は大型になったものはタマには含まれない。ハマグリやアサリといった世間で一般的な貝はイソネが多い佐島ではむしろ珍しく、自家消費される貝のうちタマ以外のものは量的にはごく少ない。そうしたことからすれば、佐島の場合、アワビが商品として突出して重要であったことと対応して、自家消費される貝としてはタマがもっとも重要な存在であった。

タマは普通のタマとカジメッタマに分けられる。ともに二ヒロ半（三.七五～四.五m）より浅いところにしかいない。普通のタマは岩に付いているが、カジメッタマはカジメの茎に付いている。そのため、カジメキリ（カジメ採集）をすると自然と採ることができる。小舟に一杯のカジメを刈ると、バケツに二杯ほどのタマが採れる。小さなサザエを意味するコニガラの場合、かつては市場価値がなかったため、前述のようにサザエの小型のものとしてではなく、カジメッタマのひとつとして扱われていた。味でいえば、カジメッタマは通常のタマより美味しいとされる。

それに対して、普通のタマは、シッタカ・クボガイ・ニシダマ・ナゴエ・エビスガイ・イボニシ・イシダタミ・レイシ・コシダカ・ホラガイ（小さいもの）など、岩に付く小さな巻き貝を指す。つまりニシキウズガイ科、サザエ科、オキニシ科、アッキガイ科といった多種の巻き貝がタマの名称で一括されていることになる。なおタマの場合には、雌雄が民俗分類されている。茹でて身を出したとき、巻いたところが白いのが雄、緑色のものが雌とされる。

以上、佐島におけるアワビの民俗分類とその位相を示すと図1-2-7のような系統樹にまとめることができる。これは佐島漁師における貝類の認識体系を端的に示している。

写真１－２－５　アワビ

写真１－２－６　タマ

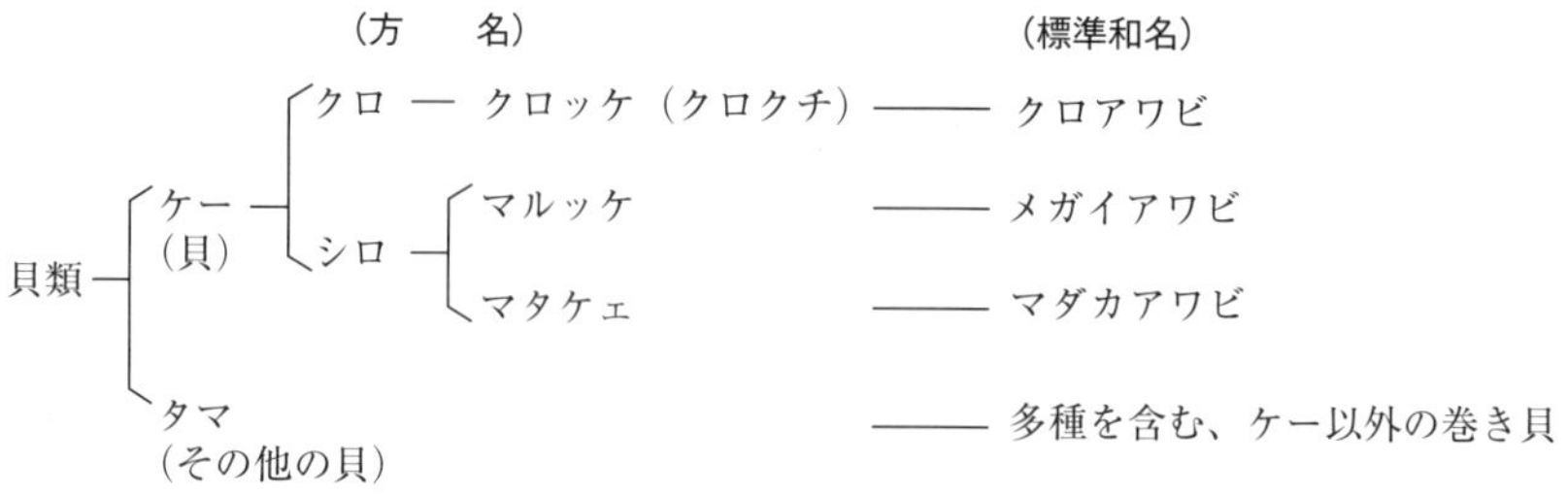

＊ケー・タマ以外の貝は個別の名称で呼ばれる。ただしケー・タマ以外の貝は漁獲量において商品としても自給的な意味においても乏しい資源量しかない。

図1－2－7　佐島における貝類の民俗分類―貝類の中のアワビの位置―

3　アワビの民俗分類

アワビは佐島においては過去から現在にいたるまで一貫して高い商品価値を持ち、「商売」（金銭収入を得るための漁）の対象として生計維持の上でとくに重要な意味を持っていたことは前述の通りである。そのアワビは二つの成長段階名を持つとともに、クロッケ・マルッケ・マタケェの三つに民俗分類される。クロッケはクロガイ（黒貝）またはクロクチ（黒口）、マルッケはマルカイ（丸貝）、マタケェはマタカイ（又貝）のことである。それぞれについて漁師には漁撈活動を通して獲得された民俗知識が蓄積されている。それを、形態・商品性、生態・行動、漁場・漁法に分けてまとめると以下のようになる（表1－2－2参照）。

＜形態・商品性＞

① クロッケ：身の縁が黒いためクロクチともいう。クロアワビのこと。もっとも商品価値が高い。身が厚く、軟らかで、もっとも美味しい。

② マルッケ：メガイアワビのこと。クロアワビに対してシロアワビともいう。

③ マタケェ：マダカアワビのこと。クロアワビに対してシロアワビともいう。巨大なアワビとなるものがあり、商品価値は低いが、採ることが漁師の自慢となる。

〈生態・行動〉

①クロッケ：夜行性、比較的浅いところにおり、カジメを好んで食べる。動きが機敏で行動範囲が広い。暗いところを好み、日中はタナやホラの奥にいる。

②マルッケ：夜行性、比較的深いところにおり、カジメを好んで食べる。あまり動かない。クロッケよりも少し明るいところを好む。そのため、ホラやタナの口元にいる。

表1-2-2　アワビの比較―漁師の認識から―

標準和名	地方名	形態	身の色	食味	商品価値	生態	行動	漁場	漁法
クロアワビ	クロッケ クロクチ	殻の凹凸は普通 中程度の大きさ 身は厚い	黒（青灰色）	柔らか 美味	高い	日中はホラやタナの奥にいる	夜行性 すばやい	浅い	モグリ
メガイアワビ	マルッケ	殻が丸い 中程度の大きさ 身が薄い	白（黄茶色）	固い	低い	日中はホラやタナの口元にいる	夜行性 日中も行動 ゆっくり	浅～深	モグリ ミヅキ
マダカアワビ	マタケェ	殻に凹凸が多い 大きくなる 身は厚い	白（黄茶色）	固い	低い（大き過ぎ特に低い）	タナの上に出ている ノテンゲ	夜行性 日中も行動 ゆっくり	深い	モグリ ミヅキ

＊すべての評価は3者を相対的に示すものである。

③マタケェ：いちおうは夜行性だが、比較的深いところにおり、昼間も活動し、カジメを好んで食べる。あまり動かない。明るいところを好み、ノテンゲ（野天貝）になる。

〈漁場・漁法〉

①クロッケ：通常はモグリでしか採れない。モグリの中でもイソモグリとキワモグリにおいて採集されることが多い。ただし、一月はカジメの新芽を食べに昼間でもホラの外に出てくることがあり、その時だけミヅキで採ることができる。

②マルッケ：モグリの中でもキワモグリで採集されることが多いが、タナやホラの口元にいることが多いためミヅキでも採ることができる。

③マタケェ：モグリとミヅキ、どちらでも採ることができる。ミヅキはノテンゲとなったものを採る。もっとも深くまで潜るオキモグリの対象はこれが多い。

また、クロッケはクロガイであるのに対して、マタケェとマルッケはシロガイと呼び分けられる。それは単純に身の色による分類であるとされるが、それは同時にクロッケがアワビ三種の中でもとくに商品価値が高く他の二種と区別されることを示している。また漁撈活動を通して形成された漁師の認識でも、クロガイは比較的浅いところにいるのに対して、シロガイは深いところにいるという区別がある。また、クロガイは暗いところを好むのに対して、シロガイは明るいところにいるという認識もある。そのように、クロガイとシロガイは黒白という色彩のイメージと同様に、さまざまな点で対立的な認識・理解がなされている。

このとき興味深い点としては、アワビの形態を比較すると、クロッケとマルッケは丸に近い楕円形をして比較的形や大きさは似ているのに対して、マタケェは呼水孔が高く全体として貝殻に凹凸があり、かつ殻長も他二種に比べ格段に大きくなる。そう考えると、形態だけ見るなら、マタケェが他の二種と区別されてよいが、実際にはそうした認識はない。黒と白を対立させる認識の方が貝の形態の違いよりも佐島の漁師には大きな意味を持っているという解釈が可能となろう（後述）。

四　「地方名」の意義

1　アワビの意味—アワビ呼称のケーとナマガイの対比から—

タマはそのほぼすべてを女性がオカドリで採る。アワビは商売として、男がミヅキやモグリで採るのとは対照的である。アワビ以外の貝は自家消費のために採るもので、男がおこなうときはあくまでシオマチ（潮待ち：漁に出る合間）の遊びや時間つぶしにすぎない。「アワビ＝商品＝男の生産」に対して、「タマ＝自家消費＝女の生産」という明らかな対比ができる。なお、サザエやトコブシは太平洋戦争後になってはじめて男が商売として採るようになったが、その商品価値はアワビに遠く及ばない。

このように、佐島漁師における伝統的なアワビの分類・命名の体系は佐島での生活文化体系と密接に関わっている。アワビの分類・命名はたんに貝の生物学的な分類にとどまらず、たとえば男女の分業や生計維持戦略（商品生産か自家消費か）など佐島で生活する上で不可欠な生活文化全般を反映したものとなっている。

その点は、同じ三浦半島にある久比里（横須賀市）の事例と比較すると理解しやすい。相模湾岸の佐島がアワビをケー（カイ）と呼び、貝の代表として扱うのに対して、東京湾岸の久比里はナマガイと呼び、数ある貝のなかの一種にすぎない。その対比から読み取れることは何か。

東京湾岸の海付きの村にはアワビ漁に特化した村はなく、アワビを採るための漁もミヅキのみでモグリはおこなわれない。三浦半島は漁場としてみた場合、相模湾岸と東京湾岸では対照的な海洋環境にある。相模湾側が黒潮およびその反流の影響を受け、地形的にも三浦半島台地が海岸線に迫っているため、おおむね海岸線は岩礁地帯の磯根となっている。それに対して東京湾岸は浦賀水道を出入りする潮の流れを受けつつ砂泥の中に磯根が点々と分布する海底環境となる。凹凸の大きな様相を見せる相模湾岸の磯根に比べると、東京湾岸のそれは「平らで柔らかい」という特徴を持つ。

磯根を生息地とするアワビについていうと、磯根の状態が資源量に大きな影響を与える。三浦半島は先に示したように神奈川県においては他に比べるところのない大産地となっているが、その三浦半島においても相模湾岸と東京湾岸でアワビの漁獲量に大きな差がある。横須賀市の場合を見てみると、二〇〇三年の統計（関東農政局、二〇〇四）では、東京湾岸にある横須賀東部漁協のアワビ生産額は年間〇ｔに対して、相模湾岸の長井漁協と大楠漁協ではそれぞれ六ｔ・三ｔとなっている。明らかに漁獲量に差があることが分かる。

その結果、両地域における漁法のレパートリーに興味深い違いが見て取れる。アワビの主たる漁法はモグリとミヅキであるが、相模湾岸はその両方が存在するのに対して、東京湾岸にはミヅキしかない。つまり、三浦半島はその東西でモグリのある地域とない地域とに明確に分かれることになる。その背景にアワビの資源量があることはたしかである。

しかも、両地域に見られるミヅキ漁を比較してもアワビの資源量が与える影響が明瞭である。相模湾岸では、佐島を例にして先に検討したように、アワビに特化した形で、しかも夏のモグリとそれ以外の時期のミヅキというような補完関係を持つことでアワビ漁をほぼ一年を通しておこなえるようにしている。それに対して、東京湾岸の久比里ではミヅキは年間を通しておこなわれるが、時期ごとにヒラメ、タコ、ナマコ、海藻、アワビなど主な漁獲対象が変化する。つまりそこにはアワビに特化した漁業戦略はない。

また、ミヅキ漁のあり方にも両者には大きな違いがある。久比里はミヅキの村として知られ、かつて八〇戸の漁師

	（方　　名）		（標準和名）
貝類の一種 —— ナマガイ	クロッカイ	——	クロアワビ
	ビワガイ	——	メガイアワビ
	メダカ	——	マダカアワビ

＊サゼッポ（サザエ）などとともに、ナマガイ（アワビ）は貝類の１種にすぎない。そこには貝＝アワビという感覚はない。

図１－２－８　久比里における貝類の民俗分類—貝類の中のアワビの位置—

のほとんどがミヅキ漁に従事していた。久比里の場合、その地先だけでなく走水や鴨居といった他村の地先においてもミヅキを慣行的におこなっていたことに特徴がある。(8)そのように、久比里は佐島とは違ってかなり広域的にミヅキをおこない、同時に磯根だけでなく砂浜でもミヅキ漁をおこなっていた。佐島ではミヅキの第一の獲物がアワビであったこととは対照的に、久比里ではヒラメやカレイといった砂地の魚が重要なミヅキ漁の漁獲対象に挙げられるのはそのためである。それは久比里にとって一年を通してミヅキをおこなうための必要不可欠な戦略であり、同時にそれはひとつの獲物に特化せず、さまざまな魚介類を対象化することで成り立つものであったことを示している。

また、次章にて詳述するが、佐島の属する大楠漁協では、競り（仲買）の段階において、成長段階を加味することで、漁師の認識にも増してアワビを詳細に分類・命名しているが、それは漁協にとっての商品としての重要性を反映してのことであるといってよい。それに対して、久比里の属する横須賀東部漁協では、アワビは一・二月にしかない季節ものの一商品にすぎず、当然年間の取り扱い量もごく少ない。そのため、佐島のような成長段階を反映した詳細な分類・命名は存在しない。佐島漁師と大楠漁協との関係とは異なり、東部漁協での分類・命名のあり方は久比里漁師のそれと同じである。かつては、四〇〇匁（一・五kg）を越えるようなアワビもありながら、それは二〇〇匁（七五〇g）程度のアワビと区別されることなく、kg当たりいくらで取り引きされていた。

そうした東京湾岸ではアワビはさまざまな貝のうちの一種にすぎず、それがナマガイという地方名に反映している。相模湾岸のように、貝といえばケーつまりアワビのことを指すことはない。また、佐島のように成長段階名が設定されることはなく、アワビの分類・命名のあり方が暮らし全般とさまざまに関わり生活文化体系を形成することも、東京湾岸におけるアワビの分類・命名のあり方からは窺われない。

2　生活文化体系とアワビの分類・命名――「地方名」の志向するもの

実際には生物の名称は学名・標準和名・地方名がその状況に応じてさまざまに使い分けられている。しかも、それぞれに分類・命名の体系がある。ここでは本節のまとめとして、地方名の持つ意味とその機能についてみてゆくこととする。

学名つまりscientific nameはその名称が示すとおり、純粋に生物学の分類に則ったもので、その生物の遺伝的・形態的特徴により決定される。そのため、学名にはその生物種が存在する地域における文化とのかかわりが問われることはない。当然、世界のどこでも通用するように、ユニバーサルな分類体系のもとラテン語により表記される。また、標準和名も基本的には種レベルの学名に対応して付けられている。その意味では分類・命名の志向は学名に等しい。ただし、標準和名は日本語による命名を基本とし、日本国内でしか通用しないという特徴を持っている。(9)

一方、地方名は、地域の生活文化体系を反映したものとなる。そのため生物学の分類としては体系性を欠くことも多い。また当然、それが通用するのは地域的に限定されたものとなる。その反面、地方名はその地域での生活に密着したものとなり、地域に暮らす上ではより重要な分類である。

本論に即していうなら、佐島（横須賀市）という三浦半島にある一海村では、そこに暮らす百姓漁師は彼らなりに魚介類の分類・命名の体系を持つことになる。それは学名や標準和名に代表される現代科学における分類とは異なったもので、その地域における生活（生業も含む）から生み出されたものである。

したがって、彼らの生活に関係ないものについては、名前さえ与えられないものがある一方、生活に深く関わるものについては現代科学でなされる以上に緻密な分類・命名の体系を持っているものもある。科学的には正しいものばかりではないが、その地域で暮らす上で何らかの意味を持ち、生活全体の中では整合性を持っている。

佐島においてはケー（貝）といえばそれはアワビのことを指すものであったことは前述の通りである。本来、現代科学では貝といった場合、それは貝殻を持つ軟体動物の総称であり、そこには二枚貝や巻き貝などが含まれる非常に大きな概念である。

しかし、佐島では貝はアワビで代表されていた。そのことだけでも、アワビが佐島では重要な意味を持っていたことが象徴されている。その「重要な意味」とは何なのか。それは、たんにアワビの持つ経済性や生計上の意味を示すだけでなく、また貝の分類・命名のあり方だけの問題でもない。それは詳しくは後述するが、佐島の住民にとっては生活文化体系の全体に及ぶものであり、かつその骨格をなすものでもあるといってよい。

それに対して、モグリ漁がなく、アワビが生計上それほど重要な意味を持たない東京湾岸の場合には、たとえばタイの一本釣りで知られる鴨居（横須賀市）では、ケーは文字通り貝殻を持つ軟体動物の一般名称である。同様に、佐島ではクロッケ（黒貝）はクロアワビをさすが、鴨居ではイガイ（ムールガイ）を指している。

ケーにみられるように、現代科学による種の分類体系に一致し、かつそれ以上の分類概念として成長段階名を持つ貝はイソネ（磯根）を中心とした海付の村においては、歴史的にみて生計維持の上でもっとも重要な意味を持つ貝であるといえる。また、興味深い点は、佐島では、図1-2-7に示されるように、アワビを中心におくことで、貝類全体が在地の論理により体系的に理解されていることである。しかし、そうしたアワビを中心とする在地の分類体系は、その地域でしか通用しないものである。

表1-2-3　ケーとタマの対比

	漁の主体者	漁法	漁業権	採集目的
ケー（アワビ）	男	モグリ ミヅキ	必要	商売
タマ（アワビ以外の巻き貝）	女	オカドリ	不要	自家消費

と同時に、それは表1-2-3に示すように、男女の分業であるとか、商品生産と自給的生業の違い、漁業権の有無といったことと密接に関わり、その意味で在地の生活文化体系の一角をなすものである。または、在地の生活文化と密接に関わり合って意味をなすものである。その意味でそれは単に貝類という生物の分類だけを示すものではない。

当然、そうした在来知としての民俗分類は体系性という点では科学知（生物学の分類体系）に大きく劣る。たとえば、前記の民俗分類では、多くのあまり重要でない（商品としても自給的な面でも）貝は分類の体系から外れてしまい、タマのように多くの種が一括されてしまうこともある。

そうした在来知としての民俗分類に対して、生物学の分類体系は、世界中どこに行っても通用するもので、遺伝的・形態的に極力矛盾をなくす方向で精密化してきた体系である。その志向性はグローバルな汎用性と体系性にあるといえる。しかし、それは往々にして在地に暮らす生活者にとっては無用の知識の固まりに過ぎない。その地域で暮らす上にはほとんど意味のない「自然」であり知識体系であるといえよう。

その特徴は、生物を分類するときにしか通用しない体系であるといってよい。在地の民俗分類がそこでしか通用しない分類体系ではあるものの、その地域で暮らす上で不可欠な社会や経済といった他の文化要素も体系化の要素に取り込んで成り立つものであったこととは対照的である。

こうした在来知としての民俗分類と、生物学の分類体系とを結ぶものが標準和名ということになる。佐島のアワビの例でいえば、民俗分類の三種は生物学の分類でいう三種と一致している。ここを結節点として、現在では、在地の暮らしの中に科学知がさまざまに入ってきている。漁師の民俗分類には、佐島の伝統的な民俗分類が標準和名のどれに当たるかを知り、かつ佐島漁師はこの三種のほかにもエゾアワビのような標準和名を持ったアワビの種が佐島の外の世界にはあることを知っている。

たとえば、佐島の人々が標準和名と地方名との連関を知らなかったら、実物を見ない限り、北海道でエゾアワビと呼ばれるものが自分たちの知っている三種のどれかに当てはまるものと考えてしまうこともありえる。また、日本には（世界には）自分たちが知っている三種のアワビしかないものと思ってしまってもおかしくはない。そう考えると、現代においては、科学知は在来知とまったく切れた関係ではなく、住民によりさらに統合的に新たな分類・命名の体系の中に取り込まれているといえよう。

五　民俗分類と「市場名」――魚名の展開（1）――

1　「地方名」から「市場名」へ（1）――佐島漁師と大楠漁協――

大楠漁業協同組合は、横須賀市西部地区の佐島、芦名、秋谷、久留和の四漁港により構成されている。四漁港は集落も別にあり、昭和四三年（一九六八）に合併するまでは別個の漁業協同組合（佐島、芦名、秋谷の三組合、久留和は秋谷に含まれていた）であった。合併当時、漁業者数・漁獲高とももっとも大きかった佐島に大楠漁協の本部が置かれ、そこには水揚げされた魚の競りをおこなう卸売市場が設けられた(10)。実態としては佐島漁協が隣接する小漁協を吸収して大楠漁協となったといえる。

写真１－２－７　大楠漁協卸売市場

佐島漁師が用いる地方名の場合、アワビの名称はたんに貝の分類を示すものではなく佐島での生活文化体系を反映したものであったことは先に挙げたとおりである。そのとき興味深いことに、佐島漁師と大楠漁協とではアワビの分類・命名の体系が大きく異なっている。大楠漁協は佐島を中核とする漁業組織であり、その組合員の多くはやはり佐島漁師により成り立つものでありながら、アワビの分類・命名の体系が大きく異なるのはなぜなのか、本項ではそこに焦点をあて検討することになる。

詳細は後に分析するが、佐島漁師の用いる地方名は生産者であり生活者の論理を基盤として体系づけられているのに対して、大楠漁協は商業（流通）の論理へと大きく転換する場となっており、その結果として大楠漁協で用いられる市場名は佐島漁師の用いる地方名とは違ったものになった。

アワビについて、地方名（佐島漁師）と市場名（大楠漁協）との関係をまとめてみると、表1-2-4のようになる。

表1-2-4をもとにアワビの地方名と市場名を比較して、まず第一に気付くのは、メガイアワビの呼称が、佐島漁師はマルッケやマルガイと呼んでいたものが市場名になるとナマガイと変わっていることである。同様に、クロアワビについても、漁師がクロッケやクロクチといっていたものが、漁協ではクロガイに統一されている。(11)

次に気付くことは、大楠漁協ではナマガイとマタガイがそれぞれ四〇〇gを境に二分類されるようになっており、市場名では全体にアワビ呼称の細分化が進んでいることである。これは明らかに流通を中心とした需要側（仲買業者・小売業者ひいては消費者）からの要請による細分化であった。慣行としてアワビは一kg当たりいくらという計算で取引される。そのため、四〇〇gを境に分けることで一kg当たりの個数に差ができることになり、消費者が買うときの目安としやすい。

　ではクロアワビにおいてはそうした重量による細分化がされないのはなぜかというと、クロアワビの場合は、成貝にはそれほど大きな個体差がないことが挙げられる。神奈川県漁業調整規則により殻長《かくちょう》（楕円形をなす貝殻の長い方の長さ）三寸六分（約一一cm）以下の稚貝は再放流することになっているが、それ以上のクロアワビはマダカアワビやメガイアワビほど大きさに差がない。

　反対にいえば、マダカアワビとメガイアワビは成貝になってからも成長するため個体の大きさに差が出やすい。しかも、そのとき重要なことは、この二種は大きければ大きいほど市場において良い値が付くことである。この二種は

表1-2-4　地方名と市場名の比較—佐島漁師と大楠漁協—

標準和名	地方名（佐島漁師）	市場名（大楠漁協）
クロアワビ	クロッケ（黒貝）*1 ナミノコ〈稚貝〉*2	クロガイ（黒貝） 再放流*3　殻長一一cm以下
メガイアワビ	マルッケ（丸貝）*1 ナミノコ　〈稚貝〉*2	ダイナマガイ（大生貝）　四〇〇g以上 ナマガイ（生貝）　四〇〇g未満 再放流*3　殻長一一cm以下
マダカアワビ	マタケェ（又貝）*1 ナミノコ〈稚貝〉*2	ダイマタガイ（大又貝）　四〇〇g以上 マタガイ（又貝）　四〇〇g未満 再放流*3　殻長一一cm以下

＊1　クロッケと同じ意味でクロガイ・クロクチという言い方もある。同様にマルッケはマルガイ、マタケェはマタガイとも言う。

＊2　稚貝を示すナミノコに種による区別はない。

＊3　再放流の貝に市場名は特にないが、「再放流貝」という言い方で名称化されつつある。

総称してアカと呼ばれるが、中華料理の干し鮑に用いられるため、大きければ大きいほど加速度的に高値となる。バブル景気の頃に比べると半値以下になったとはいえ、アカは現在でも一kgを超えるものは一個が一五〇〇〇円以上で取引される（クロアワビはkg当たり五〇〇〇円程度に対して）。

以上のように、需要側の事情およびそれを汲み取った市場の要請により、漁協でのアワビの名称は細分化がなされていったといえる。その過程で、マルッケやクロクチ、クロッケのような狭い範囲でしか通用しない呼び方ではなく、大楠漁協を構成する芦名や久留和、秋谷といった漁港に共通する名称として、クロクチやクロッケはクロガイに、マルガイやマルッケはナマガイに統一されていったといえる。クロガイやナマガイの名称は横須賀西部地区のみならず東京湾岸の横須賀東部地区にも共通する名称で、アワビの地方名としてはクロクチやマルガイに比べ汎用性が高い。とくにクロガイはクロアワビの市場名として全国的な広がりを見せる。

三漁協が統合されることにより、アワビの地方名は統一されるとともに、商品としてのアワビ名称は新たな成長段階名の設定（質量による細分化）がなされるようになった。そうした地方名の統合と市場名の分化という現象は、商業論理のもとになされたことであることは注目すべきである。

さらには、漁協では資源管理の必要から殻長一一cm以下のサイズを再放流貝に指定することは、商業の論理とともに資源管理の論理も併せ持っていたことを示している。なおこのとき興味深い現象としては、それまで「小さなアワビ」ほどの意味しかなく、当然明確な大きさの規定がなかったナミノコ（佐島漁師が用いる名称）について、再放流の規格である「殻長一一cm以下」が当てはめられるようになったことである。このことは市場の分類基準が社会的に大きな意味を持つようになるとともに引き起こされた現象であり、地方名側の対応であるといってよい。

また、大楠漁協が設立されそこに市場が開設されたことにより、アワビの分類・命名のあり方は生産者（生活者）の論理から商業（流通）の論理へと大きく転換した。それは分類・命名の体系が依って立つ基盤とともに変化したことを示しており、名称という表面的なことだけではない、質的な変化を伴うものであった。それを象徴するのがアワビにおける市場名の新設であり、地方名から市場名への変化であるといえよう。

2　「市場名」の対立とその意味―大楠漁業協同組合と長井漁業協同組合―

大楠漁業協同組合と長井漁業協同組合はともに相模湾岸の横須賀市西部地区にある。さらにいえば、図1-2-3にあるように佐島と長井は小田和湾を挟んでほぼ対峙する位置関係にある。両漁協は直線距離にして二㎞程度しか離れていない。両住民はかねてから対抗意識を強くもち、小田和湾の境界領域では過去において漁師同士の諍いやトラブルもあった。

佐島と長井とは漁撈形態もよく似たものがあり、基本的な生計活動として夏場のモグリと秋から春にかけてのミヅキという組み合わせも共通する。しかし、市場名に見られるアワビの分類・命名の体系は、わずか二㎞という至近距離にありながら、表1-2-5にあるようにかなりの違いがある。以下では、長井漁協と大楠漁協の市場名を対比することで何が見えてくるのか、表1-2-5をもとに検討してみたい。

昭和四三年（一九六八）に佐島を中心に四地域（三漁協）が合併して大楠漁協ができると、アワビの分類・命名においても四地域に共通するものへと統一されてくることになり、その結果一部の名称はより汎用性の高い名称（クロガイやナマガイ）に取って代わられることになる。こうした汎用的名称への転換が図られる一方で、大楠漁協と長井漁協の分類・命名の体系は大きく異なったものになっていることに注目しなくてはならない。

大楠漁協と長井漁協における分類・命名体系の相違は、長井漁協においては一五〇〜四〇〇gと一五〇g以下の分類を設けつつ、それに対応するメガイアワビとマダカアワビはひとつにまとめて「小貝」「小小貝」としてしまうことに象徴される。そのように、長井漁協は種の分類よりも質量の分類に大きな意味を持たせる傾向にある。それに対

表1-2-5　市場名の比較―大楠漁協と長井漁協―

標準和名	市場名（長井漁協）		市場名（大楠漁協）	
クロアワビ	クロガイ（黒貝）		クロガイ（黒貝）	
メガイアワビ	マルガイ（丸貝）	四〇〇g以上	ダイナマガイ（大生貝）	四〇〇g以上
	コガイ（小貝）	四〇〇未満～一五〇g以上	ナマガイ（生貝）	四〇〇g未満
	ショウショウガイ（小小貝）	一五〇g未満	―	
マダカアワビ	チュウガイ（中貝）	四〇〇g以上	ダイマタガイ（大又貝）	四〇〇g以上
	コガイ（小貝）	四〇〇未満～一五〇g以上	マタガイ（又貝）	四〇〇g未満
	ショウショウガイ（小小貝）	一五〇g未満	―	

＊　再放流貝は県の規則であり、両市場に共通するので省略した。

して、大楠漁協は四〇〇g未満には質量による分類は存在しないが、マダカアワビとメガイアワビをひとつの分類にしてしまうことはなく、それぞれ別のものとして「生貝」「又貝」の分類を設けている。このことは、大楠漁協では質量よりも種の分類に意味を持たせる傾向にあったことを教えてくれる。

以上のように、市場名の一つの特徴として、近接する市場間においては分類・命名の体系をわざと異にする傾向がある。両漁協はむしろそうした違いを際立たせ、三浦半島内のアワビ流通を複雑化させているといえる(12)。そして、市場間における分類・命名の相違は一種の商業戦略と捉えることができる。

大楠漁協と長井漁協におけるアワビの分類・命名の体系を統一することはさほど難しいことではないだろうが、あえてそうすることなく、むしろその差が明瞭となるようにしていたのには理由がある。もし分類・命名の体系を共通のものにしてしまった場合には、両漁協間のアワビの価格差は明瞭となってしまう。その結果わずか直線距離で二kmしか離れていない漁協の市場であれば、安い方に仲買人が集中することになってしまう。その結果、短期的にはどちらかが大きな影響を受けることになるし、また長期的には価格をより安く抑えようとして両漁協ともに不利益をきたすことになりかねない。そうしたことを未然に防ぐ機能が隣同志の漁協でありながらアワビの分類・命名のあり方を異なるものにしている背景にあるといえよう。

実際、仲買人は両方の市場を行き来するものが多くいる。その仲買人にとってみれば、長井漁協と大楠漁協を行き来することで仕入れにおいて選択の幅が広がることになる。小さくても価格を抑えて大衆的な魚屋や料理店に卸すことを目的とすれば長井において「小貝」や「小小貝」を買えばいいし、そうした小さなサイズのものでもマダカアワビとメガイアワビを区別して購入したければ、大楠漁協で「生貝」「又貝」を競り落とせばいい。そうした仲買の多様な仕入れを可能にしたことにより、結果として漁協間の過当な競争を回避し、ひいては隣接する漁協の共存を可能ならしめたといえよう。

前述のように、漁協における分類・命名のあり方はその漁協の販売戦略を示すものとして秘匿される傾向があり、とくに他の漁協（市場）には知られまいとする。とくに近接する漁協同志において秘匿する意識が強く、それは隣り合うからこその対抗意識ともいえよう。そのことは漁協にとっては自分たちの手の内を明かさないという意識の表れだが、それはかえって分類・命名のあり方の統一を避けることになり、仲買にとっては多様な仕入れを可能にしている。そのことも前述のごとく、漁協にとっては共存を可能にする方向に作用したと考えられる。

3　「地方名」から「市場名」へ②——黒・白・赤のシンボリズム——

アワビの民俗分類にとって色の持つ意味は大きい。これは全国的な傾向でもある。前節で示したように、佐島では漁師の認識として、クロアワビを示すクロガイ（黒貝）に対して、メガイアワビとマダカアワビを総称してシロガイ（白貝）と呼んでいた。それが、後に大楠漁協の段階になるとクロアワビをクロガイとすることは変わらないが、他の二種を総称する名称がアカガイ（赤貝）と変化する。そのことは、つまり「地方名」から「市場名」へと名称を変えるとき、その名称に含意されること、またそれが象徴するものが変化したことを意味する。

漁師の認識としては「黒」に対する「白」であったものが、大楠漁協では「白」ではなく「赤」に変化した。さらにいうと、長井漁協における認識も大楠漁協と同様に、クロアワビが黒であるのに対して、メガイアワビとマダカアワビは赤である。この点は、先に検討したアワビの分類・命名のあり方（大楠漁協と長井漁協とは差異が強調されるような対照的な体系をもっていること）とはまったく様相を異にするといってよい。

本来、白と赤とは対照的な色である。メガイアワビとマダカアワビの身は、黄茶色をしており、実際の身が白から赤に変化したものではない(13)。ともに黄茶という色が、あるときには赤そしてまたあるときには白に、それぞれ見立てられているだけである。同様に、クロアワビもけっして身は黒色ではなく、濃い青灰色をしているものが、黒に見立てられている。そうしたクロアワビの黒という認識に対照する色として、黄茶色がときに白にされたり赤にされたりしているにすぎない。あくまでも黒に対する色の相対的な位置づけが変化したもので、絶対的な色の変化を示しているわけではない。

そうした白から赤へという認識の変化がなぜ起きるのかを考えると、やはり市場におけるクロアワビ・メガイアワビ・マダカアワビそれぞれの位置づけの変化が作用していると考えざるをえない。

漁師の認識は三漁協（佐島、芦名、秋谷）が統合され大楠漁協となる以前のものであるが、その当時までは佐島で捕ることのできるクロアワビ・メガイアワビ・マダカアワビのうちでクロアワビがもっとも商品価値が高かった。そのためアワビの大きさもクロアワビを標準にしており、それよりも大きなものは商品価値が下がってしまった。前述のように、成貝になってからの個体差は、クロアワビはマダカアワビに比べると小さく、メガイアワビはクロアワビとほぼ同じである。そんなとき、深いところにノテンガイ（野天貝）でいるような巨大な貝はずっと商品価値が低かったとされる。そのようなノテンガイになるのは、おもにメガイアワビとマダカアワビである。

そうしたとき、クロアワビに大きな価値づけがおかれるのに対して、相対的にメガイアワビとマダカアワビは低い価値づけしかなされないわけで、それがクロアワビの「黒」に対してその正反対の色として「白」がメガイアワビとマダカアワビの総称として採用された背景にはあるといえよう。

そうした状況が変化したのは漁協が統合されて以降のことである。現在、市場ではクロアワビが他の二種に比べて相対的に価値が高いということはなくなっている。とくに、かつては大きすぎて商品価値が劣るとされた一個で一kgを超えるような大貝（マダカアワビまたは希にメガイアワビ）の評価はまったく変わってしまった。むしろ大きなアワビほど現在では商品価値が高く、市場では一個が一kgを超えるようなメガイアワビやマダカアワビはkg当たりの単価にするとクロアワビの三倍の価格がつくこともあるという。[14] また、クロアワビと他の二種（とくにメガイアワビ）を比べると、同じサイズでも他の二種の方が高いこともよくある。

その結果、市場におけるクロアワビの他の二種に対する相対的な位置の高さはなくなり、それが色の対照にも変化を与えたと考えられる。それまでは、色の認識として、黒に対して価値の劣るものを白として、その差異を強調し対照化していたものが、そうした根拠が市場の上では失われたことになる。そのため黒に対して相対的に低い価値を象徴する白ではなく、黒と同等の価値づけを持つまたは高低の差を含意しない色として赤が採用されたといえる。

ではなぜ赤なのかという疑問が残るが、それはメガイアワビとダカアワビに対する認識が三浦半島の他の地域と共有されたためであると考えられる。大楠漁協では、佐島においてメガイアワビとマダカアワビの総称が白から赤へと変化したが、長井漁協ではそれらは昔からアカガイと総称されていた。そのため、その名称に一般性を持たせるには共通の認識として赤を採用することになったと考えられる。[15]

メガイアワビとマダカアワビのクロアワビに対する相対的な地位の向上は、何も佐島や大楠漁協の中だけで起こったことではなく、中国への干し鮑の輸出に象徴されるように、汎日本的に起こった変化である。そうした経済価値の汎日本的な変化を反映するには、少なくとも隣り合った漁協間では共通の認識にする必要があったといえる。それが「赤」への統一であった。

この点は、先に検討した隣り合った漁協間でアワビに関する分類・命名のあり方をわざと異なるものにすることとは相反するように思われるかもしれないが、そうではない。両漁協間での分類・命名のあり方の相違は両者の過当競争を防ぎ仲買の利便性を高めることで両漁協がともに生き残るための商業戦略となっていた。しかし、それとは異なり、両漁協間でメガイアワビとマダカアワビの総称をアカに統一することは、もっと広く汎日本的な範囲でメガイアワビとマダカアワビの商品価値が上がったことを示すもので、そうしたことを捉えた商業戦略上の必要性というものが背景にあったといってよい。

六　民俗分類と「商品名」——魚名の展開②——

1　「市場名」から「商品名」へ

地方名は市場名に変化するとともに、商品名へも転換してゆく。しかし、それは単純に一方から他方へと移行するものではなく、市場名と商品名とはほぼ同時に設定されることが多い。それは、市場において競りにかけられるということは同時に商品となることを意味し、最終的にそれが行き着く先として消費者が設定されるからである。そのとき重要なことは、生産者や流通業者および消費者それぞれの段階で分類・命名の論理が存在することである。

この名称の変化は、成長段階名と同様の道筋をたどる。成長段階名は稚魚から順に成長に応じて名前が付与されてゆくが、地方名↓市場名↓商品名の変化は商業活動において商品として流通してゆく過程で発生するものである。裏返せば、商品にならない魚にはけっして付与されることのない段階名である。

①地方名・・漁師（生産者）：魚介が漁撈活動で海から人へ移行する段階

←　＊①から②への仲介者・・・・市場関係者（漁協職員）

②市場名・・仲買人（流通業者）：市場において競りなどで魚屋へ移行する段階

←　＊②から③への仲介者・・・・魚屋（小売業者）

③商品名・・消費者　　：小売りにより一般家庭へ移行する段階

成長段階の各名称は多くの場合、地方名として設定されるが、それが市場名や商品名として用いられる場合もある。それは成長の各段階が商品として昔から流通していたものに限られる。その代表例がブリである。ブリの場合は、ほとんどの地方で地域ごとに成長段階名が存在し、市場でもまた小売り段階でもそれが通用する。いわば市場名・商品名とも成長の段階ごとに用意されている。

さらに、養殖技術が各地に普及するとともに、市場名・商品名の段階としてハマチが新たに設定されてくる。本来、ハマチの名称は関西地域においてのみ、ひとつの成長段階を示す地方名として用いられていたものであり、それ以外の地域ではまったく新しい市場名・商品名として登場してきたことになる。この点は養殖という人為が分類・命名の体系に大きな変化をもたらす例として興味深いが、これについては本書Ⅰ—一章において詳述している。

また、商品名が設定される段階では、魚屋の手で加工が施されることで新たな商品名が生み出されることがある。たとえば、高度成長期の前までは長野市の魚屋（小売り）ではトッコザケ（標準和名：カラフトマス）と呼ぶきつく塩漬けされたサケを仕入れては、それを塩水につけて戻しアラマキジャケ（新巻鮭）と称して売っていた（安室、一九九五）。この例はまさに、トッコザケという市場名をもつ魚が小売段階において消費者向きに加工されることでアラマキジャケという商品名が生み出されたものといえる。

②市場名→③商品名という変化は現代に入ってからのことであると考えられがちであるが、その変化は魚が流通することで起こりうることであるため、何も現代に特有なことではない。魚が生産地から消費地へと市場や魚屋を介してもたらされるときに起こる必然の出来事であるといえよう。ただし、魚介類に関しては塩乾魚のようにごく限られた方法で輸送されていた時代よりも、昭和三〇年代以降の高度成長さなか、道路網が整備されることで舟運や鉄道輸送に加えて車による陸上運搬が急激に伸びると、魚介類の流通量は飛躍的に増え、かつ流通形態は多様化する。その結果、消費者のもとには、塩乾魚に加えて、冷凍魚や生鮮魚また活魚さえも届けられるようになった。そうなると、魚介類の市場名と商品名はやはり飛躍的に増えていったと考えてよい。しかし、そうした動きは問題も引き起こす。その問題が、商品名の偽装という点に象徴的に現れる。それまでは、地方名にしろ、市場名や商品名にしろ、それは学名ないし標準和名にすればすべて一致するものであった。むしろそれが前提で、流通が成り立っていたし、そうした了解事項があるからこそ市場名や商品名が多様化しても問題は起こらなかった。しかしそうした暗黙の了解事項が意図的に反故にされる場合がある。魚名の偽装である。

とくに偽装の問題が起こりやすいのが、市場名から商品名に移行する段階である。言うなれば、魚が玄人（漁師や仲買業者）から素人（消費者）の手に渡るときに起こりやすい。消費者の段階にやってくるときには切り身にされたりミンチにされたりという加工が施されていることもそうした偽装が横行する背景としてある。消費者にとっては食べたときの味や食感を頼りにその魚が本物かどうかを類推しなくてはならないからである。

本論のテーマとしたアワビでいえば、近年では商品名をアワビとして外食産業で提供されていたものが、じつは南米産のロコガイ（市場名）というまったく別種の貝であったことがある。ロコガイはアッキガイ科の一種で、アワビモドキという標準和名が示すように、貝殻がはずされて身だけになると素人では判別がしづらくなる。この偽装の問題は、単に消費者をだますということとは別次元に、分類・命名のあり方の変遷という見方をするなら、次項で取り上げるブランド名とともに、流通段階だからこそ起こりうる商品名の分化・多様化の例として位置づけることができよう。

2 「商品名」とブランド化

近年では、地域産品のブランド化という現象も、流通段階つまり②市場名から③商品名への移行段階には起きている。これは前記の偽装とは倫理的にはまったく異なるものではあるが、商品化される時におこった意図的な商品名の分化・多様化という点では共通するものがある。これは商品のブランド化の動きであり、ひと言でいうなら、ブランド名が商品名として設定されるという現象である(16)。佐島でもその動きは二〇〇〇年以降になってから盛んである。

前述のように、佐島は、中世では鎌倉、近世では江戸、近代以降は横浜・東京というように、中世以来つねに大都市に近接する立地にあるため、佐島の魚はもともとよりブランド化しやすいといえよう。それが近年になり行政がすすめる地域振興（地場産業振興）策と相まって、たとえば地産地消といった動向を受けて、佐島（大楠漁港）で水揚げされる魚介類がブランド化し、それが商品名に大きな影響を与えている。

大楠漁協では佐島ブランドとして、独自に「佐島ダイ」「佐島ダコ」を設定するほか、県の動きと歩調を合わせて「三浦ワカメ」「三浦ヒジキ」「湘南シラス」といったものも大楠漁協の産品として盛んに喧伝している。その結果、現在では佐島ブランドは築地などの卸売市場や魚小売店はもとより飲食店でも定着しつつある。そのとき重要なことは、そこには漁協の販売戦略とともに、行政の働きかけが大きな推進力としてあったことである。

また、その宣伝には、味や見た目の良さのアピールのほか、佐島で伝えられてきた伝承も一役買っている。たとえば佐島のタイはかつて皇室への献上鯛として提供されていたという伝承をことのほか強調することで、ブランドとしての正当性を示そうとしている(17)。

写真１－２－８　佐島ブランド「佐島しらす」

神奈川県では一九九二年に選定制度を開始し、一九九七年にはかながわブランド振興協議会を作って県内の農林水産物について「かながわブランド」を選定している。それは「郷土の味」「すぐれた品質」「生産者の自慢」をうたい文句にするもので、二〇一二年現在、六〇品目（九六登録品）が指定されている。このうち、水産品・水産加工品は六品目（八登録品）ある。さらにこの六品目のうち、シラス・シラス加工品・ワカメ・ヒジキ・海苔の五品目が佐島を含む横須賀市のブランドとなっている（神奈川県　online : p22443. html）。こうしたブランド化の動きも、結果として商品名の分化・多様化を生んでいるといってよい。

3　商品価値がもたらす新たな「市場名」「商品名」

ブランド化の動きと並行して、これまで自家消費用にしかならなかったものが商品として採集されるようになった例も見られる。その場合、自家消費が目的だったときには、地方名では一括りとして扱われていたものが、商品価値の上昇に伴い、個別に認識されるようになり、個々に市場名・商品名を獲得してゆくという現象が見られる。たとえば、先に挙げたタマがそれに当たる。佐島の漁師にとってはかつてケーつまり貝はアワビだけを指したが、その反対に売り物にならないシッタカ、バテイラ、アカニシ、コニガラ（小型のサザエ）、小型のホラガイといった球形をなす巻き貝はタマ（地方名）として一括されていた。そうした状況は、一九九〇年代以降、大きく変わっていく。

住宅開発が進み新住民が多く住むようになるころから、そうした新住民や横浜・逗子・鎌倉から「地魚」を求めて車でやって来る人を対象とした魚介小売店ができたが、そうなるとまさに求められる「地物」のひとつとしてタマは商品価値を持ちはじめる。その結果、タマとして一括りにされていたものが、それぞれに商品名が与えられるようになる。こうした現象は、地方名としてはひとつであったものが、商品としての価値づけが変化する中で、多様な商品名を獲得していったことを示している。

また、サゼッポ（サザエ）の場合も、商品としての価値が変化するなか、新たな市場名・商品名を獲得した例といえる。サザエはアワビに比べると単価が大きく劣る。しかも、コニガラのような小型のサザエは太平洋戦争前までは市場で値さえ付かなかった。そのため、年間をとおしてサザエだけ採っていたのでは生計活動にすることはできなかった。そうした状況では、成長段階名として「コニガラ（カジメッタマ）―サゼッポ―ハビロ」という三段階を持つものの、佐島漁師の認識としてはコニガラはサザエというよりはタマに含まれるものであった。これは商品価値の無さが引き起こした現象であり、ある意味、成長段階名の否定といってもよい。

そうした状況が太平洋戦争後になると変わりはじめる。ひとつには図1-2-6に示したようにアワビの漁獲量が大きく減少する中、サザエは単価は安いものの、ミヅキやモグリの漁獲対象としての地位が相対的に上がっていった。また、市場では小型のサザエにも値が付くようになり取引の対象となるようになった（ただし現在は蓋のサイズが三cm以下のものは再放流の対象）。そうしたことを背景に、サザエの市場名は大きく変化することになる。

それまで市場で取引されるときの名称はサザエでしかなかったものが、角の有無により、マルサザエ（角なし）とサザエ（角あり）に分類され、かつそれぞれはその大きさに応じて、マルサザエ（角なし）はマルダイサザエ（二五〇g以上）―マルサザエ（二五〇g未満）に二分される。また、サザエ（角あり）はトクダイサザエ［ハビロ］（八〇〇g以上）―ダイサザエ（二五〇g以上）―サザエ（二五〇g未満）に三分されるようになった。このほか、規格外として殻にフジツボがついているものをカキサザエと呼び区別している（カキサザエは重量が増すため単価は低くなる）。総じて角が発達したものほど単価は高く取引される。サザエの場合は、商品として流通するようになったとき、消費者側のニーズを反映して、殻の見栄えが商品価値として大きな意味を持つようになったことが分かる。

4　成長段階と「市場名」「商品名」

佐島漁師の世界では、アワビには、「ケー（成貝）―ナミノコ（稚貝）」という二段階の成長段階名が存在した。しかし、ケーとナミノコを弁別する数値による基準は曖昧で、強いていえば商品になるもの（ケー）とならないもの（ナミノコ）というものであった。それが明確化されるのは、前述のように、神奈川県漁業調整規則において、「殻長三寸六分」以下のアワビは稚貝ということで再放流しなくてはならなくなったことによる。

このとき、同一種にもかかわらず成長段階を示す分類基準が二つ存在してしまうという興味深い現象が起きてくる。具体的にいうと、市場における競りなどの取引ではケーはグラム単位で大きさが計測されるのに対して、ナミノコは「殻長三寸六分」という長さの単位で示される。つまり、アワビの場合、その大きさを示すとき、稚貝では長さの単位が用いられ、成貝になると一転して質量の単位が用いられるのである。言い換えると、ナミノコという非商品は長さにより分類され、商品となるケーは質量により分類されている。

ブリやマグロなど商品価値の高い大型魚では、成長段階の初期は分類基準が体長（長さ）によりなされ、後期においては質量に変わるという現象がみられるが、その境目は一匹売りされる段階と切り身で売られる段階にある。しかし、アワビの場合はそれとはあきらかに異なっている。市場において、質量の単位が意味を持つのは取引のためであるが、昭和二六年（一九五一）に施行された漁業調整規則の分類基準は、資源保護という新たな目的を持ったものであった。つまり、そもそも分類の目的が異なっていたため、基準が二つになっても問題が起きなかったということができよう。

一般的にいって、現代における成長段階名は市場名と符合することが多い。それは伝統的な出世魚において顕著である。たとえば、ブリの場合、地域ごとに存在する成長段階名の多くは市場（仲買）や小売りの段階においても商品名として用いられている(18)。

大楠漁協の場合をみてみると、ブリは以下のように市場名が設定されている。六kg以上がブリ、三kg以上がワラサ、一kg以上がイナダ（さらにオオイナダとイナダに二分することもある）、〇・五kg以上がワカシ、それ未満がモジャコとなる。さらに三浦半島でブリ養殖が始まって以降は、上記の成長段階名とともに、ハマチという段階が設定された。そして、その特徴としては、ハマチは市場名は「養殖物」として一括されるため大きさに多少の差があっても商品名としてはハマチの一段階しかない。

それに対して、一般に地方名としては成長段階名を持たないものや、また成長段階はあっても段階数の少ないものも、そのなかには市場における商品としての取引ランクを反映して、近年、成長段階が市場名として多数設定されている場合がみられる。その典型例にヒラメがある。

佐島では小型のヒラメのことをソゲといい、元来、地方名としてはヒラメ―ソゲという二段階の成長段階名しか設定されていなかった。しかし、その後、大楠漁協では、一kg以上をヒラメ、それ以下をソゲといい、ソゲはさらに二〇〇g以下をマルショウソゲ（小ソゲ）、四〇〇gまでをショウショウソゲ（小小ソゲ）、七五〇gまでをコソゲ（小ソゲ）、一kgまでをソゲというように分けられ、またヒラメも一～一・五kgがショウビラメ（小ビラメ）、一・五～二・七kgがチュウビラメ（中ビラメ）、二・七～三・七kgがチュウオオビラメ（中大ビラメ）、三・七～四・四五kgがオオビラメ（大ビラメ）、四・五kg以上がトクダイビラメ（特大ビラメ）と区別している。この場合、佐島の漁師が捕る段階まではソゲとヒラメにしか分けていないが、市場の仲買レベルにおいてソゲがさらに四段階、ヒラメが五段階に細分化されたことになる。

同じようなことはタイにも言え、商品価値の高い高級魚において、そうした市場（仲買）段階における呼称の細分化が進んでいる[19]。

魚類は、成長段階を反映した市場名のほかに、さらにスレ・キズ・ツマリという三段階が商品としてのランクを示すものとして設定される。スレは漁獲後に生け簀や網でえらやうろこが擦れたものをいい、キズは漁獲以前を含め魚体に傷が付いているもの、ツマリは本来の形とは違っているものでいわば奇形を示す。ともに市場での取引段階において、商品としての価値は低く設定される。

このほか、近年、佐島において養殖技術が普及して以降は、ヒラメやタイにおいては、前記の成長段階とは別にヨウショク（養殖）という段階が設定されるようになってきている。こうしたものもすべてが商品としての価値づけをおこなうときには不可欠な段階名であるといえる。

アワビの場合、大楠漁協では一九六八年以来、今日まで資源管理を目的にアワビの稚貝を購入し中間育成してから海に放流しており、現在ではそうした放流貝が漁獲物に占める割合は九割以上を占めるといわれる（神奈川県水産技術センター、二〇〇六）。しかし、アワビに関してはそうした中間育成したものかどうかが、市場で問われることはなく、養殖という行為がヒラメやタイのように市場名や商品名に与える影響はない[20]。

また、成長段階と市場名・商品名との関係を見てゆくと面白いことに気がつく。タイやヒラメのように、地方名としては成長段階名を持たないか、もしくはあってもごく少ない段階数しかないにもかかわらず、市場においてはその商品価値の高さゆえ成長段階に応じた市場名が多数設定されている場合があることは前述のとおりである。しかし、そうした魚もいざ商品として小売りされるときには、また単純な分類・命名に戻っている場合が多い。つまり、地方名と商品名に比して、市場名のみが突出して細分化されている例である。それは、先に挙げたタイやヒラメのようなとくに商品価値が高く高級な魚介においてその傾向が高い。商品価値の高い高級魚は仲買の段階で大きさや形、傷の有無、天然か養殖かといったさまざまな要素がその価格に反映するため、分類・命名は細分化せざるをえないからである。

成長段階名には、ブリのように地方名の段階つまり漁師の生産段階から細かに成長段階名が付与されるものと、アワビのように市場の仲買段階において取引の必要から市場名として成長段階が新たに細分・増設されるものという二つのパターンがあることが分かる。当然、流通の複雑化を反映する後者の方が新しい現象であるといってよい。

5　村の変貌と「商品名」

佐島では通常、ケー（貝）といえばアワビを指す。また、それはケー――ナミノコという二段階の成長段階名を持つ。さらにケーはクロッケ、マタケェ、マルッケという三種に民俗分類される。この民俗分類は生物学に基づく種の分類と一致する。

こうした佐島漁師におけるアワビの分類・命名のあり方は地域の生活文化体系を反映し、かつそれ自体を構成する要素でもあった。その一方、後から登場することになる漁協における分類・命名のあり方は、市場名・商品名として示されることになるが、それは伝統的な漁師の分類・命名のあり方を受け継ぎながらも、漁協の販売戦略、流通上の便宜、仲買側の要請また消費者の嗜好といったことを受けて商業性を強く反映したものに変化していった。そのときその変化はより汎用性のある分類・命名のあり方に統一されつつ、それと同時に商品としての必要性から、ブランド化のような差別化を図るなど、分類・命名はより細分化・複雑化する傾向があることがわかった。

そうしたアワビにみる分類・命名のあり方の変化は、村そのものの変貌とも一致している。高度経済成長以降、佐島では若い世代による会社務め等による収入が生計上大きな意味を持つようになってきた。かつて陸の孤島と呼ばれた佐島もトンネルなどの陸路が整備され[21]、さらに自家用車が普及するとともに、横須賀・逗子・鎌倉、そして横浜へ通勤が可能な地域となった。その結果、佐島においては百姓漁師という生活の基本は崩れ去った。

一九九八年調査の漁業センサスによると、総戸数五七五戸のうち漁業世帯は一三六戸（漁業世帯員数四六六人）となっている。漁家割合は約二四パーセントにすぎない。また、漁業世帯のうち農業と兼業する家は一軒もない。センサスでは佐島は第二種漁港を有する漁業集落と認められるが、すでに主な産業は漁業でも農業でもなく第三次産業となっている。つまり、一九九八年には、百姓漁師はセンサスの上では佐島から消滅したことになる。

そして二〇〇九年現在、佐島では海岸線にまで迫る台地の上部は大規模な住宅開発が進められている。総開発面積は四一ha、それにより分譲される住居は六六七戸に及ぶ。これは旧住民の戸数を大きく超えるもので、新たな村の誕生といってよい。

かつてアワビのほとんどは男のおこなうミヅキとモグリで漁獲されたのに対して、タマは女によるオカドリで漁獲された。主として男が「ショウバイ」（金銭収入）を担い、女が「オカズトリ」（自家消費）と農（自家消費）を担当するという、つまり男（ハマ＝漁）と女（オカ＝農）の分業化とその総合という生計維持システムが一九五〇年代までは佐島における百姓漁師の生計の基本としてあった。

それが現在大きく変化したことは前述の通りであるが、それに伴って興味深い現象が起きている。それはかつて女の「オカズトリ」の対象でしかなかったタマが商品として売られるようになったことである。佐島は大都市である横浜や東京に近く、かつ逗子・葉山といった別荘地にも近いことから、一九九〇年代頃から休日を中心に多くの観光客が新鮮な魚介類を求めてやってくるようになった。それに呼応して、村の中にはかつて仲卸でしかなかった業者や漁師が魚の小売りを始めるようになった。また、二〇〇九年からは漁協が月に一度（第四土曜日）ずつ朝市を開催して観光客や近郊都市の住民を集めるようになっている（大楠漁業協同組合　online : 77. html）。

そうして、佐島ブランドとして、シラスやタコ、タイなどの魚介類が小売りされるとともに、前述のように、新鮮な「地魚」のひとつとしてタマが商品化されたのである。そうなると、たんにタマではなく、写真1−2−9にあるように、シッタカやホラガイ、アカニシというように個々に商品名が付けられるようになった。新たな商品名の誕生である。

さらにそのとき興味深いのは、そうした変化は漁協を通したものではなく、漁師が直接小売りに携わることで変化したことだということである。まだ漁協としてはホラガイ[22]を別にすると、シッタカやアカニシは、「その他の貝類」でしかなく、いわばかつての漁師の認識であるアワビ以外はタマという認識の延長にあるといってよい。つまりシッタカやアカニシは漁協レベルではまだ市場名を持つにいたっていない。そのことは、市場名を持たないまま商品名が新たに登場するという事態が起きていることを示している。地方名・市場名・商品名という三者関係を考える上で、新たな展開として今後が注目される。

写真１－２－９　商品名が付けられたタマ

注

（1）一般和名の例としては、シシャモが挙げられる。標準和名はキュウリウオでありながら、一般にはシシャモとして流通している。

（2）大病をしたり鼓膜や肺を悪くしたため、モグリができなくなったという人は多い。そうしたことさえなければ、ミヅキに比べ夏場はモグリの方が圧倒的にアワビの採集は有利なため、必然的に夏のモグリと秋から春にかけてのミヅキという組み合わせになる。

（3）かつては三ヒロ（四．五―四．八ｍ）より浅いところにもノテンゲはいたが、見つけ易いため採り尽くされてしまったとされる。

（4）クロアワビの生態として夜になるとカジメを食べにホラやタナの奥から出てくる。しかし、夜間はアワビのミヅキ漁はおこなえない。

（5）ヨヅキは、昭和二六年（一九五一）以降、神奈川県漁業調整規則により禁止されている。

（6）佐島では、昔から「〇〇カイ」と称されるのはケー（アワビ）のほかは、とくに美味しいものだけだとされる。その代表がカクレッケ（カクレカイ）と呼ぶ二枚貝で、岩の中に隠れているのでその名が付いた。ツルハシとタガネを使わなくては採ることができないが、その出汁の味は絶品とされる。ただし、あまり採ると磯を壊すのでよくない。今も昔もけっして市場には出ないが、苦労しても採って食べたい貝だとされる。

（7）日蓮聖人が房総半島から三浦半島へ浦賀水道を渡ってやってくるとき、海岸でサザエを踏んでその角で足を傷つけたため、東京湾岸のサザエは角がなくなったという伝説。

（8）久比里のミヅキ漁と同様に、走水はタコツボ漁、鴨居は一本釣りを主とする海村であり、相互にそうした看板となる漁を認め合うことで、地先漁場を共有しつつ漁法による棲み分けをしていた。この点は東京湾岸の海村における漁場利用の特徴である（安室、二〇一三）。

（9）標準和名は、生物分類の種に対応させて、魚類学者の田中茂穂が東京市場や三浦半島の地方名をもとに設定したとされ、その意味でエスニックな要素に無縁というわけではない。また近年、外国から輸入される魚介類には標準和名を持たないものも多くある。

(10) 現在、芦名・秋谷はそれぞれ支所、久留和は出張所がおかれているが、本部の置かれる佐島には形式的に支所も併置されている

(11) 漁師言葉では、クロガイをクロッケ、マルガイをマルッケ、マタガイをマタケェまたはマタゲィと発音しているが、もとはそれぞれクロガイ（黒貝）・マルガイ（丸貝）・マタガイ（又貝）であると考えられる。

(12) 漁師における伝統的な分類・命名のあり方、つまり地方名はむしろ佐島と長井とでは共通性の方が大きい。

(13) メガイアワビとマダカアワビの身の色は今も昔も変化はないという意見が大勢であるが、中にはアカガイという名称の由来として、本当に身が赤っぽく変わったためだとする人もいる。その説明として、メガイアワビとマダカアワビの食性が変わり、カジメではなくテングサを好んで食べるようになったため身の赤みが強まったとする。

(14) 近年中国へ輸出される干し鮑の需要が増えたが、その場合には大きなアワビほど商品価値が高い。

(15) アワビにおける赤と黒の民俗分類は全国的なものでもある。たとえば、長崎県佐世保の事例（香月、二〇〇七）では、クロアワビをオガイ（オトコアワビ）と呼び、またクロと通称する。それに対して、メガイアワビをオンナアワビと呼び、アカに分類する。マダカアワビはメタカと呼ばれ、やはりアカに分類される。

(16) 魚介類の場合、公的にはブランド名はＪＡＳ法に基づく「名称」ではない（日本水産物貿易協会、二〇〇五）。

(17) 献上鯛の伝承は、三浦半島においては、タイ一本釣りで有名な鴨居（横須賀市）にもある。

(18) ブリの場合にはハマチのように養殖物が地域の成長段階名に変化を与えている場合も同時に見てとることができる。この問題については、本書Ｉ—一章において取り上げている。

(19) タイの市場名は以下の通り一〇段階にも及ぶ。二五〇g以下＝マルショウカスゴ（㊈春子）、四〇〇gまで＝ショウカスゴ（小春子）、五〇〇gまで＝カスゴ（春子）、八五〇gまで＝コダイ（小鯛）、一．二五kgまで＝チュウショウダイ（中小鯛）、二．六kgまで＝チュウダイ（中鯛）、三．五kgまで＝チュウオウダイ（中大鯛）、四．五kgまで＝オオダイ（大鯛）、五．六kgまで＝ダイダイ（大大鯛）、五．六kg超＝トクダイ（特大鯛）。

(20) 稚貝の時に放流されたアワビは、自然の海において大きく育った後でも見分けがつくという。貝殻の一部を削ると緑色になるものは放流貝だとされる。それでいながらタイやヒラメとは違って、市場において純天然のアワビと放流貝とを区別していないのは逆の意味で興味深い。ただ、純天然ものと放流貝の見分けがつくとされる以上、今後、両者は差別化され、純

天然ものがより大きな商品価値を持つようになる可能性が高い。

(21)　横須賀や鎌倉に出るためには、昭和二年（一九二七）に佐島隧道が開鑿されるまで、海路ないしは山越えの道しかなかったとされる。

(22)　ホラガイは近年の需要の高まりとともにいち早く商品化され、漁協（市場）の扱いにおいてもタマから区別されるようになった。

引用参考文献

秋道智彌　一九八四　『魚と文化』海鳴社

奥谷喬司　二〇〇六　『日本の貝〈二〉巻貝』学習研究社

香月洋一郎　二〇〇七　「『環境認識』調査覚書」『「景観」と「環境」についての覚書』神奈川大学二一世紀COEプログラム

川名　興　一九八八　『日本貝類方言集』未来社

関東農政局横浜統計・情報センター編　二〇〇四　『神奈川県農林水産統計年報（水産業編）二〇〇三〜二〇〇四』神奈川県農林統計協会

渋沢敬三　一九五九　『日本魚名の研究』（『澁澤敬三著作集二』一九九二、平凡社、所収）

瀬川清子　一九四九　「海村婦人の労働」柳田国男編『海村生活の研究』［国書刊行会、復刻、一九七五年］

日本水産物貿易協会編　二〇〇五　『商用魚介名ハンドブック（三訂版）』成山堂書店

比嘉理麻　二〇一一　「プロセスとしての民俗分類」『日本民俗学』二六五号

安室　知　一九九五　「善光寺町の魚屋」長野市誌編さん委員会民俗部会編『「善光寺町」の民俗』長野市［『日本民俗生業論』二〇一二、慶友社、所収］

同　二〇〇三　「民俗分類の思考」『国立歴史民俗博物館研究報告』一〇五集［『水田漁撈の研究』二〇〇五、慶友社、所収］

同　二〇〇八　「海付きの村に生きる」『日本の民俗一―海と里』吉川弘文館

同　二〇一一　「『百姓漁師』という生き方」『国立歴史民俗博物館研究報告』一六二集［『日本民俗生業論』二〇一二、

慶友社、所収〕
同　　二〇一三「漁となりわい」横須賀市編『新横須賀市史　別編民俗』横須賀市

〔オンライン文献〕

海女研究会「三重県における海女漁業の現状とアワビ類の漁獲状況について」http://www.lib.mie-u.ac.jp/lab/research/amaken/doc/matsuda.pdf（二〇一三・三・二五）
海上保安庁「海流図」http://www1.kaiho.mlit.go.jp/KANKYO/KAIYO/qboc/2009cal/cu0/qboc20091 28cu0.html（二〇一三・三・二五）
神奈川県「かながわブランド」http://www.pref.kanagawa.jp/cnt/f6914/p22443.html（二〇一三・三・二五）
神奈川県水産技術センター「神奈川県三浦半島地区アワビ資源回復計画」http://www.pref.kanagawa.jp/uploaded/attachment/14697.pdf（二〇一三・三・二五）
大楠漁業協同組合「佐島のおいしい魚」http://sea.ap.teacup.com/sajima/77.html（二〇一三・三・二五）

三章　家畜の呼称と生業戦略
——ヒツジの分類と命名〈麗江納西族の事例〉——

一　はじめに

これまで、人文地理学や文化人類学でおこなわれてきた家畜の識別と命名に関する研究はそのほとんどが牧畜民による大規模な家畜飼養に関するものであった。しかし、現実問題として、家畜を飼うのは牧畜民だけではない。農耕民にとっても家畜飼養は重要な生業のひとつとなっている。本論では、複合生業論の立場から、農耕民による家畜飼養の問題に注目してみる。ここで調査対象とするのは、中国雲南省を中心に暮らす少数民族の納西族[1]であり、従来の研究では牧畜民の家畜として取り上げられることが多かったヒツジ[2]である。

納西族にとって家畜飼養は重要な生計活動のひとつである。ウシ・ウマ・ブタ・ニワトリが基本的家畜として飼われ、そのほかにその村の立地する環境（生態条件）に応じて、ヒツジ・ヤギ・ヤク・モウギュウ[3]、アヒル、ガチョウ、ハトまたときにはミツバチまで、多種多様な家畜飼養がおこなわれている。

その特徴は、牧畜業として独立して営まれるものではなく、多分に農耕との複合関係の中で家畜飼養がおこなわれることにある。ウシ・ウマなどの大家畜は役畜として農耕労働に用いることを主目的に、ブタ・ヒツジ・ニワトリなどの小家畜は農耕生活における自給的な肉・乳・毛皮を得ることを目的に飼養されている。

納西族における家畜の多様性については別稿（安室、一九九六）において論述するとして、本論ではおもにヒツジの命名法に注目して、納西族の家畜に対する認識と家畜管理のあり方について検討を加えることとにする。そうして、農耕生活における家畜飼養の持つ意義と、その特徴について考察することを本論の目的とする。

納西族がヒツジを個体識別し、群れを管理する方法は、詳しくは後述するが、体毛の色とくにその配合のあり方によっている。この点は、体毛が黒と白の二色が基本となるヒツジの場合、納西族の民族性の中に現れる黒と白のカラーシンボリズムとも関係することになる。

二　納西族の村とヒツジ

1　ヒツジを飼う村—調査地の概観—

調査地となる汝寒坪村は、雲南省麗江県太安郷天紅行政村の中の一自然村である。一九九四年現在、村の家数は一三〇戸、人口は五五六人で、住人のほとんどが納西族である。村は麗江盆地の縁辺部、標高約三一〇〇mのところにあり、麗江納西族の集落の中ではもっとも標高の高いところに位置する。汝寒坪村における民俗調査は、一九九四年九月と一九九五年九月の二回おこなっており、本論は基本的にそのときの資料を用いている。

季節は、大きくムツとムゾの二期に分けられる（ムツ・ムゾとも納西語）。季節感として麗江納西族には春夏秋冬に相当する表現はない。ムツは寒い季節、ムゾは暑い季節を意味する。汝寒坪村のような盆地縁辺の高冷地では、ムツの到来は早く、その前触れとして農暦八月末（以下、月は農暦で示す）[4]から九月に霜が降りる。そうして翌年の農暦三月くらいまでがムツということになるが、農暦三月の清明節を境にして徐々にムゾに変わってゆく。なお、麗江納西族の季節感についてには、同じ汝寒坪村を取り上げて、本書I—四章において詳述している。

生業活動の中心は農耕である。村の耕地面積は四八五〇畝（三二五ha）あり、一人当たり八・三畝（五五・六a）と太

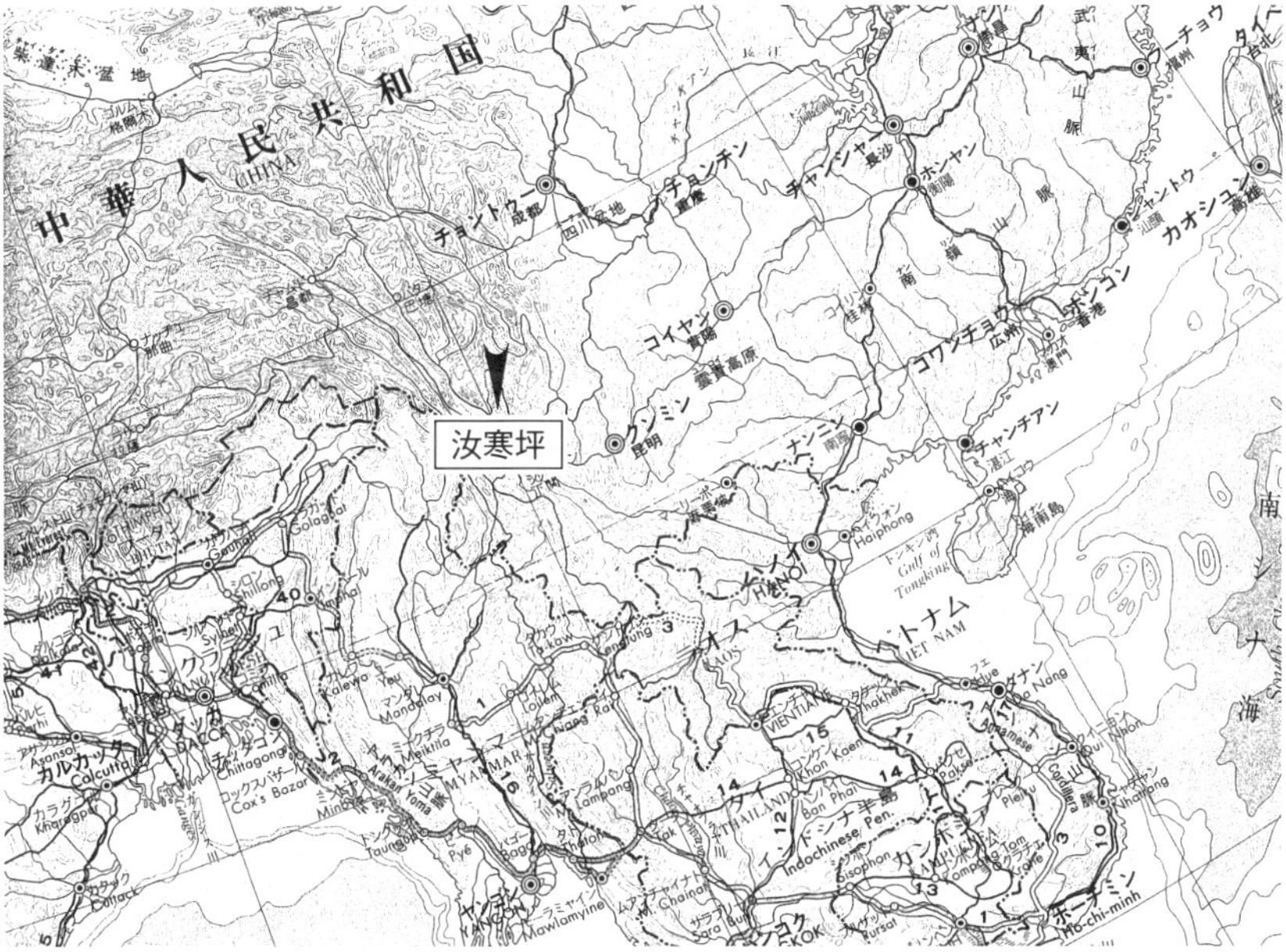

出典：昭文社『世界地図帳』2000年発行

図１－３－１　汝寒坪村の位置

安郷全体の平均四・八畝（三二・二a）に比べかなり多い。しかし、農業収入（年間純収入）をみると太安郷全体では一人当たり五三七元であるのに対して、汝寒坪村では平均四二一元と一〇〇元以上も少ない。(5) それは、高冷地にあるため土地生産性が低く、また主要な作物もジャガイモ・エンバク・ソバなどの高冷地でも栽培可能なものに限定されてしまうためである。そうした農耕活動のかたわら、重要な生計活動のひとつとして家畜飼養が複合的におこなわれている。とくにこの村ではヒツジは重要な家畜である。ヒツジは麗江盆地の平坦部（標高二三〇〇～二五〇〇）ではあまりみられず、標高の高い盆地縁辺部の丘陵地がヒツジ飼養の中心となっている。そのため汝寒坪村では他の家畜に増して一軒当たりのヒツジ飼育頭数は多い（後述）。

2　ヒツジを飼う家―被調査者の概観―

この汝寒坪村に住むY・K氏（一九九四年現在、

六四才）からヒツジ飼養について詳しく話を聞く機会を得た。また、同時に、ヒツジの移動に同行し、観察をおこなうことができた。一九九四年九月下旬（新暦）のことである。

Y・K氏は一二才のときからヒツジを飼っている。大トンパ[6]（東巴）を父に持つY・K氏は、親の代からヒツジ飼養を引き継ぐのではなく、ほぼ独力でヒツジ飼養をおこなうようになった。

一二才で初めてヒツジを飼うに当たっては、隣に住む老人から飼養に関するさまざまな知識を授かった。具体的には、ヒツジを集める方法、畑を荒らさないようにする方法、ヒツジが畑に生みつけたニワトリの卵に触れないようにする方法などを教えてもらったという。また、実際には、見よう見まねで体得したことも多い。

飼養を始めた当初は、ヒツジは七頭であった。その後、平均すると例年一五〜一六頭を飼っている。もっとも多いときで三二頭飼ったことがある。ちなみに、汝寒坪村においては、ヒツジの場合一五〜二〇頭が一戸当たりの平均的な飼育頭数である。

以上のように、本論で注目し検討を加えるのは、中国雲南省麗江納西族自治県に暮らすY・K家という一家族の事例にすぎない。そのため、この事例をもって、ただちに納西族全体に一般化することは躊躇される。一方で、検討の厳密性を保つために記述は一家族に限定せざるをえなかったが、麗江盆地の丘陵地における家畜飼養については他所でも調査しており、後に結論として挙げていることとはほぼ矛盾することはなかった。そのため、以下では麗江盆地に暮らす納西族（麗江納西族）という限定のもと、論の一般化を図る場合もあることを先に断っておく。

（Y・K氏が一九九四年現在に飼っているヒツジの頭数とその構成）

一六頭 ｛ 雌　九頭 / 雄（種ヒツジ）　二頭 / 去勢雄　五頭 ｝

三　ヒツジ飼養のあり方

1　ヒツジ飼養の一日・一年

ヒツジ飼養の日常はヒツジに餌を食べさせることが中心となる。それをもとに一日の行動が組み立てられているといってよい。そのため、季節ごとまた一日の中でも、群は飼養者とともに小規模な移動を繰り返すことになる。暖かなムゾの季節の間は、午前中は草の生える平らな土地へヒツジを連れていって草を食べさせ、午後からは山間の林で木の葉を食べさせる。こうした給餌のための土地は村から東北方向に二㎞ほど行ったところにある。ムゾも終わりに近づくと、収穫を終えた畑にヒツジを放して草を食べさせる（写真1-3-2）。作物の収穫後に残る茎や葉がヒツジの飼料になる。ヒツジを放牧するには、とくにソバやエンバクの畑がよいとされる。ジャガイモ畑の場合は、収穫前になると、ブタの飼料として茎や葉をすべて刈りとってしまうため、収穫後の畑では畝に生えた雑草がヒツジの飼料となる。ヒツジにしろ、ブタにしろ、畑作物の場合、収穫物以外の残余物はほとんどが家畜の飼料となっている。

写真1-3-1　羊毛のマントを着たY・K氏

畑へのヒツジの放牧は、納西族における家畜飼養と農耕活動との関係を考える上でとくに重要な意味を持つ。ムゾの収穫後だけではなく、季節がムツからムゾに変わるころまだ作物の植えられていない畑にもヒツジを入れる。その大きな理由として、そこには飼料となる雑草が

写真１－３－２　収穫後の畑での給餌

いち早く生えることとともに、ヒツジの糞が畑の重要な肥料となることがあげられる。とくにヒツジの糞は畑によいとされ、自家で所有するすべての畑にヒツジ群を順繰りに入れるようにする。

また、畑への放牧以外では、ムゾからムツへの変わり目の時期に山の谷へヒツジを連れていってブナの葉を食べさせる。わざわざ人がブナの葉を採ってきて与えることもある。

九月になると標高の高い汝寒坪村には納西語でいう「寒い雨」が降るようになる。これはムツの季節の到来を意味する。そうなるとヒツジ小屋に入れて家の近くで飼うようにする。ヒツジ小屋は家に隣接して建てる。一例としては、家の照壁(7)に沿ってその外側（東側）に建てる。また、飼育頭数が少なければ、屋敷内の家畜小屋に入れることもある。

そうして翌年の清明節（農暦三月）の前まではヒツジ小屋でヒツジを飼うことになる。ただし、ムツの間ずっとヒツジを小屋に入れていてはよくない。雪が降るときは外には出さないが、そうでなければ運動のために家の近くをまわらせる。

ムツは飼料を確保するのが大変である。小屋で暮らす間の飼料としては、キャトゥ（白雲豆）、ワントゥ（碗豆）などの豆類やカブなどの野菜物の不出来なもの、また畑作物の葉莢を用いている。

汝寒坪村では、ヒツジを多く飼いたいと思っても、冬期の飼料が制限要因となっている。飼育頭数を増やせば、それだけ多くの飼料を秋までに準備しなくてはならない。前述のように、畑作物の残余物に冬期の飼料の多くを頼っているため、今以上に耕地が増え農業生産が上がらない限り飼育頭数を拡大することは不可能である。こうした面でも、納西族の場合、農耕と家畜飼養とは密接な関わりがあることがわかる。

また、当然、ムツの間は基本的に小屋の中でヒツジを飼わなくてはならないため、限られた空間の小屋ではやはり飼育頭数も限られてしまう。

こうしてムツが終わり、ムゾの到来を意味する清明節の頃になると、徐々にヒツジを山野に出すようにする。清明節には気温も上がり、山野の草が萌え出す。そうなると山・平地（荒蕪地、未利用地）・畑にヒツジを連れていって草を食べさせることができるようになる。ヒツジは、野生の植物の場合、地表に生える草本に限らず、木の葉まで食べることができる(8)。

清明節の頃はまだ畑には何も植えられていない。畑に生えているのは雑草だけである。そのため、自分の耕作する畑だけでなく、他人の畑にヒツジを入れてもよいとされる。その後、畑にはムゾの間は作物が植えられるが、同様に収穫が終わっていればどの畑にヒツジを入れてもよいことになっている。

また、飼料に関連していうと、ヒツジには塩を定期的に与える必要がある。ひと月に一度ずつ塩を水に溶いて与える。人が嘗めて塩辛く感じない程度の塩水がよい。濃い塩水を与えると羊毛の質を悪くしてしまう。

2　繁　殖

Y・K氏が一九九四年現在飼養する一六頭のうち、去勢ヒツジ（五頭）と種ヒツジ（二頭）を除くと、九頭が雌のヒツジということになる。しかし、その九頭のうち実際に発情して交尾することのできる成熟した雌ヒツジは三・四頭に過ぎない。ヒツジが発情し交尾が始まるのは五月五日ころからである。

交尾は自然に任せ、人が管理することはない。この点は、後にも述べるが、農業主体の家畜飼養をおこなう麗江納西族において、家畜管理の技術段階を示す大きな特徴のひとつであるといってよい。

群れにはかならず一頭の種ヒツジ（雄）を入れておくようにする。たいていは一頭でいいが、一九九四年の場合は新旧の二頭の種ヒツジがいる。こうして二頭いるのはまだ新しい種ヒツジは若すぎるからである。ただし、種ヒツジは四才までの若いヒツジを使う。それ以上の年齢になると、生まれてくる子ヒツジの質が良くない。そのため、種ヒツジは五才になると食肉にされる。

種ヒツジには、飼養する群に誕生した子ヒツジに中から、元気があり、毛質（毛が長くて艶があり色のきれいなもの）の良いものを選ぶようにする。この時に重要な点は、毛色がかならず白または黒で単色のヒツジを選ぶことである。毛色が他の色のものはもちろんのこと、白と黒の二つが混じったものも良くない。種ヒツジの毛色はなぜ白と黒なのかといったことにまつわる伝説があるが、詳しくは不明である。

子ヒツジは通常、八月から一〇月にかけて、ムゾの期間に生まれる。ときには一一月や一二月に生まれることもあるが、寒さのために死んでしまうことが多い。一六頭のヒツジを飼っていると、年に五～六頭の子ヒツジが生まれる。そのうち二～三頭は死んでしまう。生まれてくる子ヒツジの雄雌の数は年ごとで異なる。しかし、前年に雌が多いと今年は雄が多いというように、複数年で見るとバランスがとれているとされる。

人はヒツジの出産にほとんど手出しをしない。出産はヒツジ小屋でおこなわれるが、交尾同様、自然に任せる。ただし、誕生直後、まだうまく立てない子ヒツジが、母ヒツジの乳を飲もうとするときには、体を支えてやる程度の手助けはする。

なお、ムツの間、ヒツジを小屋に入れて飼うときには、子ヒツジのいるヒツジといないヒツジの群れに分けるようにする。

3　去勢

生まれてきた雄のヒツジは、種ヒツジとして残すもの以外は、すべて去勢してしまう。雄ヒツジは去勢することで、おとなしくなり、同時に肉付きが良くなって寿命が延びるからである。人にとっては、群を管理しやすくし、肥育効率を高める意味で、重要な技術であるといってよい。麗江納西族のヒツジ飼養にとっても、去勢は後に述べるように、小規模な群を雌を中心に秩序立て管理してゆくには重要な要件となる。一九九四年現在、Y・K氏が飼養する一六頭のうち、五頭が去勢された雄のヒツジである。

去勢は睾丸を抜いておこなう。納西語ではツジェという。ツは「ヒツジ」、ジェは「取る」の意味である。雄の子ヒツジは、去勢後には、自分で飼うほかに、自家の食肉にしたり、また生きたまま売ることもある。

子ヒツジの睾丸を抜くのは、生後半年してからである。五月五日頃におこなうことが多い。このころになると、子を生んだ雌ヒツジは乳が出なくなる。また、からだが元に戻り発情するようになる。それと並行して子ヒツジも親離れする。それは、子ヒツジにとってちょうど良い餌となる若草が大地に萌え出す頃でもある。

去勢は飼主自身がおこなうことが多い。Y・K氏の場合は、すべて自分でおこなっている。Y・K氏は汝寒坪村でもっとも去勢が上手であるといわれているが、そうした人に去勢を頼むこともある。

去勢は昼間に屋外でおこなう。睾丸を抜くには、まずペニスの先をナイフで小さく切って捨てる。そうすると中に二つの玉が見える。指先に唾液をつけてからひとつずつ取り出す。その後また傷口には唾液をつけておく。唾液は薬になるといい、ほかに薬はない。

取った睾丸は焼いて食べる。四〇才以上の人だけが食べることができる。若者は食べてはならないとされる。これを食べると精がつく。たいていは酒を飲みながら食べるが、睾丸の肉は少し臭みがある。

写真１－３－３　羊毛のフェルト

4　ヒツジの売買と自家消費

例年、Y・K氏は一五～一六頭のヒツジを飼うが、そのうちだいたい年に五頭ずつヒツジを売る。売るヒツジは三才以上のものがほとんどで、子ヒツジを売ることはあまりない。ヒツジ一頭当たりの売値は同じ重量の穀物に比べると十倍以上となり、全体として少ない農業収入に占める割合は大きなものになっている。

羊毛の刈り取りは三月と九月の年二回おこなう。羊毛は九月の方が多く取れ、質も良い。一頭当たり、九月は〇・八～一斤（〇・四八～〇・六kg）、三月は〇・三斤（〇・一八kg）の羊毛を取ることができる。ヒツジの毛は生後二～三ヶ月すれば刈り取ることができるようになる。羊毛はフェルトに加工したりして自家消費するほか売ることもある。なお、汝寒坪村のような高冷地では、写真1-3-1にあるような羊毛で作ったフェルトのコートは、ヒツジの移動など屋外での活動には必需品である。

ヒツジ肉は、みんなが好んで食べるブタ肉とは違って、好き嫌いがあるとされる。好きな人と嫌いな人とでは食べる量がかなり違う。そのため、ヒツジ肉の消費量は家毎にかなりの違いができる。Y・K家の場合、ヒツジ肉を好んで食べるのはY・K氏ひとりだけである。家族には家の中でヒツジ肉を煮ることすら嫌がられるという。そのため家全体としての消費量は少ない。Y・K家では、ヒツジを生きたまま売り、ヒツジ肉を別のところで買ってきて食べることが多い。Y・K家の場合、自給的な意味においては、ヒツジ肉はそれほど大きな意味をもってはいない。

四　ヒツジの命名と管理—選択的命名の意味—

1　ヒツジの識別と命名

Y・K氏は自分の飼っているヒツジはすべて識別できる。毛色や性質、歩く順番などにより個体識別している。なお、識別の目印にヒツジの首や体に何かつけたり、耳や尾といった身体の一部を人為的に欠損させるようなことはない。

このとき、注目すべきは、すべてのヒツジを個体識別することができるのに、命名しているヒツジは一部に過ぎない点である。Y・K氏の場合、名前をつけているのは一九九四年現在飼っている一六頭のうち五頭だけである。Y・K氏が飼っているヒツジの名前とその由来および身体的・行動的な特徴についてまとめた表1-3-1を見るとわかるように、名前のつけられるヒツジは、群の中で行動がとくに目立つもの（一番先頭や一番後を歩いたりする）や、群から離れて飼い主をてこずらせるものだけである。

人はヒツジの名前を呼んで群全体を動かしたりするが、そうしたとき先頭や一番後を歩く性質のあるヒツジに命名しておくことは、群管理の上で有効である。また、性質のやっかいなヒツジについては、群から離れて他人の畑に入り込んでしまうようなときに、名前を呼んで叱り、呼び戻したりする必要がある。

そのため、すべてのヒツジを個体識別することはできても、名前は群管理上の要所となるヒツジにのみつけられるのである。この点は、農業主体の小規模家畜飼養をおこなう麗江納西族における、分類と命名といった視点から見たときの、家畜管理上の大きな特徴のひとつであるといってよい。

以下では、表1-3-1をもとにして、もう少し詳しく麗江納西族におけるヒツジの分類と命名について検討する。

表1-3-1　ヒツジの名前―その由来と身体・行動の特徴―

名　前	名前の由来、身体・行動の特徴	
ザホワ＊	［名前の言語］	漢語名
	［名前の意味］	ザ＝雑、ホワ＝花（または黄）
	［性］	雌（現在妊娠中、もうすぐ出産）
	［毛の色］	黒い体毛の中にまだらに白い毛がある
	［性質］	群の中でいつも一番前を走る
ミュム＊	［名前の言語］	納西語名
	［名前の意味］	ミュ＝目、ム＝灰色
	［性］	雌
	［毛の色］	体毛は白、目のまわり（眉毛）が灰色の毛
	［性質］	群の中でいつも一番後ろを走る
ナクパ＊	［名前の言語］	納西語名
	［名前の意味］	ナ＝黒、ク＝頭、パ＝白
	［性］	雌
	［毛の色］	体毛は黒、頭の中央に白い毛がある
	［性質］	群の中では前の方にいる 畑が好きで、人の畑に入って荒らす悪いヒツジ
レニナ＊（レナ）	［名前の言語］	納西語名
	［名前の意味］	レニ＝種、ナ＝黒
	［性］	雄（種雄）
	［毛の色］	体毛は黒の単色
レニパ＊	［名前の言語］	納西語名
	［名前の意味］	レニ＝種、パ＝白

	[性]	雄（種雄）
	[毛の色]	体毛は白の単色
マパ	[名前の言語]	納西語名
	[名前の意味]	マ＝尾、パ＝白
	[性]	雌
	[毛の色]	体毛は白、尾が白い毛
ナクギュ	[名前の言語]	納西語名
	[名前の意味]	ナ＝黒、ク＝足、ギュ＝走る
	[性]	雌
	[毛の色]	体毛は黒、足首に白い毛が走っている
ロホワ	[名前の言語]	漢語名
	[名前の意味]	ロ＝（顎?）、ホワ＝花（または黄）
	[性]	雌
	[毛の色]	黒い体毛、顎下に白い毛がある
	[性質]	群れの中でいつも一番前を走る
ヘンド	[名前の言語]	納西語名
	[名前の意味]	ヘン＝耳、ド＝半分欠けた（状態）
	[性]	雌
	[身体的特徴]	片方の耳が半分なくなってしまったヒツジ
ヘレ	[名前の言語]	納西語名
	[名前の意味]	ヘレ＝ルールを守らない
	[性]	雌
	[行動の特徴]	いつも一番前を走り、すばしっこくて、ルールを守らない悪いヒツジ

＊：現在、Y・K氏が飼っているヒツジ。そのほかは、今までに飼っていたヒツジ。

2　ヒツジの命名法—毛色の役割—

ヒツジの命名には毛色が重要な意味を持つ。『雲南省家畜家禽品種志』（雲南省畜産局、一九八七）によると、麗江で飼われるヒツジの代表的な品種である麗江綿羊では、毛色の割合は、白色五八．五％、黒色一九％、褐色一七％、混色（雑花）五．五％となっている。毛色からみると、混色は希少性があり、群の中において差別化されやすく、結果として命名されやすいといえる。事実、Y・K氏が一九九四年に飼っていた一六頭のうち命名されているのは六頭であるが、そのうち四頭が混色である。さらにいうと、前述のように、別格の存在となる種ヒツジ（雄）の二頭を除くと、命名される四頭全部が混色である。

そのため、ヒツジの名前は毛色の混じり具合をもとにして決められる傾向が強い。Y・K氏の飼うヒツジはヒツジの毛色は基本的に白と黒（ないし褐色）の二色であるため、どちらかの色が基調（地色）となり、そこにもう一色または別の特徴的な毛色（灰色など）が模様として加わるという混じり方をする。

そのため、名前は「特徴となる毛のある部位＋その毛色」という二語の組み合わせにより作られるのが一般的である。表1‒3‒1でいえば、ミュム、マパ、ロホアなどがそうである。また、一部だけではなく、体全体に毛色が混じる場合は、その程度に応じてザ（雑）やホワ（花）と表現される。

また、これはすべてではないが、ナクパのように「基調となる体毛の色（ナ）＋模様となる毛のある部位（ク）＋模様となる毛の色（パ）」という順に三つの語で示されることもある。この場合、前に挙げた二語による命名法は、三語による命名のうちの一要素である「基調となる体毛の色」の部分が省略されたものと考えることもできる。

こうした毛色をもとにした命名は、毛色が少ない（基本は白と黒の二色）ためパターン化しやすい。そのため、売却されるサイクル（五年程度）で同じ名前が繰り返されることも多く、とくにザホワのような漢語名はその率が高い。

この他、身体的特徴により命名されることもある。ただし、こうした命名は特別である。耳（ヘン）の片方が欠損（ド）している状態を示すヘンドはその一例である。なお、角の形や大きさで命名することはない。

また、前記のように、命名されるヒツジは行動・性質に特徴のあるものであることから、ヘレ（「ルールを守らない」の意味）のように、とくに目立つ行動をそのままヒツジの名前にすることもある。

3　命名における雌と雄

ヒツジにおいて命名されるのは、主として雌であることに注目する必要がある。先に指摘したように、命名されるヒツジは群を管理するときの要となる存在であることを考えると、雌にのみ命名されるということは人が雌を中心としてヒツジの群全体を掌握しようとしていたことを意味する。

雄の場合は種ヒツジのみが命名される。名前はやはり毛色をもとにつけられるが、本来、種ヒツジには黒か白の単色のものしか選ばれないため、前記のような毛色の混じり具合による命名は不可能である。そのため種雄を意味するレニという言葉に、ナ（黒）かパ（白）を組み合わせて命名することになる。

しかし、レニ（種雄）は固有名詞というよりは、群の中の役割を示す言葉である。そうした種雄という役割にあるヒツジが、毛色により黒と白に区別されているにすぎない。そのため、代々、種ヒツジの名前は、レニパ（白い種ヒツジ）かレニナ（黒い種ヒツジ）しかいないことになる。当然、種雄が五才となり種ヒツジの役目を終えると、次の雄にその役目と名称が引き継がれる。

一九九四年現在、Y・K氏が飼っている種雄は二頭おり、それは白と黒で差別化されている。通常は一六頭程度の小群の場合には種雄は一頭で十分であるが、前述のように、種雄の交代期に当たっているため、一九九四年は複数の種雄が存在したと考えられる。現在の種雄が引退する直前には次の世代の種雄が必要となってくるからであるが、種雄の更新が五年サイクルのため一九九四年のように一群に二頭の種雄がいるという状況は頻繁に起こりうる。そうしたとき、本来は群の中の役目を意味する名称のレニではあるが、同時に二頭存在するためには、毛色を用いて白と黒とで差別化する必要があったといえる。

このように、雄の場合、雌とは違った命名の原理があると考えた方がよい。雄は雌とほぼ同じ確率で生まれるが、種雄にするものを除いてはみな去勢されてしまう。そして、去勢雄には命名されることはほとんどない。ひとつの理由としては、行動において、群の和を乱すといった問題を起こすものが去勢雄には少ないからだと考えられる(9)。

そう考えると、種雄に対する命名は本来は役割名であったものが、四・五年に一度の割りで個体の差別化が必要となるため、毛色を利用して固有名詞化したものということができる。そのため、その名称は二種類しか必要なく、しかもそれは一代おきに代々受けつがれてゆく。このように見てくると、雄の場合、群の中での存在理由と同様、命名に関しては毛色は副次的な意味しかない。それは群は雌が主体となり、また人も雌をもって群を管理しようとする中にあっては、雄は種付けに特化した存在で、飼養群全体から見れば副次的な存在意義しかないからである。

4　納西語名と漢語名

命名については、表1-3-1にあるように、ザホワ・ロホワのように漢語によるものとミュム以下のように納西語によるものとが存在する。数では漢語名が二に対して、納西語名は八となり、漢語名は少ないという特徴も読み取れる(一九九四年現在、Y・K氏が飼っているものでは、漢語名一頭、納西語名四頭)。この点については、ヒツジと人との関係性の中で、ひとつの解釈が可能となる。それは、人がヒツジの群を管理する上で、鍵となる個体には漢語名がつけられていることである。これまでに漢語名がつけられたヒツジの性質をみると二頭とも群の先頭を歩くものである。

ヒツジは追随性の強い動物で、群れの大小を問わず、先頭のヒツジが行く方にそれ以下のヒツジは付いてゆく性質を持つ。そのため、人が群をコントロールしようとすれば、先頭のヒツジが重要な意味を持つ。Y・K氏の場合、ひとつの群に一頭だけ、漢語名をつけるが、それはまさに先頭を歩くヒツジである。

それに対して、納西語名を持つヒツジの性質は、最後尾を歩くものや、人の畑に入って悪さをするもの、また先頭に飛び出して群を乱すものなど、さまざまである。むしろ人の管理にはマイナスなものが多い。

さらにいうと、納西語名も漢語名も持たないヒツジは、人にとって好都合・不都合といった性質上の特徴は乏しく、ほとんどがおとなしく追随するものである。

こうしてみてみると、漢語名を持つものは、群管理の点でいうとプラス面の鍵となる存在であり、納西語名のヒツジは反対にマイナス面の強い存在であるといえる。こうした人による群管理という状況において、漢語と納西語が使い分けられることは興味深い。

漢語と納西語との使い分けは、納西族のように、古来から中華文明圏にあり、かつ現在は中華人民共和国に属するという、少数民族に特徴的な問題ということもできよう。その意味で、少し穿った見方となるが、漢語と納西語の使い分けは納西族の社会において認められる「漢語名＝公的・社会的」「納西語名＝私的・民族的」という、これまで歩んできた歴史文化的背景のもと、現在の人間社会を映し出しているということができよう。

5　ヒツジ群の管理

Y・K氏の場合、ヒツジの群の管理にイヌを使うことはない。Y・K氏はイヌを飼っている[10]が、狩りをするためのものである。イヌはヒツジを給餌のために移動させるときに連れて行くが、ヒツジを追うためのものではない。ただし、村のなかにはイヌを使ってヒツジを追う人もいるという。

写真1－3－4　先頭を行くヒツジ「ザホア」

写真1－3－5　群の移動

人は手に竹の棒や鞭をもってヒツジを追って移動させる。竹の棒をムトゥと言い、棒にひもをつけた鞭をムピと言う。ムは天を意味し、ピはひものなる音を示す擬音語。こうした棒や鞭も普段はほとんど使わない。ヒツジが他人の畑に入ろうとしたり、群から逸脱しようとするときにだけ使うものである。

たいていは、草を食べにヒツジを連れて行くときは、ヒツジの方が心得ていて、いちいち人が追わなくても自分たちで草地まで歩いて行く。

また、ヒツジは飼い主の言葉が分かるとされる。とくに先頭を行くヒツジは飼い主が「止まれ」（納西語）といえば、その声を聞いて足を止める。そうすれば群全体が足を止めることになる。また、飼い主の姿が見えないと、ヒツジは鳴き声をあげて自分から飼い主を捜すことすらあるという。

命名にみるように単純な管理のあり方とは反対に、こうした人とヒツジとの親密な関係も形成されていることは興味深い。

ひとつには、一戸当たり二〇頭弱という飼育頭数の少なさが、そうした〈人―ヒツジ〉関係を作りあげることを可能にしたということができる。すべてのヒツジに名前こそ与えないが、飼い主は自分の飼うヒツジのすべてを個体識別している。

麗江納西族の場合、牧羊犬[11]を持たず、また人為的な先導羊[12]もいない。その点では、麗江納西族のヒツジ管理は単純である。ヒツジを管理する上でもっとも重要な要素として、ヒツジのもつ行動特性としての群居性と追随性を挙げることができるが、そうしたヒツジの持つ行動特性を生かしながら、管理は群を単位として必要最小限のヒツジの認識によりなされる。この点が麗江納西族のヒツジ管理におけるひとつの大きな特徴といえよう。

その必要最小限とされる認識の対象が、先に掲げたとおり、いつも群の先頭を歩くヒツジ、一番後ろにいるヒツジ、畑に入っては作物をあらして困らせるヒツジといった特定の個体である。こうした命名による特定個体の認識は、ヒツジを個体としてではなく群として管理するのに最低限必要な情報となる。

Y・K氏の場合、現在飼っている一六頭のヒツジのうち具体的な名称をもつヒツジは五頭に過ぎない。そのうち二頭は種雄である。そして残る三頭はまさに先に上げた条件にそのまま合致している。

五　農耕民の家畜管理と命名―牧畜民との対比から―

今まで検討してきたことをまとめると、麗江納西族におけるヒツジ命名の特徴として以下の六点を挙げることができる。

① 飼っているヒツジのすべてを個体識別することはできても、命名されるのはそのうちの一部であること。
② 命名されるヒツジは、群を管理するときの要となるものだけであること。
③ 雌は毛色をもとに固有名が付与されるのに対して、雄は群の中での役割が命名の基本となる、つまり雌雄では

命名の原理が異なること。
④命名はおもに雌になされること。
⑤ヒツジには漢語名と納西語名があり、漢語名は群管理にもっとも重要な個体につけられること。
⑥命名は「特徴となる毛のある部位＋その毛色」(二語の組み合わせ) または「基調となる体毛の色＋模様となる毛のある部位＋模様となる毛の色」(三語の組み合わせ) が基本となること。

こうした麗江納西族のような農耕民によるごく小規模な家畜飼養とは異なるものとして、松原正毅はトルコ共和国のユルック (トルコ系遊牧民) によるヤギの個体識別と命名のあり方について報告している (松原、一九八三)。それによると、三〇〇頭を越えるヤギについて飼い主はそれを個体識別し、さらにその一頭一頭に名前をつけている。具体的には、体毛の色名・体の部分的特徴・耳の形を指す語彙の組み合わせにより個体識別し、さらにそうして個体識別したヤギのそれぞれに、地名・人名・出所・出生時の状況・身体的特徴・性格や行動の特徴・体につけた付属物などによって個体名が付与されることを示している。しかも、ユルックは「すでに死亡した数世代前の母ヤギや、一頭の母ヤギが数年間にわたって生んだすべての子ヤギ」を覚えているという。

こうした遊牧民の個体識別と命名の体系に比べると、麗江納西族のそれははるかに単純である。個体識別のあり方は、基本となる体毛の色、特徴的体毛の分布箇所の組み合わせが基本となるもので、ユルックの場合とほぼ同じである。しかし、その命名の仕方は大きく異なり、麗江納西族の場合は、すべてのヒツジに対して命名されるものではなく、前述のように、群の管理に最低限必要な個体にのみおこなわれる。

また、家畜の命名の問題は、梅棹忠夫が指摘する (梅棹、一九八七) ように、西アジアのトルコ系遊牧民ユルックや東アフリカのマサイのように、家畜に固有名詞を持つ文化と、モンゴル遊牧民のようにそれをもたない文化とがあるとされる。そうとなれば、単純とはいえ命名と個体識別の文化を持つ麗江納西族のヒツジ飼養は、従来言われている

ように モンゴルなど北方遊牧民の影響よりも、むしろ西方の中央アジアの遊牧民の影響を大きく受けていると考えることができるかも知れない。

そこで注目すべきは、麗江の西方、長江源流域にあたるチベットの牧畜である。この場合、ヤギにおいてはより西方の影響が、ウシにおいては南方の影響が大きかったのに対して、北方的要素は比較的新しく吐蕃時代以降のものとされる（松原、一九九三）。また先に示したユルックにおける個体識別・命名の体系は同じトルコ系遊牧民である中国天山山脈北麓のカザク族にも同様のものが存在する（松原、一九八三）。

こうした西方からの影響を示す事例とは別に、納西語が言語学的にはモンゴル遊牧民との関係（諏訪、一九八八）を説かれることも事実であり、納西族における家畜飼養の起源（文化的影響）をいかに位置づけるかは、今後の課題とせざるをえない。

おそらく麗江納西族における家畜飼養は、生活様式としての牧畜（遊牧）とはまったく性質を異にするものであるとしなくてはならないと考える。なぜなら、麗江納西族の家畜飼養は、あくまでも農耕を生計活動の基盤とした上におこなわれるものであり、かつ一家族の飼養する家畜は牧畜民のように一種ではなく、多種を少数ずつ飼うという飼養形態をとる（安室、一九九六）からである。

そう考えるとき、家畜管理のあり方（個体識別や命名の問題も含め）も、牧畜民のそれとはひとまず別のものとして扱う必要を感じる。牧畜民の家畜飼養と同様、今後は農耕民の家畜飼養も重要な研究テーマとなってこよう。とくに麗江納西族の生業を理解しようとするときには農牧複合の問題は不可欠である。

注

（1）　納西族は中国雲南省を中心に約三〇万人の人口を持つ少数民族である。言語はチベット・ビルマ語派に属する納西語を用いる。また、納西族固有の宗教としてトンパ教を持ち、その経文を記す文字として象形文字のひとつであるトンパ文字を伝える。

（2）ヒツジはヤギとともに偶蹄目ウシ科ヤギ属に属する。中国では、「緬羊」がヒツジで、「山羊」はヤギを指す。紀元前七〇〇〇〜五〇〇〇年ころ西アジアとインド中東部で家畜化されたとする（例：在来家畜研究会、二〇〇九）。

（3）モウギュウは「犏牛」の字をあてる。高地において役畜としての利便性を上げるため、人為により、ヤクの雌とウシの雄とを交配させて造りだされた家畜である。

（4）農暦とは太陰太陽暦のことで、日本で一般にいう旧暦にあたる。一九九四年においては、調査地域では農暦が一般に用いられていた。

（5）村の耕地面積や農業収入といった統計数値は、一九九四年調査時に村民委員会が資料をもとに口頭で示したものである。

（6）トンパ（東巴）とは、納西族独特の民俗宗教であるトンパ教の司祭のことである。そのトンパの中でも中心となるのが大東巴である。

（7）汝寒坪村の家屋は、一九九四年現在、多くは三房一照壁の形式のもので、中庭を中心にして北側に家畜小屋が作られている。

（8）ヒツジは畑作物の残余物に限らず、山野草はほとんどのものを食べることができる。ただし、中にはヒツジに食べさせてはいけない草木もある。例、ズンブ（納西語、漢語は不明。毒のある草。ただし、慣れていれば食べても大丈夫。初めて食べるとき気をつける。Y・K氏はそれでヒツジを死なせてしまったことがある。ヒツジも経験的に知っていてあまりこの草は食べない）、ムピュ（納西語、漢語名は不明。木の葉。雨の降らない季節には食べてはいけない）、マダ（納西語、漢語名は不明。毒性の強い木の葉）。

（9）ヒツジなどの家畜を去勢することの意味として、人に対する馴化やヒツジ同志の闘争心の抑制、および肉付きや肉質を良くすることが、あきらかにされている。この点はY・K氏の認識とも一致するが、そうした知識の由来は不明である。

（10）イヌの名前はショホワ（漢語名）という。ショは漢語で「小さい」、ホワは「黄色」の意味である。ショは「可愛い」という意味合いもある。ヒツジ同様、毛色が名前の一要素になっている。

（11）牧羊犬は、ヨーロッパにみられるように、ヒツジをまとめるなど群管理に使われるイヌである。また、南西アジアの例として、ヒツジがオオカミに襲われたとき戦うためにイヌが連れていかれる（松井、一九八九）こともある。

（12）先導羊とは、谷泰の報告（谷、一九八七）によると、去勢した雄を特別に人に馴らし、それを群の先導役に使うことで結果としてヒツジ群の管理に使うものである。

引用参考文献

（和文、五十音順）
在来家畜研究会　二〇〇九　『アジアの在来家畜』名古屋大学出版会
諏訪哲朗　一九八八　『西南中国納西族の農耕民性と牧畜民性』第一法規出版
谷　泰　一九八七　「南西ユーラシアにおける放牧羊群の管理」福井・谷編『牧畜文化の原像』日本放送出版協会
梅棹忠夫　一九七六　『狩猟と牧畜の世界』講談社
同　一九八七　「Datoga牧畜社会における家族と家畜群」福井・谷編『牧畜文化の原像』日本放送出版協会
松原正毅　一九八三　『遊牧の世界　上・下』中央公論社
同　一九九三　「チベットの牧畜」佐々木編『農耕の技術と文化』集英社
松井　健　一九八九　『セミ・ドメスティケイション』海鳴社
安室　知　一九九六　「納西族の家畜および環境認識」『比較民俗研究』一三号
（中文：拼音アルファベット順）
雲南省牧畜局雲南省家畜家禽品種志編写委員会　一九八七　『雲南省家畜家禽品種志』雲南科技出版社

四章　養蜂技術としての民俗分類
――ハチの分類と命名〈麗江納西族の事例〉――

一　はじめに

中国雲南省を中心に暮らす、人口約三〇万人の少数民族に納西族がある。農業を主たる生業とするも、納西族にとって動物を飼養することは重要な生計活動のひとつである。ウシ・ウマ・ブタ・ニワトリが基本的な家畜として飼われ、そのほかに居住地の立地する環境（生態条件）に応じて、ヒツジ・ヤギ・ヤク・モウギュウ・アヒル・ハト・魚類そしてミツバチと多種多様な動物飼養がおこなわれている。[1]

その特徴は、牧畜や養殖業として独立して営まれるものではなく、多分に農耕との複合関係の中で動物飼養がおこなわれることにある。ウシ・ウマなどの大家畜は農耕労働に用いることを主目的に、ブタ・ヒツジ・ニワトリなどの小家畜は農耕生活における自給的な肉・乳・毛皮を得ることを目的にしている。

そうした家畜飼養の中にあって、ミツバチは独特な位置を占めている。一言でいえば、納西族にとって養蜂とは、人為が勝る他の動物飼養とは大きく異なり、野生と人為の接点で営まれる生計活動である。ハチは納西族にとって益虫であっても家畜化しえない生物であるといってよい。

また、ハチやそれがもたらす蜂蜜は、納西族にとって食物や商品となるだけでなく、その存在は家や国の行く末を占いまた民間説話や歌謡の題材として用いられるなど納西族の精神文化とも深く関わっている。

なお、ここで言う在来養蜂とは、中国において一九七〇年代に普及するセイヨウミツバチを用いた近代養蜂に対して、その技術と区別するために用いるものである。つまりイタリア種を主とするセイヨウミツバチによる近代養蜂以前に、当該地域において在来のトウヨウミツバチを用いておこなわれてきた養蜂技術をいう。ただし、ひとくちに在来とはいっても、納西族に固有の養蜂技術がこれまで変化なく当該地域でおこなわれてきたというわけではない。当然、一九七〇年以前においても、技術革新はあったであろうし、他所から新たな技術要素が付加された可能性もある。

二　在来養蜂をおこなう村と家

1　養蜂の村

①　養蜂の村の立地と生業

調査地となる汝寒坪村は、中国の南西部、雲南省麗江納西族自治県にある。そこは、長江（金沙江）の上流部にあたり、霊峰玉龍雪山（標高五五九六m）を間近に望む麗江盆地の縁辺部にある。麗江盆地は底面が二三〇〇mの山間盆地であるが、汝寒坪村はその南西側の縁辺部、標高三一〇〇mのところにある。麗江にある納西族の集落の中ではもっとも標高の高いところに位置する。行政的には、汝寒坪村は太安郷天紅行政村の中の一自然村である。戸数一三〇戸、人口五五六人（一九九五年現在）の村で、住人のほとんどが納西族である。

汝寒坪村における民俗調査は、一九九四年九月と一九九五年九月の二回おこなわれた。したがって、本論のデータはとくに断りのないかぎり、一九九四〜一九九五年のものである。

生業活動の中心は農耕である。村の耕地面積は四八五〇畝（三二五ha）あり、一人当たり八・三畝（五五・六a）と太安郷全体の平均四・八畝（三二・二a）に比べかなり多い。しかし、一九九三年の農業収入（年間純収入）をみると、太安郷全体では一人当たり五三七元なのに対して、汝寒坪村では平均四二一元と一〇〇元以上も少ない[2]。それは、高冷地にあるため土地生産性が低く、また主要な作物がジャガイモ・エンバク・ソバなどの高冷地でも栽培可能なものに限られてしまうからである。

そうした農耕活動のかたわら、重要な生計活動のひとつとして家畜飼養が複合的におこなわれている。とくにこの村ではヒツジとブタは重要な家畜である。ヒツジは、本論で注目するハチと同様、麗江盆地の平坦部（標高二三〇〇～二五〇〇）ではあまりみられず、標高の高い盆地縁辺部の丘陵地が飼養の中心となっている。なお、汝寒坪村を調査地とした麗江納西族のヒツジ飼養については本書I—三章で、その他の家畜については別稿（安室　一九九六）において詳述している。

写真1－4－1　汝寒坪村

②　村の在来養蜂—概観—

麗江盆地では、とくに縁辺の丘陵地において、在来養蜂が盛んである。調査に訪れた丘陵地の村ではほとんどすべてのところで在来養蜂を目にすることができた。また、盆地底面の地域でも、麗江の市街地を除いた周辺農村部では、かつてハチを飼っていたという話しを聞くことができた。

ハチを飼う方法としては、おもにバングと呼ぶ蜂桶を用いるものとジクァと呼ぶ蜂洞を用いるものという二つがあるが、そうした道具を用いない自然に近い形の養蜂もある（後述）。バングやジクァは民家だけではなく、寺院や学校などにも置かれていて、一九九五年現在でも自給的生業として丘陵地においては普遍的なものであるといってよい。

一九九五年九月現在、汝寒坪村では一〇数戸がハチを飼っている。そのすべてが自家消費を目的にしている。この一〇数戸という数は、実際にその年にハチを飼っている家の数である。家にバング（蜂桶）が仕掛けてあっても、その年ハチが来なかったりハチに逃げられたりしたため、調査時点においてハチのいない家は含んでいない。

汝寒坪村では、ほとんどの家に蜂桶や蜂洞が備えられている。つまり、どの家もハチを飼う気はあるといってよい。しかし、実際は、ハチを飼う道具を所有し、また飼う気はあっても、その年の農暦二～三月（以下、月は農暦で示す）の分蜂期にハチがやってきて巣を作るかどうかは不確かなことである。また、前年に飼っていたハチが逃げたり、死んでしまったりすることも多い。そのため、汝寒坪村では総戸数一三〇戸のうち実際にハチを飼うことができるのは毎年一〇パーセントほどの家にすぎない。その意味で、麗江納西族の在来養蜂は偶然性に左右されやすい生業技術であるといえる。

2　麗江盆地の気候と納西族の季節感――養蜂の村の自然条件――

麗江盆地では、季節は大きくムツ（ムズ）とムゾの二期に分けられる（ムツ・ムゾとも納西語：以下、納西語は音をカタカナ書きで示す）。ムツは寒い季節、ムゾは暑い季節を意味する。麗江納西族には四季という季節感はない。

汝寒坪村のような盆地縁辺の高冷地では、ムツの到来は早く、その前触れとして八月末から九月には霜が降りる。ムツが来ると、キ（納西語：植物、詳細不明）の白い花が咲くという。そして、一一月になると雪が降り始める。雪が降る直前には候鳥（渡り鳥、詳細不明）が多く飛ぶ。雪は一二月がもっとも多く、三〇㎝ほど積もる。そうして、通常は、正月（春節）まで雪が降る。杠鵑花（ツツジの一種）が多く咲く年は大雪が降るといい、そうした大雪の年には雪は三月まで残る。また、ムツの寒さは厳しく、二十四節気の大雪から冬至の間には寒さのために岩が割れることもある。しかし、近年、村に電気が来てからは天候は全体に暖かくなったという。

例年、雪融けは立春の後である。立春後に雪が降ることもあるが、そうした雪は一日で消える。そして、二月から三月にかけての三〇日間は天気がよい。この時期にハチが村にやってきて新しい巣を作る（詳細は後述）。また、人びとは山に燃料となるマツやクリなどの木を採りに行く。マツは薪に、クリは炭にする。一年間に使う燃料をこの時期に集める。また、この時期には山地（耕地の一種）の畑に火を入れて枯れ草などを焼く。

こうして三月を終えると、季節は徐々にムゾに変わってゆく。ムゾは花の季節で、野山だけでなく畑の作物も花をいっせいに咲かせる。そのため、ムゾはハチが一年でもっとも活発に活動し、多くの蜜を集める季節である。

また、ムゾは雨が多く降る。とくに五〜七月は多い。なかでも六月は雨がもっとも多く、もしこの時期に山の木を切ると降った雨が畑に流れ込み水害にみまわれる。そのため、六月は木を切ってはならないと、村で決められている。七月は夜によく雨が降る。七月の雨は、昼間は霧雨、夜は大粒の雨となる。この霧雨は九月まで続く。過去には九月じゅう霧雨が降り続いたため、作物が十分に実らないことがあった。その結果、食物が底をつき人々は種を煎って食べざるをえなかったこともある。ただし、昔に比べると、近年は雨が少なくなったという。

3　ハチを飼う家

①　家と屋敷

調査家庭として汝寒坪村に暮らすY・Z家を取り上げる。以下では、Y・Z家を通して、汝寒坪村の、そして麗江納西族の在来養蜂について記述することにする。

家長のY・Z氏は三二才で、母親H・M（六四才）および妻とふたりの娘とともに暮らす。五人家族である。H・M氏には男三人、女一人の計四人の子どもがいるが、一緒に暮らすY・Z氏はそのうちの末子で三男に当たる。

Y・Z家の屋敷の概略は図1-4-1に示したとおりである。この家は四つの棟が中庭を囲むようにして建てられて

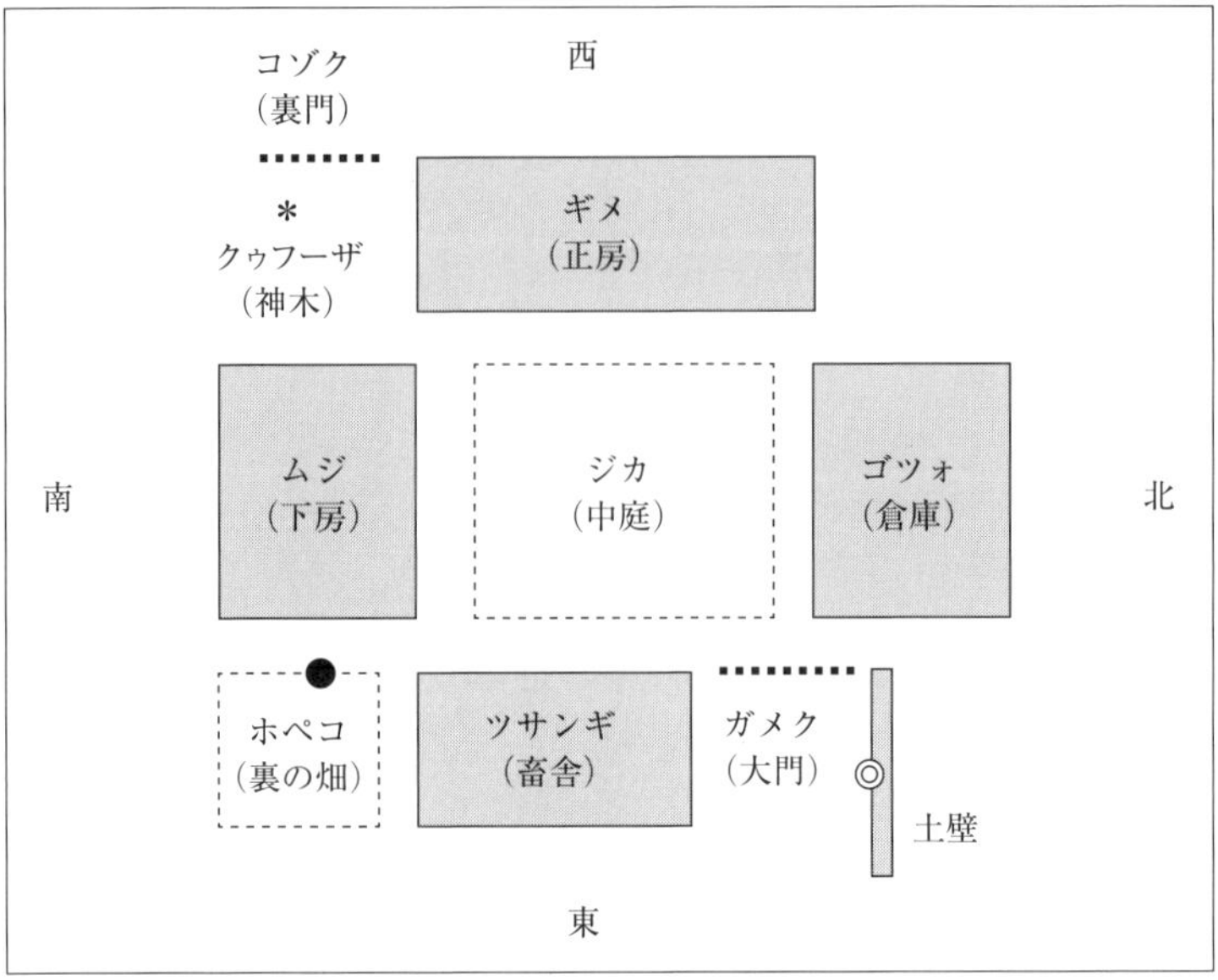

●：バング（蜂桶）、◎：ジクァ（蜂洞）

図１－４－１　Ｙ・Ｚ家の屋敷図

いる、いわゆる四合院形式である。これは一般に裕福な家の建築であるとされ、汝寒坪村では少ない。

Ｙ・Ｚ家では、ハチを飼うための道具であるバング（蜂桶：図1-4-1中●印）は、ムジ（下房）の土壁を背にしてホペコ（屋敷畑）におかれる。また、ジクァ（蜂洞：図1-4-1中◎印）はガメク（大門）の脇の土壁に穴を開けて作られていた。

一般的な家の形式である三房一照壁形式の家では、ツサンギ（畜舎）はゴツォ（倉庫）の一階部分に作られていることが多く、その場合ツサンギの部分には日干し煉瓦などで照壁が築かれている。そのとき、村ではどの家もごく当たり前のこととして、照壁にはジクァが作られる。この場合、照壁を築いた後にその一部を穿ってジクァを作るのではなく、照壁を作るときにあらかじめ計画してジクァとなる空間を空けておく。

②　耕地と家畜

Ｙ・Ｚ家における一九九五年時点の農耕暦は、表

1-4-1に示したとおりである。Ｙ・Ｚ家では、「糞地」（漢語）と呼ぶ集落に近いところの比較的肥沃な耕地一〇畝（六七ａ）、「山地」（漢語）と呼ぶ集落から遠い痩せた耕地三五畝（二三五ａ）、そして屋敷内にあるホペコ（納西語）と呼ぶ屋敷畑をそれぞれ耕作している。

糞地には主に馬鈴薯と白雲豆が栽培される。たえず堆肥などの肥料が補給されるため、毎年作物を作ることができる。それに対して、山地は三年で二作しかできない。燕麦や豌豆、蘭花子、油菜、大麻などを輪作する。一年目に燕麦を作ると、二年目には豌豆・蘭花子・油菜を作り、三年目は休閑する。ホペコには、自家用作物として、季節の野菜やリンゴなどの果樹を植えている。多くの作物が自家消費を目的として栽培されるなか、最近になり現金収入源と

表1-4-1　Ｙ・Ｚ家の農耕暦—一九九五年九月現在—

地種	作物	栽培面積	播種期	収穫期
糞地	馬鈴薯	八畝	一・二月	七～九月
	白雲豆	二畝	清明節前後（六月）	九月
山地	燕麦	一・五畝	清明節後（六月）	一〇月
	大麻	〇・五畝	杠鵑花の開花時（四月）	九月
	蕎麦（苦・甘）	不明	五月	八月
	蘭花子	三・五畝	芒種前後（四月）	八月
	豌豆	不明	七月	一〇月
	油菜	不明	一一月	六月

＊糞地は常畑、山地は三年二作（三年間で一年の休閑を要する）土地である。
＊燕麦と蘭花子・豌豆・油菜とは三年二作で輪作される。
＊蕎麦はかつては多く栽培されていたが現在は少ない、それに対して白雲豆は近年になって現金収入源として栽培されるようになった。

して白雲豆（日本での商品名「花豆」）が糞地において作られるようになった。

こうした畑作物の花が、周辺山地の傾斜地まで高度に耕地化の進んだ汝寒坪村では重要な蜜源となっている。また、Y・Z家が一九九五年九月一二日現在で飼っている家畜は以下の通りである（安室、一九九六）。ブタ八頭（雌ブタ三頭、子ブタ五頭）、ヒツジ一五頭、ウシ一頭（耕牛、雄）、ニワトリ三〇羽。

なお、ハチについては、Y・Z家は、一九九五年の調査時点では飼っていない。一九九五年春に仕掛けたバングにハチが来なかったためである。Y・Z家のようにバングを二個程度しか持たず、自家消費を目的とするというのが汝寒坪村では、一般的な養蜂のあり方である。詳しくは後述するが、そうした家ではその年にハチが巣箱に入るかどうかはほぼ自然任せである。そのため、ハチが入る年もあれば、一九九五年のようにひとつも入らない年もある。

4　麗江納西族の生活文化と養蜂――概観――

麗江納西族の生活文化においてハチは一定の位置を占めている。それは納西族に限らず中国少数民族に共通することであるとされる(3)。

清代における麗江の納西族を中心とした政治・経済および生活文化について記録した『麗江府志略』（管・万、一七四三）には、当時の麗江の産物のうち「食貨」つまり商品作物のひとつに、紙・漆・雪茶などと並んで蜜があげられている。こうした状況は現在でも変わらず、麗江盆地のとくに山区においては第一に自家消費、第二に商品生産の目的から養蜂がおこなわれている（麗江納西族自治県概況編写組、一九八六）。

納西族における一般的な食物として、「蕎餅蘸蜂蜜」すなわち蜂蜜を付けて食べるソバの餅（パン）がある。また、とくに来客を迎えるときのもてなしの食物のひとつとして、「苦蕎粑粑蘸蜂蜜」が用いられる（郭・和、一九九四）。さらに、家に客が到着するとまずはじめに家の照壁などにあるハチの巣から蜂蜜（巣房の形を残したまま）をとってきて食べてもらう。(4) 実際、一九九四〜一九九五年の調査時には、調査者もそうして納西族の家に迎えられたことがある。

また、汝寒坪村では、蜂蜜はオポポと呼ぶ労働交換の折りの御馳走にも用いられた。とくにエンバクの畑は遠隔地に作られることが多く、そうした畑の収穫のときには、隣近所が助け合って収穫作業をおこなった。そのとき、手伝いに来てもらった家では、朝と昼の食事には燕麦粉で作ったパパ（粑粑）と呼ぶパンと蜂蜜を、夕食には飯と肉で八品の御馳走を作ってもてなす。

さらに言うと、ハチは納西族の伝統文化のなかでも民間説話や叙事詩および歌謡にもっとも豊富な題材を提供する。とくに情歌の世界においては「魚水相会」とともに「蜂花相会」が、男女の情愛を表現するモチーフとして多く用いられる(5)（郭・和、一九九四）。その場合、ハチは男に、花は女に喩えられる。このほか、勤労を象徴してハチは納西族の労働歌にも取り上げられている。(6)

そして、詳しくは後述するが、納西族の場合、ミツバチは家の盛衰から国家の情勢に至るまで人の暮らしと同調して捉えられる傾向にあることは注目しなくてはならない。納西族にとって、雌蜂を中心とした高度な社会を形成するハチは家や国家と重ね合わされやすいといえよう。

三　麗江納西族の在来養蜂

1　ハチの飼養法

①　バング（蜂桶）で飼う

バングとは蜂桶のことである。この中にハチは巣を作ることになる。バングは太さ五〇cm、長さ一mくらいの丸太をくり抜いて作る。バングに用いるラォソ（天然の雑木のこと）は村から歩いてゆくことのできる自留山(7)などの山間地

写真１－４－２　バング（蜂桶）①

写真１－４－４　バング（蜂桶）とジクァ（蜂洞）

写真１－４－３　バング（蜂桶）②

から自分で伐ってくる。ラォソの中ではとくにブナがよいとされる。現在、山にはマツが多いが、バングにはあまり向かない。

バングを作るときには、もともと幹の中心部が空《う》洞《ろ》になっている木を利用することが多い。その空洞部の中を燃やして穴を大きくする。五cmほどの厚みで周りを残して丸太の芯をくり抜くと、両端（小口）の部分をウシの糞で塞ぐ。そのときそこにハチが通れる程度の穴を開けておく。また、ハチの出入り口としてバングの側面中央部に穴をあけることもある。なお、近年になって板材を箱形（四角い筒型）に組み合わせて作るバングも用いられるようになってきた。

バングは屋敷地の中に置かれる。通常、山などに置かれることはない。そうして、そこにハチが自然と入るのを待つ。バングは、陽がよく当たるように、太陽の向きに置く。それは、ハチはかならず東ないし南の方向から飛んでくるとされるからである。Y・Z家では図1-4-1に示したように、ムジ（下房）を背にしてホペコ（屋敷畑）の方向、つまり東向きに置いている。

バング自体は雨に当たらないようにしておけば二〇年から四〇年は保つ。Y・Z家では三〇年ほど前に作ったバン

写真1-4-5　ジクァ（蜂洞）①

写真1-4-6　ジクァ（蜂洞）②

写真1-4-7　バングを前にY・Z氏と家族

グを使っている。バングは古いものほどハチの入りはよい。長いものだと、ハチが三〇年から四〇年にもわたって代替わりしながら巣を作る。

多い家だと一〇個以上のバングを家屋の周りに置いている。蜂蜜採りの様子を取材したY・S家[8]では、バングを一五個所有し、そのうち五個にハチが入っていた。多くの家では、所有するバングは六個以下で、一・二個という家も多い。もちろん置かない家も少数だがある。村全体ではバングの数は今より昔の方が多かったという。Y・Z家もかつて一〇数個のバングを置いていたが、現在は二個だけである。

②ジクァ（蜂洞）で飼う

ジクァとはハチを飼うために土壁や土塀に開けられた穴のことである。ジは土、クァは穴の意味である。ハチは、巣を作る容器として、壁や塀に開けた穴を利用する。土壁や土塀はたいてい日干し煉瓦を積み重ねて作られるので、途中の煉瓦をいくつか抜くことで容易に穴を壁面に作ることができる。ジクァとはいわば家に作り付けの巣箱である。

ジクァの作られる土壁は日のよく当たるものでなくてはならない。村に一般的な三房一照壁の形式で建てられた屋敷の場合には、西陽を受けるように築かれる照壁に作られることもある。また、照壁以外では、日がよく当たりさえすれば、ガメク（大門）脇など屋敷回りの土塀や建物の土壁といったところに穴を空けて作る。図1-4-1に示したように、照壁を持たない四合院形式のY・Z家の場合がまさにそれである。

ジクァの穴はほとんどが直方体をしている。四角い日干し煉瓦を壁から抜いて作るからである。なかには上辺が円弧を描いているものもあるが、それは稀である。一辺は縦横とも二〇から三〇㎝ほどで、壁の厚み（二〇～三〇㎝）がそのまま奥行きになる。穴には外界と遮断するために板で蓋をするが、蓋板にはハチが出入りできるくらいの小さな穴が空けられている。

汝寒坪村内においても多くの家でジクァを見つけたが、すべてハチは入っていなかった。Y・Z家でも、図1-4-1に示したように、大門の脇の土壁のところに二ヶ所（それ以上の可能性もある）のジクァが作られているが、ハチは入っていなかった。自然にハチが入るのを待っていては、ジクァの場合、可能性は低い。ハチが自ら巣を作る確率はバングよりもかなり低い。

そのため、ジクァには分蜂したハチの群を人が半強制的に入れてやる。そうしたことは、自分がバングで飼うハチ群から、うまく分蜂群を捕らえることができたときにおこなわれる。しかし、そうして半強制的にハチをジクァに入れても、うまく定着せず逃げてしまうことは多い。

一個のバングには数千から数万匹のハチがいるとされるが、ジクァの場合には容積が小さいためそれほどのハチの群は入らない。したがって採蜜量も少ない。また、バングに比べると、ジクァは蜂蜜を採取しづらい。屋敷に作りつけられたジクァは、バングのように丸太を加工して作る手間がいらない代わりに、バングほどハチの入りや定着率は良くないし、またハチがうまく入っても蜜の生産性は低い。

③ バングやジクァを用いない養蜂技術

まったく自然のうちに屋内に巣を作るハチを用いた養蜂もある。かつて麗江納西族の民家には丸太を四角く加工して積み重ねて作る木楞房（漢語）と呼ぶ木造の家屋が多かったが、角材を積み上げた木壁にはところどころ木材のつなぎ目部分に隙間ができており、農暦三月になると、そこを通ってハチが屋内に入り込んで巣を作ることがあった。とくにグゥ（倉庫）やツサンギ（家畜小屋）の二階部にハチの巣が作られることが多かった。グゥやツサンギの二階は作物の葉茎や干し草など家畜の飼料が多く積まれているため、ハチにとっては巣を作りやすい。

こうした形でごく自然に養蜂がおこなわれたのは、野山の緑が豊かでハチが多かったときのことであるとされる。

いまではほとんどみることはない。Y・Z氏が知っている限りでは、そうした形でハチを飼っていたのは村の中でも一・二戸にすぎない。

こうしてハチが自然に巣を作った場合には、人はハチに対して、まったく何の世話もしない。清明節と中秋節の二回、採蜜するだけである。また、バングに比べると、こうしたハチは寒さに弱かったため、複数年にわたって飼うことはなかった。分蜂群を捕らえることもなく、当然、ハチが入るのも出るのも自然の成り行きに任されていた。

2　ハチを飼う目的

①　蜂蜜を採る

ハチを飼う最大の目的は蜂蜜（フンバ）を得ることである。バングからの採蜜は、一〇日間隔で少量ずつ採る方法と、清明節と中秋節の二回にまとめて採る方法とがある。どちらの方法をとるかは、蜂桶の中のハチの量（ハチの採蜜能力）や花の量（ハチが採取可能な蜜量）といったその年の状況をみつつ、またハチを飼う人の考え方によって、年により使い分けられる。

前者の場合は、バングから蜂蜜を採るのは通常三月から九月までの間であるが、期間中に合計二〇回ほど採蜜することができる。同時に五つのバングにハチを飼っているY・S家の場合は、前者の採集方法をとっている。

当然、天候に恵まれて花がたくさん咲いた年ほど、採蜜量は多くなる。また、多く採蜜してもそれほどハチには負担にならない。そうしたときは、巣の中のハチの数も多い。ハチの数は巣から聞こえる羽音でわかるが、多いときには羽音がものすごく、怖くて人もバングに近づけないほどである。そうした年は、期間中、毎日のように蜂蜜を採ることもできる。反対に、ハチが少ない年は清明節と中秋節の二回しか採ることができない。

ただし、ハチが巣を作って一年目は蜂蜜を採ってはいけない。実際にはハチが三月にやってくれば九月には蜂蜜を採ることは可能であるが、その蜜はハチのムツ（寒冷期）の食料としなくてはならないためである。その場合は、採蜜は次のムゾの季節まで待つことになる。

　蜜を採るときには、バングの蓋を取って中にいるハチを煙でいったん追い出す。そのときの煙は線香・牛の糞・ハツ（キク科の草）を燃やして出す。たとえば、線香を用いるときは、火をつけた線香を左手に持ち、その煙で巣を守るクチバ（門蜂）をバングの奥に追い込むようにしながら巣からハチをどけていく。ハチは煙に対して羽をふるわせ羽音をたてて抵抗するという。

　ハチを追い出しておいてから手で中の巣を取り出す。巣の表面を見ると巣房に蜜が貯まっていれば穴が詰まって見

写真１－４－８　蜂蜜の採取①

写真１－４－９　蜂蜜の採取②

写真１－４－10　蜂蜜の採取③

写真１－４－11　層をなす巣

写真１－４－12　バンジウス

写真１－４－13　蜜の詰まった巣房

える。バングの中には円盤状のハチの巣が何枚か層になって重なっている。清明節と中秋節の二回に採蜜する場合には、層を成す巣のうちの半分を一回の採集の時に採ることができる。残った半分は次回の採集の時に採る。また、まだ作りかけの巣はかならず残すようにする。

在来蜂（トウヨウミツバチ）を用いた養蜂の場合、巣を取り出すときは、防具をつけないのが一般的である。手袋をはめ頭に被り物をしておこなう人もいるが、人がきれい（健康で衛生的）ならハチには刺されないという。もし刺されたときは、塩と唾液を付けると腫れない。

一年（三月から九月の一シーズン）に、ひとつのバングあたり、五〇斤（三〇kg）から六〇斤（三六kg）の蜂蜜を採ることができる。しかし、その量はその年の花と巣の中のハチの多寡で変わってくる。一〇日間隔で採蜜する場合は、採蜜量はひとつのバング当たり、清明節時分で二～三斤（一・二～一・八kg）、中秋節頃は五～一〇斤（三・〇～六・〇kg）である。同じ巣でも中秋節時分のほうがたくさんの蜜を採ることができる。それは、清明節と中秋節の二回に分けて採蜜する場合も同様である。しかし、だからといって中秋節に蜜をあまり採ってしまうと、これから迎える寒いムツの季節をハチが越せなくなってしまう。かならずムツの間の食料を残しておいてやるようにする。

清明節にはまだ村の周辺では花が少なく、ハチもかなり遠くのほうにまで飛んでいって蜜を採ってくる。汝寒坪村辺りの畑には花はなく、遠く離れた果樹の花から採ってくる。それに対して、中秋節には村の周辺にも多くの花が咲いている。とくにこの時期には、畑に油菜と緑肥（レンゲ）の花が多く、主な蜜源となる。

採ってきた巣は、食べるときには巣房ごと口に入れて蜜を吸い、口に残った滓を吐き出して捨てる。また、蜂蜜だけを巣房から取り出すこともある。そのときは、写真1-4-14に示したバンジウスと呼ぶ蜜を搾る道具を用いる。バンジウスは口径五〇cmほどの円錐形の笊で、竹を編んで作る。突面を下にして上で巣房をつぶし、下に蜜を垂らさせるようにして使う。また、蜜を搾り取るには、巣を鍋に入れ火をかける方法もある。鍋には少量の水を入れておく。そうすると蜜以外の物が浮かんできて、蜜が下に沈殿する。そのように蜜と不純物とを分離した後、水とともに不純物を捨て、蜜だけを取り出す。

ハチを飼う家では蜂蜜のほとんどは自家消費される。Y・S家のように多くのハチを飼うところであっても、採集した蜂蜜は自家消費のほかは村内の親戚や友人に分けてしまうことが多く、売るのはごく一部にすぎない。

②　ハチの幼虫と蜜蝋を利用する

バンジウスの中に残る搾り滓（蜜蝋）は、丸く固めて、布地に線を引くときに使ったり、ミシンに糸を通すときの潤滑剤としても用いる。そうした蜜蝋をバシュという。このほか、最近ではバシュは医療用カプセルの原材料として薬工場に売ることができるようになった。

巣の中にいるハチの幼虫も食べる。羽の生える前のものである。それをバズと呼ぶ。バズは三・四月頃に多く採れる。バズは生のまま食べる。また、手で握り潰して下に滴り落ちたエキスを煮て食べたりもする。このとき手に残った皮殻は捨てる。バズはこうして食べた方がおいしいという。

3　ハチの保護

① ハチを越冬させる

ムツ（雪の降る寒い時期）にはハチは巣の外に出ずバングの中にいることが多い。このときはバングの中のハチに人が餌を与えることがある。とくに中秋節に蜜を採りすぎると、そうしたことをしなくてはならない。

カブとナシをよく煮込み砂糖を加えたものやナスを煮て砂糖を入れたものを餌としてバングの中に入れてやる。

② 病気と害敵からハチを守る

バングのハチが病気に罹ってしまうことがある。症状としては、ハチがみなバングの中から出ようとせず、たとえ外に出てもすぐに死んでしまう。こうした病気に罹ったときには、煙草や、蜜をとるときに用いる線香の煙をバングに入れてやるとよいという。

また、ハチの巣は外敵に襲われることがある。もっとも注意しなくてはならないのが、バチシュと呼ばれる肉食のハチである。シュは黄色の意味。バよりも体が大きく黄色いハチである。ハチを飼う人はバチシュを見つけるとただちに棒などで叩いて殺してしまう。

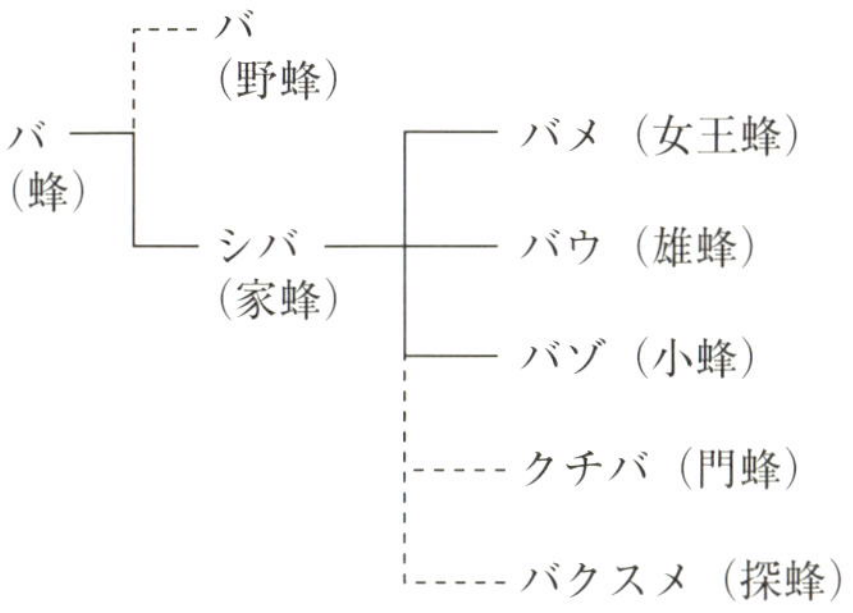

＊野蜂を意味する納西語は確認できなかった。
＊クチバ・バクスメはバゾやバウの役割を示すものにすぎない可能性もある。

図1－4－2　ハチの民俗分類

四　ハチの民俗分類—群の社会性をめぐって—

1　社会性を持つ家畜としてのハチ

納西語では、ハチを総称してバという。バのうち、とくに家で飼うハチをシバと呼ぶ。シは家、バはハチの意味である。それに対して、自然のハチ（野蜂）はやはりバとするだけで、それをとくに意味する言葉はない。

このとき、ハチを認識する単位としてバプツは重要である。バプツとはハチの群のことである。人がハチを見るとき、かならずバプツを単位としており、それを一つの社会として認識している。そのため、シバは、図1-4-2に示すように、群の中にバメ・バウ・バゾ・クチバ・バクスメといった役目をもち、それをそれぞれのハチが担うことで巣は維持されると考えられている。つまり、シバの場合、ハチの民俗分類はそのまま群の中での役割を示していることになる。

群の中での役割に応じてハチが民俗分類されるという思考は、とくに家で飼われているシバに強い。それは、シバの場合、野牛のハチと違って、人と同じ屋敷の中に暮らし、日常的に観察可能な存在だからである。そして、人が目にするシバはかならずバプツを単位に生活し、さらには、三月の分蜂のときも必ず図1-4-2に示した役目のハチが一セットとなり巣を分けるからである。

つまり、麗江納西族においては、ハチは家に擬えられる社会をもった昆虫として強く意識されている。それが、後述するように、ハチが擬人化され、またハチ群が国家や家に擬えられる背景にはあるといえよう。

2　巣の中でのハチの役割

前述のように、ハチは群を単位として認識され、同時に巣の中でそれぞれ役割を持っている。そして、その役割に応じて民俗分類され、呼び分けられている。つまり巣の中での役割が命名の基準となっている。

バメは産卵をする雌蜂のことである。納西語で、バは「ハチ」、メは「女」の意味である。バメは家長であり巣のリーダーで、これがいないと巣の中はハチ同士が喧嘩になり、まとまらないとされる。また、基本的にひとつの巣にはバメは一匹でなくてはならない。そのため、三月になり巣の中に新たなバメが誕生すると、もとからいるバメが一群のハチを連れて巣を出る、つまり分蜂がおこる。バメは病気になったり外敵に襲われたりして死なない限り、八年ほど巣にいて卵を産み続ける。

バウは雄蜂のことである。ウは「黒い」という意味である。通常のハチに比べ、体がやや大きく、体色は黒い。怠け者で何もしないハチだとされる。食べて生きているだけでほとんど巣の中にいる。毎日、一日のうちでもっとも暖かい一一時頃になると、短時間だけ巣の外に出る。ただし、人によっては、バウは普段は何もしないが、いざというとき巣を守るためにいるのだと考えている。また、理由は不明とされるが、バウは九月には巣からいなくなる。

バウはひとつの巣の中に多い場合は一〇〇匹ほど、少なくても二〇匹はいる。バウのような雄が多いとバメが生むハチは体が小さくなり、全体として巣の中に小型のハチが多くなってしまう。また、雄が多いと蜂蜜の消費量が増え、巣の中に蓄えられる蜂蜜が少なくなってしまう。そのため、ハチを飼う人の中には、バウが増えすぎないように一定の数に間引きをおこなう人もいる。

バゾは働き蜂のことである。ゾは「若い」または「小さい」の意味である。バヒとも呼ばれる。実際に、花から蜜を集め、巣を作るのはこのハチである。数の上ではもっとも多く、ひとつの巣に数千から数万匹いるとされる。雌雄の区別は不明とされ、バゾに性別はないという人もいる。

クチバは、外敵から巣を守る役目のハチをいう。クチは「門」の意味である。クチバは巣の入り口近くにたえずいて、外敵がやって来ると刺す。

バクスメは、三月の分蜂期、新たな巣を探す役目のハチをいう。クスは「探す」、メは「女」の意味である。バクスメについては後にあらためて考察する。

以上、麗江納西族では巣における役目から、シバを五つに民俗分類していた。ただし、性に注目するとシバの民俗分類はバウ（雄性）・バメ（雌性）・バゾ（無性）の三種類となる。その場合、バクスメやクチバは群の中におけるバゾやバウの役割を指すものと考えることも可能である。

五　野生と人為の相克―ハチ群の去来をめぐって―

1　ハチがやって来る時―分蜂に関する知識―

ハチが家にやってくるかどうか、つまりシバ（家蜂）になるかどうかは基本的に自然に任せられる。しかし、その一方で、分蜂の機会を逃さないよう、人は観察を欠かさない。そうした観察が、麗江納西族の場合、ハチの分蜂行動に関する擬人化と、それを通した分蜂行動の高度な認識に繋がっているといえる。

三月になると、分蜂したハチ群が新たな巣箱を求めてやってくる。ハチを飼うには三月中はたえずバングを見回っ

写真１－４－14　バグドゥ

て、こうしたハチのやって来る様子を観察しておく。

ハチの群がくるときには、まず小さなハチが一匹でバングにやってくる。その小さなハチをバクスメという。バメ（女王蜂）がバクスメを派遣するとされる。

バクスメはバングを発見して、そこが良いと判断すると、いったん元の巣に帰ってバメに報告する。そうすると、次の二〇匹がやって来る。この二〇匹は、バクスメが発見した巣が本当にあるか、またそれが良いものかどうかを確かめにやって来るのだという。この二〇匹にとくに呼び名はない。

この二〇匹がやって来れば、その後かならずバプッ（ハチの群：この場合は分蜂群）がやって来る。二〇匹がやって来ない時は絶対にバプッも来ない。

バクスメがやって来るのは朝のうちで、続く二〇匹は午前中にやって来る。そして、本体の群れは午後一～二時にやって来る。日が傾く頃にはかならずハチ群の移動は終わっている。

バプッがやって来る時には、かならず見送りのハチの群れもついてくる。このハチは新しいバメとともに巣に残るものである。そのため、見送りのハチは、バプッが新たなバングに落ち着くとまた元の巣に帰って行く。

また、以上のようにバングに自然にハチが巣を作るのを待つほか、野外で見つけた野生の巣を捕獲し、持って来ることもある。とくに自然に分蜂群が入ることが少ないジクァ（蜂洞）へは、こうしてハチの群を入れる。

ハチの群をバングやジクァに入れるときに使う道具がバグドゥである。バグドゥは縦二五cm、口径二三cmほどの釣り鐘型の籠である。これにバメともども群を入れて運ぶ。

なお、バクスメの様子は、紀元五世紀に書かれた『永嘉地記』(鄭緝之)において、すでに以下のように記録されている(喬、一九九三)。

「七八月中常有蜜蜂群过、有一蜂先飛、覚止泊処、人知輒納木桶中、以蜜涂桶、飛者聞蜜气或停、不过三四来、便挙群悉至」

こうした文献の存在を考えれば、ハチの分蜂行動に関する擬人化とそれを通した高度な認識は麗江納西族に限らないものであることが分かる。つまり民族を問わず、バスクメに関する知識は在来養蜂にとっては要となる技術のひとつであるといってよい。

2　ハチの巣が移動するとき――逃亡への対処――

バメは、通常、ひとつの巣に一匹しか存在しない。二匹できたら一匹はかならず出て行かなくてはならない。生まれたばかりのバメは巣に残り、古いバメが新しい巣を求めて出て行く。これがいわゆる分蜂行動であるが、それは納西語では「分家」と表現される。バメが分家する時は、バゾ(働き蜂)と共にバウ(雄蜂)の一部も連れて行く。

こうして、いったんハチがバングに巣を作ると、通常三〜四年はそこにいる。しかし、巣が気にいらなかったり、ほかにもっと良いところがあったり、またその家に何か悪いことがあったりすると、すぐにいなくなってしまう。バングの設置場所や向き、陽の当たり具合、形や大きさなどバング自体の具合、そしてその家の運勢といったことが、ハチが巣を移動させる理由として捉えられている。

バングの状態や陽の当たり具合はいわば自然条件上の問題であるが、ハチがその家に居着くにはその家の運勢というものが重要視される(後述)。一般によくいわれるのは、ハチは運気のよい家に来るというものである。また、反対に、もしハチが逃げると、これからその家には何か悪いことがあるともいう。

こうして一つのバングつまり一つの家に長いと七・八年もハチの群が居着くことがある。中にはバメの交替を繰り返しながら、ほぼ三〇年間にわたってハチの巣が作られているバングもある。

また、もっと積極的にバメがバングから逃げないようにする工夫がある。バメが飛んで移動することができないように、その羽を切り取ってしまうものである。バメがひとつのバングに複数できると、二つに群れが分かれて両方ともそのバングから出ていってしまうことがある。そこで、そうしたことを防ぐために、あらかじめ後から生まれてきた方の羽を切っておき、そのバメが巣にかならず残るようにする。

また、もっと早い段階で、バメの数を人が調整してしまうこともある。バメとなる卵の調整である。Y・S家では、毎年八個ほどのバメの卵が生まれるが、そのうち五つを孵化させて巣を分ける。残りの三つは卵の段階で針を刺して殺してしまう。ただし、こうした産卵調整までおこなっているのは汝寒坪村ではY・S家などごく一部の人だけである。

3　ハチは家や国の鏡

ハチの行動は飼っている家の運勢に関係するとされる。ハチの動勢は家の鏡となる。仕掛けたバングにハチがせっかく巣を作っても、その家の人や家畜が順調でないとすぐに出ていってしまう。また、ハチを飼う家の人が死ぬと、ハチはそれを予知して人が死ぬ前に家を出ていってしまう。反対に、その家が人も家畜も順調で豊かになると、他所のハチもその家に引きつけられ集まってくるものだという。

また、ハチは世の中の動きをも予見する。村のハチがみんないっせいに死んでしまうことがあるが、そうすると、戦争が起こったり、偉い人が亡くなったりするとされる。実際に、毛沢東が死んだ年には、その死の前に村中のハチが一ヶ所に集まってすべて死んでしまい、結局その年は村には一匹のハチも残らなかったという。

このように、ハチの社会は家に擬えられ、ハチの去来は家盛衰のメタファーと理解される。それとともに、ハチの「家」は、国を一つの家とする考え方と一致し、国家盛衰のやはりメタファーとしても機能している。それは強力な国家のリーダーが存在することと無関係ではない。国家がハチの社会に擬えられることは、共産主義国家としての中国はまさに毛沢東のような政治的カリスマを家長とする「家」として捉えられていたことになる。

六　民俗技術としての在来養蜂

1　麗江納西族の在来養蜂にみる人とハチの関係

麗江納西族の在来養蜂において人とハチの関係を、ハチの民俗分類に注目してみてみると、以下の点がその特徴として指摘できる。

① バ（蜂）は人家で飼われるとシバ（家蜂）になる。
② シバが家を出てしまうとバになる。シバとバとは容易に転換する。
③ 巣における役目により、ハチが五分類される。そのうち二分類は完全に役割名称を示すものである。
④ 巣をひとつの単位として、人はハチを認識し扱おうとする。
⑤ 巣は一匹のバメ（雌蜂）を家長とした家にたとえられる。
⑥ ハチは家や国家のメタファーとして機能する。

以上のように、麗江納西族では家にやってきたハチは、巣をひとつの単位とみなし、それは雌蜂を家長とする「家」であり、そのため分蜂は「分家」と表現される。また巣はひとつの秩序ある社会として認識されるが、そのことはハチがそれぞれ担う巣の中での役割によって分類・命名されることに顕著に表れている。さらに、巣を維持するためのハチの行動がしばしば擬人化されることをみても分かるように、ハチ社会を人間社会のメタファーとして理解しようとする。その時、ハチの動静は家を示す鏡となり、さらには国家をも映し出すとされる。と同時に、シバとバの容易な転換をみても分かるように、麗江納西族の在来養蜂は野生と人為の垣根が低い。しかも、人が管理するという意識は低く、ハチの野生（自主性）を重んじる傾向が強い。当然、シバになるかどうかは基本的にはハチに任せられる。その意味で、麗江納西族にとってはハチは人に対置しうる存在である。

2　麗江納西族にみる養蜂の技術段階

前述した麗江納西族の在来養蜂について、その技術的特徴をまとめると、以下の八点が挙げられる。

①仕掛けた巣箱にハチが入るかどうかは、基本的にハチの判断つまり自然の成り行きに任せられていること。
②ハチの飼い方として、巣箱を用いるものと用いないものとが並存すること。
③分蜂群を獲得する技術を持つこと。
④雌蜂の数の調整をおこなうこと。
⑤雌蜂の羽を切除してその逃走を防ぐ技術を持つこと。
⑥雄蜂の間引きがおこなわれること。
⑦ハチを越冬させる技術を持つこと。
⑧採蜜に際しては、巣のすべてを採ることなく、一部をかならず残すこと。言い換えれば、ハチをすべて死滅させるような略奪的な採蜜はおこなわないこと。

こうした技術的特徴は何を意味するのであろうか。中国における養蜂の歴史を概観しながら若干の考察を試みてみよう。

中国における養蜂の記録をみてみると、その歴史は世界の中でもっとも古い伝統を持っていることがわかる。紀元前一六世紀から一一世紀の殷代の甲骨文字には「蜜」の文字が刻まれていたし（Qiu、一九八六）、また、紀元前一一世紀にまとめられた『詩経』の中の「周頌・小毖」には「蜂」の文字が登場する。これらが明確に養蜂を意味するものであるかどうかは不明であるが、現在のところ中国における文献上の初出である（喬、一九九三）。

また、養蜂については、『山海経』に収められた「中次六経」（紀元前三世紀）によると、西周（紀元前一一世紀～紀元前七七一年）には、岩にできた自然の洞を利用した「野蜂」の養蜂、いわゆる「原洞養蜂」がおこなわれていたとされる。さらに、秦から西漢の時代（紀元前二二一年～紀元二五年）になると、原洞養蜂の段階から、人工的な養蜂へと技術は発展し、いわゆる「家蜂」が登場する（喬、一九九三）。この場合、「家蜂」とは人がつくりあげた養蜂種であると考えられる。養蜂とはいっても、原洞養蜂の段階はいわば「野蜂」を用いた自然採集の段階に近いものであったが、「家蜂」の段階に至ると、人のハチへの管理は進み、ハチの巣も人工の木洞を用いたものになっている。

まさに、先に挙げた技術的特徴は、麗江納西族の在来養蜂が野蜂から家蜂への移行段階にあることを示しているといえよう。麗江納西族の場合、採蜜の対象となるハチは、家蜂を意味するシバの呼称はあるものの、それは養蜂種として固定されたものではなく、ある時は家蜂となっていてもまたすぐに自然に返ってしまうように両者はごく容易に転換可能なものであった。結果、種としてみた場合、野蜂と家蜂との区別はほとんどないに等しいといってよかろう。ハチをめぐって、人と自然との関係を考えるなら、麗江納西族の養蜂技術はまさに野生と人為との接点に成立しているものであるといえる。

なお、中国において、セイヨウミツバチ（イタリア種）が導入され西洋技術による近代的な養蜂がおこなわれるようになるのは一九二八年以降になってからのことである。調査地である雲南省麗江納西族自治州では、そうした西洋技術が山東省を経由して伝えられるのは一九七〇年代以降のことであるとされる。なお、これまで汝寒坪村では移動式の巣箱を用いた近代的養蜂いわゆる転飼養蜂はおこなわれていない。

もうひとつ麗江納西族における在来養蜂の技術的特徴を挙げるなら、それは多様な技術段階が同時に存在することである。

ニホンミツバチによる養蜂技術の類型（澤田、一九八六）に従えば、麗江納西族のそれは、第一ないし第二類型に属するものである。(9) これはいわばセミ・ドメスティケーション段階である（武田、一九八六）。

しかし、麗江納西族の在来養蜂のなかには、第三類型にみられる技術、つまり雌蜂の羽の切除によるハチ群の逃亡の予防や雌蜂の産卵管理および雄蜂の間引きといったことがおこなわれる。そこには明らかにドメスティケーション段階への萌芽を読みとることができる。

ただし、雌蜂の羽の切除や雄蜂の間引きといった技術が麗江納西族の在来養蜂の中に育まれてきたものなのか、それとも漢族の養蜂技術の影響なのか、また一九七〇年代以降に伝えられた西洋近代養蜂の影響のもとに取り入れられた技術なのかは現段階では判断できない。

翻って考えると、上記のように、汝寒坪村のようなひとつの村において、第一類型から第三類型までの技術が併存した状態にあることが麗江納西族の在来養蜂の特徴のひとつということができる。その理由として、ひとつには、家ごとの養蜂量の違いによって、そうした技術段階が使い分けられている可能性が考えられる。一例を上げれば、汝寒坪村のほとんどの家では、Y・Z家に代表されるように、一・二個のバングまたはジクァにハチを飼うにすぎないが、そうした家では雌蜂の数の調整といったことまではおこなっていないし、またその必要もない。それに対して、稀な例であるが、Y・S家のように年間一五個ものバングをしかけ、同時に五つのバングにハチを飼っているようなところでは、雌蜂の卵の数を調整することによって次の年にも同じだけのハチの巣を確保しようと努めていた。つまり、養蜂量の拡大とその維持を志向したことが新たな技術の導入の引き金になったと考えることができよう。

3　民俗技術としての在来養蜂

分類学的にみるとミツバチ属は世界に四種あり、そのうち三種が中国の在来種であるとされる（Qiu、一九八六）。このうち東アジアにおいておもに在来養蜂に用いられる在来種のハチはトウヨウミツバチである。麗江納西族の在来養蜂に用いられているハチも玉川大学ミツバチ研究所の同定ではトウヨウミツバチの一亜種であるところの *Apis.cerana cerana* であった。これは主として東アジアの温帯域に分布しているもので、さらに中国国内においては四つのエコタイプに区別される（佐々木、一九九四）。そのうち Yunnan type（雲南型）に当たるものと考えられる。

養蜂にトウヨウミツバチを用いるときの問題点として、セイヨウミツバチと比較して、以下の三点が指摘されている。①コロニーが小さいこと、②振動などに敏感なこと、③分蜂性と逃去性が高いこと（佐々木、一九九四）。

このことは野生のトウヨウミツバチを養蜂種として人が管理していくときに大きな障害となっている。そのため麗江納西族の場合には、人の管理度を高めていくよりも、より自然養蜂に近い段階にとどめておく方が、結果的に、技術的・労力的にみて、自家消費程度の生計活動としては効率が良かったと考えられる。

先に指摘したように、無理をして野蜂を家蜂に作り替えることなく、つまり養蜂種として固定してしまうことなく、両者の間に自由な行き来を可能にしていたのはそうした背景がある。人による管理度を高めていくことが養蜂技術として優れたものであると考えるのは間違えであろう。管理度を高めるには資本や労力を多く投入する必要があり、かえってそれに見合うだけの生産を上げなくてはならない。むしろそうした生計戦略をとるよりは、粗放的な段階に止めておく方が麗江納西族にとっては適応的であったといえよう。いっけん養蜂技術としては粗放的に見えても、麗江納西族の自家消費内にとどまる生計活動としては安定的であり、民俗技術としては優れたものであるといってよい。

さらにいえば、トウヨウミツバチを用いた養蜂のメリットとして、①耐病性に優れていること、②耐寒性が高いこと、③小群での生存に適していること、④コロニー内の自己調節性に優れていること、⑤訪花スペクトルが広いこと、⑥低利用蜜源（蜜源に向かない花木）の利用ができること、などがあげられている（佐々木、一九九四）。

こうしたことも、無理に人がハチに対する管理度を強めるよりも、むしろハチの野生（自主性）を認めることの重要性を示しているといえよう。トウヨウミツバチは逃亡しやすく巣が小さいといった問題点を持つ代わりに、耐寒性や自己調節性に優れるなど様々な利点を持っているわけで、そうした長所を最大限に生かすのが麗江納西族による在来養蜂であるといえる。この点こそが麗江納西族の養蜂をめぐる民俗技術の要となっている。

また、もう一つ指摘しておくべきことは、麗江盆地縁辺の丘陵地は、森林の伐採が進み、可能な限りの耕地化がなされているところで、まさに「耕して天に至る」段階にあるという点である。このことは、自然の残存度が低く、自然環境はけっして豊かではないことを示す。さらに、麗江盆地の縁辺部は標高が高いため、ムツ（寒冷期）の気温が低いなど環境条件が厳しい。

そうした地域において、今なお養蜂がおこなわれているのは、まさにトウヨウミツバチの持つ利点がうまく活かされているからである。ひとつには農耕とのセット関係で養蜂が成り立っている点に注目する必要があろう。麗江盆地縁辺にある高冷地の場合、農耕は前述のごとく何かひとつの作物に特化することがむずかしく、季節に応じてさまざまな作物をしかも三年二作というサイクルでしか栽培できない。そうした種々の作物が季節に応じて蜜源として大きな意味を持っていた。そうした農耕とのセット関係にあるからこそ麗江盆地縁辺の高冷地でも養蜂が可能となったといえる。

これがセイヨウミツバチを用いた近代養蜂であったなら、大規模な転地をしないかぎり、麗江盆地縁辺の高冷地では養蜂はすぐに破綻してしまうであろう。作物以外に蜜源となるような自然環境が乏しく、また寒くなると自立して餌を採ることができず冬を越すことができないからである。こうしたところでは、どんなに採蜜効率が良かろうと、人による管理化の進んだ（養蜂技術としては高い水準にある）セイヨウミツバチによる養蜂は不可能である。ハチも人もともに生き残るには、いっけん粗放的にみえるトウヨウミツバチしかないといえよう。

生きるために山や野のほとんどを耕地化せざるをえない人の側の事情と、蜜源となる自然が豊富になくてはならないハチ側の事情とは、もとから相反するものである。そうした矛盾点を最小限に止めるのがトウヨウミツバチであるといえる。高度に耕地化が進んだ高冷な山間地においても、先に示したように、トウヨウミツバチなら自ら広い範囲にわたって蜜源を探し、かつあまり蜜源に向かない花や木からも採蜜することができる。トウヨウミツバチの採集する蜜が近年「百花蜜」(10)として注目されるのは、そうしたさまざまな蜜源を利用するからである。また単一の蜜源を必要とせず、広く多様な蜜源を利用するからこそトウヨウミツバチは麗江盆地縁辺にある高冷地でも養蜂に用いることができたといってよい。

それもこれもハチの生き方に人が過度な干渉をしないからこそ維持されるものであり、人とハチとの関係性が人為と野生との拮抗したところにおいて微妙なバランスの上に成り立っているからこそ可能になっているといえる。その微妙なバランスの根本に、ときには家や国家の仕組みにも擬えられるように、人がハチの自立性を認め、あえて家畜化しないでおいたことがある。巣を単位に、その中における役割に対応した、在来蜂の分類と命名の体系はそのことを如実に示している。

そうしたバランスを維持することが、採蜜量や採蜜効率が高くなることだけを目的にして人為による管理度を高めていくことよりも、自然条件の上で養蜂にはけっして恵まれないこの地域にとっては、より適応的な技術（民俗技術）なのである。この点こそが、こうした地域に養蜂が今もなお伝承されているもっとも大きな理由である。

注

（1）モウギュウは「犏牛」の字をあてる。高地において役畜としての利便性を上げるため、人為により、ヤクの雌とウシの雄とを交配させて造りだされた家畜である。

（2）村の耕地面積や農業収入といった統計数値は、一九九四年調査時に村民委員会が資料をもとに口頭で示したものである。

（3）中国の少数民族と養蜂との関係は、納西族に限らず深いものがある。たとえば、『怒族簡史』によると、二四〇〇年以上前に怒族の間では「蜂桶」を用いた養蜂がおこなわれていた。また、雲南怒江の沿岸にすむ怒族は自らを「ビエアチー」と称するが、それは怒語で「蜂氏族」を意味するとされ、ハチは怒族の起源神話とも密接に関わっている。そのほか、納西族など二四にのぼる雲南の少数民族には共通して、伝説、故事、叙事詩、音楽、舞踏、工芸など伝統文化におけるモチーフとしてハチは重要な位置を占めるとされる。また、当然のことながら、蜂蜜や蜜蝋はそれら少数民族における食物や医療など生活に欠かせないものとしてさまざまに用いられている（陳、一九九三）。

（4）佐野賢治（神奈川大学大学院歴史民俗資料学研究科）氏のご教授による。

（5）ハチを題材とした情歌の一例を挙げる（云南省編輯組、一九八八）。

「我們男子喲　如象小蜜蜂　蜜蜂帯蜜情　帯到花心中　美麗的花喲　是否有蜜汁　・・・・・」

（6）ハチを題材とした労働歌の一例を挙げる（云南省編輯組、一九八八）。

「呵　哦美呵　請到我家来　瓜子已擺好　天香已焼旺　白云把香烟請上了藍天　乗着白云　架着香烟　下到我家来吧　譲粮食象蜂群搬家一様来吧　・・・・・」

（7）自留山とは、人民公社時代に農家が生活に必要な燃料や家畜飼料を得るために認められた自家用の山地のこと。

（8）蜂蜜採取を観察したのは、Y・Z家と同じ村内に住む親類のY・S家のハチである。Y・S家は村の中ではもっとも熱心かつ上手にハチを飼う家として認識されている。

（9）澤田昌人によると、日本の養蜂技術は、巣箱の構造・分蜂群の扱い・採蜜時の処置の三要素に注目することで、以下の三つに類型化される（澤田、一九八六）。その特徴を要約すると、①分蜂群の巣箱への営巣は自然に任せられ、採蜜時には巣はすべて取り去られるもの、②分蜂群の捕獲と巣箱へ誘導がおこなわれ、採蜜時には巣の一部が残されるもの、③人により分蜂は阻止されつつ蜂群の分割・合同がおこなわれ、採蜜時に巣はすべて取り去られるが蜂群には別途餌が与えられるもの。

（10）かつて在来養蜂（トウヨウミツバチ）によって生産される蜜はさまざまな蜜源が混じってしまうということで、単一蜜源のセイヨウミツバチによる蜜に比べ商品価値が低いとされた。しかし、近年ではさまざまな花蜜が混じるからこそ、むしろ滋養分が多く美容や健康にもよいとされるようになった。その結果、「百花蜜」などと呼ばれ、セイヨウミツバチの蜜以上の商品価値を獲得したが、その背景にはトウヨウミツバチによる在来養蜂の特性であるところの生産性の低さとそのことが生む希少価値がある。

引用参考文献

（和文：五十音順）
佐々木正己　一九九四「トウヨウミツバチの生態的特性と養蜂種としての可能性」『ミツバチ科学』一五―三号
澤田昌人　一九八六「ヒト―ハチ関係の諸類型―ニホンミツバチの伝統的養蜂―」『季刊人類学』一七―二号
武田　淳　一九八六「論文『ヒト―ハチ関係の諸類型』コメント」『季刊人類学』一七―二号
Qiu Juanbin　一九八六「中国の養蜂」『ミツバチ科学』七―四号
安室　知　一九九五「納西族のヒツジ管理にみる家畜の命名と個体識別―予察―」『比較民俗研究』一一号
　同　　一九九六「納西族の家畜および環境認識」『比較民俗研究』一三号
（中文：拼音アルファベット順）
陳　耀春（編）一九九三『中国蜂業』農業出版社
管学宣・万威燕　一七四三『麗江府志略』（麗江県県志編委会辦公室翻印、翻印年未記載）
郭大烈・和志武　一九九四『納西族史』四川民族出版社
麗江納西族自治県概況編写組　一九八六『麗江納西族自治県概況』云南民族出版社
喬　廷昆（編）一九九三『中国蜂業簡史』中国医薬科技出版社
云南省編輯組　一九八八『納西族社会歴史調査（三）』云南民族出版社

Ⅱ 空間の民俗分類

一章　海村の民俗空間構造
――生活世界の分類と命名――

一　はじめに

人は日々の暮らしを通して、自分の日常世界を作り上げる。しかし、そうして認識される民俗空間は、現実世界にとどまらず観念の世界へも及ぶ。それが広い意味での生活世界ということになろう。その生活世界がいかに認識されているか検討することで、人びとの世界観や自然観を理解することが本論の大きな日的となる。そのとき、具体的に検討を進めるために注目するのが、海という大自然に対峙して生活世界を作り上げている海村である。

ここで海村としているのは、海に面してある集落、つまり海付きの村のことである。その海付きの村に暮らす人びとが作り上げる生活世界について、民俗空間の分類と命名の視点から分析し、かつそれを構造的に理解することが本論の具体的な目標となる。当然、生活世界に関して、住民自身が用いてきた概念および用語に注目する。

日本列島にはどれだけの集落があるか。農業集落は平成二二年現在において約一三九〇〇〇ヶ所とされ[1]、また漁業集落は平成二五年現在で約二三〇〇ヶ所ある。漁業集落の場合、それは平均すると海岸線に沿って六㎞ごとに存在することになる（農林水産省、online：kihon_150601.pdf）。

こうしてみると、統計の上では、漁業集落の数は農業集落の二％弱にすぎない。しかし、海に面してありながら、漁業集落に数えられないものも多く存在している[2]。また、海域に限らず、河川や湖沼のような内水面に隣接してある農業集落や、域内に溜池のような内水面を有する農業集落の数は多い。日本の場合、農村の多くが水田稲作をおこなっていたことを考えると、湖沼や河川のような自然水界とともに水田用水系に代表される人為的水界を村落の域内に持っている村は相当数にのぼるものと想定される。[(3)]

日本の場合、集落にとって水界は生業を含む広い意味での生活領域として、不可欠なものであるといってよい。しかし、一集落で一島をなすような特殊な地理的条件を除くと、水界がこれまで村落領域論や民俗空間論の中でじゅうぶんに検討されることはなかった。たとえ海付きの村を調査対象としていても、そこで描かれる民俗空間は、たとえば「ムラ―ノラ―ヤマ」のような意図的に水界を除外したものであったし、たとえ描かれてもそれは生産域や境界としての意味が見出だされるだけであった。

しかし、日本の場合、民俗空間を論じようとするとき、前記のような水界を考慮しないのはむしろ不自然であろう。本論では、水界を一つの民俗空間として提起し、研究上の意識化を図る。とくに、ここではもっともわかりやすい例として、海という大水面に接してある村（海付きの村、ただし漁業集落とは限らない）を対象として住民の認識を分析し、その民俗空間構造をあきらかにしたい。

なお、本論をなすための調査は一九九〇年代初めを中心に現在（二〇一五年）までの約二五年間にわたっておこなってきたものである。おもに昭和初期（太平洋戦争以前）に時間軸をおき復元的作業をおこなっている。本論の記述においてとくに時期を指定しない場合は、太平洋戦争以前のことである。ただし、聞き取りによる復元という手法を用いているため、限定的に昭和初期のことのみが示されるのではなく、現在に至るプロセスとして記述せざるをえなかったことも多い。当然、その場合には復元の時間軸は曖昧になっている。とくに民俗空間という観念的な問題を扱うには、時期を特定しやすい生業技術のようなものだけでなく、儀礼や信仰のような通時的な要素も考慮せざるをえず、復元の時間軸はある程度の幅を持って記述せざるをえない。

また、本論は、Ⅱ-2章およびⅡ-3章において同じフィールドを対象に検討する海底微地形やヤマアテによる空間認識を考察する上で前提となる。そのため、本論は結果的にデータの提示が第一義的となり、また図版や記述が一部重なるところもでてくることをあらかじめ断っておく。

二　海付きの村の民俗空間—ウミとオカ—

1　海付きの村とは

ここで海村または海付きの村と呼んでいるのは、これまで「漁村」とされてきた村である。ではなぜ、海付きの村に言い換えたかといえば、漁村とは生業類型を基にした概念であり、漁業により成り立つ村であるという前提があるためである。漁村といった場合、その生業はあたかも漁業に単一化したかのように扱われる。しかし、多くの海付きの村は、漁業だけで生活が成り立っているわけではない。狭い農耕地ながら農業を営み、また海産物の行商をおこなったり、さらには漁閑期を利用して出稼ぎに出る人も多い。民俗学では、農村といえば農業、漁村といえば漁業、山村といえば林業ないしは狩猟の村として扱ってきた。それを所与の前提として調査研究が出発してきたといっても過言ではない。しかし、そんな村はなかったといってよい。生業の実態を無視しての概念化であったといわざるをえない。

つまり、海付きの村には海・山・里（またときには町）がその構成要素として含まれている。三浦半島の場合、海付きの村に暮らす人びとは百姓漁師と自分たちのことを呼んでいる（安室、二〇一一a）。そんな百姓漁師が自分たちの生活空間をいかに認識し、また利用してきたのかといった点に注目してみる。

まずはじめに、海付きの村としてここで取り上げる横須賀市佐島（昭和元年当時、西浦村佐島）について地理的概要

（米軍撮影、日本地図センター提供）

写真２－１－１　1949年の佐

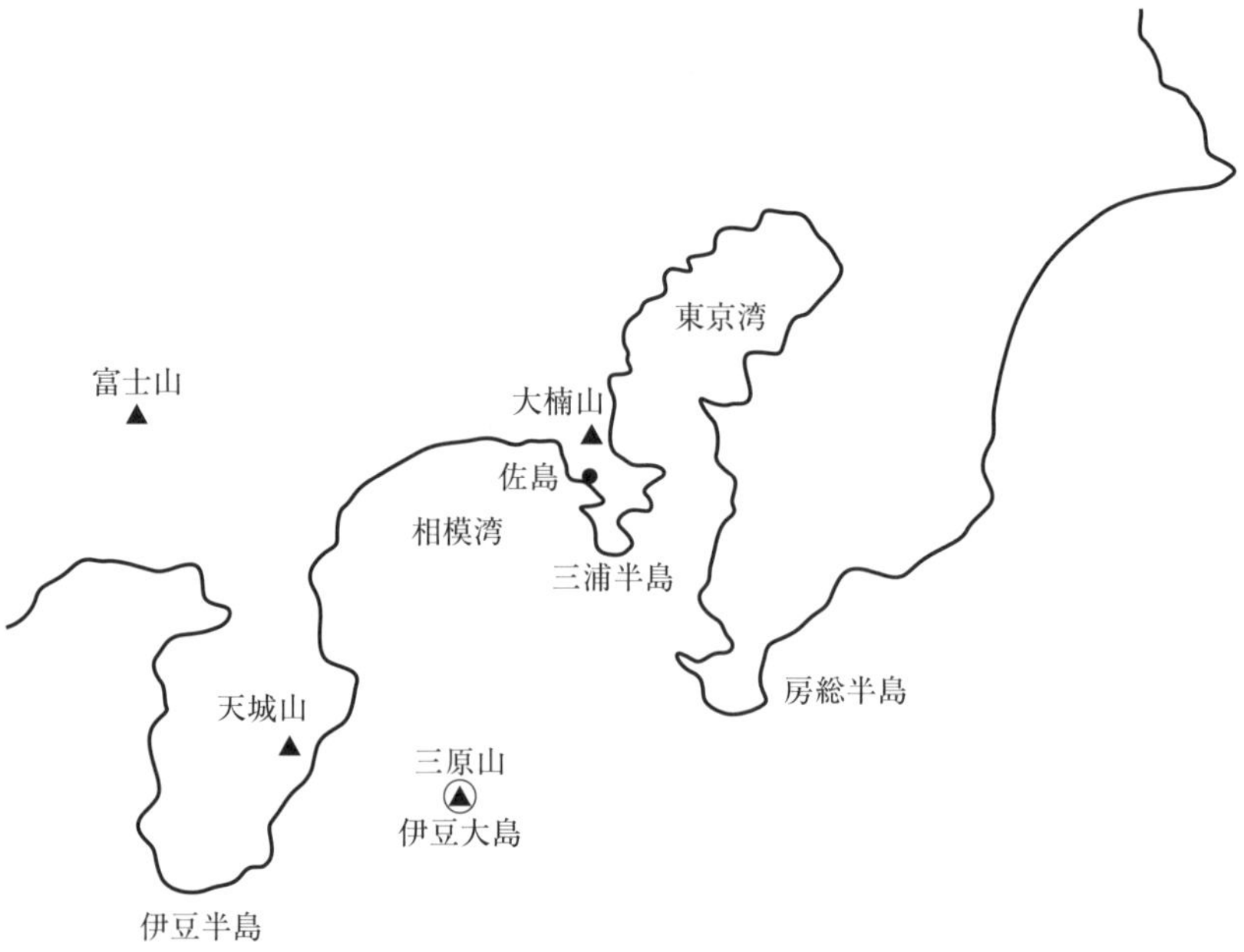

図2－1－1　佐島の位置

を述べておく。

佐島は本州太平洋側の中程、三浦半島の西岸に位置する（図2-1-1）。相模湾に面する二五〇戸（昭和五年国勢調査）ほどの海付きの村である。北緯三五度一四分、東経一三九度三六分。太平洋岸を北上する黒潮の影響を受け、年平均気温が一五・八度と温暖な気候のもとにある。それを象徴するように、ハマユウの自然群落が分布する北限地として知られる。

佐島は集落から見て南側に海が開け、北側は集落のすぐ後ろに三浦半島台地（通称ヤマまたはタカッパラ）が迫っている。そのため集落は山と海に囲まれた隔絶した景観をなしている。そして、ヤマにヤト（谷戸）と呼ぶ浅い谷が切れ込んであり、そこに水田が作られている。またヤマには畑が点々と拓かれている。そして、そのヤマは緩やかに大楠山（標高二四二ｍ）や武山（標高二〇六ｍ）を含む三浦丘陵に続いている。大楠山は三浦半島では最高峰であるが、独立した山というよりは、三浦丘陵にあっては複数ある起伏のひとつに過ぎない。

集落南側に開ける海域は、地先に天神島や笠島、毛無島といった小島が点在する。また集落北には天神崎、南には小田和湾があり、出入りの多い複雑な地形をなしている。海岸も磯根の岩礁帯が広がるが、集落前や磯根の合間には砂浜もある。そうした複雑で多様な環境が佐島の海の特徴であり、黒潮の影響を受けた温暖な気候と相俟って、住民による民俗空間認識のあり方を規定する部分は大きい。

なお、現在は横須賀（一〇km圏）、横浜（二〇km圏）、東京（四〇km圏）といった大都市に近接するため、マリーナなどのリゾート開発や大規模住宅開発が進んでおり、海付きの村としての景観および民俗空間構造は大きく変貌しつつある。

2　ウミとオカの民俗空間構造

佐島の人びとが捉える生活領域は図2-1-2に示した通りである。詳細は次節以降で論じるとして、構造上、大きくはムラを挟んでウミとオカとが対峙する民俗空間となっていることがわかる。オカとは陸上に設定される空間であるのに対して、ウミは海上のそれであるが、だからといって両者は対立的な関係にあるわけではない。あくまでムラの暮らしを成り立たせるため存在する、つまり総体として意味をなす二つの民俗空間と捉える方が正しい。
そうしたウミ—オカという民俗空間の設定は、住民が自らの生活のあり方を表現するときに用いるオカハマということばと深く関わっている。佐島を含め三浦半島の海付きの村では、自分たちの生活の基本をオカハマといっているが、オカは農業など陸上の生業を、ハマは漁業および魚介類の行商といった海に関わる生業を意味している。ただし、この場合のハマは、砂地の海岸地形といった狭い意味での「浜」ではなく、民俗空間としてはウミと同等の意味を持たせている。

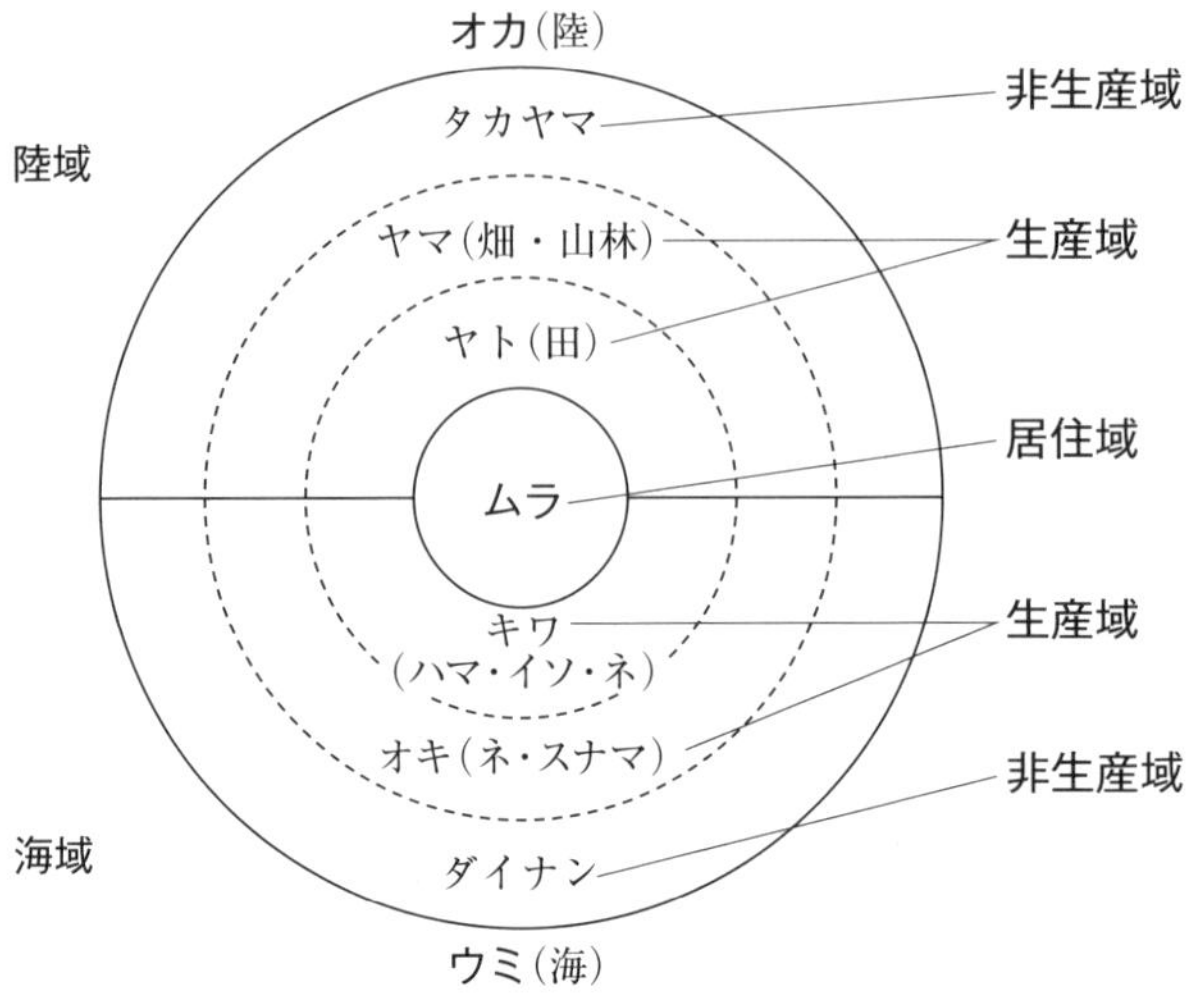

図 2－1－2　佐島の民俗空間構造

つまり、オカハマとはオカの生業とウミの生業を組み合わせた生計維持のあり方をいうものである。そして、そのとき重要なことは、オカとハマ（ウミ）とでは生計上の意味づけが大きく異なることである。詳しくは後述するが、オカは農業に象徴されるように自給的生業としての重要性を、ハマは「商売」と称される漁に象徴される金銭収入としての重要性をそれぞれ意味する。オカハマというとき、そうした生計上の意味合いの違いも含意されている。さらにいうと、オカは女性、ハマは男性の場という対比の意識もある。それはそこでおこなわれる生業の主体者の違いを象徴している。

　物理的な面積でいうと、オカは限りある有限の世界で、とくに農耕地や採集地として住民により実利用される空間の面積は小さい。当然、そこだけに生業を特化して生計を維持することはできない。それに対して、ウミは意識の上では無限の世界である。実際に生業活動をおこなう空間は限られていても、ウミは現金収入をもたらしてくれ、それにより生計を維持することができるという点において、重要度はオカに比べるとはるかに高い。

　そうした立地上の制約や暮らしの成り立たせ方といったこ

とを背景にして、「オカ＝自給的生業（農）＝女性の空間」「ウミ＝現金収入（漁）＝男性の空間」というウミとオカとの対比的理解がなされて、またそれを総合化したものとして海付きの村における民俗空間構造の骨格が形作られているといってよい。

3　ウミとオカの民俗空間を規定するもの──「水深」と「距離」──

ウミとオカという構図のなか、民俗空間としてのウミは、同心円状にさらに三つの層に領域化される。ムラに近い方からキワ、オキとなり、もっとも外縁にダイナンが位置づけられるが、意識の上ではダイナンに果てはない。また、オカは、ウミと同様、同心円状に、ヤト、ヤマ、タカヤマの三層に領域化されるが、やはり外縁に位置づけられるタカヤマには果てがない（その先は明確な領域は設定されていない）。

ここで問題となるのが、佐島という特定の集落を取り上げてその生活領域をモデル化するとき、それが図のように同心円構造となるのかどうかということである。本論で同心円構造を採用したのは、ムラ（居住域）からの「距離」を重視したからである。ある生活領域から次の生活領域へと転換するのは、住人の意識の上ではムラからの「距離」に規定されている面が大きい。そのためムラから等距離に生活領域を分節化してゆこうとするなら、それは同心円的構造にならざるをえない。

しかし、ある生活領域と別のそれとの関係性で見ると必ずしもムラからの「距離」ではモデル化できない面もあるのは確かである。とくに、ウミに関しては、領域の違いをもたらすものとして大きな意味を持つのは「水深」である。そうなると、ムラからの距離というよりは汀線からの距離がモデル化にとっては重要な要素となる。この点はオカのモデル化にはムラからの距離が重要な意味を持つのとは対照的であるが、ひとつの図の中に「距離」と「水深」という二つの基準が存在してしまうことになるので、本論ではムラとウミとの接点に汀線を位置づけ、やはりそこからの

「距離」で「水深」を示すことにした。それにより、オカと同様、ウミにおいてもムラからの「距離」で生活領域を分節化することが可能になる。

なお、本書Ⅱ—五章では、各領域間の関係性を重視して盆地の民俗空間構造を示しているが、そのため当然、同心円モデルにはなっていない。同心円構造を採用するかどうかは、どのような視点から、またどのような目的を持って立論するかにかかっている。

三　民俗空間としてのオカ—ヤト・ヤマ・タカヤマ—

1　ヤトとヤマ

オカは、図2-1-2に示したように、ヤト、ヤマ、タカヤマという三つの民俗空間で構成されるが、ウミとの対比でいえば、そこは自給的な性格の強い生業空間として捉えることができる。しかも、そこは多くの場合、女性が差配する空間であるという特徴を持つ。オカの中でもとくにヤトとヤマはムラから近く、人が実際に行き来できる空間になっているため、その傾向が強い。

ヤマとヤトはともに耕地と採集地が存在する空間である。耕地の種類としては、ヤトは水田、ヤマは畑がほとんどである。ヤトは浅谷地形をなすため、谷の底面は水田耕地に、その周囲の傾斜地は山林として採集地になっている。ただし、住民の感覚として、ヤトはヤトダ（谷戸田）と同義で用いられることからいっても、おもに農耕地がイメージされる空間である。それに対して、ヤマは全体に丘陵地をなすため傾斜の緩やかなところは耕地に、また急なところは山林として残され採集地になっている。結果として、イメージとしてはヤマは採集の場のなかに耕地が点在する空間となる。

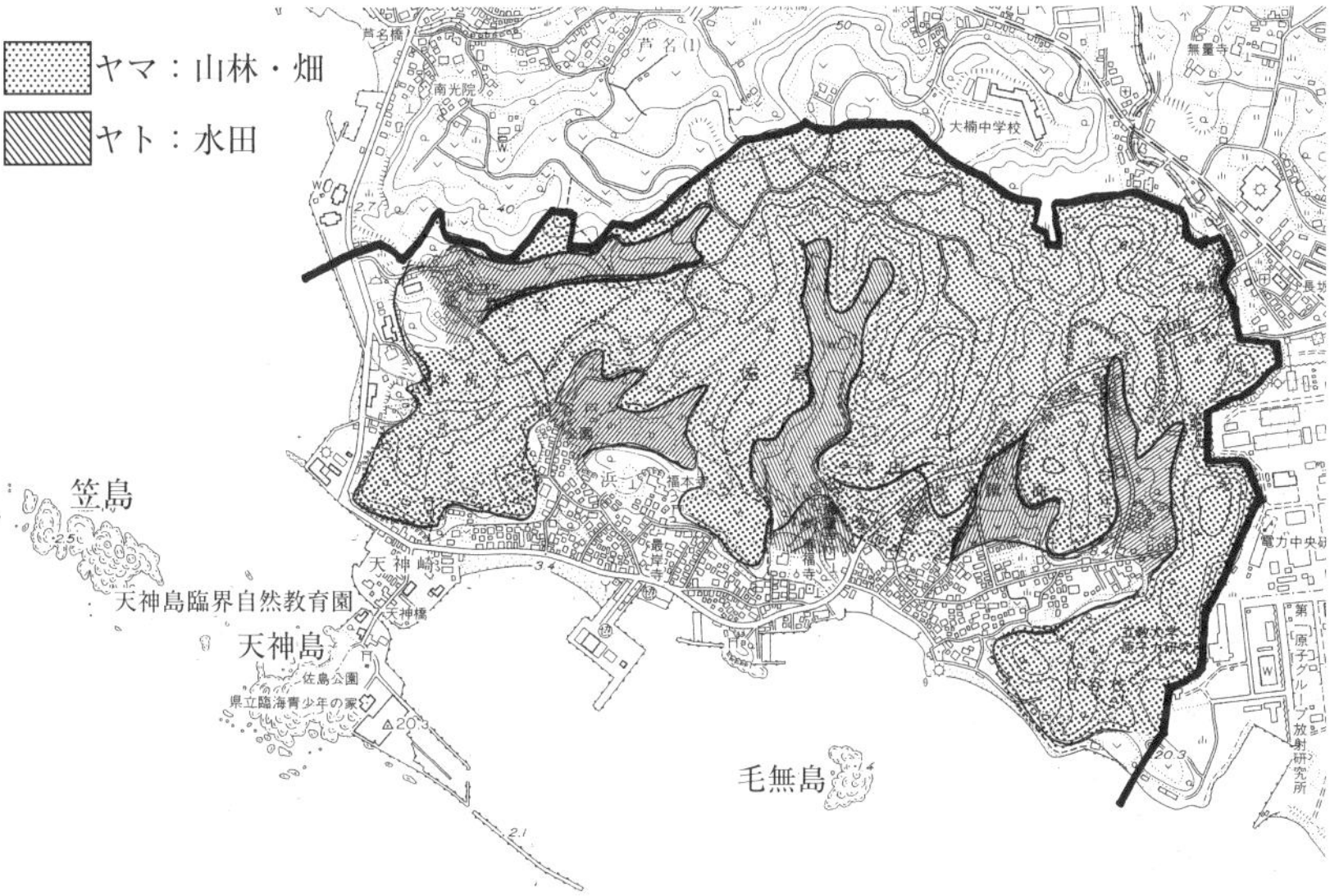

図 2－1－3　ヤトとヤマの位置

地形的には、図2-1-3に示したように、ヤマがムラの背後に広がった丘陵地であるのに対して、ヤトはそうした丘陵地に切れ込んである浅い谷となっている。谷口がムラに対して広がっているため、民俗空間としてはヤトはヤマとムラとの中間に位置づけられるが、実際にはムラに直接つながっているヤマも多い。なお、海付きの村の農については別稿（安室、二〇一一a・b）において詳述しているので以下では概略のみ記す。

佐島では、一般に「ヤマに行く」と言った場合、それは畑仕事に行くことを意味する。民俗空間としてのヤマには畑が多く分布するからである。昭和一〇年（一九三五）の国勢調査によると、畑は三三町九反六畝（三三・九六ha）あり、その面積は水田の約四倍に当たる（神奈川県教育庁指導部文化財保護課、一九七一）。ヤマはムラに暮らす人のほとんどが所有しているといってよい。[4]ヤマにおける畑作は佐島住民の大多数を占める百姓漁師にとって自給的生業として重要な意味を持っている。反面、百姓漁師は水田を所有することはなく、当然、稲作もおこなわない。つまり、漁を生計活動の中心にしつつ自給的にヤマで畑作をおこなう人びとが百姓漁師ということになるが、彼らにとってヤマでの畑作は現金収入源としての意味をほとんどもたない。

そうしたヤマに対して、ヤトの耕地はその多くが水田であった。それをヤトダ（谷戸田）というが、注目すべきは佐島では本家筋や元名主のような一部の限られた家しかヤトダを持っていなかったことである。水田を所有するのは太平洋戦争前においては二五〇戸中二〇戸ほどに過ぎず、昭和一〇年（一九三五）の国勢調査をみると、水田はわずか八町六反（八・六ha）しかない（神奈川県教育庁指導部文化財保護課、一九七二）。ヤトダは川に沿って、海岸から内陸に向け細長く分布する。そうしたヤトが佐島には四箇所ある。ヤトダの多くはヌマタ（沼田）と呼ぶ湿田になっており、また谷間にあるため総じて陽当たりは悪い。そのため佐島の水田はすべてコメのみの一毛作であった。

また、ヤトダを所有する家はヤマにも多くの畑地を有している。その結果、水田を所有する家にとって農耕は重要な生計活動となり、それは自給的な意味に止まらず、重要な現金収入源となっていた。もちろんウミにおいても漁による稼ぎがあるが、相対的には農耕の方が生計上は重要である。そうした階層の家は漁師百姓と呼ばれるが、それを特徴づけるのがヤトの水田所有である。彼らは、現金収入を漁に特化させ農（畑作のみ）は自給的にしかおこなわない百姓漁師とは区別される存在である。

以上のように、ヤトダはコメを作るためだけではなく、村内における家格意識を明確に反映する場となっている。ヤトダの存在やその所有のあり方は、海付きの村にあってはムラ社会の階層化を促進するものとなっていた。つまり、民俗空間としてのヤトは海付きの村にあっては社会階層を映し出す象徴的空間としても機能したといえる。そして、ヤトダの所有の有無は生業戦略の違いも生み出す。それが佐島では「百姓漁師」と「漁師百姓」の違いとして顕在化している（安室、二〇一一b）。

次にオカにおいて注目すべきは山林である。昭和一〇年の国勢調査では佐島には七一町六畝（七一・〇〇六ha）の山林が存在している。佐島の場合、ヤマに山林を持つとともに、タカヤマと呼ぶ大楠山の山麓にも飛び地を所有している。山林は佐島の生活には欠くことのできないものであったが、この点については次項にて詳述する。

以上のように、オカの民俗空間は百姓漁師と呼ばれる住民の大半を占める階層の人びとにとっては自給的生業の場として重要な意味を持っていた。と同時に、オカをヤマとヤトとに分けてみたとき社会的・経済的な階層差や生業戦略の違いといったことが顕在化してくるのは、佐島のような海付きの村の民俗空間を考える上でたいへんに興味深い。

2　オカの生業と女性労働

オカは女の世界である。男の世界となるウミとは明らかな対照をなす（後述）。ヤトでの稲作は男女ともに携わるが、ヤマでの畑作活動はほとんどが女性ないし老人（引退した漁師など）が担い手となる。前述のように、ヤトの水田は耕地としては少なく、またその所有者も一部の家に限られていたことを考えると、村人の大半をなす百姓漁師の農はヤマにおける畑作であるといってよく、その管理はおもに女性の役目とされていた。

そのように、海付きの村の農は、そのほとんどが女性と年寄りにより担われている。事実、一本釣り漁師は指先が鈍ることを理由に鍬をけっして握ろうとしないし、またモグリ漁師も、その重労働と稼ぎの多さを理由に、漁期中（七月一日から九月三一日）やその前後はどんなに畑仕事が忙しくともモグリ以外のことは一切やらない。このほか、作物のほとんどが商品として出荷されないことも、農が女性や年寄りの労働力だけですまされる理由となっている。「どうせ自分のとこで食うんだから、きれいなものはいんめー（いらない）」とは百姓漁師の言い分である。

そして、オカの農に関して次に大きな特徴としてあげられるのは、基本的に百姓漁師の農は自家消費を旨としたものである点である。それは第一には所有する面積が少ないためである。平均すると百姓漁師は一反（一〇a）ほどの畑しか所有していない。また、ヤマの大半は丘陵地になっており、それは大楠山へと続いている。畑もそうした丘陵地にパッチ状に点在するため、機械や車は入らず、ほとんど商売（現金収入源）にはならない。

前述のように、農耕地に比べると、思いのほか多くの山林を持っていたが、それは山林から切ってくる薪が磯漁を主体とする百姓漁師の生活にとっては必要不可欠なものだからである。こうした山はマキヤマ（薪山）と称され、平均すると個人に二反（二〇a）程度所有されていた。マキヤマからは家の燃料を得るのみならず、百姓漁師にとって主漁法であるモグリ漁における暖を取るための薪となった。その量は、長さ四〇cm・直径三〇cm程の束にして年間五〇把に及んだ(5)。そのため、マキキリは暮れから冬の間（芽吹き前まで）の重要な仕事とされ、家で使う燃料の分と合わせて、夏に使うモグリのための薪をすべて冬の間につくっておかなくてはならなかった。そうしたマキキリも農と同様、佐島では女の仕事とされていた。この点でも、百姓漁師の漁撈生活を支えるものとして女性労働は大きな意味を持つ。

3　タカヤマ——2類型——

ムラから見てヤトやヤマといった日常的に利用される耕作・採集域の外縁にはタカヤマが設定される。しかし、その先には民俗空間として設定される領域はなく、タカヤマがどこまで続くかは不分明である。しかし、タカヤマの場合は、後に述べるウミとは違って、その延長に日常世界を超えた異界の存在は意識されない。この点は、民俗空間としてオカとウミとを対比したとき、両者のもっとも大きな違いである。

タカヤマのなかでもっともムラに近いところにあるのが三浦半島内の大楠山（武山も含む三浦半島中央部の丘陵地）である。ムラからはヤマを介してその背後に見える山である。前述の通り、標高は三浦半島最高といっても二四二mしかなく、地理的にはヤマからの続き、ヤマの一番端にあるタカヤマということもできる。そのため、同じタカヤマとはいっても、大楠山や武山といった三浦半島内の山と、ムラからはウミを越してその先に臨むタカヤマ（標高一〇〇

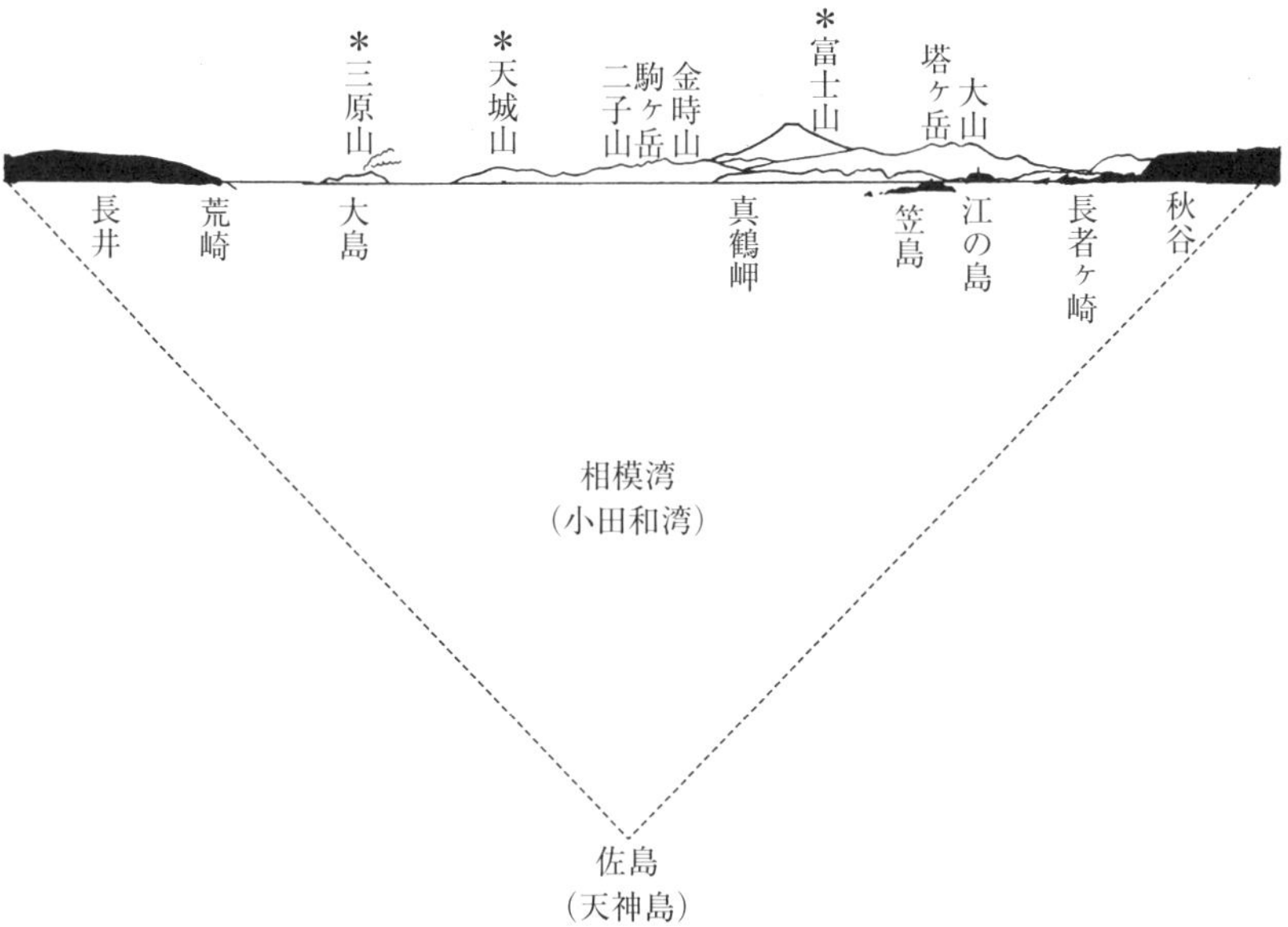

図２－１－４　佐島からタカヤマを望む―天気予測のメアテ―

〇ｍを超える高峰の富士山・天城山や標高七五八ｍとはいえ洋上に屹立する火山の三原山など）とでは、当然その利用のされ方は異なっている。

タカヤマとしてみた場合、大楠山・武山と富士山・三原山とのもっとも大きな違いは何かといえば、それは現地まで出かけていって実利用されるかどうかということである。前者の場合、たとえば、大楠山の山腹はマキヤマ（薪山）として利用されたり、武山には一年に一度、初不動のお祭り[6]になると佐島の漁師もマイワイ（万祝）と呼ぶ晴着を着てお参りに行った。しかし、後者の場合はそうした実際に出かけていっての利用はされないし、またしようと思っても物理的な距離を考えれば不可能である。具体的にいうと、前者のタカヤマの場合、ムラからは五㎞ほどの距離しかなく、山道ということを考慮してもじゅうぶんに日帰りができる。そのため、前述のように、百姓漁師の多くは大楠山山腹においてマキトリ（薪採り）ができるのである[9]。その意味で、前者のタカヤマはヤマからの延長線上に位置づけら

写真２－１－２　三浦半島から望む富士山

写真２－１－３　相模湾から望む大楠山

れ、タカヤマとしては実用性と象徴性が重層する境界的な位置にあるといってよい。

三浦半島西岸においては佐島周辺の海付きの村も同様な民俗空間利用がなされていると考えられるが、どこも枝木の採集域となる里山的な空間が極端に少ない。ウミに張り付くようにしてある海付きの村は、たいていオカはウミの空間に比べると実面積が極端に狭いからである。そうしたとき、三浦半島にありムラからは距離的に近いタカヤマは、入会地的な意味合いを持つようになったと考えられる。事実、大楠山の場合、その山腹には佐島だけでなく複数の海付きの村が飛び地を設定している。

もうひとつ大楠山の用いられ方で重要なことは、ヤマアテ(7)の目印となることである。ヤマアテは漁を主な生計活動とする百姓漁師にとっては大楠山のもっとも重要な利用法だといってよい。大楠山がムラから見てオカ側つまりヤマの背後にあること、また距離が五㎞程度しか離れていないことが、洋上からオカを眺めておこなうヤマアテには大きな意味をもつ。こうした利用は、マキヤマのように実際にそこに行っておこなうこととは別次元であるといえよう。

ヤマアテの場合、大楠山や武山は遠い目当てに用いられるが、その場合に肝要なことは少しぐらい天気が悪くてもそうした山は見えなくならないことである。直線距離にして五〇㎞以上も離れたところにある富士山や天城山、三原山は天気が悪いとすぐに見えなくなってしまう。そのため、海上での位置確認など漁をおこなう上で欠くことのできないヤマアテには用いることができない。それに対して、五㎞も離れていない大楠山・武山は多少曇っても見えなくなることはないし、反対にいえば、大楠山や武山が見えなくなるくらいのときは荒天のため漁にはでられない。

以上見てきたように、大楠山は民俗空間としてはタカヤマに分類されるが、百姓漁師の暮らしの中では富士山や三原山とは少し違った捉えられ方をしていた。そうした区別する意識の表れとして、大楠山はタカヤマという言い方とは別にヤマアテの場面においてはオオヤマと呼ばれる点に注目しなくてはならない。オオヤマは、簡単に言えば、佐島の百姓漁師なら誰でも知っている（必ず使う）ヤマアテの目当ておよびヤマアテ線そのもののことである。大楠山の場合、オオヤマは五本有り、それぞれ「〇〇モタリ」と命名されている。つまり、同じタカヤマの中でも、はるか海の向こうに見える富士山や三原山などは遥拝するものでありまさにタカヤマとして意識されるのに対して、ムラの背後、ヤマを介してその延長線上にある大楠山はタカヤマそのものというよりむしろヤマとタカヤマとの境界という意識の方が強かったのかもしれない。そのことが民俗空間としては巨視的にはタカヤマに入れられるものの、大楠山をとくにオオヤマと呼び分ける意識の根底にあると考えられよう。

その意味で、微視的にはタカヤマも二つの領域（オオヤマとタカヤマ）に分けることができる。オオヤマはタカヤマに内包される下位概念としてとらえるべきであろう。その場合、どのように二つに領域化すべきかが問題となる。それについては、二つの考え方ができる。ひとつは、図2‐1‐2のように、オカにおいて民俗空間が層として同心円状に広がってゆく中、ムラに近い方つまりヤマに接する部分にオオヤマが設定され、その外縁にタカヤマがあるという考え方。本論では基本的にはその考え方を採用する。

そしてもうひとつは、図2‐1‐2とは考え方を異にすることになるが、ウミ側にタカヤマを設定し、オカ側のタカヤマをオオヤマとすることも可能であろう。この場合は、ウミ側のもっとも先にあるダイナンと同じところ、ないしはダイナンの先にタカヤマが設定されることになる。その利点は佐島の実際の眺望を反映した民俗空間認識となることにある。漁のさなか不測の事態に見舞われ佐島沖で漂流するようなことになると、たいていは強いサカシオ（逆潮）[8]に流されて伊豆半島に漂着することが多いとされる。つまりそうした命に関わる状況の時に、心ならずも辿り着いてしまう生死の境のような地が富士山や天城山、三原山のようなタカヤマなのであり、それはやはり異界への通路ともなるダイナンと呼応する民俗空間であるといってよい。

四　民俗空間としてのウミ――キワ・オキ・ダイナン――

1　キワとオキ

ウミは、図2―1―2にあるように、ムラに近い方から、キワ、オキ、ダイナンという三層の民俗空間で構成される。大きな傾向として、女性が大きな役割を担うオカと比べると、ウミは商業性の強い男性の生業空間といえる。まさに、佐島のウミは男の世界である。そうしたウミのうち、ムラから近く日常的に行き来しながら、生業や生活に利用する空間を、大きくキワとオキに分けて認識している。漢字を当てれば、キワは際、オキは沖である。キワはタカ（高）といったりもする。[9]

オキとキワとの境は、水深二〇ｍの等水線とほぼ一致するとされる。この水深二〇ｍという値は客観的なものではなく、それぞれの漁師により変動する。というのは、キワとオキとの境は磯漁のひとつであるモグリ漁（裸潜水漁）が可能な最大水深に由来するからである。人により潜水能力は異なるため、多くの人がモグリの可能な水深としているのが二〇ｍ前後というにすぎない。

佐島において磯漁の代表的なものには、モグリのほか、船上から水底を覗いて竿先に付けた漁具で貝や海草を採るミヅキ（見突き）があるが、それは竿の長さに規定されるためモグリより浅いところでしかおこなえない。そう考えると、佐島では住民の認識として、磯漁がおこなえる範囲がキワであり、それより深いところがオキということになる。そのとき、キワでおこなわれるミヅキやモグリのような磯漁を総称して小職《こしょく》といい、オキに出ておこなう一本釣りや延縄を沖職《おきしょく》（または釣職）と呼んでいる。佐島の漁師はどちらを主とするかで伝統的に分けられるが、数では小職の漁師の方がはるかに多い。このことは、住民の生計戦略が民俗空間の区分と一致することを示しており興味深い。

佐島では多くの家は、夏のモグリと秋から春にかけてのミヅキを組み合わせることで基本的な生計活動としていたといえる。それに対して、オキでの漁は生計活動としては副次的な意味合いが強い。つまりキワにおけるモグリとミヅキを主たる生計活動としながら、オキでの一本釣りや延縄はモグリとミヅキの変わり目やその合間を見ておこなうものであった。とくに小職の漁師はそうした傾向が強く、一本釣りや延縄は息抜きや一種の楽しみでおこなう漁であった(10)（安室、二〇一一a）。キワは佐島では主たる生計の場となっていたといえる。

つまり、佐島の暮らしにおいて、自家消費を目的とする生業が主におこなわれるオカに比べると、ウミは現金収入をもたらす漁の場として生計上重要な民俗空間であるが、そうしたウミの中でもとくにキワはオキに比べ生計上はるかに重要な意味を持っていたといってよい。

また、オキとキワの対比は、漁師の方向感覚とも関わる。佐島では船や漁場の位置を示すとき「東か西か、オキかキワか」といった言い方をする。南西に海が広がり北東に山を背負う佐島の漁師の場合、東か西か、オキかキワか、といった二つの要素が方向感覚として重要となる。東か西かは海岸線に沿っての感覚であり、オキかキワかは海岸線に向かって垂直方向（浅⟷深）の方向感覚を示している。

佐島の場合、キワはハマが一部にあるものの、基本的にはイソウミ（磯海）と呼ぶ岩礁帯になっている。岸近い浅場のうち、海底がイソになっている海がイソウミで、その延長がネ（根）ということになる。

佐島の地先にある毛無島・天神島・笠島などの小島はどれもイソウミの一部として認識され、その周辺は磯漁の漁場として利用される。一方、オキに望む伊豆大島など伊豆七島の島々はオキノシマ（沖の島）と称され、一般には遠く望むだけで漁場とはされない。

キワとオキの認識の違いは、漁に明確に現れる。とくにモグリ（裸潜水漁）は明確で、水深五―六ヒロ（七．五―九．〇m）を境にして、それより浅場でおこなうのがキワモグリであるのに対して、沖でおこなうのがオキモグリである（安室、二〇一一c）。オキモグリは別名フンドンモグリともいうが、それはフンドン（重り）を使って一気に六ヒロ以上も潜っておこなうからである。それに対してキワモグリは重りを使うことなく潜っていくもので、それだと水深五ヒロほどが限界だとされる。このオキモグリが漁のために潜るもっとも深いところがほぼ水深二〇mということになり、それがモグリを含む磯漁の限界線であり、キワとオキとの境界として認識されている。

2　ダイナン

キワやオキという日常生活と深く関わる海域のさらに先にもウミは広がっている。そこをダイナン（デーナン）またはデーナンパラという。意識の上で、佐島ではダイナンに果ては設定されていない。つまりダイナンに至ればその先はずっとダイナンということになり、それは後に述べるように異界へと通ずる。

佐島の漁師は大楠山や武山といった三浦半島内の山々をヤマアテ（山当て）に用いるが、沖に出ていくほどそれが見えなくなる。そして最後にトゲヤマ（武山頂上部の通称）だけがかすかに見える状態になり、そこを超えるとダイナンにいるとされる。それは、今自分がどこにいるのかといったことを、ヤマアテで判断できなくなったことを意味する。櫓に頼る木船時代、佐島の漁師はヤマアテができない沖まで出ることは不安であったとされる。ヤマアテの山が見えなくなると、風や潮が強くなり、方向を失いやすいためである。そのため、ダイナンは佐島ではマイナス・イメージをもって「大難」の文字が当てられてきた。

そうしたダイナンの漁場にセンバ（千波）というネがある。伊豆大島とのほぼ中間にあるネである。周囲は急激に深くなっており、そこだけが孤立してタカネ（高根）になっている。そのためカンパチやマグロといった商品価値の高い大型魚の多く集まる漁場となっている。しかし、センバは千の波という字が当てられるように、漁船を飲み込むような大波が幾重にも連なってやってくるところだとされる。そこはまたの名をゴケバともいい、後家場の字が当てられる。まさに多くの漁師がそこで遭難し、後家がたくさんできるからである。

また、ダイナンは岸からは遠く離れていても岸辺のムラに影響を与えていると佐島の人には考えられている。たとえば、アビキと呼ぶ高潮が岸辺に押し寄せるのはダイナンの水が引いたためだとされる。そうした意味で、海付きの村に暮らす人びとにとって、ダイナンはほとんど行く機会はないにもかかわらず、たえずえもいわれぬ怖さをもって意識される民俗空間である。そのように、ダイナンは人びとが暮らす日常世界にまで悪影響を及ぼす存在であり、まさに人知の及ばない世界、異界へと通ずる境界として強く意識されていた。

3　海底の地形・状態

佐島では海底の様子をさまざまに民俗分類し、それに命名している（I—二章：図1—2—4参照）。そうした命名の語彙はその利用のありようを如実に示すものとなっている。それはおもに、海底の微地形を示す語彙、ネの状態を示す語彙、海底の大地形を示す語彙の三つに分けられる。百姓漁師の生計活動にとってモグリとミヅキという磯漁は大きな意味を持っているだけに、前二者に関する語彙は豊富かつ詳細である。

民俗空間でいうと、ウミの中でもムラからもっとも近いキワにおいてその海底微地形の分類・命名け詳細なものとなる。それは利用の頻度とその生計上の重要性を反映している。以下、海底の微地形を示す語彙、ネの状態を示す語彙、海底の大地形を示す語彙に分けて、海底地形に関する民俗知識を示す。

[海底の微地形を示すもの―海域としてはおもにキワに相当―]

イソネ：イソ（磯）とネ（根）を総称してイソネ（磯根）と呼ぶ。この場合は、岩礁地を指しており、砂地を示すハマ（浜）やスナマ（砂間）と区別するための言葉であると考えられる。分布する水深で分類すれば、イソに対応するのがハマとなり、スナマに対応するのがネということになる。

イ　ソ：干潮時に海上に岩が出るところがイソ、干満に関係なくいつも水面下に潜っているところがネである。イソは主に女性が活躍する場で、漁撈採集行為であるオカドリの領域となる。

ネ　：ネは岩礁でしかもカジメなどの海藻が生えているところをいう。磯漁においては主な漁場となり、ネという言葉は漁場と同義で使われることも多い。島まわりなど陸地に近いところほどネは小さく分けられている（認識の規模が小さい）。また砂地に独立してある小さなネをツブラ（粒ら）またはツブネ（粒根）と呼ぶ。さらにはネのなかで周囲に比べ高くなっているところ（つまり浅くなっているところ）をタカネ（高根）と呼ぶ。タカネになっているところの頂上部分の平らなところをノテンバ（野天場）という。そこにいるアワビをノテンゲ（野天貝）といい、モグリ漁はもちろんだがミヅキ漁でも採ることができる。

ハ　マ：主に海と陸との接点にできる砂浜を意味する。防波堤が整備される以前には係留地に用いられており、船はカグラサン（手動のウィンチ）でハマに巻き上げられていた。また、ハマ小屋が作られて、漁の道具がおかれたり、また網の繕いなどがおこなわれる空間にも利用される。さらに、漁師にとっては散歩したり話しをしたりする社交空間でもある。一般に漁師の家は狭いため、いわばオカからの延長として捉えられている。

スナマ：スナマはシラバ（白場）またシラマ（白間）ともいい、ネとネの間で砂が溜まったところをいう。ただし、シラバは単に砂地というだけの意味で使い分けることもある。船上からは海底の砂地は白く見えるためシラバやシラマという。また、スナマは藻の有無で区別される。藻が生えているところがモバ（藻場）で、生えていないところがスナマとなる。ヒラメのような魚を除くと、スナマには漁獲対象となる魚介類は少ない。そのため、佐島では「ネは商売になるが、スナマはならない」とされる。

イワマ：スナマに対して岩ばかりのところをイワマ（岩間）という。そこに海草が生えるとネになる。

コイワ：スナマにイワマが少し混じったようなところをコイワ（小岩）と呼ぶ。

モ　バ：モバは砂地から藻が直接生えているところをいう。そのため、佐島ではイワマに生える海草と藻は区別される(11)。モバは魚の産卵場となり、また孵化した稚魚の隠れ場となっていた。とくにクロダイ、メバル、カワハギ、イセエビ、スズキ、イワシ、アカイカ、クルマエビ、アオリイカといった魚介類の稚魚や小魚が多くいた。そうしたモバがあるからこそ佐島は魚が豊かであると漁師はいう。ただし、漁場としては、イソネに比べるとそれほど大きな意味を持たない。

ガーラバ：ガラバ（殻場）ともいう。スナマとイワマのちょうど中間のようなところで、砂地にガラ（一抱えくらいの大きさで、岩盤とは独立してある浮き石）がごろごろしているようなところをいう。ガーラバの岩は浮き石のため、イワマにできるネに比べると海草が少ない。

ツブラ：スナマのなかに突き出た岩をツブラという。そのようなところのネをツブネという（小さなネという意味でツブネを使う場合もある）。こうしたツブラにはカワハギの群れがつくとされ、ツブラを知っていることがカワハギ漁の成否を左右する。

ヤッコミ：起伏のある岩盤の上に砂が堆積したところで、砂地から岩が点々と出ている状態をいう。景観上似ているものの、ガーラバの石は浮き石なのに対して、ヤッコミの岩は岩盤につながっている。

ヌタバ：泥地のことをさし、ヌタ（泥）、ヌマ（沼）ともいう。スナマやイワマと区別するときヌタバと呼ばれる。海底の状態は一般に浅いところはスナマになっていることが多く、深さを増すとともに所々にヌタバができてくる。小田和湾の中心部に多い。ただし、相模湾に出ると、ヌタバはあまりオキにはなく、キワとの中間あたりにできる。ヌタバはスナマと同様に漁獲対象となる魚は少なく、通常は漁場とはならない。

［ネの状態を示すもの―ネを構成する地形的要素―］

タ　ナ：イソやネで、岩が張り出しているその下の隙間をタナ（棚）という。また、タナの下面をタナシタ、上面をタナウエと呼ぶ。タナにはアワビやトコブシがたくさん付くのでモグリ漁にとっては重要である。大きなタナにはアワビが多く、小さなタナはトコブシが付く。佐島ではハサキと呼ぶネにタナやホラが多く、モグリにとってはもっとも重要なネとなる。

ホ　ラ：タナに対して、岩が深い穴のようになっているところをホラ（洞）またはホラバ（洞場）と呼ぶ。通常、ホラは横穴であるが、中には縦穴のものもある。縦穴はたいてい中に砂が積もってしまうが、まれに海流の関係で縦穴のままであることもある。ホラにはアワビのほか、とくにイセエビが多くいる。ただし、ホラは、通常、手しか入らないような小規模なものが多いためあまり魅力的な漁場とはならない。中には身体を入れられるくらい大きなホラもあるが、そこに入ることはモグリにとって危険である。暗闇のなか身動きが取れなくなったりウツボに咬まれたりするためである。そのかわりアワビなどの魚介は多く、若いときにはあまり人がいかない大ホラばかりを狙ってモグリをする人もいる。そうした人も、少し体力が落ちてくると大ホラ狙いのモグリは怖くてできなくなる。

イワメ：タナと地形的には似ているが、大きな岩の裂け目をとくにイワメ（岩目）と呼んでいる。イワメはアワビが良く付くとされる。一度採ってもすぐにまた他の貝が付くため、繰り返し同じイワメで漁をすることができる。

そうしたイワメをモグリはそれぞれ心得ており、得意とするイワメを持っている。そのため、そうしたイワメを自分の財布だと表現する人もいる。

ワレッケ：小さな岩の割れ目をいう。トコブシが挟まるようにして付いている。

［海底の大地形を示すもの］

カ　テ：佐島のある三浦半島の西岸（相模湾）は八〇ヒロ（一二〇m）くらいまでの水深のところは緩やかに深さを増してゆくが、水深八〇ヒロより沖に行くと急激に深くなるという。その水深八〇ヒロあたりの境目をカテと呼んでいる。または、八〇ヒロくらいまでの緩やかに深くなっているところをカテと呼ぶこともある。水深三〇ヒロ（四五m）からカテまでがナワ（延縄）の漁場として使われる。

五　民俗空間としてのムラ―チョウ・クミアイ・キンジョ―

1　ウミとオカとに挟まれるムラ

海付きの村の場合、居住域であるムラはオカとウミとの接点にある。なおかつ、空間構造としてムラはオカとウミとに囲まれている。したがって、ウミとオカはそれぞれ外縁に広がってゆく開放形の民俗空間とするなら、ムラは内に閉じられた閉鎖形の空間となる。ウミの場合には、キワとオキ、またオキとダイナンとの境界は明確に設定されているのに対し、もっとも外側にあるダイナンはその外縁が不分明である。また、オカの場合も、もっとも外側にあるタカヤマはやはり外縁が設定されない。

そうした外縁が不分明なオカやウミに比べると、ムラはオカとウミとに囲まれており、しかも平地の少ない海付きの村の特徴として、ムラの実面積はきわめて狭い。その結果、後述するように、民俗空間としてのムラはさまざまな意味で内側に密度を高めてゆくことになる。たとえば、歴史的にみると、人口増加や家の稠密化にともない社会組織は再編成を繰り返しながら、ムラ内の付き合い関係や土地利用は極端に緊密化・重層化していった。

そうしたムラ内部の高密度化はそれに接するウミやオカの利用にも影響を与える。ウミの場合、もっともムラに近いキワ空間、中でもとくにハマはその影響を強く受けている。ハマには、ムラからの延長として浜小屋や船置き場など個人が占有する空間が慣行的に存在する。ウミは漁場としてまた航海の場として個人に専用されない共的利用が基本とされる中にあっては、ハマの利用は後述するように境界としての意識を有し、例外的である。

また、オカのなかで、やはりムラにもっとも近いヤトの場合、その利用は村内の社会関係を映し出す。佐島の場合、水田はヤトにしかなく、しかも面積的にはごく限られているため、その所有は本家筋や元庄屋といった一部の階層に限られている。その意味で、ヤトはムラに潜在する階層差を如実に反映している。そのようにムラの階層差を映し出し、しかも一部の人にのみ私有されるヤトは、ヤマやタカヤマが村人の共有・共用が基本とされることとは大きく性格を異にする。詳細は後述するが、こうしたことが起こってくるのは、ムラ内において極度に緊密化した社会関係が周辺のウミやオカにも影響を与えているからだと考えられる。

2　オカの組合―チョウとクミアイ―

ムラには、図2-1-5にあるように、村組として四つの地理的なまとまりがある。そのまとまりをチョウ（町）と呼ぶが、それは海岸線に沿って西から、芝、宿、東、谷戸芝の四つである。チョウで括られる範囲はチョウナイ（町内）と称される。また、各チョウにはそれぞれにサイノカミ（塞の神）が存在する。

佐島の場合、チョウは歴史的に数を増やしていったことがムラの伝承およびチョウ名の組成からうかがうことができる。ムラとしては、まず宿が成立したと考えられる。その後、家数が増すに従って、宿の東側に、二つ目のチョウ

（横須賀市作製「横須賀市域図2」を改変）

図 2－1－5　佐島におけるムラとチョウ

として東が誕生する。[12]宿に対して、相対的な位置を示す東という命名がその歴史的経緯を物語っている。その後、さらにムラはインキョ（隠居：分家のこと）により家数を増すと、今度は宿の西側に、チョウとして三番目の芝が設定される。芝は新開地という意味である。さらに、近代になってからはすでに飽和状態にあった宿の近縁部へは新たなチョウを設定することはできず、東のさらに東側で、居住域には向いていない傾斜地を含む谷戸地形のところに四つ目のチョウである谷戸芝が作られることになる。新開地ということで、本来なら芝の名称が用いられるはずであるが、すでに三番目のチョウとしてそれがあるため、区別化をはかるため、ヤト（谷戸）を開いた新たな居住域ということで、谷戸芝の名称になったという。この谷戸芝の成立は近代になってから徐々に進められたものであり、そのことは聞き取り調査によってもその経緯を確認することができる。つまり、佐島の場合、ムラとしては、「宿」→「宿＋東」→「芝＋宿＋東」→「芝＋宿＋東＋谷戸芝」というように、チョウが一つずつ付加され、結果としてムラ内部が複雑化していった歴史的経緯を、その名称から読み取ることができる。

また、チョウの中にはそれぞれ近隣組として複数のクミ（クミアイともいう）が存在する。クミは隣接する七―一〇軒ほどで構成され、佐島の住人はチョウとともにクミには必ず属すことになっている。さらには、次項で詳述するが、クミやチョウを横断するかたちでキンジョと称する関係が存在する。

さらに現代に入ってからは、自治会組織として、チョウとクミの間にハン（班）が設定されている。ハンが意味を持つ場合、チョウは地区と呼び変えられることが多い。例えば、谷戸芝地区（チョウ）には三つのハンがある。そして、そのハンのなかにそれぞれ七から一〇のクミがある。つまり、佐島全体の自治会長のもと、地区には地区長、班に班長、組に組長（伍長ともいう）がおかれ、その下にクミシタ（組下：組員のこと）がいるという構成をなす。ハンという新たな段階を設定したことは、それまでチョウとクミの関係で済んでいたところに、組織として一段複雑な社会関係を要求することになる。

新来者のクミへの加入は基本的に組員の総意で決められる。クミへ入りたいと申し込まれたとき組内でその都度話し合って決めた。しかし、地区内での転居の場合、新居の近くのクミへ入らず、元のクミにとどまる例もあり、必ずしも地理的に近い家だけでクミが構成されているわけではない。その点チョウは地理的な区分であるため、その地区に転居してくれば自動的にそのチョウに属することになる。日常の付き合いは圧倒的にクミの方が多いため、そのような組員の総意をもって新たな組入りが認められなくてはならなかったし、また反対に多少離れたところに転居しても同じチョウナイならクミの付き合いは切れずにそのまま前のクミにとどまることも可能だったと考えられる。

そうしたチョウ―（ハン）―クミおよびキンジョ（後述）の関係は「オカ（陸）のクミアイ」とされ、それに対して漁を中心とした生業により結び付く関係を「ウミ（海）のクミアイ」と称している。なお、オカのクミアイには、クミと一部重なり合う「井戸の仲間」も含まれる。井戸の仲間とは、同じ井戸を使う家同志の関係である。佐島ではこのように陸と海の対比によりクミアイを中心とする付き合い関係が並立的かつ補完的に住民に認識されていることに

特徴があり、それは海付きの村の複合生業およびそれにより体系立てられる民俗文化を理解する上で重要である。(13)

3　ウミの組合―漁の「仲間」―

佐島には、オカのクミアイに対して、ウミのクミアイがある。その代表は現在では漁業協同組合ということになる。太平洋戦争以前、佐島漁業会と称していたものが、戦後の昭和二三年（一九四八）には水産漁業協同組合法のもと佐島漁業協同組合となる。また、昭和四三年（一九六八）には佐島は近隣の久留和・芦名・秋谷とともに大楠漁業協同組合を作り、佐島には本部が置かれた。このとき、とくに注目されるのは、戦前においては漁業会と並行して、漁種ごとに任意の組合があったことである。通常、○○仲間または○○組と称される。主なものを挙げると、モグリ仲間、ミヅキ仲間、イソダテアミ仲間、ノベナワ仲間、ワカメ仲間、一本釣り仲間、アグリ仲間（網中）(14)がある。こうした仲間は、漁協ができて以降は独立した組織としてあまり大きな意味を持たなくなったが、そのうちのいくつかは漁協とは一定の関係を保ちながら現在も引き継がれている。

モグリ仲間を例にウミのクミアイがどのようなものであったかを見てみる。かつてモグリ仲間（組）は佐島ではもっとも多くの人が加入する仲間で、その内部はオキモグリとキワモグリの二つに分かれていた。一月三日には初寄り合いを開き、顔合わせをするとともにその年の口開けの日（例年六月一日前後）には全員で集まって村の鎮守である熊野社にお参りに行った。また、モグリの口開けの日（漁の解禁日）の日取りを決めた。そのほか、モノビ（物日：祝日）の度に当番の家をヤドとして仲間全員が集まっては一日中飲んで遊んだという。そのため当番に当たるとその家は飲食の用意で忙しい。当番は偏りが出ないようにモノビごとに全員で回り順にしていた。また、当番は舟を出し、五―六人がそれに乗ってモグリ漁をする。それによりモノビの日の飲食代を稼ぐ。そうした仲間内でおこなう漁をゴードリ（合捕り）という。(15)

また、こうした仲間のうち、個人漁が中心となるモグリ、ミヅキ、ワカメといった零細な漁の仲間は、同時に大型網の網中にも加わることもあった。この網中はひとつの網ごと、つまり船団ごとに組織されていたため、「天照丸」のように、船名が網中の固有名として用いられていた。

そのように、実際には一人の漁師が複数の仲間に属することが通常であった。そのため、漁種ごとに仲間のハツデ（初出：正月の初漁）はわざと日を違えて設定されていた。アグリなど大型の網中は、「良き日」をその年毎に選んでハツデを設定したし、ミヅキやモグリはそれぞれ毎年決まった日をハツデにしていた。最初からハツデの日が違えて設定されていたことは、佐島では年中行事（正月儀礼）も生業を複合しておこなうことを前提とするものであることを示しており、このことは海付きの村の複合生業が年中行事の体系にまで影響を与えていた一例として解釈されよう。

モグリやミヅキといった零細な仲間とともに大型網の網中が存在することは前述の通りであるが、それは網元網子の関係に連なるものと、近代以降では株主経営による大型網船団の従業員（非株主）の関係も同時に存在する。大型網はイチマキと呼ぶ同族団のなかから共同出資して作られたものが多い。そうしたイチマキを基盤とする同族的共同経営をウチマルと呼ぶ（神奈川県教育庁指導部文化財保護課編、一九七一）が、その場合には株主となるウチマル以外のイチマキの人が網子や船子として雇われることが多かった。

さらに言えば、こうしたウミのクミアイは年齢階梯組織である若衆組（青年団）と密接に関わっていた。若衆組はチョウごと（つまり佐島内に四組）にあり、数え歳一六才になると男は全員が加わった。ただし、若衆組はウミのクミアイには含まれず、同様にオカのクミアイでもないとされる。

以上のように海付きの村では、ムラの社会組織「オカのクミアイ」と生業組織「ウミのクミアイ」とが、ウミとオカを代表するそれぞれ対極的な存在として意識されつつ、それが並立することでムラの社会関係の基盤を形成していた。それは、海付きの村の社会関係を考えるとき、民俗空間構造からみたときのひとつの大きな特徴といえよう。また、それは同時に、民俗空間構造が社会関係などムラの性格を大きく規定するものとなっていることの証でもある。

4 連鎖するムラ―「近所」と「赤の親戚」―

佐島では「アカのシンセキ」（赤の親戚）という言葉がある。互いに顔は知っていても親族関係にはない人のことを指すとされる。佐島以外の所に住む人にはこの表現は使わない。佐島は二五〇戸（一九三〇年）ほどの家数であるが、後述するキンジョの関係を含めウミの組合やオカの組合といったさまざまな社会関係が村内には存在するため、ムラに住むものならまったく見ず知らずということはないとされる。つまり佐島のものならみな互いに顔は知っている。そうした関係をアカのシンセキといい、実際に系譜関係が明かな親戚に準じるものと意識されている。それは佐島全体があたかもひとつの親族であるかのような緊密な関係にあることを示す言葉だと解釈されよう。

そうした緊密な付き合いは佐島のような海付きの村では、海難救助や葬儀といった人の生き死に関わるような出来事の時に顕在化する。海付きの村において何らかのかたちで漁に関わって暮らす人びとにとっては、海難救助や葬儀は力を合わせておこなうものと考えられている。「板子一枚下は地獄」の世界に生きるものにとってはそれは当然のことだとされる。実際に明治時代には二船あったヤンノー（ダイナンにまで出て漁をするカツオ一本釣り船）が続けて遭難するという大事故も経験している(16)。そうした大事故に限らず、いったん海難事故が発生すると何をおいても佐島のものはみな漁を休み救助の手伝いをすることになっている。どんなに豊漁が続く時でも、また遭難者が親族関係にはないアカのシンセキであっても、必ず漁は休むものとされている。

そうした緊密な付き合いを象徴するものにキンジョ（近所）がある。いわゆる一般的にいう近所とは異なる。言葉としては「キンジョ・クミアイ」のようにクミアイ（クミ）と並置して用いることをみても分かるが、佐島ではクミとともに機能する近隣組織を意味する。

キンジョの関係がもっとも重要な役割を果たすのは葬式である。キンジョはクミと一緒になり葬式の手伝いをする。キンジョの手伝いは二日間とされ、太平洋戦争前においてはツゲト（告げ人）、アナホリ（穴掘り）、ガンバコツクリ（棺箱作り）といった仕事を分担した。(17)

キンジョの関係を結ぶ家は必ず自家の属するクミの外にある。クミ内ではどんなに親しくてもキンジョにはならない。しかもキンジョの家は必ずしも隣のクミから選ばれているわけではなく、離れたクミや他のチョウのクミからも選ばれる。通常、佐島ではそれぞれの家が二〜四軒のキンジョを持っている。キンジョの関係は双方向であり、AとBとがキンジョの関係にあるときには、AにとってBがキンジョであるとともに、BにとってもAはキンジョである。しかも、キンジョ関係は超世代的に継承されることに特徴がある。つまり、家の代が変わってもキンジョの家とはその関係が維持される。その家から分家を出した場合には基本的には分家は本家とは別に新たなキンジョの家をつくる。ただし、同じクミ内に分家したときには本家と同じ家をキンジョとすることもある。

さらに、近代に入ってから開発されたチョウである谷戸芝は、歴史的にどのようにキンジョ関係が結ばれていったかを推測する上で興味深い事例となる。もとは民俗空間としてはヤトやヤマであった谷戸芝地区は、近代になって海側が埋め立てられたり、また水田や畑が宅地化されて、人が住むようになったところである。そこに現在ある家は、宿・東・芝といった旧来のチョウからインキョ（隠居：分家のこと）で出てきたものが多い。宿や東、芝はすでに屋敷地が飽和状態にあり新たな分家を出せる余裕がないためである。谷戸芝が新しいチョウとして認められるようになった当初、移住してきた住民は点々と家を建てており、それがひとつのクミを作っていた。そうする内、さらに移住が進むと、点々としかなかった家（旧移住者）の間を埋めるように新たに家が造られていった。

そうなったとき、旧移住者が作っていたクミはそのまま残され、谷戸芝には新たに三つのクミが作られた。図2-1-6の状況である。つまり谷戸芝では新移住者が増加しても旧来からのクミは再編されることはなかったことにな

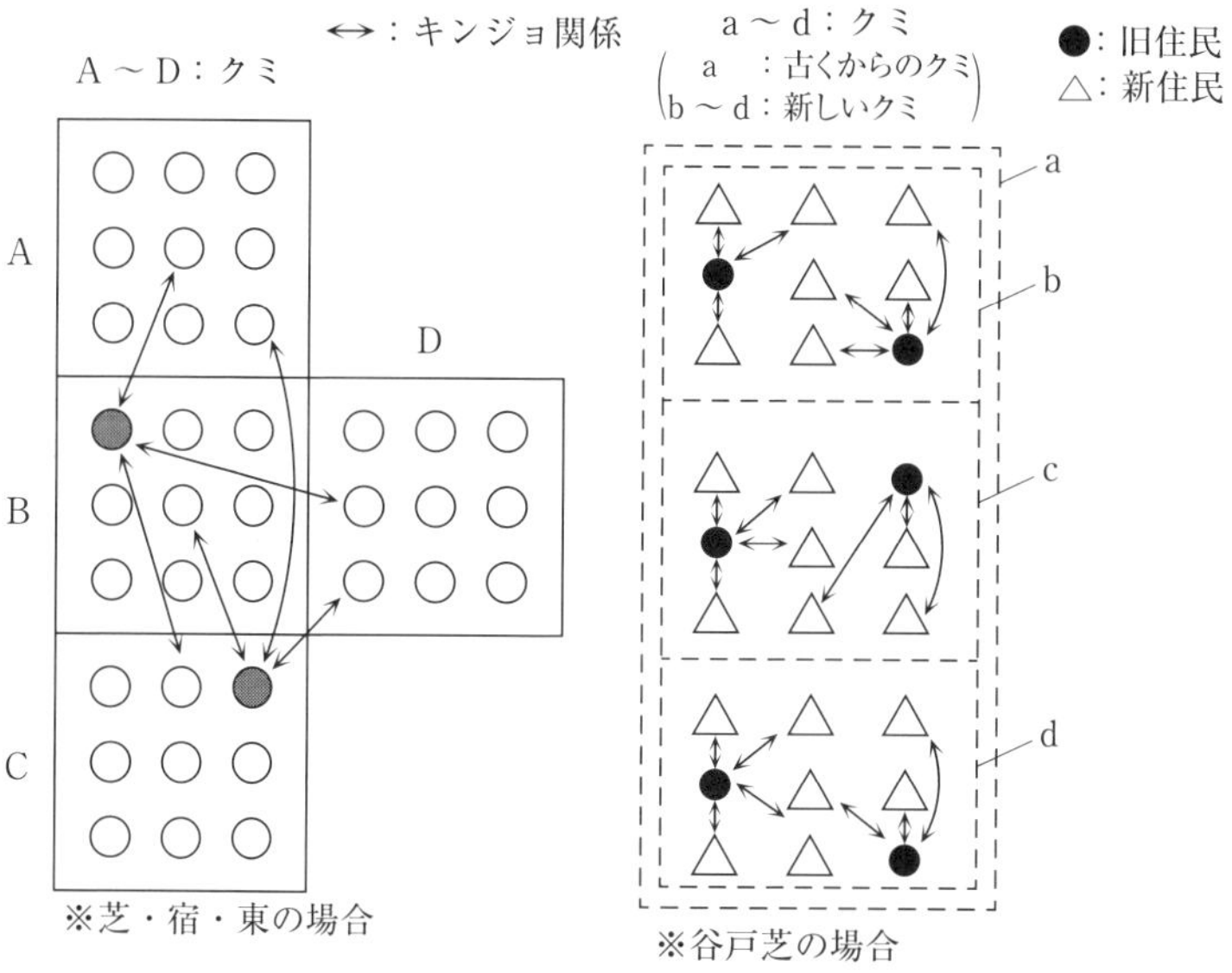

図2－1－6　クミ（組）とキンジョ（近所）の関係

る。そうしたとき、新移住者は新たなクミに属し、古くからの移住者とはキンジョの関係を結んだという。この場合は、新たなクミの成立と、キンジョ関係の成立とが時を同じくしているわけで、これは新旧の移住者が新たなネットワークで結ばれたことを意味する。そのため、谷戸芝の場合は、他のチョウとは異なり、結果的に世間一般にいう「近所」と同様、隣接地など地理的に近い位置にある家がキンジョとなっているのである。

このように、キンジョの関係は血縁やクミ、チョウという関係を超えて個人の家と家とを結び付ける。またそれとともに、クミとクミまたチョウとチョウを連結する役目も果たしており、結果として佐島をネットワーク状に一体化させている。そうしたことが、二五〇戸に及ぶ佐島全体を「赤の親戚」と称して一つにまとめ上げる基盤にあるといえよう。また、それは空間的な広がりだけでなく、谷戸芝のような新開地においては、新しい移住者と旧移住者とのネットワーク化にも機能していた。つまり、空間的かつ時間的な広がりで佐島はキンジョによりネットワーク化されており、それは民俗空間としてのムラが内部に向けて緊密化してゆく傾向にあったことを象徴している。

六　境のイメージ—信仰と生業—

1　信仰物にみる境観

海付きの村の場合、民俗空間はムラを挟んで大きくオカとウミに分けられることは前述の通りであるが、そうした空間とムラとの境にはそれぞれ特徴的な信仰物が置かれている。一方で、オカおよびウミの内部構造を見たとき、オカの場合でいえばヤマとヤトの間、ウミの場合でいえばキワとオキの間には、どちらにも境界であることを示す信仰物は見当たらない。オカおよびウミの内部構造における境界の意識は、超自然的存在や信仰に基づくものというよりは、家の生業戦略や社会階層といった、より現実的な問題が領域を分ける基準になっているといえる。それだけに、ムラとオカまたウミとの境界におかれた信仰物からは、それぞれの民俗空間がいかに認識されていたか、またムラとオカ・ウミとはどのような関係にあるかを知る手がかりとなる。

具体的にいうと、オカとムラとの境にはサイノカミ（塞の神）が、またウミとムラとの境にはリュウグウ（竜宮）がそれぞれ置かれている。竜宮がウミ全体を象徴する信仰物としてオカとの接点に祀られているのに対して、塞の神はまさにオカとムラとの境界を象徴している。

まず、塞の神の分布を見てみると、図2-1-7にあるように、さながらムラを囲むようにしてオカとの境に石塔が四ヶ所あることがわかる。それはムラの外（オカ側）から悪鬼や災厄が入ってくるのを防いでいるとされる。つまり、塞の神はオカとの接点でムラを防御し、かつオカの耕作・採集域とムラの居住域を画するために設けられたものであ

⬆：竜宮（2 はもと毛無島にあったもの）
●：塞の神（1. 芝のサイノカミ，2. 宿のサイノカミ，3. 東のサイノカミ，4. 谷戸芝のサイノカミ）
＊：七不思議（1. 朱鶴の穴，2. 片葉のヨシ，3. 深田川のカラス貝，4. ヘピッサリの穴，
5. ヒカリの穴，6. スルスミの井戸）

図 2－1－7　佐島の信仰物―竜宮、塞の神、七不思議―

る。その意味で、塞の神はムラの領域を司るというよりは、まさに境界に祀られることに意味があるといってよい。そのとき注目すべきは、塞の神は四ヶ所に祀られていることである。ムラは内部構造（村組）として四つのチョウに分かれていることは前述の通りであるが、そのチョウごとに塞の神が存在することになる。チョウが社会生活の単位として強く意識されていたことを塞の神の祀り方はあらためて教えてくれる。

なお、塞の神の祭りは、正月四日におこなわれる。オンベヤキとも言われるもので、子どもたちがチョウごとに浜に集まり「塞の神さま」を作って燃やす。「塞の神さま」は子どもたちがヤマから切ってきたマツの木五本を柱として、旧暦九月から準備しておいたササやイモガラと、四日朝に集めた門松や正月飾りを用いて作る（神奈川県教育庁指導部文化財保護課編、一九七一）。

続いて、竜宮の分布を見てみる。佐島において漁および海の神として篤く信仰されているのは「竜宮

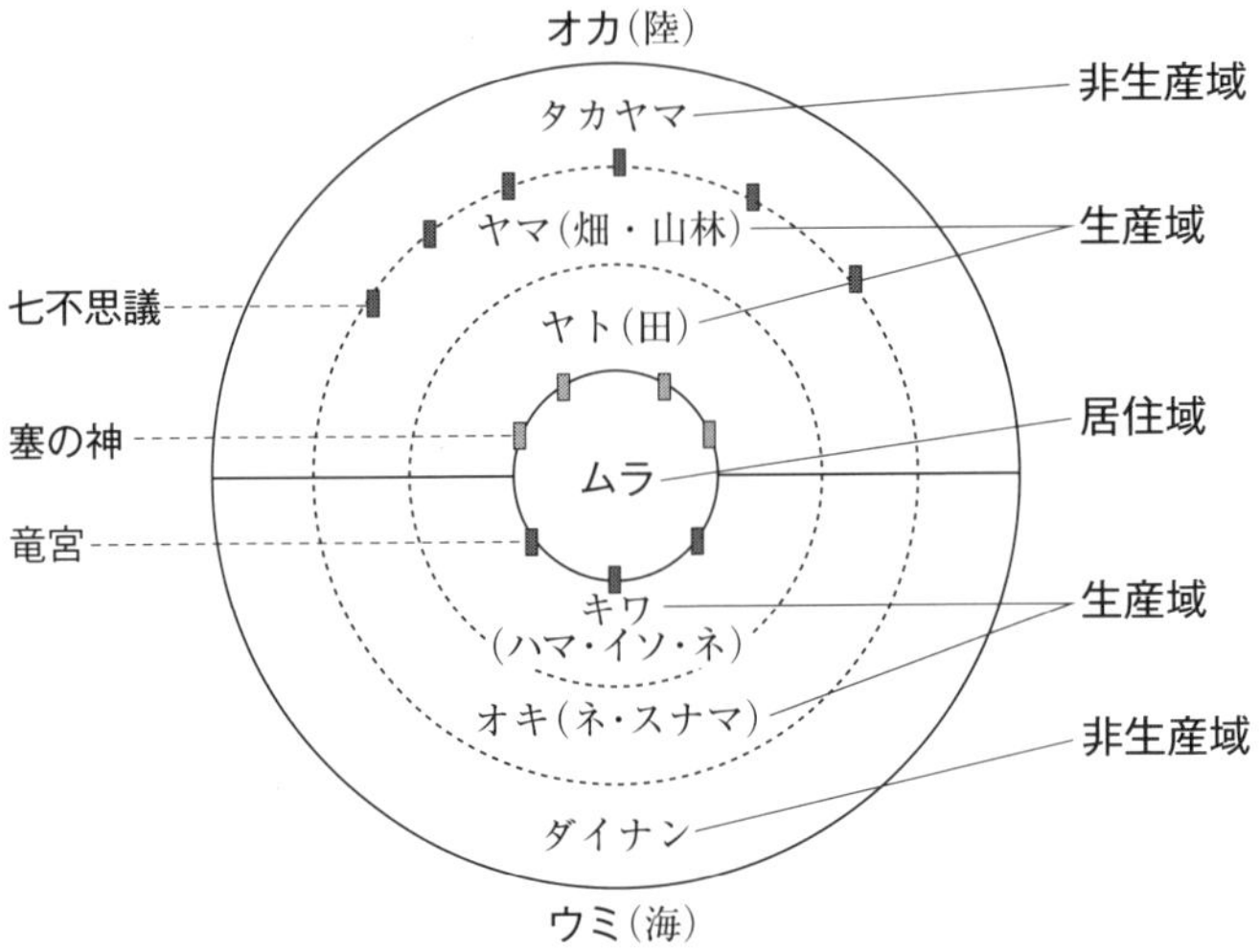

図2－1－8　民俗空間構造における信仰物の位置

さん」である。竜宮はウミ全体を司る神といってよい。多くの漁船には船霊とともに竜宮のお札が必ず祀られている。また、佐島地先の小島や磯にも有形・無形に竜宮は祀られている。とくに漁業協同組合にある竜宮へは毎年一月七日と一〇月一三日にお神楽が上げられ、漁協の組合員により大漁と海上安全の祈願がおこなわれる。当然、この日は船止めで漁は休みとなる。また正月四日の初出の時には、幟を立て竜宮の前をヒケエマワリ（左旋回）[18]しながら海中に御神酒を注ぐ。また、かつては日常においても、漁師は船を出すときは必ず竜宮の前で海水をミヨシにかけてヒケエマワリに沖へ漕ぎ出したとされる（神奈川県教育庁指導部文化財保護課編、一九七一）。

小祠としての竜宮は現在三ヶ所に祀られている。そのうち二つは何度かの移動を経ている。現在漁協があるところは埋め立て地であるが、そこはかつてリュウグウサンノイソ（竜宮さんの磯）と呼ばれる磯で、実際に竜宮が祀られていた。それが埋め立てのため一時的に天神島に移され、さらに埋め立て終了後に元あったであろう場所（漁協の一画）に戻された。また、毛無島にももとは竜宮があったが、後に対岸に移されている。さらには、小祠という形はとらなくても、リュウグウサンノイソとされるところが天神島の周囲など二ヶ所に有る。

そうした竜宮の分布や移動の跡を見てみると、それは明らかにオカとウミとの境界に祀られていることを示している。佐島地先にある小島（天神島、笠島、毛無島）はいってみれば磯の延長であるが、そこにはみな竜宮が祀られていたし、またオカから見るとハナ（鼻）と呼ばれる海に突き出した部分にもやはり竜宮が祀られる。オカからは海に突き出た部分、海からは磯の延長である小島、どちらもウミとオカとの境界領域として強く意識される部分である。たしかに竜宮の小祠の分布だけみると、それはムラとウミとの接点にあるといえるが、無形の竜宮の存在や移動の跡を考慮すると、むしろオカとウミとの境界に存在するといった方がよい。この場合は、オカとはムラも含む陸域のことで、海域と対置されるものである。

さらには、竜宮の移動した範囲（おもに磯）はオカとウミとの漸移帯とみなすことができ、信仰面から見るとオカとウミとは線で画されるのではなく、ある幅（磯空間）をもって、つまり神と人が出会う領域として境が認識されていたことが分かる。また、竜宮のお札や船霊が船に祀られるのも、漁の間という限られた時間だけウミに乗り出したいわば人間界の延長・最前線という意識があってのことであるといえよう。その意味で、船上も一種のウミとオカの境界である。

以上見たように、塞の神はまさにオカとムラとの境界にあることに意味があるのに対して、竜宮は境界というよりはウミからの延長としてムラを含むオカとの接点に祀られるものである。ひと言でいえば、塞の神が境界の神とするなら、竜宮はウミ全体の神ということになろう。小祠や石塔のような信仰物の分布からだけでは読み取れない、境界に対する意識の違い、および神に対する意識の違いといったことが、竜宮と塞の神の間にはある。

このほか、塞の神と竜宮に関連して、佐島に伝承される七不思議の分布をみてみると興味深いことがわかる。なお、七不思議には諸説有り、その数は必ずしも七つに確定できず、また現在では場所を特定できないものもある。[19]その特徴は、塞の神や竜宮のように神格や効能が特定されず、何のためにそこにあるかさえはっきりしないことである。

七不思議の分布の特徴は、塞の神にみるムラとオカの境界、および竜宮にみるオカとウミとの境界のさらに外縁に存在する点である。オカの場合でいえば、ヤト・ヤマといった耕作域のような人の力が及ぶ範囲と、その外界にあり普段人が立ち入ることのないタカヤマとの接点に七不思議が存在している。だからこそ、塞の神や竜宮のようには神格や効能が明確化できないということもできよう。このことは、佐島に暮らす人びとの意識の中に、塞の神や竜宮のように神として理解される存在のさらに外縁においても、神仏とも魔ともつかないものが意識化されていたことを教えてくれる。

2　ハマとイソの境界性――境界領域の生業――

イソとハマは、オカとウミとの、またムラとウミとの境界として機能している。その境界性を示すものとして、ひとつには祭祀空間として利用されることが挙げられる。前述のように、イソには竜宮が祭られる。小祠として祭られる外にも港に通ずる船の通り道の一部には「竜宮さんの磯」と称される場所があり、船は速度を落とし船底を岩に擦ることがないよう注意深く進めなくてはならない。もし船底を擦ることがあると、ロシタアテ（艪下当て）といい、竜宮さんへ奉納物などをして謝らなくてはならない。

また、氏神社である熊野神社の祭礼[20]のおりには漁協前に御仮屋が設けられるとともに、オハマオリ（お浜降り）といって神輿はハマに降りて担がれる。また、熊野神社の祭礼の中でも三年に一度の中祭のときには、神輿は神輿船に乗せられ御座船や屋台船とともに佐島のマエハマ（前浜）[21]を一周することになっている。このほか、正月四日には、塞の神のオンベヤキもハマでおこなわれる。

日常生活においても、ハマの利用は境界的である。ハマは海浜地のため個人の所有地ではない。本来、都道府県が管理する空間であるが、個人による占有的な利用は慣行として黙認されている。[22] 具体的には、ハマのうち大潮の満潮でも潮のつからないところには個人の浜小屋が作られている。一人前とされる漁師には、漁の作業をおこなう浜小屋のためのスペースがハマに認められてきた。浜小屋はいわばムラにある家屋の一部として建てられるもので、沿岸道路を挟んで家屋と対になる場合も多い。浜小屋には網などの漁具が納められ、網の繕いがおこなわれたり、また採取したヒジキやワカメを干したり蒸したりする場として、浜小屋前のハマは用いられる。また、ハマのうち浜小屋の前（汀線に近い方）には船がカグラサン（手動で巻き上げるウィンチ）により引き上げられるようになっている。こうしてみると、民俗空間としてはウミの一部ではあるが、ハマはあきらかにムラからの延長上にあるといってよい。ウミとムラの漸移帯であり、まさに人為と自然との境界領域である。

写真２－１－４　熊野神社のお船祭―オハマオリ―

一方、イソでおこなわれる漁は、技術的には採集との区別がつかないこと、女性が主体者であること、自家消費を目的とすること、漁業権を必要としないことなど、さまざまな意味で境界的である。前述のように、佐島における代表的な磯漁はミヅキとモグリであるが、それはともにキワのネを漁場とするものである。ミヅキとモグリの組み合わせは佐島における基本的生計活動といってよい。そうしたミヅキとモグリはともに男の漁であり、それはショウバイ（商売）と称され現金収入に特化した漁である。

そうしたネの漁に対して、オカとウミの接点となるイソでおこなわれるのがオカドリ（陸採り）である。オカドリはイソドリ（磯採り）ともいい、ひと言でいえば磯物採集のことである。女性（および年寄り）により、ほぼ一年を通しておこなわれる。技術としては漁撈であり採集でもあるという点に特徴がある。一見すると未分化で素朴な生業という印象を与えるが、海付きの村においては自給的生計活動としてその意義は大きい。オカドリは、潜らなくてもすむ深さ、手の届く範囲でおこなうものとされるが、その他にもいくつかの規制がある。頭に固定するためのバンドがついた潜水用のメガネは用いてはならないこと、漁獲物は市場には出さないこと、つまり売ってはいけないことの二点はとくに厳しく戒められてきた。それを犯せば、その漁はショウバイと見なされ、漁業権者にしか許されないものとして罰せられる。オカドリの獲物は貝や海草、タコ、ウニ、ナマコなど多様である。イソにいる魚介類は食べられるのもならすべてが対象となる。しかし、オカドリはショウバイとはならず、あくまでもオカズトリが主の漁であり、楽しみでやっている人も多い。

オカドリという名称をみても分かるように、それは女性の差配する世界であるオカからの延長としておこなわれるウミの生業である。また、イソドリとオカドリは同じ意味で使われていることからは、イソがオカの一部であるという意識もみてとれる。

以上のように、現金収入という明確な目的をもっている男の漁はキワとオキにおいてなされるが、イソを舞台とするオカドリは、女の漁であり、技術や生計上の意義などさまざまな意味で境界的であるといってよい。

3　海の彼方からもたらされるもの—その境界性—

佐島のウミにはダイナンからさまざまなものがもたらされる。そうしたなかに、漁を予見するものとして超自然的存在つまり一種の来訪神がある。そのひとつに、大漁の前兆としてのホトケサン（仏さん）がある。ホトケサンとは水死体のことである。ホトケサンは不思議と目に付くという。大きく膨らんでいることもあるが、ホトケサン自身が連れて行ってもらいたがっているからだとされる。

佐島では漁師の心得として水死体を見つけたら必ずオカへ連れて帰ることになっている。海で働くものの責任であるとされる一方で、粗末にすれば良くないことがあったり祟られるともされる。また、ホトケサンを上げると漁が上がるとはよく言われることで、伝承では行方不明になっていた大富豪のホトケサンを上げて大金持ちになった漁師がいる。漁の行きしなにホトケサンに出会った場合は、「必ず連れて帰るのでここにいて下さい」といって漁に向かうが、帰りには本当にホトケサンさんはそこで待っているという。

ホトケサンを船に上げるときには作法がある。必ずオモカジ（舳先に向いて右側）から上げる。それは、通常、釣りをしたり網を上げたりといった漁の作業がおこなわれるのはトリカジ（舳先に向かって左側）だからである。また、ホトケサンを上げるときには、「これから船に上げてオカに葬ってあげるので大漁にしてください」といい、「ハイ、必ず大漁にします」という自問自答をしてから上げるという人もいる。そうすることでホトケサンに漁を約束してもらう。とくに女のホトケサンは御利益があり大漁をもたらすという。ちなみに海上では女のホトケサンは下を向き、男は上を向いているとされる。

ホトケサンのほか、ウミの彼方からやってくる大きなカメも大漁の前兆とされる。同時に、カメは竜宮の使いであるともいう。そのため、カメが網に掛かったりすると、必ずいったん船に上げて酒を飲ましてから海に戻したり、オカに連れ帰ってから「助けるので漁をさせてください」といってからまた海に戻したとされる。また、定置網などに掛かって死んでしまった場合には、やはり船に上げてオカへ連れて帰り、神明社や天神社の境内に木柱や石塔を建てて「大亀大明神」として丁重に葬った。

写真２－１－５　大亀大明神

大漁があると嬉しい反面、それが実際に何度も続くと怖くなるという。そうした状態をバカアタリといい、それはダイナン（大難）の前兆であるとされる。そのため、バカアタリしていい気になっていると帰りに船が転覆したりするので神仏に祈願しながら港に戻る。また、帰ってから、必ず先祖とオイナリサンにお参りをするという人もいる。そうしたことから漁は「ほどほどが一番」という。漁師気質として、バカアタリの話を自慢げにするが、実際にそうなるとかえって不安になり自ら漁を控えたりする。

バカアタリは「竜宮さんのダシモン（出し物）」とか「竜宮さんが自分の財産を分けてくれたもの」といい、あくまでも臨時の特別なこととされる。そのため、一度バカアタリしたところにもう一度行っても、たいていは普通の状態に戻っており、二度とバカアタリになることはないという。つまり、そこが好漁場だから獲れたのではなく、あくまで神のわざによる異常な出来事であったとされる。

以上のように、ホトケサンやウミガメは一種の来訪神として、ときとして大漁のような幸運をもたらしてくれるが、それは同時に神仏に準じるものとして細心の扱いが要求される。そうした一種の儀礼を経ることではじめて来訪神となることができるといってもよい。このような複数の民俗空間を横断してやってくる存在に、人が暮らす日常世界とダイナンの先にイメージされる異界との境界性を見出だすことができる。

七　海村にみる民俗空間構造の特徴とその変遷

これまで海村に暮らす人びとの生活世界について、民俗空間の分類と命名の視点から検討してきた。そこでわかったことは、生活世界の構造が生業戦略や土地利用といった実生活に大きく規定されながら、同時に住民の世界観や自然観と深く関わっていることである。そうして認識される民俗空間は、日常世界にとどまらず観念の世界へも及ぶ。そうした日常世界と異界との緩やかな連続性、そのことが境という民俗空間を生み出し、境界性の観念をさまざまに形成する。

以下では、これまで検討してきたことをまとめ、海村において生活世界がいかに認識され、どのような構造になっているかについて、民俗空間の配置と利用の両面からその特徴を挙げる。それは、佐島というフィールドにのみ適用されるものではなく、日本の海村全般に適用可能なものとなる。

［空間の配置］

・海村の民俗空間構造は、「オカハマ」という生活のあり方、およびその背景にある住民の世界観を反映したものとなっている。

・民俗空間全体としては、ウミとオカとが対置的に認識されている。その間に挟まるように居住域たるムラがあり、そのためムラの外縁はウミとオカの両方に囲まれている。

・ウミとオカの内部はそれぞれ同心円状に三層に分化している。ウミはムラに近い方から、キワ・オキ・ダイナンとなり、オカはヤト・ヤマ・タカヤマとなる。

・タカヤマはさらにそれをタカヤマとオオヤマに二分する意識も見られる。

・ダイナンはウミの、タカヤマはオカのそれぞれ外縁をなすが、ともに領域としては果ては意識されていない。

・ダイナンの場合、その先には竜宮のような異界へとつながる意識がある。それに対して、タカヤマにはそうした意識は見られない。

・海村の民俗空間は、外に向かっては開放形をなすが、内に向かっては閉鎖形となり、その結果、ムラ社会は凝集化・緊密化が進んでいる。

・ムラ内部は、歴史的にみて、家数の増加とともに、新たなチョウが誕生するなど、社会関係の重層化・緊密化が進んでいった。

・ムラは、家を最小単位として、それが複数集まってクミとなり、またクミが複数でチョウを形成し、さらにチョウは四つでムラとなっている。
・ムラには、チョウやクミの範囲を超えて家と家とを結び付ける機能を持つキンジョという連鎖組織が存在し、全体としてきわめて緊密なネットワーク社会を形成している。
・ムラ内には、民俗空間に対応して、「オカのクミアイ」と「ウミのクミアイ」ができている。オカのクミアイは地縁組織、ウミのクミアイは生業を基盤とする関係を示している。
・境界の意識はムラとウミ、ムラとオカとの間に強く意識される。つまりムラとその外の世界との接点に境界の意識が高い。ただしウミの境界意識はムラを含むオカ全体に及ぶ。
・その先に異界がイメージされるダイナンは、それ自体が境界的である。
・境界の意識は、小祠や石塔といった信仰物により象徴的に示される。佐島では、ウミとムラとの境界は竜宮により、オカとムラとの境界は塞の神により示される。
・境界の意識は、民俗空間の外縁に行くほど、特定の機能を持った神仏や信仰ではなく、人知を越えた不可思議で畏怖の念を伴うものとなる。

［空間の利用］
・ウミとオカにはそれぞれ生業空間（生産域）が存在し、かつその外縁には象徴空間（非生産域）がある。それに対し、ムラは生活空間であり居住域となる。
・ウミの生業空間となるキワとオキ、オカの生業空間となるヤトとヤマは、それぞれムラ内の社会階層や生計維持戦略また性差といったことを強く反映したものとなっている。
・オカとウミの利用にあたって、オカは自給的、ウミは現金収入目的という対比がなされるとともに、そのことと関連して、オカは女性、ウミは男性の領域という対比も可能となる。

・ウミとオカのそれぞれ外縁をなすダイナンとタカヤマは、ともに人が実際に出かけることのない民俗空間であり、その意味で実利用されることはない。

・タカヤマの場合、それを人の領域から望むことで、ヤマアテに利用するオオヤマと、天気予報に利用するタカヤマとに分けることができる。

・ウミを漁撈などで実利用するためにはヤマアテができるかどうかが大きな鍵となる。ウミの中でキワやオキはヤマアテを利用することができ、ダイナンはできない（言い換えるとヤマアテできないところがダイナン）。

・ウミの中では生業空間としてもっとも重要な意味を持っているのがキワである。キワは海村において基幹的生業となる磯漁（モグリとミヅキの組み合わせ）に利用される。

・ウミを利用するにあたっては、実際の漁撈活動を反映して、とくにキワにおいて詳細な海底微地形の認識がなされる。

・ウミの中にあってムラとの接点にあるイソやハマはその利用のあり方が境界性を帯びる。

・異界へと通ずるダイナンからもたらされるものは両義性を有し、現実世界には大漁といった幸運をもたらすとともに、高潮のような災厄の元凶ともなる。

以上が、おもに太平洋戦争前に時間軸をおいた海村の民俗空間構造の特徴である。こうした状況は、その後とくに昭和三〇年代の高度経済成長期を経て大きく変貌した。民俗空間の構造が大きく変わるとともに、民俗空間という捉え方それ自体が意味をなさなくなってきているようにも感じる。

オカでは、産業構造の変化のなか百姓漁師という生き方は意味をなさなくなり、交通環境の改善もあって住民の多くが企業等へ働きに出るようになる。そうなるとオカのなかでも薪の採集と自給的農耕がおこなわれていたヤマはその存在価値をすべて失ってしまう。その結果、ヤマは総戸数六〇〇戸を超える大規模な住宅開発がおこなわれる場となっている。海岸線にあるムラをはるかに超える規模の新たなムラがヤマの空間にでることになった。オカの民俗空間はこれまでとはまったく異なる新たなステージに入ったということもできよう。

一方、ウミでは、漁船の大型化・高性能化や魚群探知機・ＧＰＳといった機器の発達により、ダイナンは姿を消したといってよい。かつてヤマアテができない地がダイナンであったが、それを漁業技術の革新が補完したかたちになっている。そうしたとき、かつてウミには存在しなかった機能がキワやオキといった生業空間にもたらされる。それがオカでいう栽培地としての機能である。一九九〇年前後を境にウミにはアワビ・サザエを中心に魚介類の種苗が放流されるようになり、またハマチやワカメといった魚介類の養殖漁業もはじめられるようになる。(23)これはひと言でいえば、ウミの耕地化またはオカ化である。かつて民俗空間構造としてオカとウミとは対置される存在であったが、そうした対置的構図はウミのオカ化により不明瞭なものになりつつある。

注

（1）「農業集落とは、農家が農業上相互に密接に共同しあっている農家集団」と定義される（農業集落研究会編、一九七七）。

（2）柳田国男の企画した「海村調査」の参加経験をもとに、海に面していながらまったく海と関わろうとしない村が多数あることを瀬川清子は指摘している（瀬川、一九四九）。

（3）水田用水系とは、溜池、用水路、水田といった稲作のための人工的な水界の総称。稲作活動により、水量・水流・水温が大きく規定されることに特徴がある（安室、二〇〇五）。

（4）「百姓漁師」は、佐島では一般的な漁業者にとって自己認識であり、また自称でもある。

（5）モグリ漁に必要な薪の量は、一日につき一把、一シーズンで五〇日間出漁するとして計算される。モグリの薪には、やわらかな火となるマツがよいとされる。ただし、マツは火持ちが悪い。それに対して、カシやクヌギといったカタキ（堅木）は火持ちが良い。

（6）武山の初不動は、毎年一月二八日の初不動の日におこなわれる祭礼である。武山の麓にある持経寺は別名「波切不動」と呼ばれ、漁師や船頭の信仰が篤かった。

（7）ヤマアテとは、ひと言でいえば、漁業者や航海者が用いる海上における伝統的な測位法である。代表的な方法としては、一方において遠近二地点を見通して方向を定め、もう一方も同様にすることで、二方の交点として位置を定める方法がある。ヤマアテについては、本書Ⅱ—三章において、同じ調査地（横須賀市佐島）を例に詳述している。

（8）サカシオは、黒潮の反流で、相模湾を反時計回りに流れる潮をそう呼ぶ。サカシオの逆向きの潮をマシオ（真潮）と呼ぶ。

（9）タカは浅いという意味と周囲から高くなっていることを示す意味の二つがある。タカが指す空間は、必ずしも岸辺だけとは限らず、海中のネが一部隆起しているところも意味する。

（10）佐島には少数であるが、沖職に重きを置く漁師もいる。たいていの場合、家の生計活動としては小職と沖職は組み合わされるが、どちらを主とするかでその家がどのような漁師の家であるかという自己認識と他者表象が決まってくる。

（11）モバに生える藻はアジモ（和名：アマモ）と呼ばれ、大（四—五ｍあり、タカモ、ナガラモ、タカネモとも呼ばれる）、中（一ｍ程度）、小（三〇—四〇㎝）というように大きさで三種に民俗分類される。小田和湾の奥のようにタカセの生えているところは川の水が入り込んで栄養に富んでいる。モバはアジモが生えるところ以外はあまり商売（漁場）にはならないが、例えばアオリイカのような特定の魚種については重要な漁場となる。中くらいのアジモが生えるモバがアオリの漁場である。そこにアオリが産卵にやってくるとき捕る。大きなアジモのところにもアオリは産卵に行くが、網がうまく仕掛けられないので漁にならない。小さなアジモはアオリが来ない。結果として中くらいのアジモのところが漁場となる。また、モバの端の部分をモバタ（藻端）と呼ぶが、そこでは夜にエビ網（底刺し網）を掛けてイセエビを捕ることができる。

（12）『相模湾漁撈習俗調査報告書』（神奈川県教育委員会、一九七一）によると、チョウとしては東がもっとも早くに成立したとされる。

（13）オカのクミアイには含まないが、佐島には以下のような信仰的な仲間も多く存在する。とくに佐島では講（観音講、念仏講、庚申講、えびす講など）が盛んで、そのなかでもとくに稲荷講にはほとんどの住民が加わっていた（稲荷講に参加しない家はノギツネと呼ばれ揶揄された）。有力者の屋敷に祀られる稲荷を中心に一〇組の講中があった。こうした信仰を同じくする家は、三—一〇軒程度の集まりを作っており、それはチョウやクミの区画に収まらず、それらを横断して存在している。このほかにも、信仰的集まりとしては、檀家や氏子がある。佐島には四軒の寺があるが、たとえば福本寺《ふくほんじ》には「福本」姓が多く檀家となっているように、それぞれ同族を中心に寺の檀家が組織されている。それは、佐島には伊勢社や天神社など多くの小祠があり、かつ熊野社（かつての村社）は佐島のほぼ全戸が氏子になっていることとは対照的である。こうした信仰的な付き合いを含めると、ムラ内の社会関係はさらに重層的なものとなってくる。

(14) 網中は本来、キンチャク網、ゴウウケ網、ハチダ網といった大きな網ごとに存在した。

(15) ゴードリは村全体のためにもおこなわれた。村で必要なものがあると、網元から網を借りてきて青年団が主体となって漁をした。網元には網の借り賃を払い、残りの稼ぎで例えばお宮の鳥居を作ったり、社殿の修理をしたりした。それはモノビなど村の休み日となっている日におこなわれた。こうしたゴードリがおこなわれたのは昭和初期までである。

(16) 明治時代の難船以降、佐島では黒潮本流まで出ておこなうようなカツオ漁からは撤退し、土佐や焼津からやってくるカツオ船へのイワシ活餌の供給基地となっていった。

(17) 葬儀において、ツゲト（二人一組）は連絡係、アナホリは棺桶を埋める穴を掘る係、ガンバコツクリは棺桶を作る係をいう。

(18) トリカジマワリともいい、左方向に船を回転させることをいう。

(19) 代表的な佐島の七不思議は、①ヒヅルの穴、②片葉のヨシ、③深田川のカラスガイ、④ヘピッサリの穴、⑤ヒカリ（ヒヤリ）の穴、⑥スルスミの井戸、⑦不詳。このほかにも、天神島のオモト、ツルの彫り物、一本松、海中深くの泉、などがある。

(20) オフナ（お船）祭といい、七月一八日におこなわれる。二〇年ごとに大祭、三年ごとに中祭がおこなわれるが、それ以外の年は御輿の船渡御はなくオハマオリがおこなわれる。現在は、中祭りが大祭と呼ばれ、本来の大祭は昭和二六年（一九五一）を最後におこなわれていない。

(21) マエハマは佐島地先の海のことで、慣行的な漁業権が及ぶ範囲をいう。

(22) 漁港を囲むように突堤ができ漁船が係留できるようになると、浜小屋の必要性は薄れた。しかし、そうなると中には浜小屋をガレージに改造したり、更地にして駐車場を作ったりして、ムラ内に不足する駐車スペースをハマに求める人もでてきている。このように結果として現在でも私的なハマの使用は黙認されている。

(23) 大楠漁協の場合、種苗の放流は二〇〇〇年代には、より商品価値の高いトラフグにまで及んでいる。また、養殖では、二〇一〇年代に入るとアワビの陸上養殖も開始され、ますますオカとウミとの垣根がなくなってきている。

引用参考文献

神奈川県教育庁指導部文化財保護課　一九七一　『相模湾漁撈習俗調査報告書』
瀬川清子　一九四九　「海村婦人の労働」柳田国男編『海村生活の研究』〔国書刊行会、復刻、一九七五年〕
農業集落研究会編　一九七七　『日本の農業集落』（財）農林統計協会
安室　知　二〇〇五　『水田漁撈の研究』慶友社
同　二〇一一a　「『百姓漁師』という生き方」『国立歴史民俗博物館研究報告』一六二集〔『日本民俗生業論』二〇一二、慶友社、所収〕
同　二〇一一b　「『百姓漁師』と『漁師百姓』」『国立歴史民俗博物館研究報告』一六一集〔『日本民俗生業論』二〇一二、慶友社、所収〕
同　二〇一一c　「アマ論・再考」『非文字資料研究センター年報』七号〔『日本民俗生業論』二〇一二、慶友社、所収〕

〔オンライン文献〕
農林水産省ＨＰ「農林水産基本データ」：http://www.maff.go.jp/j/tokei/sihyo/pdf/kihon_150601.pdf（二〇一五．五．二四）

二章　百姓漁師の漁場認識
――海底微地形の分類と命名――

一　はじめに

〝自然〟を生業に利用しようとするとき、丸ごとの〝自然〟はとても人の手には負えるものではない。人が扱える状態にまで〝自然〟を馴化させる必要がある。〝自然〟の一部を切り取ってきたり、また自然の力をそいだりしながら、やっと人が利用可能な状態になる。それは農耕や漁撈といった自然に寄り添い、その力を借りることで成り立つ生業において顕著である。

まさに海や山でのくらしには、自然を分節化し利用するための民俗技術が発達している。それは海村や山村においては生活文化体系の骨格をなすものである。本論では、自然を分節化し利用するためのもっとも基本的な技術として分類・命名に注目する。とくに海付きの村に暮らす人びとが海という自然空間をどのように漁場として利用するかを海底微地形の認識と命名の中にみてゆく。

高度経済成長以前、海付きの村に暮らす漁師は漁を単一の漁業技術に特化させることはなかった。それは漁業暦を描いてみれば一目瞭然である。たとえ本人が潜水漁師や一本釣漁師であると自称していても、実際の漁活動は季節や時間帯に応じていくつもの漁を組み合わせていた。漁師の自己認識としては、自分がもっとも得意とする漁業技術を掲げてはいても、それはあくまで表面上の看板に過ぎない。ましてや、自家消費のためにおこなう漁を含めれば、漁師はいくつもの漁業技術を駆使して年間または一日の漁業暦を組み立てていた。そのことはじつは漁の内部だけにとどまらず、農や行商といった他生業との複合生業により海付きの村の生計は維持されてきたこととも関連する（安室、二〇一二）。

ここでは、海底微地形の命名を手がかりに、一人の漁師がいかに漁場を認識し年間または一日の漁撈活動を成り立たせていたか、つまり〝生きる〟ための技術として、漁場認識の方法を描くこととする。そのため、その村にどれだけの漁撈技術がレパートリーとして存在したかを羅列するつもりはない。あくまで一人の人がどのように複数の漁を組み合わせて生計維持していたかに注目し、それを前提に漁場認識の問題を探ることとする。

〝生きる〟ための技術としてみると、漁場特定の方法がヤマアテだけではないことは明白である。なぜなら、単一の漁法で一年の生計が維持される漁師というのは通常、海付きの村には存在しないからである。また、一見すると、たとえば一本釣りのように年間を通して漁がおこなわれていても、一年の内には対象とする魚種が変わるし、それに応じて仕掛けや漁場、漁の時間帯も変わるからである。

つまり多様な漁場認識の方法を、環境に応じて使い分けたり、または組み合せたりすることで、〝生きる〟ための技術とすることが可能となる。そうした漁場認識にかかわる多様な技術の使い分けや組み合わせの様相を明らかにしてこそ、〝生きる〟ための技術を理解したことになる。

従来、漁場認識に関する研究は船上におけるヤマアテを重視するあまり、他の認識のあり方については研究上無視する傾向があった（中野、二〇〇三）。また、海をめぐる漁師の知識が海底地形の詳細な分類や命名のあり方に目を奪われ、実際にそうした知識がどのように運用され実践的な技術となり得るのかといった研究はあまり省みられてこなかった（高橋、二〇〇四）。

本論でとくに注目する海底微地形への命名行為に関しても、その多くがヤマアテとの関連で研究されてきた。しかも、それはヤマアテによる漁場認識の方法を説くものであった〔例、（井上、一九六九）（斉藤・関、一九八〇）〕。漁場認識の方法として体系化しやすく、かつその体系性が精緻にして魅力あるものだけに、ヤマアテに研究者の耳目が集中するのは頷ける。だからといって、ヤマアテと海底地名との対応が必要にして十分な連関性を持っているかといえばそれは違うであろう。

ヤマアテは漁場認識の一方法にすぎないし、漁師が海底を直接目にするという当たり前の行為の持つ意味をもっと考えるべきである。とくに磯漁のような視認可能な浅い水域でおこなわれる漁についてはその必要性は高い。しかし、自家消費にとどまることの多い磯漁が生計維持の方途として研究上正当に評価されない現状においては、漁場認識の方法として視認の持つ意味がヤマアテと同等に論じられることはない。

さらに、これまでの漁場認識の研究でいえることは、漁師の海域環境への高度な適応態として示されることが多く、一見不合理な環境利用の実態は省みられることはなかった。それは海付きの村に暮らしてきた漁師の環境認識が合理的かつ緻密なものであるという所与の前提が研究者側にあったからである。

そのとき問題となるのは、環境利用の技術が歴史性を加味して検討されることがなかったことである。歴史的な経緯を加味するなら、調査時点における漁師の環境認識や環境利用のあり方がかならずしも最適なものであったとはいえない。それは歴史的過程の中で、その時々の社会的規範や隣村との力関係といったことが海域への技術的適応を規制する方向に作用することが多いからである。〝生きる〟ための技術として漁場利用を描くとき、歴史性のもたらす不合理は不可欠な視点である。

そうしたなか、漁場認識の重層性に関する研究は重要な意味を持つ。漁場空間を面として捉えるのではなく、海面・海中・海底というように立体的に捉え、かつその関連性を認識することの必要性が指摘されている（田和、一九八四）。それは、同一の海域であっても漁場名がそこを利用する村落間で異なることがあることに象徴される。その背景として村落間で漁獲対象が異なることが想定される。つまり、緯度・経度で示される漁場名だけでなく、水深（対象魚の生息域）ごとに漁場名が区別されている可能性を示している（矢島、二〇〇三）。このことは、漁場の命名が、村落各々の主観にもとづくものであるとともに、二次元的な命名ではなく、海域を三次元の立体的なものとして捉える必要性があることを示している。

ただし、漁場利用の重層性を考えるとき、漁場名の設定が必ずしも村落の主観に基づくものばかりであったとはいえない。むしろ隣接する村落の間では、村落を越える国家的規模の統一の有無にかかわらず、漁場利用を通して村と村とは影響し合い、その結果として漁場名の設定がなされてきた。その点こそが漁場利用の重層性の基盤にあるといえよう。そして重層性の視点をもって眺めることで漁場利用の隠れた歴史が見えてくる。[1]

なお、言うまでもないことであるが、命名の問題を扱うとき、地形や民俗空間を示す名称と個別の地名とは峻別する必要がある。前者は分類名であるとともに概念を示すものとなっているのに対して、後者はあくまで実態をもった領域に付与される固有名である。ただそうは言うものの、現実に漁場名をみてゆくと両者が複雑に関係し合い判然としない場合があるのも事実である。そこに漁場をめぐる命名のおもしろさがあるともいえる。

二　海付きの村のくらしと民俗空間

1　百姓漁師

本論で主なフィールドとして取り上げるのは、神奈川県横須賀市佐島である。聞き取り調査における時間軸は基本的に昭和二〇年代後半から三〇年まで（一九五〇年代）、つまり日本が高度経済成長に入る直前においている。[2]

明治四年（一八七一）の戸籍簿によると、佐島の総戸数一七六戸のうち一五一戸が漁業に従事するが、そのうち一三五戸が農業も営む「農間漁業」とされている（神奈川県教育庁指導部文化財保護課、一九七一）。漁家割合は八五％に達する。そうした状況は、本論の設定した時間軸である昭和二五〜三〇年という高度経済成長期前まではとんど変わっていなかった。

佐島における民俗空間は住民の生活感覚から生み出されたものである。この点については、海付きの村の住民による環境認識とともに、別稿（安室、二〇〇八）および本書Ⅱ―一章に詳述してあるためここでは説明を省略する。以下では、佐島の立地環境及び民俗空間の概略について述べておく。

写真２－２－１　海と山にはさまれた佐島の集落

佐島は、北緯三五度一四分、東経一三九度三六分、本州太平洋側の中程に位置する（本書Ⅱ―一章：図2-1-1）。三浦半島の西岸、相模湾に面する総戸数三七五戸うち農家数七二戸（一九七〇年時点）の海付きの村である（二〇〇〇年世界農林業センサス）。太平洋岸を北上する黒潮の影響を受け、年平均気温は一五.八度と温暖な気候のもとにある。それを象徴するように、海浜植物のハマユウが自然群落を形成する北限地として知られる。

また、本論で取り上げた漁場認識のデータ（具体的には漁場名）は別稿（安室、二〇一二）において取り上げた一人の百姓漁師Ｉ氏からの聞き取り調査によるものがほとんどである。Ｉ氏はモグリ漁師を自称するが、だからといってモグリ（裸潜水漁）だけで生計が維持されていたわけではない。モグリは七月から九月までの三ヶ月間しかおこなうことができないからである。その意味で何らかの他の漁を組み合わせることで生計が維持されてきたといってよい。それについては、若年期と壮年期の二期において漁撈暦を復元したが、そのどちらにもいえることであった（安室、二〇一一）。

漁の基本として、まず七—九月のモグリがあり、それに組み合わせて一〇月から五月までのミヅキがある。そのため、佐島ではＩ氏のようにモグリ漁がアイデンティティーの形成にとって大きな意味を持ち、その結果モグリ漁師を自称することになる場合と、ミヅキ漁に重きを置きミヅキ漁師を自称する場合とがあった。ただし、やはり上記二つの漁の組み合わせだけで生計が維持されるわけでもなく、モグリとミヅキという組み合わせの合間に、一本釣りやエビ網（底刺網の一種）、その他の漁や海藻採集を組み合わせているのが実態であった。とくに女性が年間通しておこなうオカドリ（磯物採集）は自家消費に特化したものであるが、家計を維持する上で大きな意味を持っていた。その意味で、佐島での百姓漁師のくらしは、漁に限ってもその基本は男女分業を基本にした複合生業にあったというべきである。

2　オカハマのくらしと民俗空間

佐島のような海付きの村の生活を三浦半島西岸では「オカハマ」と呼ぶが、オカハマのオカは農を、ハマは漁を象徴する。そして、伝統的にそうした生活を営む人びとは「百姓漁師」と自らを称する（安室、二〇一一）。

佐島は集落から見て南側に海が開け、北側は集落のすぐ後ろに三浦半島台地（ヤマと呼ばれる）が迫っている。そのため集落は山と海に囲まれた隔絶した景観をなしている。そして、傾斜地にヤト（谷戸）と呼ぶ浅谷が切れ込んであり、そこに小規模な水田が作られている。また、ヤマには畑が点々と拓かれている。そして、そのヤマは三浦半島の最高峰である大楠山（標高二四二ｍ）に続く。その大楠山が台地の起伏とは区別され、タカヤマ（高山）と称される。

集落南側に開ける海域は、地先に天神島や笠島、毛無島といった小島が点在する。また集落北には天神崎、南には小田和湾があり、出入りの多い複雑な地形をなしている。海岸には磯根の岩礁帯が広がるが、集落前や磯根の合間には砂浜もある。そうした複雑で多様な環境が佐島の海の特長であり、黒潮の影響を受けた温暖な気候と相俟って、生活文化に多大な影響を与えている。

以上の点を住民の民俗的認識をもとにまとめると、海付きの村の生業空間は、図2-1-2（本書Ⅱ—一章）のごとく概念化することができる。大きくは、ムラを核にしてオカとウミが対置される構造をなす。そして、オカの民俗空間が同心円状に描かれることに対応して、ウミ側も同心円状に描かれる。しかし、このときウミ側においてはひとつの前提がある。それはウミの民俗世界は水深に応じて水平的に展開する構造とすべきであるが、図2-1-2の場合には水深イコール陸地からの距離と捉えることで海側も同心円で描くこととした。そのため、図2-1-2では明確に示し得ないが、オカの民俗空間は同心円的であるのに対して、ウミの民俗世界は水平的な広がりを持っている[3]。

図2-1-2では、概念図の中心部にムラと呼ぶ居住域が設定されるが、それは実態としては海岸線に沿って東西に延びる格好になっている。それは台地が海岸線に迫っており宅地となる平坦地がごく限られているためである。そのムラは東、宿、芝、谷戸芝という四つのチョウ（町）からできている（本書Ⅱ—一章：図2-1-5）。チョウとはいわゆる村組のことである。そのチョウの中にそれぞれ四～六つのクミアイ（組合）が存在する。クミアイは五—一〇軒で構成されており、いわゆる近隣組である。そして、興味深いことにチョウやクミアイを結びつける社会組織としてキンジョ（近所）があり、より緊密な村内の社会関係を作り出している（安室、二〇〇八）。

まず、ムラを起点にオカ側を見てみると、民俗空間はヤト、ヤマ、タカヤマの順に同心円的に外縁化する。ヤトは台地に切れ込む浅谷で水田が分布するのに対して、ヤマは台地の丘陵部を指しそこには山林とともに畑が多く拓かれている。ヤトとヤマは合わせてオカの生産域ということになり、日常的な生業活動の場となる。そして、その外縁に非日常の空間としてタカヤマが設定される。タカヤマは人が直接的に利用することはない非生産域である。ただし、佐島の場合、その使われ方により、タカヤマはさらに二つに分けることができる。ひとつは、集落の背後に見える山、つまり三浦半島内にある大楠山と武山である。そして、もうひとつが集落からは遠く海（相模湾）の向こうに見える富士山や天城山など伊豆半島の山々また伊豆大島の三原山である。三浦半島の山々はヤマアテをするときの基点として重要な意味を持ち、漁の場面において多用される。(4) 一方、海の向こうに見える山々は天気の予測において、やはり出漁に先立ち海に出るかどうかを判断するときに用いられる。

つづいて、ムラからウミ側を見てみると、キワ、オキ、ダイナンの順にやはりオカと同様に同心円的に外縁化する。繰り返すが、この場合には、水深イコール陸地からの距離という前提があってはじめて可能になる。ウミの民俗空間については、本論に直接関わる部分なため、次節において詳述する。

三　海の民俗空間

1　キワ、オキ、ダイナン

佐島では、生業や日常の生活感覚をもとに、眼前の海を大きくキワとオキに分けて認識している。漢字を当てれば、キワは際、オキは沖である。詳しくは後述するがオキとキワとは水深二〇ｍほど（モグリ漁のできる限界）を境としている。キワはタカ（高）といったりもする。タカは浅いことないしは周囲から高くなっていることを意味する。タカの場合は、必ずしも岸辺だけとは限らず、沖合にあっても海中のネが一部隆起しているところを指すこともある。

また、オキとキワの対比は、漁師の方向感覚とも関わる。佐島では海上の場所やネの位置を示すとき「東か西か、オキかキワか」といった言い方をする。南（南西）に海が広がり北（北東）に山を背負う佐島の漁師の場合、方向感覚として、東か西か、オキかキワか、といった二つの要素が重要となる。東・西は潮流に沿っての感覚であるといってよい。具体的には、東・西の方向感覚はニシッチョ（西潮）とヒガシッチョ（東潮）の認識に表れる。黒潮本流を

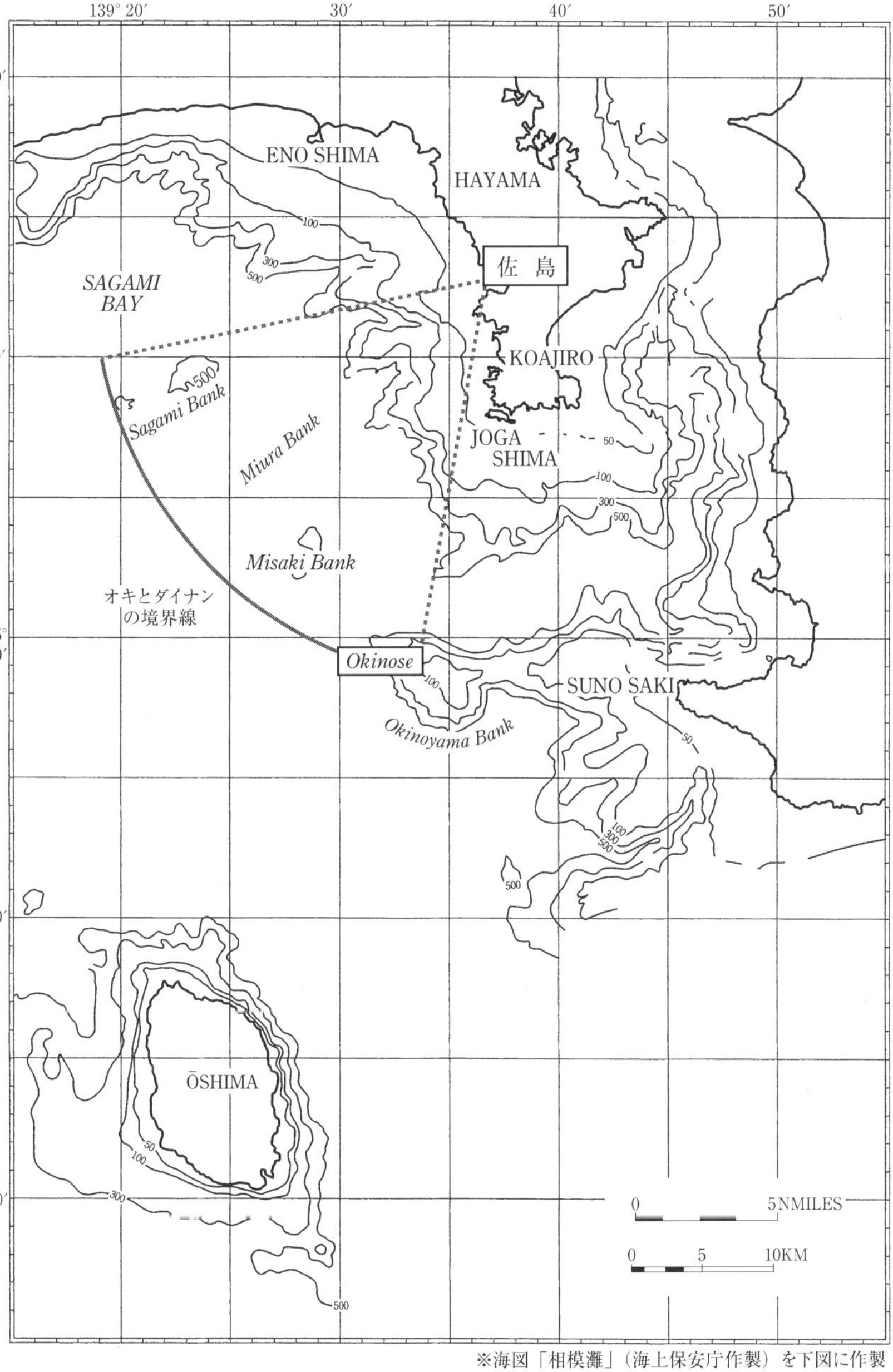

※海図「相模灘」（海上保安庁作製）を下図に作製

図２－２－１　オキとダイナンの境界

基準にしたウワテッチョ（上手潮＝サカシオ：逆潮）とシタッチョ（下潮＝マシオ：真潮）とともに、ニシッチョ（西潮）とヒガシッチョ（東潮）は佐島では漁やそれに伴う操船には欠かせない潮である（図2-2-2参照）。

それに対して、オキ・キワは海岸線に向かって垂直方向（浅↔深）の方向感覚を示している。この方向感覚も潮流が関係する。ウワテッチョとシタッチョである。ウワテとは陸側、シタとは海側のことをいうからである。つまり、ウワテッチョは陸に寄りつく潮をいい、シタッチョは岸から沖に流れる潮つまり離岸流を意味する。

その意味では、佐島漁師の方向感覚は潮の流れに対応したものだということができる。当然、東・西とオキ・キワという二つの方向感覚は直交するものではない。それはオキ・キワの方向が水深をもとにしたものであり、必ずしも南北方向を示すものではないからである。

佐島の場合、キワは集落前の一部にハマ（砂浜）があるものの、基本的にはイソウミ（磯海）と呼ぶ岩礁帯になっている。岸近い浅場のうち、海底が岩場になっている海がイソウミで、その延長がネ（根）ということになる。イソとネの違いは、一般にいわれていることと同様に、干潮時になると水面上に岩が露出するところをイソ、干潮でも水面下にあるところをネというが、実際には凹凸があるためイソと呼んでいても干潮時に一部だけ水面上に岩が露出するだけで多くは水面下にあるようなところも指している。また、ネといった場合には、とくに岩場に海藻が繁茂しているところを指す。

佐島の地先にある毛無島・天神島・笠島などの小島はどれもイソウミにあるものとして認識され、その周辺は磯漁の漁場として利用される。そのためこうした島の回りのイソはシマと呼ばれることもある。この場合、シマとイソは同義ということになる。それに対して、オキの彼方（ダイナン）に望む伊豆大島など伊豆七島の島々はオキノシマ（沖の島）と称され、地先の小島とは峻別される。当然、一般には遠く望むだけで漁場とすることはない。(5)

キワとオキの認識の違いは、漁に明確に現れる。キワは佐島においてもっとも中心的な漁法であるミヅキとモグリ(6)

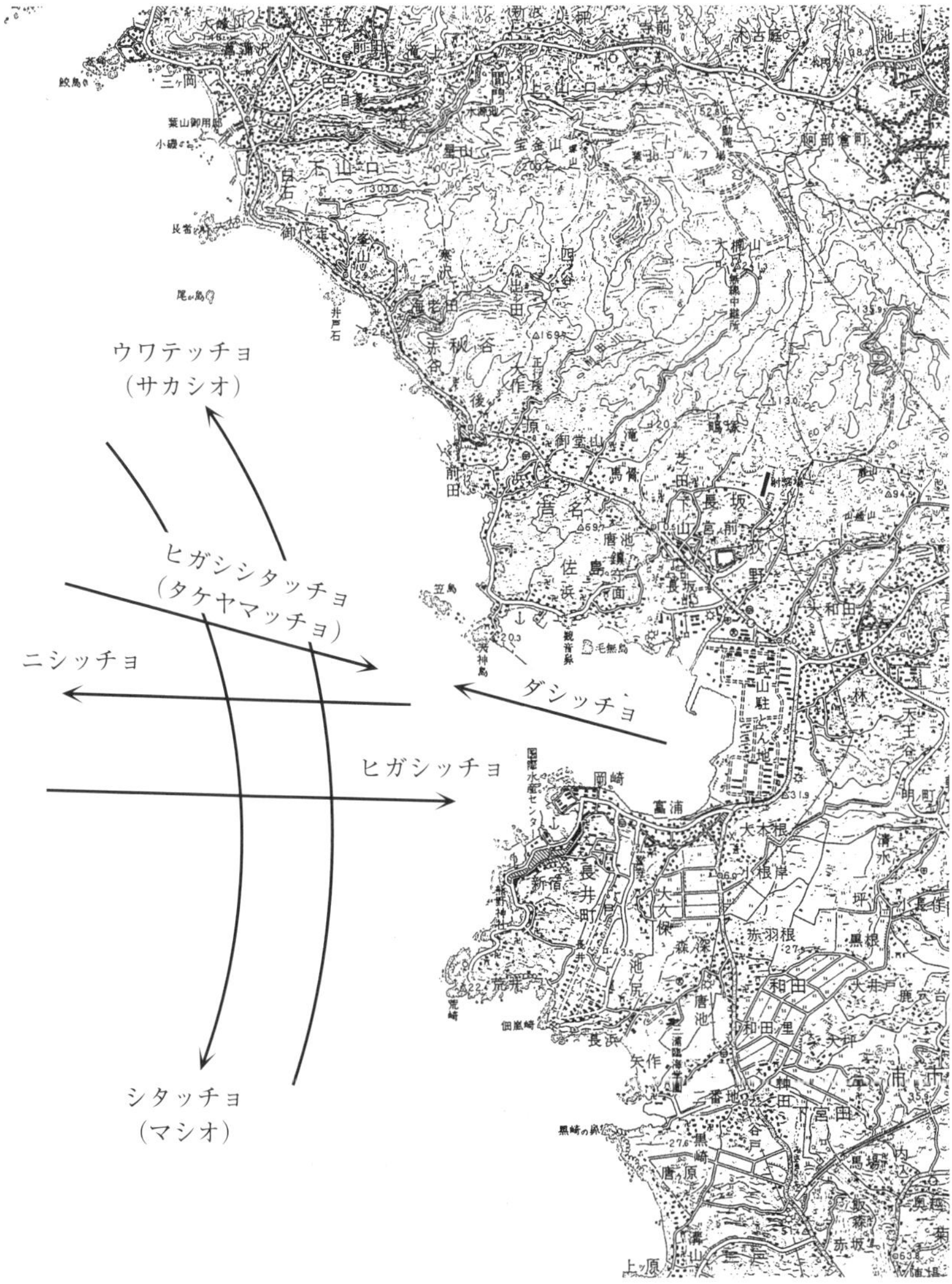

図２－２－２　シオ（潮）の認識

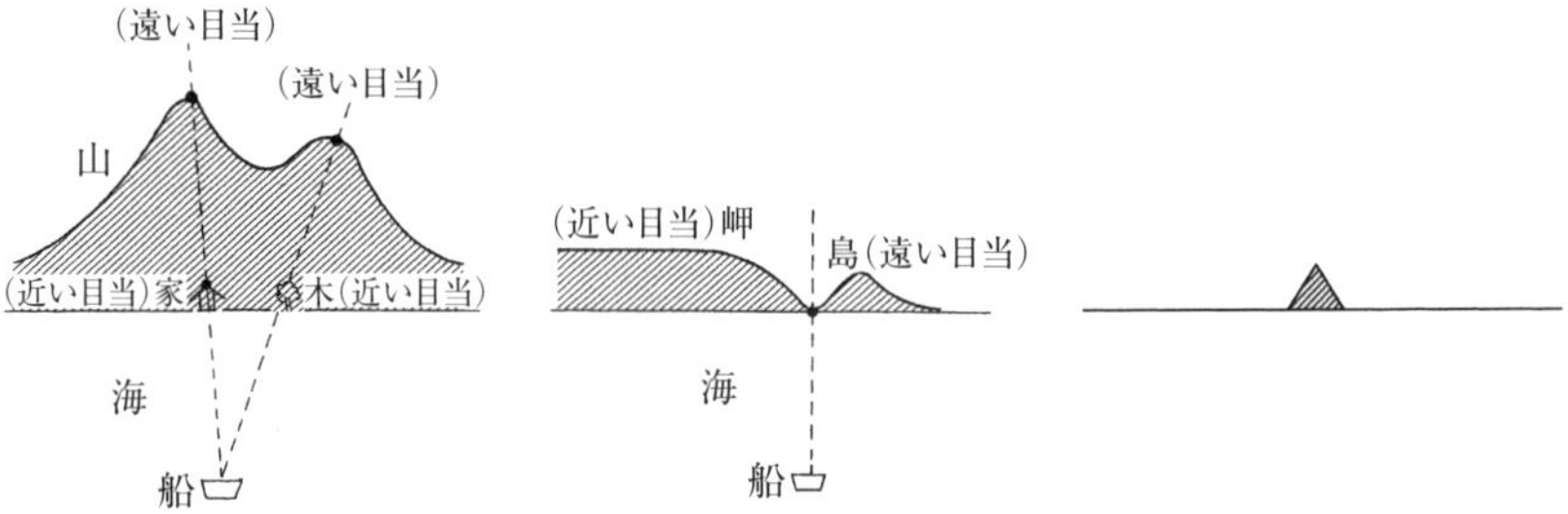

①垂直方向の遠近を見通す。
＊通常２方向。遠近の中間に３点目を入れることも。

②水平方向に遠近の対象物を見通す。
＊食い合いをみる。

③山などの陸が海から顔を出したところをみる。

図２－２－３　ヤマアテ―三つの方法―

がおこなわれる空間である。(7) これらの漁はいわゆる磯漁で、佐島ではコショク（小職）と称される。ただし、小職といった場合、単独では主たる生計維持法にはならない漁というイメージもあるため、漁師の中にはモグリは小職に含めない人もいる。そうした小職に対して、オキは一本釣りや延縄のようなオキショク（沖職）が中心となる空間である。

ミヅキ漁は、船上からメガネで水中を覗き、竿で魚介を採取する漁であるため、当然漁場は竿の長さに制約される。竿はカシの棒を継いで長くしてゆくが、七〜八ｍが限界である。また、モグリはミヅキ漁がおこなわれる程度の水深を中心に、どんなに潜っても水深一五ヒロ(8)（約二三ｍ）が限界とされる。

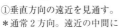

モグリの限界がいわばオキとキワとの境界とされ、それは後述するように、もっとも陸地から遠いところに設定されるヤマアテの線（図２-２-８：オイデヤマ）に一致する。それが水深一五ヒロということになる。

ミヅキやモグリに対して、オキでは個人漁としては一本釣や延縄のような釣漁がおこなわれる。(9) 釣漁および釣漁師のことを釣職という。一本釣・延縄ともオキでおこなう漁のため、沖職とも称される。一般にキワにいる魚類は種類が限られるが、オキにはアマダイやマダイなど商売になる（稼げる）魚が多くいるため釣漁にはオキが適している。そうした沖職に対して、キワのミヅキやモグリはアワビ・サザエなどの貝類やイセエビ、タコなど、魚以外のものを主たる漁獲対象とする。中でもアワビはもっとも商品価値が高く磯漁の中心的な漁獲対象となる。

民俗空間ではオキのさらに先をデーナン（ダイナン）またはデーナンパラという。佐島の漁師は三浦半島で最高峰の大楠山（二四二m）をタカヤマ（遠い目印）としてヤマアテ[10]の基点に用いるが、陸地から遠く離れるとそれが海中に没して見えなくなる。そうなるとデーナンにあるとされる。佐島の場合でいうと、集落と伊豆大島を結んだ線のちょうど中間地点にあるオキノセ（図2-2-1）あたりまで外洋に出ると大楠山は海中に没することになる。

大楠山がなくなると三浦半島の岸は見えなくなること、つまりヤマアテに頼って海上での位置確認ができなくなったことを意味する。櫓に頼る木造船の時代、佐島の漁師は陸地が見えない沖合まで出ることは不安であったとされる。急激な気象の変化を避けるため港へ戻ろうとしても時間がかかってしまうこと、またヤマアテができないところまでくると風や潮が強くなり方向を見失いやすいことをその理由にあげる。そのため、佐島の漁師はダイナンに「大難」の文字を当てている。

ダイナンの漁場のひとつにセンバというネがある。房州（房総半島先端＝安房国）の沖合、伊豆大島との中間にあるネである。周囲は水深二〇〇m以上と深く、そこだけが孤立してタカネ（高根）になっているため多くの魚が集まる。そのため、外洋性のカンパチやマグロ、カツオといった商品価値の高い大型魚の好漁場となる。しかし、センバは「千波」という字が当てられるように、漁船を飲み込むような大波が幾重にも連なってやってくるところだとされる。そこは別名をゴケバといい、「後家場」の字が当てられる。まさに多くの漁師がそこで遭難し、後家（未亡人）が多くできるからだとされる。

また、ダイナンは岸からは遠く離れていても岸辺に影響を与えていると佐島では考えられている。とくにアビキと呼ぶ高潮が岸辺に押し寄せるのはダイナンの水が引いたためであるとされる。その意味で、ダイナンは海付きの村の人々にとっては実際に行く機会はなくとも、えもいわれぬ怖さを持って存在する民俗空間である。

そのように、「大難」と解され、人が暮らす「この世」「現世」に遠くから悪影響を及ぼす存在としてのダイナンは、まさに「あの世」「他界」へと通ずる境界としてたえず潜在下に意識されていた。

2　海域空間の民俗分類—キワとオキ—

海の民俗空間のうちでもとくにキワは生業の場として重要な意味を持つ。そのため、キワの利用は多様なものとなる。そのことを端的に示しているのが海底の認識である。キワの海底地形はさまざまに民俗分類され、かつ命名されている。そのことはキワにおいては海底地形が漁場として頻繁に利用されてきたことを物語っている。また、命名の語彙はその利用の有り様を如実に示すものとなっている。図1-2-4（本書Ⅰ—二章）は海底の微地形を模式的に描いたものであり、表2-2-1は海域空間の民俗分類と名称およびその特徴（漁との関わり）を示している。

表2-2-1によると、海域空間を示す語彙は、①微地形を示す語彙、②ネの状態を示す語彙、③大地形を示す語彙の三つに分けることができる。前述のように、佐島はキワにおけるモグリとミヅキを基軸とする磯漁が生業の中心となるだけに、前二者に関する語彙は豊富かつ詳細である。一方で、期間は限られるが、一本釣りにオキに出掛けることもあるため、カテのような大地形についての知識も持っている。

海底地形の認識についてはその特徴として二つのことが言える。

a．キワはオキに比べ、海底の認識は具体的かつ詳細なものとなること。キワはほぼ全域が漁場として利用されるため、微細な生業利用を反映して、さまざまに微地形が類別化されている。つまりキワでの認識はほぼ全域にわたり面的な広がりをもってなされている。それに対して、オキは広大な空間でありながら漁場として利用されるのはごく一部で、それがまばらに分布する。そのため、オキではネ（漁場）として認識度の高いところがある反面、ほとんど

表2-2-1　海域空間の民俗的認識――名称と特徴――

地　形	特徴・説明（民俗的認識）
①微地形を示すもの	
イソネ（磯根）	イソとネを総称してイソネと呼ぶ。イソネは一般に岩礁地を指しており、意識の上では、砂地を示すハマおよびスナマと対照される。水深で分類するなら、イソがハマ、スナマがネにそれぞれ対応する。磯漁一般の漁場とされる。命名されるイソネとされないものがある。
イ　ソ（磯）	干潮時に水面上に岩が出るところがイソ、干満にかかわらずいつも水面下に潜っているところがネである。イソは常時水上に出ているところと干潮にならないと水上に出ないところに分けられる。前者をオカ（陸）、後者をイソと呼び分けることもある。イソではイソドリまたはオカドリと呼ぶ磯物採集が主に女性によりおこなわれる。イソは岸辺や島周りに多くあるが、商売（現金収入）の漁に用いられるイソにのみ命名される。
ネ（根）	ネはいつも海中にある岩礁で、かつカジメなどの海藻が生えているところをいう。タナやホラが多くあり、アワビやイセエビなどネに付く魚介類の住みかとなる。佐島では、中心的な漁撈であるモグリとミヅキの主な漁場として利用される。そのため、ネは漁場と同義で使われることが多い。陸地に近く浅いところほど細かくネは分割されて認識・命名されているが、反対に岸から離れ深いところほどネの認識は大きくなる。浅いネはスナマで、深いネはヤマアテ線で区画されることが多い。
タカネ（高根）	ネのなかにあって周囲に比べ高くなっているところ（つまり浅くなっているところ）をタカネと呼ぶ。ひとつのネの内部をさらに細分し命名するときに使われることが多い。
ノテンバ（野天場）	タカネの頂上部分、平らなところをノテンバという。水深二〇m前後の深いところでは、太陽の光があまり届かず薄暗くなるため本来は暗いところを好むアワビがノテンバに出てきている。それをとくにノテンゲ（野天貝）といい、マダカアワビの大型のものが多くいる。それを佐島ではもっとも深くまで潜るオキモグリで捕る。タカネとして命名されることが多い。

ハタフチ（端縁）	ネの端の部分を指すが、具体的にはネとシラマの境界をいう。イセエビやサザエを捕るため、イソタテアミ（エビアミ）と呼ぶ底刺網がハタフチに立てられる。根掛かりを少なくするため底刺網は曲がりくねったハタフチに沿って入れる必要がある。ハタフチ自体が命名されることはなく、ハタフチのあるネに命名されるのが一般的で、「○○根の東側のハタフチ」などと言って所在が示される。
ハ　マ（浜）	主にウミとオカとの接点にできる砂地を意味する。防波堤が整備される以前には船はロクロでハマに引き上げられていた。ハマには漁具を収納するための浜小屋が作られ、そこでは網の手入れや繕いなどが日常的におこなわれる。また、老漁師が散歩したり、他の漁師と話しをしたりする社交空間にもなる。一般に「九間三つ取り」といわれるように漁師の家は狭いため、それを補完する機能がハマにはある。佐島に六か所あるハマにはすべて名前が付けられており、漁師の認識ではウミというよりはオカからの延長として捉えられている。そのためチョウ名がハマ名になることがある。
シラマ（白間）	シラバまたスナマともいいう。一般には砂地を指すが、とくにシラマといった場合、ネとネの間において砂が溜まったところをいう。その場合、シラバは単なる砂地の意味として使い分けられることもある。シラマは藻の有無で区別され、藻が生えているところがモバで、ないところがシラマとなる。藻がないと船上からは砂地が白く見えるためシラマという。 佐島の場合、沿岸は主にイソネ地帯となっているため、シラマはそれほど広くはなく、イソネの合間に細長く存在することが多い。そのため、キワのイソネを区画するときに用いられ、シラマを境にイソネが区分けされ違った名称になっていることは多い。そのためシラマ自体に名称がつけられることはなく、「○○根の東側にあるスナマ」などと言って所在が示される。 スナマには商売となる魚はあまりおらず、反対にネには多い。そのため、佐島では「ネは商売になるが、スナマは商売にならない」という。そのため漁場はイソネが中心となるが、ヒラメやカレイのようなシラマやヌタバを好む魚の漁はおこなわれる。
イワマ（岩間）	スナマに対して岩ばかりのところをイワマという。海藻が密生すると、イワマはネとなるが、スナマはモバとなる。漁に多用する場合、個人的に命名していることもある。
コイワ（小岩）	スナマにイワマが少し入り込んだところをコイワと呼ぶ。シラマ同様、それ自体は命名されない。

モバ（藻場）	モバは砂地から藻が直接はえているところをいう。イワマに生える海草とモバの藻は区別される。モバの藻はアジモ（和名：アマモ）と呼んでおり、大（四～五ｍもあり、タカモ・ナカラモ・タカネモとも呼ばれる）、中（一ｍ程度）、小（三〇～四〇㎝）というように大きさで三種に民俗分類される。モバがそれ自体で命名されることはなく、たとえば「ケナシのモバ」のように毛無島との相対的な位置関係から所在が示されることが多い。 　小田和湾奥のように、タカモの生えているところは川の水が入り込んでいるところで栄養に富んでいる。そうしたモバは、一部、アジモが生えるところ以外はあまり商売（漁場）とはならない。しかし、魚の産卵場となり、また孵化した稚魚の隠れ場となっていた。とくにクロダイ、メバル、カワハギ、イセエビ、スズキ、イワシ、アカイカ、クルマエビ、アオリイカといった魚介類の稚魚や小魚が多くいた。そうしたモバがあるからこそ佐島の魚は豊かに保たれてきたと漁師も感じている。 　漁場としては、イソネに比べるとさほど大きな意味を持たないが、例えばアオリイカのような特定の魚種については重要な漁場となる。中程度のアジモが生えるモバがアオリ漁の目安となる。そこにアオリが産卵に来るからである。大きなアジモのところにもアオリは産卵に来るが、網がうまく仕掛けられないので漁にならない。小さなアジモはアオリが来ない。結果として中くらいのアジモのところが漁場となる。
モバタ（藻端）	モバの端の部分をモバタと呼ぶ。モバとスナマまたはモバとネとの境界をなす。モバタはイセエビの好漁場となる。夜、モバタに沿ってエビアミ（底刺網）を掛ける。夜行性のイセエビは夜に活動するため、網にかかりやすい。モバの命名と同様、「ケナシのモバの東側」といったりする。
ガーラバ（がら場）	ガラバともいう。スナマとイワマのちょうど中間のような場で、砂地にガラ（一抱えくらいの大きさで、岩盤とは独立してある浮き石）がごろごろしているようなところをガーラバという。ネは主に岩場となっているのに対して、ガーラは浮き石がごろごろした状態のため、ネに比べると海草が少ない。ガーラバ自体が命名されることはほとんどない。
ツブラ（粒ら）	スナマのなかに突き出た岩をツブラという。そのようなところのネをツブネというが、独立した小さなネをツブネといったりもする。こうしたツブラにはカワハギの群れがつくとされ、ツブラを知っていることがカワハギ漁を左右する。漁に多用する場合、個人的に命名していることもある。

ヤッコミ（やっこみ）	シラマとネの中間のようなところで、砂地から岩が点々と出ている状態をいう。シラマ同様、それ自体は命名されない。
ヌタバ（沼田場）	底土が泥っぽいところを、シラマやイワマと区別してヌタバと呼ぶ。地形ではなく、底の状態を示すときには単にヌマ（ヌタ）ということもある。浅いところはシラマになっているところが多く、徐々に深さを増していくとともに所々にヌタバができてくる。小田和湾の中心部はヌタバになっているとされる。ただし、相模湾ではヌタバはあまりオキにはなく、オキとキワの中間あたりにできる。ヌタバはあまり漁場とはならない。ヌタバ自体が命名されることはない。
②ネの状態を示すもの	
タナ（棚）	イソやネで、岩がテーブル状に張り出してできる下の隙間をタナという。また、タナの下面をタナシタ、上面をタナウエと呼ぶ。タナにはアワビやトコブシがたくさん付くのでモグリにとっては大切である。とくに大切にしている自分のタナやホラをオカンバという。大きなタナにはアワビが多く、小さなタナはトコブシがよく付く。佐島のネではハサキにタナやホラが多く、モグリにとっては一番の漁場となる。オカンバのように漁で多用されるタナは個人的に命名される。
ホラ（洞）	タナに対して、岩がえぐれて穴になっているところをホラまたはホラバと呼んでいる。ホラは横穴が多い。縦穴にはたいてい砂が積もってしまうため、ホラのままであるところは珍しい。ホラは、多くは規模が小さいか、間口が狭いため、タナに比べるとあまり魅力的な漁場とはならない。ただし、中には大きなホラがあり、そうしたところはアワビのほか、とくにイセエビがたくさんいる。人の身体が入いってしまうほどのホラをオオホラというが、そこに入ることはモグリにとっては危険なことである。身動きが取れなくなったりウツボに咬まれたりするためである。そのかわり多くの漁獲が見込まれ、若いときにはオオホラばかりを狙ってモグリをした人もいる。それは体力があり怖いもの知らずの元気なとき一時だけで、少し体力が落ちてくると怖くてできなくなるのが通常である。オカンバのように漁で多用されるホラは個人的に命名される。

イワメ（岩目）	タナと地形的には似ているが、大きな岩の裂け目をとくにイワメと呼んでいる。イワメはアワビが良く付く。一度とってもすぐにまた付くため、繰り返しモグリに通うことができる。そうしたところをモグリはそれぞれ心得ていて得意とするイワメを持っている。そのため、そうしたイワメを「俺（自分）の財布だ」と表現する人もいる。漁で多用されるイワメは個人的に命名される。
ワレッケ（割れっけ）	小さな石の割れ目をいう。トコブシが挟まるようにして付いている。ワレッケ自体はほとんど命名されることはない。
③大地形を示すもの	
カテ（かて）	三浦半島の西岸（相模湾）は水深八〇ヒロ（一二〇m）くらいまでは緩やかに深さを増してゆくが、水深八〇ヒロより沖に行くと急激に深くなる。その水深八〇ヒロあたりの境目をカテと呼んでいる。または、八〇ヒロくらいまでの緩やかに深くなっているところ全体をカテと呼ぶこともある。水深三〇ヒロ（四五m）からカテまでがナワ（延縄）の漁場となる。
キワ（際）	水深一五ヒロ（二三m）より浅い、イソ・ネ・ハマを総称する空間をいう。海底の状況というよりは、オキやダイナンとともに民俗空間として佐島に暮らす人びとに認識されている。おもにモグリやミヅキといった磯漁をおこなう領域となる。そうした漁をコショク（小職）と総称する。
オキ（沖）	キワに対して用いられ、キワとダイナンの間にある民俗空間。水深一五ヒロよりも深く、まだ陸地が見える範囲の水界をいう。キワとオキとは水深により区別されるのに対して、ダイナンとオキとはオカ（陸）からの距離により決っせられる。オキでの漁は、キワの小職に対して、沖職と総称されるが、おもに一本釣りと延縄がおこなわれることから釣職ともいう。
ダイナン（大難）	オカからすると、オキの先にある、もっとも遠い海の民俗世界をいう。具体的には、佐島の場合、大楠山など三浦半島の陸地が見えなくなるまで沖に出たところをいう。木船の時代は、ダイナンは潮や風がきつく嵐に遭うと方向を失って遭難の危険が高くなる恐ろしいところとされた。また、アビキ（高潮）をもたらすところともされる。そのため、佐島の漁師はダイナンに「大難」の字を当てる。ウミの世界において、キワとオキが生産域であり、人の暮らす「この世」とするなら、ダイナンは非生産域で「あの世」に通ずる海域ということになる。

認識の対象とならないところがその周囲に広がることになる。つまりオキにおけるネの認識はパッチ状に点としてなされることになる。

b．キワにおける認識は海底に特化して二次元的なものになるのに対して、オキでの認識は海面・海中・海底というように三次元的なものになること。つまり、キワにおいては漁場は平面的に捉えているのに対して、オキでは立体的に捉えていることになる。このことは、キワではモグリ・ミヅキ、オキでは延縄・一本釣り・各種の網類による漁がなされることに象徴されるように、漁撈を中心とした生業利用のあり方を反映している。つまり、キワでは、ミヅキにしろモグリにしろ海底に付着する魚介類とくにアワビを主要漁獲対象としているのに対して、オキでは各種網類や一本釣りまた延縄など漁獲対象魚に応じて、表層や中層また低層において漁がおこなわれている。したがってオキのネは空間として認識され、当然その命名も空間（海域）に対してなされる。そこが漁場として利用されるとき、対象となる魚介類の生息場や生態に応じて、立体的に利用が可能となるのがオキのネである。キワのネがあくまで海底という平面に対する認識であり、命名であることとは対照的である。

以上のように、同じネ（漁場の意味）といっても、キワとオキとではその認識法および意味するものが大きく相違していることに注意しなくてはならない。

また、オキの先にあるダイナンは漁師の精神世界や他界観とも関わるものとなる。つまり、キワ―オキ―ダイナンと見てゆくと、キワの方向へ行くほど海域の認識は海底に特化されつつ面的な広がりを持ちかつ詳細で具体的なものになるのに対して、ダイナンの方へ行くほど海域の認識は次元を越えて抽象的になり精神世界と関わるものとなってゆく。

aとbとを分ける重要な目安となるのは、直接に海底を視認することができる範囲（水深）かどうかということにある。具体的には一五ヒロ（約二三m）がオキとキワとの境界となる。そのとき、キワとオキでおこなわれる漁撈活動がそうした違いを生み出す背景にある。つまり、キワはモグリやミヅキといった漁撈活動をとおして直接的に視認される空間となるのに対して、オキは本来は不可視の空間でありながら一本釣りや延縄といった漁撈活動を介して間接的に理解される空間となっている。

四　ネの認識

1　ネの所在―キワとオキのネ

ネとは岩礁地で海藻の生えたところをいうが、それは同時に漁場を意味する。その対極の存在として認識される海底地形がシラマである。シラマとは砂地のところで、一般に漁場には向かないとされる。とくにアワビなどネに棲息する魚介類を主対象とするモグリやミヅキにとっては砂地は漁場としての価値をほとんど持たない。でありながら、漁とはまったく無関係かといえばそうではない。詳しくは後述するが、シラマはネを区画し命名するときに重要な役割を担っており、漁場認識にとっては不可欠な空間となっている。シラマは実際の漁場としての価値は低くとも、ネを詳細に区画し認識することで結果的にネを漁に利用しやすくする触媒的機能を有する空間ということになろう。

佐島の場合、ネはキワからオキ、またダイナンに到るまで存在するが、その密度はキワ―オキ―ダイナンの順に粗になると考えられている。ただしその密度とはネの絶対量を示すものではなく、あくまで漁場として利用されるネの密度をいっている。

また、生計の基幹をなすミヅキやモグリといった磯漁において主に利用されるネは図2-2-4に示したカサゴネ・シラネ・ハサキよりも岸寄り、つまり水深一五ヒロ（約二三m）以浅にある。そのため佐島のネはカサゴネ・シラネ・ハサキよりも深いところにはないという人もいる。オキやダイナンにも海底から突出して浅くなったところには前出

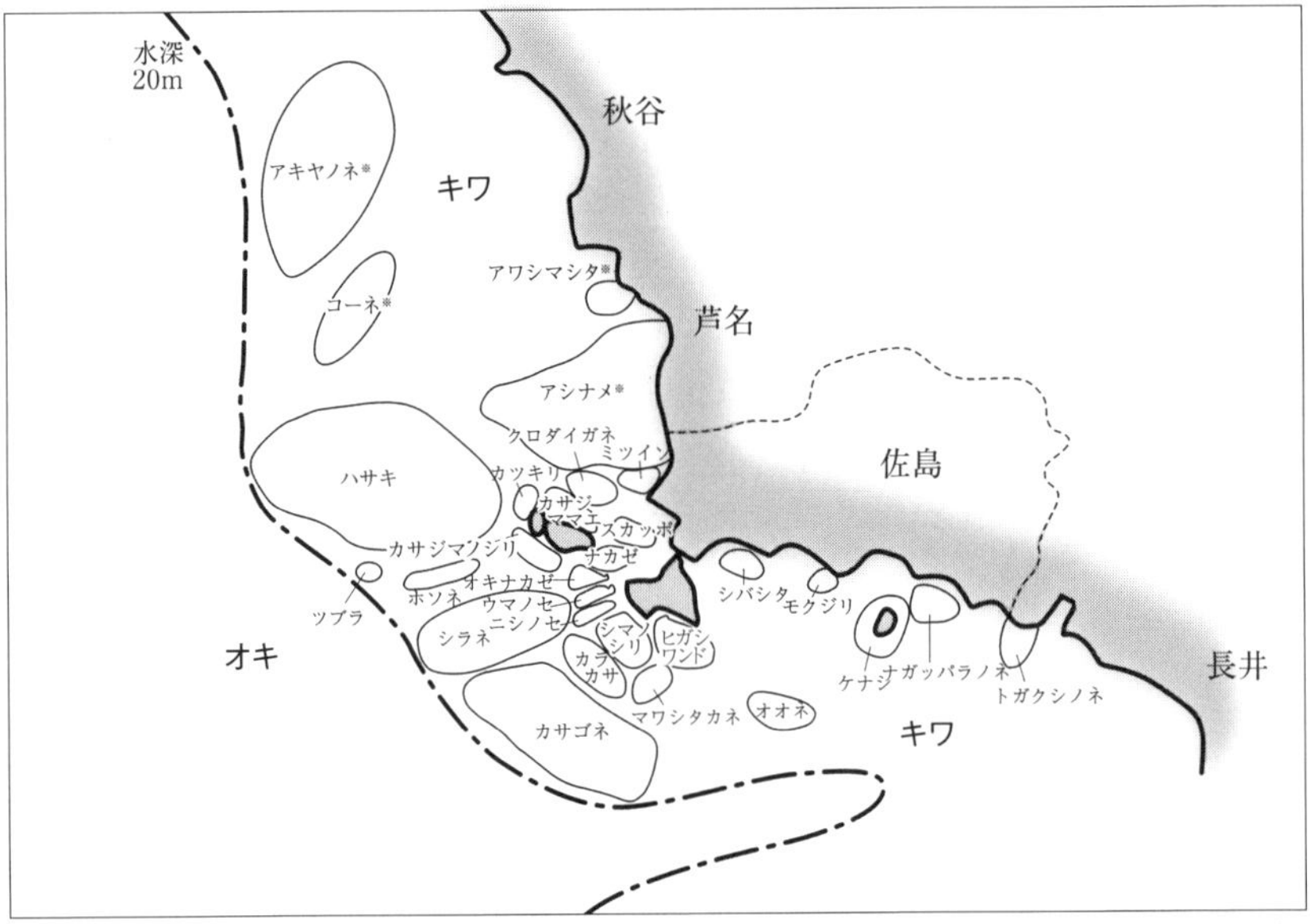

※印は 1968 年の 3 漁協合併後に一部使うことが可能になったネ

図 2－2－4　佐島のネ―名称と位置―

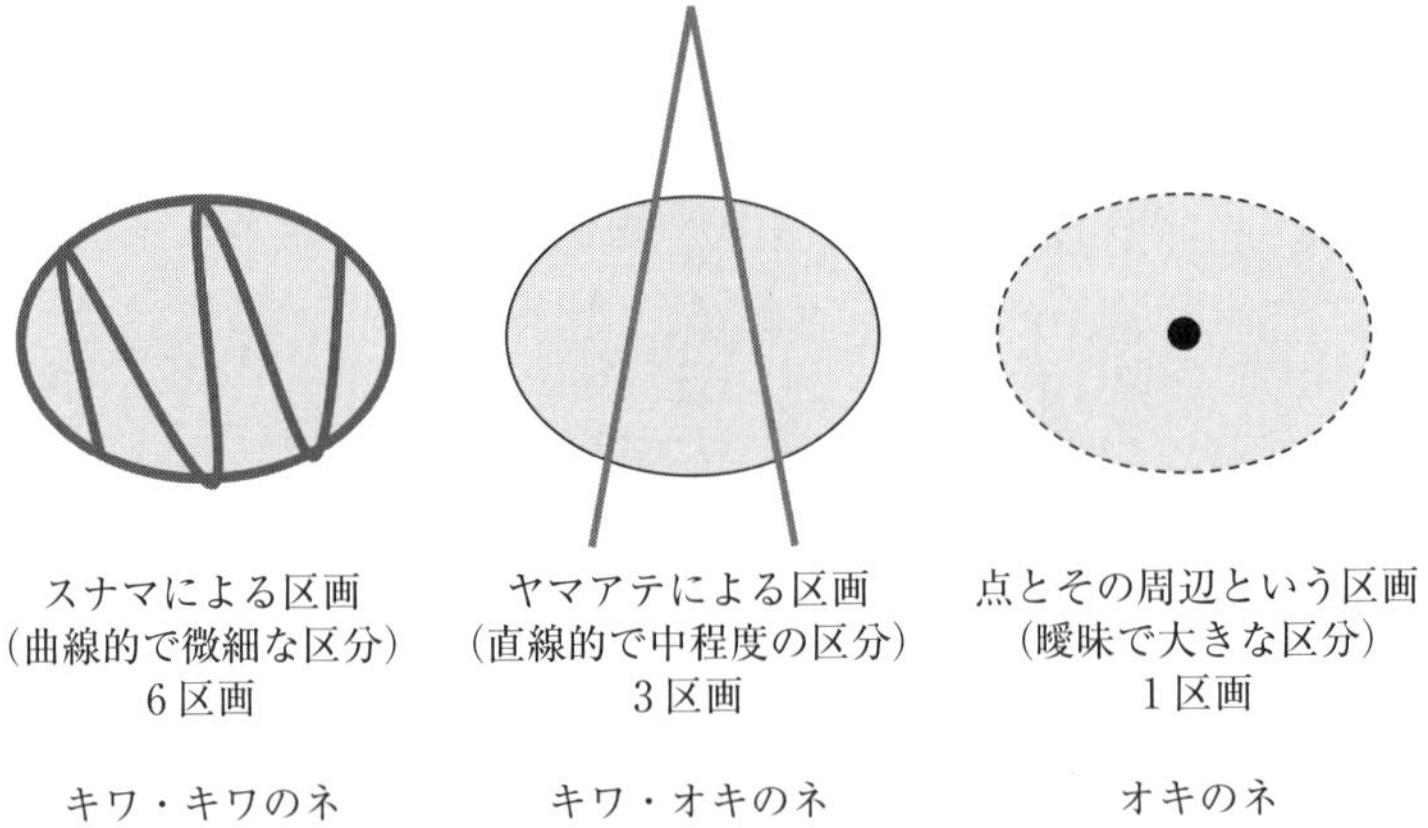

図 2－2－5　ネの認識方法と区分―三つの方法―

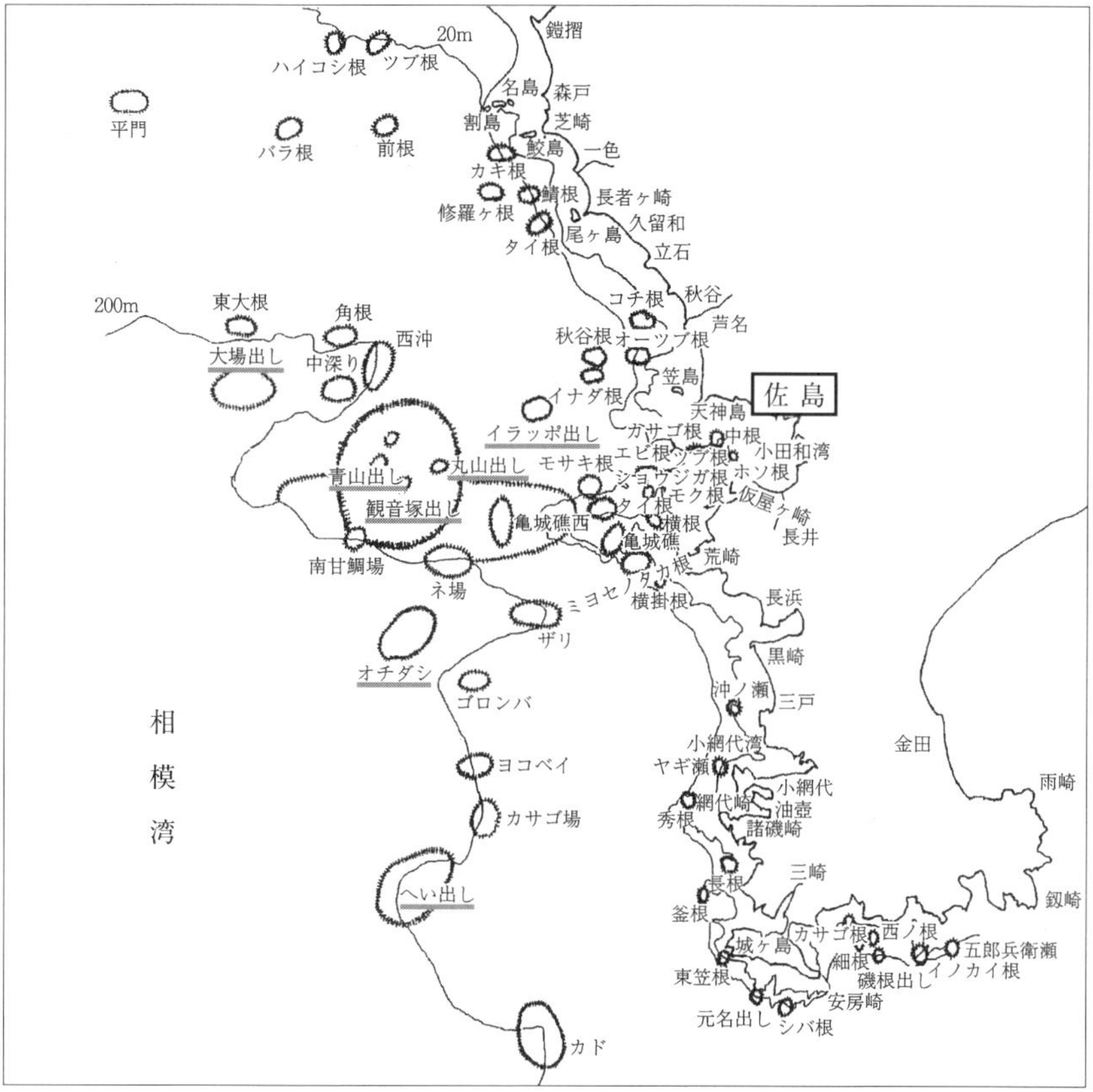

文献（池田、1993）より修正・転載

図２－２－６　三浦半島西岸におけるオキのネ―「○○ダシ」の分布―

のゴケバのようなネは存在するが、それは一本釣りや延縄など沖職がおもに用いるもので、佐島においては大多数を占める磯漁を主とする漁師（ただし時期的に限定はされるが一本釣りにオキに出ることはある）は沖職の人ほどはそうしたネのことを知らない。なお、オキやダイナシの場合、海底から突出したところ以外は、たとえ海底地形が岩礁になっていても水深があるため光が十分に届かず海藻類はまばらにしか生えずネとはならない。

一般には、図2-2-4にあるように、ネは岸に近いほど細かく区画され、それが連続的かつ面的な広がりをもって

写真２－２－２　天神島の磯根

認識されている。その場合、ネはシラマ（砂間）を境にして区別される傾向にある。つまりキワの中でも陸寄り（キワ・キワ）[11]のネはシラマにより画されながら、ほぼ隙間なく連続しているといってよい。なお、それほど多くはないが、シラマが面的な広がりを持つと、その砂地からネが独立した状態で突き出ていることがある。その場合、砂地の中にネが粒状に存在するということで、ツブネ（粒根）と称される。

　そのようなシラマとネとの関係にあるとき、ネには命名されても、けっしてシラマには命名されない。ネの区画に用いられる線状のシラマはもちろんのこと、ツブネの周りに広がるシラマにおいても同様である。このことを見ても、海底地形において命名されるのは漁場となる空間のみで、かつそれは佐島の場合はネに限定されていたといえよう。つまりモグリやミヅキを基幹とする磯漁の村にとってネは漁場として重要であるが、シラマは漁場たりえないことになる。

　何らかの理由でシラマを特定する必要がある場合には、たとえば「○○（ネの名前）の東のシラマ」というように、隣接するネの固有名を挙げて、そのネとの位置関係で示されることが多い。その意味ではシラマはネに付属するものという意識が潜在しているといえる。一枚の絵にたとえるなら、ネが主題であるのに対して、シラマは額縁ないしは背景ということになろう。

　また、図2-2-5に示したように、キワの中でオキに近いところのネ、つまりキワ・オキのネはヤマアテにより外形と領域が画されている。キワ・オキのネはスナマで画されるキワ・キワのネに比べると大きな領域を持っている場合が多い。この水域は、水深二〇m前後にまで達するため、モグリでもどうにかオキモグリだけは対応できるが、キワモグリやミヅキはできない。そのため、ネの中に走るシラマを手がかりにネを細分することはできない。そのため、外形と領域を示すにはヤマアテを用いるしかなく、かつその領域はキワ・キワのネに比べると大きなものにならざるをえない。

以上のキワに対して、オキやダイナンにもネは存在する。ただし、漁師の認識の上では、オキのネはキワとは違った形で存在する。図2-2-6にあるように、ひとつひとつのネは他のネと接することなく独立し、広い範囲に疎らに点在する。また、ひとつのネは、規模ではキワのものよりも大きい。オキでは深みから突出した部分がひとつの大きなネとなっており、そのために認識としてはネは点として捉えられる傾向が高い。つまり図2-2-5に示したように、沖のネはまずはいったん点として捉えられ、続いてその周辺が領域化されており、全体として外縁部の境目が定かではない。

漁師はオキのネは大きいという。しかしそれは逆説的であり、オキのネが実際に大きいのではなく、身体能力上また漁法において人の認識が及ばないためネを細分化して認識することができないのである。オキのネの場合、キワのネとは違ってシラマの入り方による微細な区画ができないため、ひとまとまりの大きなものとして捉えるしかない。沖のネが大きいものと認識されるのは、視認による区分ができないためであり、結果として漁師自身の認識が大きくならざるをえないのである。

漁の種類によりネの把握には差がでる。モグリやミヅキといった磯漁を主とする漁師（佐島では大多数を占める）はキワにあるイソやネの把握は詳細を究めるが、オキの一本釣りや延縄を専門とする沖職の漁師はそれが大雑把となる。アグリ網やキンチャク網など巻網漁をする漁師はさらに大雑把な認識となる。とくに早い段階から最新の機器を備えた巻網船ではキワのネに関する個人の民俗知識は必要とされない。それに対して、沖合や遠洋のネについての知識は、

表2-2-2　キワの二類型—キワ・キワとキワ・オキ—

事項＼類型	キワ・キワ（コーネ）	キワ・オキ（オーネ）
海底環境	イソネ（一〇ヒロ以浅）	ネ（一〇ヒロ以深）
ネの認識	微細で不定形	大きく直線的な形
ネの認識法	視認による直接的な把握	漁撈活動に伴うヤマアテにより間接的に把握
ヤマアテの地位	補助的な意味しかない	主たる認識法とする
ヤマアテの方法	陸上景観による確認は少ない（一方向の確認）	陸上景観による確認は大きい（二方向の確認）
海中景観の認識レベル	海中景観の認識レベルは微細	海中景観の認識レベルは大雑把（ヤマアテでネの中を細分化する必要）

＊キワ・キワやキワ・オキはそういった民俗用語があるわけではなく、類型化するため筆者が便宜的に付けた名称である。

モグリやミヅキの漁師より、一本釣り・延縄や大型巻網の漁師の方が多く持っている。ネの認識は、キワ・オキ・ダイナンといった立地に応じて、漁に用いる頻度に比例して密なものになるといってよい。

2　キワのネの類型—オーネとコーネ—

佐島ではキワのネは主にオーネ（大根：大きなネ）とコーネ（小根：小さなネ）に分けられている。ただし漁師により認識されるネの大小はあくまで相対的なものにすぎず、絶対面積を示すものではない。その意味で、オーネとコーネの二類型は日々の漁活動により培われた民俗分類である。そして、そのとき重要なことは、オーネとコーネという分類は同時にキワを二分する認識のあり方と通じる点である。ネに関する認識のあり方から、キワはキワ・オキ（オーネ）とキワ・キワ（コーネ）に二区分されることになる。[11] そして、重要なことはコーネとオーネとではネの領域設定の仕方

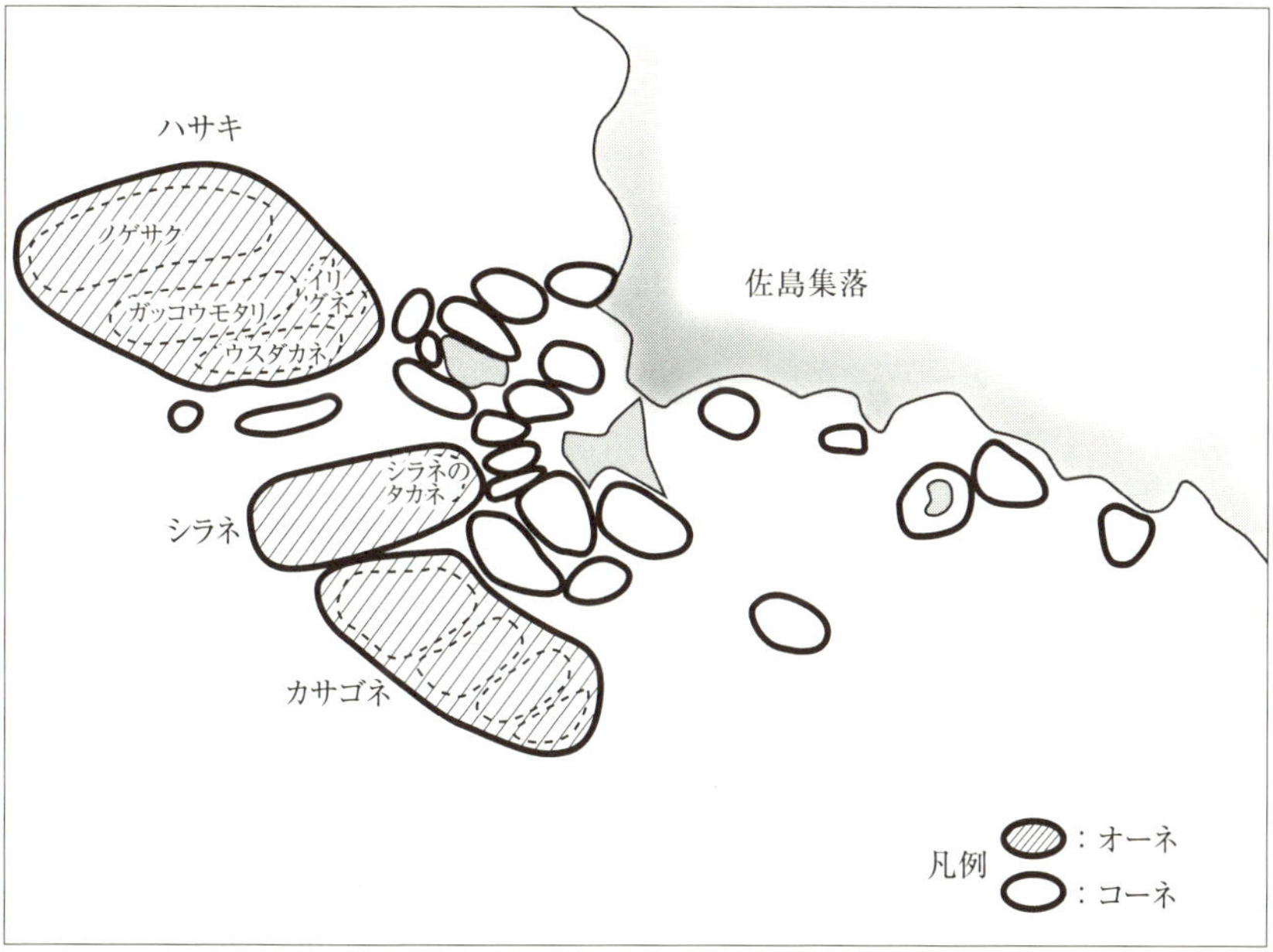

図2－2－7　オーネとコーネの分布

が異なっていることである。

コーネはキワの中でも岸に近い方（キワ・キワ）にある。とくには島などの陸地に接続して存在するネである（図2－2－7）。その特徴として、キワ・キワのネは直接的にメガネで海底を見ておこなうミヅキや海底まで潜水するモグリ（とくにキワモグリ）に多用されることにある。つまりコーネは漁活動によりたえず直接視認されている空間といえる。そのため、ネは線状に分布するシラマにより区分されることになり、結果として細分化されてコーネになる。反対にいえば、実体視に頼る磯漁に多用されるからこそ、より細やかな認識が可能になったといえる。

それに対して、オーネはキワの中でもオキ近く（キワ・オキ）にある。具体的には、カサゴネ、シラネ、ハサキを指していう（図2－2－7）。モグリではオキモグリに、また網類ではおもにエビアミ（底刺網の一種）に用いられるネである。それはヤマアテにより領域が設定される。そのため、実際

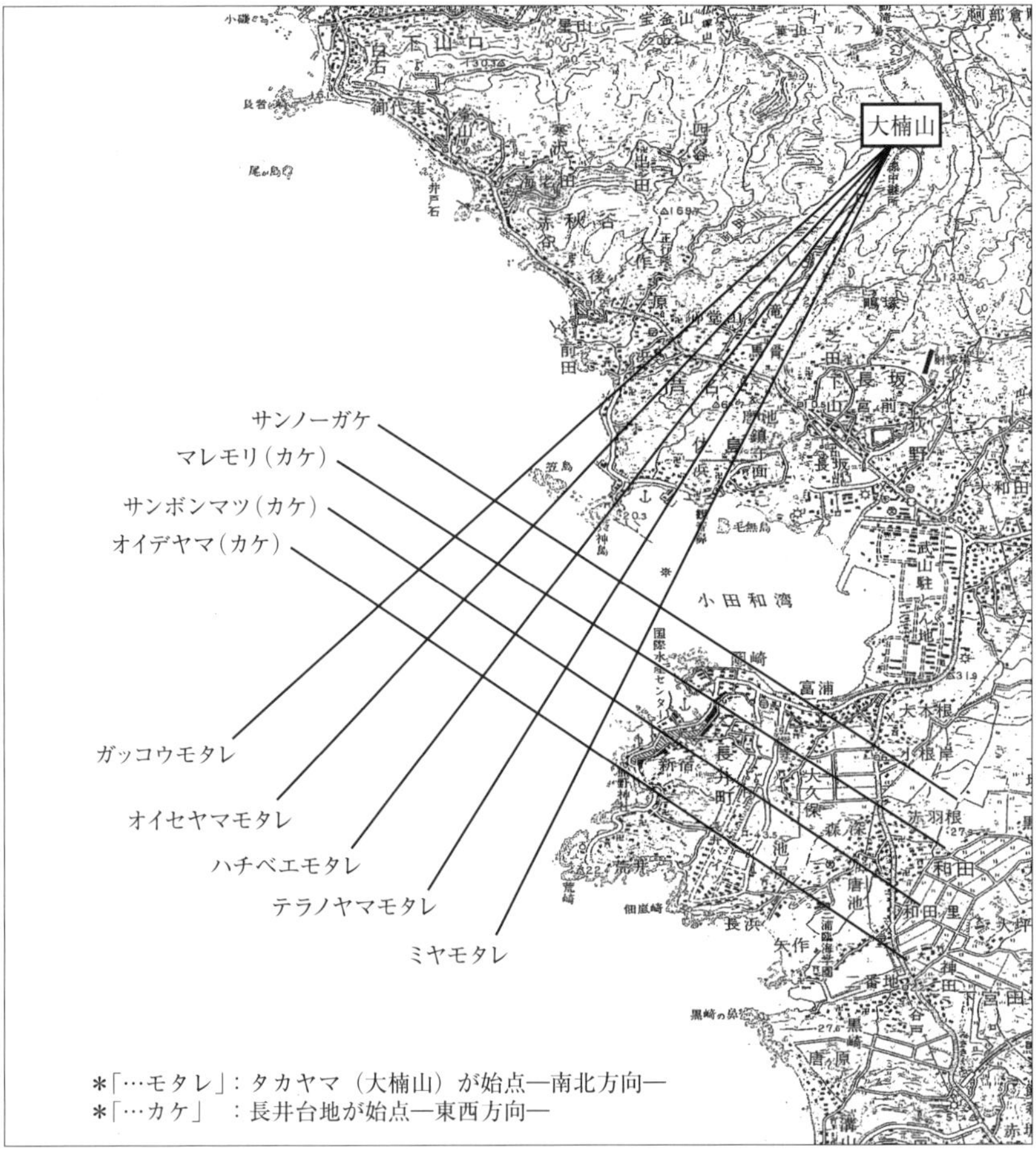

図2－2－8　ヤマアテの基本軸—オオヤマ—

に人の目で視認されるコーネとは違って、細長く走るシラマのような微細な地形を利用してネを細かく分節化することはない。また視認により細分化しようにも深いためにできない。コーネとのもっとも大きな違いがそこにある。

　そうしたオーネを漁に用いるときには、ヤマアテによりオーネの内部にいくつかの漁場が設定される。オーネは単独の漁場としては広すぎるためである。

　具体的にオーネがい

かに認識されるかというと、図2-2-8にあるように、オオヤマと呼ぶ基本のヤマアテ線、つまり大楠山方面（南北）を見通す「○○モタレ」と長井台地方面（東西）を見通す「○○カケ」を組み合わせて用いる。

たとえば、カサゴネは図2-2-9に示すように、ミヤモタレを東の端、オイセヤマモタレを西の端とし、また南北方向は、北辺をオイデヤマ、南辺をマレモリで画されている。さらにカサゴネの内部を見ると東西方向はハチベエモタレとテラノヤマモタレ、南北方向にはサンボンマツが通っており、結果としてカサゴネはヤマアテにより漁場が大きく六分割されることになる。

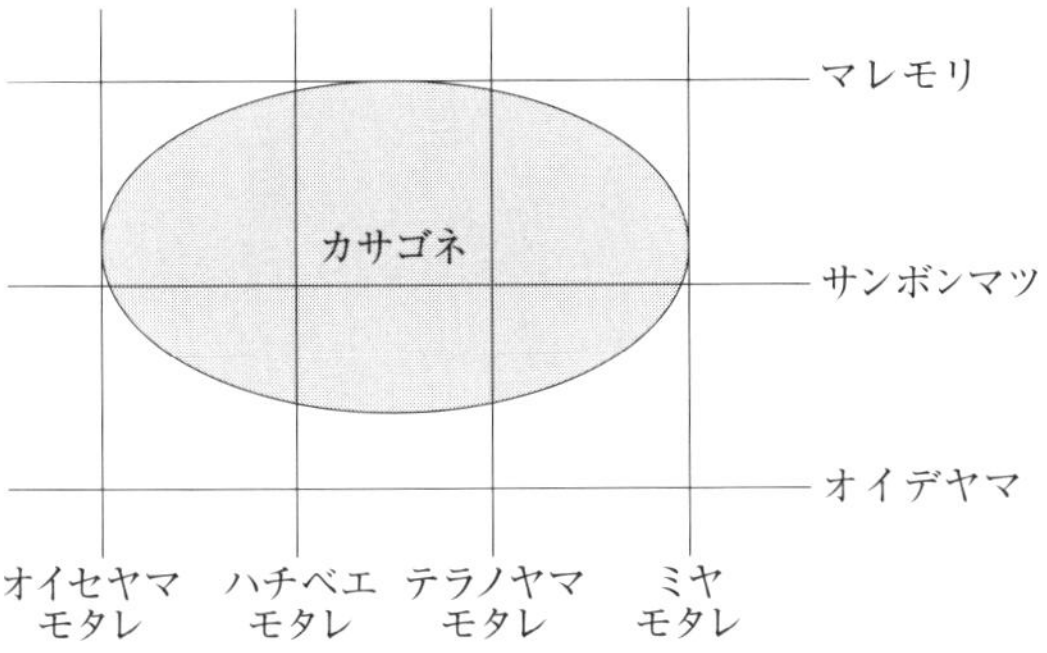

図2－2－9　ネの位置と外形の認識
—キワ･オキのネ「カサゴネ」の場合—

また、ネの中で一部が高くなっていたりすると、その部分だけ「○○（オーネの名前）のタカネ」と部分名称を付けたりする。同じようにネの沖側にある方を指して「オキ○○ネ」といったりする。これもいわばネの部分名称と捉えることができる。

たとえば、ハサキでは、その内部が三分割され、ウスダカネ・ガッコウモタリ・ノゲサクと命名されている。ウスダカネはまさにハサキの中でも一段と浅くなっているところを指し、ガッコウモタレはヤマアテの線と同じ名称である。図2-2-7と図2-2-8を重ね合わせてみれば、ハサキの内部を三分割するその形状は明らかに大楠山を見通したヤマアテ線により領域が区画されている。つまり、オーネは漁場として利用しようとするときには、外形を知るためのものと漁場のポイントを絞り込むためという二段階のヤマアテが必要となる。

このようにキワ・オキのオーネを漁に利用するときにはヤマアテを駆使

するが、だからといってそのことがオーネにはシラマがないことを意味するものではない。実際にはオーネにも、キワ・キワの領域と同様、その内部にシラマが走っている可能性は高い。現在オーネとされるものでも、もしキワ・キワの水域にあってモグリやミヅキに利用されるなら、そのネが実視されることでシラマによる細分化が進み、その結果として複数のコーネに分割されることになるであろう。

オーネとコーネとの相違点として重要なことは、村による占有意識に違いがみられることである。コーネはマエハマ（前浜）の意識が高いところである。マエハマはその村に帰属し占有される漁場空間である。佐島にとってはサジママエ（佐島にあるネの総称）、芦名（佐島の隣村）にとってのアシナメ（アシナマエ：芦名にあるネの総称）がそれに当たる。そこは特別の歴史的出来事（後述）がない限り互いに犯してはならない漁場となる。

それに対して、オーネは入会の意識がある。それはオーネの位置が両村のマエハマの先（沖側）にあるためである。ただし、佐島と芦名とでは意識に大きな差も認められる。佐島はハサキ・シラネ・カサゴネというオーネについては佐島のマエハマに準じるものとして優先権を主張し、実質的には佐島漁師が占有している状態にある。その根拠としては、それらのネは佐島の民俗空間でいうキワにあるためである。つまり佐島漁師は地先のキワはマエハマという意識を強くもっている。

それに対して、芦名の漁師にとっては、もしそのネで漁をおこなったときには佐島漁師との諍いを覚悟しなくてはならない（そのため実質的には使えない）けれども、オーネは佐島のマエハマではなく入会であるという意識がある。芦名にはオーネとコーネという民俗分類はない。芦名では、自村のマエハマにハサキなどのネ（佐島でオーネに分類されるネ）は含まれないからである。その意味で、オーネとコーネという民俗分類は佐島においてのみ意味を持つ民俗分類であり、佐島にとってキワ空間はマエハマと一致し、実際の漁活動の必要からその内部分類の概念としてオーネとコーネは作られたと考えられる。

3　認識の個人差とオカンバ

ネに関して認識の個人差を生み出す要因は、漁場としての利用頻度にある。よく行く海域ほど細かな認識をしているのに対して、あまり行かない海域は大雑把となる。そのため、モグリを得意とする漁師は、キワのネについて沖職の漁師に比べるとはるかに詳細な知識を持っている。また、同じ磯漁師であっても、やはりオカンバと呼ぶ得意な漁場が異なるため、おのずとキワの中でもネの認識に粗密が生じ、それが漁活動の個人差として現れることになる。

ネの利用に関する個人差を生む前提として、ネの微細な差異がある。漁をおこなうには正確にネの位置を知ることが重要であるが、さらにはそのネのさまざまな性格も知っていなくてはならない。そのときとくに重要視されるのが、岩礁の様子であり、それをもとにネは区別される。一例を挙げれば、岩が多く切り立つようなところはコワイ、岩が平らなところはヤワラカイとそれぞれと表現される。コワイところは魚介やイセエビも多いが、根掛かりしやすくエビアミ（底刺網の一種）のような漁はしづらい。それに対して、ヤワラカイところはとくにヤッコミと呼ばれ、岩場に凹凸があまりないため獲物は多くないが網による漁はしやすい。ヤッコミという言葉は主にエビアミの漁師が使う言葉である。

さらに、岩の凹凸だけでなく、漁をしようとするときにはとくに岩の向きも重要となる。岩の尖った先がどの方向に向いているかを把握しておく必要がある。とくにエビアミを仕掛けるときにはそれを正確に知っておかないと岩に引っかけて網を駄目にしてしまうことになる。たとえば、一般に佐島のネの場合、岩は鎌倉の方を向いているが、ところによって富士山や長井台地、天城山に向いて傾斜しているものがある。このように海底の岩の状況が陸上の山との関係で語られるのは興味深い。佐島の世界観では、海底の微地形は遠望できる陸上の大地形と関連していると認識されている。

以上のように、ネには微細かつ多様な差異があるからこそ、個人の経験とその記憶が大きな意味を持つことになり、それがオカンバの設定に反映し、ひいては漁活動に関する個人差を増大する方向へ作用したといえる。

4　シラマの意味

佐島には砂地のハマは集落前に見られるのみである。佐島には四つの町（チョウ＝村組）が海岸線に沿って横に並んでいるが、その各町の前に一ヶ所ないし二ヶ所のハマがあり、それぞれ命名されている。たとえば芝町の前のハマはシバノシタというように、町とハマは対応関係にある。つまり四つの町に四つのハマが対応して存在する（命名されるハマは六ヶ所ある）。そして、ハマには浜小屋が建てられ、また漁船が引き上げられる空間として、いわば私有地に準ずるものとして利用されている。その場合もたいていは自家の属する町に対応したハマに浜小屋を持っている。意識の上では、ハマは明らかにオカ（陸）の延長として理解されている。

佐島のマエハマ（前浜＝地先漁場）には海中において一面の砂地をなすところは無い。スカッポ（ネの名前）の周囲や毛無島の付近には一部に砂地が存在するが、それは海底地形としては例外的である。しかもそこはアマモやナガモクなどと呼ぶ海草の生えるモバ（藻場）となっており、明確にシラマとは区別されている。多くの砂地はネとネの間に線状にあるか、またはネを取り囲むように存在する。そうした砂地がシラマと呼ばれている。

シラマ自体は漁場としての価値は低いとされる。ヒラメやキスといった魚はいても主たる生業として漁をおこなうほどの生産量を上げることができないからである。ネの中にシラマが走っていたり、またシラマの中にネが突出しているようなときには、ネとシラマの間にエビアミ（底刺網の一種）を張ってイセエビやサザエを捕ることができるが、それも根魚の漁と位置づけられる。

そうしたとき、キワ・キワ空間におけるネの形状や大きさを規定するものとしてシラマは大きな意味を持つ。ネの中にあって砂地は船上からは白く見えることからシラマという。とくにネが黒く見えることとは対照をなす。そうした色彩の対照があるため、ネの区画に用いられることになる。ただし、キワ・オキ空間まで行くと水深が二〇mほどになるため、船上から見て水底のシラマが判然としなくなる。そのため、シラマをもとにネを区画するのは陸地に接してあり水深の浅いキワ・キワ空間が主となる。

そのとき、重要なこととしては、ネの区画にシラマを用いることの前提に日々の漁撈活動がある点である。佐島における基幹的な漁撈はモグリ（七〜九月）とミヅキ（一〇〜六月）の組み合わせにあることは前述の通りであるが、その漁はともに水中を覗き直接ネを観察することで成り立つものである。つまり、ネを目視する日々の漁撈活動において培われた経験がシラマをしてネを区画させることを可能にしたといってよい。また、そうしてシラマを境界とすることで、図2‒2‒4に示したような詳細な漁場認識が可能になったといえよう。

キワ・キワのネの形状や大きさを認識するとき、シラマが大きな役割を果たす反面、ヤマアテは補助的なものに過ぎない。技術的にはシラマの目視とヤマアテはトレードオフの関係にあるといえる。

五　ネの名称

1　固有名を持つ海底地形――ネの命名に関する原則――

ネには固有の名前が付けられている。キワではすべてのネが領域設定され、それぞれに命名されているといってよい。キワ・オキのオーネとキワ・キワのコーネとでは領域設定の仕方が異なっていたが、命名にもそうした違いの影響は及んでいる。

キワ・キワのネについて、図2‒2‒4に示すアシナメを例にしてみてみる。アシナメはアシナマエのことで、佐島

表2-2-3　ネの名前——佐島漁師の用いるネ——

民俗空間		ネの名前	対応する漁法
キワ	（キワ・キワ）	コーネ：トガクシノネ、ナガッパラノネ、モクジリ、シバシタ、ヒガシワンド、マワシタカナ、シマノシリ、カラカサネ、ウマノセ、ニシノセ、スカッポ、ナカゼ、カサジマノシリ、カサジママエ、カツキネ、クロダイガネ、ミツイソ、アシナメ*2	イソドリ ミヅキ モグリ（キワモグリ）
	（キワ・オキ）	オーネ：ハサキ（ノゲサク、ガッコウモタリ、ウスダカネ、イリグネ） シラネ（シラネ、シラネノタカネ） カサゴネ（四つに細分*3）	モグリ（オキモグリ） エビアミ
オキ*1		アオヤマダシ、カンノンヅカダシ、イラッポダシ、ヘーダシ、カメギノネ、センバ（ゴケバ）*4	一本釣り 延縄

＊1　オキとともに、その先のダイナンも含まれる。
＊2　アシナメは芦名のマエハマを一括して呼ぶもので、芦名では細分化されている。
＊3　ヤマアテ線で四つに分割されているが、名称不詳
＊4　ダイナンのネ

の隣村である芦名の地先に広がる大きなネである。このアシナメの中には小根名として、ナンコウインシタ、ダイキョウ（マンション）シタ、ミズシリ、コツブネ、ナガノツブネ、オオツブネ、チトハナガタ、アワシマシタ、エビスド、アシガラ、クロデガエがある。

以上をみると、ネの命名法にはある程度の法則があることが分かる。その法則のひとつに「〇〇マエ」と「〇〇シタ」の使い分けがある。ともに陸地に接するネに附与される名称という共通点がある。一方で、「〇〇マエ」と言った場合、接する陸地は集落単位などある程度広い領域を指しており、結果としてそのネも大きなものとなる。それに

対して、「○○シタ」といった場合は、接する陸地は水際にあるひとつの対象物（たとえばよく目立つ建造物）に限定されることが多く、結果としてそのネは小さなものとなる。この「○○シタ」がネの認識単位としては最小のものである。たとえば、アワシマシタというのは、淡島神社の前にある小さなネをさす。同様に、ダイキョウ（マンション）シタは大京マンション、ナンコウインシタは南光院のそれぞれ地先にある小さなネを指している。

そうした「○○シタ」と「○○マエ」の関係で注意すべきは、「○○シタ」のネは「○○マエ」のネに包括されるものであること、つまり「○○マエ」の中をさらに細分するときに「○○シタ」が用いられることである。「○○マエ」は集落単位のマエハマである場合が多く、「○○シタ」はマエハマを構成する一要素にすぎない。マエハマとネの関係には歴史的な経緯として、漁協の合併という村落間の関係史を顕在化させる（後述）。

同様に、同じ陸地でも、佐島の地先に浮かぶ岩礁性の小島に接してあるネの場合には、その名前に「○○マエ」とつくと、陸地（佐島集落）から見て島の手前（佐島集落に近い方）にあるネを示す。それとは反対に、「○○シリ」または「○○セト」といった場合は、島の沖側（佐島集落に遠い方）にあることを示す。例えば、カサジママエは佐島集落から見える側の笠島に接してあるネを指し、カサジマノシリとは笠島の沖側にあるネのことをいう。「○○マエ」といった場合、○○が集落か島かで、まったく違ったものとなることには注意しなくてはならない。

以上が、キワ・キワのネについて、命名の基本としてあげられることである。ひと言でいうと、「○○シタ」や「○○マエ」のように、近接する陸地形や対象物との位置関係から命名されるネが多くあることに特徴がある。それに対して、キワ・オキのネにはそうした命名のあり方はない。その意味で、キワ・オキのネの命名には法則性らしきものは見あたらない。ただし、オーネのなかを小さなネに分節化するときには、オーネの領域化と同様にヤマアテが用いられるが、そのヤマアテの名称がそのまま分節化されたネの名称に用いられることがある点は、キワ・キワのネの命名にはみられない特徴であり、ヤマアテによる領域設定を反映した命名法であるといえる。本来ヤマアテの名称は汎用性が高くネの固有名には適していないことを考えると、すでに固有名を持つオーネの内部をいくつかに分節する場合にのみその分節したネの固有名にすることが可能になるといえる。

このほかキワにあるネについては、ほぼ以下の四要素またはその組み合わせにより命名されている。a．ネの形（例、ホソネ：細長い形のネ、ウマノセ：馬の背のような形のネ）。b．規模（例、オオネ：大きなネ）。c．立地（例、ツブネ：粒根のことでシラマの中に独立してあるネ）。d．属性（例、クロダイガネ：クロダイがよく付くネ）。e．二つの要素の組み合わせ（例、コッブネ：小さな粒根）。ただこのほかに、解釈不能なネの名称（例、スカッポ）もあり、全体を律するような規則性はみられない。

次に、オキおよびダイナンをみてみると、ネの命名について以下の特徴を挙げることができる。オキおよびダイナンでは、ネの位置確認の仕方を反映して、ヤマアテの名称がそのままネの名称として用いられているものがみられる。具体的には「○○ダシ」という名称がそれに当たるが、これについては次々項で詳述することにする。

2　固有名を持つものと持たないもの―イソ、ハマ、シラマ、モバ、タナ、ホラ―

ネとともに海底微地形を示す民俗空間であるイソ・ハマ・シラマ・モバについても、表2-2-1をもとにその命名のあり方について検討する必要がある。

イソの場合、固有名が附与されるものは限られている。つまりイソは、漁場として良好なところにのみ限定して名前が付けられている。イソの名称としては「○○イソ」と「○○シマ」がある。「○○シマ」といった場合は、いわゆる島のように常時陸化したところを指すのではなく、干潮時に上部のみが水面上に出る漁場を言う。これはまさにイソに付けられた漁場の名称と言うことになる。例えば、ボウチョウジマと呼ばれるイソはタナやホラが多くあり、その名の通りボウチョウ（ミヅキ漁の別称）やキワモグリをおこなうには良いところである。ただし、全体的にみるとイソに固有名が付くことはそれほど多くない。それはイソの場合、前述のように、イソドリのような自家消費のための磯物採集はおこなわれても、〝商売〟の漁場として利用できるところは限られているためである。

ハマについては、佐島に六ヶ所あるすべてに固有名が付けられている。このうち集落の前のハマは四ヶ所あるが、それらはシバノシタやヤトシバの名称が示すように集落に四つある町（チョウ：村組）の区域に対応しており、町名がそのままハマの名称として設定されている。前述のように、ハマは民俗空間としてはウミというよりもオカに近い存在であり、オカの中でもとくにムラからの延長として捉えるべきで、その命名もオカの地名に準じている。

一方、同じ砂地の地形でも、シラマには固有名がない。前述のように、シラマを特定するときには、たとえば「○○（ネの名前）の東のシラマ」といったりする。これはネとの相対的な位置関係により場所を特定させるもので、固有名とはいえない。反対からみると、シラマはネを分別するときになって、はじめてその存在が意味を持つことになる。ネはシラマにより区画され、ネが命名されるときの境界の役目を果たす。

また、基本的にはシラマに藻の生えたところを示すモバも同様に固有名はない。シラマと同様、たとえば「ミズイソのモバ」というように、ネやイソを基点にしてその名称が付与されている。

タナやホラは、海底地形としてはネやイソに比べるとはるかに規模が小さい。片腕が入れられる程度のものから身体全体が入るものまで、その大きさには幅がある。昼間は暗所を好むアワビが潜む場となるため、アワビを主たる漁獲対象とする佐島のモグリ漁師にとっては重要な漁場である。ネやイソには多くのタナやホラが存在しており、タナやホラはイソやネの主要な構成要素と見なされる。ネやイソごとにホラの多いところやタナばかりのところなど特徴がある。単体としてホラやタナに固有名が付けられることはほとんどない。「○○ネのホラ」や「○○イソのタナ」と呼ばれるだけで、実際にはたくさんあるホラやタナのどれを指すものかは分からない。一般にネやイソが領域を持つ面として認識されるのに対して、タナやホラはあくまで点として認識されおり、モグリ漁師にとっては、究極は点であるホラやタナの集合体が面としてのネの実態であるといってよい。

そんななか、例外的にオカンバ（秘伝の漁場）のように漁師個人がとくに大事にしているホラやタナには固有名が付けられることがある。オカンバはネやイソのような漠然としたレベルではなく、より具体的にタナやホラの単位またはそのいくつかの集合体で設定されることが多い。それだけにそれを名付けた人以外に場所を特定することは難しいし、また反対に同じ場所を他の漁師がオカンバとしてまったく別の固有名で呼んでいる可能性もある。オカンバの場合、その名称はたいていはシラマやモバと同様にネの名称に由来するもので、名付けた本人にしか通用しない。親子でも教えないとされるオカンバは他の漁師には秘密にされているものだけに、漁師個人に通用する名称であればよく、その意味で一般性のない極私的な名称となる。

以上のように、漁場としての利用価値が海底地形に固有名をもたらす基本にあるといえる。キワにあっては漁場として利用されないネはないことを考えると、すべてのネには固有名があるといってよい。それに対して、イソは漁場として利用されないところも多くあるため、漁場として利用可能なところのみ命名される傾向にある。ただし、オカドリ（イソドリ）のような漁業権を必要としない代わりに市場に出荷することもない自家消費の範囲でのみおこなわれる漁（女の漁）はイソのあらゆるところでおこなわれているが、いわゆる〝商売〟となるミヅキやモグリ（男の漁）をおこなうことのできるイソは場所が限られている。つまり、イソの場合は、明らかに〝商売〟として漁がおこなわれるところにのみ固有名は付与されている。

シラマやモバには基本的には固有名はなく、必要に応じて隣接するネに由来して位置関係が示される。そして、ハマは陸上からの延長に位置づけられ、そのため集落の町名に由来する名称を有するが、その意味で海域としての認識や固有名は存在しない。

以上、ネ、イソ、シラマ、ハマなど海底地形に付与される固有名を見てきたが、そこからはひとつの傾向性を読み取ることができる。それは漁に対する有用度（漁の頻度）に命名の度合いは比例していることである。漁についての有用度が上がるほど、海底地形に名称が付与される率は上がり、かつひとつの固有名でくくられる領域は微細化されてゆく。そしてその場合の漁とは、その地域における生計維持にとってもっとも重要な意味を持つミヅキとモグリという磯漁が中心となる。つまり、海底地形の認識密度と特定の漁の有用度とは相関関係にあるといえる。

3　「ダシ」というネの名前――命名へのヤマアテの関与――

以上は、キワにあるネを中心に海底地形の命名について見てきたが、そのときヤマアテがどのように関与しているかでキワの空間はキワ・キワとキワ・オキとに二区分できることがわかった。

基本的には、陸地に近いキワ（キワ・キワ）のネは、近接する陸地形や陸地対象物、またネ自体の形や立地、属性によって命名されていることがわかった。その場合、ヤマアテは漁場認識にとっては、補助的な意味しか持っておらず、もちろん命名に用いられることもない。それに対して、キワの中でも沖に近いところ（キワ・オキ）のネは、比較的大きな広がりをもって認識されているが、そのときヤマアテはネの外形を知るための方法として使われる。また、大きなネ（オーネ）を内部区分するとき、ヤマアテの名称（オオヤマ）がそのままネの名称に使われることもある。

一方、キワの先つまりオキやダイナンにもネは存在する。このときのネとは海底地形を示すとともに、漁場と同義で用いられる。このネは、「○○ダシ」と命名されるものが多くある。それは、図2‐2‐6および表2‐2‐3に示したとおりである。この○○ダシはキワのネにはない名前である。これはヤマアテに由来するもので、それがそのままネの名称にもなっている。○○ダシとは○○（多くは山や岬の先端部）が初めて見えるようになる地点を意味しており、つまりダシは「出し」の意味である。こうしたネの多くは水深五〇～二〇〇mの間にあるもので、海底から突出して浅くなっているところをいうが、そのあたりまでオキに出ると陸地は低くなり、多くは海中に没して見えなくなってしまう。

そのため、ダシとは、海中から目標物だけが突出して見えたり、またマンジュウゴと呼ぶ遠近二つの陸地形の重なり具合（食い合い）で目印となるものが初めて姿を現したり、さらには城ヶ島や伊豆大島、房総半島といった三浦半島に比べると規模の大きい岬や島の一部が見えるようになる地点を手がかりにヤマアテするもので、同時にそこが漁場として認識される。つまり、ダシとは、水平方向では陸地と陸地との食い合いを、垂直方向では海と陸地との食い合いをそれぞれ意味する。

つまり、○○ダシと命名されるオキのネは、図2-2-3に示したヤマアテ法のうち②ないし③の方法で見きわめられる。これはキワのネが図2-2-3の①の方法により認識されることとは明らかな対照をなす。

そのとき、現代においては、○○ダシと呼ぶオキのネに行くときにはロラン（電波航法システム）やＧＰＳ（全地球測位システム）といった機器が併用されることが多いのも特徴である。キワのネではＧＰＳなどの機器が用いられることはむしろ希で、とくにキワ・キワのネでは機器を使うまでもなく目視による位置確認法がとられる。キワでのミヅキやモグリといった磯漁に用いる船は全長三～五ｍほどの小型のものでエンジンも船外機が据えられているにすぎず、ＧＰＳなどの機器は搭載されていない。

そうしたことを考えると、佐島のようなもともとキワのイソやネを基本的な漁の場とする海付きの村の百姓漁師にとって、○○ダシと呼ばれるオキやダイナンのネはロランやＧＰＳなどの科学技術が導入されてから以後に本格的に利用するようになったといってもよかろう(12)。

なお、ヤマアテについては漁場認識のありかたに特化させて、本論と同様の調査地・時間軸を用いて、Ⅱ―三章にて改めて論じることとする。

4　ネの名称と汎用度

名称をめぐってオキのネとキワのネとの大きな違いとして指摘できるのは、その汎用性に関してである。名称の汎用性については、以下に示す四つの段階が想定される。a．村の領域や職業の枠を越えて汎用性を持つ名称、b．隣接する村の漁師間で共有する名称、c．村内の漁師にしか知られていない名称、d．漁師個人にしか分からない名称。

オキのネになると、その名称は公的機関の発行する海図に掲載されているものが多い(13)。○○ダシの名称にもそれは当てはまる。それは漁船だけでなく、貨物船や旅客船といった多くの船舶に必要な情報となるからである。また、漁師にとってもオキのネはマエハマのように一村で占有されることはなく、各地からやってくる漁師により共同して利用されるためでもある。その意味で、オキのネの名称は汎用度が高いし、歴史的にみても漁業の広域化や海上交通の発達とともに汎用性を高める方向に向かったといえる。

それに対して、キワのネの名称は村内でしか通用しないものがほとんどである。とくにキワ・キワのコーネはその傾向が強い。コーネの名称は通常は隣村の人には分からない。マエハマを使って漁をする権利は地先の村にしか認められてこなかったからである。たとえば、一九ヶ所もある佐島のコーネを隣村の芦名では一括してサジママエと呼んでいることをみてもそれは理解される。当然、佐島の漁師が芦名のマエハマを指してアシナメ＝アシナマエというときにも同じことがいえる。さらにいうと、コーネはおもにモグリとミヅキにより利用されるため、同じ村の中でも磯漁師はその名称を共有していても沖職（釣職）の漁師には知られていないものが多い。

そうしたコーネに対して、同じキワのネでもキワ・オキのオーネになると隣接村の人と名称を共有する率は高くなる。オーネは入会の意識があり、隣接村の漁師もアワビのようなネに付く魚介以外なら漁が許されてきたからである。

また、ヤマアテのうちオオヤマは村内の人ならほとんどの人が共有する情報であるに対して、ジブンヤマはその人しか知り得ないものとなる。そのためジブンヤマで設定されるオカンバは場所も含めて秘諾される傾向がきわめて高い。前述のように、同じ村の漁師でもオカンバの場合は漁師個人が勝手に命名しており、いわば自分にしか通用しない名称となっている。その場合、同じ場所のネであってもオカンバは漁師によって違った名称が付けられている可能性が高い。オカンバは汎用性という点ではもっとも低い名称である。

六　命名からたどる歴史世界

1　命名にみる地先漁業権の変遷

一般に海付きの村の場合、隣り合った村同志は仲がよくないとされる。意識の上では、海上では漁師間の決めごとや慣行が法律や規則よりも優先されるが、そうした決め事がもっとも多いのが隣り合った村の間である。漁場利用に関して揉め事があったり、またはそれを未然に防ぐためにさまざまな取り決めがなされ慣行化しているといえる。

ネに付けられる名称からも、それはうかがうことができる。ネの名称には自称と他称がある。それはマエハマ（前浜）として慣行的に地先漁業権が設定される範囲に顕著である。マエハマは民俗空間のキワと一致するが、キワの中でもオキに近いキワ・オキの領域はマエハマではないと主張する漁師もいる。そうした領域では、隣接する村の漁師であっても中・表層の魚のみならずネに付く魚介類も採取することができるとするものである。その場合はマエハマはキワ・キワの領域に限定されることになる。その意味で、キワ・オキの領域は慣行的な地先漁業権においてはグレーゾーンであり、地先の村と隣接する村との意見が異なる境界領域ということになる。

佐島の例でいうと、佐島集落の前にあるキワのネを一括して、隣接する他村では「サジママエ」と呼ぶ。これがいわば隣接する村が認める佐島のマエハマである。問題は、そこにハサキ・シラネ・カサゴネといったオーネは含まれ

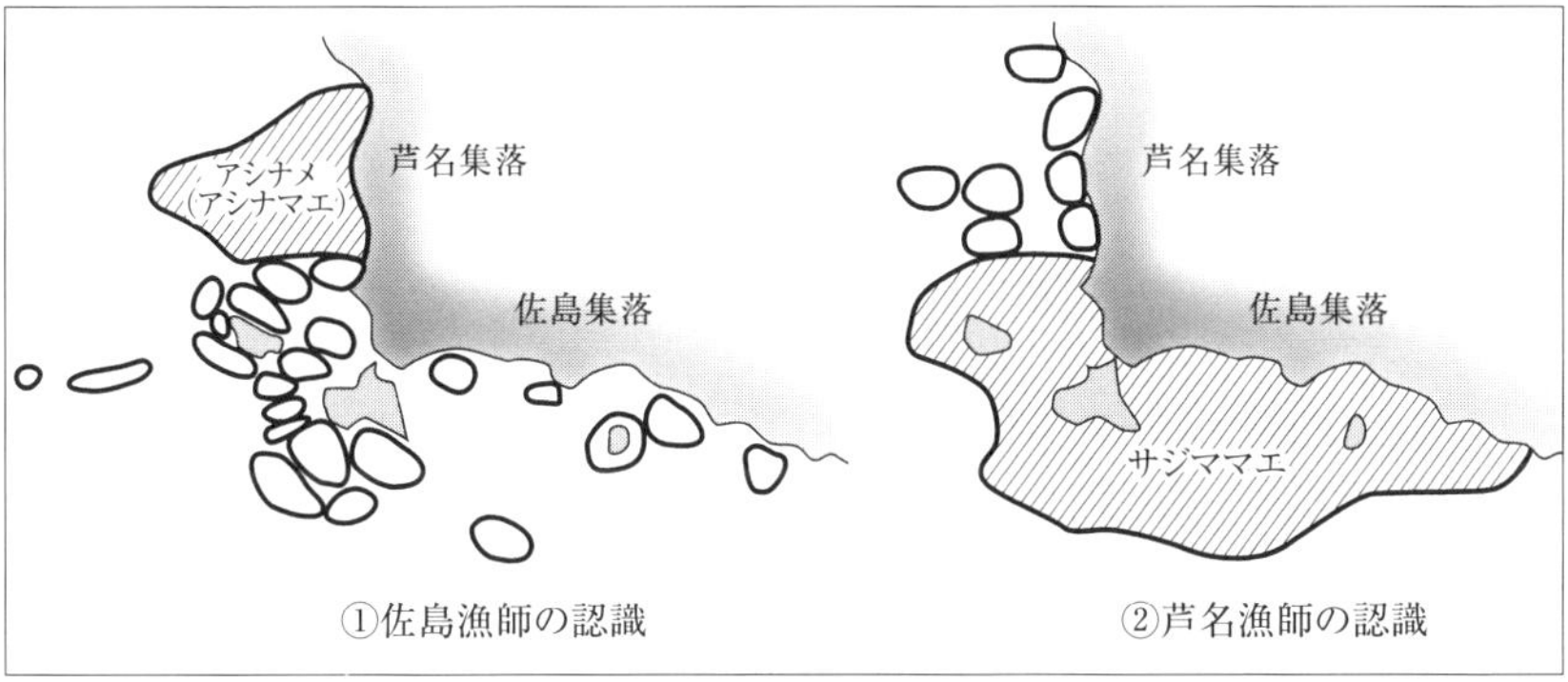

図2-2-10　マエハマとネの関係―佐島と芦名―

ないことである（図2-2-4・図2-2-7参照）。しかし、佐島漁師にとってのマエハマはカサゴネ・シラネ・ハサキを含むキワの領域全域を指す。つまり、佐島のマエハマが意味する範囲として、芦名ではキワの中でもキワ・キワのコーネのみとするのに対して、佐島ではコーネとともにオーネも含むキワの領域全体と捉えていたことになる。そこに隣接村と佐島漁師との意識のズレができる。そのため、他村漁師との諍いは両村の主張が対立するオーネで起こることがほとんどである。

　このとき注意すべきは、サジママエはあくまで他称だということである。佐島の漁師はネの名称としてサジママエという言い方はしない。なぜなら、日常的な漁撈活動を通してもっと詳細に分類し命名しているからである。図2-2-10に示したように、サジママエという領域の設定や命名の仕方が意味を持つのは佐島以外の村人にすぎない。同様に、佐島に隣接する芦名集落の前にあるネを一括りにして佐島ではアシナメと呼んでいる。アシナメとはアシナマエ（芦名前）のことである。この場合も、当然、芦名の住民はアシナメとはいわず、先に検討したように、もっと詳細に分類・命名をしている。

　こうした他称と自称がもたらす影響は比較的新しい歴史的出来事によっても顕在化している。佐島の漁師は芦名集落のマエハマをアシナメといい、芦名の漁師は佐島集落のマエハマをサジママエといい、オーネにグレーゾーンを残しながらもそれぞれに相手の地先漁業権を侵すことなく尊重してきた。それが一九六八年に佐島漁協と芦名漁協が合併して大楠漁協が誕生すると、(14)旧慣との間に新たな調整が必要となった。合併後は、制度的にはマエハマの漁場も統一されることになり、オーネ（広義のマエハマ）のみならずコーネ（狭義のマエハマ）に関してもお互いに他村の地先を利用することが可能となったからである。

漁協の合併後は、佐島と芦名の漁師はミヅキ漁はどちらの地先でやってもよいが、ワカメだけはミヅキで採ってはいけないとされた。また、それぞれの村で、ヒジキなどイソの海草は口開けを設けているが、佐島の漁師がアシナメ（芦名のマエハマ）に行くときには、芦名の口開けより三日後（芦名の漁師が海草を二回切った後）でないと入ることができないとされた。さらに、モグリの場合は、大楠漁協で七月一日を解禁日としているが、佐島の漁師がアシナメに入るときは七月二〇日以降でなくてはならない（つまり七月一日から一九日まではアシナメは芦名の漁師しか使うことはできない）。以上は、佐島漁師が芦名のマエハマを利用するときの決め事であるが、反対に芦名漁師がサジママエ（佐島のマエハマ）を利用するときも同様である。

このように、集落単位の地先漁業権に関する旧慣は、漁協の合併を契機にして、それまでの曖昧な部分を明確化しつつ、新たな取り決めを付加しながら、新制度のもと受け継がれたことになる。(15)

2　ネの領有と隣接村との相論

前述のように、漁協の合併以前は、マエハマではネに付いた魚介類を主な漁獲対象とするモグリ漁やミヅキ漁は地先村の独占的な権利のもとにあった。そうしたネに付いた魚介類に対して、アジやカマスなどの中・表層魚は地先の領域を横断して行き来するものなので、合併以前から他村のマエハマでも漁をすることはできるとされる。しかし現実には、他村の漁師が自分のマエハマに入ってくると怒って追い返す人がかならず存在した。

図2-2-2に示した三浦半島西岸の場合、そうした権利意識の主張には村柄が大きく関わっているとされる。佐島近隣の三村を比べると、長井（佐島の南隣）がもっとも権利意識が強く、次に佐島、芦名（佐島の北隣）の順であった。昔から佐島には「長井三〇〇軒、佐島一〇〇軒、芦名三〇軒」という言い方がある。これはたんに漁師の数や村の規模を示すだけでなく、いろいろな意味で漁師の〝強さ〟を意味している。この言葉に象徴されるように、長井にはむかしから漁師が多くいて競争が激しい、と同時に商店が多く立ち並ぶマチ的な雰囲気[16]を持っていた。その分だけ、長井は漁業者意識は高く権利意識も強かったが、反対に漁業者の数が三村の中ではもっとも少なく、耕地が多くある芦名（佐島の北隣）は海に対する権利の主張は弱かったとされる。

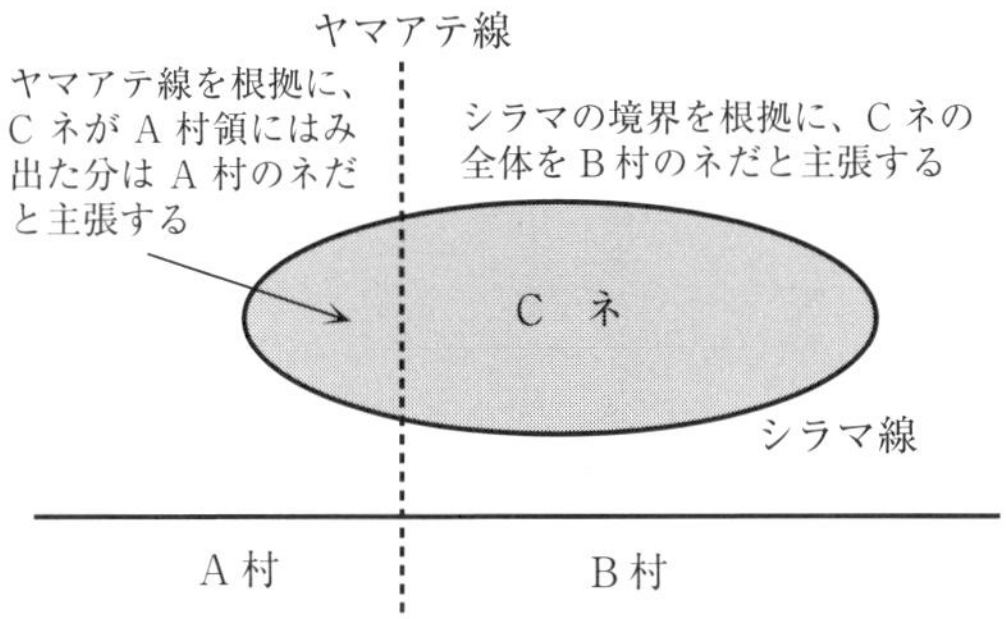

図2-2-11　マエハマのネの帰属をめぐる相論

そのため、両村に挟まれて位置する佐島の漁師は長井のキワにあるネには漁に行くことはなくても、芦名の前にあるアシナメのネにはよくいっていた。佐島ではアシナメという言い方が存在するのにナガイマエというネの名前は存在しないのはそのためである。それに対して、長井の漁師は佐島や芦名の方にまで中・表層の魚を追ってやってきたし、そうしたことで佐島漁師や芦名漁師とけんかになることもあった。そうしたとき佐島漁師の多くは、「長井モンは気が荒い」といって、いつもじゃっかん気後れ気味で、個人としては黙認してしまうことも多かったという。

三浦半島西岸のようにイソネが卓越する地域では、前述のように、隣り合った村との地先の領有はとくにネに関して強く意識される。それに対して、シラマ（砂地）は領有域としてはあまり意識されない。つまり、隣接する二村における地先の領有はネを分けることが基本となり、シラマの領有権が争われることはない。それは磯漁を主とした村ではシラマは利用価値が少ないからである。反面、シラマはネを分ける境界として重要な役割を果たすことになる。前述のように、オキやキワ・オキのネはヤマアテにより、地先となるキワ・キワのネはシラマによって分けられるからである。

その時ひとつの問題が起こる。通常、隣接する村同士は地先の境界をヤマアテによって決めていることが多い。問題は、キワとネの中にはヤマアテではきちんと分けることができないものがあることである。

通常ヤマアテは遠い目印と近くの目印とを見通した線で示されるが、当然それは直線となる。そのため図2-2-11のように、B村に主体があるネがA村の中に張り出してきていることは多い（その反対のパターンもありうる）。そのとき、そのはみ出した部分の帰属をめぐってAとBとで主張が対立する。A村でははみ出してきた部分はヤマアテにしたがって自分たちが利用してよいネだと主張する。それに対して、B村ではネの境界はシラマであるのだから、あくまでシラマを境界とし、Bの領域に主体があるネはたとえA側にはみ出した部分でもそれはBに利用権があるとする。その結果、BからAの側にはみ出た分のネはAとBの競合的入会のような状態になり、利用の仕方を両村相対の話し合いで決めなくてはならない。それが現在、暗黙の慣行（口伝が多い）として残っている。

そうした慣行は、先述の村柄やまたその時々の村の力関係、ときには直接交渉に当たる漁協（村単位の旧漁協）組合長の押しの強さといったことにより決められることもあったとされる。一例を挙げれば、図2-2-11のような状況にあるネの場合、ワカメの採集では、口開けの日を一日ずらして設定したりする。押しの強い方が一日早く口開け日を設定し、弱い方が一日遅く採集に出ることになる。つまり強い方に一日だけ独占的使用権が与えられたことになる。もちろんそうした段階差を付けることなくまったく同じ日に口開け日が設けられることもある。こうしたことがあるため、たいてい海付きの村の場合には、隣接する村同士は仲が良くないとされるのである。

そうした村柄の強弱の関係でいうと、佐島と接する村でいえば、伝統的には南に接する長井が佐島より強く、北に接する芦名より佐島は強いとされる。つまり長井＞佐島＞芦名の順となる。中でも長井は三浦半島西岸では村として人口も多く漁業生産の規模も抜きん出ているため、前述のように、佐島はいつも長井に一目置くことになる。また、それとは反対の力関係に佐島と芦名はある。こうした隣接した村の力関係が、境界領域のイソネの利用の仕方を慣行的に決めるときには影響しており、両村入会としながら結局は力の強い方にたいていじゃっかん有利な利用が認められることで決着する。それは、慣行的に佐島の漁師が芦名のマエハマには行くことはあっても、長井には行かないことに象徴されよう。(17)

七　命名にみる漁場認識のありかた

これまで検討してきたように、命名にみる漁場認識のあり方は一様ではない。一方で、それは、水深と陸からの距離によって、以下のように三つのパターンに分類することがわかった。

a．民俗空間のキワのうち陸からもっとも近いところ（キワ・キワ）、つまり水深二〇m未満の浅いところにあるイソネ。

b．キワのうちオキ側のところ（キワ・オキ）、つまり水深二〇mあたりのネ。

c．民俗空間でいうオキからダイナンにかけて、つまり水深二〇m超で二〇〇mくらいまでの突出して浅くなっているところにできるネ。

この三パターンに対応させて、漁場認識のあり方を、①ネの名称、②位置特定、③形状認識、④名称の認知度、⑤ネの認識と命名の単位、⑥認識・命名の主体者の六要素に分けてそれぞれ整理してみる。

①　ネの名称

a．コーネ（小根）と一括されるネである。コーネはさらに細かく分けられているが、その一つ一つに固有名を持つ。「○○マエ」や「○○シリ」のように、隣接する陸地やそこにある対象物との相対的位置関係から命名されることが多い。さらに、ムラ人が共有するネの名前とともに、ジブンヤマと称する個人的なネも多く存在する。

b．オーネ（大根）と一括されるネである。「○○ネ」の名称が主。また、内部を細分化するときには「○○モタレ」のようにヤマアテに用いるオオヤマの名称がそうした部分名称に用いられることがある。

c．「○○ダシ」の名称が付けられたものが多い。それは基本的にヤマアテの名称と一致する。

② ネの位置特定

a．ネはモグリやミヅキといった磯漁により直接かつ日常的に視認される。ネの区画と領域化の目安として用いられるのがシラマ（砂地）である。シラマの線がネを分ける境界となる。ヤマアテは補助的な意味しか持たない。

b．オオヤマと呼ぶ「○○モタレ」（南北方向に五本）と「○○カケ」（東西方向に四本）という二方向からのヤマアテにより、ネの位置が特定される。

c．「○○ダシ」という海と陸または陸地間の食い合いによる一方向からのヤマアテで位置が特定される。はじめに点として特定され、そののち周囲の広がりをネとして認識する。

③ ネの形状認識

a．もっとも詳細な認識がなされる。シラマを境界線として用いることで、微細な区画と実体に忠実な不定形の領域化が可能となる。

b．コーネに比べると認識される形状は大きな区画になる。二方向からのヤマアテによりネの外形がグリッド状に区画される。そのためネの領域は直線的となる。漁の利便性からヤマアテによりネの内部が細分化されることがある。

c．もっとも大きな区画となる。ただし、「○○ダシ」で特定されたポイントの周辺に広がりをもって認識されるため、円形に描かれることが多いが、正確にはネの領域化はできない。

④ **名称の認知度**

a．ネの名称は地先の村のなかでしか通用しない固有名がほとんどである。慣行的にマエハマとして地先の村に独占的な利用が認められてきたことが背景にある。隣接村からはマエハマ全体が「（集落名）マエ」と一括して呼ばれる。また、村内で通用するネの名称のほか、オカンバ（個人の得意とするネ）のように、個人にしか分からないきわめて個別性の高いネの名称もある。

b．ネは地先の延長上にありながら、沖合のため隣接する村の間で共有されるネの名称となる。隣接村の漁師にも中表層魚を対象とする漁は認められるため、隣接する村落間においてネが共的に利用されることが背景にある。

c．公的な機関が発行する海図に載せられるものが多い。漁船だけでなく貨物船の船乗りなどにも用いられ、村域や職業の枠を越えて共有されるネの名称となる。海図中ではローマ字表記され、その意味でももっとも汎用性が高い名称となる。

⑤ **ネの認識と命名の単位**

a．海底という二次元に対して命名される。海底地形としてのホラやタナに意味がある。

b．aとcとの境界的性格をもつ。

c．海底のみならず、中層や表層も含んだ海域全体に対して命名される。三次元的空間への命名となる。そのため同じ海域であっても複数の名称を持つ可能性がある。

⑥ **認識・命名の主体者**

a．ホラやタナを日常的に利用する磯漁師（とくにモグリとミヅキ）の認識に基づいた命名。

b．磯漁師（とくにエビアミなどの底刺網）に認識に基づいた命名。

c．沖職（一本釣りなど）の認識に基づいた命名。

以上が、ネの命名という行為を通してみたとき明らかになった、漁場認識のあり方の三類型である。

なお、ネの認識を問うとき、難しいのは、佐島の漁師とはいっても、その中には磯漁師、沖職の漁師、大型巻網船の乗組員というように、多様な漁業への従事パターンがあり、一括りには捉えられないことである。ひとつの海付きの村の中でも、じつはさまざまな漁法や生計維持のあり方が存在する。ミヅキやモグリのような磯漁だけをおこなう漁師や沖に出て一本釣りだけをおこなっている漁師というのは実際には存在しない。磯漁と沖漁のどちらに重きを置くかは別としても、どちらの漁もおこなうのが一般的である。

さらには、たとえ一人の漁師でも、その長い人生の中では、アグリ網（揚繰網）のような大型巻網船の乗組員となって房総沖や伊豆大島近海までいっていたり、また潜水技術を活かして港湾潜水夫として全国各地に出稼ぎに出たりした経験を持つものは多い。とくに若いうちは家を出てさまざまな経験を積む人は多かった。佐島漁師の一生をみたとき、若いときは一年のうちの半分以上を大型巻網船の乗組員や出稼ぎ者として佐島外にでていても、家にいるときにはミヅキやモグリなどの磯漁をおこない、年をとって道楽に近い一本釣りや磯漁中心の生活をするようになった人もいる。

つまり、そのように、同じ村内の漁師だからといって、漁師を一様なものとして扱うことはできないし、だからこそネの認識も個人のレベルでは多様なものとなるのである。沖漁に精通した人から沖のネについて聞いたことと、磯漁に重きを置いた人に聞いたキワのネについての情報を単純に足し算することはできないのはそのためである。そうした知識を単純に合算してしまっては、それはその地域に伝承される知識の総量を示すものではあっても、〝生きる〟ための技術を示しているとはいえないし、自然認識に対して超人的にすぐれた技能を有する漁師像という虚像を描くことになってしまうであろう。本論では少なくともそれを避けるために、百姓漁師を自認しモグリとミヅキの組み合わせを基幹とする磯漁を営んできた漁師に焦点を絞り漁場認識を論じたつもりである。

注

(1) 国家的規模での統一の例としては、典型的なものとして、日本水路部(海上保安庁)による海図に掲載するための名称設定が挙げられる(海上保安庁水路部、一九七二)。海図中には瀬(根)の名称がローマ字表記される。これは、さらに国際水路機関の定めた国際基準に準拠するため、国際的なものともなっている。

(2) 聞き取りの内容は海底地形に関する認識など観念の問題に及ぶことも多いため、必ずしも設定した時間軸にそって忠実に復元されているわけではない。話者が漁を始めた一九三〇年代から調査時点となる一九九〇年代に到るまでの中で変遷してきたことも多く含まれると考える。そうしたことについてはそのつど文中で明確化してゆく。

(3) 本来なら、概念図においてもウミ側は水平的な段階構造にすべきである。内陸の集落がこれまで学史上つねに同心円状に概念化されてきたこととはきわめて対照的となる。そこに海付きの村における民俗世界観の特徴が表れているとも考えられるが、その場合にはウミ側の水平的な民俗空間と同心円状に描かれるオカとの間に不連続面が生じてしまうという新たな問題が発生する。

(4) 大楠山はヤマアテの場面では、とくにオオヤマと呼ばれ、タカヤマとは区別されることもある。その意味で、民俗空間としてのタカヤマは、下位分類としてオオヤマとタカヤマに分けることもできる。

(5) オキノシマは遠いため実際の漁場に使うことはできないが、佐島では天気の予測に用いている。

(6) モグリ漁は水深五～六ヒロ(七～九m)を境にして、それより浅場でおこなうのがキワモグリ、またそれより深場でおこなうのがオキモグリとなる。キワモグリは別名タルモグリというのに対して、オキモグリは別名ホンドンモグリ(フンドンモグリ)という。それはフンドン(分銅:重り)を使って一気に六ヒロ(約九m)から一五ヒロ(約二三m)も潜って漁をおこなうためである。

(7) キワではエビアミなどもおこなわれるが、百姓漁師により継続的に世代を超えておこなわれてきた漁はミヅキとモグリの組み合わせであるといってよい。

(8) ヒロという単位は両手を広げたときの長さに由来する身体尺であるため、人によりその長さが異なる。また視認することのできる範囲も目の良し悪しで異なる。したがって、オキとキワとの境界は一本の線で截然と分けられるようなものではなく、人間側の条件とともにその日の天候や潮の良し悪しなどによっても影響されることになり、ある程度の幅を持っている。なお、本論では便宜的に一ヒロを一．五mとして計算している。

(9) 過去にオキではカツオ一本釣りやイワシ巻網といった大型の漁もおこなわれていたが、それは基本的に会社経営の集団漁であった。

(10) 海上での伝統的な位置確認法は単にヤマと称されることが多いが、ヤマという言葉は佐島では多様な意味で用いられているため、本論ではあえてヤマアテと表記する。

(11) キワ・キワおよびキワ・オキは民俗用語としてあるわけではない。便宜的に筆者が漁場利用のあり方をもとにしてキワ空間を類別化するために造語したものである。

(12) 明治期には佐島においてもヤンノーと呼ぶカツオ一本釣りの船が二艘あり、黒潮本流のダイナンのネまで行ってはカツオ漁をおこなっていた。それが暴風による難船が二年続き多くの死者をだしたため、以後その漁は途絶えてしまった。

(13) 海図に載るネの名称としては、発見者（船）の名称とともに、それまで漁業者等により用いられてきた慣行名が採用されるようになっている（海上保安庁水路部、一九七二）。

(14) 大楠漁業協同組合は、昭和四三年（一九六八）に横須賀市西部地区の佐島、芦名、秋谷の三漁協が合併して設立された。合併当時、漁業者数・漁獲高とももっとも大きかった佐島に大楠漁協の本部が置かれ、そこには水揚げされた魚の競りをおこなう卸売市場が設けられた。実態としては佐島漁協が隣接する小漁協を吸収して大楠漁協となったといえる。

(15) 現状では漁協にマエハマの利用に関する新たな取り決めを示す文書はない。合併後のある時期にそうした文章が作られたかどうかも不明である。そのため、今後また村間の解釈に隔たりが生じる可能性は大きい。とくにオーネとコーネという区別が現状ではほとんどできなくなっていることやそのことに起因してマエハマの領域が不分明になってきていることも、そうした解釈の曖昧化を招く元になろう。

(16) 象徴的なこととしては、明治期には長井には米屋が八軒もあったとされる。

(17)　長井＞佐島＞芦名という暗黙の力関係は、一九六八年の横須賀西部地区で漁業集落毎にあった漁協を統合するときに顕在化する。結局、長井は単独の漁協のままで残り、佐島と芦名はさらに秋谷を加えて合併し現在の大楠漁協になった。

引用参考文献

池田　等　一九九三「葉山沖の甘鯛場」『潮騒だより』四号

井上正昭　一九六九「海底地形別に見たアワビの漁獲量」『水産増殖』一五―一

海上保安庁水路部　一九七二「海底地名の付与について」『地理学評論』四五―四

神奈川県教育庁指導部文化財保護課編　一九七一『相模湾漁撈習俗調査報告書』神奈川県教育委員会

斉藤毅・関信夫　一九八〇「『山たて』にみられる環境と知覚空間」『地理』二五―一一

高橋そよ　二〇〇四「沖縄・佐良浜における素潜り漁師の漁場認識」『エコソフィア』一四号

田和正孝　一九八四「沿岸漁場利用形態の生態学的研究」『人文地理』三六―三

中野　泰　二〇〇三「シロバエ考」『国立歴史民俗博物館研究報告』一〇五集

矢島真澄　二〇〇三「沿岸漁民による漁場認知の重層性に関する研究」『地理学評論』七六―一二

安室　知　二〇〇八「海付きの村に生きる」『日本の民俗一―海と里―』吉川弘文館

同　　二〇一一「『百姓漁師』という生き方」『国立歴史民俗博物館研究報告』一六二集〔『日本民俗生業論』二〇一二、慶友社、所収〕

三章　ヤマアテの効用と限界
——景観の分類と命名——

一　はじめに

ＧＰＳや魚群探知機が普及する以前、人が漁撈という生業を営む上でヤマアテは不可欠な技術とされ、研究上とくに注目されてきた。そうした研究の多くはヤマアテの技術を生業の全体像から切り離し、できるだけ多くのしかも体系的な事例を集積することを目的にするものであった。そこで強調されるのは、漁業者の優れた自然観察能力であり、現代の科学技術にも引けをとらない民俗知の緻密さであった。

そのため、漁業者がおこなう一年の漁撈活動の中には、漁場認識の方法として、ヤマアテがほとんど意味を持たない場や状況があるという、当たり前のことに目が向けられることはなかった。漁業者にとって、自然理解や漁場認識の方法としてヤマアテはけっして万能ではない。従来の漁場認識に関する研究は船上におけるヤマアテを重視するあまり、他の認識のあり方については研究上無視する傾向があったとの指摘は正しい（中野、二〇〇三）。

ここでは人に焦点を当て、民俗技術がどのように運用され、生活や生業が成り立っているのかという点に着目したい。言い換えれば、漁業者の生業全体、ひいては彼らの生活にとって、ヤマアテがどのような意味を持っているのかを問うことにする。ヤマアテの限界を知ることは、逆にその効用をより鮮明に浮き立たせることにもなろう。これは、ヤマアテを生活技術の視点から捉え直す試みでもある。

二　百姓漁師にとってのヤマ―ヤマとは何か―

高度経済成長期の前に時間軸を設定し、三浦半島の磯漁地帯において一つの典型を示す漁業者に注目してみる。調査地となる横須賀市佐島は三浦半島の西岸、相模湾に面する漁業集落である。そこに暮らす人びとは百姓漁師を自称する。その詳細はすでに別稿で論じている（安室、二〇〇八・二〇一一a・b）。

百姓漁師の場合、高度経済成長期前において、男（夫）はショウバイ（商売）と称して金銭収入源となる漁を、女（妻）は自家消費のための漁と農をそれぞれおこない、一家の生計を維持していた。この場合の漁が、男は夏（七月～九月）のモグリ（裸潜水漁）と秋から春（一〇月～六月）にかけてのミヅキ（見突き漁）を基本的な組み合わせとするのに対して、女はほぼ一年中イソドリ（磯採り）と呼ぶ磯物採集をおこなっていた。

佐島では、ヤマアテのことを単にヤマといい、ヤマアテすることを「ヤマを見る」と表現する。しかし、村で生活するなか、ヤマという言葉は多義的で、おもに四つの意味を持って使用される。①陸地形としての山（山地）。②畑または畑仕事。③海上での位置確認法。④漁場または好漁。

実態としてそれら四つのヤマはまったく異なるものでありながら、佐島で生活する上では相互に連関しており、その言葉は状況により使い分けられている。①と②また③と④は当然密接に関係する。民俗空間としてのヤマは①の意味でありながら、同時に②の意味を含意しており、「山に行く」とは畑に行くことを意味する。同様に、民俗空間としてのウミにおいて位置確認する方法が③であるが、その主たる目的は④である。このとき注目すべきは①と③との関係である。陸地形としての山（①）を眺めながら、海上の位置確認（③）がおこなわれており、結果として①②③④はそれぞれ関係し合うことで生業を維持する上において重要な意味を持つ。ヤマは佐島で暮らす上でもっとも基本的な生活技術であるといってよい。佐島のような海付きの村の生活を理解するうえで、ヤマはまさにキーワードである。

三　二つのヤマ

　ＧＰＳや魚群探知機が漁船に搭載されるようになるまでは、ある程度沖に出て網漁や釣り漁をおこなうときには、ヤマアテは不可欠な民俗技術であった（ただし、詳しくは後述するが、岸近くでおこなう磯漁にはヤマアテは必ずしも必要ではない）。「網は下を見てやるより、ヤマを見てやる方が固い」という言い方がそれを象徴している。そうした沖の漁にとって、ヤマは海上での位置確認や漁場の記憶のためにはなくてはならないものであった。佐島のような個人漁を主とした磯漁地帯では、ヤマの取れない（ヤマアテのできない）沖に出ると、潮がどちらに流れているかが分からず不安であるという。その意味で言えば、ヤマは孤立無援の海上にあって、自然条件や置かれた状況を判断する元となり、結果として漁師に漁とともに安心感をもたらすものとなった。

　また、①に関して、陸地形としての山はその用い方から二分類することができる。ひとつは遠景としての山で、佐島の場合は、遠く（海の向こう）に臨むところの富士山、三原山（伊豆大島）、伊豆半島の山々がそれに当たる。これは気象条件によってはすぐに霞んで見えなくなってしまう。そのためいわゆるヤマアテのヤマには用いることはできない。その代わり、かすみ具合や雲のかかり方、また噴煙のたなびき方（三原山の場合）により、民俗的な天気予測に用いられる。たとえば、「富士山に一重笠（雲）が掛かると風が出て、二重笠が掛かると海が荒れる」「大島の噴煙がなびく方向に風が強くなる」などという。

　それに対して、近景の山がある。これは佐島から近く地続きの大楠山・武山・佐島山（佐島集落の背後にある丘陵地を指すもので、通称）といった三浦半島西岸にある標高二五〇mに満たない低山である。三浦半島の最高峰たる大楠山でも、標高は二四二mしかない。これらの山は佐島地先で漁をおこなう限りは、その見え方が気象条件にあまり左右されない。この点が近景の山を視るとき、最大の利点であり、特徴となる。そのため、漁の現場においては海上の位置確認や漁場の記憶といったヤマアテのヤマに用いられる。

つまり、遠景の山は「見えなくなること」に意味があるのに対して、近景の山はたえず「見えていること」に意味があるといえる。

なお、ヤマアテの中では同じ近景とはいっても、大楠山や武山のように半島の内陸にある山と、佐島山のように海岸線にある山とに分けることができる。図2‐2‐3（Ⅱ—二章）に示すように、通常はヤマアテには遠近二点を見通す必要があるが、そのとき内陸の山と海岸近くの山がそれぞれ遠いメアテ（目当て）と近いメアテに用いられる。そのとき、図2‐2‐8（Ⅱ—二章）にあるように、遠いメアテは、佐島の場合、四—五㎞圏に設定されている。それ以上遠いと天候の変化によりすぐに見えなくなってしまうおそれがあることと、大楠山方面および長井台地方面（つまり佐島の背後に見える丘陵地）の二方を見たときにそれ以上に高い山は存在しないことが、その理由である。

四　三つのヤマアテ

ヤマアテの場合、ヤマの取り方には大別して三つの方法がある（図2‐2‐3）。ひとつは、地上の遠近二点にメアテを設定し、それを結んで見通す方法である。一般に「ケントウ（見当）をつける」と言ったりする。通常は遠いメアテを高所に、近いメアテには低所を設定するが、そのときできるだけ高低差を付けるようにする。また、メアテは近いほど船の動きに敏感に反応し、遠いところほど動きは少ない。そのため、遠近二点のメアテはできるだけ離れている方がヤマは正確に取ることができる。遠くのメアテほど「ヤマの動きはいい」という。遠くに一方のメアテを固定しておくと、船が少し移動しても手前のメアテは動き、結果としてヤマが大きく変わるため、正確に記録できることをいっている。

このように遠近と高低の差を組み合わせることで、ヤマアテの正確さは増すことになる。一番良いヤマの取り方は、空と陸との接点にある対象物を遠くのメアテとし、海と陸との接点のところにある対象物を近くのメアテとすることで、船上から見てもっとも近いメアテともっとも遠いメアテを設定することができたときである。さらに正確さを増すには、同じことを他の方向を見ておこなう。つまり二線の交点として海上での位置や漁場を記録する。昔の漁師には、正確を期すため同じ場所のヤマを取るのに三方向ないし四方向にケントウをつける人もいたという。

また、時として、曇や霧などの気象条件によっては遠いメアテは見えなくなってしまうことがある。そうしたことを防ぐために、できれば遠近の二点だけでなく、その中間点に目印をもう一点設けておくようにするのがよいとされる。そうすると、もし仮に遠いメアテが見えなくなってもヤマを取ることができる。

二つ目のヤマアテ法は、海上にあるやはり遠近二つの対象物（島や半島など）の重なり具合から判断する方法である。これを「マンジュウゴ（合わさること）をみる」または「クイアイ」（食い合い）」という。マンジュウゴの場合、近くの対象物により隠れていた遠くの対象物が船の移動とともに顕わになるときその地点をもってヤマとするため、ヤマに「〇〇ダシ」という名称がつけられることがある。この点は三つ目のヤマアテ法と共通する。

ケントウの場合は垂直方向（仰角をなす）の線で見通すのに対して、マンジュウゴは水平方向の重なり具合でみることになる。おもにケントウは海上での位置特定に用いるが、マンジュウゴの場合はそうした役割とともに、船を動かしているときの方向やスピードをみるときにも用いられることに特徴がある。ケントウが船が止まっている状態で用いられる技術とするなら、マンジュウゴは移動時に意味を持つ技術ということになる。その意味で、マンジュウゴは他のヤマアテ法とは違い、操船技術としての側面も併せ持っているといえよう。ただし、役割としては小さいが、ケントウにおいても、マンジュウゴと同様に、操船時に進む方向やスピードを特定する役割がある。その時のもっとも大きな違いは、マンジュウゴは船が速く走っているときにも用いられるのに対して、ケントウは停泊する間際のゆっくりと動いているときに限られるもので、その意味では停泊場所の微調整の役目に用いられるにすぎない。

そして、三つ目のヤマアテ法は、ダシと呼ぶものである。目標となる陸地形が海上に見えはじめるところをいう（それ以上沖に出ると目標物は海に没して見えなくなる）。陸地の目標となるのは多くは山のピークである。中でも武山は、大楠山などに比べ標高こそ低いものの、トゲヤマ（棘山）という通称が示すように、海上からは海に刺さった棘のように突出して見えたとされ、ダシには最適の目印であった。その意味では、ダシは海と陸とによるマンジュウゴの一種と考えることもできる。

佐島では普通の漁師で一〇〇〇、腕のよい漁師と認められる人で三〇〇〇のヤマを持っているという。ただし、一〇〇〇や三〇〇〇という数字にどれだけの信憑性や意味があるかは不明である。こうした数値はそれだけ多様な漁場が存在すること、及び漁にはヤマが重要な意味を持つことを比喩的に示したものであると考えられる。そして、一〇〇〇に対する三〇〇〇という言い方は腕の良さを強調するためのやはり比喩であろう。「ヤマは自分で工夫しないと覚えない」し、「人に教えられても忘れてしまう」が、「自分で工夫して作ったヤマなら絶対に忘れない」とされる。こうしたヤマのうちとくに自分の得意とするところをオカンバという。この場合、ヤマは漁場と同義で用いられる。オカンバはいってみれば自分が開発したか、または親から受け継いだ好漁場である。そのため「オカンバは漁師の財布」だともいわれる。そうした言い方からは、オカンバは個人の専有空間という意識が見てとれる。

漁師は、一〇〇〇を超えるヤマをすべて頭に入れているとされる。帳面などに記録することはない。ただし、一〇〇〇のヤマがすべて独立しているわけではなく、鍵となる基本のヤマがあり、それを覚えることで、その線上に何十ものヤマが設定される。つまり、同じヤマといっても、佐島の漁師ならみなが知っている共通認識としてのヤマと、それに関連づけて各漁師が設定するヤマ、およびオカンバのように漁師個人によるまったく独自のヤマという三種類があることになる。

五　ヤマの設定

佐島では鍵となる基本のヤマは、図2-2-8に示したように、東西（実際には北西から南東）方向に四本、南北（実際には北東から南西）方向に五本ある。東西方向は長井台地を起点としたものであり、南北方向は大楠山を起点とするものである。これは佐島の漁師なら誰でも知っているヤマであり、昔から変わることのない共通認識としてのヤマである。それをオオヤマ（大山）という。

それに対して、オオヤマに関連づけて設定されるヤマは、漁の種類（網漁、釣り漁、ミヅキ・モグリ等の磯漁）によって異なってくる。当然、漁獲戦略や技能といった、漁師の個人差が大きく作用する。そのため、それを漁師個人で設定する独自のヤマも含めてジブンヤマ（自分山）といい、オオヤマとは区別する。通常、ジブンヤマはヤマとしての共通名称はなく、自分で名付けて使うため、他人に言っても分からないことが多い。

基本となるヤマが東西方向に四本、南北方向に五本設定されるということは、漁場認識の上で重要な意味を持つ。この基本的なヤマだけで佐島の眼前に広がる海が、図2-2-8に示すように、碁盤目（台形の枡）状に区画される。こうした台形の区画が基本線だけで四×三＝一二ヶ所できることになる。こうしたことで、面的に広がりを持つ根について、ヤマアテによりその位置だけでなく大きさと形状が把握される。

東西方向のヤマは長井台地の特徴ある地形（森や岩など）から見通すもので、サンノーガケ、マレモリ、サンボンマツ、オイデヤマの四本である。サンノーガケの名称にもあるように、こうしたヤマは「○○ガケ」または「○○にカケる」と言われる。この四線は佐島の海岸線とほぼ並行しており、つまり四線は順に沖へと深さを増していくことになる。もっとも沖の線をなすオイデヤマは岸から続く磯根の限界線と一致する。手漕ぎの船の時代は、オイデヤマより沖は釣職（沖職ともいう）が主で、エビ網（底刺網）のような網職はそれより手前で漁をした。そのため、昔からこの四本のヤマは網漁をおこなう人にとってはよく使うヤマとなっている。ただし、船外機が登場して以降は、船の性能が向上し漁の機械化も進んだため、網職もごく当たり前にオイデヤマより沖にも出るようになっている。

それに対して、南北方向に見通すヤマは遠い目印に大楠山を用いていることに特徴がある。大楠山を遠い目印にして、集落や海岸線にある目立つものおよび佐島山（お伊勢山や寺山など集落背後の微細な起伏の総称）を、近くの目印として見通すものである。近くの目印は、八兵衛（旧家）、伊勢山（伊勢社）、学校（大楠中学校）、寺山（福本寺）、宮（熊野神社）であり、ヤマはそれぞれハチベエモタレ、オイセヤマモタレ、ガッコウモタレ、テラノヤマモタレ、ミヤモタレと呼ばれる。「○○モタレ（モタリ）」という言い方が共通するが、モタレとは「もたれ掛かる」という意味で、大楠山が近くの目印となる対象物の上に掛かって見えることに由来している。

これらのヤマは、ヤマアテ線同士がほぼ水平となる東西方向のヤマとは異なり、起点が大楠山であるため、南（つまり沖）に向かって放射状に広がってゆく。沖に行くほど佐島の漁場は広がりを見せているわけで、岸近くは村の領域が厳然としているため隣村の地先には行くことはできないが、沖に向かうほど自分たちの領域を広く認識し、他村の方にまで広がっている。こうした意識は佐島だけではなく芦名や長井など佐島と隣り合った村々でも同様であると考えられ、結果として沖合ほど村間の入会地的な性格を強く持つことになる。

なお、ヤマを見るときの遠い目印は大楠山であったり長井台地であったりして昔からほとんど変わらない（このほか、佐島では、ヤマとしては武山や、沖合に出た場合には伊豆大島、房総半島、伊豆天城山、江ノ島などが用いられる。ただし、武山以外は遠すぎるため霧などが掛かると見えないことも多く、特殊な場合以外は使わない。また、佐島から眺めた場合、海上で目立つ存在に富士山があるが、はっきりと見えるときはそれほどないため、ヤマには使えない）。それに対して、近くの目印は特徴的な家屋や樹木、堤防といったものが使われるが、それは往々にして変わる。たとえば、堤防は佐島の場合、昭和二三年（一九四八）から徐々に延伸しており、その形状も変化している。家や木も同様である。そうなると近くの目印は、絶えず変化しており、それに併せてヤマの取り方も変わっていくことになる。その意味で、前述の基本となるヤマ（オオヤマ）がほとんど変化なく存在しつつ、それに組み合わせて各自が創り出すヤマ（ジブンヤマ）はたえず修正が加えられ変化しているといってよい。

また、海上にある遠近二つの対象物（島や半島など）の重なり具合（マンジュウゴ）から判断する方法としては、「○○カケ（ガケ）」と呼ばれるものがある。これは、図2-2-8に示す長井台地から見通したヤマの基本線と同様の原理に基づいている。遠い目印としては、城ヶ島、江ノ島や伊豆大島などの島、房総半島や伊豆半島が使われ、近い目印としては堤防の灯台や瀬のもっとも浅いところに打たれた杭（浅瀬の目印）などが用いられる。佐島漁師の方向感覚として、北をウワテ（上手）、南をシリ（尻）というが、それを用いて、たとえば「江ノ島のウワテガケ」「江ノ島のシリガケ」というように使う。これは、瀬に打たれた杭（近い目印）と江ノ島（遠い目印）がマンジュウゴになっているところがウワテかシリかをいうものである。

さらに、ヤマの中に「○○ダシ」と名付けられるものがある。もっぱら沖合の漁場を示すヤマである。ヤマのないつまり陸地の見えない沖合から、船が岸に近づくにしたがって最初に見える陸地であるため、出現するという意味で「○○ダシ」という。○○のところに最初に見える陸地の名称が入る。そうした意味では、磯漁を中心とする漁師にとってはもっとも沖にあり磯漁自体にはほとんど利用することのない漁場ということになる。そして、それより先は人は行かないダイナンの場となる。ダイナンとは、佐島では「大難」の字を当てることを見ても分かるように、沖の先にあって陸地が見えない、かつ潮や風の当たりが激しい危険な海域を示す。

そうしたヤマのひとつにヘーダシがある。城ヶ島と伊豆大島の中間あたりにオキノセというネ（根）があり、そこでは陸地はまったく見えないが、オキノセから城ヶ島の方に戻ってくると房総の山が見えてくる。それがヘーダシである。手漕ぎの木造船時代には片道に六時間以上も掛かるところであった。ちょうど城ヶ島から江ノ島を見通したラインに当たり、黒潮がもっとも岸寄りを通るときヘーダシあたりまで来る。そのため、ヘーダシは潮の流れがきつく危険な場ではあるが、アマダイを延縄で捕るときの良いヤマとなる。

通常、沖へゆくほど陸地が低くなってしまうため、ヤマを取る角度は小さくなってゆき、最後は角度がなくなって点となり、さらにはそれも海中に没することになる。相模湾の外、外洋で漁をするときに使うヤマは、標高の低い三浦半島ではすぐに海中に没してしまうため、伊豆大島（三原山）や房総半島（布良など）など大きな山が中心となる。なお、こうしたダイナンに近いオキにあっても、天気が良ければ富士山は見える。しかし、見通す近くの山がないため、実際にはヤマに使うことはできない。つまり、相模湾岸ではもっとも目立つ山でありながら、富士山はキワでもオキでもヤマには用いられない。

六　ヤマの解読

百姓漁師の漁場認識体系の中にヤマアテを位置づけてみる。すでに、佐島における百姓漁師の漁場認識法については、ネ（根）の分類と命名の視点から一文をまとめている（安室、二〇一三）。漁場認識のあり方については、それに譲るとして、以下では漁場認識法としてのヤマアテの意義についてみてゆく。海域や海底の状況（民俗空間）ごとに漁場認識のあり方を一覧表にまとめたのが表2-3-1である。

表2-3-1　漁場認識の方法—ヤマアテとその他の認識法の関係—

民俗空間 海底		民俗空間 海域		漁場認識の大きさ	対応する漁法	在来の漁場認識法①（ヤマアテ）	在来の漁場認識法②（ヤマアテ以外）	現代の漁場認識法（機械技術）
イソ（磯）		（キワ）＊1		小規模・不定形（陸地形と対応）	磯漁（イソドリ・イソモグリ）	用いない	接する陸地との位置関係及び海底（砂地）で判断	用いない
ネ（根）	コーネ（小根）	キワ（際）	キワ・キワ	小規模・不定形（海底の砂地で区画）	磯漁（ミヅキ・キワモグリ）	従たる確認法（モタレのみ）＊3	海底（砂地）で判断	用いない
	オーネ（大根）		キワ・オキ	中規模・方形（ヤマアテ線で区画）	磯漁（オキモグリ・底刺網）	主たる確認法（モタレとカケの併用）	なし	用いない
		オキ（沖）	オキ・キワ	大規模・外郭は曖昧（中心点とその周辺）	沖職（一本釣り・延縄・網漁）	主たる確認法（モタレが主、一部にダシ）	なし	GPS・魚群探知機＊4
			オキ・オキ＊2	大規模・外郭は曖昧（中心点とその周辺）	沖職（一本釣り・延縄）	主たる確認法（ダシが主）	なし	GPS・魚群探知機＊4

＊1　イソハマ（磯浜）ともいい、陸からの延長と捉えられている。
＊2　オキ・オキはダイナンとの境界あたりのネであるが、漁船の大型化・機械化によりダイナンの中にもネが設定されていく。
＊3　ヤマアテはおもに漁場へ向かうとき、船の進路を決めるためなどに使うもので、具体的な漁場の記憶には用いない。
＊4　ヤマアテは現在でも、操船時など、とくに漁場へ向かうときに用いる。

表2-3-1を見てまず気付くのは、一年のうちには結果としてヤマアテが重要な意味を持つ時とそうでない時があることである。そうした違いを生むのが、時期ごとに異なる漁法の選択である。漁法によって漁場の認識にヤマアテを必要とするものと、そうでないものがあるからである。当然、漁場となる海域によっても、ヤマアテが必要なところとそうでないところがでてくる。

次に、漁場認識法におけるヤマアテの優先度を知ることができる。民俗空間と在来の漁場認識法との関係に注目するなら、イソとネとでは、イソはヤマアテを用いないが、ネでは用いるという明確な違いがあることが分かる。それは、イソの場合に可能となる陸地との位置関係からの漁場認識法を、ネでは用いることができないためである。つまり、陸地に接し、その位置関係から漁場が認識されるなら、それはヤマアテによる漁場認識に優先することを示している。それは、前者の方が正確かつ微細な漁場認識が可能だからである。

もう少し微細に検討すると、イソではまったくヤマアテは用いられず、またイソに近いネ（キワ・キワ）においても、ミヅキ漁やキワモグリ（裸潜水漁の一種）といった海底を直接のぞき込む漁獲行為により、海底地形（砂地の入り具合）が漁場の区画に主として用いられていることが分かる。こうした実体視による海底地形を用いた漁場認識法はキワ・オキより深いところでは用いることができず、それに代わってヤマアテが主として用いられることになる。

そうしたことが顕著なのが、図2-2-8に示したモタレとカケの併用される海域である。佐島ではモタレ（五本）とカケ（四本）はともにオオヤマと称され、すべての漁師に共通したヤマアテの基軸線であり、それにまつわる民俗知識は共有されている。図2-2-8にあるように、モタレとカケはほぼ直交しており、両者を併用することで、ヤマアテでも詳細な漁場認識が可能となる。通常はヤマアテでは点での漁場認識となるが、方向の異なる複数の基軸線を組み合わせることで、漁場を面として捉えることが可能となっている。

モタレとカケを併用することのできる範囲（図2-2-8中の碁盤目状のところ）にあるネが、いわゆるオーネ（大根）

である。それに対して、サンノーガケよりも浅いところは、モタレの一方向しか見通すことができない海域で、そこにあるネがコーネ（小根）である。オーネはヤマアテ線で面として区画化される大きなネであり、コーネは砂地により区画化される微細なネである。つまり、コーネの場合は、ヤマアテはおおよその方向を見るときにしか用いられず、漁場認識法としては副次的な意味しかない。

モタレとカケが併用されるとき重要なことは、モタレが佐島から見ると岸から沖へと伸びる線を示すのに対して、カケは佐島の陸地に平行している点である。つまり、モタレは、佐島からの距離に重きを置いた基軸線であるのに対して、カケは水深に対応した基軸線ということになる。その結果、同じヤマアテの基軸線でも、カケとモタレではその用いられ方が異なる。漁場が認識されるとき、モタレは方角を示しかつ水深の変化を敏感に示すことが可能となるのに対して、カケはむしろ等深線を示している。そのためカケは漁法の選択に大きな意味を持つ。たとえば、もっとも沖側にあるカケのヤマアテ線がオイデヤマであるが、これを境に沖側では釣り漁がおこなわれるが、陸側では底刺網のような網漁やモグリが中心となるし、またミヅキがおこなわれるのはサンノウガケよりも浅いところ（岸側）である。

七　ヤマアテと生活感覚

ヤマアテの基軸線は、佐島での生活感覚とも密接にかかわっている。たとえば、佐島の住人が船で出かけるとき、行く先を尋ねたり説明したりするときには、「オキかキワか、東か西か」というが、まさにそれはオオヤマのモタレとカケに重なる感覚である。

さらに言えば、そうした生活感覚は佐島の場合、風や潮の認識とも大きく関わっている。風の認識をみると特別な名称が付与されるような、住民にとって関心の高い風は北西から南東にかけての風に集中しており、それはやはりオヤマのカケと重なる（安室、二〇〇八）。

ヤマアテは海上での位置確認法や漁場認識法としてだけ論じるのではなく、本来は住民の生活感覚全体の中にきちんと位置づけるべき問題だといえよう。今後の課題である。

引用参考文献

中野　泰　二〇〇三　「シロバエ考」『国立歴史民俗博物館研究報告』一〇五集

安室　知　二〇〇八　「海付きの村に生きる」『日本の民俗1―海と里―』吉川弘文館

同　　　　二〇一一a　「『百姓漁師』という生き方」『国立歴史民俗博物館研究報告』一六二集〔『日本民俗生業論』二〇一二、慶友社、所収〕

同　　　　二〇一一b　「『百姓漁師』という生き方」『国立歴史民俗博物館研究報告』一六二集〔『日本民俗生業論』二〇一二、慶友社、所収〕

同　　　　二〇一三　「百姓漁師の漁場認識―ネ（根）の命名をめぐって―」『国際常民文化研究叢書』一号

同　　　　二〇一四　「風の名前と民俗」『人と自然』八号

四章　池の名前と村の記憶
——人工地形の分類と命名——

一　はじめに

「歴史」の表象は本来さまざまな形態をとる。そして、それに対するアプローチも多様である。文献史学は文字や絵画として残されるものを、考古学は遺跡や遺物として発掘されるものを、そして民俗学は口頭や仕草で伝えられるものをそれぞれ主たる研究の対象としてきた。それぞれ資料の特性に応じて方法論を研鑽してきた。このほかにも、さまざまな分野で景観や身体技法といったことが研究対象化されてきた。それらが統合され、本来は広義の歴史学となるはずである。

しかし、日本の場合には、歴史学と言えば主に文献史学を指すものとされ、長らく民俗学や考古学はその補助学として扱われてきた。考古学については土器編年といった伝統的な手法に加え自然科学的手法を取り入れつつ方法論の独自性を高めていったり、また社会的需要という面においても考古学ブームや考古ファンといった幅広く根強い人気に支えられて、文献史学の補助学という扱いを脱していった。そうしたとき、民俗学はどうなのだろうか。伝承やそれを支える基盤の危機が叫ばれて民俗学の対象が混沌とするなか、民俗学＝近過去五〇年史という、まさに補助学として位置づける考え方もある。

本来は記録（文献資料）は記憶（伝承）を前提として成り立つものである。どんな記録もそれを目撃したり体験したりした人の記憶をもとに文字や絵画などの手法を用いて再現されたものである。そのときすべての記憶が文字化されるわけではない。おそらく記憶が記録として残されるのは、何らかの理由からその必要性が認められたときに限られ、その量は記憶のごく一部に過ぎない。その意味で民俗学が研究の対象としてきた記憶は文字による記録になじまない部分であったということもできる。

本論では、本来は補完し合う記憶と記録の関係について考察することにしたい。それは歴史方法論としての文献史学と民俗学との関係を問い直すことでもある。ここでとくに注目したいのが、溜池の名称である。水田水利については、交渉事や紛争時また修繕の記録として文字記録が残されることがある反面、実際の運用面については不文律となっていることが多い。そのとき水をめぐる記録と記憶をつなぐ架け橋として、地域住民にとって大きな意味を持ってきたのが溜池の名称であったと考えられる。

二　耕地と水

1　耕地の民俗分類―エキ・カイサク・カンタク・カイタク―

前記の研究目的のもと、本論で注目したのが山口県防府市大道である。大道は瀬戸内海に面する水田稲作地で、古来から溜池灌漑が発達したところとして知られる（山口県、二〇〇六）。一八八九（明治二二）年に吉敷郡台道村と切畑村が合併して大道村となり、一九五五（昭和三〇）年に防府市に合併され現在に到る。大道の基幹産業は水田稲作で、域内には二三の農業集落がある（一九九五年農業センサス）[1]。戸数は大道全体で二二六六戸（六〇四五人）、そのうち農業戸数は六〇五戸（専業九五戸、兼業五一〇戸）ある（大道農業協同組合、一九九七）。また、農地の総面積は五二三ha（水田四九一ha、畑二五ha、樹園地七ha）で、水田化率は九四%に達する（一九九七年現在）。

地形的には、大道は、南辺において瀬戸内海に接し、北辺には中国山地がひかえている。そのほぼ中央を横曾根川が南北に流れ、それが沖積地を作っている。そこが大道においては主な水田耕地となっている。そして、横曾根川の河口付近には遠浅の海が広がっていたため、近世から現代にかけて徐々に干拓が進められ新田が造成されていった。

そうした大道の耕地は、エキ（浴）、カイサク（開作）、カンタク（干拓）、カイタク（開拓）の四つに民俗分類されている。大きくは、旧来からの耕地（エキ）と新開地（カイサク・カンタク・カイタク）の二つに分けられる。前者が旧村部であり住民の記憶を超越して過去から続くものである。それに対して、後者の起源は明確で、その開発は近世後期以降のため精粗はあるが住民には何らかのかたちで開発の記憶が存在する。

民俗的認識でいうと、川の流れに沿って山に切れ込む浅い谷をエキ（浴）といい、その底面は緩傾斜地で主に水田として利用される。大道の場合、図2-4-1に示すように、南北に走る横曾根川に沿ってエキが発達している。さらに横曾根川に注ぐ支流が作る小さな谷状の水田をサコ（迫）といい区別することもある。エキとサコは規模こそ違え、同じ浅谷地形またはその底面の水田地を指している。サコの場合、その水田を指してサコダ（迫田）という。ともに関東地方におけるヤツ（谷津）やヤト（谷戸）と呼ばれる谷地形のことである。開発が新しいカイタクやカンタクに比べると、エキやサコの起源は不詳であることが多い。したがって、エキに立地する集落は古く、公民館や農協支所が置かれるなど今でも交通や村政の面で大道の中核をなしている。

そうした古来からあるエキに対して、カイサクとカンタクはいわゆる新田開発された新開地ということになる。カイサク（開作）は主に近代以前に横曾根川河口付近の海岸部を埋め立てて作られた耕地であり、カンタク（干拓）は現代になってから近代土木技術を駆使して造成された埋め立て地である。つまり、同じ海岸部の新田開発でも、それがおこなわれた時代によってカイサクとカンタクは呼び分けられている。現在でも集落名称として、カイサクの場合は真鍋開作や渡部開作など開発単位ごとに、またカンタクの場合は大道干拓というようにそれぞれ名称を残している。

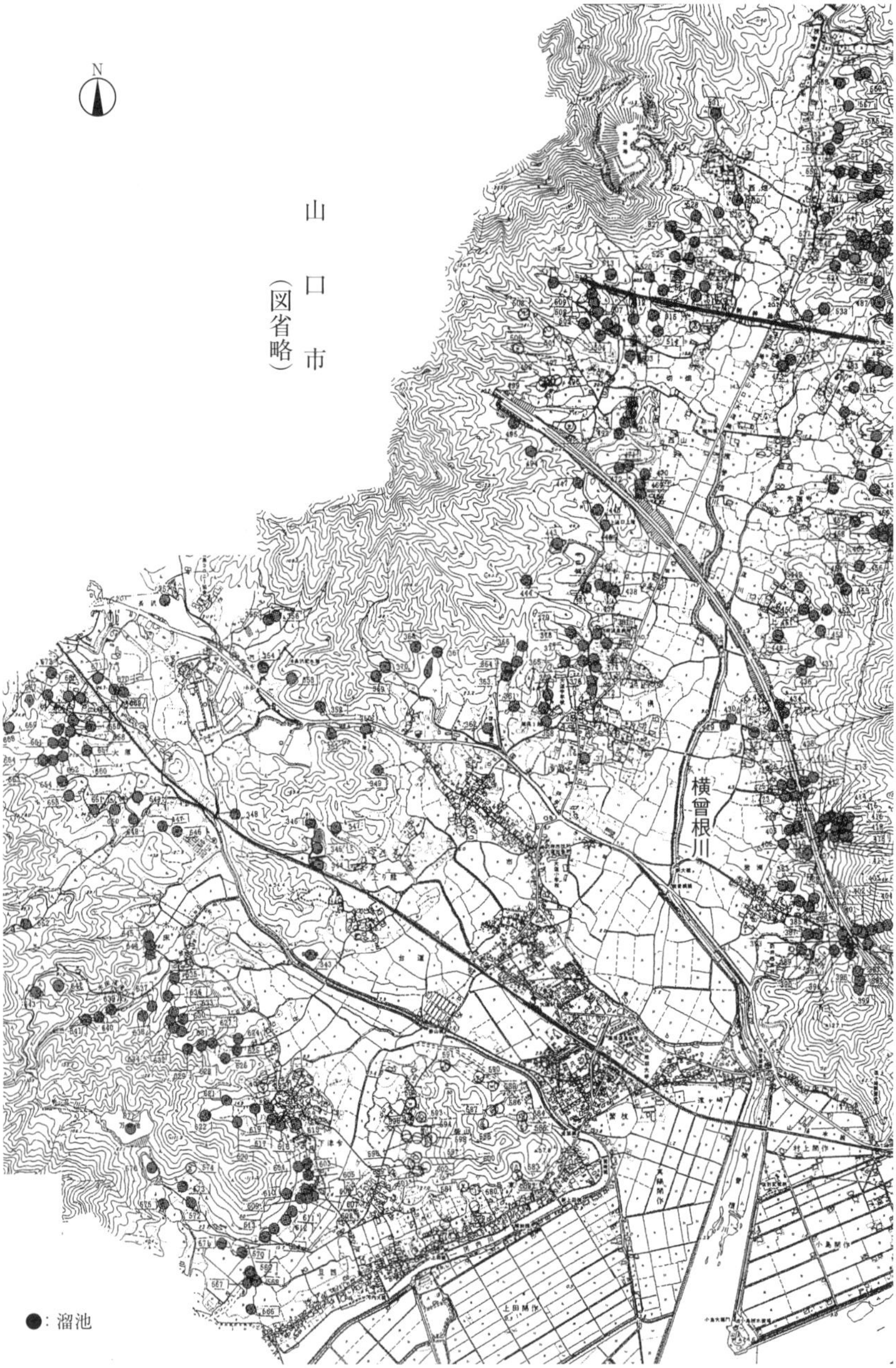

図２－４－１　大道の溜池分布　※文献（山口県、2006）より修正・転載

また、カイタク（開拓）は太平洋戦争後に満州等からの引き揚げ者を収容するため山間の未利用地に開かれた耕地であり集落である。大道には二ヶ所あったが、現在も残るのはその名も「開拓」と名付けられた一集落だけである。カイタクで開かれた土地は傾斜地で地味も痩せていることが多かった。そのためカイタクには水田はなく、すべてが畑（果樹園を含む）ないしは牧草地であった。カイタクでは入植者により新たな商業的農業が試みられ、大道ではそれまで見られなかった酪農やみかん等の果樹栽培がおこなわれた。ただし、そのほとんどが結果的には失敗に終わり、多くの入植者は大道の地を去ることになった。

2　大道の水環境—河川と溜池—

瀬戸内海に臨む防府市大道は、年平均気温一五．七℃、年降水量一四九九㎜と四季を通じて温暖小雨の瀬戸内海気候のもとにある（防府市編、一九九三）。住民の認識の上でも大道は総じて穏やかな気候風土のもとにあるとされる。しかし、そうした大道にあっても、こと水に関してだけは、さまざまな苦労話が伝えられている。

その象徴的な存在が溜池である。大道だけでも溜池は三〇〇ヶ所を超える。その詳細については後述するが、溜池が数多くあるということは大道がたえず水不足の状態にあったことを示している。とくに大道の基幹的生業である稲作は、溜池の存在なくしては成り立たないといってよい。

大道では干魃のことをヒヤケ（日焼け）といい、数年おきに必ず起きるとされていた。住民に強く記憶されているものとしては、一九三四（昭和九）年と一九三九（同一四）年のヒヤケがある。このときはとくに厳しいヒヤケであったという。雨乞いをしても通じず、水不足で田植えのできない水田には、タカキビやダイズが代わりに植えられた（久保、一九八五）。一九三九年のときには、鋳銭司村（現山口市）と共有する溜池の長沢池では、両村の間で大きな水喧嘩がおきた。その結果、長沢池は池中に境界線として土俵を積んで壁を作り二分するまでになった。

農業用水が不足しがちな大道では、たとえ平坦地にあっても水の制約から水田化できないところが昭和前期（一九三〇年前後）には多くあった。そうしたところでは後に溜池が作られることではじめて水田化が可能となった。そうしてできたのがハタケダ（畑田）で、それが多く集まるところでは小字名にもなっている

三　溜池と名称―複数の名称を持つ溜池―

1　大道の溜池―概観―

大道の水田水利を支えているのは溜池であるといっても過言ではない。開発が新しく、河川の最下流に位置するカイサク（開作）は、開発当時から計画的に河川水が引かれているが、古くからの水田が集まるエキ（浴）では、河川水よりもエキを取り巻く山から湧出する水を蓄えておく溜池の方が用水源としては安定したものであった。それは、エキの中央を流れる横曾根川は大道あたりでは天井川となっているため、表層の水をほとんど利用することができないためである。

一般的には、大道では池はダボと呼ばれるが、小さな池をタンポといって区別することもある。ダボのうちでもとくに溜池つまり人工の用水池を指してツツミという。また、ときには、大きな溜池をツツミまたはイケといい、小さなものをダボと呼んで区別することもある。

大道の溜池は、図2‒4‒1にあるように、エキの縁辺部、つまり平坦地の山際に多く分布する。格段に貯水量が多く他村と共有される長沢池を例外とすると、大道の溜池はごく小規模なものが多い。図2‒4‒2に示すように、「平成一三年ため池一覧表」（防府市農林整備課資料）をもとに計算すると、溜池一ヶ所あたりの貯水量は二·六六㎥、受益面積は一·六八haとなる。時代的に見ると、近世以前のものはとくに小規模なものが多い。したがって、その所有（受

溜池個数	327ヶ所
所有	個人有 40%
受益面積（1ヶ所当平均）	1.68 ha（1 ha 以下 43%）
貯水量（1ヶ所当平均）	2.66 m³
近代以降の築堤	21ヶ所
もっとも新しい溜池	1956 年（切畑昭和池）

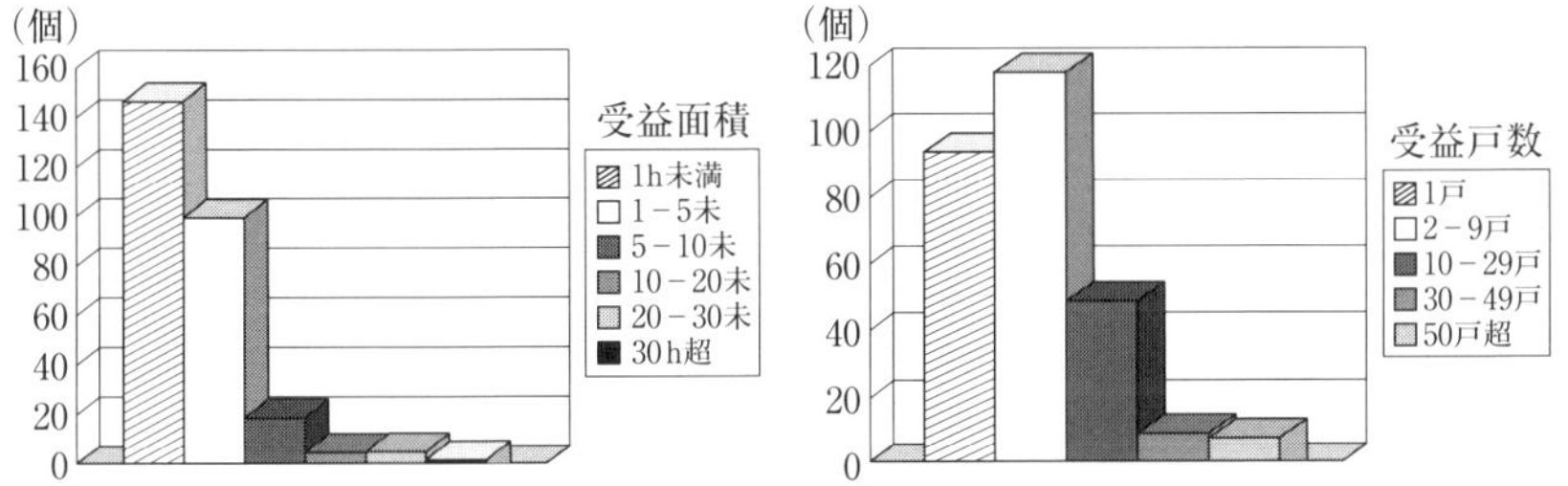

（防府市産業振興部農林整備課「平成13年ため池一覧表」より作成）

図 2－4－2　大道の溜池統計

益）単位も、個人有が全体の約四〇％を占める。

「平成一三年ため池一覧表」によると、大道には三二七ヶ所の溜池がある。しかし、近代になってからも新たに築造される溜池がある一方、土砂堆積や堰堤崩壊および耕地整理や道路の新設・拡幅などによる改廃も激しく、その数はたえず変遷してきた。近代以降に築造された溜池は、西大畑池（一八八五年築造）、長谷池（一九〇五）、明昭池（一九一六）、斧磨池（一九四二）など二一ヶ所を数える。そのうちもっとも新しいものは昭和三一年（一九五六）築造の切畑昭和池で、その後は新たな溜池は作られていない。そうしたことをみると、昭和三〇年代（一九六〇年前後）まで大道では溜池が水田用水として重要な位置を占めていたことが理解される(2)。

　こうした溜池が誰によって造られたかということは必ずしも明らかではない。小規模な溜池は耕作者自らが自分の田のために造ったとされるが、その場合も地主階層が土地を提供したり金銭的な援助をしたりして造らせたとする場合は多い。現在、山口県や防府市といった自治体の管理する溜池の多くは、昭和二二（一九四七）年の農地解放以前においてはU家をはじめとする二、三軒の大規模地主のものであった。また、長沢池のような大規模な溜池の場合は、長州藩の小郡代官であり、長州各地で用水開発の功労者として伝説化される東條九郎右衛門が造ったと言い伝えられている。

2　溜池の構造と分布

一般論として、溜池は構造上、谷池と皿池に大別される。谷池は、山間地にあって、谷を堰き止める形で、ダムのように高い堰堤が作られる。それに対して、皿池は平坦地に作られるもので、ドーナツ状に堰堤を築き、その中に水を溜める。谷池は表面積のわりに多くの水を溜めることができるのに対して、皿池は水深が浅く表面積に比して貯水量は少ない。図2-4-1にあるように、大道の場合、溜池は山間地と平坦地のちょうど接点となる緩傾斜地に作られていることが多く、構造上は皿池と谷池の中間的な形態のものが多い。

また、歴史的にみると、大道に古くからある溜池は、より平坦地に近いところにあって、ごく小規模なものがほとんどである。それに対して、近代以降に作られた比較的新しい溜池の場合は、通常、それまであった溜池の奥（山側）に、より大きな堰堤を築いて造られている。そうしたことからすれば、新しい溜池は、古くからある小規模な池に比べると、構造上、谷池的な要素が強いものとなっている。そうした近代以降にできた大規模な溜池は、築造された年号にちなんで、「昭和池」（昭和に作られた溜池）や「明昭池」（明治時代に計画され昭和に完成した溜池）のような名称を持つものが多い。

溜池台帳により行政側が把握している数より、実際には多くの溜池が大道には存在していた。それは、田の一角に作られるような個人有のごく小規模な溜池は往々にして行政の記録対象から除外されているためである。また、小規模な池の場合は、地形の起伏を利用することで、明確な堰堤をともなわないものも多い。そのため、複数個の小溜池が数珠玉のように連なっていることがあるが、その場合には、ひとつずつの池が区別されることなく、ひとまとまりとして行政に把握されていることもある。行政の作る都市計画図や防災計画図には地図の上に溜池の形は記されていても、台帳上はその存在が無視されていることが多いのはそのためである。

溜池の名称からは、ある程度、その来歴や規模また権利関係といったことを窺うことができる。近代以降作られた比較的大規模な池は、灌漑面積が大きく、したがってその池に関係する人も多いため、名称が築造された年号や字名など一般性を帯びたものになっていることが多い。それに対して、古くからある小規模な溜池の場合、名称の由来が不明なものが多く、なかには特定の固有名称を持たないものまである。

3　複数の名称を持つ溜池—錯綜する溜池名称—

固有名称を持たない溜池は、個人で造り利用してきたような、ごく小規模なものがほとんどである。使用者が自分にだけ分かるように、自分の屋敷や所有水田との位置関係をもとに、「（屋敷）前のダボ」や「（水田の呼び名：小字名）のダボ」というような呼び名を付けている。そのため、そうした溜池の場合には、たとえ同じ集落の人でも名称を知らず、現在その池を使用している人にちなんで「〇〇さんちの池」と呼んでいることが多い。その場合、一つの池でありながら、その使用者と他の村人とで呼称が異なることになり、その池は結果として複数の名称を持つことになる。

また、行政（自治体）は管轄内の溜池を掌握するために一覧表（防府市の場合、たとえば農林整備課資料「ため池一覧表」）を作成し台帳化しているが、その台帳に記載するにあたり、住民が通常用いる「〇〇ツツミ」や「〇〇ダボ」といったその土地ならではの言い方ではなく、より一般的な語彙である「〇〇イケ」に名称の一部を変えていることは多い。民俗調査のおり、筆者のような部外者の問いかけには、そうした行政上の一般名称で答えられることはよくある。

さらにいえば、行政が把握する名称は、地域ごとに一括してしまう傾向がある。大規模な池の場合は、「〇〇堤」

を「〇〇池」と書き換えることはあっても、〇〇部分は基本的に地域住民の呼称が踏襲されている。しかし、規模が小さくなると、水路で繋がった（同一水系にある）複数の池について、「〇〇池一号」「〇〇池二号」としたり、また一定の範囲（小字）内にある複数の溜池についても同様に命名したりする。

極端な例としては、大道の一集落である岩淵地区にある一五ヶ所の溜池は、すべて「上岩淵①」〜「上岩淵⑮」というように通し番号が付され、それが行政上の名称となっている。この場合は、地域住民はもちろんのこと、池の所有者でさえ、自分の池の行政名を知らないことは多い。これは一種の行政による池名の記号化といってよい。そうした記号化の基準としては、行政上の把握のしやすさを優先し、集落名や小字名など、より一般性をもった名称をもとにしつつ番号により差別化をはかるものである。まさに岩渕地区の例がそれに当たろう。

しかし、上記のような記号化された行政名をもつ池よりもさらに小規模な個人所有の池の場合には、一転して、行政上は掌握の対象から外されてしまい、台帳上にはその存在さえ記されないことは先に指摘したとおりである。一方で、行政上の名称の持つ特徴として、自治体のなかでは域内に溜池がいくつあろうと、ひとつとして同じ名称は存在しない点が挙げられる。当然、行政の作る「ため池一覧表」には同じ名称はけっして出てこない。詳しくは後述するが、溜池を掌握し管理しなくてはならない行政としては、同じ名称があったのでは不都合だからである。だからこそ、地区名や小字名また番号などさまざま記号を組み合わせてひとつとして同じ名称にならないように工夫しているのである。

以上は、言ってみれば、溜池を認識する立場（人や組織）によってその名称が変わるもの、つまりひとつの溜池が共時的に複数の名称を持つ場合である。それに対して、本論で注目するのは、溜池の名称が時の流れとともに変わる場合である。それは実体としてはひとつの池でありながら、通時的に複数の名称を持つことを意味する。詳しくは次節以下で述べることになるが、そうした通時的な名称変化は先に挙げた個人レベルや行政レベルとは異なり、水利組織（集落や水利組合）レベルで多く起きる現象である。そして、それは単に溜池名称の変化にとどまらず、地域における住民の水をめぐる記憶の問題とも大きく関わっており、そこからは民俗的歴史観（後述）を窺い知ることができる。

このように、溜池の来歴や規模および水管理のあり方を反映して、大道には個人レベルでしか通用しない名称、水利組織の範囲で用いられる名称、大道（防府市）という行政レベルで用いられる名称という三つのレベルで溜池は命名されていることが分かる。しかも、そうした名称は共時的または通時的に重層化している。その結果、実態としては一つの池でありながら、共時的または通時的に複数の名称を持つ池が多数存在することになる。

四　溜池名称の通時的変化―「明昭池」の事例―

1　「新池」と水利の再編

ここでは、まず具体的な事例を挙げながら、新たな溜池築造がもたらす水利関係の再編についてみていくことにする。

旧来からある溜池の下流（里）側に新しい溜池が作られると、水はひとつの池のように統合されていくが、それまでの水利組織は温存されたまま、結果として新旧二つの水利組織がひとつの池の水を使うという状況が生まれる。新たな溜池が登場することで、それまでの水利システムが再編されることになる。そうした様子を溜池名称の変化とともに、小俣北地区の明昭池にみてみる。

明昭池は明治四一年（一九〇八）に着工し昭和四年（一九二九）に完成した、大道ではもっとも新しい溜池のひとつである。前述のように、着工と完成の年号をとって、明昭池と名付けられた。明昭池による灌漑面積は約一〇町歩（一〇ha）あったが、平成一六年（二〇〇四）現在は二町五反（二・五ha）ほどになっている。明昭池の配水を受ける地域は

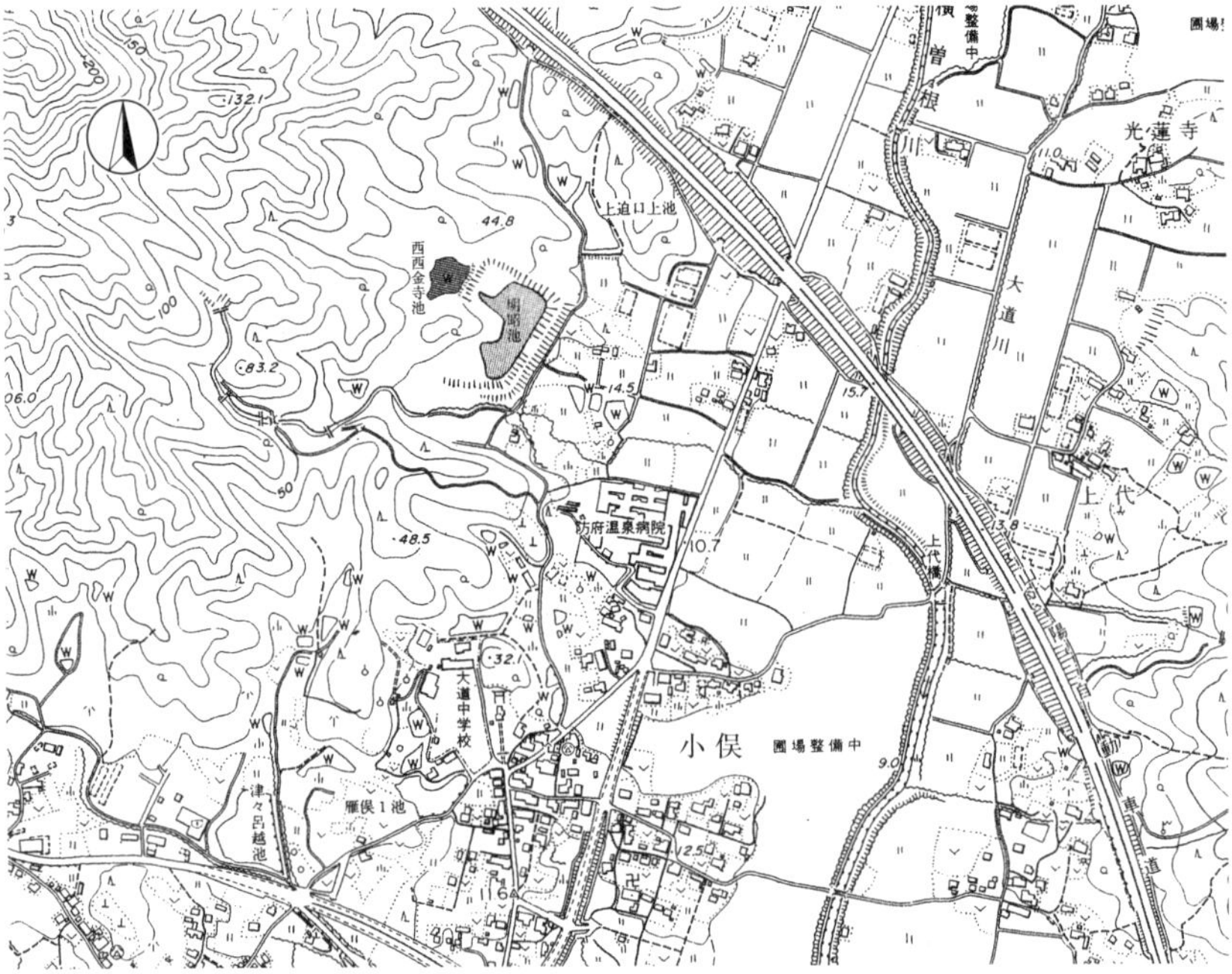

図２－４－３　明昭池（新堤）と西西金寺池（旧新堤）

もとは畑地であった。一〇人の地主が中心となって、そこに溜池から水を引くことで水田化した。そのため、明昭池の水が掛かる水田をハタケダ（畑田）という。また、大道では一般に畑田は水持ちの悪い田を指す言葉ともなっているが、小俣北では畑田を持っているということは明昭池掛かりの田を持っていることと同義である。

　図2−4−3にあるように、明昭池のすぐ上に隣接して西西金寺池がある。その築造は明昭池を遡ること二七〇年余りの一六五三年といわれる。明昭池と西西金寺池の関係はその通称により明確である。行政上の名称は、西西金寺池と明昭池ということになっているが、小俣北の住民は通常、西西金寺池をキュウシンヅツミ（旧新堤）、明昭池をシンヅツミ（新堤）と呼んでいる。

　地形上、シンヅツミとキュウシンヅツミは同じサコ（迫）にあるため、上の位置にあるキュウシンヅツミの水は、すべて下のシンヅツミに入いることになる。つまり新しい池と旧来からの池の水は実際には混じってしまう。しかし、シンヅツミに設けられたヒ（樋）の開閉方法など、シンヅツミ築造時の取り決め（後述）により、シンヅツミの水が掛かる田とキュウシンヅツミの水掛かりとは明確に分けられており、当然キュウシンヅツミの水利組織はシンヅツミ築造に伴って作られた新規の水利組織とは統合されることなく別個のまま残された(3)。

つまり、水はいったんシンヅツミにすべて集められるが、小俣北地区にはシンヅツミの水利権とキュウシンヅツミの水利権が同時に存在していることになる。シンヅツミの水掛かりはかつて四〇人以上（二〇〇三年現在二〇人ほど）おり、小俣北地区の家はほとんどがシンヅツミの関係者であった。それに対して、キュウシンヅツミの水掛かりは多いときで一〇人（二〇〇三年現在七人）ほどにすぎない。つまり、水利組織のメンバー構成上は、キュウシンヅツミの水利権者はシンヅツミのそれに包含されており、キュウシンヅツミの水利権者は同時にシンヅツミの水利権者でもあったことになる（ただし、その逆は必ずしも言えず、シンヅツミの水利組合員ではあってもキュウシンヅツミの水の権利を持たない人は多い）。ということは、もしひとつの水利組織に統合されてしまうと、キュウシンヅツミの水までシンヅツミの水利組合員に等分されてしまうことになる。そうした点も、シンヅツミとキュウシンヅツミの水利組織が別個に保たれた要因と考えられる。

なお、小俣北地区には大別して三つの水利組織がある。そのため、一軒の家が持っている土地を説明するときには、たとえば「畑田三反、旧新堤二反、通南一反」というような言い方をする。これは、言い換えれば、シンヅツミ（明昭池）の配水を受ける田が三反、キュウシンヅツミ（西西金寺池）の配水を受ける田が二反、通南（西金寺池）の配水を受けている田が一反ということになる。このことは、まさに溜池に規定される土地所有の認識であるといえよう。

2　シンヅツミとキュウシンヅツミの関係

前述のように、キュウシンヅツミの水は堰堤を隔ててすぐ下にあるシンヅツミに入れられ、そこからあらためてキュウシンヅツミの掛かりの田へ回っていく。つまりキュウシンヅツミの水は必ずシンヅツミを経由しなくてはならないことになる。そのため、キュウシンヅツミからすると、水利組織および水利権をシンヅツミとは独立したものとして維持するには厳格な規定が必要となる。

それがタテヒ（竪樋）の操作に関する取り決めである。タテヒとは、写真2‐4‐1にあるように、段階的な配水を可能にする水門のようなもので、溜池の水位に合わせて水をイデ（井出：水路）に流すための装置である。シンヅツミにはタテヒが二ヶ所あり、一ヶ所はキュウシンヅツミのためのものである。キュウシンヅツミを管轄する水利組織とシンヅツミのそれとの取り決めで、キュウシンヅツミはタテヒの一番上のヒ（樋：水の栓）はいつでも抜くことはできるが、二本目のヒはシンヅツミのタテヒを抜いてからでなくてはできないことになっていた。これはキュウシンヅツミに配慮した取り決めである。明文化こそされてはいないが、これまでこうした慣行は厳格に守られてきた。

そのように、キュウシンヅツミが、溜池の規模としてははるかに大きいシンヅツミと独立した関係を保つことができるのは、ひとつにはその位置関係に理由がある。シンヅツミに比べキュウシンヅツミは谷の上流（山）側に位置するため、谷の水の多くはまずキュウシンヅツミに入ることになる。集水面においてはキュウシンヅツミの方がはるかに有利な位置にあるといえよう。そうした有利な条件があるからこそ、大規模な溜池の築造に際して、あえてそのシステムの中に取り込まれずにすんだと考えることができる。また、キュウシンヅツミの水利組織からすると、旧来の権利を担保しつつ、それでいて貯水施設としてはより安定度の高いシンヅツミを利用できるということは、用水確保の上でやはり有利であったといえよう。

また、シンヅツミが築造されて以降も、シンヅツミとキュウシンヅツミの用水としての安定度の違いは歴然としている。キュウシンヅツミの水掛かりの田は昔からヒヤケ（干魃）がないといわれのに対して、シンヅツミ掛かりの田はもとは畑地であったこともあり水持ちが悪く、そのために渇水を起こすこともしばしばであった。それを象徴的に示すのが渇水対策の水利慣行である。キュウシンヅツミの水掛かりには通常そうした慣行は存在しないが、シンヅツミの水掛かりにはミズバン（水番）が毎年おこなわれていた。

シンヅツミの田はハタケダ（畑田）と呼ばれ水が不足しがちなことは前述の通りだが、そうした畑田に水番は不可欠な水利慣行であった。水番とは、水当番ともいい、ひと言でいえば、少ない水を効率よく配水するための工夫である。その分、畑田はキュウシンヅツミの田に比べると手間が余計に掛かることになる。

写真２－４－１　溜池のタテヒ

シンヅツミでは、例年六月二〇日にヒ（樋）を抜き、田植えをする。そして、九月三〇日になると栓をして水を溜めることになっている。この間に水番がおこなわれる。水番には現在でもシンヅツミの水を使う人は必ず出なくてはならない。水番は、三人ずつ組を作って、一日交代で回していく。水番はヒを朝開けて晩に締めることが主たる仕事となるが、監視のため朝から晩まで一日中、ヒのところに詰めていなくてはならない。シンヅツミの場合には、水掛かりの反別が多い人は、一回多く出ることになっている（ただし、かつてはそうした反別の多寡に関係なく、順番に水番に当たったとされる）。通常、シンヅツミの関係者は一シーズンに五日間ほど水番にでなくてはならない。

水番の権限として、水をイデの上下どちらから入れるかを決めることができる。もし上から注水するとなると、イデに沿って上の田から順に下へと水を入れていくことになる。田に水を入れるときには、その田の中のもっとも高いところに水が着いたらその時点ですぐに注水は止める。そのため、なかには田のなかにわざと高いところをこしらえておく人もいたという。そうすれば、そこに水が達するまでに、他所には十分に水が溜まるからである。昔はそれほど水に関しては、みな利己的で一生懸命になったとされる。

水以外の面においても、水利組織は別個でありながら、シンヅツミとキュウシンヅツミが共同しておこなうことがある。行政上は存在していないモトノツツミ(元の堤)(4)に関してである。モトノツツミとは現状ではキュウシンヅツミの一部に取り込まれてしまっているが、本来はキュウシンヅツミの上流側にあった溜池のことである。キュウシンヅツミとモトノツツミとの境にはかつて堰堤があり、現在でもキュウシンヅツミの水が少なくなると姿を見せる。その堰堤に溜まる土砂を一年に一度掘り取らなくてはならない。そうしないと、土砂がキュウシンヅツミに入ってしまうためである。こうした作業はキュウシンヅツミだけではなく、シンヅツミの水掛かりの人びとも一緒になっておこなっている。本来は、キュウシンヅツミがおこなうべきことではあるが、利害はシンヅツミにも及ぶため、シンヅツミの人たちも動員されたと考えられる。池管理の一体化とはいうものの、水利組織は別にある以上、これは明らかにシンヅツミ側によるキュウシンヅツミ側への奉仕である。そのように共同労働の面においても、キュウシンヅツミはシンヅツミに対して優位な位置にあったということができよう。

五　名称変化の意味—記録装置としての溜池名称—

1　「新池」の登場—地域名称の意味—

時代とともに名前を変えてゆく溜池がある。そのように溜池が通時的に複数の呼称を持つようになる経緯は、「新池」の登場と大きく関わる。(5) 日本の場合、「新池」は多くの水利組織に共通してみられるもので、だからこそ時代とともに溜池の呼称が変わるという現象はある程度、普遍的なことと考えてよい。

また、大道という行政単位でみた場合、前述のように、行政上は「ため池一覧表」に示されるように同じ名称の池はひとつとして存在しない。一方、住民レベルにおいては、大道各地の水利組織ごとに「新池」と呼ばれる池があり、結果として大道内にはいくつもの「新池」が存在することになる。逆にいえば、住民が「新池」と呼んでいる溜池は、行政により特定の固有名に置き換えられてしまったことになる。

そのため、溜池の名称は、行政レベルでは重複がでないよう、集落名や小字名に番号を組み合わせるなどして記号化されてゆく。それは行政が管轄する領域（市町村）内において、溜池の名称と実体とが一対一対応をなすように工夫されたもので、溜池を特定することに特化した命名法であるといえる。

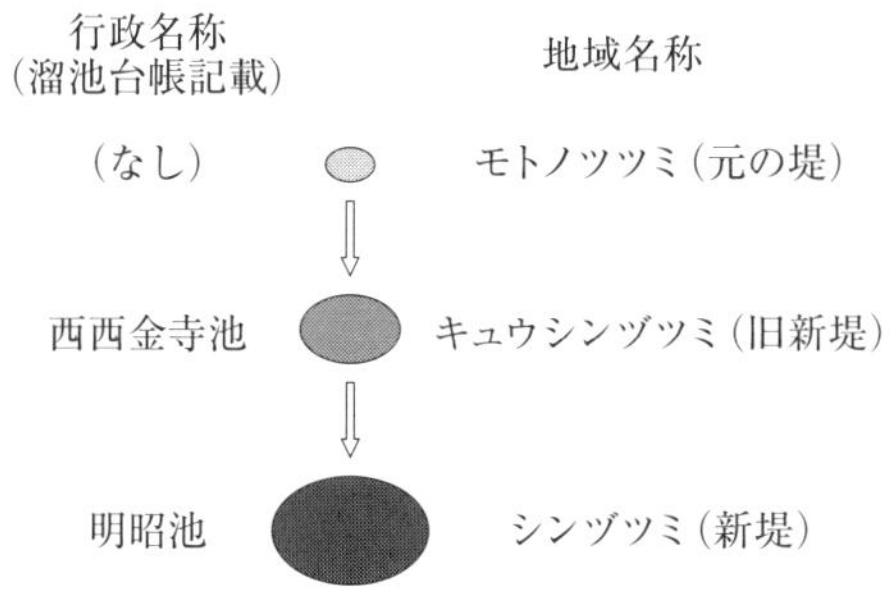

図２－４－４　溜池の地域名称―明昭池の場合―

それに対して、水利組織や個人の単位で溜池が命名される場合は、名称に含意されることは単に溜池を特定することの意味にとどまらない。それは、水田開発の経緯や権利関係の動向など水をめぐる「記憶」やそれに基づく「歴史」を含み込んだものとなっている場合が多い。逆の見方をすれば、行政レベルの命名は、水をめぐる記憶や歴史をその呼称から排除し外在化した結果であるといえよう。そして、水利組織のレベルでは、その中でだけ通用する名称（地域名称）と、行政に届けを出すときに使う名称（行政名称）という二つの名称の使い分けがなされていることが多い。図2-4-4は、先の明昭池を例にとり、溜池の地域名称と行政名称との対比をおこなったものである。

溜池に用水を頼る水利組織では、貯水力を増すために、従来からあった溜池に隣接して、より大きな溜池を造ることはよくあることである。とくに近代以降（昭和三〇年代まで）、生産力の増強と水田用水の安定供給を目的とし、また農地の拡大に連動するかたちで、そうしたことが推し進められてきた。

先にも触れたように、大道には「新池」や「旧新池」と呼ばれる溜池が複数存在する。新池の「新」また旧新池の「旧・新」といった言い方は、明らかにその溜池の来歴や築造の前後関係を示すものとなっている。溜池台帳や「ため池一覧表」といった公的な文書では二つとない固有名称が与えられている溜池ではあるが、水利組織では歴史性を帯びた地域名称として「新池」や「旧新池」は今なお大きな意味を持っている。

当然、同じ大道でも地域が違えば「新池」が指し示す溜池も違ってくることになる。具体的な例を挙げると、本論で注目した小俣北地区ではシンヅツミ（新堤）は明昭池のことを指しているが、上ノ庄地区ではシンヅツミは斧磨池のことである。斧磨池や明昭池という名称は大道全域で通用する名称（防府市など行政のレベルで用いられる名称）なのに対して、シンヅツミは明らかにその地域（水利組織の範囲）でしか通用しない地域名称である。

そうした地域名称としての「新池」や「旧新池」はどうして生まれたかといえば、その地域に元からある溜池に対して築造の歴史的前後関係を示す必要があったからだと考えられる。それは明昭池の事例でみてきたように、地域住民にとって、水利の歴史（いわば水田稲作地としての歴史的な展開過程）を示すものとなっており、それと同時に水利に関する諸々の権利を再確認させる働きもしている。

こうした水利慣行についてはむしろ明文化されることの方が珍しく、大道でもそうした例は長沢池のような二村で共有される巨大な溜池を除いてはないといってよい。しかもそうした巨大溜池においてでさえ文書記録として残るのは何か問題があったときの交渉事や届出そして紛争に関連することがほとんどで、日常的な水管理の営みについてはほとんど明文化されることはない。明文化されなくても、地域住民にその権利関係をたえず意識化させ、再確認させる機能が、シンヅツミやキュウシンヅツミといった地域名称にはあるといえよう。そうした意味からすれば、シンヅツミやキュウシンヅツミといった地域名称はそれ自体が水利慣行の記録装置といってよい。

2 「新池」から「旧新池」へ—名称変化の意味—

水利組織内において「新池」と称される溜池は時の流れとともに変化してゆく。それは溜池の様相が経年的に変わるという意味ではなく、「新池」と呼ばれる池自体が他のものに置き換わってゆくことを意味する。たとえば、その地域において新しい溜池の造成を伴うような水利システムの再編がおこったとき、それまで「新池」と呼ばれていた池は古くなり、新しい「新池」に取って代わられる。つまり、「新池」の名称は水利の改変を契機にして、もっとも新しい池に与えられることになる。そこには、住民側の認識として、水にまつわる歴史認識のあり方が如実に示されている。

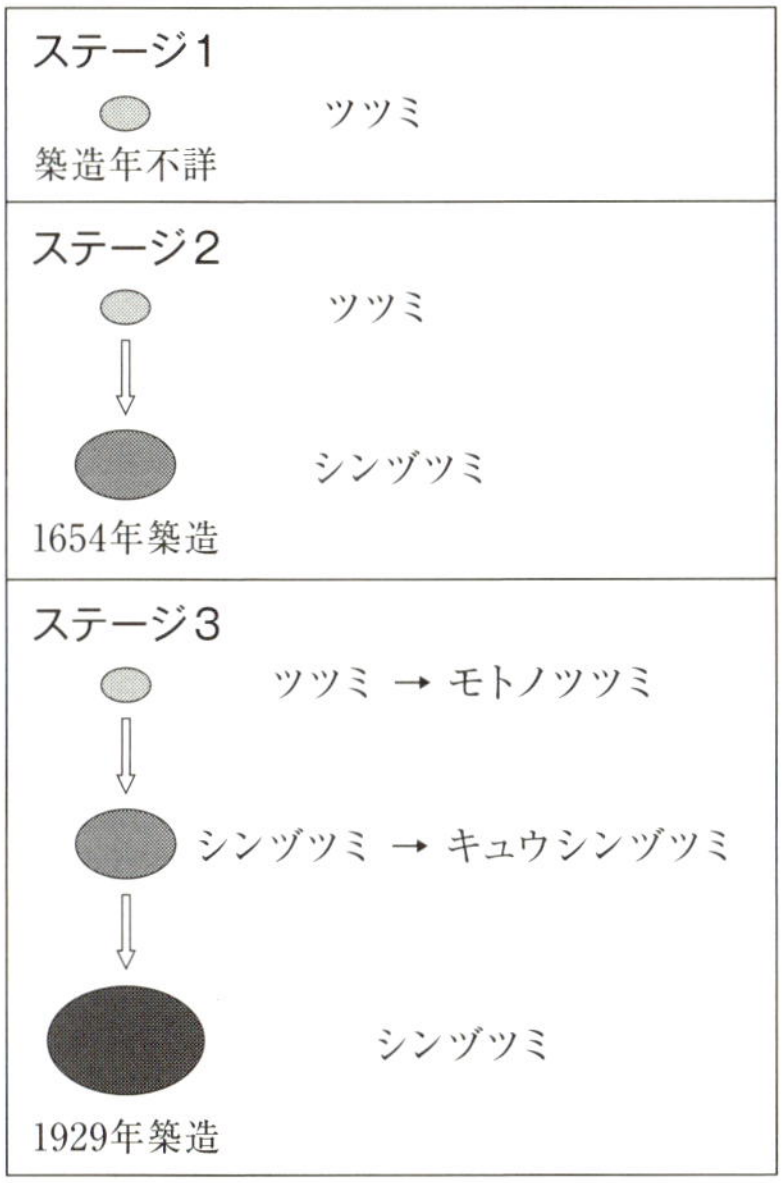

図2－4－5　「新池」の登場と名称変化
—3つのステージ—

小俣北地区の場合、築造の新旧関係についてみてゆくと、図2-4-5に示すような三つのステージが想定される。まず、現在のキュウシンヅツミとシンヅツミの関係をみてみると、キュウシンヅツミ（西西金寺池）が先にあり、その後、近代になってからシンヅツミ（明昭池）が作られている。また、現在は土手も崩れ形の上ではキュウシンヅツミと一体化してしまったが、キュウシンヅツミが造られる前にはモトノツツミ（元の堤）があった。つまり、モトノツツミがまずあり（図中：ステージ1）、その下に新たにキュウシンヅツミが造られる（図中：ステージ2）。その後、三つ目の溜池としてシンヅツミが造られた（図中：ステージ3）。地理的な位置関係でいうと、サコ（谷地形）のもっとも奥にモトノツツミがあり、その下にキュウシンヅツミ、さらにその下にシンヅツミという構造になっている。

このとき、溜池名称の置き換えが起こったことに気がつく。ひとつが、シンヅツミがキュウシンヅツミと名を変えたこと（図中：ステージ3）。もうひとつが、ツツミがモトノツツミとなったことである（図中：ステージ3）。

まず前者は、現在のシンヅツミつまり明昭池が造られたとき、それまでおそらくシンヅツミと呼ばれていた西西金寺池が、新たな「新堤」の登場により、旧の新堤ということから「旧新堤」となったと考えられる。

そして、後者は、やはり明昭池ができ、それがシンヅツミと呼ばれるようになったとき、たんにツツミと呼ばれていたものがモトノツツミに変わったのではないかと想定される。このとき注目すべきはモトノツツミには明昭池や西西金時池のような行政上の固有名がないことである。それはその起源が行政や為政者による掌握の以前に遡る可能性があることを示唆しており、たんに溜池を意味する一般名詞のツツミと呼ばれていたと考えられる。そのことは、まさに当時その地域でツツミといえば現在のモトノツツミを指していたからではないだろうか。

もちろん、キュウシンヅツミやシンヅツミができることでモトノツツミの水利上の重要性が失われるとともに、その存在感が希薄となり、ついには行政や為政者の関心からも外れていったということもできよう。ちなみに、モトノツツミの呼称に用いられる「元」は、「旧」と同じ発想であるが、「元」または「旧」に統一されなかったのは同じ音を避けたがためであり、また「旧」より「元」の方が古いことを示すためであったと考えられる。

こうしたことから読み取れるのは、民俗の発想として、つねにもっとも新しい溜池が文字通りの「新池」となるというものである。地域名称の命名に関するひとつの傾向性（規則性）といってもよい。それは水利システムという溜池灌漑稲作地に暮らす上でもっとも重要な要件が再編されるからこそ、そうした名称の変化が起こりえたといえる。

民俗の発想として、あくまで今暮らしている現在に力点が置かれ、溜池名称の組み立ても現在を起点に構成し直されるのである。

溜池名称の通時的な変化は、地域における水利秩序の改変、多くは水利基盤の安定また新たな耕地の造成といったことに連動していることは前述の通りだが、そうした水利組織にとっては大きな出来事を記録する機能を、溜池名称の通時的変化は担っていたと考えられる。直接的に名称に刻み込まれる歴史があるとともに、そうした名称変更の記憶自体が、それにまつわる水利秩序再編の記憶を呼び覚ませる機能もあったといえよう。

こうしてみてくると、溜池の名称変化とその経緯について、ひとつの方向性を見いだすことができる。それは、「新」「旧新」「元」といった文字を用いることで名称自体に歴史性を付与したこと、またそれらを組み合わせることでさまざまな記憶をその名称に記録できるようにしたこと、さらには記憶が付加されるとき溜池の名称変化は起こることである。その点は、住民の記憶を命名体系のなかから排除し、さらに徹底して名称の記号化を図ることで、溜池と名称とを一対一対応させようとする行政の指向性とは対照的である。

3　「記憶」と「記録」——もうひとつの歴史認識法——

稲作のための人工的施設である溜池は、同じ水をたたえる空間ではあっても、自然の湖沼とは質的にまったく異なる人とのかかわりの歴史を持つ。溜池の周囲に草木が生え、また水中には魚や水鳥といった野生の動植物が棲息するようになっても、それは明確な意図をもって人により造成され維持管理されてきたものなのである。つまり溜池には自然の時間と人の時間の両方が同時並行して刻まれてきたことになる。それは二次的自然をめぐる歴史形成の特徴といえよう。

そのとき、溜池は自然の営みと稲作の歴史的な展開に対応して、その存在意義とともに、形や大きさそして名称までも変化させてきた。名称に注目すると、溜池はたとえ同一のものであっても共時的また通時的に複数の名称をもつことになる。それは地域の稲作展開史を如実に反映している。

通時的および共時的に複数の名称をもつ溜池は、水利組織により管理される規模のものに多くみられることは前述の通りである。溜池が稲作という営みとともに、ある種の記録装置（水をめぐる記憶の痕跡）として機能してきたがため、名称変化が起こってきたと考えられる。その意味で、溜池の名称変化は、自律的なものというよりは、あくまで人の意志のもとに生起してきたことであるといってよい。

こうして作られた歴史は「過去」よりも「現在」が優先されることに大きな特徴を持つ。通常、記録される歴史は古いところに基準が置かれ、そこに順に新たな歴史事象が付加されてゆく。新たに歴史が付加されていったからといって、それ以前の歴史が書き換えられることはない。しかし、住民の視点に立つとき、古きに基準を置くのではなく、今ある現実にこそ価値を見いだし、それを基準にして過去の歴史事象に修正を加えてゆく。まさに「新池」から「旧新池」へという溜池の呼称変化はその象徴である。

「新池」は文字通り、もっとも新しく造られた池につけられるべき名称であり、それまで「新池」と呼ばれていても新たな池がほかに誕生したときには、その池は「旧新池」と名称を変えてゆく。今現在に重きを置くなら、過去の歴史こそ再構成されるべきなのである。さらに、それはやがて伝承となって住民意識の上では「元の堤」のように実体を失う。こうしたことは地域住民の視点による、もうひとつの歴史認識であるといってよい。

通常、私たちは新たなものが生み出されたときには、それまでのものと区別するために名称をわざと違ったものにする。つまり、すでにあるものとは重複を避けて、新たなものは命名される。それは過去へのこだわりであると同時に、過去との混同を避けるための合理的な思考である。しかし、それは無意識にではあるが、文字により記録することを前提とした発想であり、逆にいえば文字として記録しなくては歴史が伝えられないものであるという考えを示す。

さらにいえば、地域住民の生活世界を越え、万人に通用することを求める発想である。まさに行政による溜池の名称付与はその典型であろう。

そうした歴史認識に私たちは慣れてしまい、もうひとつの歴史があることを忘れているのではなかろうか。それは地域住民が生活世界において発達させてきた歴史認識の方法であり、普遍性や合理性に絶対的な価値をおくことのない、それでいて地域に暮らすときには不可欠となるものである。「新池」から「旧新池」への転換がおこなわれるような、もうひとつの歴史認識の世界では、文字化して記録することは、かえって過去との混同や矛盾を生んでしまうことになるといえよう。

なぜ、筆者が「新池」が複数存在することや「新池」の登場とともにそれまであった池の名称が変えられてしまうことに漠然とした違和感を覚え、聞き取り調査の折になかなかそのことを理解できなかったのか。それは合理性や普遍性を追求する現代生活にはない、また教育の近代化とともに失われたもうひとつの歴史認識のあり方というものにおぼろげながら気づいたからである。

もうひとつの歴史認識とは日常生活に密着するものであり、生活世界を越えてまで過度に普遍化や合理性を追求しないことに大きな特徴がある。またそれは非文字世界における絶対年代の無意味化という特徴をもつものでもある。もうひとつの歴史認識法において記憶された歴史は、絶対年代である必要はなく、あくまで順序が重要なのであり、しかもそれは「現在」に重きを置き、かつそこに致るプロセスを重視するものである。「新池」から『旧新池」へという転換はまさに、もうひとつの歴史認識の特徴を示している。

そして、こうした在地の歴史認識はこれまで民俗学が明らかにしてきた時間概念とも通ずるものである。共時的世界における行政による溜池名称の掌握法は歴史的「記録」の典型を示す一方で、通時的世界における溜池名称とその変化のあり方は民俗的「記憶」のやはり典型といえよう。

注

（1）現在はＪＲ山陽線の大道駅や国道二号といった交通網が整備されたことで、大道の住民の中には山口市や防府市の中心部にある商工業地帯へ通う会社員も多く、また駅周辺や国道沿いは住宅地として開発が進む。その結果、一九五五年には一一六五戸（五八三二人）であった大道の住戸は、一九九七年には、二二六六戸（六〇四五人）になった。このうち農業戸数は六〇五戸（専業九五戸、兼業五一〇戸）（大道農業協同組合、一九九七）にすぎず、その割合は二七％弱で、人口構成上はもはや農業地域とはいえなくなりつつある。

（2）昭和三〇年代（一九六〇年前後）を境に大道において溜池の重要性は大きく変化している。昭和三〇年代を過ぎると、産業としての水田稲作の地位が低下し、水利権や溜池自体の放棄が進んだ。その結果、溜池は荒廃が進み決壊の危険が増大するなど、大道にとっては大きな環境問題となっている。「平成一三年ため池一覧表」によると、水田用水としての機能がなくなったものが八三ヶ所あり、そのうち市に廃止届が提出されたものが平成一二年度だけで五ヶ所もある。

（3）近年、減反とそれに伴う水余りの影響で、シンヅツミ（新堤）・キュウシンヅツミ（旧新堤）とも水利権者が減少し、それぞれの池の管理が十分になされなくなってきた。そのため、おもに防災上の必要から、行政指導により二〇〇四年にシンヅツミとキュウシンヅツミの水利組織は統合された。

（4）キュウシンヅツミとモトノツツミ（元の堤）は堰堤で分けられていた。しかし、両者を隔てる堰堤は低く、また崩れかけているため、貯水量が多いときには水没してしまう。そのため、溜池としてはキュウシンヅツミに取り込まれたかたちになっている。地形図でも独立した溜池として描かれることはなく、かつ当然のことではあるが、「ため池一覧表」といった行政文書の記載からは除外されている。

（5）「新池」が登場すると、その地域における従来からの水利システムは再編をせまられる。その再編には二つのパターンがある。そうしたパターンの違いをもたらすのは、新池が旧来の溜池に対して、どの位置に立地するかにより決まってくる。ひとつは、元からある溜池の上流（山）側に新たな溜池が作られる場合、そしてもうひとつが下流（里）側に新たな溜池が作られる場合である（安室、二〇一一）。

引用参考文献

久保　汎　一九八五　『ふるさと下津令』私家版
大道農業協同組合編　一九九七　『大道農協半世紀の歩み』大道農業協同組合
防府市編　一九九三　『防府市農村総合整備計画書』防府市
安室　知　二〇一一　「水田の情景」　内山純蔵、カティ・リンドストロム編『東アジア内海文化圏の景観史と環境2―景観の大変動―』昭和堂
山口県編　二〇〇六　『山口県史　資料編　民俗二―暮らしと環境―』山口県

五章　盆地の民俗世界観
――生活空間の分類と命名――

一　はじめに

1　盆地という問題設定

「山島」[1]と表現される日本列島に、意外にも多くの人が住むという事実は、山間盆地の存在を抜きにしては理解できない。しかし、民俗学では盆地をひとつの伝承基盤とする視点はこれまでなかったといってよい。従来、民俗の伝承基盤としてムラが注目され、それをもとに多くの民俗誌が作られてきた[2]。たしかに、ムラは共同体として、ひとつの共通した伝承基盤となりえる。その点に筆者も異論はない。

しかし、伝承基盤はムラに限られることなのだろうか、という疑問も同時に湧いてくる。民俗学者の北見俊夫は、日本では川筋に共通する民俗文化が存在すること、見方を変えると川を隔てると別の民俗文化にあることを発見し、それを風土に擬えて水柄《みずがら》と呼んでいる（北見、一九八一）。これはまさに川筋が民俗の伝承基盤になりえることを教えてくれるし、北見の場合はそれを日本的特徴として捉えている。

このように考えると、ムラという単位を超え、ひとつの伝承基盤たりえる空間的広がりとして盆地を捉えることは可能なのではなかろうか。周囲を山に囲まれる盆地は、地理的には独立性が高く、そうした独立性が民俗文化にまで及んでいる可能性は十分に考えられる。たとえ盆地の中に複数のムラやマチがあったにしても、それらは社会的経済的に有機的な連関性をもって存在することが想定される。現在も盆地は市町村（自治体）の単位になったり、また近世期には藩（国）として独立している場合もあった。そう考えるとき、盆地はそれ自体が独立したひとつの伝承基盤として機能し、また村落領域論でいうところのムラ―ノラ―ヤマに相当するような民俗空間構造を有していると考えることができる。

ただし、従来の村落領域論は、民俗空間構造を考察する場合、ムラを単位とすることがほとんどであり、もとより研究対象として複数のムラを含むような盆地を念頭には置いていない。そのため、盆地全体をひとつの伝承基盤と捉える本論ではあえて民俗空間構造という用語を避け、民俗世界観と表現した。その意味で言えば、民俗空間構造と民俗世界観とは、対象とする領域の広狭つまりひとつのムラか複数のムラの連合体かという違いはあるものの、本論ではほぼ同じ意味で用いている。

では本当に盆地という空間はひとつの伝承基盤として捉えられるのか、また捉えられるとするなら盆地空間に住む人びとの民俗世界観はいかなるものなのか。それを明らかにすることは山島たる日本における民俗文化の伝承基盤のあり方を理解する上で有意義であろう。

本論では、山間の盆地に暮らす人びとの民俗世界観について、長野盆地(3)（図2-5-1）を例に取り、主として生業論・環境論の立場から、その構造的理解を試みることにする。

そのとき、長野盆地とは、盆地中央の平坦地だけをさすのではなく、その縁辺にある山間傾斜地まで含んだ民俗地理的概念として扱う。それは、後述するように、盆地周辺の山間地と盆地中央の平坦地とは密接な生計上の関わりをもっており、いわゆる一つの生活領域を形成しているからである。マチとヤマとサトとは人びとの盛んな行き来を基本とし、それぞれ生計上の密接な関係を維持しながら長野盆地を形成していたということができる。

2 円環モデルの問題点

従来、ヤマとサトおよびマチといった民俗世界観に関する研究は、その多くが同心円状の円環構造として理解されてきた。それは村落領域論も同様である。そこには、筆者なりに整理すれば、二つの問題がある。

ひとつは、サトまたはマチを同心円の中心に置くことにより、ヤマを周辺的なものとして捉えがちであること(4)。言い換えれば、多くの場合、サト人あるいはマチ人の視点でのみ、そうした民俗空間構造が作られている点である。また、ときにそうした円環構造の中に閉じこめるために、ある時はサトの視点から、またある時はヤマの視点からというように、恣意的に視点を変えて論じられることさえあった。

本論で取り上げた地域が盆地地形をなすため、民俗空間を同心円状の円環構造で描くことも可能であるが、ここでは敢えてそうしない。それは、円環の中心にマチをおくときにのみ可能となるものだからである。そこで、詳しくは後述するが、本論ではある程度、各民俗空間の地理的な位置関係を捨象してでも、視点の位置と各民俗空間の関係性に注目して図式化（モデル化）することにする。

そして、二つ目の問題は、同心円による円環構造で示されることにより、民俗空間は過度に静態的なイメージが付与されてきたことである。円の中に閉じ込められたがため、閉鎖的で自己完結的な印象を与えてきたといってもよい。また、そうした事象ばかりが民俗空間論を論じるとき取り上げられてきたという面もある。

民俗学や文化人類学の研究では、これまでも民俗空間の各層間やまた外の民俗空間との間には交通・交易により人や物資の頻繁な交流があることがあきらかにされている（例：北見、一九八五・川喜田、一九八〇）。物質・エネルギーそして情報の三要素がそこには絶えず行き来する。そうした中に、実は民俗空間の基礎が構築され、それが血のかよう民俗空間として動態的に存在することを可能にしていることを忘れてはならない。どんなに抽象度を高めても民俗空間を論じるときには、そこに生きた人の存在を無視することはできない。動態的な視点を欠くとき、民俗空間は「いつも変わらない」、「人の移動や交流のない」、「静寂な空間」として静物画のように描かれてしまうことになろう。

具体的に本論で取り上げる長野盆地をみてみると、詳しくは後述するが、盆地周辺の山間農村に暮らす人、稲作を主生業とする平地農村に暮らす人、商店や町家が密集する町場に暮らす人がそれぞれ存在し、そうした人びとが相互に行き来し、さまざまに交流しながら一つの民俗空間を作りあげている。そこに盆地の民俗世界観が形成される。当然、そこは、ヤマの視点・サトの視点・マチの視点などさまざまな視点が常に交錯する場であった。時と場の状況により民俗空間の構造は常に可変性をもって存在していた。

また、従来の研究により復元された民俗空間構造は果たして通時的に存在するものとしてよいのだろうかという問題もある。

明治時代以降だけ見てみても、長野盆地におけるマチの中心地としての位置づけは大きく変化している。歴史地理学による分析（河野、一九九〇）では、昭和時代以降は長野の中心性は突出したものとなり他のマチを圧倒して長野盆地の一極集中構造ができ上がっているが、そのわずか五〇年前には長野盆地はけっして一極集中構造をなすものではなかった。長野盆地には、当時、中野や須坂のような準中心地がいくつも存在していた。近世の幕藩体制の中においては長野盆地は複数の藩により領有されてきたこともあり、おそらくそうした多極構造はもっと明確であった。こうした点を考えれば、従来のように、時代性を故意にぼかし、通時性という隠れ蓑にすっぽりくるまっていたのでは、民俗学はいつまでたっても民俗空間論を深化させることはできないであろう。

そこで本論では、まず、聞き取り調査により、ある程度の厳密性をもって遡りうる昭和初期（一九三〇年前後）を想定して民俗空間構造を復元することにする。[5]そして、昭和初期を基軸に、その後の変化の中に民俗空間構造を動態として捉えることを試みた。一例を挙げれば、坪井洋文は日本の民俗的風土は時間的に推移するものであることを示した（坪井、一九八五）。本論もそうした立場を踏襲し、民俗空間も時代により変遷するものであることを明確にしておく。ここに復元する民俗空間は過去から現代へと続く変貌の一断面であることを忘れてはならない。とくに、本論では生業を中心に人びとの生活から民俗空間および民俗世界観を読み取るという作業をおこなったため、時間と共に変貌する相がよりいっそう明確になっている。その変貌をもたらす大きな要因は、日常生活における商品経済・貨幣経済の浸透や交通・情報機器等の進歩といったことを包括する社会全般の変化である。

二　長野盆地の民俗空間―テーラ・ヤマ・マチ―

1 テーラ（タイラ）

まず、『長野県町村誌』を用いて、明治八年（一八七五）時点における、旧村ごとの耕地に占める水田の割合（水田率）に注目してみる。図2-5-2は長野盆地（長野市域）における水田率を旧村単位に示した民俗地図[6]である。それを見ると、明治八年の段階で長野盆地には高度に水田稲作に特化した地域が標高五〇〇m以下の平坦地に形成されていることがわかる。中でも水田率八〇%を超える地域が、千曲川の西岸を中心に、芹田・古牧・吉田など犀川北に位置する地域と川中島・更北など犀川南の地域に集中して存在していた。そうした地域は伝統的にそれぞれ善光寺平《ぜんこうじだいら》・川中《かわなか》島平《じまだいら》と呼ばれている。こうした盆地平坦部の中でも特に水田稲作に高度に特化した地域は「平」と表現され、一般にテーラまたはタイラと呼ばれている。民俗空間の構成上、長野盆地の場合、善光寺を核とする長野のマチを中心にみると、東南方向にテーラが広がっている。

こうしたテーラの地域は、図2-5-3にあるように、山間地の水田が用水を天水・湧水・溜池などに多く依存するのとは対照的である。テーラの水田用水はそのほとんどを河川水に頼っている。テーラは河川から引いた用水路（セ

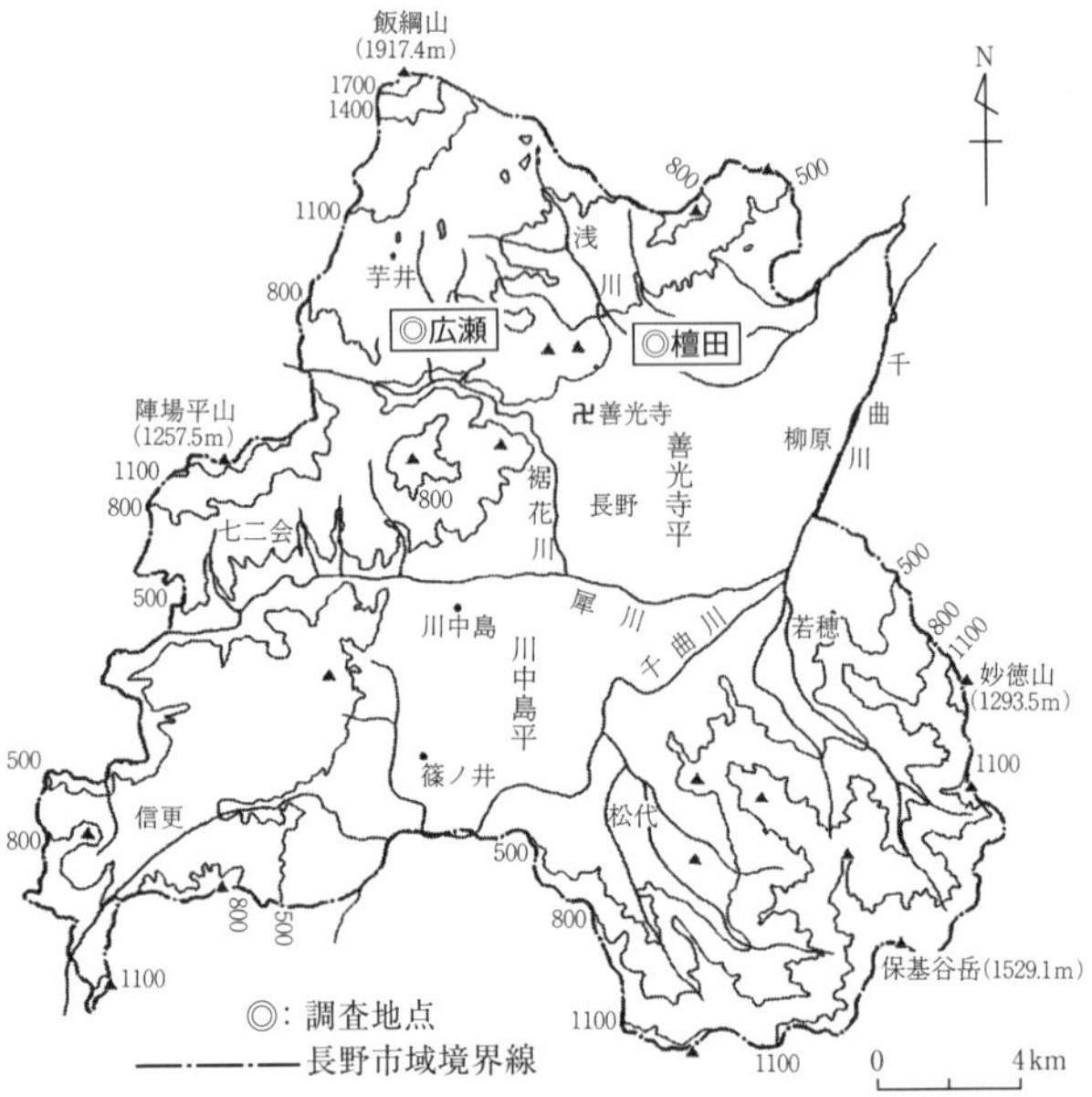

図２－５－１　長野盆地のテーラ（平）**とヤマ**（山）

ギ）が網の目のように張り巡らされた地域であるといってよい。必然的に、そこには古くから水利組織が発達し、水利をめぐる様々な慣行が存在している（安室、一九九八）。

このような民俗空間としてのテーラは地理的な意味での盆地底部の平坦地という意味だけでなく、高度に稲作に特化し、それにより様々な生活の規範が作り上げられていった空間である。経済だけでなく、社会や文化までも稲作に収斂していった空間であるといえよう。当然そこにはテーラの風土というものが形成されている。したがってテーラを長野盆地における民俗空間の一類型として捉えることができる。

テーラという民俗空間を規定する根幹には水田稲作があることは間違いない。具体的な例を挙げると、テーラは水利系統の違いにより区分される。長野盆地（おもに長野市域）の場合、おもな水利の系統は二つあり、それぞれ善光寺平と川中島平に対応する。地形上は犀川を境に北側を善光寺平、南側を川中島平という。用水路のことをセギ（堰）というが、川

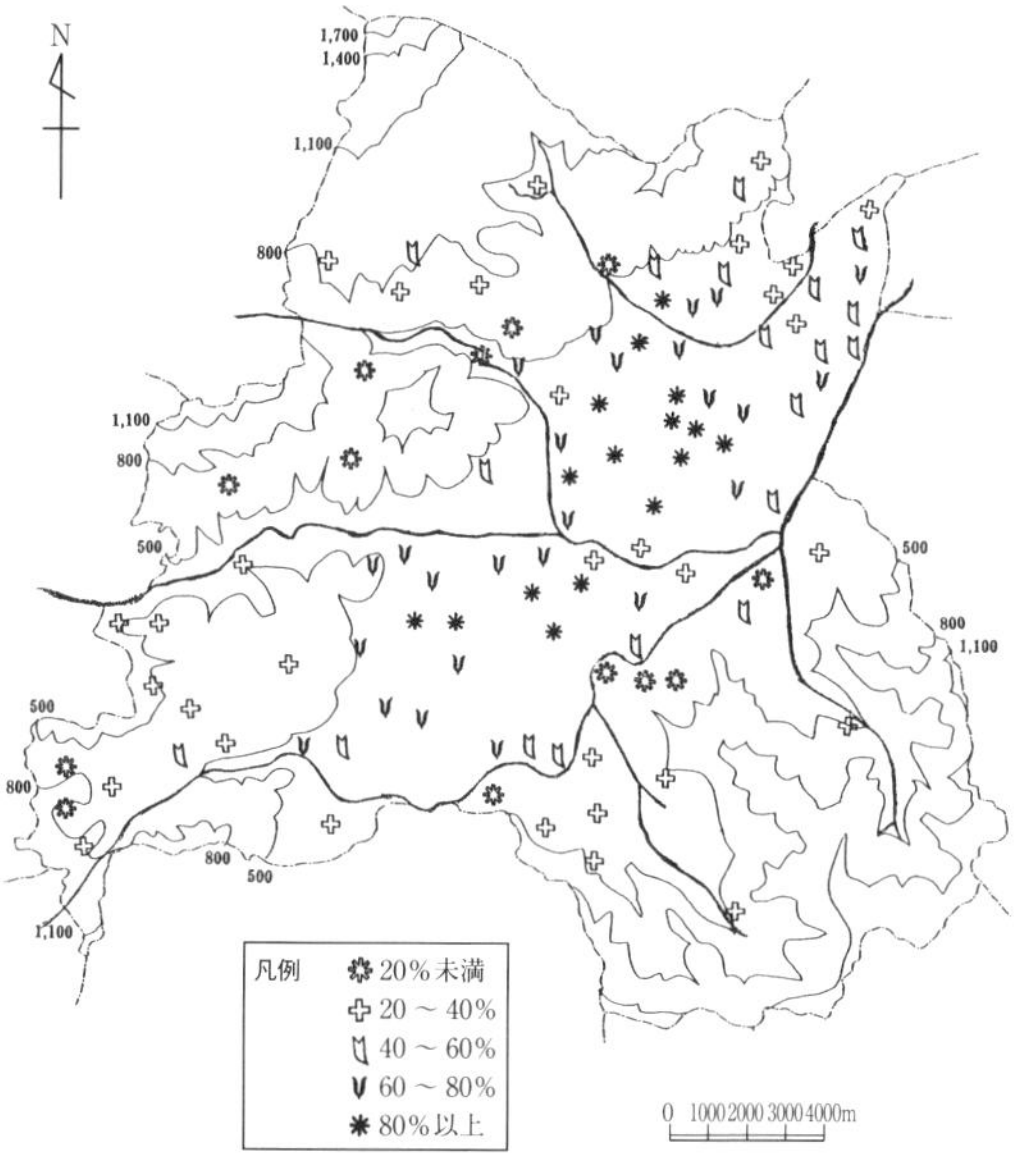

※『長野県町村誌』（明治８年統計）より作成

図２－５－２　長野盆地の水田率―明治前期の旧町村別―

中島平は犀川から導水される上中下セギが犀口を扇の要として南東に用水網が広がる地域を指す。それに対して、善光寺平は浅川及び裾花川といった飯縄高原に源を発するいくつかの河川から引かれるセギにより耕地が潤される地域となっている。つまり、用水系統が異なると、それに応じてテーラも区別され命名されることになる。

民俗空間としてテーラを認識するとき、ひとつの特徴として指摘できることは、テーラはヤマに暮らす人びとにとってより強く意識される空間となることである。反面、テーラの人びとは自分の暮らす空間に対してはテーラという意識をヤマの人ほど強く持たない。

テーラを代表する調査地として、ここでは長野市檀田を取り上げることにする（安室、一九九八）。檀田は、図2-5-1にあるように、善光寺平の一画、浅川が作る扇状地の扇頂部に位置する。檀田の土地は明治初期（一九世紀中期）にはすでにそのほとんどが耕地化されていて、山林や原野といった入会地

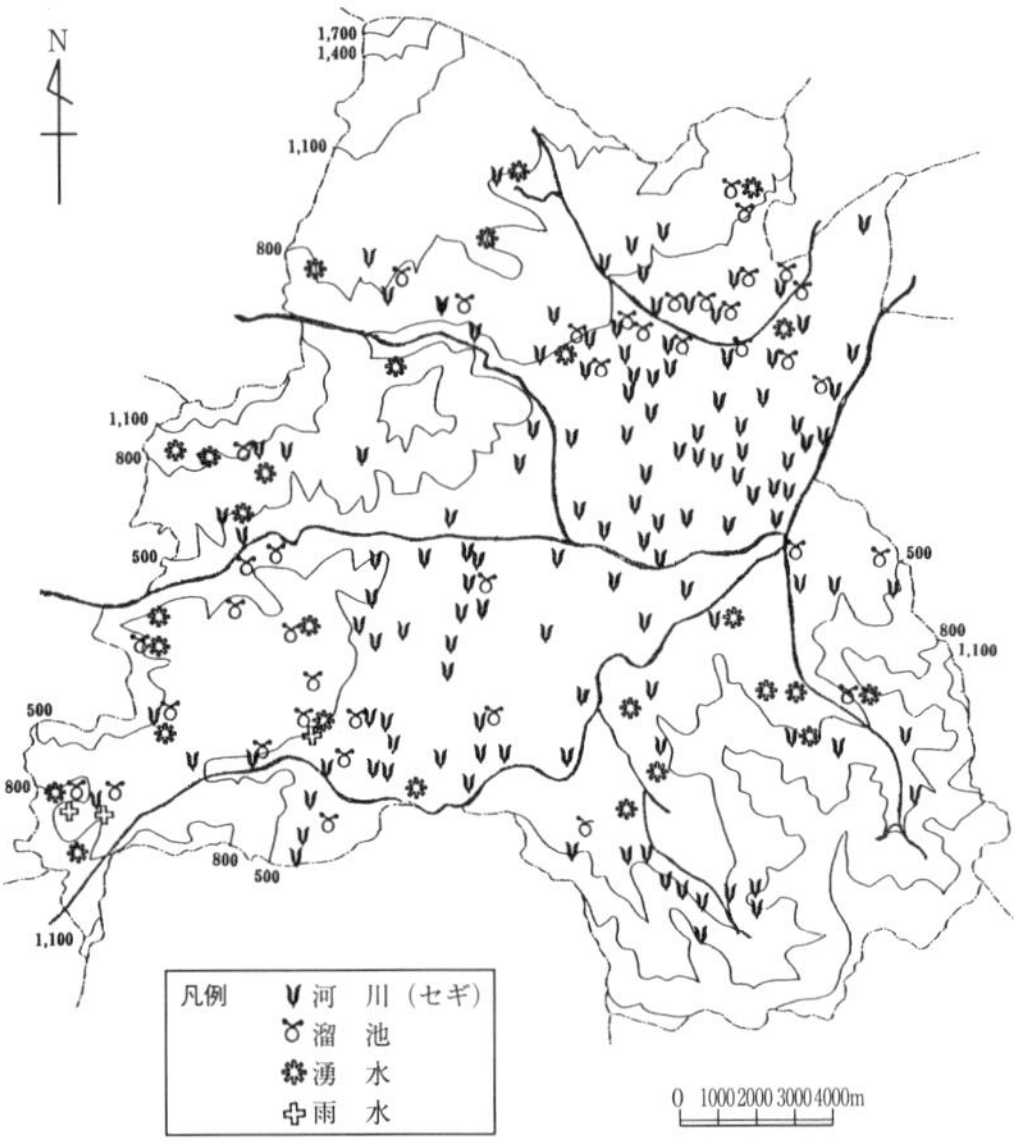

※自治会（老人会）単位で行ったアンケート調査により作成

図２－５－３　長野盆地における水田の用水源―昭和初期―

表２－５－１　檀田の産物―明治一三年（一八八〇）―

産物	製産量・用途
（動物）	
鶏	六〇羽、自用に供す。
鶏卵	八〇〇顆、自家用に供す。
（植物）	
米	三二三石六斗八升九合、自用に供す。
大麦	一八石六斗三升、自用に供す。
小麦	一三石七斗三升、自用に供す。
大豆	一五石三斗三升、自用に供す。
小豆	二石一斗五升、自用に供す。
粟	無し
稗	無し
菜種	四石一斗、自用に供す。
蘿蔔	五五〇貫目、自用に供す。
牛房	無し
蕪菜	四七〇貫目、自用に供す。
大角豆	二〇貫目、自用に供す。
胡瓜	一二貫目、自用に供す。
茄子	九八貫目、自用に供す。
木綿	三六〇貫目、自用に供す。
（製造物）	
白木綿	九〇端、自用に供す。
縞木綿	一六〇端、自用に供す。

〈民業〉
男：四二戸、専ら農業を業とし、農間自用の藁細工をなす。
女：七五人、農事を営み、農隙、機織或は縫針を為す。

＊『長野県町村誌　北信篇』（長野県、一九三六）より作成

的な土地をほとんどもたない。主生業は稲作で、明治八年（一八七五）の統計によると、三六町五反（三六・五ha）の耕地のうち三一町一反（三一・一ha）が水田である。水田率は八五%を越え、いわゆる典型的なテーラの水田稲作集落である。

そうした高度に稲作に特化した生業のあり方は表2-5-1に示した檀田の産物をみてもよくわかる。コメ以外の産物は自家消費を目的としたものしかない。

2　ヤ　マ

テーラの周辺には盆地縁辺の山間地がある。それは伝統的にはヤマと呼ばれる。ヤマはテーラに比べるとはるかに広大な面積を占めている。そうした広大なヤマの領域に集落は点在してあり、そのため人口密度は低くそこに暮らす人びとはテーラほど多くない。一方、そうした環境のもと、ヤマではヤマなりの暮らしが営まれており、後述するように生計維持の志向性を異にするなど、テーラとは違った民俗空間としてヤマを捉えることができる。

図2-5-2に示したように、テーラの西側山間地にある芋井・小田切・七二会・信更地区と若穂・松代といった千曲川の東側の地区は、水田が畑地に比べて少ないところがほとんどである。その中でも特に戸隠村や中条村といったさらに奥にある山間村につながるテーラの西側山間地は水田率が三〇%に満たない地域で、特にニシヤマ（西山）と呼ばれる。中には水田をほとんど持たない村がいくつも存在していた。

そのことは村の土地に占める山林・草地の率に注目するとより明確となる。図2-5-4をみると、ヤマの村はその土地に占める山林・草地の率が五〇%を超えるところがほとんどであることがわかる。翻ってテーラの地域をみると、明治一一年（一八七八）の段階で早くも村内に山林・草地をほとんど持たない村が多数存在していることがわかる。

千曲川は長野盆地の東側を流れており、結果的に平坦地は千曲川西岸に偏って存在している。そのためテーラの人

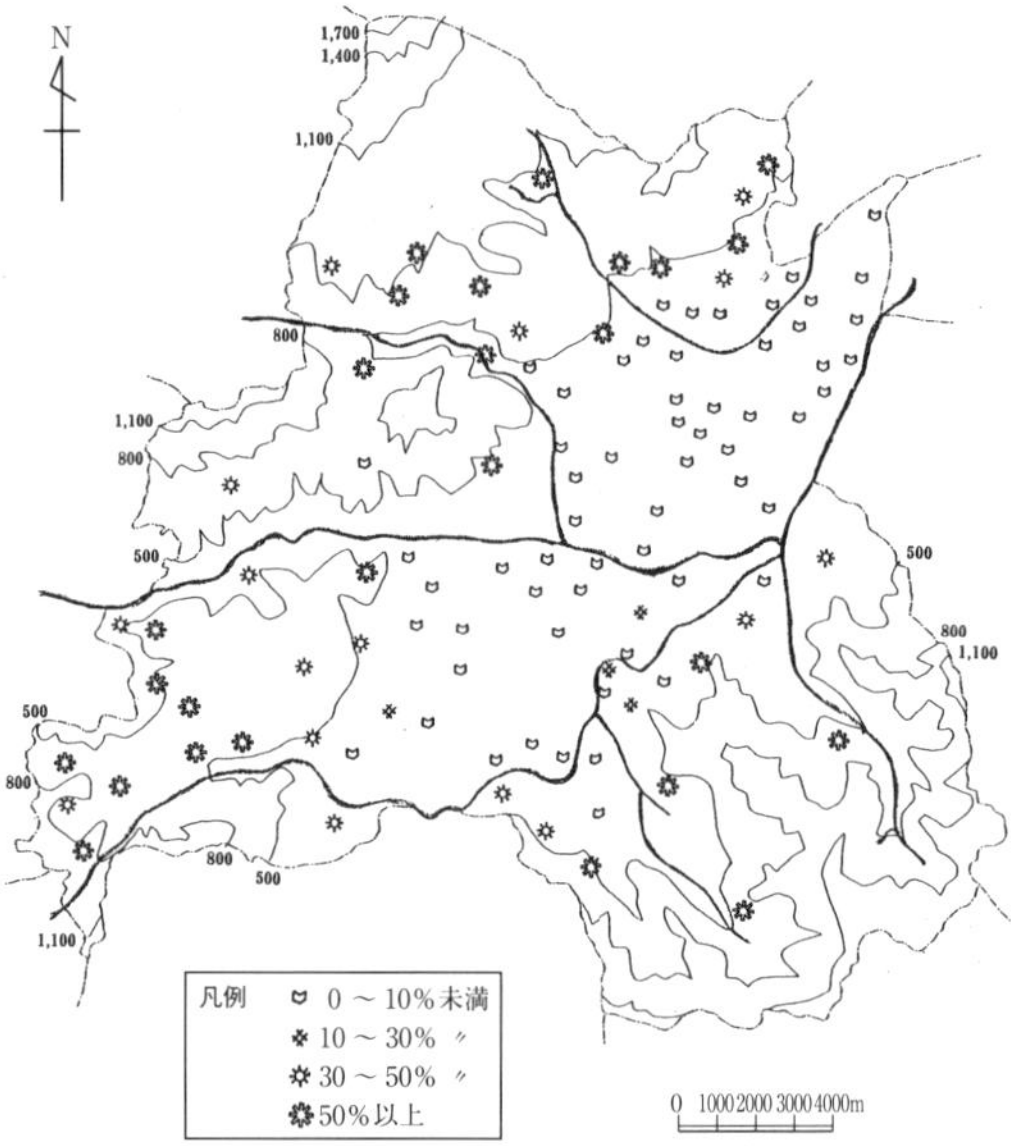

※『長野県町村誌』（明治11年統計）より作成

図２－５－４　長野盆地における山林・原野の割合―明治前期の旧町村別―

から見てヤマといった場合、多くはニシヤマ（西山）を指す。ニシヤマは戸隠・鬼無里や中条・小川へとさらに奥まで続く広大な山間地であり、その中に多くの集落が点在する地域である。また、このニシヤマと区別して芋井や浅川をキタヤマ（北山）と呼ぶこともあるが地域的には限られており、むしろそこもニシヤマの一画と考える人の方が多い。それに対して、長野盆地の東および南の縁辺部にある山間地をとくに東山・南山と呼ぶことはない。

そうしたことから言えば、民俗空間の構造上の特色として、長野盆地の場合、ヤマに対する意識は北と西により強く現れている点が指摘できる。北と西に対して、南と東は実際に山間地が存在しても民俗空間のヤマとしてはほとんど意識されない。その理由として、前掲の千曲川の地理的位置のほか、テーラの核となる善光寺を中心としたマチが盆地北西部に偏ること、マチから見ると東側山間地は千曲川により分断されていること、行商など人の行き来において昔から北西部の山間地とテーラやマチは強いつながりを有していること（後述）が挙げられる。

こうしたヤマを代表する調査地として、芋井村広瀬（現長野市広瀬）に注目する（安室、一九九三）。図2-5-1にあるように長野盆地の縁辺部に位置する。標高七五〇mで、畑作を中心としながらも傾斜地には水田が拓かれている。広瀬には水田二九町六反（二九．六ha）、畑七一町五反（七一．五ha）、山林一一九町一反（一一九．一ha）、草地五〇町二反（五〇．二ha）があり、土地利用の面でいうと水田はわずか一一%にすぎない。また農耕地だけみても水田率は約二九%にとどまる。それに対して、山林・草地の合計は約六三%となり、水田と畑を合わせた耕地全体よりもはるかに多い。また、明治一三年（一八八〇）の広瀬における産物をみてみると表2-5-2のようになる。テーラの檀田とは対照的に産物全体に占めるコメの地位は突出したものにはなっておらず、また自家用の作物以外に長野町などへ売ることを目的としたコウゾやアサといった商品作物が八品目もあったことがわかる。

3　マ　チ

明治前期の様子を記した『長野県町村誌』によると、旧長野町は以下のように描かれている。

「家屋北国往還に位置す。巨刹あり善光寺と称す。其規模宏大或は仏都と称するに至り、幾んぞ村名無きが如し。市廛鱗次し物貨輻輳す。明治四年縣置以来人煙稠密、繁華昔日に倍蓰す。同七年十一月（長野村と箱清水村）合併して一村となり、村名を廃して長野町と改む。」（括弧内、筆者）

これは、北国街道という交通の要所に位置し、かつ巨刹善光寺の仏都として栄えていた長野が、明治の廃藩置県後もさらに都市として発展をしていく様子がよく描かれている。明治八年（一八七五）に県立師範学校、同一二年（一八七九）には県立長野県病院、同一〇年（一八七七）には裁判所、同一一年（一八七八）には電信分局、同一一年から一三年にかけては第一九国立銀行を初めとする銀行六行が開業し、都市機能は近代以降もさらに充実していった。

さらに、同書には、明治一〇年代当時の長野町の生業（民業）を、以下のように記している。なお、当時の戸数は、二二七九戸（本籍二二六五戸、社一三戸、寺四九戸）である。

＜民　業＞

男：農桑を業とする者百十四戸、工を業と為す者三百四十一戸、雑業三百二戸、商を業とする者千四百八戸。

女：三千九十人、専ら農商に従事し或は紡績機織り為し又は日傭を稼ぎ其家計を助く、男女とも其業區々にして一を以て名け難し。

すなわち、職業別割合を示すと、商が六四％、工が一五％、農桑が五％、雑業が一四％となる。商と工を合わせると約八〇％に達している。また、さらにいうと、男女とも「其業區々にして一を以て名け難」い状況にあったことが記されており、マチにおいては生業が多様化し、それが組み合わされて生計維持の方途となっていた様子がよくわかる。この点はマチにおける生計維持の志向性として指摘することができる。そのように、職業構成の上で長野町は当時長野県ではもっとも都会的であったといえる。基本的にそうした都市的な性格・機能は現代まで変わらない。

民俗空間としてのマチはまさにそうした商業や工業に従事する人たちが住む空間を言い、長野の場合その中心に善光寺という宗教施設が存在する。この場合のマチは主に千曲川の川西地域についていうものであるが、川東地区においては松代が同様にマチとしての機能を有している。松代の場合、城下町としての歴史があり、その核にはかつて城を中心とした武家の集まった空間がある。ただし近代以降、松代のマチとしての機能は低下し、昭和初期（一九三〇年前後）には長野盆地におけるマチは旧長野町（善光寺町）に一極化していた。

また、民俗地図の上では、水田率を示す図2-5-2と山林・草地率を示す図2-5-4を見比べてみると、マチ空間がまさに陰画のように浮かび上がってくる。つまりテーラでなく、ヤマでもないところ、それがマチとして認められる。具体的には、図2-5-2で言えば、地理的にはテーラに存在しながら水田率が低いところであり、かつ図2-5-

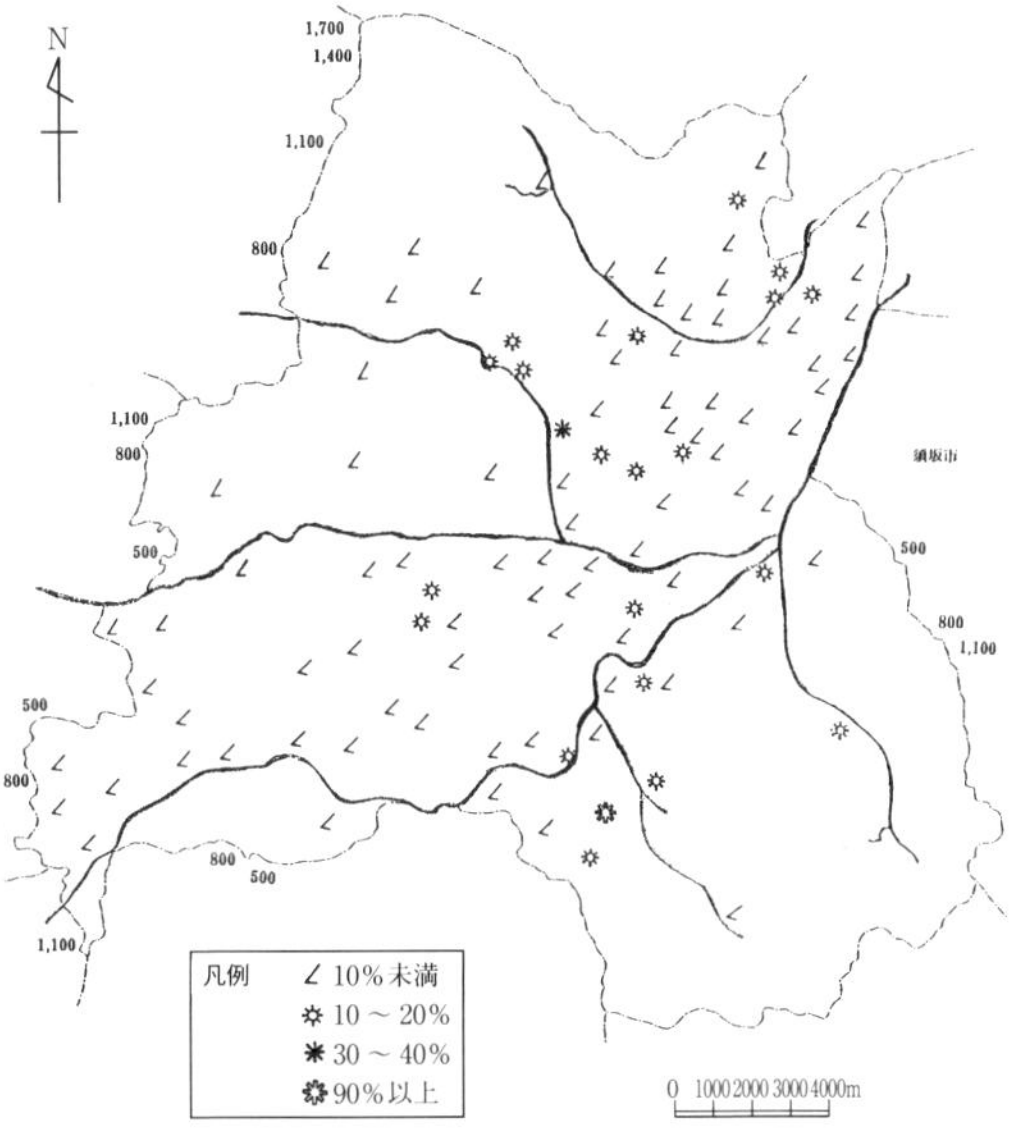

※『長野県町村誌』（明治8年統計）より作成

図2-5-5　長野盆地における宅地の割合（宅地率）—明治前期の旧町村別—

4で言うなら当然、山林・草地を域内に持たないところである。

そしてもう一つ、土地利用上の特徴として、宅地の割合（宅地率）に注目してみると、図2-5-5に示したように、ヤマにおいてもテーラにおいても土地に占める宅地の割合は五〜一〇%でほぼ一定しているのに対して、その率が周辺の地域と比べ極端に高いところが長野盆地の中に存在していることがわかる。それがマチということになる。

そうしたマチが、『長野県町村誌』が編纂された明治初期の時点では、旧長野町（善光寺町）と松代町である。旧長野町においては宅地率が三六・三%、松代町に至っては九一・九%にも達している。旧長野町は善光寺の門前町として古来から栄えたマチであるとともに近代に入っては県都が置かれた地であり、まさに長野盆地の政治経済の中心である。しかもそうした政治経済上の中心性は近代以降もますます強まっている。また松代町はマチとしての規模は旧長野町に及ばないが、もともと松代藩の城下町として発展し、マチの中心部には商業地や寺などの宗教施設及び武家階級の住宅が多く存在する。旧長野町に比べても松代町の住宅率の高さが際立っているのはそうした武家階級を中心とした広大な住宅が町の中心部に存在するためであると考えられる。

旧長野町・松代町とも、域内には農耕地や山林・草地はほとんど存在せず、生業論の立場からすると、マチという民俗空間はその属性として農林業を通しての自然との関わりは希薄であるという特徴を持つ。ヤマやテーラといった民俗空間が農林業を介し自然と深く関わるものとなっていたのとは異なり、マチにはマチならではの自然観が形成され、ヤマやテーラとは異質の民俗空間が醸成されていたと考えてよい。

なお、民俗空間としてのマチは、状況により、「ゼンコウジ（善光寺）」、「ナガノ（長野）」、「ゴンドウ[7]（権堂）」また単に「オマチ（御町）」などとも呼ばれることがある。さらに、ヤマやテーラからマチに大勢の人がやってくる機会、たとえば「ゴサイレイ（御祭礼：祇園祭）」や「エビスコ（恵比寿講）」がそうしたマチの民俗空間を表す言葉となることもある。

本論では、マチ的な生業のひとつである魚屋に注目して、具体的な検討を加えることにする（安室、一九九五）。その魚屋「K魚」は長野町の中でも核となる善光寺界隈の東後町にある。四代続く店で、創業は宝暦年間（一八世紀中期）とされる。かつては善光寺の大勧進の出入り商人であったが、それ以前は苗字帯刀を許された善光寺の寺侍であったという伝承をもつ。長野の場合、魚屋はそのルーツが新潟（直江津）にあるとするものが多い中、長野町に根生いの魚屋である。

三　ヤマからみた民俗空間

1 ヤマの二重構造—オクヤマの発見—

長野盆地では、平坦地に近い盆地縁辺部の西側山間地をニシヤマ（西山）と呼んでいる。ニシヤマは単に長野盆地の西側山間地を指すにとどまらず、多くの場合ヤマと同義である。したがって、ヤマといえばそれはニシヤマのことだし、ヤマの村と言えばそれは芋井（長野市）や中条村・小川村といったやはり西方の山間集落を指す。これは平坦部の人たちの見方であると共に、広瀬など盆地縁辺部の山間地に暮らす人びとの共通した感覚でもある。

広瀬のようなニシヤマに暮らす人びとの視線はいつもテーラやマチのように標高の低い方にばかり向いているわけではない。テーラの反対側には自分たちの生活空間に接して、さらに奥（西）のヤマが存在する。それが鬼無里や戸隠である。広瀬の人びとから見ると、鬼無里や戸隠は自分たちの生活領域とはあきらかに異なった領域である。それが民俗空間としてのオクヤマ（奥山）である。[8] つまり、ヤマの視点に立つ時、テーラの縁辺にヤマが位置し、そこを越してさらに奥地にはオクヤマが存在することになる。ヤマに暮らす人びとの視点に立つとき見えてくるヤマの二重構造である。

そのときヤマを下位分類するときの指標として重要な意味を持つのが水田稲作である。広瀬の人びとは、自分たちが暮らす領域内には棚田が存在することに大きな意味を見出しており、水田のほとんどない鬼無里や戸隠との違いを強調する。つまりヤマの人びとがヤマとオクヤマとを分ける基準としていたのが、その絶対量は少ないけれども、水田の存在であったことは興味深い。

また、テーラの稲作との違いとして、ヤマの人びとは自分たちが生産するコメは収穫量こそ少ないけれども、美味なものであるという自負心を持っている。それは山の絞れ水を用水に使わざるをえないことを逆説的に捉え、冷水で育てたコメのおいしさを強調するものである。ヤマの村の中に、殿様（松代藩）への献上米を作っていたという伝承やそれにまつわる小字名（たとえば「進上田」）が多くあるのはそのためである。

オクヤマに対しては水田の多寡で、テーラに対してはコメのおいしさで、ヤマは自らの独自性と自負心を見出していたことになる。その意味で、ヤマの人びとにとって水田稲作は単なるコメの生産手段ではなく、民俗空間の領域化を促進し強化する機能を有していたといってよい。

2　ヤマからみたテーラ

テーラに対するヤマの視線をもっとも象徴的に示すのが、ソートメ慣行とウマカタ慣行である。伝統的にヤマの人びとはソートメ（早乙女）やウマカタ（馬方）として一年のうちの一時期をテーラで過ごすことになっていた。ソートメとは、ひとことで言うと、田植えの請負代行であり、主として女がそれに当たる。ウマカタとは馬を利用したタープチ（田起こし）やターカキ（代掻き）作業の請負代行のことで、主として男がおこなうものとされた。ともに昭和初期（一九三〇年前後）の広瀬では重要な現金収入源となっていた。

ソートメやウマカタはヤマとテーラとの環境条件の差を利用しておこなう一種の出稼ぎである。環境条件の差とは、具体的にはヤマとサトとの田植え時期のずれのことをいう。図2-5-6にも示したように、広瀬では田植えは例年六月一五日のオオダウエ（大田植）の前までにおこなわれる。それに比して、善光寺平・川中島平のテーラでは一番遅い所では七月中旬まで田植えが遅れておこなわれている。そうした約一ヶ月にも及ぶ田植え時期のずれがヤマからテーラへの出仕事を可能にしている。

もうひとつヤマからテーラへの出仕事を可能にした環境要因として重要なことは、ヤマでは水田は基本的にコメの

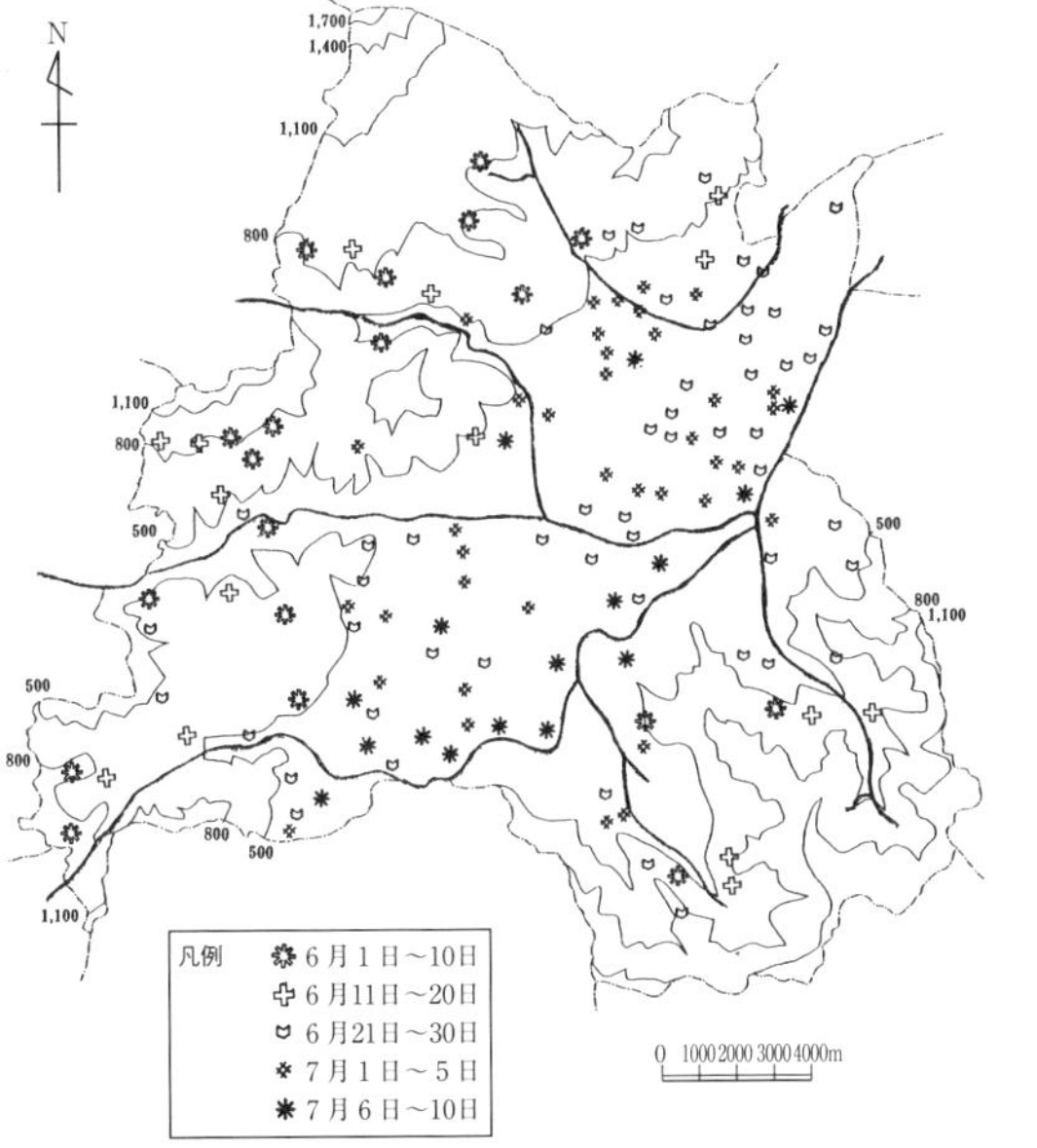

※自治会（老人会）単位で行ったアンケート調査により作成

図2－5－6　長野盆地における田植え日―昭和初期―

みの一毛作であるのに対して、テーラでは水田の多くがコメとムギの二毛作であったことが挙げられる。二毛作をおこなうと、田の耕起や代掻きは、麦刈り後にしかおこなうことができない。善光寺平では田麦刈りができるのは六月上旬であるため、田植えまでの時間的な余裕は一ヶ月もない。その短い期間に田の耕起・畦塗り・代掻き・田植えの作業が連続また並行しつつ集中しておこなわれる。そのため、どうしても外部の労働力であるウマカタやソートメを導入せざるをえなかったと考えられる。歴史的にはテーラにおける二毛作の普及（水田の集約的で高度な利用）がヤマにおける新たな生業を生み出す要因になったといえる。

　また、もうひとつの環境要因として、善光寺平では、檀田の例が示すように、高度に稲作への特化が進み、耕地の多くが水田化されてしまっていたことが挙げられる。そうした高度な稲作への特化は結果的に採草地となるようなヤマ的環境（里山、河川敷の低湿地、氾濫原、荒蕪地など）の消滅を

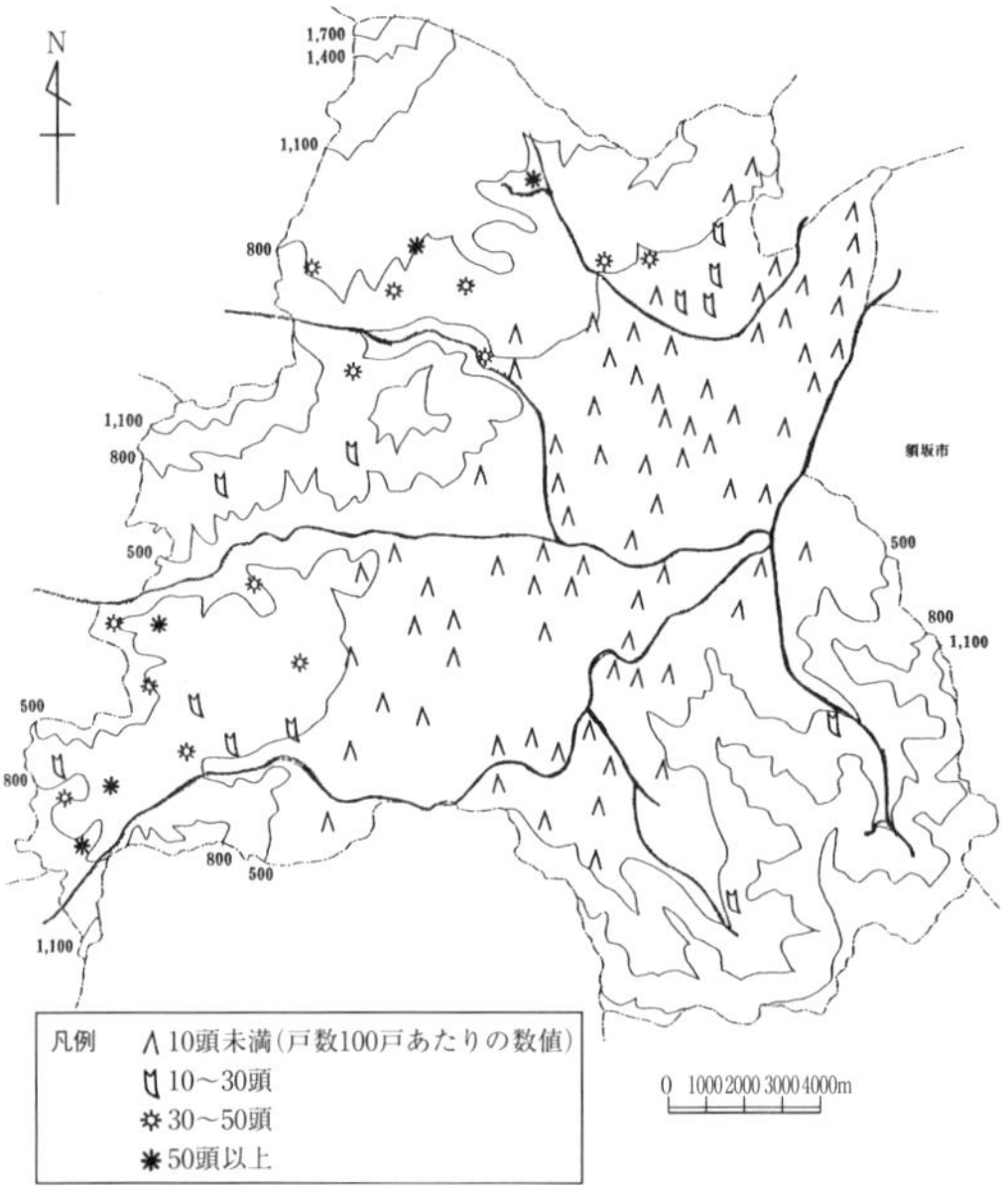

※『長野県町村誌』（明治７年～12年調査）より作成

図２－５－７　長野盆地における牛馬の飼養頭数―明治前期の旧町村別―

意味する。図2-5-4にあるように、テーラの村の中には山林・草地を持たないところが多い。そのため十分な飼料を確保することができず、牛馬を飼うことができない。結局そうしたとき畜力を農作業に導入しようとすれば、必然的に古代から牧の伝統を持つ山間部の馬飼養地帯（図2-5-7参照）に頼らざるをえなかった。

　このように見てくると、テーラの村が高度に稲作に特化し、さらに水田二毛作を発達させることができたのは、ヤマがあったからこそである。また、稲作へと高度に特化する過程で、テーラはテーラとしての性格を強め、それがさらにヤマとの対比を明確にしていったといってよい。テーラにおける稲作への特化とそれに呼応するヤマの変化は、テーラがテーラらしく、ヤマがヤマらしくなるときの大きな要因であった。

　広瀬では自分の家の田植えが終わると田の草取りがおこなわれるまでの期間を利用して、男はウマカタに、女はソートメとして善光寺平に行った。

聞き取り調査をもとに、広瀬からソートメにまわった先の一例を挙げると以下のようになる。

広瀬→檀田→平林→大豆島→安茂里（→川中島）

基本的パーターンとしては、広瀬を出発し、善光寺平を西（北西）から東（南東）へ移動するものである。こうした移動は田植えの時期に対応している。つまり、図2-5-6と照らし合わせてみると分かるように、同じ善光寺平の中でも、田植え時期の早いところから順に遅いところへと回って行っている。そして、ときには犀川を越え、川中島まで行くこともあった。川中島の東部は長野盆地ではもっとも田植えの遅い地域で、用水の関係から当時は七月中旬にならないと田植えができなかった。

このように、環境差を巧みに利用して、ヤマはテーラに労働力を提供し、金銭などの報酬を得ていた。広瀬をはじめとするヤマの人びとにとっては、ウマカタやソートメといった労働は昭和初期においては重要な金銭収入源となっていた。さらにはコメをほとんど栽培することのできないオクヤマの人びとにとっては、ウマカタやソートメの報酬をコメで貰うことは多く、金銭とともにコメを手に入れる一つの方法でもあった。

また、重要なことは、こうしたヤマからのテーラへの出仕事が、ヤマの人びとにとっては金銭収入を得るだけの意味にとどまらないことである。ソートメの場合、テーラでの暮らしが長いと二週間以上にも及んだが、それはヤマの人びとにとっては金銭収入の方途であると同時に、毎年めぐってくる娯楽の一つと考えられていた。ヤマの人びとの多くは、ソートメやウマカタとしてテーラに行くことを楽しみにしていた。とくにソートメとなる女にとっては、田植え後、御馳走を振る舞われ、上げ膳・据え膳でもてなされるのは、家にいる時とはまったく違った心持ちであったとされる(9)。また、そうした娯楽性とともに、遠くオクヤマなどからやって来る女たちにとっては、ソートメは女人高野として有名な善光寺への参詣を兼ねたものであったとされ、信仰的な意味もかつては持っていたといえよう(10)。

3 ヤマからみたマチ

地形上はマチはテーラの一部である。しかし、ヤマの人がテーラという場合は、盆地の平坦農村部を指していることが多く、マチはテーラと峻別されている。

ヤマとマチとの結びつきはテーラ以上に強いものがある。テーラを飛び越えてヤマとマチは結びついている感さえある。それは何よりもヤマのおかれた経済的位置と密接に関係している。一言でいえば、ヤマはテーラよりも早くに貨幣経済の流れに乗っている。

歴史的に見ると、近世において広瀬は松代藩に属していた。『上水内郡誌』（上水内郡誌編纂会、一九七六）によれば、松代藩は正徳（一七一一～一七一六）まで領内を上郷・山中郷・下郷の三方面に分けていたが、享保（一七一六～一七三六）からは山方と里方の二つに分けて統治するようになったとされる。石高の比率は、文化一五年（一八一八）において、里方七二％に対して、山方二八％である。山方・里方という区分は地理的なものというよりは、主として当時の経済状況を反映した地域割であると考えられる。象徴的にはそれは本年貢の納入方法の違いとして現れた。里方は籾納であったのに対して、山方はほとんどが金納になっていた。平坦地の限られた山方は、コメの収穫が少ない反面、麻・紙などの換金作物が多く作られていたことによる。その結果、当時松代藩の全収納石高一三万俵のうち三〇～五〇％が金納であったと推計されている。またさらに遡ると、近世初期（一五世紀）には早くも、山方の村の中には麻や籾を売った金銭で年貢を納める村が存在していた。

明治以降もそうした傾向は変わらない。ヤマでは農家の現金収入源として明治になってから養蚕が盛んにおこなわれるようになったが、大正九年（一九二〇）・昭和五年（一九三〇）の養蚕不況を境にリンゴ栽培が急速に普及する。また、太平洋戦争後はリンゴに加え、葉タバコやホップの栽培も盛んになった。

そうした傾向は養蚕やリンゴ栽培が本格化する以前から顕著であった。アサやコウゾといった換金性の高い商品作物を栽培し、かつマチへはオクヤマに比べるとはるかに近いという利点を生かして薪炭材を出荷している。そうした様子を『長野県町村誌』（長野県、一九三六）から読み取ることができる。同書によると、明治一三年（一八八〇）における広瀬村の産物として、表2-5-2に示したような品目が上がっている。穀類などの自給的な産物以外は、ほとんどが長野町へ出荷することを目的とする産物であることがわかる。昭和初期（一九三〇年前後）を想定した聞き取り調査でもそうした産物は基本的に変化はない。そうした商品作物はマチの問屋が広瀬に買い取りに来るほか、藁細工や薪炭などは自らマチへ売りに出掛けることもあった。

そうしたヤマの産物をマチへ売りに行くという商業活動以外にも、ヤマの人びとを引き付ける魅力がマチにはあった。年中行事や人生儀礼の折々にマチへでかけていくことはヤマの生活の中ではまさにハレの日の代表であった。それはヤマの人が金銭を使う数少ない機会であり、マチのものを手に入れる時でもあった。

行事の中でも長野のエビスコ（恵比寿講）はヤマの人にとってはもっともマチを意識させるときであった。それは金銭を消費するという行為にもっともよく表れている。長野でのエビスコの買い物は冬越しの重要な準備である。エビスコ以外にも一二月の餅つき時分には正月の買い物にマチへ行くことは多かった。広瀬の人はマチの一角、桜枝町や西長野にいきつけの店があり、こうした時に年取魚を買って帰った（倉石、一九九三）。また、エビスコに打ち上げられる花火は人を引き付けるものであった。その花火に象徴されるように、来たるべき正月に向けてもっとも気分の浮き立つ時であったという。このようなマチの醸し出す気分の高揚は、ヤマの人びとだけでなく、テーラの農村部の人やマチの住人自身にとっても同様であった。

このほか、広瀬の人びとがマチへ行く機会としては、七月三一日の盂蘭盆がある。この日にはオヤキ（焼き饅頭の一種）を持って善光寺にお参りにいった。かつては本堂でお籠りをする人も多かったという（倉石、一九九三）。また、

表2-5-2　広瀬の産物—明治一三年（一八八〇）—

産　物	生産量・用途
（動物）	
鶏	其質中等、出来高二三〇羽、自用に供す。
鶏卵	其質中等、出来高三二二五顆、自家用に供す。
（植物）	
米	其質中等、出来高二一〇石、自用に供して足らず。
大麦	其質中等、出来高一六〇石、自家用に供す。
小麦	其質中等、出来高一三四石、自家用に供す。
蕎麦	其質中等、出来高一〇〇石、自家用に供す。
大豆	其質中等、出来高一三四石、自家用に供す。
小豆	其質中等、出来高二〇石、自家用に供す。
菘種	其質中等、出来高五石、長野町に輸送す。
葉藍	其質中等、出来高三〇〇貫匁、長野町へ輸送す。
蘿蔔	其質中等、出来高二六〇〇貫匁、自家用に供す。
蕪菁	其質中等、出来高二八〇〇貫匁、自家用に供す。
柿	其質下等、出来高五〇〇貫匁、内二四〇貫匁自用に供し、残二六〇貫匁長野町へ輸送す。
（製造物）	
薪	其質上等、出来高二一九〇駄、内一八二五駄自用に供し、残三六五駄長野町へ輸送す。
皮楮	其質中等、出来高六〇〇貫匁、本郡栃原村へ輸送す。
麻布	其質中等、出来高一八〇匹、長野町へ輸送す。
蠶莚	其質上等、出来高二九〇〇枚、長野町へ輸送す。
麻苧	其質中等、出来高一二〇〇貫匁、自村にて麻布に製す。

＜民　業＞男：農を専業と為す者一一二戸、農間薪を採り、蠶莚を織り、其外年中用の藁細工を為す。
女：専ら農を為し、農間草を刈り又は麻布を製し、或は薪を採り家計を助くる者三〇二人。

*『長野県町村誌　北信篇』（長野県、一九三六）より作成

八月一二日には善光寺大門町から中央通りでお花市が開かれる。これは盆花を売るものであるが、広瀬の人はこのお花市に行ってはハスの花やガマノホとともに盆菓子などの盆用品を買って帰った（谷口、一九九三）。

以上のように、ヤマから見たマチは重要な商売の相手であり、同時に稼いだ金銭を消費する場であった。また、ヤマの人にとってマチはまさにハレの時空を示すものであったが、金銭の消費がそうした気分をより盛り上げる働きをしていた。

四　テーラからみた民俗空間

1　テーラからみたヤマ

テーラの人から見ると、ヤマはソートメやウマカタがやって来るところである。善光寺平には、広瀬などニシヤマの人びとだけではなく、さらに山奥となる戸隠や鬼無里などオクヤマの村からもソートメやウマカタかやって来た。オクヤマの村々は、ヤマよりもさらに標高は高く、山も深いため、水田はごく限られたところにしかなく、当然田植えは広瀬などヤマの村よりも早く終わってしまう。一方で、馬の飼養地帯としては、テーラに近い広瀬などよりもむしろ戸隠や鬼無里といった山間奥地の方が盛んである。そのように、水田が極端に少なく、馬も多く飼われていたため、結果的にはウマカタはオクヤマからやってくる方が多かった。

このとき注目すべきは、テーラの人びとの捉えるヤマは、この場合いわゆるニシヤマだけを指してはおらず、その先に広がる鬼無里や戸隠といったオクヤマにまで、その意味する範囲は及ぶことである。つまり、テーラの視点に立つと、広瀬も戸隠・鬼無里もヤマに変わりはなく、とりたててオクヤマという民俗空間を領域化することはない。その点、広瀬のように自分たちの生活空間をヤマと考え、オクヤマを分けて考えようとする感覚とは異なっている。

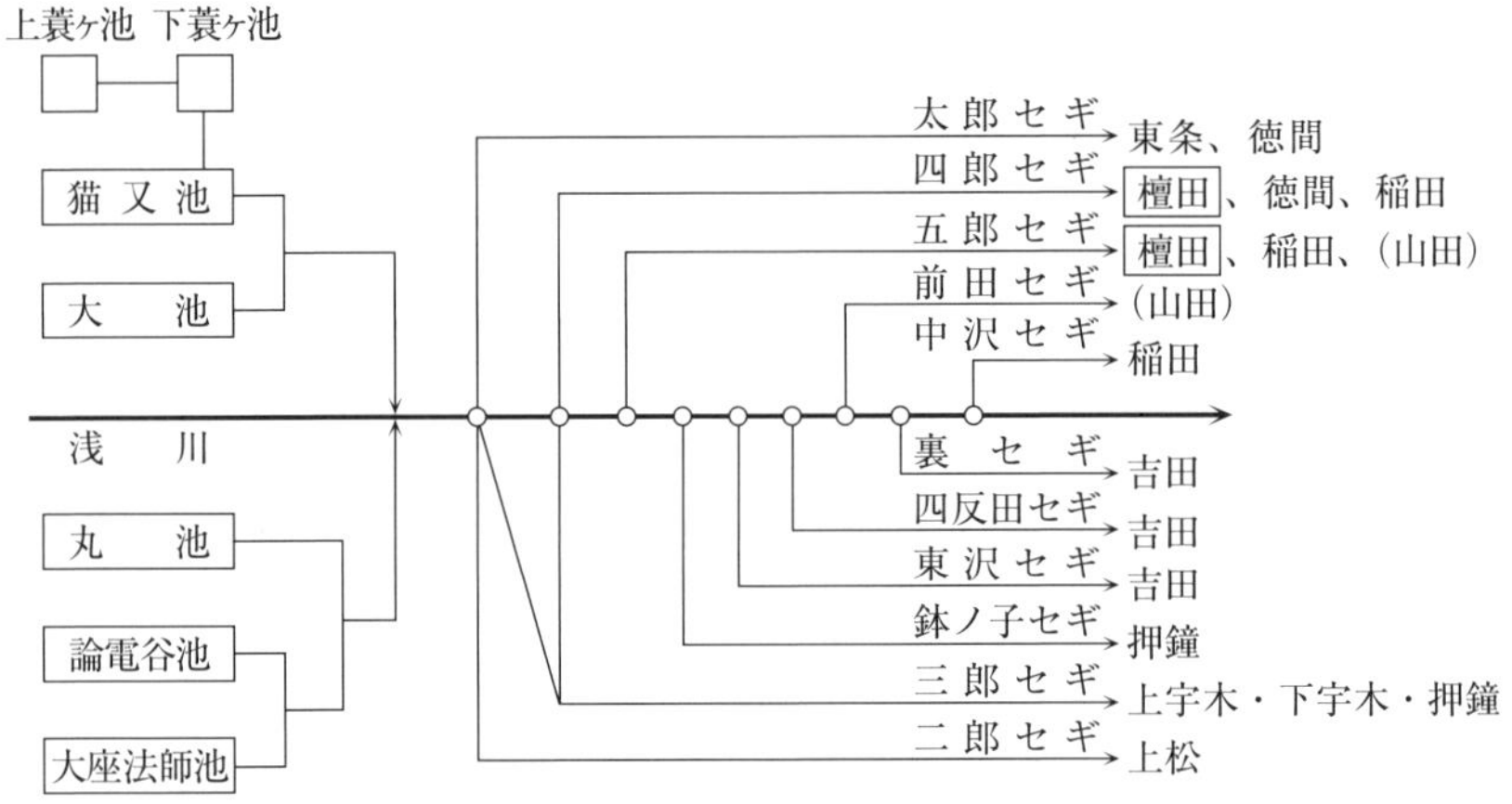

図2-5-8　檀田をめぐる用水システム—浅川十ヶ村用水組合—

テーラからすると、ヤマはテーラの稲作にとって欠くことのできない用水の供給源である。善光寺平に用水を供給する浅川はヤマに発するし、またそうした用水体系を補完するための溜池はやはりヤマに造られている。具体的には、図2-5-8に示すように、檀田をはじめとするテーラの村々では浅川十ヶ村用水組合を作っては浅川の水を利用してきたが、浅川の水だけでは不足しがちなため飯綱山麓（広瀬を含む芋井村）に大座法師池ほか六つの溜池を造っていた。そのため、檀田など浅川の水を使うテーラの村では広瀬や上ケ屋などヤマの村々に溜池の使用賃を払ってきた。そのもっとも象徴的な交流が、テーラの人びとがヤマの人を招いておこなう懇親会である。こうしたことは太平洋戦争後もしばらく続けられていた。この宴は毎年一回、善光寺にほど近い元善町の料亭で開催され、ヤマ側からは村長・議員・区長などが招待された（『芋井の年中行事』刊行委員会、一九七九）。

これは、テーラがヤマをマチに招いて接待するもので、民俗空間としてのマチ・テーラ・ヤマの相互関係をきわめて明瞭に示す事例である。そのとき、マチはヤマやテーラの人にとっては歓待の場つまりハレの場であり、ヤマにもテーラにもない特別な意味を持っている。

また、テーラの村が水不足に陥った時にすがるのはやはりヤマにある神仏である。檀田でもっとも代表的な雨乞いの神は戸隠の竜神さん（九頭竜権現）である。水不足に陥ると、檀田も加わる浅川十ヶ村用水組合において代表者が九頭竜権現まで代参し、竜神さんの池から水をもらってきた。

テーラが抱くヤマのイメージは、イネが充分にできないところという点に収斂する。そのため、テーラの人がヤマの人を揶揄する話にはコメにまつわるものが多い。たとえば、ヤマの村で人が死にそうになったらコメを持っていって茶袋に入れて揺すってみせると、死にそうな人でも目を開けるという。柳田国男は早くにこうした振り米の習俗を取り上げてサト人がヤマ人を揶揄するあり方に注目している（柳田、一九四〇）。こうした振り米の習俗を取り上げてヤマの者を馬鹿にした話は善光寺平のテーラにおいては各地で語られる。ヤマを揶揄する話にコメが用いられるということは、逆に考えれば、早くに稲作への高度な特化を成し遂げたテーラでは、柳田国男のいう「新文化」（柳田、一九四〇）の段階に達し、結果としてヤマよりも早くに「米の呪力」が失われたという解釈もできよう。また、そうしたヤマに対する蔑視のあり方について、湯川洋司は、ヤマがサトに近づいていった結果、ヤマとサトの「連帯を前提とした対立関係」が崩れたために起こったものであると解釈している（湯川、一九九一）。

こうしたヤマを見下す観念とは表裏の関係で、ヤマからやって来るソートメやウマカタを歓待する観念もテーラには形成されていた。前述のように善光寺平の稲作地ではヤマからソートメを招く慣行が盛んであるが、やってきたソートメには田植え後にニシンなどの御馳走を振る舞い慰労する慣わしになっていた。これは、古くから民俗学でいわれているように、テーラの人びとがヤマから迎えるソートメを通して田の神をイメージしたことに由来すると考えることもできるが、そうした解釈は十分な論証がなされているとはいえない。

ウマカタ慣行にも同様のことが見て取れる。通常、ウマカタの場合、ターブチ（田起こし）やターカキ（代掻き）を依頼する側の農家が五〜六軒でひとつの組を作ってウマカタを招くが、作業期間中は農家では当番を決めてウマカタの世話をすることになっている。田植えが終わると、当番の家ではマンガアライ（馬鍬洗い）をおこなう。マンガアライとは田植え仕舞いの祝いで、田植え休みにおこなわれることが多い。マンガアライには赤飯を作り、苗と共に神様に供える。そのとき、ターブチ・ターカキを終えてヤマに戻っているウマカタをわざわざ招いて慰労をおこなったという。

つまりテーラはヤマに対して、蔑視と歓待という二律背反する感情を持っていたことになり、テーラが向けるヤマへの眼差しのもつひとつの大きな特徴となっている。

2　テーラからみたマチ

檀田は比較的マチに近いため、住人の中には鳶や大工といった職人のテコ（手伝い）などでマチへ仕事に出る人がいた。そうしたマチへ仕事にでることは、いわゆる「二反百姓」のおこなうものとされた。「二反百姓」とは稲作を中心とした農業だけでは生計を立てることができないことを意味し、マチに出稼ぎにでることは一種見下される行為であった。しかし、実際にこうしたことをするのは「二反百姓」の中でもごく一部であったという。それは檀田で暮らすにあたり、家の面子を捨てなくてはならないからである。実際は生活が苦しくても面子を捨て切れず、そうしたテコ仕事に出ることができなかった。

その結果、テーラの農家は現金収入が限られ、コメなどごく一部の産物を売って得た収入は肥料や生活必需品に振り向けられることになる。そのため、檀田のようなテーラの村では、その生計維持の基本として、食に関しては塩などの必需品は除き出銭を極力押さえた自給自足の生活を強く志向することになった。これは一九六〇年代、高度経済成長期に入るまで変わることのない生計維持の志向性として存在した。

その他、生計活動の面から、テーラとマチとの関わりとして注目されるものに、秋から春にかけてとくに三月を中心にしておこなわれたシモゴエ（下肥）取りの慣行がある。[11]シモゴエは水田二毛作におけるムギの肥料にはなくてはならないものである。そのためシモゴエ取りは、檀田のような水田稲作に高度に特化した集落では水田二毛作とともに普及したと考えられる。

生業上のつながりの他には、テーラの人びとにとってマチはエビスコ（一一月）や盆の花市（八月）の機会を利用して買い物に行くところである。それはテーラから見れば消費活動であるが、定期的にめぐってくる年中行事であり娯楽という側面も大きかった。現金収入の限られていたテーラの稲作農村にとっては年に数度のマチへの買い物の機会は、「余所行き」を着て出かけるハレの日の代表でもあった。また、そうしたハレの日が、たとえばエビスコであればその年の田仕事の終わりであり本格的な冬の到来を意識させるものとなっていたように、季節やそれに応じた生活の変わり目として強く意識されていた。そうした生活の規範や暦にも似た感覚をもたらしてくれることも、テーラにとってはマチの存在意義として大きなものがある。

テーラの場合、総じていえることは、マチに対する生業上のつながりが、地理的に近いにも関わらずヤマほど強くないことである。テーラはマチに対して生計上の関わりをそれほど期待していないかのようであり、とくに金銭収入に関係するようなことは避けられてさえいた。生業上のテーラからマチへのアプローチはシモゴエの例が示すように自分たちの自給的な生活を維持するためのものでしかない。テーラはそうしたマチとの関わりを前提として、出銭を押さえるという生活の志向性を作り上げてきたといってよい。マチがテーラにもたらすのは、生計維持のための実利的なことではなく、ハレの時空であり、生活の規範や暦にも似た感覚であるといってよい。

3　テーラからみたマチの中心──マチの中のマチ：善光寺──

テーラやヤマの人びとがマチをみる場合、マチの中でもまたその核となる存在がある。そこは彼らにとってはもっともマチらしいマチとして認識され、マチの持つ求心力の源であるといってよい。同時にそこはマチの人たちにとっても中心であることにかわりはない。

とくに、テーラやヤマの人びとにとってマチとは、マチ空間全体に意味があるのではない。マチの中でもとくにその中心となるところに関心があるのであり、マチとはテーラやヤマの人たちにとってはむしろそうした核となる中心点だけを指すものであるといっていい。なぜならテーラやヤマの人びとにとっては中心点となるところ以外のマチは生計上または娯楽・信仰上なんら意味を持たないからである。いってみれば、テーラやヤマの人びとが認識する民俗空間としてのマチには、自分たちの関係のないマチとかかわりの深いマチという明瞭な濃淡ができているといってよい。当然、テーラにおけるマチのイメージは後者によって決定されているといってよい。

マチに行くことをテーラの人はよく「善光寺に行く」「権堂に行く」という。そのことをみても分かるように、長野町の場合、マチとしてイメージされるのは、明らかに善光寺と権堂にある。前述のように、マチと同義で、ゼンコウジやゴンドウという言い方が頻繁に用いられるのはそのためである。

善光寺は精神的な中心といってよく、信仰面においてテーラやヤマの人およびマチの人をも引き付ける。それに対して、権堂はまさに繁華街であり歓楽街の典型である。料亭・遊郭・映画館などとともに小売り商いの商店が軒を連ねる商売の中心地である。(12) かつて長野の商人にとって権堂に店を持つことは成功者の証であり、究極の願望であった。

そしてさらにいえば、権堂は善光寺あっての盛り場であり商店街である。善光寺参りに来た人たちの精進落としの場が権堂であることをみても分かるように、権堂は善光寺を前提として発展してきたといってよい。その意味で、権堂もまた善光寺に含まれる地域概念であるといってよかろう。長野のマチを表す言葉に「善光寺町」(13) という言い方があるが、それは権堂などを含むいわば善光寺の参道を中心に形成された碁盤目状の街区の総称であり、まさにマチの中のマチ、善光寺界隈を示すものである。

五　マチからみた民俗空間

1　マチからみたヤマとテーラ—ザイの発見—

マチの人から見ると、マチの周辺に広がる、自分たちの生活空間ではないところは、すべてザイ（在）と一括される。マチ周辺にある平坦部の稲作農村地帯（テーラ）とともに盆地周縁部の山間農村地帯（ヤマ）まで含めてそう呼んでいる。マチの視点に立つ限り、長野盆地の民俗空間はマチとザイしか存在しないことになる。

①　商売相手としてのザイ

魚屋はマチの住人である。昭和初期（一九三〇年前後）、基本的にヤマやテーラには魚屋は存在しない。魚屋は、同じマチの住人たる商家や町家を顧客にするほか、周辺のザイも重要な商売相手としていた。ザイは商売上はとくに季節性の強い相手であることに特徴がある。売り方としては、御用聞きが主なマチでの商売とは違って、ザイでは行商を中心に一部で店売りをおこなっていた。ザイの人への店売りはゴサイレイ（御祭礼：祇園祭）のときなどハレの日に限られ、日常的に店売りがおこなわれるようになるのは高度経済成長以降のことである。ザイにおける販売方法としては行商が中心であったといってよい。そのため、魚屋の販売形態を民俗空間に当て嵌めるなら、図2-5-9に示したように、ザイは行商圏と捉えることができる。

ザイの人びとは、生活の折り目となる田植え仕舞い・稲刈り仕舞いといった祝事やエビスコ・盆・正月などの行事の前になるとマチへやって来て魚を買っていった。

また、反対に、そうした折り目の時期になると、魚屋の方からザイの村々に天秤棒に魚を担いで行商に出かけていった。とくにタウエニシン（田植鰊）のように、時期が少しずつずれて売れる地域が変わるものは、そうした傾向が強い。長野盆地においては、田植えの早い北の方やニシヤマなどの山間部から順に南下しつつ（または高度を下げつつ）移動して魚を売り歩くことができるからである。

ザイでは日常的に海産魚を食べることはない。ザイの農家にとって、金を出して買わなくてはならない海産魚は貴重品である。当然、魚屋から見れば、ザイでは盆暮やお祭りのときでなくては魚は売れなかったことになる。そうした様子を、当時長野の魚屋がもっとも多く扱っていたニシンを例にとってみてみよう。

ニシンは、北海道産のものが新潟県の直江津を経由して長野へとやってくる。長野にやってくるニシンはほぼすべて干しニシンに加工されている。それが一把（三〇〇～四〇〇匁〔一・一～一・五kg〕）ずつ木の皮に包まれている。そのため長野に届いたときには中のニシンは黴だらけであることが多い。魚屋では固く乾燥したニシンを米のとぎ汁で戻す。そしてミガキニシン（身欠き鰊）に加工する。また、店によっては昆布巻きなどに調理してから売るところもあった。

ニシンは、ザイの人びとにとっては大変な御馳走であった。ニシンは田植えとともに売れだすとされる。農家では田植え仕舞いの御馳走にニシンを用いるためである。そのため、田植えの早い北の方から（または標高の高い山の方から）売れていく。五月末から六月にかけてのころに信濃町あたりから売れ出し、最後に七月一二・一三日ころになって川中島平にやってくる。ちょうど川中島でニシンが売れはじめる頃が弥栄神社（長野町）のゴサイレイとなる。そのため、その頃のニシンをゴサイレイニシン（御祭礼鰊）といって、やはりゴサイレイの御馳走となった。

その後は、八月の盆時分になると、やはりオボンニシン（お盆鰊）としてよく売れる。そのためゴサイレイ後からお盆までの期間は、オボンニシンの手入れ（売り物にするための加工）をするのが魚屋にとって日々の仕事となる。

②魚屋の副業を支える存在としてのザイ

魚をめぐるザイとの関係は、商売上の客としてだけにとどまらない。マチの魚屋にとっては副業を支えるものとしてザイの存在は大きな意味がある。魚屋のもつ多様な顔がそこにある。ひとつは、肥料商の顔であり、もうひとつは養蚕農家の顔である。

魚屋はかつて肥料問屋も兼ねているところがあった。入荷した魚を商品に加工する段階で出る魚の骨・頭・内臓などを利用して肥料を作っていた。ニシンの場合でいえば、いわゆるニシンクズ（鰊屑）を干してからそれを粉にして魚粉を作る。それが金肥となった。

また、かつて魚は盆暮勘定の掛け売りが主であったが、ときとして勘定が嵩み払えない農家が出てくる。そうなると滞った代金の代わりに畑をもらうことがあった。とくに二・三年も不作の年が続くとそうしたことがよくあった。そうやって魚屋は地所を増やしていった。とくにザイの農家を主な相手に商売をしていた魚屋はそうであったという。本論で取り上げた魚屋「Ｋ魚」でもそのようにして、かつて長野市城山近辺に現在の球場の三分の一に当たる面積の桑畑を所有していた。総じて夏場は魚が売れない時期であるため、小僧などの使用人や家族を使って養蚕をおこない、副収入を得ていた。

また、マチの人（主に商家）が所有するテーラの水田を、ザイの中でもとくにヤマの人に小作させる慣行があった。檀田ではそうした慣行をイリサク（入作）と呼んでおり、檀田の域中にもマチの人が所有する水田があった。イリサクされる水田には、五・六月の田麦刈り・田植えや一〇・一一月の稲刈り・麦蒔きがおこなわれる農繁期に泊まりがけで農作業に当たるための小屋が建てられていた。それを「ヤマノモン（山の者）の小屋」と呼んでいた。そうした慣行はヤマの人から見ればデサク（出作）ということになる。当然、寝泊まりする小屋もデンゴヤ（出小屋）と呼んでいる。つまり、イリサクとデサクとは、それをみる視点が異なるだけで、同じ行為を指している。

こうしたイリサク・デサクがおこなわれたところとして有名なのが、通称「遊廓たんぼ」である。善光寺下から早苗町・鶴賀町あたりにかけて約一万坪（三三〇〇〇㎡）あったとされる。こうしたイリサク・デサクにやって来る人は、ヤマの中でも比較的テーラに近い浅川・小田切・芋井南部の人たちである。太平洋戦争後、農地解放でこうした水田の多くがヤマの人の所有になり、そこに家を建ててテーラに下りてきた人も多い。

③ ザイへの蔑視

注目すべきことに、ザイは商いの重要な相手であり、かつまた副業を支える存在でありながら、マチの魚屋にはザイを一種見下したところがある。相対的にザイは大きな商売相手ではあっても、個人の単位になると、それは年に一・二度しか魚を買ってくれない人たちである。しかもニシンのように価格の安い低級魚しか買わない。ザイは魚屋にとっては何年たっても「お得意さん」にはならない存在である。

マチに生活する魚屋はザイの人びとに対して、年に一・二度しか魚（しかも低級魚）を食べられない貧しい人という印象を持っている。また、ザイの人びとがマチへやって来るときの人相風体、たとえばその着物から受ける印象として、マチの人とは違ったみすぼらしさを感じている。そうした諸々の印象が、ザイに対する一種独特な感情を生み出すもとになっている。とくにザイの中でもヤマの衆に対してそうした感情が強い。そうしたマチ人のザイへの差別意識については、子供の囃し言葉を取り上げて、福澤昭司が詳しく論じている。マチの人びとがヤマの人に対して抱く感情の中に、水田を持たないもの同士のいわゆる近親憎悪にも似た感情が存在することを指摘して注目される（福澤、一九九四）。

魚屋の意識としては、ザイに対しては、魚は「売ってやる」ものである。そのため、黴が生えたり少し傷みはじめた魚でもザイへ持って行けば売れるとし、万が一それで腹痛を起こしてもたまにしか食べないからお腹がビックリしたのだろうとうそぶく。こうした感覚は、マチの人に対するのとは対照的である。詳しくは後述するが、マチの客とくに大家や料理屋・旅館に対しては、おもに御用聞きという販売形態をとることをみても分かるように、魚屋にとって魚は「買ってもらう」ものである。

2　マチからみたマチ

①　魚屋にみるマチの二重構造

マチの人への販売方法は、御用聞きが主となる。そうして築かれた関係の中に、オトクイサン（お得意さん）が生まれ、そこへは毎日のように御用聞きに伺うことになる。大店や大家といった一般のオトクイサン以外に、料理屋や旅館といったいわゆるクロートサン（玄人さん）のところにも御用聞きに行った。それを一般に「料理屋商い」といい、かつては収入の半分以上をそれに頼る魚屋も多かった。

本論で取り上げた魚屋「K魚」の場合、常時三・四人の丁稚を使い、自転車で御用聞きに廻らせた。その範囲はせいぜい遠くても善光寺下や妻科までで、東後町の店から半径一里（四km）以内であった。マチには各地域に魚屋がおり、縄張りというほどの意識はないが、やはり御用聞きに回る先は他の魚屋の近辺は避けるようにしたという。こうした販売形態をとる魚屋にとってマチはまさに御用聞き圏である。

また、マチの魚屋にとって同業者の結節点となっているのが、当時は東町にあった市場である。詳しくは後述するが、市場は魚屋にとっては魚を仕入れるため毎日のように通う空間であり、かつ多くの同業者と情

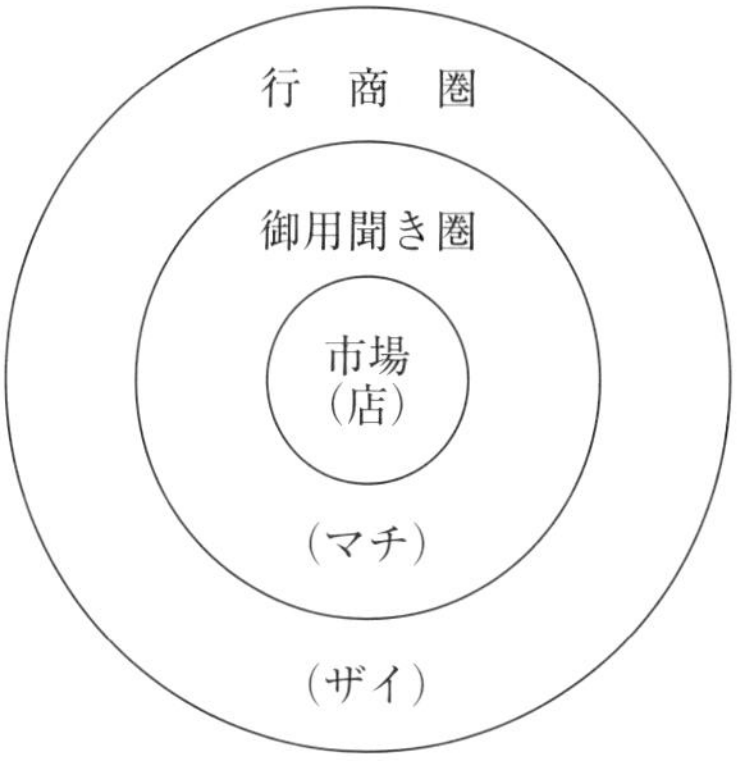

図２－５－９　魚屋の民俗空間構造

報交換をおこなう場でもあった。図2-5-9のように、行商圏・御用聞き圏を店からの距離をもとに同心円状に描くとするなら、その中心に市場を位置づけることができる。市場の存在は、ある意味、魚屋に特徴的な民俗空間であるといってよい。

魚屋に注目して、民俗空間と販売形態との関係をまとめると、図2-5-9のようになる。市場を中心にその周囲に御用聞き圏があり、そのまた周りに行商圏がある。このとき重要なのは、御用聞き圏が民俗空間のマチと一致し、行商圏がザイと一致する点である。なお、魚屋の場合、マチはそれぞれの魚屋が緩やかにテリトリーをもって分割している。その延長としてやはりザイもさらに緩やかではあるがテリトリーができている場合が多い。

ここで注目すべきは、魚屋はそうした民俗空間のどこか一ヶ所に留まっていたのでは生活が成り立たないということである。行商などにより各空間を行き来することで成り立つ商売である。そうした移動性の高さは、マチが有する民俗空間としての特性のひとつといってよかろう。当然、魚屋の場合では、人が動けば、商品の魚やそれにまつわる情報も動くことになる。

こうした移動性の高さは何も商人だけにとどまらない。職人の仕事も、かつては出職が多く、人やものが移動することにより成り立っていた。先に挙げた『長野県町村誌』の明治一〇年（一八七七）の統計では、長野町の場合、商人や工人（職人）はマチの住人の内の約八〇％を占めることを考えれば、マチはきわめて移動性の高い空間であるといってよい。

② マチの二重構造と階層性

魚屋を取り巻く民俗空間の諸相（マチの中心＝市場、マチ＝御用聞き圏、ザイ＝行商圏）は、魚屋を取り巻く関係性においてそれぞれ違った特性を示している。(14)

魚屋にとって民俗空間としての市場は、同業者との関係に代表される。それは基本的に対等の関係である。それに対して、マチを示す御用聞き圏での魚屋のあり方は、商家・大家との関係に代表される。これは、同じマチの住人でありながら、魚屋と「お得意さん」となる商家・大家とは明らかに意識の上で上下関係が存在する。この場合、上は商家・大家で、下が出入りの商人である魚屋ということになる。また、行商圏にあたるザイでは、前述のように、魚は「売ってやる」ものであり、やはりそこには意識の上で上下関係が存在する。この場合は、上はマチの住人たる魚屋で、下はザイの人ということになる。以下ではもう少し具体的にマチの階層性についてみてゆくことにする。

魚屋は多くの場合、市場を結接点として結びつく。同業者との関係は、基本的に対等である。長野の魚屋は若松屋や松田屋を筆頭にそこから暖簾分けして増えていった魚屋が多い。たとえば、若松屋の場合、最盛期には長野市内に一五軒を数えた。そのため、そうした本店と分店との間には、系譜の上で親分子分の関係が存在する。しかし、商売上は互いに相手のテリトリーを侵すことなく、範囲の広狭はあっても相互にテリトリーは尊重される。また、たとえば本店筋に当たるような大きな魚店はマチでの「料理屋商い」を中心とした御用聞きによる商売が多いのに対して、分店となるような中小の魚屋ではマチだけでなくザイへの行商の割合が高くなるというように、それぞれ店の分を守って商売をおこなってきた。そのため、本店と分店との間で競合関係になることはなく、商いの上では実質的に上下関係はないといってよい。したがって、魚屋はお互いに横並びの仲間意識を強く持つことになる。

それに対して、「お得意さん」として重要な料理屋や旅館との関係では明らかな意識上の上下関係ができている。つきつめれば、それは魚を買ってもらうためであり、そこに必ず一方向への金銭の流れが存在するからである。魚屋にとって、料理屋や旅館に出入りすること、つまり「料理屋商い」は、収入の面で大きな割合を占めていた。それだけに魚屋としてはその関係維持に多くの時間と人手をかけた。

本論で注目する魚屋「K魚」の主人は魚を仕入れるためほぼ毎日市場に通うが、市場から帰ると、すぐにお得意さんの料理屋へご用聞きに伺う。そして、納める魚の種類と数量および下処理の方法など、料理屋の板前と打ち合わせをし、その日の段取りを付ける。座敷の規模や泊まり客の数・ランクに応じて、魚の種類や数量が異なる。魚を届けると、通常は魚を切り身にしたり三枚に下ろしたりなどの下拵えまでを魚屋がおこない、その後の焼いたり刺身にしたりといった調理段階は板前がおこなう。

しかし、出入りの店が忙しい時には、魚屋の小僧（ときには主人も）が下手子として料理屋に残り働くことも多い。魚料理の手伝いはもちろんのこと、座敷の片づけやお燗番まで魚屋は手伝うことになる。

魚屋の小僧は朝から夜まで一日のほとんどを料理屋の板場で過ごすことも多かった。食事は料理屋で残ったものを食べさせてもらった。奉公先の魚屋へ戻るのが夜一〇時過ぎになるのは当たり前であった。そうして一日のほとんどを過ごしても、料理屋からはとりたてて給金や礼をもらうわけではない。魚屋にとっては魚の下拵えや座敷の手伝いはあくまで魚を買ってもらうことの代償のひとつにすぎない。

料理屋や旅館からすると、魚屋はあくまでも出入りの商人の一人にすぎない。たとえ日常的に出入りしていても、大きな料理屋や旅館では、魚屋（小僧はもちろん主人であっても）は人扱いしてもらえなかったという。板前など料理屋の使用人より下の扱いである。

かつて旅館や料理屋には必ず出入りの商人や職人がいた。出入りの職人には、鳶・大工・畳屋・植木屋・左官などがおり、出入りの商人としては、魚屋・八百屋・呉服屋などがあった。暮れの大掃除のときや、団体客が入ったり、婚礼などの人寄りがあったりして、料理屋・旅館が忙しいときには、出入りの職人や商人が手伝いに行った。そんな時は、たとえば呉服屋は布団敷き、魚屋は板場というように分担して手伝った。とくに魚屋は毎日ご用聞きに伺っているため、料理屋や旅館のもっとも忙しいときを心得ていて、店から何も言ってこなくても、気を利かせて手伝いの人を寄越した。

そのかわり出入りの職人や商人には、店から屋号を染め抜いたハッピが与えられた。店にお祝い事があるとまた新しいものが与えられる。出入りの職人・商人は料理屋や旅館に行くときには、そこで貰ったハッピを着て行った。出入りの職人や商人の方からすると、同じハッピでもとくに名の通った料理屋や旅館のものを持っていると箔がついたという。

このように魚屋から見れば毎日ご用聞きに伺う料理屋や旅館は「お得意さん」であるが、料理屋や旅館から見れば魚屋は「出入りの商人」の一人、しかも板前など使用人の「下手子」に過ぎない。そこには明らかに意識上の上下関係があると見てよい。

3　マチがザイの先に見るもの

マチとザイという民俗空間のもと、マチの人びとはザイの先に何を見るのであろうか。結論からいえば、マチは商売相手であるザイを越して、その視線は常にもう一つのマチに向いている。とくにその傾向は鉄道の発達により強化されたと考えられる。鉄道はマチとマチを結び、魚屋でいえば、長野のザイの先にはオクヤマでもテーラでもなく、明らかに直江津や飯山といったマチを見ることになる。鉄道が発達する以前は、北国街道のような街道がその役目をはたしていた。

飯山は飯山街道が通る交通の要所であり、かつまた飯山藩の城下町であった。そうした立地にある飯山には、「飯山相場」という言葉が残っているように、鉄道が発達するまでは、日本海岸から入ってくる海産物や塩の市が立ち、そこでは長野県の北信地方全体の相場が決められていた。

そうして明治二六年（一八九三）に信越線（直江津―高崎間）が開通することにより、長野の魚屋の視線はさらに遠くのマチである直江津に向けられることになる。近世から海運業などで栄えた港町の直江津には大きな魚問屋があり、

表2-5-3　長野の魚屋が扱った魚介類―昭和初年～20年頃―

魚介類	商品名	加工法	産地（移入路）
サンマ	―	生	日本海産→直江津
イワシ	―	〃	同右
	煮干し	乾	山陰地方
	丸干し	塩・乾	那珂湊
	目刺し	〃	同右
	糠漬け	塩	（自製）
サバ	―	（不明）	日本海産→直江津
タラ	干だら	乾	北海道→直江津
	棒だら	〃	同右
サケ	トッコザケ（塩鮭）	塩	同右
	新巻鮭	〃	（自製）
マス	トッコマス（塩鱒）	〃	北海道→直江津
ホッケ	塩はっけ	〃	同右
	糠漬け	〃	（自製）
ニシン	つぶ鰊	（不明）	北海道→直江津
	干し鰊	乾	同右、（自製）
	身欠き鰊	〃	同右、（自製）
ブリ	塩ぶり	塩	能登
マグロ	―	生	能登、三陸地方、四国（室戸）
	塩しび	塩	（不明）
フグ	―	（不明）	（不明）
タイ	―	生	（不明）
ヒラメ	―	（不明）	北海道（函館）

魚介類	商品名	加工法	産地（移入路）
カジキ	―	（不明）	三陸地方、四国（室戸）
メカジキ	―	（不明）	同右
サメ	棒ざめ	乾	（不明）
	ふかざめ	（不明）	（不明）
イカ	干いか	乾	佐渡→直江津
	丸いか	〃	同右
	塩から	塩（発酵）	（不明）
スルメ	干しするめ	乾	佐渡→直江津
	切りするめ	〃	同右
タコ	酢だこ	酢	同右
カズノコ	塩かずのこ	塩	北海道→直江津
	き干し	乾	同右
タラノコ	たらのこ（塩漬け）	塩	（不明）
	塩から	塩（発酵）	（自製）
鯨肉	―	生	（不明）
板付	―	練製品	静岡（焼津）
尺　轟	―	〃	同右
塩竹輪	―	〃	同右
大坂	―	〃	（不明）
鳴門巻	―	〃	（不明）
昆布	―	乾	北海道
海苔	―	〃	（不明）

＊『長野魚商百年の風光』・『長野県史民俗編 第四巻1』および、聞き取り調査から作成

長野の魚屋は表2-5-3に示したように、ほとんど直江津経由で魚を仕入れていた。そのため、長野の人の中には、ニシン・タラやサケ・マスは直江津で獲れるものと考えていた人も多かったという。

さらに長野の魚屋のルーツに関していえば、かつてはその多くが新潟県の出身であった。直江津あたりから行商で通ってきているうちに長野に店を起こしたという伝承をもつところは多い。そのため、昭和初期（一九三〇年前後）においては長野の魚屋の多くは直江津にある魚の仲卸業者から魚を仕入れていた。そうした関係から、長野の魚屋の中には、取り引き関係にある直江津の中卸の魚屋に自家の跡取りを小僧として修業に出すところもあった。

そのように長野の魚屋にとって、飯山や直江津といったマチは昔から関係が深かったといえる。まさにマチはザイを飛び越しその先にあるもうひとつのマチを見ていたといってよかろう。

六　盆地の民俗世界観—テーラ・ヤマ・マチの関係性から—

1　動態としての民俗空間

今まで論じてきたように、実際の民俗空間は一律に捉えられるものではなく、それを理解するには動態的な視点をもつ必要がある。各類型間を行き来する人や物資の存在なくしては民俗空間の総体（系）としての構造は維持されない。長野盆地に見るヤマ・テーラ・マチの民俗空間構造はまさにそうした各類型間の有機的連関なくしては成り立たない。

従来、閉じられた円環構造として民俗空間論が静態的に論じられる傾向にあったのは、一見すると生計維持の上で独立性が高く、あまり他の民俗空間と交渉を持たないかのようなサト（本論ではテーラ）を円環の中心に置いてきたからである。しかし、サトのもつ独立性の高さは稲作への収斂という現象がもたらしたもので、それは社会経済の問題に限定される。しかも、それは理念的なものにすぎない。昭和初期という時代性を考えれば、実態としては、サトの中で人や物また情報といったものが完結するものではないことは明らかである。

本論で注目したヤマ・テーラ・マチの三つの民俗空間の関係を、人の移動に注目してみるとそのことがより明瞭となる。

ヤマは域内で生産した薪炭や麻・莚といった商品をマチやテーラに運んでは売ることを重要な生計維持活動のひとつとし、また毎年定期的にソートメやウマカタとしてテーラに下りては賃稼ぎをしたり、なかにはマチの商人に雇われてテーラの水田に出耕作に来るものもあった。さらに言うと、ヤマの村の中には、たとえば荒井（広瀬地区の一集落）のように石工の村として認識されているところもある。そうした職人の村ではその技術をもって各地に出稼ぎにいったり、またマチの店に雇われたりしていた。湯川洋司は、柳田国男の「山人」（柳田、一九一七）や橋本鉄男の「漂泊生業者」（橋本、一九七九）の論を引き継いで、山民を移動性山民と定住性山民の二つに分けて論じている。本論で注目するのは、この分類にしたがうなら定住性山民ということになるが、湯川は移動性とは移動性山民にのみ備わった属性ではなく、定住性山民にも季節的移動（回帰的移動）性があることを指摘する（湯川、一九九一）。まさに、本論で注目した、ソートメやウマカタはそれに当たる。そのとき、注目すべきは、ヤマの人びとの移動の目的は金銭に収斂することである。ヤマの移動性の高さは、社会全体における貨幣経済の発達なくしてはありえない。

また、マチの場合も、貨幣経済の発達を背景に、人は他の民俗空間との間をさかんに行き来している。魚屋の場合、生計維持の上でザイ（テーラとヤマ）は行商先として重要な意味を持っていたし、またマチの人がテーラに農地を所有し養蚕を生計維持のためにおこなうこともあった。

以上のように金銭収入を目的に高い移動性をもつヤマやマチに対して、テーラでは生計維持のために積極的にヤマやマチに出かけてゆくことは少ない。ヤマに行くのは戸隠講などの信仰的な行為以外にはほとんどない。またマチへも娯楽を兼ねてエビスコ（恵比寿講）などの機会に買い物に行ったり、また盆前に善光寺にお参りするといった、やはり信仰的な意味で出かけることがほとんどであった。そうした機会にマチへ出かけることはよしとされても、継続的にマチに賃稼ぎに出ることは「二反百姓」の例が示すように恥ずべきことであった。

つまり、動態的な視点をもって眺めると、テーラの人びとは、信仰・娯楽の目的に特化して他の民俗空間との交流を持とうとする傾向にあったといえる。逆からみると、テーラは水田稲作という、他生業を内部化する機能を有し食料の自給性を保証するような生業技術に収斂していったがため、生計維持のために積極的に他の民俗空間へでかけてゆく必要は少なかったといもいえよう。

それは、貨幣経済の大きな流れの中にあって、マチやヤマがそうした動向を積極的に取り入れ、他の民俗空間との交流を高めていったこととは異なる志向性であった。その結果、テーラでは、本論が注目する昭和初期（一九三〇年前後）においては、入ってくる金銭は少ないけれども、出る金銭も最小限に留めるという生計維持の志向性を強く持つに至ったのである。

それに対して、ヤマやマチの人びとはたえず他の民俗空間と交渉を持ち実際に自ら行き来をすることの方が、生計維持の戦略としては重要であった。また、ヤマやマチは、生計維持にとどまらず、信仰・娯楽の面においても、他の民俗空間との交流を深めていった。その意味で、ヤマやマチは全方位的に他の民俗空間との交流を進めていたといえる。それに対して、テーラは生計維持の面においては他空間との交流を押さえ込み、信仰・娯楽の面においては交流を伸展させていったことに、民俗空間としてのテーラの特徴を見てとることができる。

以上のように、動態的な視点をもって眺めたとき民俗空間のヤマとマチには共通する志向性が認められ、かつそれはテーラの志向性と対照的な関係にあることが明らかとなった。

2　民俗空間の重層性―多様な民俗世界観―

動態的把握に関連していうなら、従来、民俗空間はあまりに平板的に捉えられてきており、本来は重層構造をなすものであることが忘れられている。一般にヤマやサトなど複数の民俗空間が設定される以上、そこには複数の視点が存在すると考えるのがあたりまえである。民俗空間は視点を少し変えることにより、一元的な構造ではなく、重層化した構造を持つものであることが理解される。

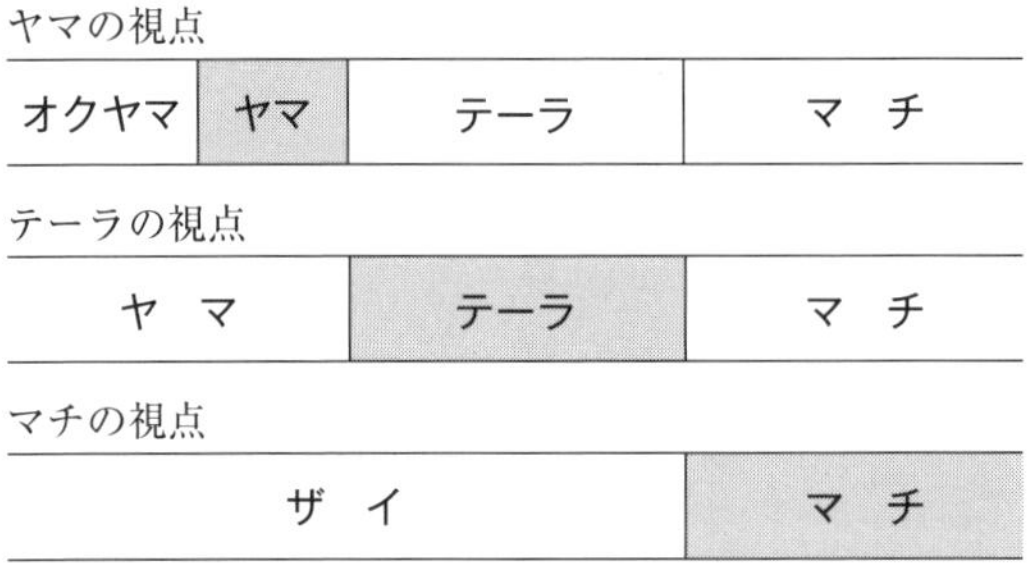

図２－５－10　長野盆地の民俗世界観―３つの視点―

長野盆地という現実の空間から民俗空間を抽出する時、そこにはいくつもの視点が存在する。少なくとも本論に取り上げたヤマ・テーラ・マチの民俗空間に対応して三視点が存在する。そのため視点が異なれば、当然そこに描かれる民俗空間の構造は違うものになる。結果として、複数の民俗世界観が盆地には交錯することになるといえよう。

図2-5-10に示したように、長野盆地はヤマの視点に立てば「オクヤマ―ヤマ―テーラ―マチ」、テーラの視点に立てば「ヤマ―テーラ―マチ」、マチの視点に立てば「ザイ―マチ」、というようにそれぞれ民俗空間の組み合わせが異なっている。そう考えると、本論の最初の前提であった「ヤマ―テーラ―マチ」という民俗空間の組み合わせは、テーラの視点に立つときにのみ有効となるもので、多様な視点を欠いた一元的な見方であったことがわかる。

ただし、テーラの視点では明らかにできなかったオクヤマやザイといった民俗空間について言えば、オクヤマはヤマの一部であり、ザイはヤマとサトが組み合わされたものであるという理解もそれぞれ可能となる。そう考えると、当初前提として掲げた「ヤマ―テーラ―マチ」の構造は、長野盆地の民俗空間構造に関していくつかの視点が存在する中、その最大公約数であると考えることも可能であろう。

民俗空間の認識について多様な視点を認めるとき、たとえばヤマについては「ヤマ＝オクヤマ＋ヤマ」や「ヤマ＝ザイの一部」といった見方が同時に存在することになる。その意味でヤマの認識は、どこに視点を置くかによって、つまりどこの住人の立場で考えるかによって、同時に複数の認識が存在することになる。テーラについても同様のことがいえる。

そうした多様な認識のもとにあるヤマやテーラに対して、マチはどの視点に立っても同様な領域設定がなされる。その意味でヤマのような多様性はなく、どこからみてもマチはマチとして認められることになる。この点は長野盆地から抽出した民俗空間を考えるとき、ひとつの大きな特徴といってよいであろう。善光寺という存在のもつ求心力がその背景にあるといえよう。善光寺がマチをマチたらしめ、それは視点を変えても揺るぎのないマチという民俗空間を生み出していると考えられる。

3　民俗空間の関係性

また、視点の違いにより民俗空間の持つ広がりが違ってくることにも注目しなくてはならない。たとえば、ヤマの存在を挙げることができる。ヤマの人がヤマといって表現するのはあくまでもテーラとの関係性により捉えた民俗空間であり、善光寺平の西の縁辺に存在するものであって、それはさらに奥にあるオクヤマとは峻別して捉えられる。それに対して、テーラから見たヤマは多くの場合、その両者を合わせた民俗空間を指す。また、マチの視点に立って見ると、ヤマはそれ自体が独立した民俗空間とはならず、テーラと共にザイの一部としてしか認められない。つまり、ヤマの領域は視点により広狭が存在することになり、民俗空間を一元的に捉えることをむずかしくする。

そのように、一体となって長野盆地を形成するヤマ・テーラ・マチの各類型間においても、その関係性は一様ではない。たとえば、テーラはヤマの人びとにとって強く意識される空間である。と同時に、やはりテーラにとってもヤマは自分たちの対極にある空間であると強く意識されている。テーラの人びとはヤマの人びとを「ヤマの衆」と呼び、また同時にヤマの人びとはテーラに暮らす人びとを「テーラの衆」と呼ぶ。互いに強い区別意識を持っているということができる。それに対して、マチは民俗空間として同じレベルでは存在しない。たとえば、テーラの人びとにとってはヤマとマチとはおのおの同等な空間ではない。それはヤマのひとが捉えるマチとテーラの関係においても同様である。

そうしたことを考えると、ヤマとテーラとは強い区別意識を持ちながらも一体となって、つまり対の関係で存在しながら、一方ではマチの対極に位置しているということができる。それは、ヤマとテーラとの関係が区別意識にあるのに対して、対マチとの関係性はそうした区別の意識のもとにはないからである。おそらくそれに代わるものとしては、異界に向けるかのような娯楽性・神聖性および蔑視・差別化の意識が存在していると考えられる。

さらにいうと、現実の長野盆地では、たえず人が移動を繰り返している。それは今も昔も変わらない。前述のように、その範囲や頻度にはヤマ・テーラ・マチの間で大きな差はあるが、自分たちの生活や生業を組み立てる上で、移動は不可欠である。つまり、生きた民俗空間として動態的な理解を目指すなら、そうした移動に伴う視点の錯綜の問題は避けて通ることはできない。そうしたとき、先に掲げた最大公約数としての「ヤマ―テーラ―マチ」という理解は重要であろう。とくに本論において時間軸として採用した昭和初期以降、ますます人の移動は激しくなり、盆地外部からの流出入を含めその様相は錯綜していった。一方で、そうした動きとともに、かえって民俗空間構造は「ヤマ―テーラ―マチ」へと画一化の方向に向かっていると考えられる。

つまり、激しくなる人の移動や交流は、民俗空間構造のさらなる重層化を生む方向ではなく、長野盆地全体を一元的に理解可能な方向へと向かわせたといえる。それは一面では、ヤマ・テーラ・マチといった民俗空間ごとの暮らしに差が無くなってきていることを意味する。現代化とともに民俗空間を考えるとき、ひとつの大きな特徴といってよかろう。

このことは、現代においては民俗空間を問うこと自体が無意味化していっているのか、また反対にヤマ・テーラ・マチといった伝統的な民俗空間の理解ではなく、まったく新たな民俗世界観が形成されつつあるのか、その点に関しては本論ではまだ確たる方向性を見出だすには至っていない。現代に時間軸を置いて民俗空間論を展開するなら、前記の疑問点は避けては通れないことであり、今後の課題といってよかろう。

注

（1）日本の風土として「山島」を挙げ、独特な民俗風土論を展開したのは北見俊夫である（北見、一九八九）。

（2）ムラを単位とした膨大な民俗誌の蓄積は、日本の民俗学にとっては世界に誇れる大きな財産であり、研究の質を担保する研究資源であるといってよい。

（3）ここでいう長野盆地はおもに長野市域（一九九七年現在）を指している。その場合、長野盆地の下位概念として、善光寺平と川中島平がある。平（タイラ）は盆地の平坦地を指す地理概念であり、長野では盆地という言葉以上に広く用いられる民俗的地域概念である。なお、本論に登場する長野盆地の市町村名は平成一七年（二〇〇五）におこなわれた平成の大合併以前のものである。

（4）この批判は、おそらく円環構造として描かれることの多い村落領域論にも当てはまる。従来の村落領域論においては充分な生業論による検討はまだおこなわれていない。当然そうした検討がなされるなら、物質・エネルギー・情報の三要素が村落領域の内と外を行き来することを考慮に入れなくてはならないであろう。ヤマ・テーラ・マチの民俗空間論と同様、村落領域の民俗的構造もこうした三要素の外界との循環なくしては維持されない。完全に完結した系として捉えられるとするのは、民俗学者の希望的観測にすぎない。村落領域論における動態的研究は、今後の課題といえよう。

（5）　長野盆地の民俗空間構造を論じようとする時、昭和初期（一九三〇年前後）とはいかなる時代的意味を持っていたかを明らかにする必要がある。その点に関しては歴史地理学によりある程度明らかにされている。たとえば、河野敬一（河野、一九九〇）は、明治時代以降の長野盆地における中心地形成のあり方を、商業機能・サービス機能・行政機能・交通流通・工業の五指標を用いて定量的に分析している。それによると、明治時代前期には長野は長野盆地において一中心地を形成してはいるものの、他の町と比べて大きく突出する存在とまではいえず、中野のような準中心地が盆地北部には形成されていた。それが、大正時代になると中野のような準中心地は長野に統合され、長野を頂点とする中心地システムが長野盆地全体を覆うようになる。そして、昭和時代前期（太平洋戦争前）において、その傾向はますます強化され、長野と他の町との格差はより顕著となっていったとする。こうした研究成果に依拠するなら、昭和初期に時間軸を設定した本論はまさに長野のマチを突出した頂点として長野盆地全体が中心地形成された時期を、民俗空間構造の分析対象としていることになる。

（6）　本論においては、『長野県町村誌』（一九三六年編纂）に収録された明治初期の調査データ、および一九九〇年代におこなわれた長野市誌編纂のための質問紙調査をもとに民俗の分布状況を地図化している。長野市域分でいうと、『長野県町村誌』は旧村単位で一一六ヶ所、長野市誌では自治会（老人会）単位で三四〇ヶ所においてそれぞれ調査がなされた。

（7）　権堂は、かつて善光寺を中心とした宗教空間と町衆が日常生活を送る空間とのちょうど接点に位置し、料亭や遊郭といった店が集まって歓楽街を形成していた。善光寺参りを済ませた観光客が最初に精進落としをする場でもあった。そうした聖俗の境界にできた繁華街がマチの象徴であり典型としてマチ人には意識されていたといえる。そのため、ヤマやテーラの人びとにとっては、「権堂に行く」とは長野のマチに行くことであり、同時に盛り場に繰り出すことでもあった。同様に、ゴサイレイ（祇園祭）やエビスコ（恵比須講）の場合も、「ゴサイレイに行く」「エビスコに行く」とは数少ない娯楽の機会として、マチに出かけることを意味していた。

（8）　オクヤマ（奥山）については、今のところ民俗用語としては出てこない。サンチュウ（山中）という言葉もあるが、民俗用語としてはほとんど使われていない。単に地名を上げてトガクシ（戸隠）やキナサ（鬼無里）といわれることの方が多い。本論では、便宜的に、ヤマの視点に立ったとき、ヤマの人が自分の住んでいる地域よりもさらに山奥の地域を指す言葉としてオクヤマの語を用いることにする。

（9）毎年、田植え時期になると、ヤマから来るソートメをテーラの村ではもてなす習俗があった。ソートメは数人で一組となりソートメマワシ（早乙女廻し）と呼ばれる斡旋人に連れられて数日ごと各地を回るが、そのとき田植えを終えるとその農家に一泊しては次の地域に移ってゆく。宿泊する農家では田植えの終了を祝って、サノボリ（田植え祝い）をおこなうが、その時ソートメにはタウエニシン（田植鰊）などの御馳走が振る舞われることになる。

（10）『善光寺平田植労務史』（北島、一九六六）によると、善光寺平でソートメ慣行が始まったのは安政年間（一八五四〜一八六〇）のことであり、遠くは富山・新潟からもソートメが来ていた。ソートメは自家の田植えを済ますと、善光寺参りを兼ねて田植えを手伝いに来ては、その経費を稼いだという。善光寺信仰とソートメ慣行との関わりを指摘して注目される。

（11）檀田では、シモゴエは善光寺界隈に取りにゆく。テーラの農家では三〜五軒の町家と契約してシモゴエを汲み取らせてもらう。そのため、農家では盆暮にコメやイモなどの農産物を御礼として渡したり、またその家の人数に応じてコメ何升というようにきっちりと換算してコメと人糞の交換をする場合もあった。シモゴエは秋から春にかけて、とくに三月に二毛作の麦田に入れられる。三月には普通三〜四日おきに多い家ではほぼ毎日汲み取りに行った。シモゴエは天秤に肥桶を二つ付けて肩で担いだ。その後は荷車を使うようになり、またリヤカーに変わっていった。朝まだ暗いうち、上松（檀田の隣村）あたりからシモゴエ取りにゆく人の行列がマチに向かってできていた。汲み取ってきたシモゴエは田の一角や家の前に作ったタメ（一石［約一八〇ℓ］くらいの容量を持つ貯蔵穴）に二〇日間ほど入れてねかせる。そうしてから水で薄めて柄酌ですくっては麦田にかけていった。こうしたタメを農家では二・三個持っていて、順繰りに使っていった。

（12）現在、権堂は長野駅前の商店街や郊外の大型店に押され、かつての繁栄はすっかり影を潜めた。一時的には大型スーパーが進出しアーケードも整備されて、七夕祭などのイベントにより活性化が図られたが、現在は個人商店の廃業が相次ぎシャッター街になりつつある。

（13）「善光寺町」という行政区分は存在しない。善光寺の参道を中心に形成されたマチ（門前町・宿場町）の総称で、大門町・後町（東後町・西後町）・東町・西町・桜枝町・岩石町・横町・新町の八町と、それに隣接する栄町・花咲町・元善町・長門町・下西之門町・東之門町・上西之門町・伊勢町・横沢町・立町・新田町・石堂町・権堂町を指す。

（14）もうひとつ階層性に関連していうなら、そうした序列関係の枠外にある人びとの存在もマチの民俗空間を描く上では無視することはできない。魚屋にとってなんら意味を持たないマチ人の存在である。商売上何の利害もない人たらといってよい。

そうした人たちはマチといわずザイといわず多数存在するが、そうした人たちはたとえ近所であろうとも無関係という関係性の中に捉えることができる。無関係とは、双方向ともにまったく没交渉の関係を指すものではなく、マチでの生活のひとつの特徴として魚屋の場合でいえば商売関係からはずれたところにできる関係をいうものである。

引用参考文献

「芋井の年中行事」刊行委員会　一九七九　『芋井の年中行事』　芋井公民館
芋井村　一九五七　『芋井村誌』　旧芋井村
上水内郡誌編纂会　一九七六　『上水内郡誌　歴史編』
川喜田二郎　一九八〇　「生態学的日本史臆説―特に水界民の提唱―」『歴史的文化像―西村朝日太郎博士古稀記念―』　新泉社
北見俊夫　一九八一　『川の文化』　日本書籍
同　一九八五　「情報化社会と民俗的基盤」『歴史人類』　一三
同　一九八九　『日本海島文化の研究』　法政大学出版局
北島　篤　一九六六　『善光寺平田植労務史』　信教印刷
倉石忠彦　一九九三　「季節の推移と生活」（『広瀬の民俗』　所収）
河野敬一　一九八九　「明治期以降の長野盆地における中心地システムの変容」『地理学評論』　六二―一
谷口　貢　一九九三　「盆行事覚書」（『広瀬の民俗』　所収）
長野県　一九三六　『長野県町村誌―北信編―』　長野県町村誌刊行会　（一九七三、明治文献、復刻）
坪井洋文　一九八五　「風土の時間と空間」『日本の風土』　弘文堂
長野市誌編さん委員会民俗部会　一九九三　『広瀬の民俗』　長野市
同　一九九五　『「善光寺町」の民俗』　長野市
長野水産物協同組合記念誌編纂室　一九八八　『長野魚商百年の風光』　長野県水産物協同組合
橋本鉄男　一九七九　「漂泊生業者論への視角」『日本民俗学』　一二一
福澤昭司　一九九四　「マチとサトとヤマ―松本市を例として―」『信濃』　四六―一

安室　知　一九九三「水土をめぐる環境条件と民俗技術」　長野市誌編さん委員会民俗部会『広瀬の民俗』
同　　　一九九五a　「善光寺町の魚屋」　長野市誌編さん委員会民俗部会『「善光寺町」の民俗』
同　　　一九九五b　「魚屋にみるマチとザイ」　長野市誌編さん委員会民俗部会『「善光寺町」の民俗』
同　　　一九九八『水田をめぐる民俗学的研究』　慶友社
柳田国男　一九一七「山人考」(『定本柳田国男集　第四巻』、一九六八、筑摩書房、所収)ほかの山人に関する論考
同　　　一九四〇「米の力」(『定本柳田国男集　第一四巻』、一九六九、筑摩書房、所収)
湯川洋司　一九九一『変容する山村』　日本エディタースクール

Ⅲ　気象の民俗分類

一章　風名の民俗
――風の分類と命名――

一　はじめに

風が日本の自然的風土に与える影響は大きい。和辻哲郎の風土論において、日本が季節風に基づいた風土類型「モンスーン」に分類されていることを見ても、それはうなづける（和辻、一九三五）。つまるところ、日本の民俗にとって風は単なる自然現象の一つではない。民俗文化を形成する一つの重要な要素である。

柳田国男は『故郷七十年』において風の民俗研究の重要性を以下のように説いている。

「日本文化の移動は、陸地を歩いて北の端まで行ったように考える人もあるが、昔の日本は山が険しく陸路の交通は困難であった。事実日本海側の海上交通は早く開かれて、津軽海峡を通り越し、少し太平洋側に出てから、東側を北に上って来た文化と出会っているのである。このような古い日本文化の移動の跡を知るには海岸の研究をしなければならず、それには風の名前から入ってゆくのがよいと思っている。」（柳田、一九五八）

海上を渡ってくる風や山から吹き下ろしてくる風に対して、特別な名前が与えられることはよく知られている。風に対する命名行為が存在するということは、それだけ風に敏感にならざるをえなかったことの証明でもある。当然、命名された風は、東西南北の風向きだけでなく、さまざまな意味や情感が込められることになり、その風を理解することでほかの自然現象を予測したり占ったりする技術を発達させた。

日本の場合、内陸の村に比べると、海に面した村の方が風の命名は盛んである。その中でも、とくに漁により生計を立てる村では「日和を見る」とは風を読むこととほぼ同義であるといってよい。それにより、出漁の可否などその日一日の活動が決定されるといっても過言ではない。また、「板子一枚下は地獄」といわれる海仕事において、風の予測は海難事故などの危険を回避する上で不可欠なものとなる。そのため、日和見は、漁師にとっては欠かせない民俗技術となり、漁に出る前、朝一番（また夜の漁では夕方）の日課になっていたのである。

そのように、海辺の村にみられる日々の生活に直結するような風の認識とともに、内陸の村にも風は吹くし、生活と深く係わり、特別に命名される風がある。海辺の村に比べると特別に命名される風はたしかに少ないが、内陸は内陸で、海村とはまた別の論理で風は分類・命名されているといってよい。

本論は、人が日常生活の中で、いかに自然と向き合い、またそれを利用してきたのか、といったことについて、風を例にとり、分類と命名の視点から分析することを主な目的とする。この試みは、言葉を換えれば、生活者の視点に立った自然観のへのアプローチといってよい。具体的には、山口県を主フィールドとし、風の名称とそれにまつわる民俗知識に注目することで、日本の中に山口県の風土を位置づけ、かつまた風を通して山口県内の地域性とその特徴を考察する。

二　風にみる日本の中の山口

1　日本の風、山口の風

山口県は本州の西端にあり、関門海峡を境に日本海側と瀬戸内海側に分かれる。そして、県土の中央に緩やかな中国山地の山並みが横たわる。日本全体から見ると、中国地方と九州地方との結節点にあたり、かつ日本海と瀬戸内海という二つの内海に面するという地理的特徴を持つ。この点、単に自然環境上の問題だけでなく、社会・経済また歴史・文化的な条件とも係わり、山口県の民俗文化形成に大きな影響を与えてきた。

そうした山口県において、農業集落・漁業集落あわせて二二九地点を対象に、二〇〇六年度におこなった山口県史編さん民俗部会による質問紙調査(注)では、風名として一〇五種類の名称が確認された。この中には、コチ・ハエ・マジ・アナジ・ヤマジのように県内外に広く分布する風がある一方、シカノツノオトシやクサリカゼのように一ヶ所、またはせいぜい数ヶ所にしか見られない特殊な風名もある。

なお、ハエゴチ（ハエ＋コチ）やマジゴチ（マジ＋コチ）のように二つの風名が合成されたものや、ハイニシ（ハイ＋ニシ）やニシマジ（ニシ＋マジ）のように風名＋方角のように組み合わされたものが見られるが、それは別個の風として数えている。また、東・西・南・北というように方位を示す名称は除外して数えた。ただし、山口県の場合、北や西の風には南や東に比べると異称が少ないという特徴がある。そのためキタやニシといった風名も、単なる方向にとどまらず、さまざまな意味づけがなされていることが多い（後述）。

地理学者の関口武は、『風位考資料』（國學院大學方言研究会編、一九三五）と『増補風位考資料』（柳田編、一九四二）を出発点に、一九八〇年代に新たに全国規模の風名調査（アンケートおよび聞き取り）をおこなっている。それによる風名の語数は合計二一四三語あり、かつその使用地域には明瞭な偏りが存在することが明らかにされた（関口、一九八五）。そうした風名分布の検討をもとに、以下のように、日本列島を大きく三地域に区分している。

①　西日本系統（瀬戸内・西九州を中心に四国・山陰に分布）
②　日本海系統（能登・佐渡から日本海北部一帯に分布）
③　東日本太平洋系統（紀伊半島以東の太平洋沿岸に分布）

さらに、右の地域区分に付加して、サブ・カテゴリーとして、④内水系統（琵琶湖・霞ヶ浦等）もあげている。そして、それぞれ①九二八語、②五四九語、③七〇三語、④一三四語の風名数があることを示した。

そうした中、関口は西日本系統の基本要素として、冬の北西季節風としてのアナジ、夏の南風としてのマジ・ハエ、暴強風としてのヤマジの三点をあげている。その点からすると、山口県の風名分布は明らかに西日本系統に属するといってよい（詳細は後述）。

しかし、今回の県史による調査では、山口県内には、日本海系統（ヒカタなど）や東日本太平洋系統（イナサ、ニシなど）に分類される風名も存在していることが明らかとなっている。また、関口の調査は沿岸地域（大きな湖の周囲も含む）に偏り、内陸部の風名が大きく欠けている。そう考えると、必ずしも風名により日本列島全域を前記のような単純な系統区分で割り切って理解することはできない。

2　北風方言

民俗学者の北見俊夫は日本の風土を大局的に理解する手だてとして、風の民俗を北風方言と南風方言とに分けて対比しつつ考察している。その中で、風名と頭上運搬呼称の分布に共通性を見出だし（北見、一九八六）、風名の分布が単に風の名前の違いにとどまらず、一種の文化圏として捉えられることを示したことは重要である。

そうしたとき、山口県は、北風方言（図3-1-1）でみるなら、アナジの分布地域に入り、日本海沿岸は若狭湾以西、太平洋沿岸は紀伊半島以西の文化圏にあることがわかる。なお、北見の分布図では山口県の日本海沿岸には北風方言としてアイの風が分布しているが、今回の県史調査ではその分布は認められなかった（後述）。

アナジのほか、北風方言としては、山口県にはジギタが分布する。これは北見の図にはみられない。同じ北風方言でも、アナジが北西風をさすのに対して、ジギタは北東風をいうことが多い。その場合、真北からの風はキタと言う。ジギタは響灘から日本海岸西部にしかみられない。また、萩市三見のように、北風をネギタ（真北）、ヒクギタ（北北東）、

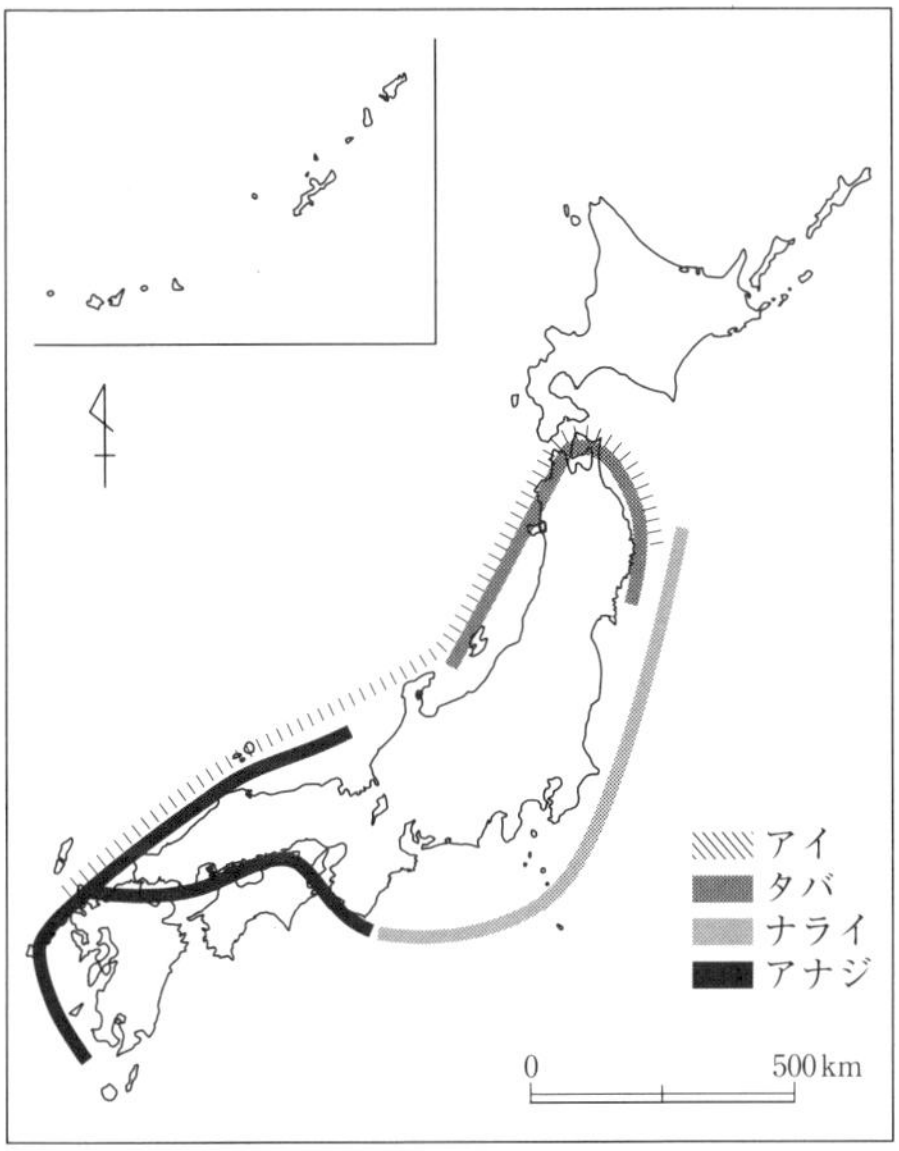

図 3－1－1　北風方言の全国分布　文献（北見、1986）より改変、転載

アオギタ（北東）に区別するところもある。

一般的にいって、風名の数や分布の面から見ると、山口県では北風方言がそれほど発達していない。北風はキタと称されることが圧倒的に多く、それから西に傾いたものがアナジ、東に傾いたものがジギタということになる。その中で、もっとも重視されるのがアナジである。冬の季節風として卓越し、漁や操船に影響を与えるからである。アナジについては季節風として別項で詳述する。アナジに比べると、キタはどの地域においてもさほど漁や操船に影響はないとされ、とくに瀬戸内海側では陸から吹く風として注意を払われることはほとんどない。

柳田国男はアナジについて、同じ北西風のタマカゼをあげて、「両者は相対立して国の半分づつを支配」する風とする。しかも、それは「悪い風、屢々危難をもたらす風」とする（柳田、一九三〇）。そして、長門の古名を穴門（あなと）といったのはアナジを警戒すべき関門海峡あたりから出たことであると推測する（柳田、一九三〇）。

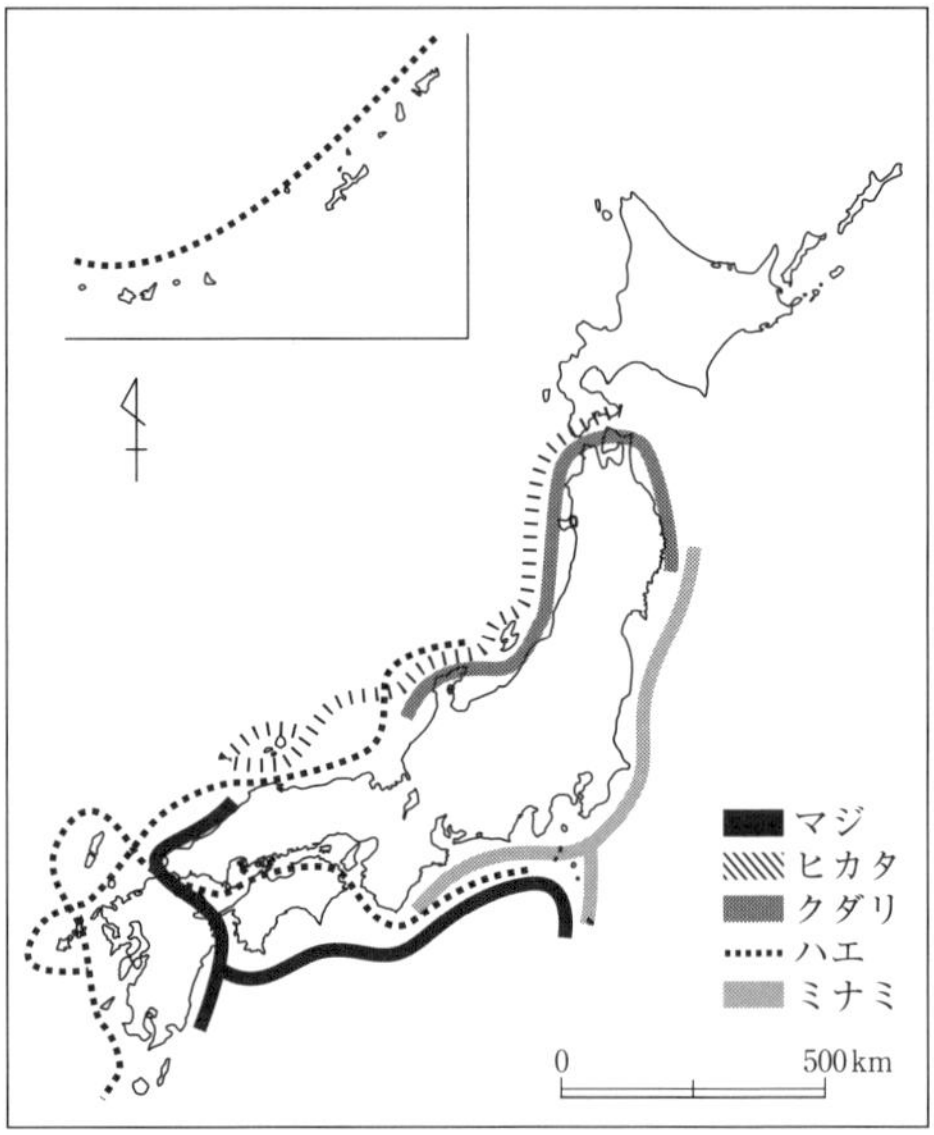

図３－１－２　**南風方言の全国分布**　文献（北見、1986）より改変、転載

事の真偽はおくとして、それほど山口の民俗文化形成にとって冬の北西季節風であるアナジが重要な意味を持っていたことの証となろう。

3　南風方言

山口県の場合、南風方言としては、ハエとマジが卓越する地域に属する。ハエでいえば、その全国分布は、日本海側が能登半島以西、太平洋側が伊豆半島以西となる。また、マジでいうと、もう少し範囲は狭くなり、日本海側は島根半島以西、太平洋岸は伊豆諸島以西ということになる（図3-1-2）。

ここで興味深いのは、山口県の場合、南風方言がハエとマジが交錯する地域にあたっていることである。より詳細に山口県内の分布を見てみると、北見の描いた分布図とは違って、同じ南風方言であるマジとハエの分布が一部重複する地域を持ちながらも、分布域がきれいに分かれていることがわかる。

後掲の図3-1-3を見ると、ハエは関門海峡付近（山陽小野田市以西）から響灘と日本海側に分布するのに対して、マジは宇部市以東の瀬戸内海沿岸に多くみられる。

そして、マジが局地的に長門市から萩市にかけてハエとともに分布する。山口県内では瀬戸内海沿岸に多く分布するマジが飛び地のように前記の地域に存在し、しかもその分布地はハエも分布する地域となっている。このとき注意すべきは、ハエとマジが同時に存在する長門市仙崎や萩市見島などでは、ハエを南風、マジを南西風として区別していることである。また、萩市三見のようにハエを秋と春に吹くものに限定することで両者を区別するところもある。

また、南風方言として、北見の分布図にはないが、山口県にみられるものにヤマジがある。これはおもに瀬戸内海沿岸にしかみられない。その点でいえば、ハエの分布と補完関係にある。ヤマジの分布がマジの分布地と重なるところでは、マジとハエの重なりと同様に、マジを南風、ヤマジを南西風や南東風として区別したり、また光市室積のようにマジを南風とするのに対して、ヤマジはマジからニシに変わるときの風として認識しているところもある。

つまり、南風方言として、瀬戸内海沿岸地域ではマジとヤマジが使い分けられている。その要因のひとつとして、南風は瀬戸内海沿岸においては沖を渡ってくる危険な風と認識されていることがあげられる。ちょうど日本海沿岸では北風や西風が沖を渡ってくる風として注意されるのとは反対に、瀬戸内海沿岸では北風系統は陸から海へ吹き出す風となるため、波はさほど立たず注意を要しない。瀬戸内海沿岸において、マジとヤマジが使い分けられているのは、注意を要する南系統の風に対して、より細やかな認識をしていることのあらわれであると解釈できよう。

4　風名の消長――アイとクダリ――

柳田国男は、アイの風は、「海からくさぐさの好ましいものを、日本人に寄与した風」だという（柳田、一九六一）。そして、その名称は饗応を意味するアエ（饗）・アエルに通じるとし、「何れの土地でも好ましい風と認められて居る」とした（柳田、一九三〇）。

関口武による一九八〇年代の調査では、アイの風の分布域は、北海道西岸から日本海沿岸を南下し山口・福岡まで至り、同時に関門海峡から瀬戸内海側に回り広島・兵庫に至るとされる（関口、一九八五）。つまり、山口県はアイの風が分布する南限（西端）にあたる。しかも、日本海沿岸とともに瀬戸内海側にも分布するため県の沿岸部ではほぼ全域に分布することになる。

しかし、今回の県史調査においては、アイの風は一ヶ所も認められなかった。これについては、関口が非常に重要な指摘をしている。「分布の西の末端の山陰以西の地では、この名前（アイの風）は急速に忘れられかけていた」「若狭・丹後・但馬の海岸では、現在なおアイ・アユノカゼという名前が使われているのに、鳥取・島根の山陰海岸では、この風の名前は驚くほど多くの地点で、ここ半世紀の間に、忘れ去られてしまっている」という（関口、一九八五）。『風位考資料』および『増補風位考資料』の調査がおこなわれた一九三〇年代と比べ、約半世紀を経て関口がおこなった一九八〇年代の調査では、前記地域においては、アイの風名が確認された地点は急速に減少していることが確かめられている。山口県に限っていうと、アイの風の分布地としては、南限（西端）にあたるため、もともと分布地点が少なかったとはいえ、それが関口の調査以降、約二〇年を経た二〇〇〇年代にはその名称はほぼ消滅したことになる。

関口は、アイの風を「日本海航路の上りの船が、順風として利用する春〜夏の中くらいの強さの風」としており、帆船による舟運（海運）が廃れた時代にあっては、「風の地方名はそれを使う必然がなくなれば、生活用語としての地位は失われ、やがては消滅の運命をたどる」とし、もはや忘れ去られつつある風名だと考えていた（関口、一九八五）。

これとほぼ同じことが風名のクダリについてもいえる。帆船時代の日本海航路において京へ上るために使われる北寄りの風がアイであるなら、クダリはまさに京・上方から東北・北海道へと船を進ませる南寄りの風である。関口によると、山口県の場合はクダリが東風と認識されて（関口、一九八五）おり、京・上方からやはり九州方面へと下るときに用いられていたと考えられる。しかし、アイの風と同様、今回の県史アンケート調査では一地点の報告もなかった。

山口県のように日本海航路の西端にあり、もともとアイやクダリの風名の分布がさほど濃密ではなかったところにおいては、帆船による舟運の衰退が風名の消滅を招いたという説明は一定の説得力を持つと考えられる。

しかし、そうした説明では、現在のアイやクダリの分布を解釈するには不十分であるのも事実である。なぜなら、東北地方の日本海側や北陸地方では、今なおアイの風は風名として使用されているからである。たとえば、新潟県上越市では、同じく二〇〇〇年の調査において、「初夏から初秋に掛けて吹くアイノカゼは『愛の風』という字が当てられることをみてもわかるように、そよ風のような涼風」で、「内陸の稲作地帯ではちょうど田の草取りのころに吹くこの風は炎天下には涼しくて心地よいもの」であったとされる（安室、二〇〇四）。こうした地域においては、アイの風は今なお人々の記憶に新しく、かつ海岸線のみならず内陸農村部においても使用されている。こうした事例から、アイはもはや舟運だけではなく、生活文化全般に浸透していたことをうかがわせ、今なお北陸・東北地方ではその存在意義を失っていない。

三　風からみた山口―分布パターンと地域性―

1　風名の分布パターン

山口県内における風名の分布状況を見ると、大きな傾向として、以下の三パターンが認められる。詳細は後述するとして、ここではまず三パターンについて概観しておく。

①　沿岸部に多く分布するもの

②　沿岸部とともに内陸部にも多く分布するもの（沿岸部・内陸部という差がないもの）

③　内陸部に多く分布するもの

①のパターンはもっとも数が多い。これは山口県だけでなく全国的な傾向としてもいえることである。言い換えれば、このパターンの風名は海という環境のもとに命名されたものである。このことは、風名を生み出し伝承する母体として、漁業や海運業といった海の生業に係わる人びとの存在が大きな意味を持つことを示している。山口県の場合、このパターンはさらに地域的に瀬戸内海沿岸、日本海沿岸、響灘沿岸という三つに分類される。この三分類の中では、たとえ同じ風名が共通して存在しても、その風に対する評価が異なっている場合は多い。

②のパターンの風としては、コチがあげられる。今回の県史調査ではこうしたパターンの分布を示したのはコチしかない。

③のパターンの風は、オロシがその典型である。数の上では①よりかなり少ない。河川流域のような山と里との接点に多く分布する。①が海を前提とした風の命名とするなら、③は山という環境を前提としている。

このほかには、海・山・里といった立地環境に左右されることなく不規則な分布を示すものや、県内にわずか一、二ヶ所しか存在しないものもあった。ただし、どれもパターン化できるほどの数はない。

2　風の地域性

山口県内においては風に対する認識に明確な傾向性が認められる。その傾向性を読み解く手掛かりとなるのが「山口県内の風名分布」（図3-1-3）である。これにより県内一八地点における聞き取り調査（一部に文献資料〔福永、二〇〇六〕）から明らかとなった風名と風向を示しつつ、その概略を示しておく。

図3-1-3を見ると、まず第一にいえることは、海上から陸地に向かって吹いてくる風に対して命名される率が高い点である。陸地から海へ吹き出す風については、さほど注目されないのに対して、海上から陸地に向かって吹いて

くる風は、波を伴ったり突風になりやすいとして強く注意が喚起される。その傾向は日本海側により強い。

たとえば、日本海側にあり北西に海を望む⑱阿武郡田万川町（萩市）の例は典型的である。そこでは、ニシ・ニシアナジ・アナジ・キタアナジ・キタというように、北から西方向の風に対して詳細に命名されていることが分かる。また、⑯萩市三見のように、沖からの風を「高い風」、陸からの風を「低い風」と対比的に言うところもある。その場合、⑱田万川町では、「風が高くなる」とは風向きが北西方向つまり海上から陸地に向かって吹いてくる風に変わることをいい、それは同時に波が高くなることを意味し注意が喚起される。

次に、第二点目の傾向としては、日本海側は瀬戸内海側に比べると風に対する命名の数が多く、風により敏感であったことがあげられる。山口県の場合、後述するように、冬季の北西季節風が住民生活に与える影響は大きい。また、同じ内海とは言っても瀬戸内海と日本海とでは規模が大きく異なり、海上を渡ってくる風の影響は違ったものになって当然であろう。そうしたことから、瀬戸内海側に比べると、日本海側において風に対する認識の度合いが高くなったといえる。

そして、第三点目の傾向としていえることは、島嶼部は本土に比べると風に対しより敏感であるという点である。海上から陸地に吹いてくる方向に対して、より詳細な命名がなされていたことは前述のとおりであるが、その意味で言えば、周りを海に囲まれる島嶼部の場合、風に対する感覚は全方位的に要求されるといってよい。

たとえば、⑮萩市見島は一七もの風名を伝えているが、それは他の日本海側の漁村に比べてもとくに多いといえる。それは、陸地から遠く離れた日本海の孤島である見島の場合、漁撈活動だけではなく日常生活全般においても全方位的に風を認識しておく必要があることを示している。

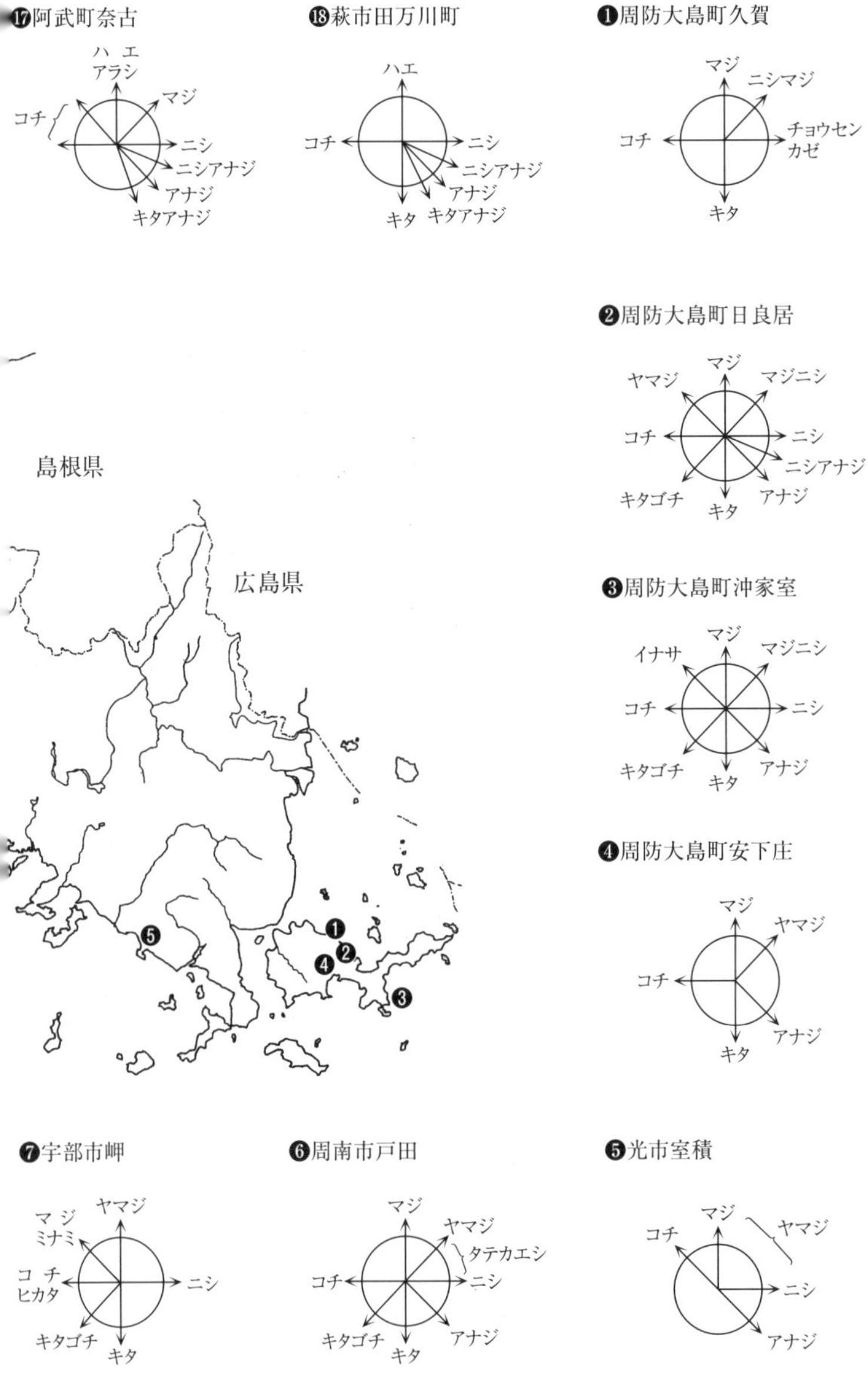
⓱阿武町奈古
ハエ
アラシ
マジ
コチ
ニシ
ニシアナジ
アナジ
キタアナジ
⓲萩市田万川町
ハエ
コチ
ニシ
ニシアナジ
アナジ
キタ
キタアナジ
❶周防大島町久賀
マジ
ニシマジ
コチ
チョウセン
カゼ
キタ
❷周防大島町日良居
マジ
ヤマジ
マジニシ
コチ
ニシ
ニシアナジ
キタゴチ
キタ
アナジ
❸周防大島町沖家室
マジ
イナサ
マジニシ
コチ
ニシ
キタゴチ
キタ
アナジ
❹周防大島町安下庄
マジ
ヤマジ
コチ
アナジ
キタ
島根県
広島県
⓻宇部市岬
ヤマジ
マジ
ミナミ
コチ
ヒカタ
ニシ
キタゴチ
キタ
❻周南市戸田
マジ
ヤマジ
タテカエシ
コチ
ニシ
キタゴチ
キタ
アナジ
❺光市室積
マジ
コチ
ヤマジ
ニシ
アナジ

名分布

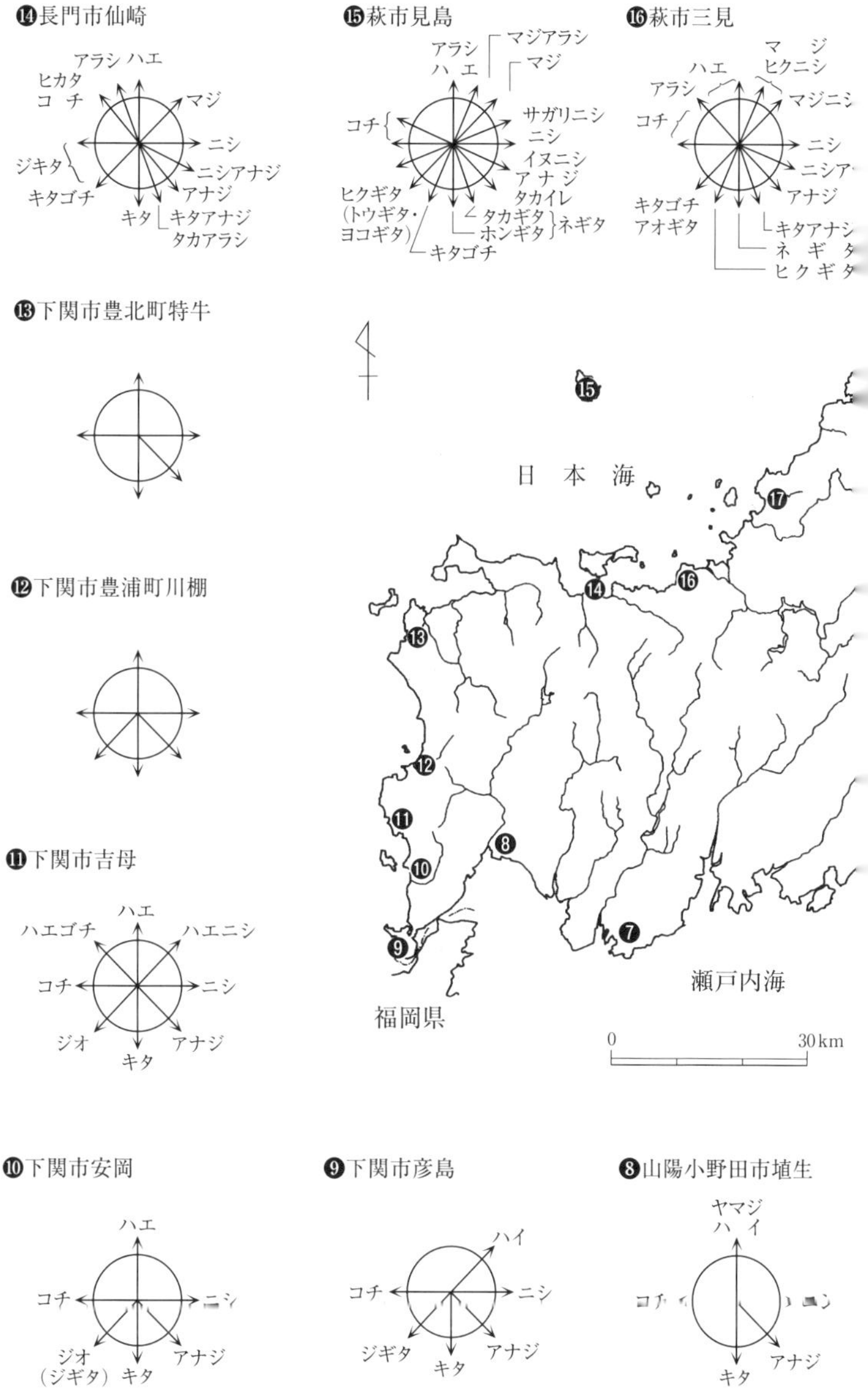

図3－1－3　**山口県内**（18地点）

四　山口に吹く風―沿岸・内陸・島―

1　季節風

日本で季節風といえば、一般には冬の北西季節風と夏の南東季節風を指す。北西季節風はシベリア高気圧から吹き出すもので、冬の寒さや雪をもたらすものとして知られる。小笠原高気圧から吹き出す南東季節風に比べると認識の度合いは高く、衣食住などさまざまな点で民俗文化の形成に係わっている。

そうした北西季節風にアナジがある。全国的に見ると、それはとくに西日本の日本海側において、より強くかつ詳細に認識されている（図3-1-4）。山口県でも冬の風としてアナジに関する認識は高い（図3-1-5）。

山口県内におけるアナジの分布をみると、偏りと粗密があることに気が付く。瀬戸内海側においては周防大島など島嶼部におもにみられ、それ以外のところにはほとんど分布しない。それに対して、日本海沿岸や響灘沿岸には濃密に分布する。それは、冬の北西季節風を示すアナジの場合、とくに海岸線が北面（西面）する日本海岸にとって漁や操船に大きな影響を与えるためである。島嶼部を除くと瀬戸内海方面の沿岸地帯は北に中国山地を背負っている。そのためアナジは中国山地を吹き下ろしてくる風となるため、冷たく寒いけれども、波はそれほど立たず漁や操船への影響は小さい。たとえば、山陽小野田市埴生のように、ニシの後にアナジになると凪になるといい、凪の前兆として認識されているところもある。

そうした違いは、とくにアナジのバリエーションの多寡をみるとより明確となる。日本海沿岸のたとえば長門市仙崎や萩市三見、阿武町奈古といったところでは、アナジ（北西）とともに、キタアナジ（北北西）、ニシアナジ（西北西）を加えて三分類している。北西風をより細やかに認識している証拠で、それはアナジが漁や操船に大きな影響をもた

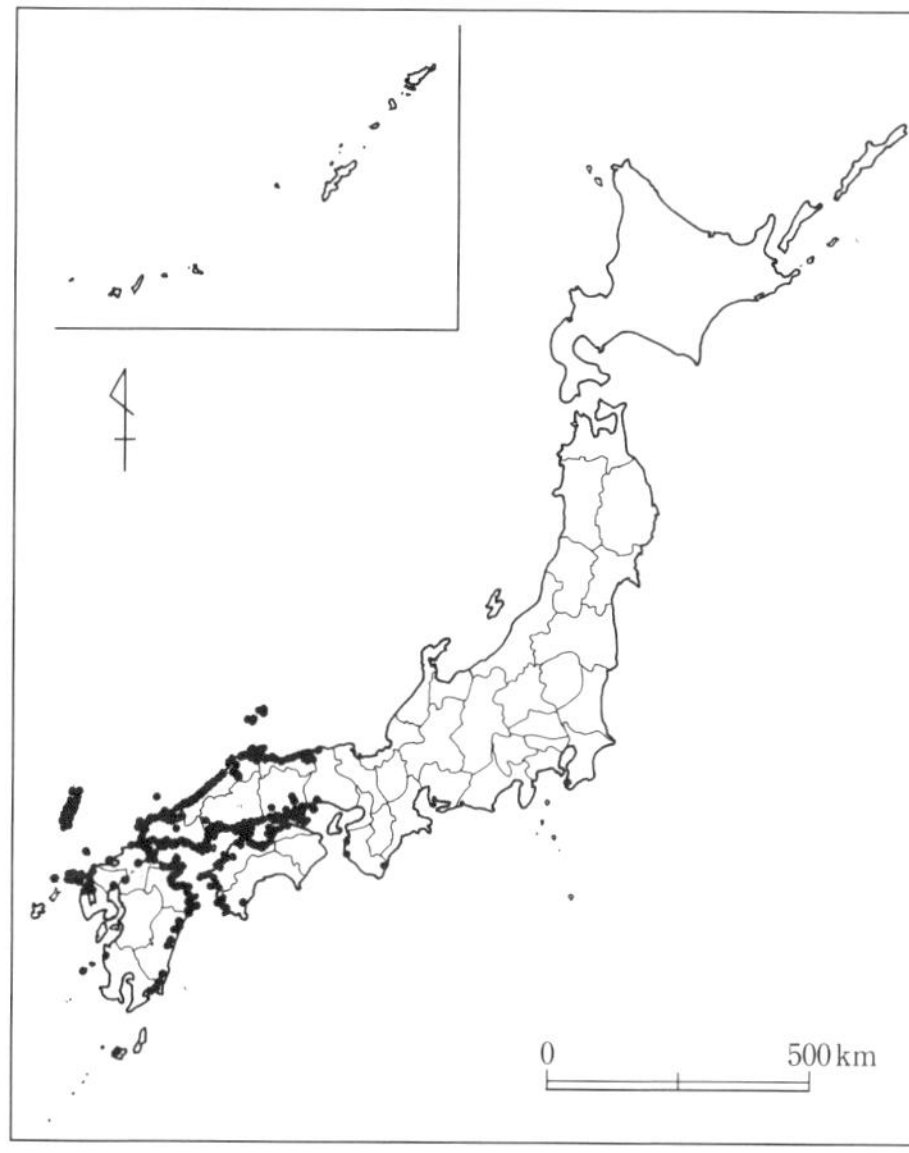

図３－１－４　アナジの全国分布　文献（関口、1985）より作成

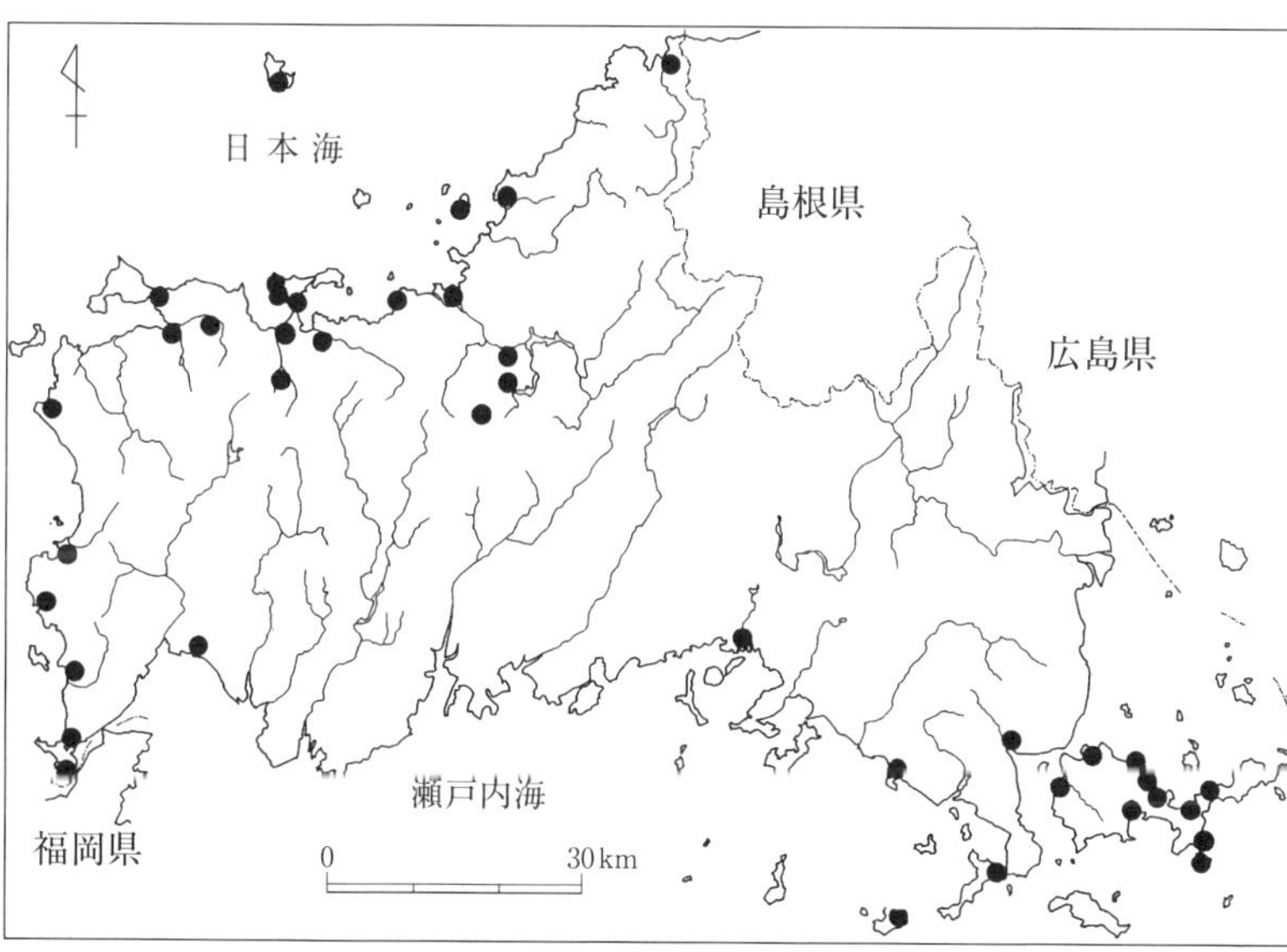

図３－１－５　アナジの山口県内分布

らすからにほかならない。仙崎では、アナジ・キタアナジ・ニシアナジはすべてオキカゼ（沖風）とされる。アナジは仙崎港に真っすぐに吹き付ける風となり、そのため船が港に入るのに都合がよい。しかし、強風となるため、漁船にとっては怖い風となる。それに対して、ニシアナジはアナジに比べると怖くはないものの油断できない風となり、キタアナジはアナジにもまして注意を要する危険な風とされる。

これらアナジに比べると、夏の南東季節風については、人々の認識はそれほど高くない。南東季節風をコチの一種としたり、イナサと名付けて、注意すべき風とするところが瀬戸内海側にいくつか見られる程度である。これらの例からすれば、夏の風は薄いながら多様な認識のもとにあるのに対して、冬の風はアナジで統一された感がある。

2　三つの南風

山口県に認められる南系統の風で興味深い点は、ハエ（ハイ）とマジ・ヤマジとに大きく分布域が分かれていることである（図3‐1‐6、図3‐1‐7、図3‐1‐8）。しかもその評価は対照的である。

マジ・ヤマジの風名が分布する地域（瀬戸内海沿岸）では、これらの風が大きな波を立て、またときに突風を伴うものとしてマイナス評価されているのに対して、ハエ（ハイ）と名付けられる地域（響灘沿岸や日本海沿岸）では南風は漁にはとくに悪影響をもたらすものではなく、中には仙崎のように「秋バエは凪の王」とか「秋バエは漁師を三日養う」といい、ハエは好天や好漁をもたらすものとしてプラス評価されているところもある。そう考えると、南風の場合、マジ・ヤマジの名称を当てる地域では悪い風、ハエの名称を当てるところでは良い風という対比も可能となる。

この点に関しては、柳田はまったく逆の解釈をしている。北部九州の例をあげて、ハエが悪い風なのに対して、マジはよい風として知られていたとする。そして、マジが良い風であると認識されていたことは、ハエが古くから南風を示す言葉としてありながら、「別に今一つの同じ方角の風を意味する語を、入用とした理由では無かったらうか」

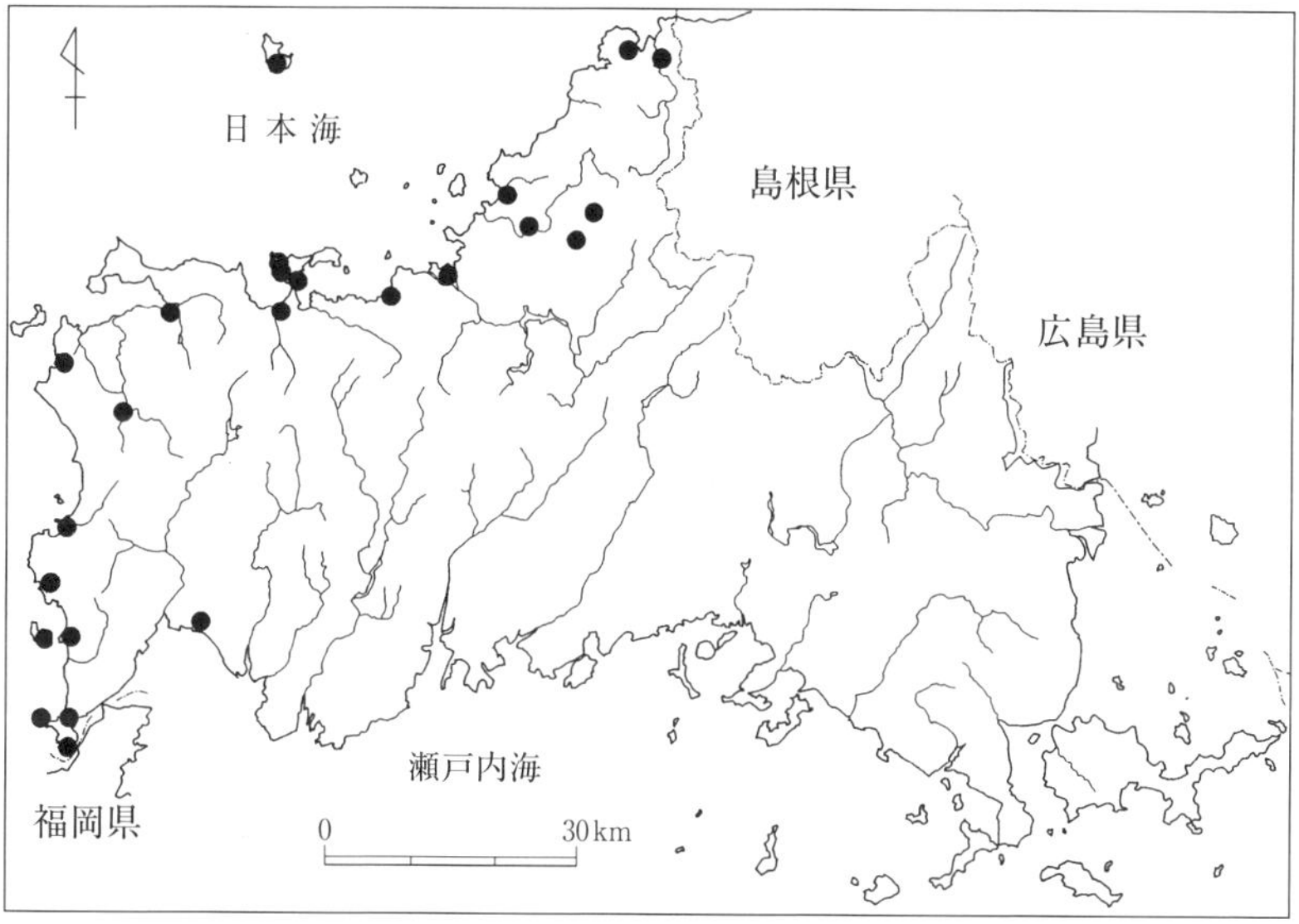

図３－１－６　ハエの山口県内分布

（柳田、一九三〇）という。しかし、今回の県史調査からは、マジとハエは基本的に分布が重なることはなく、重なるところでは、前述のようにハエを南、マジを南西というように使い分けていることがわかった。つまり、それは柳田が指摘するような好悪による使い分けではないことを示している。さらに言うと、全国的には、マジはヤマジとともに、おもに瀬戸内海沿岸に分布（図1-3-9・1-3-10）しており、むしろ柳田の指摘とは逆に、海を渡ってくる怖い風、良くないものをもたらす風となっている。

　全国的には、南風を示すヤマジは、山口県内だけでなく、瀬戸内海沿岸に広くみられる（図1-3-10）。このとき、山口県の対岸となる四国ではその評価は反対のものとなる。愛媛県では夏から秋にかけて山から吹き下ろす風として認識されている。とくに愛媛県宇摩地方では石鎚山系から吹き下ろす強風として有名である（平凡社、一九九九）。そのようにヤマジは山を吹き下ろす風のため、気温が上昇し、湿度が下がるフェーン現象を四国にもたらす（市川、一九九九）。

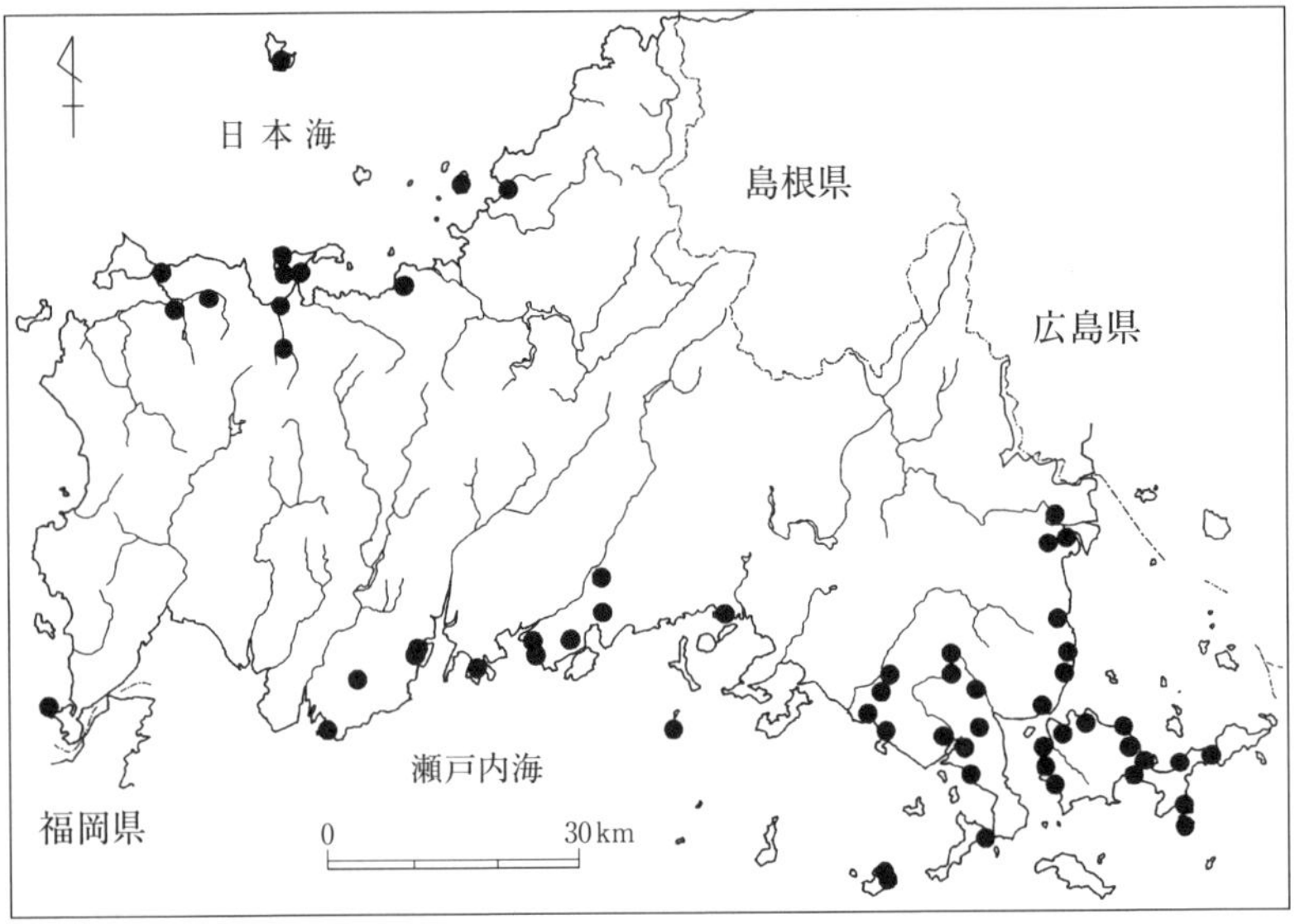

図3－1－7　マジの山口県内分布

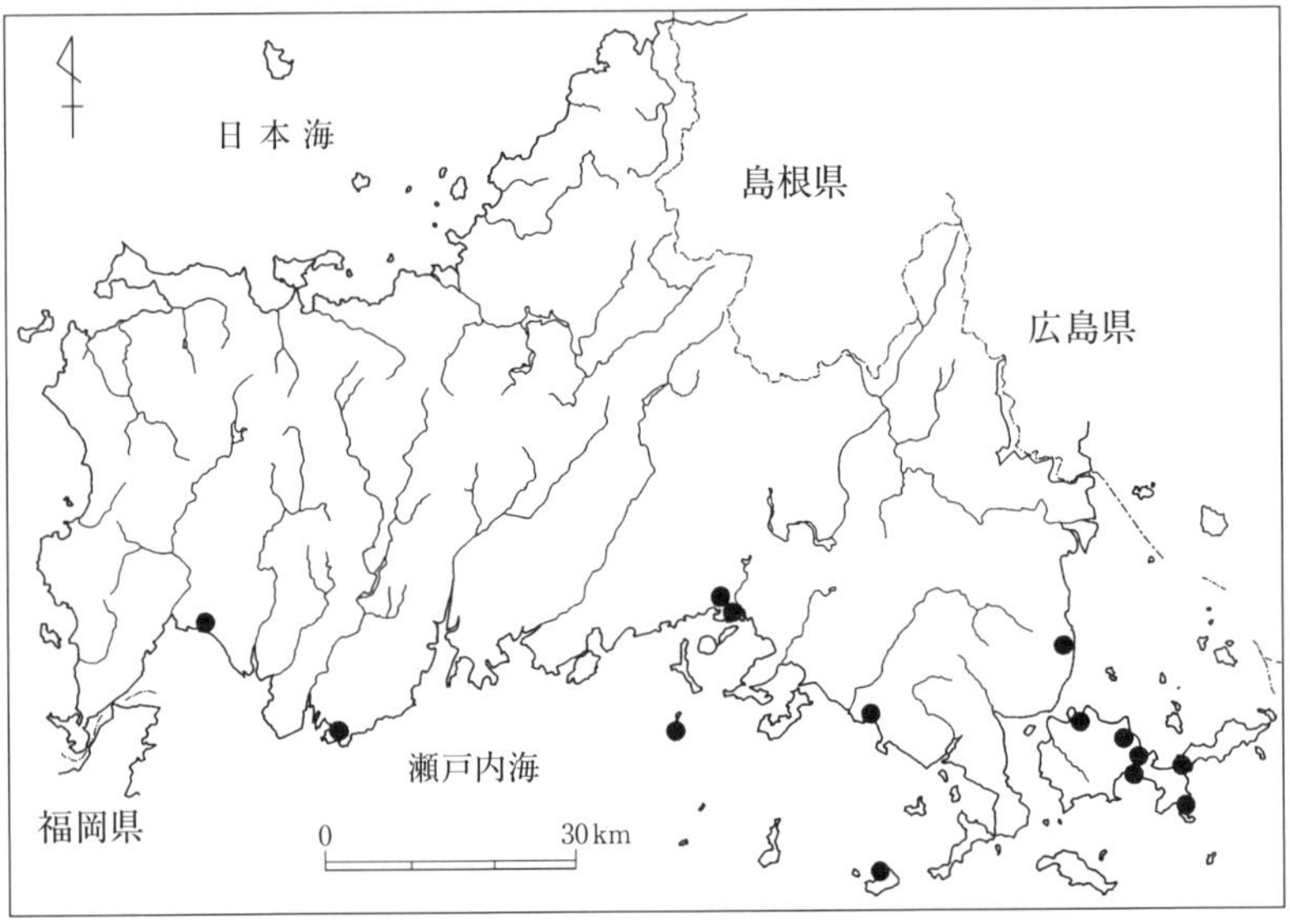

図3－1－8　ヤマジの山口県内分布

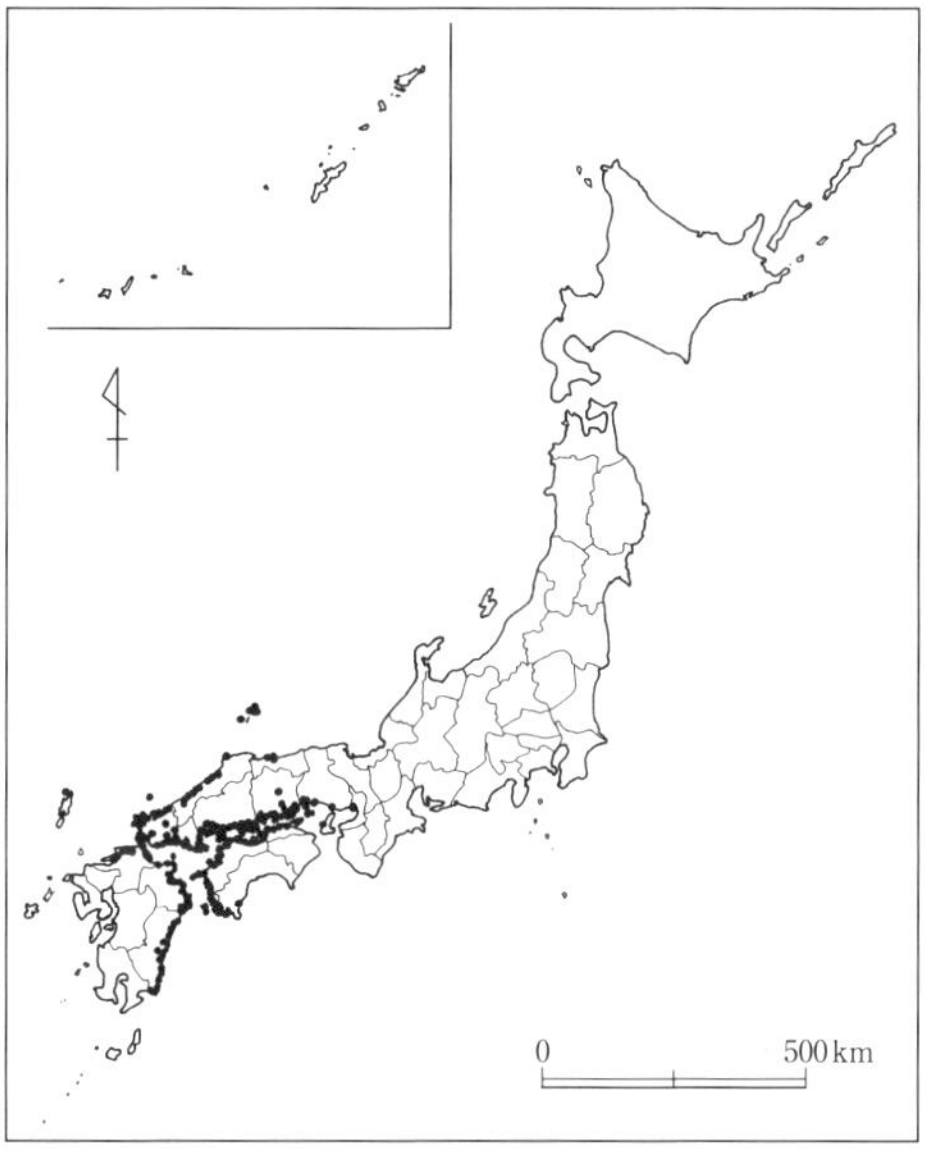

図3－1－9　マジの全国分布　文献（関口、1985）より作成

それに対して、山口県側では、ヤマジは瀬戸内海を渡ってくる風となり、大時化をもたらす要注意の風とされる。周防大島では、ヤマジは「矢南風」と表記され、当たると矢のように痛い南風（マジ）だと解釈される。

山口県内には響灘沿岸にハエをさらに細分化して認識する地域がある。そこはバリエーションの多さから、県内におけるハエの中心的分布地と考えることができる。下関市彦島や吉母のようにハエを白ハエと黒ハエに分けるところでは、白ハエを梅雨前のやさしく凪をもたらす風とするのに対して、黒ハエは梅雨時のどんよりと湿った風、あるいは時化をもたらす風とする（伊藤、一九九二）。そうしたハエのより詳細な分類は、江戸時代の方言辞書『物類称呼』によると、平戸（長崎県）、伊豆（静岡県）、鳥羽（三重県）などにもみられる（越谷、一九四一）。そうしたところでは、梅雨初期の南風を黒ハエ、梅雨の終わりごろを白ハエ、その半ばをアラハエという（柳田、一九七〇）。

関口武の研究（『風の事典』）によると、一九三〇年

図 3－1－10　ヤマジの全国分布　文献（関口、1985）より作成

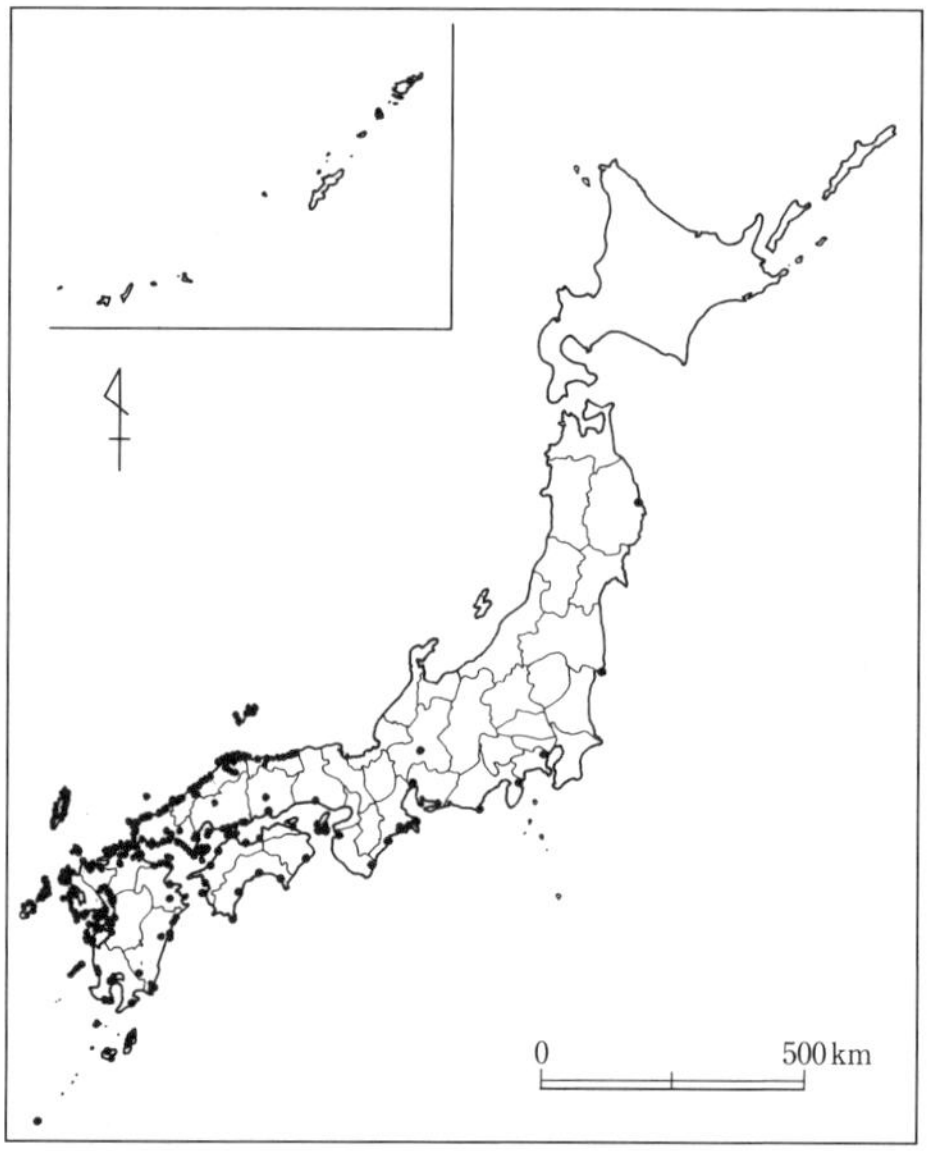

図 3－1－11　ハエの全国分布　文献（関口、1985）より作成

代の調査（『風位考資料』『増補風位考資料』）から約半世紀を経た一九八〇年代の風名調査では、かつてハエ名称の分布の中心は山陰・西中国にあったが、半世紀後の鳥取・島根・山口・広島ではその多くが消滅し、結果として、図3―1―11にあるように、ハエの分布の中心は長崎・熊本を中核とする西九州に移ったとする（関口、一九八五）。さらに、ハエの分布が消滅したところでは、瀬戸内海沿岸や東九州はマジ・マゼ（図3―1―9）に、山陰はダシにそれぞれ置き換えられたとする興味深い指摘をしている。

そして、その要因として、方言周圏論に立った解釈をしている。つまり、ハエを古語とし、それが「斜陽語」として、より遠隔の周縁部に追いやられるとともに、マジ・マゼ・ダシといった新しい言葉が普及したとする。しかし、別のところで関口も言っているように、これら海岸部に見られる風名の多くが漁民の活動や舟運の盛衰と大きく係わってきたことを考えると、ハエやマジの分布変化を単に周圏論による解釈で片付けてしまうことはできない。

3　里の風、コチ

風名の分布をみると、その多くは沿海地域にある。つまり風の異称は内陸農村に少ないという特徴を持つ。しかし、風はなにも沿海地域にだけ限られた自然現象ではない。沿海地域とともに内陸農村にも広く分布する風名がある。そうした風の代表がコチである（図3―1―12）。コチといった場合おもに東風を指している。コチは、沿海地域においても、ほかの風名のように地理的な偏りは見せない。また、全国的には、山口県の範囲をはるかに超え、北は東北地方から南は沖縄まで、汎日本的な分布を示すこともコチの特徴となる（図3―1―13）。

コチがほかの風名と違って内陸農村部にも多く伝承される理由としてひとつ考えられるのは、コチは春から秋にかけて吹く風で、かつ台風に関連して認識されることが多いことである。台風の襲来はイネの収穫期にあたることが多く、そうした意味でコチは農村部にとってはとくに大きな関心が払われる風となる。同様の理由から、台風を除ける

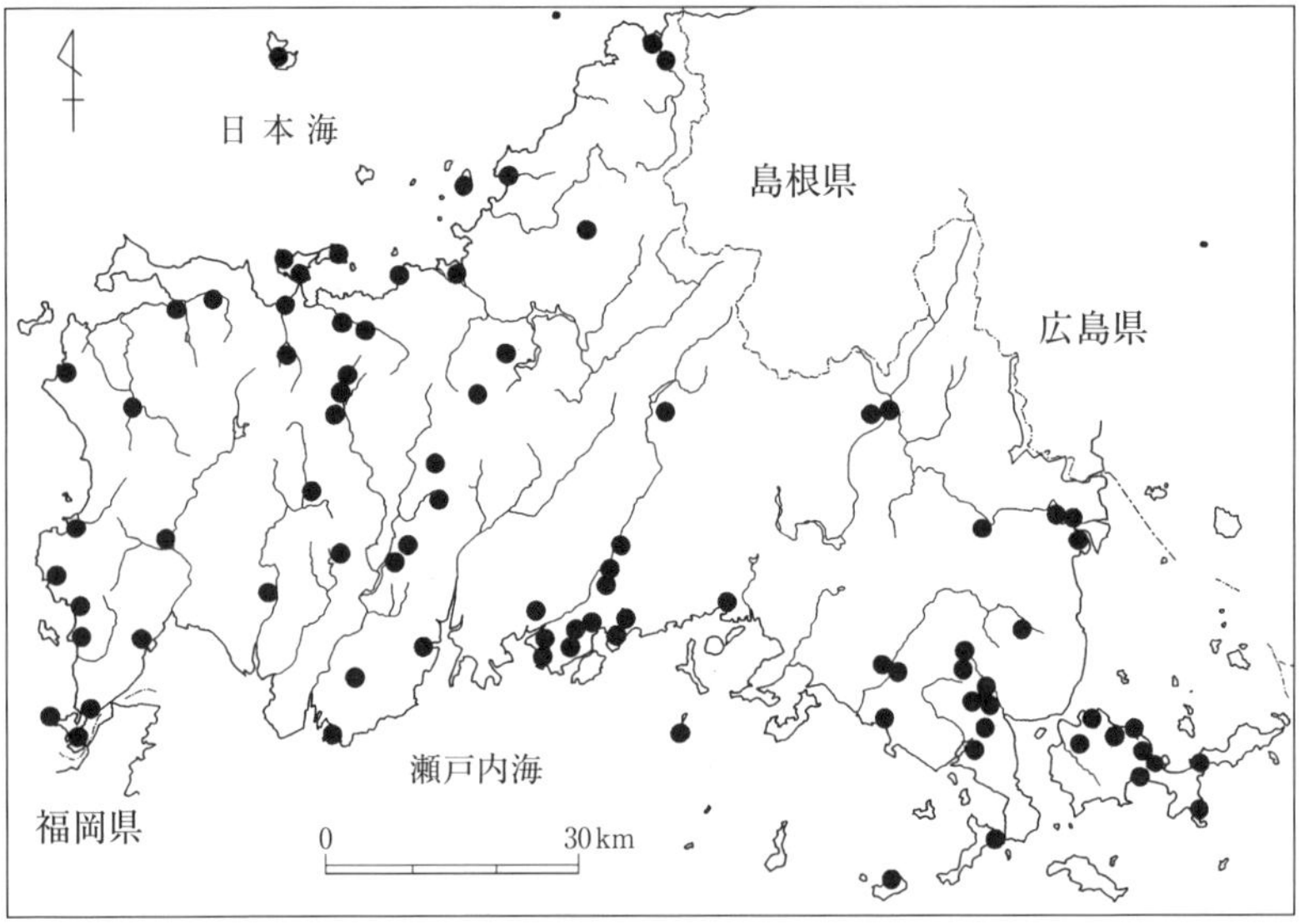

図 3－1－12　コチの山口県内分布

図 3－1－13　コチの全国分布　文献（関口、1985）より作成

ための儀礼は漁村よりも農村に多く発達している（後述）。

つまり、コチは沿岸部だけでなく内陸部にも大きな影響を与える台風のような自然現象に付随する風であるため、人びとの関心が高く、異称が全県的に発達したものと考えられる。コチの全国分布（図3-1-13）を見ると、やはり台風の被害が大きい西日本や本州の太平洋沿岸に多く見られる（反対に北陸地方や東北地方の日本海側にはコチはほとんど分布しない）ことも、そうしたことを示しているといえる。

コチに対する山口県内の評価はさまざまである。大きくは、瀬戸内海側、響灘沿岸、日本海沿岸西部、同東部の四地域に類別することができる。響灘沿岸および日本海沿岸東部では東風は陸から海に吹き出す風となり、漁や操船にそれほど大きな影響を与えない。むしろ凪をもたらす風とされる。それに対して、瀬戸内海側や日本海沿岸西部では東風は海上を渡ってくる風となり、波を立たせ雨をもたらす危険な風とされる。とくに日本海沿岸西部では、春のコチは船を難破させるもっとも怖い風と認識されている。そうした地域ではコチは海岸線に並行して吹いているため、岸辺よりも沖に行くほど強い風になるとされる。

4　山の風、オロシ

オロシ系統の風名は、コチが海や山・里といった立地環境にこだわらず全県的に分布するのに対して、主として山の麓や川筋など内陸地に多くみられる（図3-1-14）。こうしたオロシの名称はコチと同様に汎日本的な広がりを見せる（図3-1-15）。全国的に有名なものとしては、手稲オロシ（北海道）、赤城オロシ（群馬県）、筑波オロシ（茨城県）、六甲オロシ（兵庫県）などがある。

山口県内では、具体的な山の名前をとって、ホウベンオロシ（鳳翩山）、ゲサンオロシ（華山）、マツタケオロシ（松岳山）、テラヤマオロシ（寺山）などがある。またそれとは別に、単にヤマオロシ、ヤマオトシ、オロシ、オトシ、ヤ

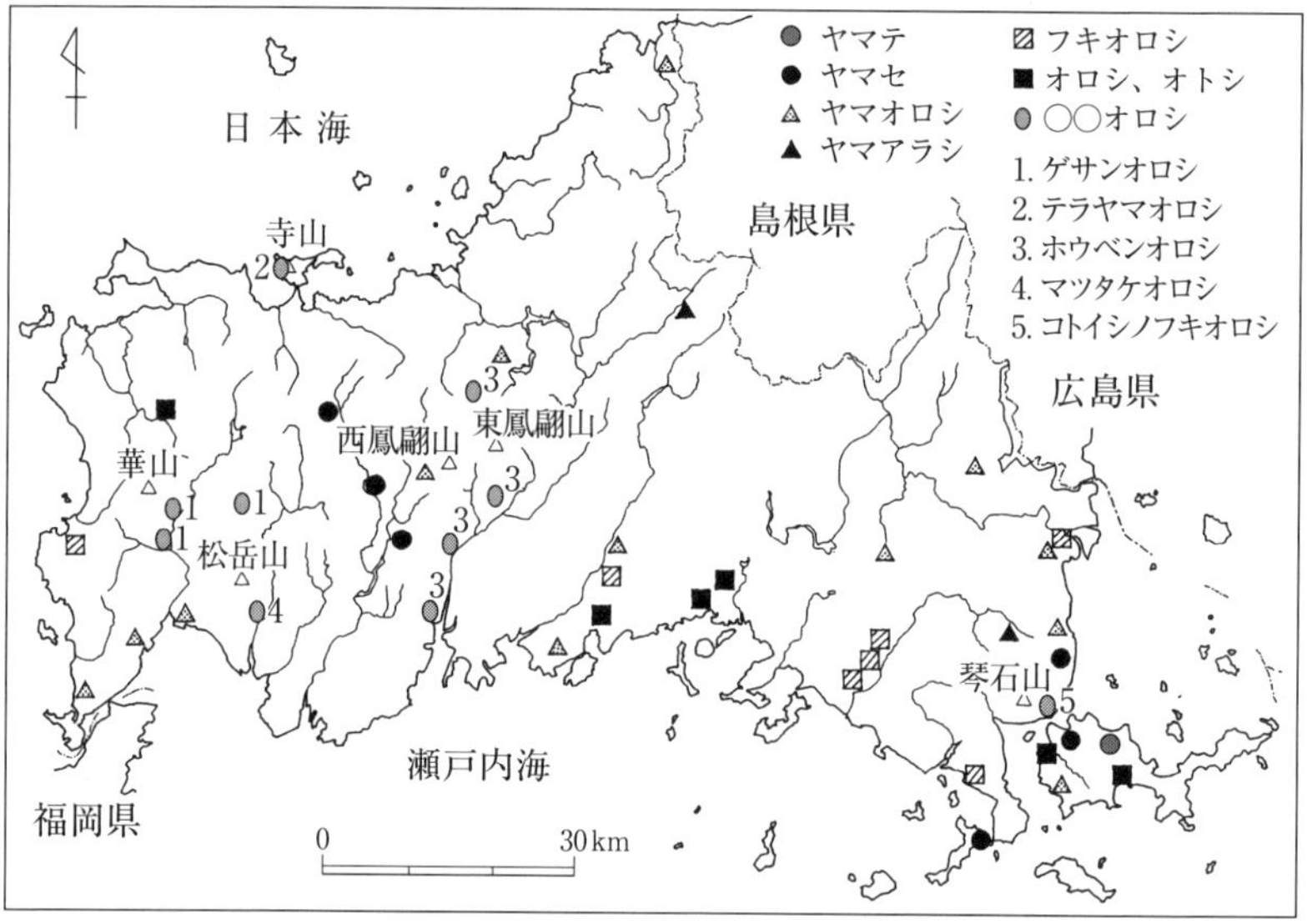

図 3－1－14　オロシの山口県内分布

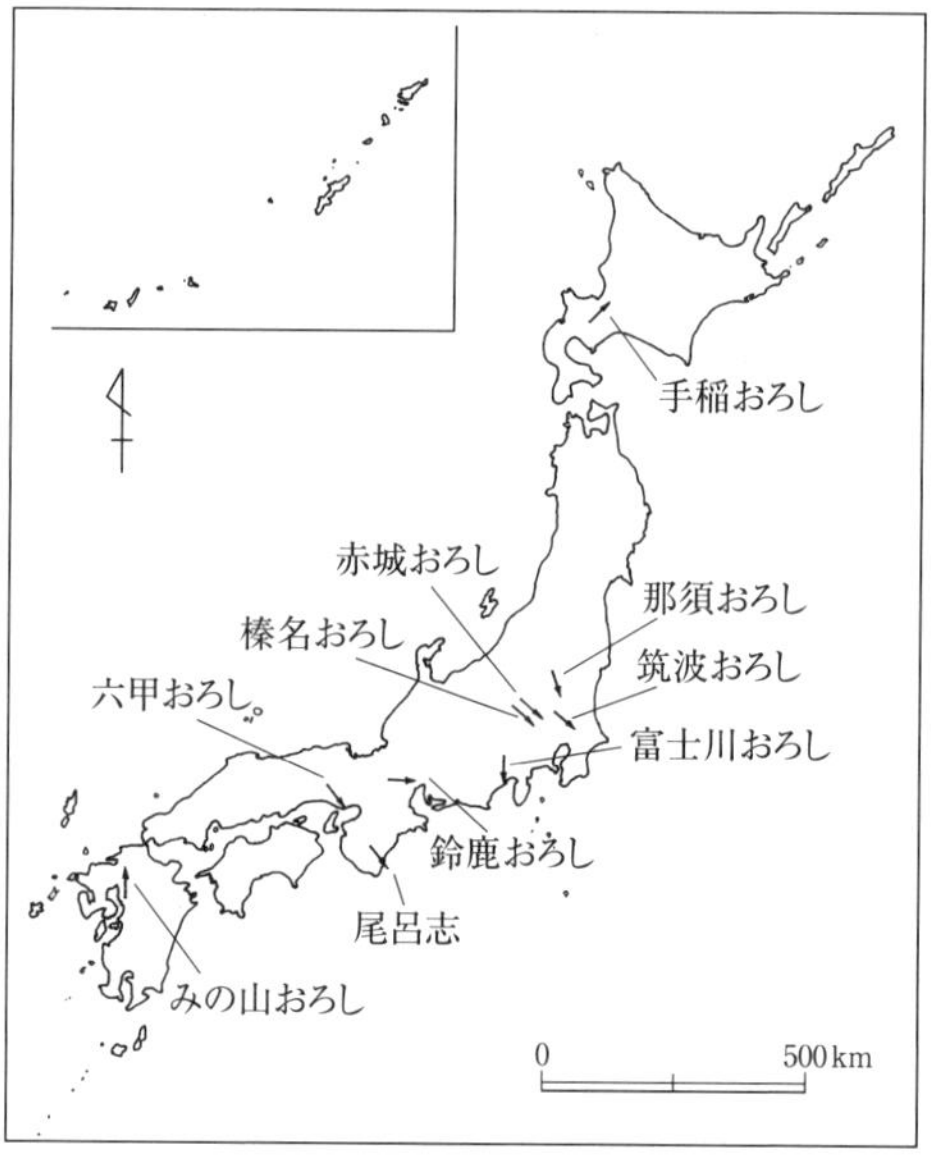

図 3－1－15　オロシの全国分布　文献（吉野、1999）より改変、転載

マセなどと名付けられる風も県内には多い。

そうしたオロシ系統の風の特徴としては、まず第一に、冬の北西季節風が中国山地を越えて吹き下ろすものが多いことがあげられる。そのため、オロシ系統の名称がつく風は、中国山地より南側に多い。当然、日本海側にはほとんど見られない。結果として、そうした風名を伝承する地域ではほとんどの場合、山を北方に控えるという地理的立地にある。

汎日本的な視点に立つと、東北地方から東海地方の太平洋側では、内陸の山地から太平洋へ吹き出す風にオロシと名付けられる傾向にあることが指摘されているが（吉野、一九九九）、中国地方（山口県）という微視的範囲でも同様の傾向が確かめられたことになる。

また、もう一つの特徴としてあげられるのは、河川の流域に沿ってオロシ系統の風名が分布することである。中国山地の分水嶺から南に流れる河川は吹き下ろす風の通り道となるため、川筋に沿って同様の風名が分布する。たとえば、木屋川沿いにゲサンオロシ、椹野川沿い（支流の一の坂川も含む）にホウベンオロシがみられる。このうちホウベンオロシは、山口盆地の農村では寒さや霜をもたらす風として注意が払われており、その対策として農家は冬野菜の栽培に際し「ホウベンオロシに藁を敷け」と言い伝えている。

5　島の風

先に全県的な視野で検討した三―2「風の地域性」で論じたことは、島のような地理的に狭い範囲にも適用される。またその一方で、狭い範囲だからこそ見えてくることもある。ここでは周防大島を例に取り上げ、先の図3―1―3を用い、島に吹く風についてより詳細な検討をおこなう。

周防大島の場合、大きな傾向として、島の南と北とでは風に対する認識のあり方が対照的になる。島の北岸にある集落（久賀、日良居）と南岸にある集落（安下庄、沖家室）を比較してみると、同じ風名で呼んでいてもその意味合いが大きく異なっている場合がある。たとえば、北岸集落では北方向の風について、オオギタやキタゴチなどを設けてより細かく認識しているのに対して、南岸では南方向の風についての意識が高い。

それは、北岸の場合、北方向の風は海上から吹き付ける風となり波を大きくするなど漁や操船に多大な影響を与えるのに対して、南方向の風は陸地から海へ吹き出す風となり、漁や操船にとってはそれほど大きな影響を与えないためである。それとは反対に、南岸では、北方向の風は陸地から海へ吹き出す風となるのに対して、南方向の風は海上から陸地に吹き付け、かつそれが豊後水道から瀬戸内海に流入する潮の勢いと相俟って漁や操船に多大な影響を及ぼす。そのため、南岸では北岸にない風としてイナサ（南東風）が設定されている。

また、西方向の風と東方向の風とでは、全般的な傾向として、西風に対してより敏感である。たとえば、日良居では、西風を、アナジ（北西）・ニシアナジ（西北西）・ニシ（西）・マジニシ（南西）というように細かに分類し、それぞれに漁や天候に関して特別な意味を付与している。また、久賀ではチョウセンカゼと命名する西風が見られる。

同様に、雲の掛かり具合などで、天気を予知するときも、眺めるのは西側にある目立つ山や島であることが多い。たとえば、沖家室では平郡島、周防大島町森添では皇座山にかかる雲を見て雨を予知する。

五　風とイメージ

1　風名と方位

当然のことながら、風名はすべての方角に平均して存在するわけではない。そこには風名に込められた意図（人間側の思い）の一端が映し出されている。

東また南から吹いてくる風については、コチ・ハエ・マジ・ヒカタなど多くの異称が存在する。それに対して、北と西方向の風はそのままキタとニシと呼ばれることが多い。

キタとニシという風名は、明らかに方位に由来すると考えられるが、単なる風向を示すだけのものではなく、コチやハエなどと同様に、そこにはさまざまな思いを反映し民俗的な意味や属性が付与されている。

興味深いのは、コチやハエといった東西南北に由来しない風名の場合は、風力が命名のあり方には影響を与えないが、キタやニシの場合は、風力を命名の論理に組み込んで、たとえばキタでいえばオオギタ、ニシでいえばオオニシというように、とくに強風に限って命名をする傾向がある点である。それに対して、オオゴチやオオハエといった言い方はしない。それは、コチやハエといった風名には、ある程度、その風の持つ属性として、風力が含まれているからであると考えられよう。

また、もう一つ大きな傾向としていえることは、キタやニシの場合、むしろ南風や東風のバリエーションを増やすために用いられることが多いことである。たとえば、周防大島の日良居では、南風をマジ、東風をコチというのに対して、北風はキタ、西風はニシであるが、コチのバリエーションとして、キタゴチ（北東）があり、マジのバリエーションとしてマジニシ（南西）がある。このほか、アナジについても、ニシアナジがある。つまり、基本となる風向を示す風がじゃっかんでも北や西に傾いたとき、そのバリエーションとして「キタ〇〇」や「ニシ〇〇」と称されるのである。

そのことは一方で、北や西の方向について敏感な認識をしていることも示している。なぜなら、北風や西風が単に南風や東風のバリエーションを増やすだけの意味にとどまらないからである。風が西や北に傾くことで、その風に新たな意味が加味されることは多い。それは、一般的な知識として天候が西から変化すること、および冬の北西季節風が生活や生業に大きな影響をもたらすことに起因すると考えられる。

2　風名と方位のずれ

同じ風名でありながら地域により、風向が微妙にずれることがある。ここではその理由を考えてみたい。たとえば、コチは、先の図3-1-3を見るとわかるように、一般には東風とされる一方、地域によっては南東風とするところもある。

風名の決定にとって方位は重要な意味を持ってはいるが、だからといって方位がまずあってそれに対して命名されたとは考えられない。もともと風の属性に関する認識があって、それをもとに命名されたと考えるべきである。例として、オロシ・ヤマオロシといった風名を考えると理解しやすい。主にオロシやヤマオロシは秋から冬にかけて中国山地の山々から吹き下ろしてくる寒風を指している。より具体的な例をあげると、ホウベンオロシといった場合には、村の立地により鳳翩山をどちらの方向に望むか、つまり集落の立地（山に対する相対的位置）によりホウベンオロシの風向は異なってくることになる。たとえば、山口市嘉川ではホウベンオロシは北北東の風であるのに対して、山口市吉敷では北または北北西の風と認識されている。

また、「○○風が吹くと雨がやってくる」という民俗知識が付随する風については、集落に対する山の位置や海をどちらに望むかといった集落の立地環境により、同名の風であってもその風向きがずれることはめずらしくない。言い換えれば、「○○風が吹くと雨がやってくる」という伝承は集落の立地にかかわらず県内広くに伝承されているため、雨をもたらすとされる風の向きは集落の立地環境により微妙に変わってくることになる。

そうしたとき、風向を優先した命名では名称が集落ごとに個別化してしまう。その結果、風名に対して村を超えて共通認識を形成できなくなり、たとえば「○○風が吹くと雨がやってくる」というような情報交換に支障をきたすことになる。もちろん、その村だけでしか通用しない特殊な風名もあるが、それはむしろごく少数に過ぎない。そうしたとき、まずは「雨をもたらす」という風の属性を優先して風名を付けることで、立地環境の異なる集落同士でも、前記のことわざは通用するものとなり、その結果として方位に関する若干の認識の違いが生まれたと考えられる。

3　風名のイメージ

風名に関して、その由来が不明なものは多い。そうしたとき、風名がその言葉の現代的解釈とは逆のものがあることは興味深い。風名の由来を探る上で何らかの示唆を与えてくれる。

たとえば、山口県の日本海沿岸にはアラシと呼ぶ風がある。アラセといったりもする。たいていは特定の風向を示すというよりは陸地から海に吹き出す風を指しており、日本海沿岸の場合、おおむね南風となる。たいていは朝方八時くらいまでには止んでしまう弱い風である。そして、朝、アラシが吹いていると日中は凪になるとされ、漁には好都合な風となる。

長門市仙崎では、アラシとともにタカアラシという風が伝承されている。アラシは陸地から海に吹き出す南風で凪をもたらすとされる。それに対して、タカアラシは北から北西に掛けての風を指し、これもアラシ同様に凪の風とされる。こうした事例をみると、アラシといった場合、風向にかかわらず凪をもたらす風であることに意味があることが分かる。

関口武による全国的な調査（『風の事典』）では、アラシは日本海沿岸地帯に分布（例外として瀬戸内の一部と静岡県西部）するとされ、「暖かい季節の、風静かな晴れた日の弱い夜の風」であるという（関口、一九八五）。これは山口県の例と一致する。

アラシはコチと同様に、古代の詩歌などによく登場する。たとえば、枕草子の一八五段には「風は　嵐　木枯　三月ばかりの夕暮に　ゆるく吹きたる花風　いとあはれなり」とある（松尾ほか、一九七四）。また、万葉集では巻第一雑歌に「み吉野の　山のあらしの　寒けくに　はたや今夜も　我がひとり寝む」とある（小島ほか、一九七一）。

これらをみると、現代にイメージされるほどの暴風雨ではないものの、雨や冷気を伴う負のイメージをもつ風として捉えられていたことがわかる。これに関して、関口は同じ用例を引用してオロシとの関係を考察している（関口、一九八五）。

しかし、現在使われる風名のアラシは古代のアラシとは別のものであり、またオロシとも直接的には関係ないものと考えられる。内陸農村ではオロシは冷気をもたらすものとしてマイナス評価されることが多いのに対して、アラシは沿岸部にあっては凪をもたらす風としてプラス評価されており、関口の考察とは違って、両者の関係はむしろ対照的でさえある。

そう考えると、アラシはオロシのような山から吹き下ろす風ではなく、夜になると逆転する海上と陸地の気温差が生み出す海陸風と考えるべきであろう。オロシとは、陸地から海へ吹き出すという方向性の面で共通するに過ぎない。

注

山口県史編さん事業は一九九二年に開始され、民俗部会では資料編二巻と民俗編一巻の計三巻を刊行している。三冊目となる民俗編の刊行は二〇一〇年なので、民俗部会としては調査・研究および編集のために都合一七年間を要したことになる。なお本論で用いた質問紙調査は、筆者が中心となって二〇〇五年度に企画し、二〇〇六年度に実施したものである。

質問紙調査においては、ＪＡ（農業協同組合）のネットワークを利用し、山口県史編さん民俗部会が農業集落単位に質問紙を配布しておこなった。質問項目についてはおもに筆者が作製し、民俗部会において検討した。回答は、二一三地点（農業集落）あり、回答者総数は二五五名に及ぶ。昭和三〇年（一九五五）以前において成人に達していた年齢層（平成一七年時点においておもに七〇歳以上）を対象として回答いただいた。なお、質問紙調査を補完する意味から、県内一六カ所の漁業協同組合（支店）において漁業関係者に前記の質問紙調査とともに対面しての聞き取り調査をおこなった。

引用参考文献

市川健夫　一九九九　『風の文化誌』雄山閣出版
伊藤　彰　一九九二　「海辺の四季」下関市史編修委員会編　『下関市史　民俗編』下関市
北見俊夫　一九八六　『日本海上交通史の研究』法政大学出版局
國學院大學方言研究会編　一九三五　『風位考資料』國學院大學方言研究会
越谷吾山（東条操校訂）　一九四一　『物類称呼』（岩波文庫版）岩波書店
小島憲之・木下正俊・佐竹昭広訳　一九七一　『万葉集　日本古典文学全集二』小学館
関口　武　一九八五　『風の事典』原書房
福永邦昭　二〇〇六　『海道の秘境―文と絵で綴る見島史―前編』私家版
平凡社（浅井冨雄・内田英治・河村武監修）　一九九九　『気象の事典』（増補版）平凡社
松尾聡・永井和子訳　一九七四　『枕草子　日本古典文学全集一一』小学館
安室　知　二〇〇四　「自然とつきあう」『上越市史　通史編七　民俗』上越市
柳田国男　一九三〇　『風位考』（『定本柳田国男集二〇巻』所収、筑摩書房、一九七〇）
　同　　　一九五八　『故郷七十年』（『定本柳田国男集別巻三』所収、筑摩書房、一九七一）
　同　　　一九六一　『海上の道』（『定本柳田国男集一巻』所収、筑摩書房、一九六八）
柳田国男編　一九四二　『増補風位考資料』明世堂
吉野正敏　一九九九　『風と人びと』東京大学出版会
和辻哲郎　一九三五　『風土―人間学的考察―』岩波書店

二章　観天望気の民俗
――天気の分類と命名――

一　はじめに

自然の営みを何とかして理解したいと考えることは、人にとってはそれこそ自然なことである。それは、暮らしを組み立てる上で重要な要素となっているからである。農業や漁業のように自然に大きく左右される生業を営む場合はとくにそうである。

そのため、地域に暮らす人々がその地域の自然をいかに認識し対応してきたかを知ることは、人々の精神構造や行動原理を理解する上で欠くことのできない要件となろう。ここでは観天望気に係わることわざや言い伝えの中から自然を読む技術とその備えの知恵についてみていくことにする。

天気の中でもとくに雨を占うことはもっとも身近なことであろう。農山漁村にとどまらず都市部においても広くおこなわれ、またさまざまな世代や職種の人々に共通した関心事となっている。しかも、自然をめぐる民俗知識の多くが忘れ去られつつあるなか、現在に至るまで広く人々に伝承されている。履いている下駄や靴を蹴り上げて地面に落ちたその形で雨を占ったり、カエルの鳴き声に次の日の雨を予測するのは、地域や老若男女を問わない民俗であるといえる。

人が民俗の知恵を駆使して、自然現象を読み取ろうとするには意味がある。暮らしにさまざまな影響を与え、ときに大きな災害を引き起こすような自然現象には、あらかじめ何らかの対処をしておく必要があるからである。それは現実的な対処だけではなく、来るべき時に備えて心構えをしておくことも必要である。そのため、観天望気の民俗は、単なることわざとしてだけでなく、ときには格言や教訓として語り継がれてきた。

本論では、山口県史編さん民俗部会により二〇〇六年度に実施された質問紙調査[1]および筆者の聞き取り調査の結果をもとに、とくに天気の予兆とそれに対する備えに注目して、人は自然の営みをいかに読みとり、またそれにどう対処してきたかを考察する。

二　雨と雪の予兆

1　雨の予兆

図3-2-1を見る限り、雨の予兆に関する伝承の分布は、海村と内陸村、山間地と平地、また瀬戸内海側と日本海側といった地域による偏りは認められず、ほぼ全県的に分布しているといってよかろう。

そうした雨の予兆に関する伝承のなかでも、「〇〇山に雲がかかると雨が降る」という言い方はもっとも一般的である。当然、これに類する伝承は全国的に存在する[2]。ただ、〇〇山というところに、その地域に固有の山名が入ることになる。このときの山は、地理的にはある程度、村里に近く、かつ独立した峰を持つ（判別しやすく目立つ）ものであることが多い。また、それは同時に水の神など信仰の対象となっていることも多い（安室、二〇〇四）。

山口県の場合、図3-2-1にあるように、雨の予兆に用いられる山は多様で、そうした山が県内各地に小さな範囲で分散している。つまり、たとえば長野盆地（長野県）における冠着山のように広範囲に用いられる山（安室、一九九八）は、山口県内には存在しない。山口県の場合、大きな平野や盆地がなく、中国山地から続く緩やかな起伏の山が多い

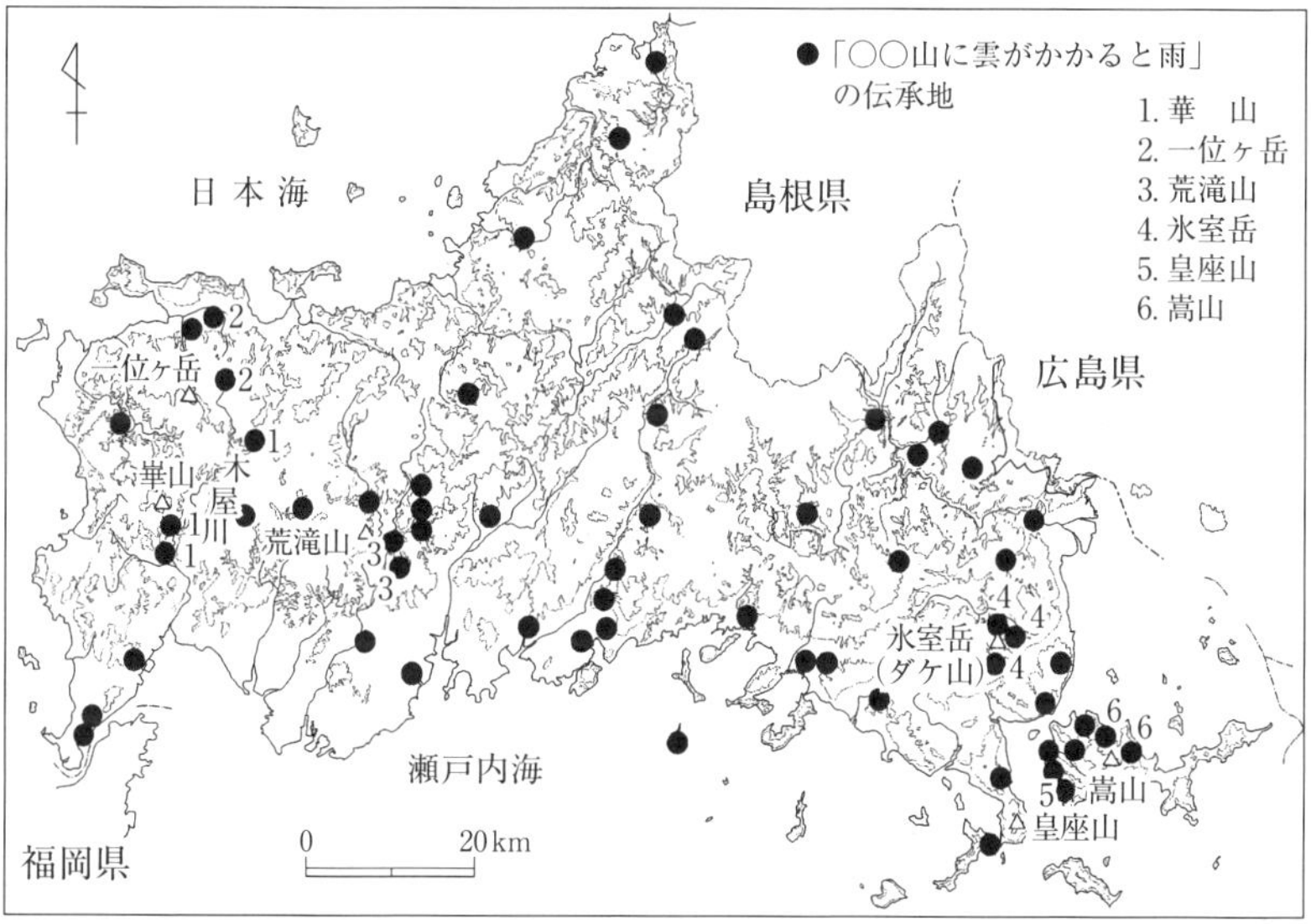

図3－2－1　雨の予兆―「○○山に雲がかかると雨」―

ため、長野盆地にみられるような万人が雨の予兆に用いる山は見あたらないといえよう。

そうした中にあってある程度の広がりを見せる山として、崋山がある。崋山の場合は、木屋川に沿った地域において雨の予兆に用いられている。このとき注目されるのは、崋山の位置である。木屋川のちょうど西側（左岸）に位置する山となっており、つまり崋山を雨の予兆に用いる人びとは西方の山を見ていることになる。

このことから、ある程度独立した峰を持ち、かつ西方に存在する山が、天気の予兆に用いられる傾向にあることが分かる。また、興味深い点は、木屋川流域では山から吹き下ろしてくる風をゲサンオロシと称していることである。雨だけでなく風についても崋山は重要な意味を持ってその地域に存在していることが分かる。

崋山のほかには、図3-2-1に示すように、長門市の一位ヶ岳、島田川上流域のダケ山（氷室岳）、室津半島の皇座山、周防大島の嵩山などが天気予測に用いられる山としてある。

2　雨と風

山にかかる雲とは別に、もうひとつ雨の予兆として山口県において注目されるのは、風との関係である。風が雨の前触れとして受け止められる地域は県内に広い。

元来、風や雲の様子をみて、その日の天候を予測することは、どの海村においてもごく当たり前におこなわれていた。雨だけでなく、波の高さや潮のうねり、およびそこから及んで好不漁や海上での安全といったことまで、風や雲の様子により判断される。そうした意味では漁師にとって風や雲は天気を予測するときもっとも重要な指標となっているといってよい。

風や雲の様子からその日一日の天候を予測することを阿武郡阿武町奈古ではモヨウミ（模様見）といい、漁師にとってそれは出漁前の日課となっている。モヨウミに類したことはなにも山口県内に限られたことではなく、全国的またはそれ以上の広がりをもつ民俗技術である。

風については雨との関係に限定すると、その伝承は必ずしも海村に限られたことではなく、内陸農村にも多く認められる。それは雨が農耕には不可欠な用水の源となるため、農民も雨には無関心ではいられないからである。とくに瀬戸内海沿岸は年降水量が一〇〇〇㎜程度と少なく、溜池を作って用水を確保しなくてはならなかったため、雨への思いは切実である（安室・安井、二〇〇六）。風と雨との関係を語る伝承が、図3-2-2に示すように、瀬戸内海側に多くあるのはそのためである。

雨の予兆として風をみる場合、その伝承は興味深い分布を示す。それは、図3-2-2に明らかなように、県内が大きく「コチ（東風）が吹くと雨」と言い伝える地域と「マジ（南風）が吹くと雨」という地域とに二分されることである。

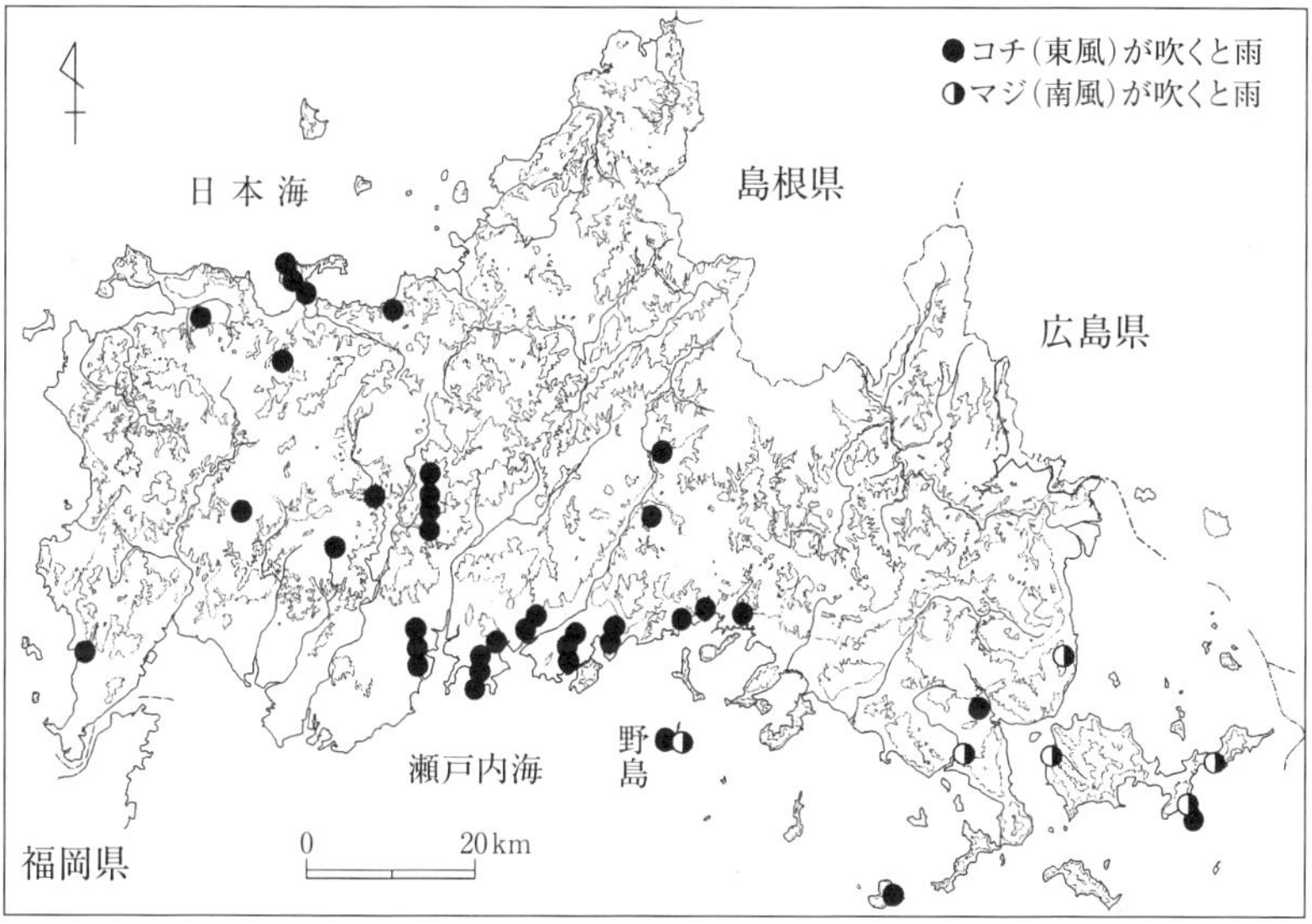

図3－2－2　雨を呼ぶ風—コチとマジ—

コチ（東風）に伴う雨の感覚は山口市・宇部市・長門市といった地域を中心にほぼ全県的に分布する。その背景として、図3-1-12（Ⅲ—一章）にあるように、コチの風名が全県的な分布を示していることがあげられる。

それに対して、マジ（南風）と雨の関係を説く伝承は周防大島を中心に熊毛郡あたりの瀬戸内東部に分布が限定される。また、このとき注目すべきは、図3-1-6・図3-1-7（Ⅲ—一章）にあるように、山口県内は南風をマジないしハエと呼ぶ地域に二分される点である。[3]つまり、東風に相当する風名がコチしかないのと違って、南風の場合はマジとともにハエがあるにもかかわらず、雨の伝承はマジにしか付随していない。

その理由は、まだ明確にはわからないが、一つには、マジとハエとは同じ南風方言ではあっても、その分布域が瀬戸内海側と日本海側とで大きく異なることに関係していると考えられる。北（北西）に海を望む日本海（響灘を含む）側は、南風の名称としてハエが分布するが、そこでは南風は必ず陸地から吹いてくる風となる。それに対して、マジの分布域となる瀬戸内海側は南に海が開けており、そうした海上を渡ってくる風（マジ）が雨をもたらすと、瀬戸内東部地域の人びとには考えられているといえよう。つまり南風の場合、雨は海と強く関連づけられていることになる。

また興味深いことに、「コチが吹くと雨」と「マジが吹くと雨」という二つの伝承が同時に存在するところがある。たとえば、防府市野島では、「コチが吹くと雨になる」という伝承とともに、「夏はマジが強くなると雨になる」ともいう。このとき、マジの伝承は夏に季節を限定していることは重要である。そのことは季節により両伝承が使い分けられていることを示している。

3　雪の予兆

全国的に見ると、山口県はさほど雪の多い地域ではない。しかし、それだけに雪が降ると人びとの生活に与える影響は大きく、図3-2-3に示すように、雪が降る前兆を人はさまざまなかたちで受けとっている。

ひとつ特徴としてあげられるのは、雷との関係である。ただし、雷と雪との関係は日本海沿岸では山口県にとどまらず、北は東北地方北部から南は九州地方北部まで共通することである。図3-2-4に示すように、山口県では大きく分けると雷と雪との関係を示す伝承は二つある。ひとつは「ひとつ雷、大雪のもと」というパターン、もうひとつが「雪起こしの雷」というパターンである。前者は雷がひとつ鳴ると大雪になるという伝承であり、後者は雷は雪（多くは初雪）をもたらす前触れとする伝承である。

このほか、動物の様子を見て雪を予測することもある。もっとも多いのがカメムシである。秋にカメムシが多いと冬に大雪が降るとされる。また、シジュウカラやスズメ、センネンといった鳥が飛びだしたり騒がしいと雪が降るというところもある。こうした鳥や虫を雪の前兆とするのは内陸の山間地に多い。

また、山口県の特長として、県内が雪の伝承（「ひとつ雷、大雪のもと」および「雪起こしの雷」）を持つ地域と持たな

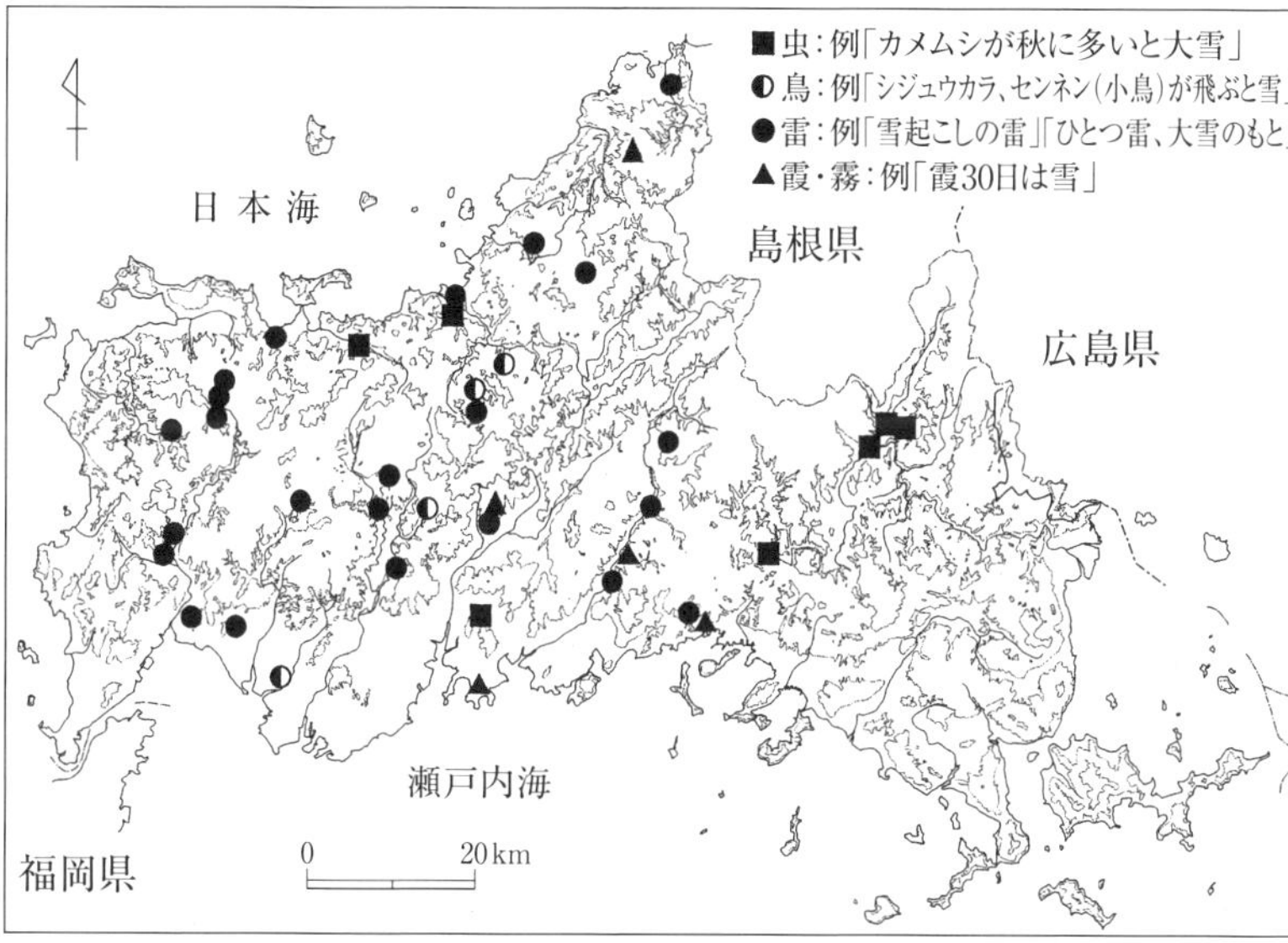

図３－２－３　雪の前兆

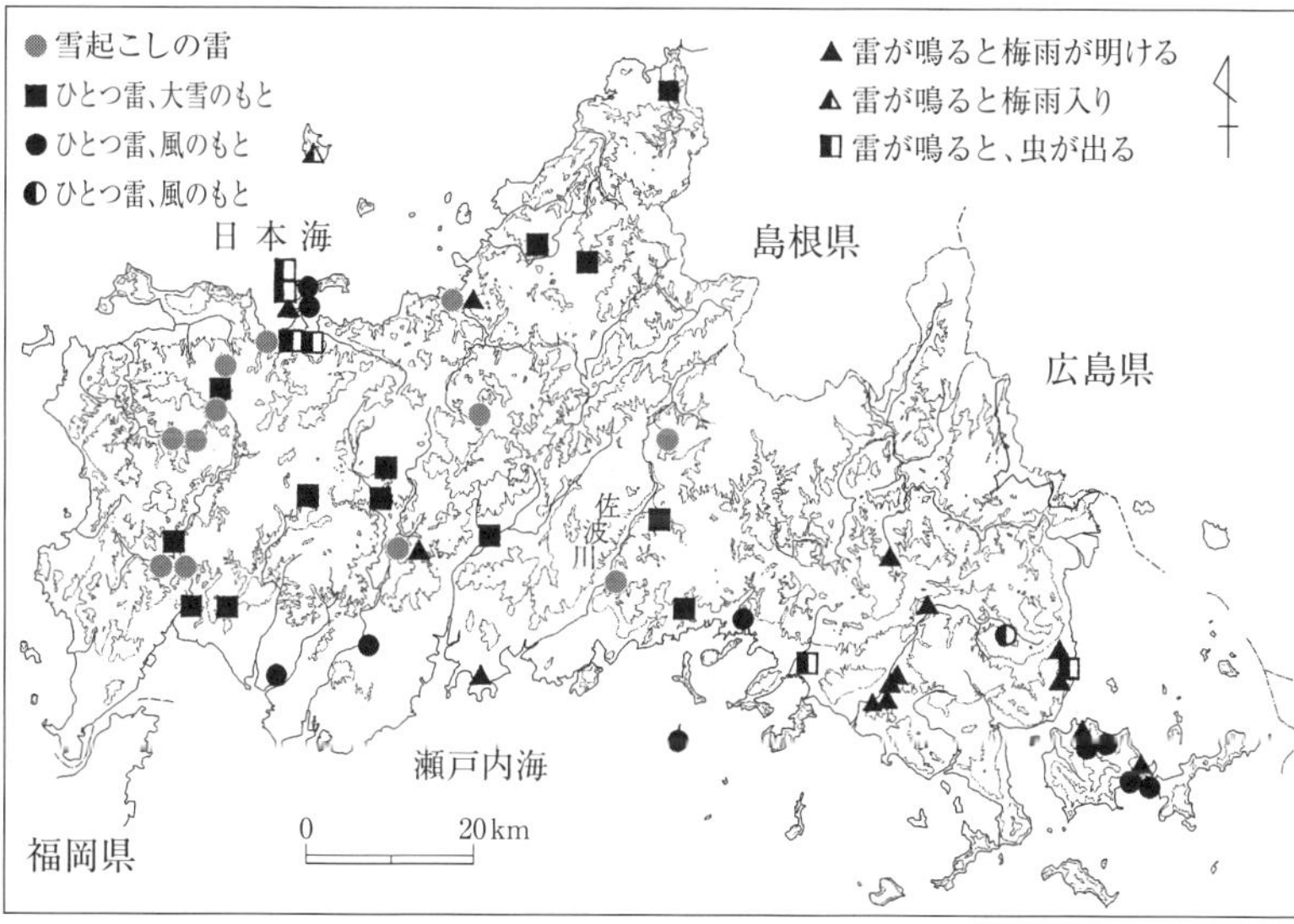

図３－２－４　雷が予兆するもの

い地域とに、佐波川水系を境にして二分されることである。図3-2-4に示したように、県東部（佐波川水系以東）はそうした伝承がほとんど存在しないが、それは明らかに雪があまり降ることのない温暖な地域であることを示している。そうした地域では、「ひとつ雷、○○のもと」という同じ雷の伝承でも、それは大雪ではなく、「ひとつ雷、風のもと」など、雨や風の前兆として捉えられている。また、雷が鳴ると梅雨が明けるとする伝承が多くみられるのもこうした地域の特徴である。

三　観天望気とことわざ—里と海—

1　里のことわざ

里の村に伝承される観天望気のことわざについて、その特徴をみてゆく。具体的には、山口県南部の瀬戸内海に面する稲作農村、防府市大道に伝わる民俗知識を例にとり検討を進める。聞き取り調査により収集した伝承の総体は、表3-2-1に示したとおりである。

表3-2-1　里の村における天気のことわざ—防府市大道—

一．雨（雪）をめぐって
「五月の夕焼け、苗をつなげ」

「五月の夕焼け、簑を下ろせ」

「五月の夕焼けはミトメ（田んぼの水を落とす所）を下げろ」

「秋の夕焼け鎌を研げ、春の夕焼け傘をさせ」

「秋の夕焼け鎌を研げ、春の夕焼け苫を引け」

「ソバウリ（ソバマキウリ）がありよるから、今のうちに蒔いちょけよ」


ひと言でいえば、里の村では観天望気の民俗知識は、雨を中心に構成されているといってよい。数の上でも、雨に関するものが圧倒的に多い。そして、重要なことは、雨に関する民俗知識が語られる状況・背景は、たいてい農ないし用水に関連している点にある。つまり、里の村に伝えられる観

「大霜の三日先（大霜が降ったら三日先に雨になる）」
「露のない朝はしだいに雨になる」
「サバ雲・スジ雲は天気は下げ」
「コチ（東風）が吹くと雨になる」
「朝やけは三日ともたぬ」
「朝やけがひどいと雨になる」
「夜上がりの雨は長続きしない」
「寺の鐘がよく聞こえると雨」
「三日月が横になっているときは雨が多い」
「月が傘をさせば雨」
「カエルの行列、雨のしるし」
「カエルが鳴き出すと雨」
「アマガエルが鳴くと雨」
「鳥が低く飛べば雨」
「夕方遅くまでカラスが餌拾いをすれば翌日は雨」
「蚊柱がたったら、天気は悪くなる」
「豊後富士（由布岳）がよく見えると雨」
「大海山が曇ると夕立がある」
「楞厳寺山に雲がかかると夕立」
「朝虹は雨、夕虹は晴」
「雲が東から入ってきたら雨、北より来たら晴、北より東へ行けば晴」
「モズが餌を高く刺せば積雪多し」
「ソバウリと死神は無いことはない（必ずある）」
「秋の朝やけ隣に行くな」
「朝焼けがしたら、その日は降る」

天望気の民俗知識は、水（水田用水）につながり、さらにそれは農（水田稲作）に収斂するといってよい。

そのようにみてくると、雨のほか、風などの自然現象に関する民俗知識も大道には存在するが、それも最終的には水や農に係わりをもつと解釈される。たとえば、霜については、「八十八夜の別れ霜」といって、大道では八十八夜を目安にして種籾を苗代に蒔くようにしていた。また、大風や台風についても、イネの実りと関連してことわざ化している。例年、二百十日は稲刈り前の重要な時分であるが、「二百十日には大風が吹く」といい、その前になると、すぐに対処できるよう大風に備えてみな気を引き締めたとされる。

まず、農事について、大道における観天望気の民俗知識を概観してみる。そうすると、稲作とくに苗に係わること（苗代・田植えなど）と収穫に係わること（稲刈りなど）の二つに関連したことわざが多いことに気がつく。これは、大道の生業における稲作の持つ重要性とともに、その稲作においてもっとも観天望気に左右される農事として育苗と収穫の二つがあることを示す。ともに雨および水は最大の関心事で、育苗に関しては用水は一時も絶やすことのできないものだし、反対に収穫の時分には田を乾かす必要があり、また稲刈り自体も米の品質を保つため晴れた日がやはり条件となる。ともに、そのときの天気は一年の実りを大きく左右するといってよい。

二．風（大風・台風）をめぐって

「二百十日には大風が吹く」
「月夜に大風なし」
「西風と夫婦喧嘩は晩には止む」
「ハチが高い木に巣をかける年は台風がこない」
「ハチの巣が低いと風が強い（台風がくる）」
「カゼ草に筋が一本あれば、台風が一回くる」
「茶の花が裏を返せば大風」

三．自然現象（雨・風以外）をめぐって

「八十八夜の別れ霜」
「大苗に豊作なし」
「半夏生、半作」
「彼岸過ぎてのムギの肥、土用過ぎてのイネの肥」
「寒中の雷は夏日照り」
「田植えが終わり盆月になると、ドロバチやショウリョウトンボが飛ぶ」
「姑の朝笑い」

里の中でもとくに稲作に特化した村にとって農業用水をいかに確保するかは重大な問題である。大道はまさにそうした水の不足しがちな稲作農村であった（安室・安井、二〇〇六）。そのため、大道にはかつて三〇〇ヶ所を超える溜池が作られていたし、用水をめぐって隣村と大きな紛争をおこしたこともあった。

次に、そうした水について、観天望気の民俗知識をみてみる。

用水が不足しがちな大道では山を見て雨を占う方法が色濃く伝承されている。また、事前にその年の雨を予測するための民俗知識も発達している。雨を予測する行為は、それを信じるか信じないかを問わず、水への関心や節水の意識を高めることにつながっていると解釈することもできよう。

大道は周辺地域に比べると、夕立や雷の少ないところであると住民には認識されている。それは大道を取り巻く山の位置に関係するとされ、北方（山口方面）で大雨が降っていても、大道では一滴も降らないことはよくあるという。また、夏、夕立が来ても、大道では雷の音だけが聞こえて、夕立雲は東（右田方面）へ抜けていってしまうとされる。そのように雨が少ないため、藩制時代には塩浜（塩田）が大道の浦に作られることになったと言い伝えられている。

しかし、そうした大道にあっても、暦の上で大雨が降ると伝承されるときがある。たとえば、ハンゲミズがそれである。ハンゲミズとはハンゲ（半夏生＝夏至から一一日目）に降った雨により引き起こされる大水のことをいう。それまで雨がほとんど降らない年でも、かつては半夏生になれば大雨が降るとされた。そのため、この雨水により、田植えのための用水がやっと確保されたこともある。反対に、こうした期待される雨が降らないときは、ヒヤケ（日焼け）と呼ぶ干害にみまわれることもたびたびであった。

こうした雨の予兆が、生活上の格言と結びつけられて語られることがある。たとえば、「秋の朝焼け、隣に行くな」とか、「姑（しゅうとめ）の朝笑い」というものである。ともに、朝は晴れていても急に曇ってきてしまうことがあるので、朝のうち天気がよくとも油断してはならないという格言である。

2　海のことわざ

次に、海の村に伝承される天気のことわざについて、その特徴をみてゆく。具体的には、山口県北部の日本海に面する一海村、萩市三見に伝わる観天望気の民俗知識を例にとり検討を進める。聞き取り調査により収集した伝承の総体は、表3-2-2に示したとおりである。

一般に、海村では、風を手掛かりにあらゆる気象現象が予測されるといってよい。三見でも、風によりほかのさま

表3-2-2　海の村における天気のことわざ―萩市三見―

一．風をめぐって

「沖の雲が上げてくると風（北東、西の風）が出る」
「ニシの風は日一杯（その日限り）」
「土方とニシの風は日一杯」
「西の空が真っ暗になるとハヤテ（突風）がくる」
「ハヤテがくると一五分もするとナギ（凪）になる」」
「セッキ（冬）はキタの風がニシに戻ると時化てくる」
「セッキは、アナジになったら波が立つ」
「セッキは、キタになったら油断ならない」（凪になるので漁の準備をしろ）
「風がキタからニシに戻ったら船をつなげ」（時化るので船を繋留せよ）
「ヒクギタが吹くとよく晴れる」
「秋のニシの風は桶を据えろ」（雨になる）
「秋のキタは一俵がみてる」（時化が長く続きコメ一俵分も損する）
「冬にニシの風が吹いたら船をつなげ」（時化るので船を繋留せよ）
「冬にアナジが吹くと寒くなる」
「冬にアナジが吹くと雪が降る」
「冬は風がキタに回ったら温くなる」
「冬のキタは温い、春のキタは寒い」
「雨が出たら風が落ちる」
「アナジとキタは波が大きい」
「コチが吹くとナオリ（吹き返しの風）がくる」

ざまな自然現象を予測したり、また反対にある自然現象を捉えて風を予測したりする民俗技術が発達している。また、そうした風の多くは漁と関連しており、漁のさまざまな場面において、風は重要な役割を果たしている。

表3-2-2に示すように、海村における観天望気の民俗知識は、風と天気の関係、風以外の自然現象と天気の関係、月と潮に関連したものという三つに分けることができる。風と天気との係わりを示すことわざや格言は、質量ともにもっとも豊富な伝承を有しており、海村における民俗知識の根幹をなすものであるといってよい。その背景としていえるのは、同じ三見の漁家であっても、たとえば沖の一本釣り漁師と定置網漁師のように、主たる漁法や得意とする漁場が異なると、風をめぐる民俗知識は微妙に異なったものとなり、結果として三

「ナオリはコチの吹き返し」
「コチが吹くと雨になる」
「コチは沖に出るほど強い」
「コチはヤマオロシのように風が固まって吹いてくる」
「オノオノ（竜巻）は時期に関係なくやってくる」
「秋はキタが吹いたら漁（ヨコワ・シビといった青物魚）がある」
「春先にニシが吹くとアゴ（トビウオ）がくる」
「春はニシに乗ってアゴがくる」
「キタが吹くとワカメが黒くなる（よく育つ）」

二　潮をめぐって

「月の出、月の入りは潮の変わり時」
「月の出、月の入りは網の入れ時、揚げ時」
「月が真上にくるとミチ（満ち潮）になる」
「月の天井、港に瀬なし」
（月が真上のとき満潮のため港内も安心し航行できる）
「月の入りはヒシオ（干潮）」
「月が昇るときは満ち潮時」
（月の出から頂上まで行く間は潮が満ちてゆく）
「月が傾くとヒシオ時」（月が頂上から月の入りまでは潮が引く）
「八日は小潮」（月齢八日前後は小潮）
「八日夜中の月の入り」（月齢八日は夜中が干潮）
「七日、八日の明け暮れタタイ」（月齢七・八日は明け暮れが満ち潮）
「九日、一〇日は潮どき聞くな」（小潮のため干満の差が小さい）
「一六、一七、一八日は月夜で漁がない」（海中が明るくて魚が捕れない）

見全体では観天望気の民俗知識はバリエーションが多くなることである。

また、風以外には、月や雲などの自然現象や鳥など動物の行動を通して天気を予測することもある。ただし、風以外といっても、結局のところ風を介して天気の予兆を読みとるものが多い。たとえば、「朝焼けは日和が落ちる（雨になる）」というときは、最初に朝焼けを見ても、次の段階として風の変化を感じ取り、その結果として雨を予測するという。

そして、風の多くが漁に関連して認識されていることは前述のとおりだが、たとえば「春先にニシが吹くとアゴ（トビウオ）がくる」ということわざがあるように、風が直接的に漁と関連づけられて語られるのも海村の特徴といえよう。

さらに、民俗的認識の中では月と潮が密接に関係づけられていることは興味深い。

「二三日は大潮」（月齢二三日は大潮）
「二十三夜の月の出」（月齢二三日は夜中に月が出る）
「二三日から二六日は大闇で魚が食わん」
（大潮のため潮が速くて魚が釣れない）
「ミチは西から東に流れる」（満ち潮の時は西から東に潮が流れる）
「ヒシオは東から西に流れる」（引き潮の時は東から西に潮が流れる）

三．自然現象（風・潮以外）をめぐって

「秋の夕焼け、鎌をとげ」（秋は夕焼けだと次の日は晴れる）
「冬に火の粉（太陽の回りに出る虹のようなもの）が付いたら風が来る（時化る）」
「太陽の回りに火の粉が付くと、風が変わり雨になる」
「寒のうちに火の粉が付いたら漁師を三日養う（三日間は凪で漁がある）」
「朝焼けは日和が落ちる（雨になる）」
「朝焼けがひどいとその日は風がくる（時化になる）」
「朝露が早く消えると日和が落ちる（雨になる）」
「秋の早朝、海面にコウケムリ（水蒸気）が立つと冷たい（気温が低い）」
「日和は西から変わる」
「西の空に黒雲がでると（暗くなったら）雨になる」
「沖の雲が上がると風が来る」
「月の出に雨なし」
「月の入りに風が吹く」
「月が笠をかずくと雨になる」
「カモメがオカ（陸）に上がると時化る」
「カモメが高く飛ぶと時化る」

そうしたことわざはおもに潮の変わり目を捉えたものが多く、必然的に漁と係わって記憶される。潮が月と関連して認識される点は、風にとりわけ敏感であることとともに、里の村には見られない、海村における民俗知識を体系づけるひとつの大きな要素となる。

四　自然への対応
——信仰と技術——

1　風と信仰

日本列島の場合、台風は稲作にもっとも大きな影響を与える自然現象のひとつである。そのため稲作農村には台風除け・大風除けの民俗儀礼が多く見出だされるが、山口県でもそうした例は多く認められる。図3-2-5に示したように、台風や大風を除けるための儀礼は沖積平野や内陸盆地の稲作地に多くみられる。山口市阿知須町岩倉

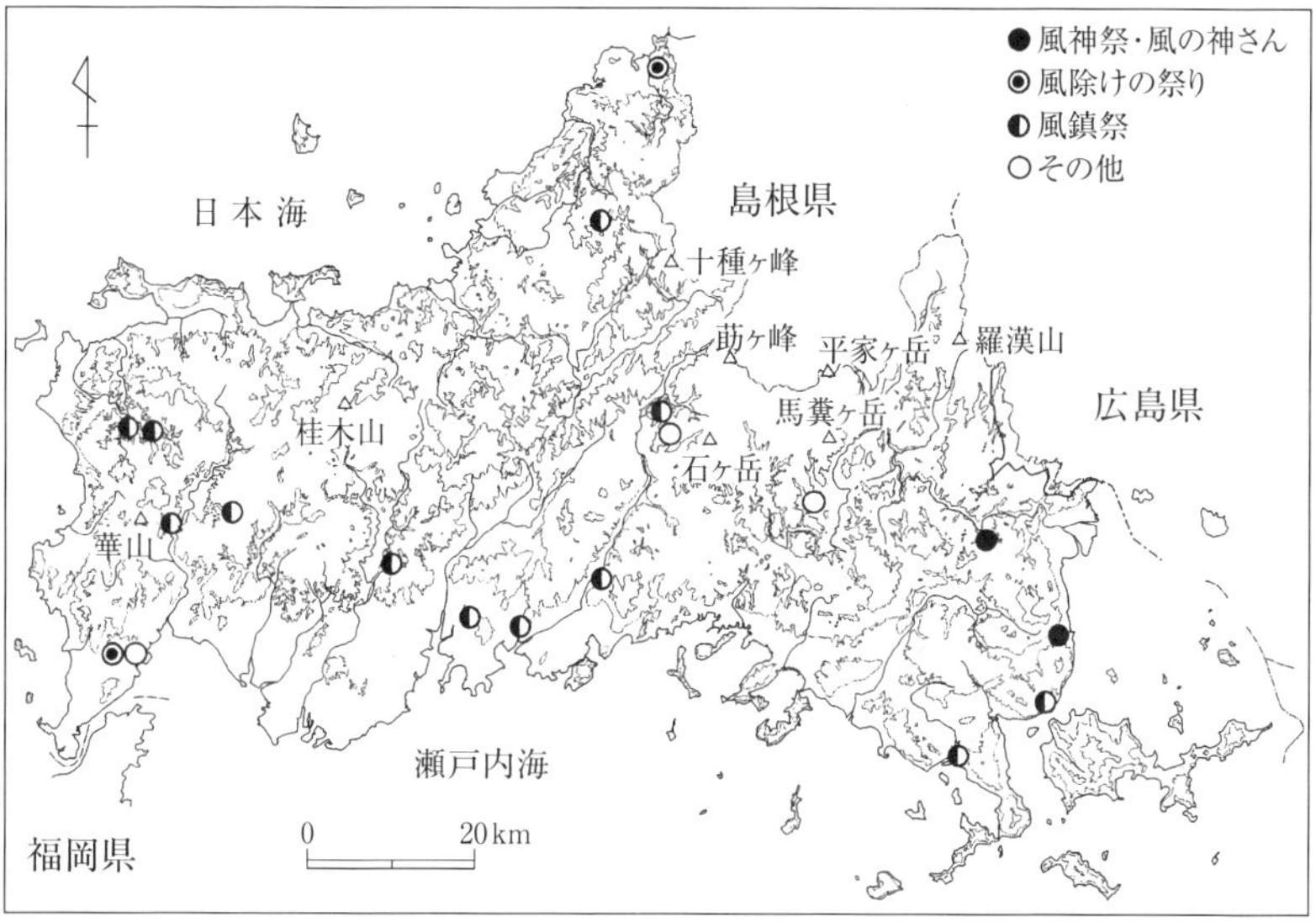

図３－２－５　大風を除けるための儀礼

辻では、夏に吹く大風をクサリカゼ（腐り風）と呼んで忌むが、それはこの風によりイネが倒伏し腐ってしまうからである。

風をめぐる民俗儀礼は、風には日々敏感な反応を示す海村よりも、かえって農村部に多い。そうした儀礼のほとんどは、農耕儀礼の一環として、農作物を守り豊作を祈願する目的でおこなわれる。里の中でもとくに稲作を主体とする村では、年に一度の収穫期が台風の襲来する時期に重なるため、その被害を除けたいとする願いは切実である。稲作に特化した生計を営むようになればなるほどその傾向は著しい。そのため、台風の襲来時期である八朔（旧暦八月一日）から二百二十日までの期間はとくに注意を要するとされ、風除けの儀礼もその時期に集中する。ただし、まれに旧正月の予祝儀礼としておこなわれる例もある。

山口県では、これらの儀礼は、風鎮祭を中心に、風神祭、風の神さん、風除けの祭、風祈祷などと呼ばれる。『山口県民俗地図』（山口県教育委員会文化課、一九七六）をみると、県内では八朔の行事として風鎮祭が営まれることが多いことがわかる。この場合、県内では八朔の行事は、「夏のいそがしい農作業も終わり、夏の一連の行事を終えて秋の稔りを念ずる時季」のもので、「豊作祈願や収穫予祝」として位置づけられるが（山口県教育委員会文化課、一九七六）、儀礼の性格としては風鎮祭もそのひとつということになる。

儀礼にみる全国的な分布上の特徴としては、台風被害の多い九州にその分布が少ないことが指摘されている（田中、一九八〇）。儀礼としては、社や堂に籠って風除けの祈願をするもの、カザキリ鎌を高くかかげて風を切り払うもの、お札を田畑に立てて風除けとするもの、藁人形を風の神として辻や村境から追放するものなど、地域により多様である。

風の神を祭る神社としては、奈良の龍田神社、伊勢神宮の風宮、阿蘇の風宮神社などが有名であるが、山口県にも各地に風鎮様が祀られている。たとえば、防府市富海の八崎岬にある杵崎社は風押えの神として知られ、九月一日（八朔）に富海から船で詣でて百八燈の燈明をあげて風鎮の祈願がおこなわれた。また納経山・荒神山裾の棚田の畦には多数の燈明が上げられたという（松岡、一九九四）。こうした風の神を祀る神社もその多くは農民が五穀豊穣を祈願したものである（関口、一九八五）。

以上のように、農村部と比較すると、海村部では風に対して日々敏感でありながら、反対に風除けの儀礼が少ないことがわかる。漁師にとっては風を読むことは日々の漁を成り立たせるための基本的な民俗技術であった。つまり日常の行為であり、生活の一部であったといえる。また、産業化する以前は漁自体も何かひとつの魚種に特化することはなく、年間を通じて多種の魚介類を漁獲対象としていた。そのため、一年に一度の風除け祈願ではなく、むしろ日々の風を読む民俗技術を発達させることの方が重要であったといえよう。つまり、風をめぐっては、海村ではケの技術、農村においてはハレの行事という対比的理解が成り立つ。

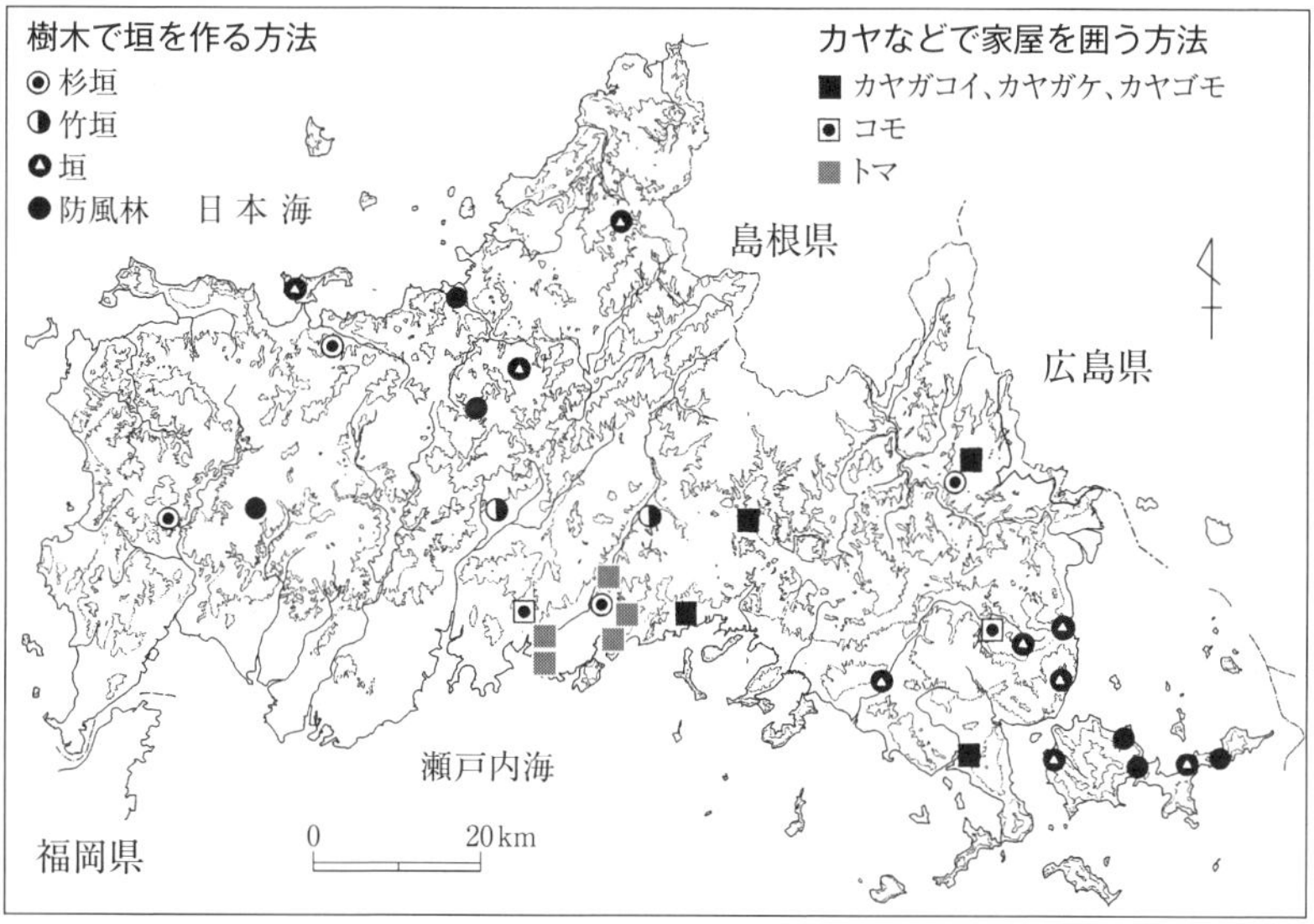

図３－２－６　風を除けるための工夫

2　防風の知恵

生活や生業に何らかの影響をもたらす風に対して、人は大きく二つのレベルで対応してきた。ひとつは、先に示した儀礼による風除けである。それは、超自然的レベルでの対応といえる。そして、もう一方が、実際に風を遮るための工夫である。それは物理的対応といえる。その代表が山口県では防風林ということになる。家屋や田畑のほか、鉄道施設を防護するものもある。それぞれ、屋敷林、鉄道林などと呼ぶ。屋敷林としては、セド（長崎県など）やイグネ（宮城県など）が知られる。山口にはカキ（垣）と呼ぶ常設の屋敷林とともに大風や寒風の季節だけ家屋をカヤなどで覆う工夫もみられる。

そうした工夫としてとくに多いのは山から吹き下ろしてくる風に対応してなされるものである。それに対して、山口県ではそれほど多くはないが、海から吹き寄せる風に対する備えをとるところもある。

大風に対する備えとしては、図3-2-6に示すように、主に二つの方法がとられている。ひとつはカキ（垣）で、スギ・タケ・マキといった樹木を屋敷周りなどに植えるものである。単にカキまたは植える木や用いる素材により杉垣、竹垣などと呼ばれる。そして、もう一つの方法は、カヤなどでコモ（薦）やトマ（苫）を作りそれで家屋の周りを囲うものである。カヤガコイ（萱囲い）・コモ（薦）・トマ（苫）などと呼ばれる。

そうした工夫の分布を示したものが図3-2-6である。傾向としては、山から吹き下ろしてくる風に対応するものが多いため、内陸に比較的多く見られる。それは、大風除けの儀礼が農村部に多く見られたことと同様の理由である。また、山から強風が吹き下ろしてくるとされる地域に、カキを採用するところが多いという特徴も読み取ることができる。周防大島にもカキが分布するが、それは主に島の北側で、中央にそびえる嘉納山（六八五ｍ）から吹き下ろす南風（マジやヤマジ）に備えてのものである。

さらに興味深いことは、カキは全県的に分布するのに対して、カヤガコイやコモは山口県東部の瀬戸内海側にしかみられない点である。つまりその分布は旧周防国と重なっており、旧長門国には分布しない。しかし、それが歴史的な経緯によるものなのか、または単に自然環境上の問題であるのか、その意味するところは現時点では不明である。

五　観天望気への思い

観天望気をめぐる民俗的な知識や技術は現代科学の水準から見れば必ずしも正しいことばかりではない。また、実際のところ、そうした民俗的な知識や技術を伝承する人たちも、その結果をすべて信じているわけではない。そうした技術や知識を用いて人々は自然の営みを少しでも理解したいと努めているのであり、そのことは多分に人々の切実な願いや突発的な出来事への心構えを示すものともなっている。

自然とくに観天望気をめぐっては、人はさまざまに工夫を凝らしてそれを読み取り、対処してきた。しかし、それはときに人知の及ばないものとして、神仏への祈願というかたちをとることもあった。それもこれも暮らしを維持せんがための切実な思いからであるといえる。その対処の仕方は、農村と海村とでは対照的であることがわかった。たとえば、風についていえば、海村では日々変わる風を読む民俗技術を発達させたが、農村では年に一度しかない儀礼にその願いを収斂させた。その結果、海村ではケの技術として、農村ではハレの行事として、観天望気は大きな意味を持つことになったといえよう。

また、そうした民俗知識や民俗技術は地域性を強く帯びたものになることにひとつの特徴がある。全国どこでも通用するものはむしろ希で、基本的には地域ごとに個性を持ちその土地でしか通用しないものとなっている。たとえば、風名をめぐっては、海、山、里の違いや、日本海側と瀬戸内海側の違いといったことだけでなく、隣り合う村同士でも、その解釈や受け止め方は異なっていることはよくある。そこには単に立地する自然環境では割り切ることのできない歴史性や民俗性が反映しているといってよい。

注

（1）山口県史編さん事業は一九九二年に開始され、民俗部会では資料編二巻と民俗編一巻の計三巻を刊行している。三冊目となる民俗編の刊行は二〇一〇年なので、民俗部会としては調査・研究および編集のために都合一七年間を要したことになる。なお本論で用いた質問紙調査は、筆者が中心となって二〇〇五年度に企画し、二〇〇六年度に実施したものである。質問紙調査においては、ＪＡ（農業協同組合）のネットワークを利用し、山口県史編さん民俗部会が農業集落単位に質問紙を配布しておこなった。質問項目についてはおもに筆者が作製し、民俗部会において検討した。回答は、二一三地点（農業集落）あり、回答者総数は二五五名に及ぶ。昭和三〇年（一九五五）以前において成人に達していた年齢層（平成一七年時点においておもに七〇歳以上）を対象として回答紙に記入いただいた。なお、質問紙調査を補完する意味から、県内一六カ所の漁業協同組合（支店）において漁業関係者に前記の質問紙調査とともに対面しての聞き取り調査をおこなった。

（2）　筆者が関連した自治体史の調査だけみても、山口県のほか、新潟県上越市（安室、二〇〇四）や長野県長野市（安室、一九九八）など、こうした伝承が聞けなかったところはなかったといってよい。

（3）　本書Ⅲ―一章では、南風をハエ・マジ・ヤマジに三分類しているが、ここでは論を明確化するためヤマジはマジに含めて考える。

引用参考文献

関口　武　一九八五　『風の事典』原書房

田中宣一　一九八〇　「風祭り」櫻井徳太郎編『民間信仰辞典』東京堂出版

松岡利夫　一九九四　「秋の行事」防府市史編纂委員会編『防府市史　七巻　資料Ⅰ　自然・民俗・地名編』防府市

安室　知　一九九八　「風土の民俗」『長野市誌　第一〇巻　民俗編』長野市

同　　二〇〇四　「自然とつきあう」『上越市史　通史編七　民俗』上越市

安室知・安井眞奈美　二〇〇六　「溜池と暮らし」山口県編『山口県史　資料編　民俗二』山口県

山口県教育委員会文化課編　一九七六　「八朔」『山口県民俗地図』山口県教育委員会

三章　農の雨、漁の風
――風雨の分類と命名――

一　はじめに

未来の自然現象を予測することは人類にとって永遠のテーマかもしれない。現在のように、人工衛星を用いた気象観測など自然の営みを知るための科学技術が発達する以前においては、人々は日々の暮らしの中から導き出されたさまざまな知識を駆使して自然の営みを自分たちなりに理解しようとしてきた。

それはなぜであろうか。自然の営みを知ることは、その地域に暮らす上で重要な意味を持っていたからである。とくに農業や漁業のように、自然に頼る部分が大きく、かつその影響を直接に受けやすい生業を営む人々にとっては、たとえば雨や風といった自然現象をあらかじめ予知しそれに合わせて自分たちの生活のリズムを組み立てることが求められた。

そうした民俗的な知識や技術は現代科学の水準から見れば必ずしも正しいことばかりではないであろう。しかし、そうした知識や技術によって人々は自然の営みを理解し、それを利用して自分たちの生活を維持してきたのもまた事実である。そのため、それは単に自然現象についての民俗的な知識や技術を示すにとどまらず、多分に人々の切実な願いや超自然的存在への信仰を示すものともなっている。

そう考えてくると、地域に暮らす人々がその地域の自然をいかに認識しているかを知ることは、人々の精神構造や行動様式を理解する上で欠くことのできない要件となろう。本論では、新潟県上越市において全市規模でおこなった質問紙調査[1]の成果から、自然認識に関する伝承の分布図（民俗地図）を作製し、それをもとに話を進めることにする（文中にあげた調査地点〔地区〕は章末に掲げた図3‐3‐11を参照）。

なお、上越市は新潟県の南西部にある人口二〇万人ほどの都市である。市域の東部は高田平野、西部は妙高高原へと続く山間地となっており、北に日本海、南に東頸城丘峻と接する。気候的には冬の豪雪と春先に高温をもたらすフェーン現象が有名である。

二　天気を読む―雨と風―

1　天気を占う

人は自然界のさまざまな出来事をとらえて、そこから未来を予見しようとする。そうした未来を予見する行為の中でも、日々の暮らしにもっとも身近なことといえば、それは天気の占いであろう。私たちの暮らしの中では、明日の天気から、一年間という長期にわたるものまで、じつにさまざまなかたちで天気占いがなされている。長期の天気占いは年中行事の中に取り入れられるなどさまざまに儀礼化され、豊作や大漁への期待を込めてなされる場合も多い。人工衛星を使った天気予報が発達した現代でも、村の祭りや寺社で引くおみくじなどで、天気占いはごく当たり前におこなわれている。

上越市域では、天気を占うとき、海と山の方角を眺めることが基本とされた。そのため、「春山秋海」または「春海秋山」という言い方をするところが多い[2]。その分布を示したものが図3‐3‐1である。「春山秋海」とは、春は海から秋は山から天気が変わることを意味する。また、より具体的に、春は海が明るいと晴れ、曇ると雨降りとされ、反対に秋は山が明るいと晴れ、曇ると雨が降るとされる。そうした「春山秋海」に対して、「春海秋山」の場合は、

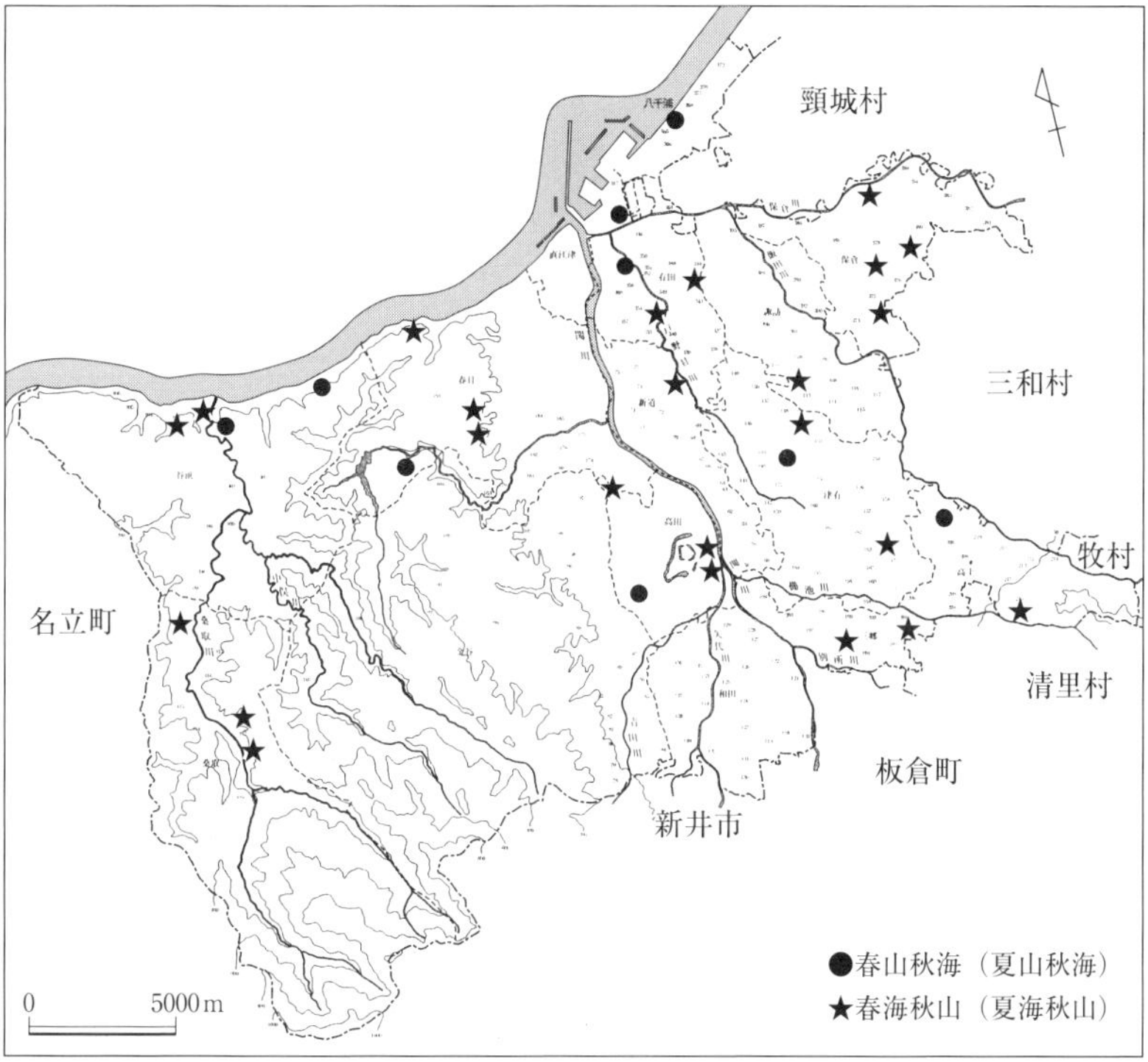

図３－３－１　天気の予測―「春山秋海」と「春海秋山」―

春は海、秋は山を見て天気を予測する。こうした漠然とした天気占いはおもに農業者が用いるものとされる。

「春海秋山」と「春山秋海」とでは、同じ季節にまったく違うもの（方向）を見て天気の予測をしていることがわかる。興味深いのはその分布である。必ずしもすべての事例に当てはまるわけではないが、「春山秋海」という伝承を持つ地点では山は米山を指していることが多く、つまり高田平野から東の方角を見ているのに対して、「春海秋山」の場合は山は妙高山（二四五四ｍ）・ミヤマ（妙高山・火打山［二四六二ｍ］など信越国境の山々）や南葉山（九四九ｍ）といった西方の山を見ていることが多い。

それはなぜか、その理由については伝承中に語られることはない。こうした伝承には、春と秋そして海と山という明示

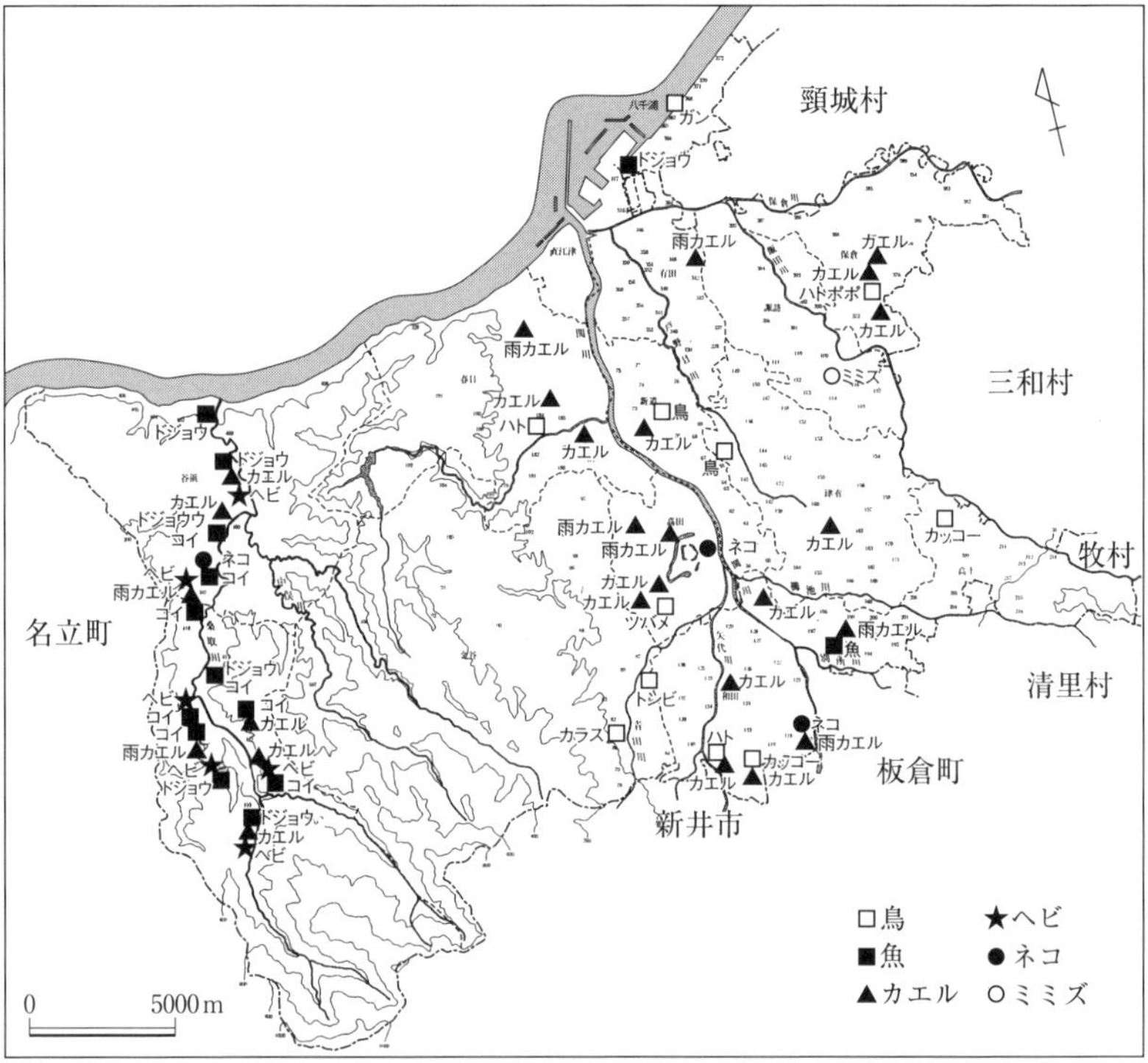

図３－３－２　天気の予測―草木虫魚の知らせ―

された対比のなかに、東の山と西の山という対比も潜在的に含意されているのは興味深い。ただこの点も、日々の暮らしの中から経験則として導き出されたものなのかどうかは不明である。

また、天気占いには多くの動物が登場する。動物のなにげない行動や様子から天気を予測するものである。カエルが鳴くと雨が降るというのは、市域全体にみられる伝承である。このほかいくつか事例をあげると、「クモが五智参りをすると雨になる」（金谷地区下正善寺）、「ミミズが這い出すと長雨」（諏訪地区上真砂）、「ネコが手を耳の後ろまで挙げて顔を洗うと明日は天気になる」（高田地区東城町）、「東トンビは百日の照り」（金谷地区上中田）、「鳥が高く飛んで帰るときは明日は晴れる」（津有地区戸野目古新田）、「ツバメが低く飛ぶと雨になる」（高田地区本町）、「カッコウが鳴くと天気が良くなる」（和田地区寺町、高士地区高和町）、「雨の時はハトが鳴くと晴れる」（和田地区石沢、春日地区春日山町））、「ヘビが川をまたぐと雨になる」（桑取地区高住）、「魚が高く跳ねると雨」（三郷地区長者町）、「一升瓶に入れたドジョウが静かだと天気が良く、騒ぐと天気が悪くなる」（桑取地区土口、谷浜地区有間川、直江津地区市之町）。また、面白い伝承としては「子供が夕方はしゃぎ回って遊ぶと翌日は雨」（高田地区本町）というものもある。

そうした天気占いに登場する動物に注目してみると、その分布にはいくつかの地域差が読みとれる。前述のようにカエルによる天気占いは市内全域に見られるが、この伝承は上越市域にとどまるものではないであろう。また、山間地と平坦地とを比べると、それぞれ天気占いに用いられる動物に違いがあることがわかる。市域東部の平坦地ではカッコウやハト・トンビ・カラス・ガンといった鳥類がおもに天気の予測に用いられているのに対して、西部山間地ではヘビのほかコイ・ドジョウといった魚類が比較的多く用いられている。

このほか、虹・風・雲・波など自然現象や太陽・月・星など天体も天気の予測に用いられる。「夕焼けが綺麗だと次の日は晴れる」という伝承は市域各地にある。そのほか、「濃い夕焼けは台風が近づいてきている兆し」（三郷地区長者町）、「朝焼けは雨」（諏訪地区上真砂、津有地区戸野目古新田）、「夕虹は百日の照り、朝虹は馬に鞍のせる間もなく雨」（高士地区飯田）、「朝虹は百日天気が続き、夕虹は百日雨が続く」（桑取地区小池）。「西虹は雨、東虹は百日の日照り」（津有地区剣）。「太陽が笠をかぶると雨」（直江津地区西本町、直江津地区四ツ屋、有田地区福田）「クダリガサ（午後に太陽に笠がかぶる）になったら天気が悪くなり、ノボリガサ（午前中太陽に笠がかぶる）は良い天気が続く」（谷浜地区有間川）。「月が笠をかぶると翌日は雨が降る」（高田地区本町，津有地区戸野目ほか）、「月が笠をかぶるとミナミ（風）が吹き生暖かくなる」（八千浦地区下荒浜）、「赤雲がでると風が吹く」（桑取地区横畑）、「アイノカゼが吹くと翌日はかならず晴れになる」（直江津地区塩浜町）。「沖にウサギが飛ぶ（波立つ）と荒れてくる（風がでる）」（有田地区佐内町、有田地区春日新田）、「星がチラチラ瞬くと雨」（三郷地区長者町）

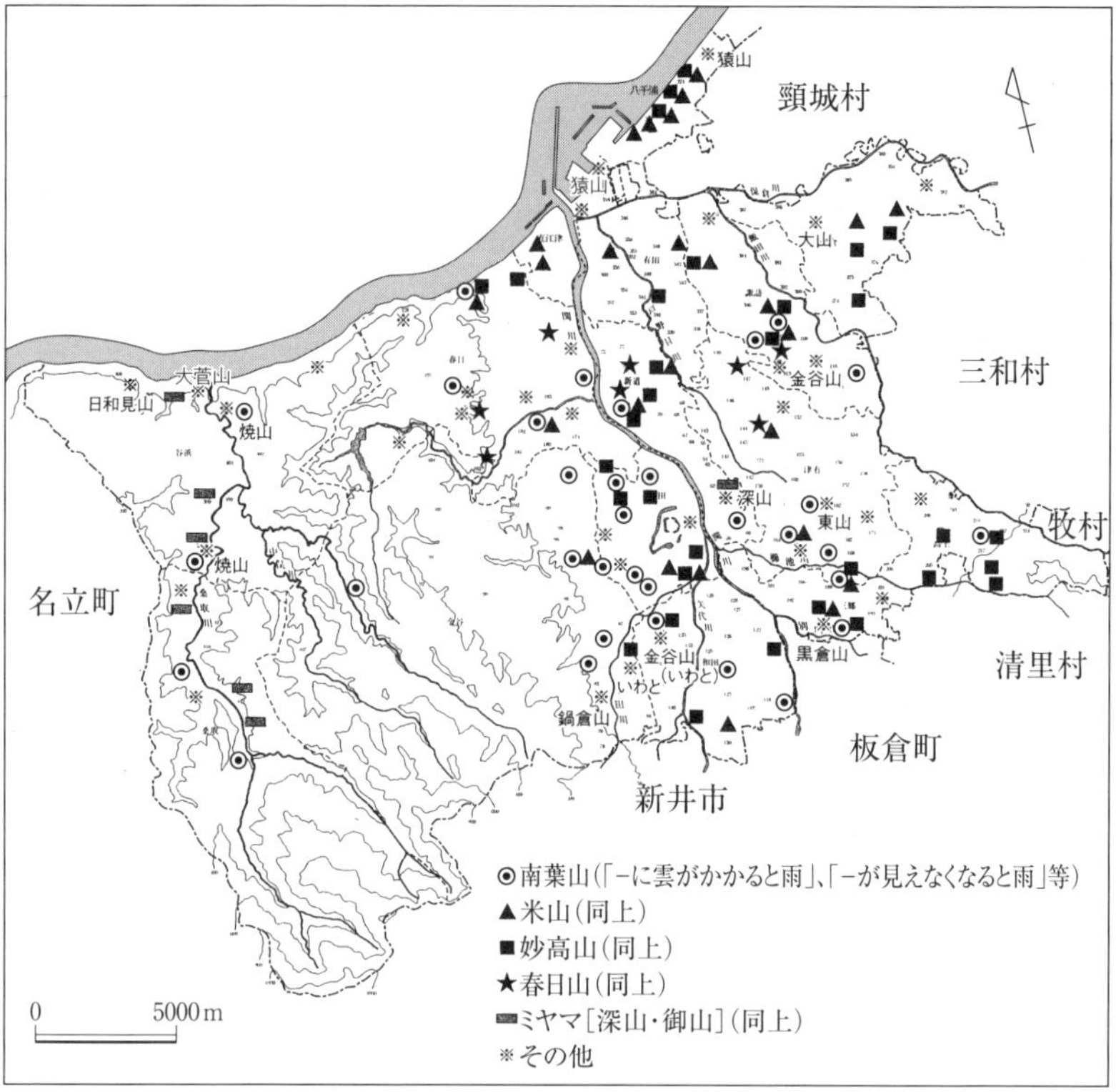

図 3－3－3　雨の予測―使われる山―

このような天気を予測するという行為は、畢竟その年がよい年であるかどうかを占うこととも関わっている。そのため、天気の予測に用いられる自然現象が豊作や大漁と関係して語られることも多い。なかでも、冬の多雪は翌年の豊作に繋がると伝承される地域は多い（三郷地区長者町、高田地区北本町、新道地区富岡、八千浦地区遊光寺浜、保倉地区駒林）。

2 雨を知る

天気のなかでもとくに雨を占うことはもっとも身近なことであろう。農山漁村にとどまらず都市部においても広くおこなわれ、またさまざまな世代や職種の人々の共通した関心事となっている。しかも、多くの自然をめぐる民俗知識が忘れ去られるなかにあって、現在に至るまで多くの人々に伝承されている。履いている下駄や靴を蹴り上げて地面に落ちたそのかたちで雨を占ったり、カエルの鳴き声に次の日の雨を予測するのは、地域や老若男女を問わない伝承である。

そうしたなか、上越市域では山を見て雨を占う方法が色濃く伝承されている。そのほとんどは山にかかる雲の存在またはその形から判断される。一般には、「南葉山に雲がかかると雨になる」「妙高山が暗くなると雨が降る」というように表現される。たとえば、北諏訪地区中真砂では、「妙高山の天井に笠（雲）がかかると雨が降り、天井を囲むような雲だと晴れる」という。また、雲の様子だけでなく、「米山様に星が出ると雨」（保倉地区上名柄）とか「山が間近く見えると雨」（有田地区上源入）といったりすることもある。なお、谷浜地区吉浦では、そうした天気予報に用いる山を日和見山《ひよりみやま》と呼んでいる。

図3-3-3は市内各地でどのような山が雨の予測に用いられていたかを示したものである。この図からは、市域に広く分布するものと、ある限られた地域でのみ用いられる山が存在することが分かる。前者の代表としては南葉山、妙高山、そして米山がある。さらに詳しく見てみると、そうした山々もまた少しずつ分布がずれていることが分かる。たとえば、南葉山はおもに新道・津有地区より東側の平坦地から西部山間地までを含む地域に見られるのに対して、妙高山と米山は春日・高田・和田地区より西側つまり高田平野を中心に分布が広がっている。

そうした広範囲に伝承される山に対して、春日山やミヤマ（深山・御山）を見て雨を予測する地域はもう少し狭い範囲でのみ伝承されている。春日山は春日・新道・津有・諏訪地区といった春日山の東に広がる平坦地に分布し、ミヤマは谷浜・桑取地区といった桑取川流域にある。なお、ミヤマといった場合、妙高山や火打山といった信越国境の山々を指していることが多く、桑取川流域の場合には、南葉山のさらに奥に聳える神聖な山といった意味合いを持っている。

また、雨を占う場合、ひとつの山だけを見るのではなく、同時に二つ以上の山を使うところもある。その場合、妙高山と米山または南葉山と米山といった組み合わせが多い。それは東の山（米山）と西に見える山（妙高山・南葉山）との組み合わせであるといえよう。たとえば、「東の米山と西の妙高・南葉山が雲で繋がると大雨が降る」（新道地区中々村新田）、「西が曇れば雨になり、東が曇れば風になる」（諏訪地区高森）といったりする。また、「米山から妙高へ雲がたなびくと雨が降る」（諏訪地区北新保）という伝承がある一方、その反対に「南葉山から米山へ雲が回ると雨が降る」（金谷地区大貫）というところもある。

3　風を知る

風はさまざまな意味で人々の暮らしに影響を与えてきた。とくに海村部においては仕事を含む生活の全般に深く関わっている。漁業者にとっては風を読むことが漁そのものであるといっても過言ではない。そうした人々の暮らしにさまざまな影響を与えてきた風には、その地域ならではの名前がつけられることが多い。

図3-3-4は、海から吹き寄せる風の呼び名を示したものである。そうした風は市東部の平坦地に多いという分布上の特徴がみてとれる。ひとくちに海からの風とはいっても、上越各地でさまざまに命名されていたことが分かる。オキアレ・オキアゲ・オキニシ・オキカゼなど「オキ○○」といった言い方は主として内陸地において北から西にかけての風を意味している。それに対して、北東風を示すシモカゼ・シモゲ・シモアレなど「シモ○○」といった言い方は主として沿岸部で多く使われる。この場合、興味深いのは、おもに関川より東の地域ではシモカゼ・シモゲ・シモアレと呼ぶ風は存在しても、それは海からの風ではなく、陸地をわたってくる風と認識されていることである。それは上越市域の海岸線の向きに関係している。関川の河口あたりを境にして、それより西では浜が北を向いているのに対して、東では浜は北西を向いているため、必然的に北東風は陸風となってしまう。

また、同じ海からの風でも、ニシカゼ・トーセンボ・ムコナカセ・ゴウニンカゼ・シベリアオロシなどと呼ばれる

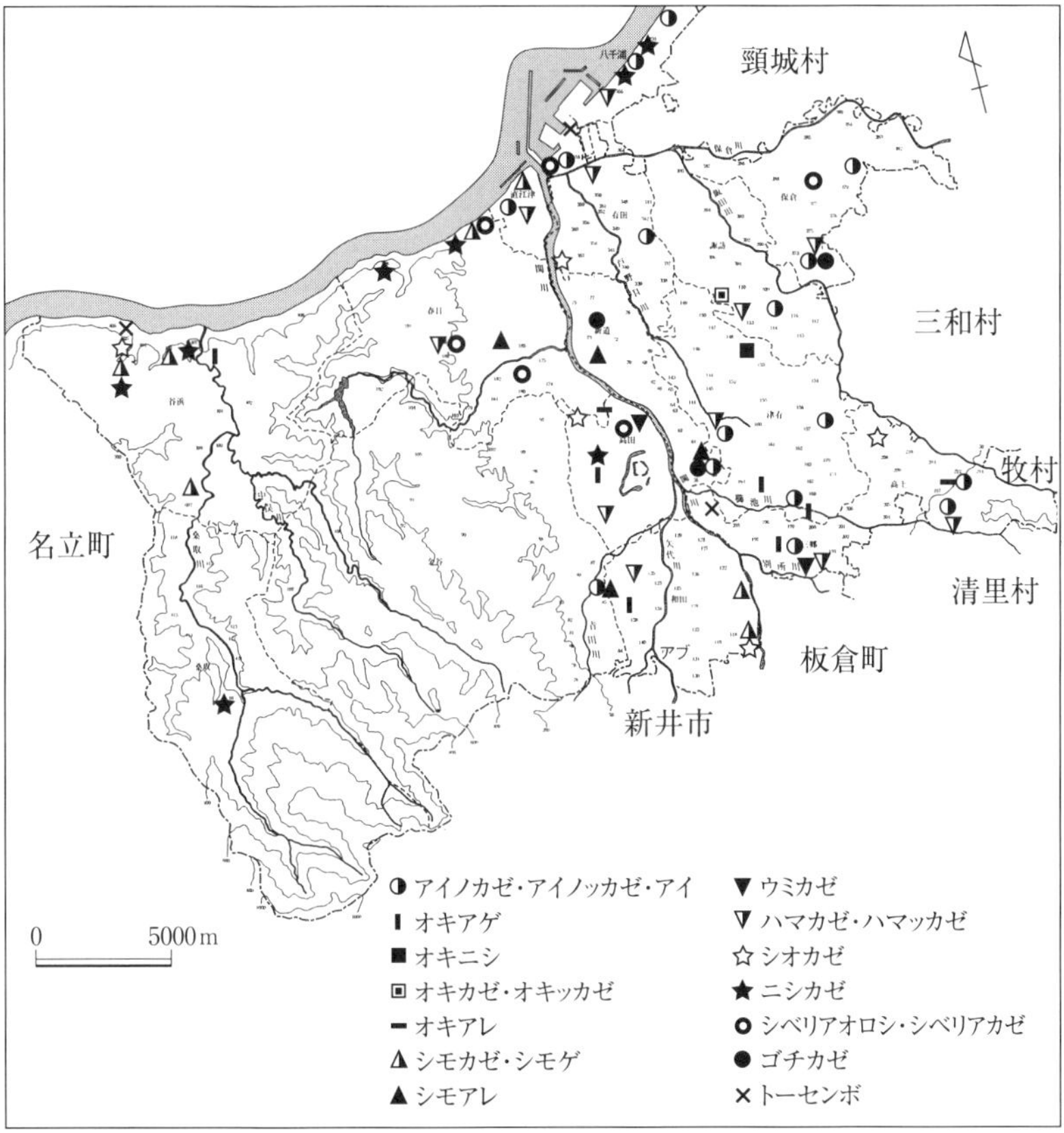

図３－３－４　海から吹いてくる風

冬のそれは、海に時化をもたらす風として知られる。とくに海岸部の広い地域においてニシカゼは、波を立て危険なため舟航や漁には禁物とされる。それに対して、おもに初夏から初秋に掛けて吹くアイノカゼは「愛の風」という字が当てられることをみてもわかるように、そよ風のような弱風とされた。内陸の稲作地帯ではちょうど田の草取りの頃に吹くが、暑くて辛い田の草取りの最中、この風が吹くと涼しくて心地よかったとされる（津有地区池）。

図3-3-5は山から吹き下ろす風の名前を聞いたものである。そうした風は分布上、

市西部の山間地にはほとんどみられないという特徴がある。高田平野の西端に位置する上越市はおもに西と南に山が迫っている。そのため、山からの風といった場合もそうした南や西の山々からのものがほとんどである。当然、風向きとしては西から南に掛けての風である。ただ一地点だけ上越市の東にある米山からの風つまり北東風を米山オロシと呼んでいるところ（保倉地区石川）があるが、それは上越市域ではごく限られた地域にのみ伝承されるものである。おそらく、高田平野の東部にある中頸城郡の吉川町や柿崎町では米山オロシの風名は一般的なものとなっていると思われる。

こうした山から吹き出す風は市東部の平坦部において多く伝承されている。もっとも広く分布する名称は、関田オロシ・南葉オロシ・妙高オロシの三つである。南葉・妙高は山の名前、関田は関田峠（一一一一m）がある信越国境の山脈名に由来する。(3) 関田オロシはおもに南東から、南葉オロシ・妙高オロシは南西からの風である。主として春から秋にかけての暖かい時期に吹く風である。新道地区子安では、山から吹く南東風の関田オロシ・関田ミナミと海から吹き寄せる北西風の五智風・五智ミナミを対応させて捉えている。また、この関田オロシ・関田ミナミは大火事をもたらす恐ろしい風としても知られる。高士地区十二ノ木では関田ミナミが強い五月にはとくに注意しなくてはいけないとされ、そのため三郷地区長者町のように関田アラシの夜は村中が交代で火の用心の夜回りをしたというところもある。

そうした特定の山名を冠した風とともに、固有名詞が付かない単にオロシやヤマオロシと呼ばれる風も各地に見られる。関田オロシや南葉オロシ・妙高オロシが暖かい時期の風であるのに対して、海岸部の地域の中には、オロシ・アラシは秋から初春にかけての寒い時期、日没から朝に掛けて、山から川伝いに海岸に吹き下りてくる風だとするところもある（谷浜地区有間川）。その場合、関川のような大きな川ほどオロシも強く吹くとされる。またそうした風を船出によい風として、ダシの風と呼ぶところもある（三郷地区長者町、新道地区南田屋新田）。

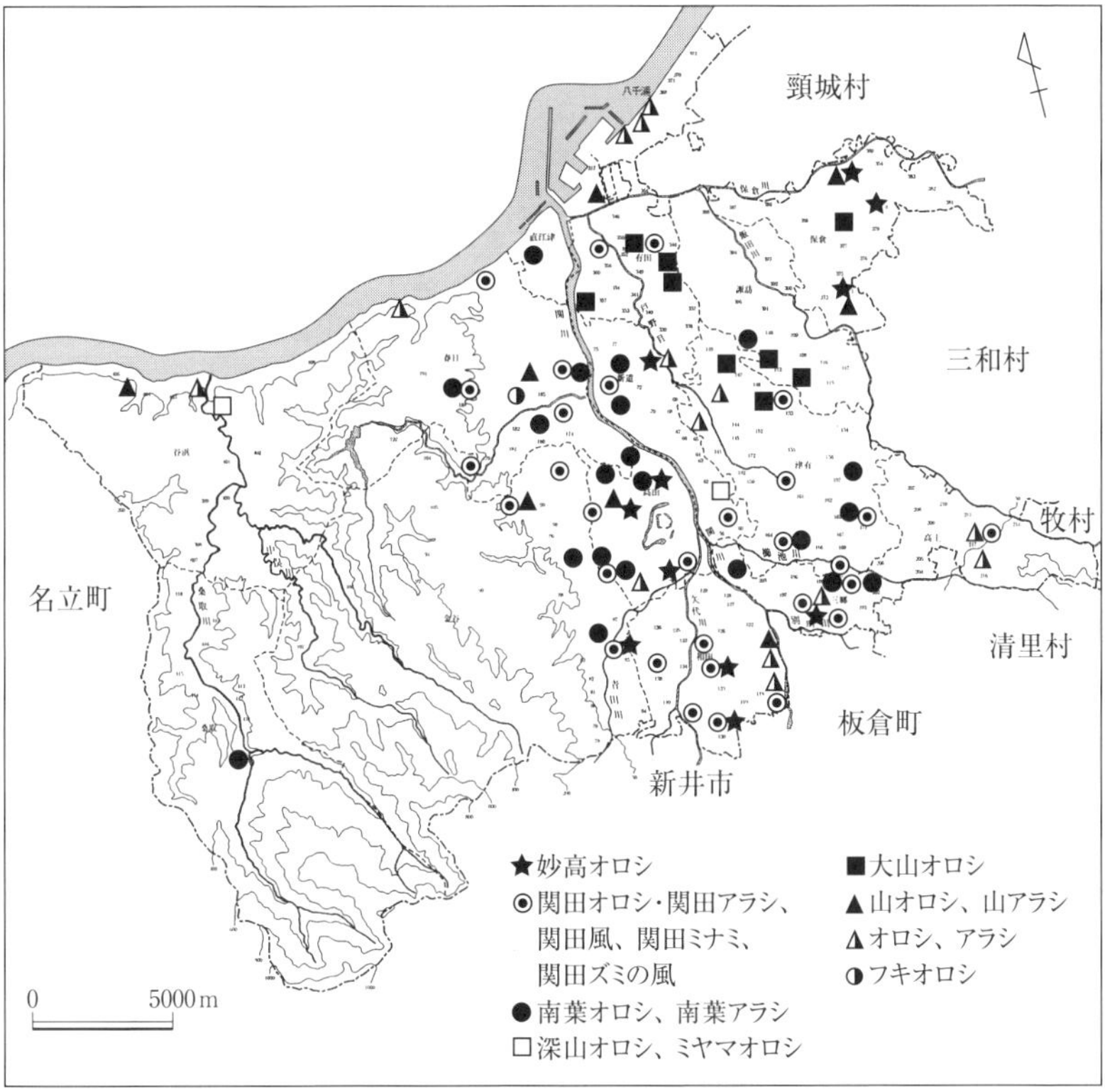

図3－3－5　山から吹き下ろす風

図3−3−5に示した分布を見てわかることは、関田オロシはおもに関川沿いに多く見られるが、なかでも津有・和田といった板倉町に接するあたりに密度濃く分布している。また、オオヤマオロシという呼び方は保倉・津有・諏訪・有田にしか見られないが、そこは同時に南葉オロシの名称が希薄な地域となっている。この場合、オオヤマとは妙高山や火打山・焼山といった南葉山の背後に聳える山岳地を指していると思われ、そのためオオヤマオロシは結果として南葉オロシと同方向から吹いてくる風となっている。

また、「○○オロシ」と呼ぶ風について分布上興味深いことは、一地点で二つの「○○オロシ」の風を伝承する地点が存在することである。

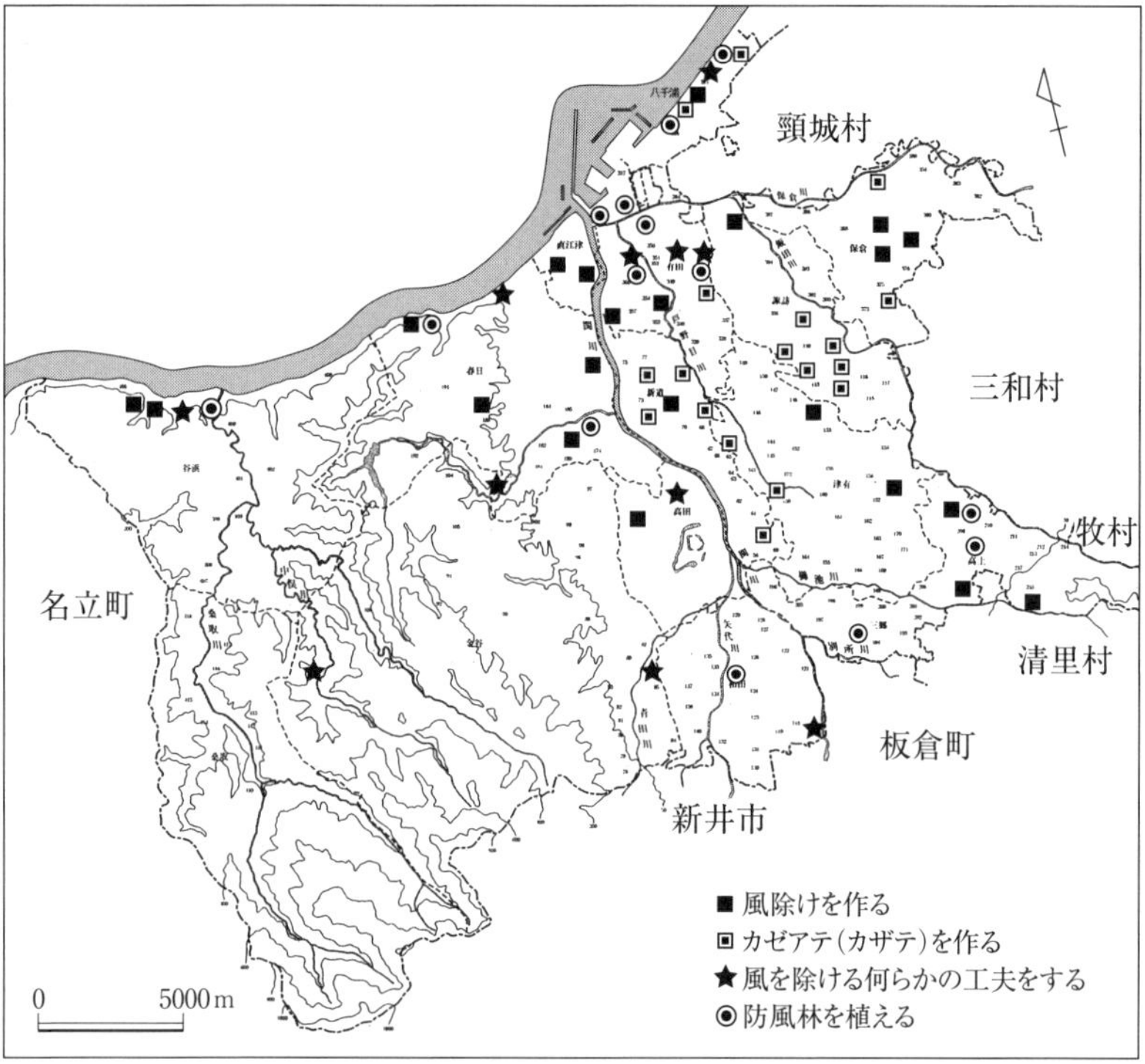

図３－３－６　風除け

その場合の多くは、南葉オロシと関田オロシの組み合わせか、または妙高オロシと関田オロシの組み合わせになっている。南葉オロシと妙高オロシとは方向的にほぼ同じ南西風であるため、その両者が組み合わされることはないのに対して、南東風の関田オロシは妙高オロシや南葉オロシとは方向が違っているため区別が可能となり、結果として組み合わせることができたといえる。

こうした海や山から吹き付ける強風に対して人はどのように対処したのか、その工夫のひとつとして風除けをみてみることにしよう。日本海から吹き付ける冬の北西風と、二〇〇〇mを超す本州の脊梁山脈から吹き下ろす南風（南東ないし南西風）が卓越する上越市域では、風除けは必要不可欠な生活技術であるといってよい。

風除けの分布は図3-3-6に示した通りである。一見して分かることは、風除けは高田や直江津といった町場と西部・南部の山間部に少ないことである。もうひとつは、どちらかといえば内陸地より海岸線に近い方に多く分布していることも特徴としてあげられよう。こうした風除けはほとんどが冬の北西風を防ぐためのものである。そのため、風除けとはいうものの風とともに吹き付ける雪を除けるための工夫でもある。一方で、山沿いの内陸部においては少ないながらも、夏の南風に対応して風除けが作られるところがある。つまり、上越地域では、海岸部においては冬の北西風に、内陸部においては夏の南風に、それぞれ対応して風除けが作られる傾向にある。

一般的に風除けはヨシやカヤを束ねたり簀に編んだりしたものを家の北・西面に立てかけて風や雪が直接家に吹き付けることを防ぐものである。屋敷の北および西側にスギなどの常緑樹やタケを植えたり、また生け垣を作ったりして風除けとするところもある。三郷地区長者町では、初冬に吹くオキアゲ（霰やみぞれの混じる冷たい北西の強風）に対応して、屋敷の西側にスギを植える家が多く、また夏には関田アラシと呼ぶ山から吹き下ろす南の強風を防ぐために屋敷内に竹藪を作ったりしている。また、高士地区高和町では、カヤを束ねてそれを家の外側に並べて風を除けるほか、家の回りの立木に横木を渡してハサを作りそこにカヤを掛けて風除けとした。こうした防風のための樹木は、海から強風が吹き付ける海岸線の村々（谷浜・春日・直江津・有田・八千浦地区）や関田オロシなど山からの吹き下ろしが強い内陸地（和田・三郷・高士地区）に多く見られる。

こうした風除けは家屋だけでなく集落全体を守るためになされる場合もある。とくに冬に海から強風が吹き付ける海岸線の集落ではそうである。八千浦地区西ヶ窪浜では、冬に吹きつける北の強風をゴウニンカゼ（業人風）と呼んでいるが、それから家を守るためにカザテ（風当て）と呼ぶ生け垣を植えておくほか、むかしから集落を守るために共同して浜にクロマツとハマグミを植えてきたという。

また、八千浦地区上荒浜では、冬の強い北西風に曝されないように家はみな平屋建てにして、また屋敷には西から北側にかけてくの字状に屋根の高さ近くまである土手が作られていた。また、浜には集落や耕地を守るためにカザヨケ（風除け）のマツが植えられたが、さらにそのマツを守るためにカヤの簀を海に向けて張らなくてはならなかった。毎年一一月下旬になると、「明日は浜のカザヨケ」というふれが回り、村人はみな共同してその仕事に当たった。なお、そのとき使う簀は金谷地区中ノ俣まで買いに行き、簀を縛る藁縄は各家で綯ったものを持ち寄ったという。

三　漁とケシキ

海上で仕事をする漁業者にとって天気の予測はとくに重要な意味をもっている。それを谷浜地区有間川では「ケシキ（気色）を見る」というが、そのケシキをうまく読みとれるかどうかが漁の成否を左右し、かつ板子一枚下は地獄の海上で安全に漁をするためには不可欠な技術となっていた。そうしたケシキのなかでもとくに風に関する知識は豊富である。風の吹き方を通してケシキを判断することも多い。ケシキを見るとは結局のところ風を読むことであるといっても過言ではない。ここでは上越市の西部にあり、磯漁を主な生計活動とする海村、有間川(4)の例を中心に見ていくことにしよう。なお、風名は有間川での呼称を片仮名書きし、括弧内にはやはり有間川で当てられる漢字を示している。

有間川においてとくに注意を要するとされるのはキタカゼ（北風）とニシカゼ（西風）である。有間川の立地上、北から西にかけて大きく海が広がっているため、ともに海上をわたってくる風となる。当然、ともに強く吹くと漁はできない。

キタカゼは冬に吹き荒れる北北西風で、雪をもたらすとされる。秋にキタカゼが強く吹くと佐渡や能登にブリがいってしまうと漁師は嫌う。秋から冬にかけてこの風はカミ（名立方面）で吹き出すと一時間もしないうちに有間川までやってくるため、あわてて帰ってこなくてはならない。しかし、四月になるとキタカゼの季節もそろそろ終わりで、しかも同じようにカミで吹き出しても有間川沖まで来るのに二・三時間はかかるためそれほど慌てる必要はない。

そうしてキタカゼの季節が終わりに近づくとニシカゼが強くなってくる。ニシカゼは春に吹く西南西の強風のことで、海岸線に沿って吹くため、波を立てシケをもたらす。また、三月中旬から四月中旬にかけて吹くニシカゼをとくにトーセンボ（通せんぼ）またはイトイガワダシ（糸魚川出し）と呼ぶことがある。トーセンボの風名はこれが吹き出すとその間は漁に出ることができないことに、イトイガワダシは糸魚川から吹き出すことにそれぞれ由来する。この風はいったん吹き出すと一週間ほど続き、その間は昼間の漁はまったくできない。

そうした北・西の風に対して、有間川では一般に南・東寄りの風はこわくないとされる。漁にもほとんど支障はない。それは、南東に山を背負っているため、そうした風が強く吹いても海上ではあまり大きな波が立たないからである。そうした南・東寄りの風のひとつにシモゲ（下風：シモカゼともいう）がある。この風は北東風で、アイノカゼともいった。シモゲはほぼ一年中吹く風であるが、低気圧が太平洋岸の東京沖を通過すると有間川ではとくにシモゲが強く吹くとされる。そのようなときにだけ小型船による操業は難しくなるが、転覆の危険などはない。強いシモゲは雨を持ってくるといい、シモゲが強く吹いた日の翌日は雨になる。また、冬の場合には、シモゲの風が吹いて寒いと翌日は雪になるという。

また、有間川でミナミ（南）といった場合には三つの風がある。ひとつは気圧配置に関連して吹く風である。これは一般にいう南風のことで、春から秋にかけての暖かい時期に吹く。台風が来るときには、前日に強い南風が吹き、過ぎると西風に変わる。そうした南風に対して、局地的な南寄りの風もある。直江津から吹くミナミは別名ナオエッモン（直江津もん）と呼んでいるが、正確には南東の風である。有間川までは強く吹くがそれよりカミ（名立方面）ではほとんど吹かない。この風は夜間どんなに強く吹いていても朝九時頃にはぴたりと止んでしまう。同様に、局地的に吹くミナミにイトイガワモン（糸魚川もん）がある。風向としては、ナオエツモンと対照され南西風となる。糸魚川の沖が黒く見えるときにはこれが吹いているが、有間川の沖で漁をしている分には何ら影響はない。漁との関係でいえば、総体的にいって、ミナミは歓迎される風である。とくに三月下旬から四月上旬にかけて吹くミナミはタイの大漁をもたらすとされる。

そうしたミナミのほかに、夜にだけ吹く南寄りの風もある。川沿いに山から海に吹き出す風である。それをアラシ（嵐）と呼んでいる。有間川の場合は桑取川を通って吹き下ろす風である。とくに、秋九月から春五月までの寒い時期に吹く。昼間の天気が良く、霜が降りるくらい冷えたとき（昼夜の気温差が大きいとき）ほど強く吹く。そのため曇りの日は弱い。陽が落ちる頃から吹き出して、翌朝七時にはぴたりと止んでしまう。同じアラシでも直江津のそれは関川を下ってくる風で有間川のアラシよりも強い（関川は桑取川に比べ河川としての規模が大きく奥行きもあるためだとされる）。アラシの時には、ニシカゼやシモゲは吹かないので沖に出て漁をするには好都合である。またアラシが吹くと明日はナギになるという。そのためアラシはテンキカゼ（天気風）ともいわれ、漁師には喜ばれる。

また、ケシキを見るときには、風とともに、それに連動する雲の動きが重要な判断材料となる場合がある。その場合、おもに有間川から見て西方の雲の動きに注意が払われる。より具体的には、有間川から西方に五kmほどいったところにある鳥ヶ首のハナ（鼻：岬のこと）の上を陸から海へタマグモ（玉雲：球形の雲）が流れると次の日は風が吹いてシケになるといったり、鳥ヶ首のカミ（名立方面）をシロクモ（白雲）が流れるとシケになるといったりする。なお、一般に春は山に雲がなければナギとされる。

雲と同様、火山の噴煙を手がかりにケシキを見ることもある。有間川の場合、浜からは見えない焼山（二四〇〇m）が沖合一〇〇〇～一五〇〇mのところでは見ることができる。漁をしていて、焼山のケブ（噴煙）が西に流れて見えると、ニシカゼがすぐにやって来るといって慌てて浜に戻ったという。そうした状態を「ヤマが立つ」という。ただし、有間川からは遠く離れた信越国境にある焼山や妙高山は二〇〇〇m級の高山とはいえ、五月過ぎると夏の間はかすんでほとんど見えなくなる。そのため、それらの山がケシキを見るのに用いることができるのは春だけである。

さらに、五・六月の風は靄《もや》をもたらすという。有間川沖にはニシカゼに流されてカミ（名立方面）から靄がやってくることが多い。漁業者にとって海上の靄は恐ろしいものとされ、時に船同士の衝突を引き起こす。いったん靄に包まれると、わずか一〇〇m先の船にさえ気が付かないこともあるという。

以上のように、漁業者は風を頼りにケシキを見て漁の可否とその算段をする。総じて漁業者は雪には無頓着である。有間川のような磯漁を主な生計活動とする海村では、一二月から三月までの雪の降る季節はオカ（陸上）での網仕事（漁網の製作や修繕）が中心になるからである。一般に有間川では、三月になってナギ（凪）が三～五日続くようになると海での商売（漁）を始める。また、同様なことは雨についてもいえる。本来、漁自体が水に濡れての作業のためである。雨が降っていても、風を伴うシケ（時化）でない限りは漁に出ることができる。むしろ獲物によっては雨降りのときの方が良いこともあるという。

四　農と自然――水田と焼畑――

1　自然を管理する――水田稲作の志向――

漁撈や狩猟といった自然に頼る部分の大きな生業に比べると、農業や牧畜は動植物やそれに関連する自然を人がうまくコントロールしていかなくては成り立たない。そうした生業をおこなうには、必然的に自然を改変し管理しようとする意識が強く働くようになる。

とくに水田稲作はそうした傾向が強い。稲作の場合、自然のなかでも水にはことさら高い関心がはらわれてきた。

水をうまく管理していかなくては稲作を安定させ生産性を上げることができないため、日本では水利は高度な発達を見せている。また、反対にいえば、気温や日照といったことは人為ではなかなか改変することは難しいが、水環境については近代的な土木技術が発達する以前においても、ある程度人の力で変えていくことが可能であった。水田稲作においては、稲作の安定と生産性向上を目的として、もっとも早くから管理されてきた自然が水であったといえよう。

その象徴的なものとして、水田内の水温管理が挙げられる。元来、熱帯地方の植物であったイネは低水温には弱く、一定の水温以下では不稔になったりする。そのため、一定以上に水温を暖めてから水田に水を入れる必要があった。日本の場合、明治時代にはすでに北海道のような冷温帯にまでイネは栽培されるようになっているが、そのためには冷水に強い品種を開発するとともに、より素朴な民俗技術として、水を温めてから水田に入れてやる工夫というものが各地にみられた。

そうした冷水対策の工夫を示したものが図3-3-7である。これをみると、昭和初期の上越市域においては、民間の知恵としておもに三つの冷水対策がなされていたことが分かる。ひとつは、テアゼ（手畔）である。これはヨケ、ヨケアゼ、コアゼ、マワシミズなどとも呼ばれるもので、手畔の字が当てられることをみても分かるように、手で掘れるほどのごく簡易な水路の形をしている。用水路から取り入れた水は、直接本田に入れられることなく、まず田の回りに作られたテアゼに流され、そこを通過した後にはじめて本田の中に入れられる。そのため、マワシミズ（回し水）といったりもする。テアゼの中を時間をかけて回るうちに水が日光で暖められるようになっている。

ふたつ目の工夫がタメ（溜め）である。タナとも呼ばれる。基本は日光によって水温を上げるテアゼと同じ工夫であるが、タメの場合には水路ではなく池状の水溜まりである。用水はいったんタメに貯えられた後に本田へと入れられることになる。

そして、三つ目がミズタメタ（水溜め田）である。これもテアゼやタメと同様の工夫であるが、水が溜められる場

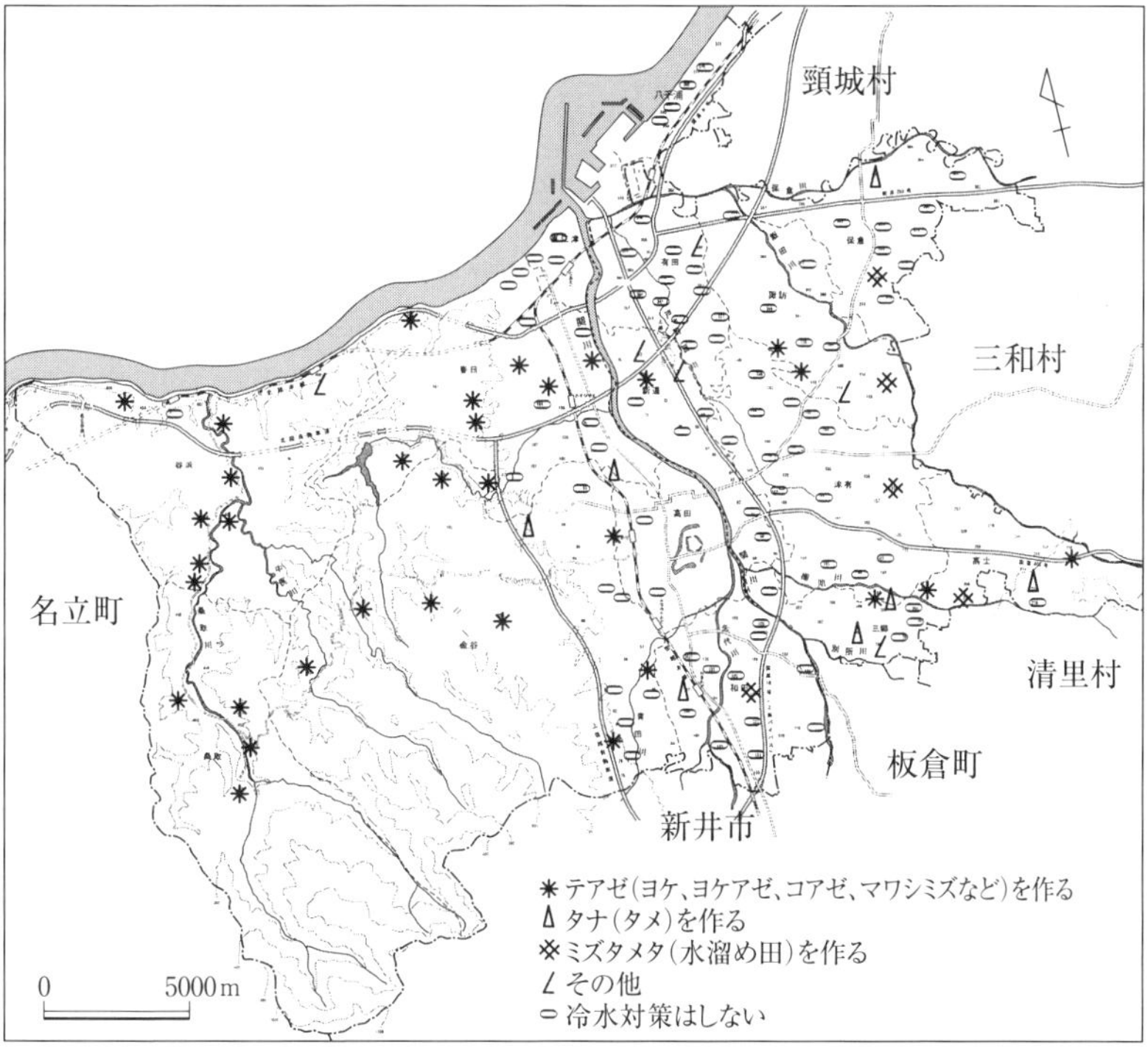

図３－３－７　水田の冷水対策

が水田となっており、水口から入った水はまずはミズタメタに入ることになり、それが田越し（田渡し）で、二枚目そして三枚目の田へと順次入れられていく。この場合には、ミズタメタはあくまで耕地であり、そこには冷水に強いヒエや早生種のイネが植えられる。こうした工夫により、少しでも水温を上げてから本田へと水を入れることで、冷害からイネを守ろうとしたわけで、そのことは歴史上において高冷地や冷温帯の地域にも稲作地を拡大していく原動力のひとつとなったと考えられる[5]。

また、そうした冷水対策の分布状況からも、民俗の地域差および特徴を読みとることができる。まず、その分布状況を見て気が付くことは、上越市域は地理的に冷水対策を必要とするところと必要としないところとに大きく二分されることである。西部山間地を中心にその縁辺部に冷水対策を必要とする地域が広がっており、反対に東部の平坦地には必要ないとするところが多い。これは次に取り上げる用水源にもかかわることであるが、山間地ほど沢水や湧水などの冷たい水を水田用水に使用しなくてはならないためである。また、高田平野の場合には、後述するように、中江用水に代表される信越国境の山岳地帯に源を持つ長大な用水路が市域を越えて開削されており、その水が広域の水利組織の管理のもと水田用水として使われている。そのため、用水路の最下流にある上越市域に回ってくるときには充分に水が暖められているのである。

そしてもうひとつ分布上の特徴としてあげられるのは、西部山間地を中心にテアゼによる温水法が広くおこなわれているのに対して、タナやミズタメタを利用して温水する方法はどちらかというと山間地というよりはその縁辺部、つまり平坦地と山間地との接点の部分に多く見られることである。タナは本来は温水専用の施設というよりも、手足や食器を洗うための生活用水、消雪、種浸けなど多様な目的に使われるもので、そのなかの一つの機能として温水の役目も果たしていたにすぎない。また、ミズタメタも同様に、田越しで水が受け渡されていく何枚かの水田のうち一枚目の田が、そのように温水の役目を果たすものである。そうなると、タナやミズタメタは専用の温水施設というよりは、たまたまそのような機能を併せ持つに至ったもので、温水のための専用の施設となるテアゼとは性格を異にしているといってよい。

そうしたとき、テアゼとタメ・ミズタメタの分布に違いが見られるのは、より冷たい水を用水に用いざるを得ない山間地ほどテアゼのような温水専用の施設を持たなくてはならず、反対に標高が低くそれほど温水の必要がなかった縁辺地（山と平坦地の接点部）では元来さまざまな生活上の必要から存在したタナやミズタメタの温水機能に注目し応用した結果であると考えることができよう。

つづいて、図3–3–8は上越市域における水田用水源の分布を示したものである。これをみるといくつかの興味深

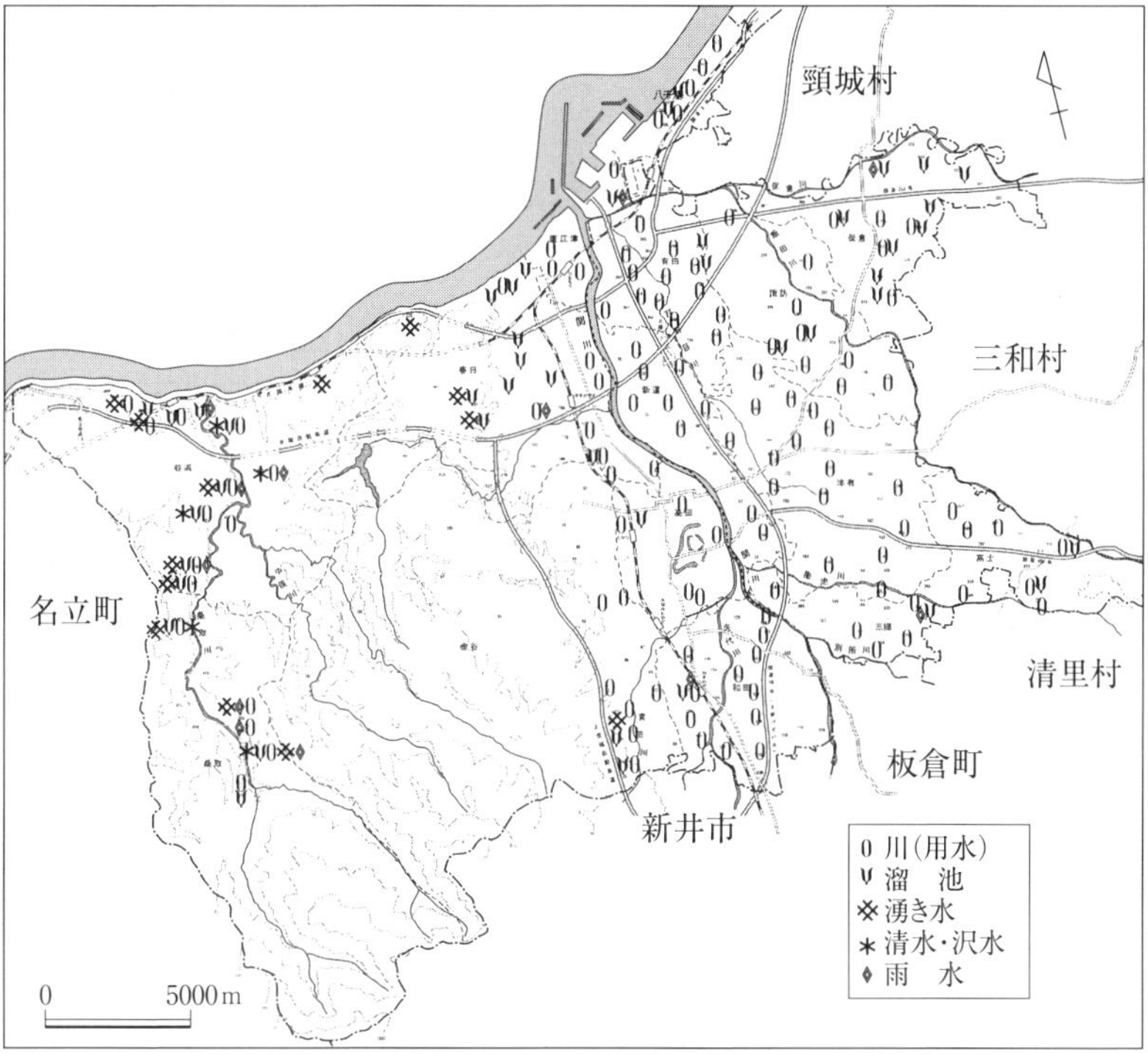

図３－３－８　水田の用水源

いことが分かる。高田平野の平坦部においては、河川から用水路を引いて水田を潤す、いわゆる用水灌漑地が卓越している。しかし、その縁辺部つまり山間地との境目あたりには、溜池に水を貯えて用水としている地域（保倉・諏訪・高志・春日・金谷地区）が存在する。こうした溜池は平野の縁辺部だけでなく西部山間地（谷浜・桑取地区）にも多く存在する。

そして、もうひとついえることは、高田平野の平坦部においては用水源は河川から分岐した用水路の水にほぼ限られているのに対して、山間地では川水のほか溜池・湧水・沢水・雨水といった多様な水源が存在することである。しかも、一地点でみても、どれかひとつの水源に特化することなく、三つ以上の水源を用いている例が多く見られる。それは、ひとくちに稲作地といっても、山間地においては多様な環境のもとに水田が存在することを示している。たとえば、谷浜地区中桑取では、山の中の水田をヤマダ（山田）、平坦地にある水田をヒラバ（平場）といい、そのうちとくに桑取川に沿った水田をカワラダ（河原田）と呼んでいた。主としてヒラバには桑取川の支流から引く用水路の水が、ヤマダには沢水や雨水が入るようになっていた。

また、そうした用水源のあり方に関連して注目すべきは、用水灌漑稲作地には水利組織が高度に発達していることである。これは多様な用水源を持つ山間地には見られない特徴である。そうした水利組織のなかには村の範囲をはるかに超えて広域な水利システムを作り上げているものもあった。一例を挙げると、中江用水(6)は長野県の野尻湖に発し高田平野を潤す幹線用水のひとつであるが、用水路の総延長は二六km、受益面積は二七〇〇町歩（二七〇〇ha）、関係する村はじつに一〇七集落を数える（水谷、一九九二）。

そして、次に掲げる図3-3-9は、昭和初期（一九三〇年前後）において田植えの日取りを決定してきた要因を示したものである。田植え日の決定要因は、大きくは自然的要因と社会的要因に分けることができる。自然的要因とは、苗の成長、雪の残り具合、花や鳥の様子といったことである。このうちもっとも重要視されるのは苗の成長である。田植えに適する大きさまで苗の成長を待つというのは、至極当然のことであろう。雪の残り具合や花鳥の様子というのも、いってみれば気温や日照量を反映したもので、苗の成長を目安にすることと同様な発想のもとにある。

それに対して、社会的要因として挙げられるのは、第一に用水の都合、第二にユイ（人手）の都合である。用水により田植えが規定されるとは、その村に用水が回ってきたときがまさに田植え日になることを示している。用水が村にやってくる日はあらかじめ水利組織により決められていることが多い。その月日は例年ほぼ決まっていたが、その年の用水量を見て水利組織が配水計画を変更することもある。そうした水利組織による決定は絶対的であり、それを個人が破棄することはできない。また、中江用水のように村を越えた広域の水利組織の場合には、その規制は村を一単位としてさらに厳格なものとなっている。

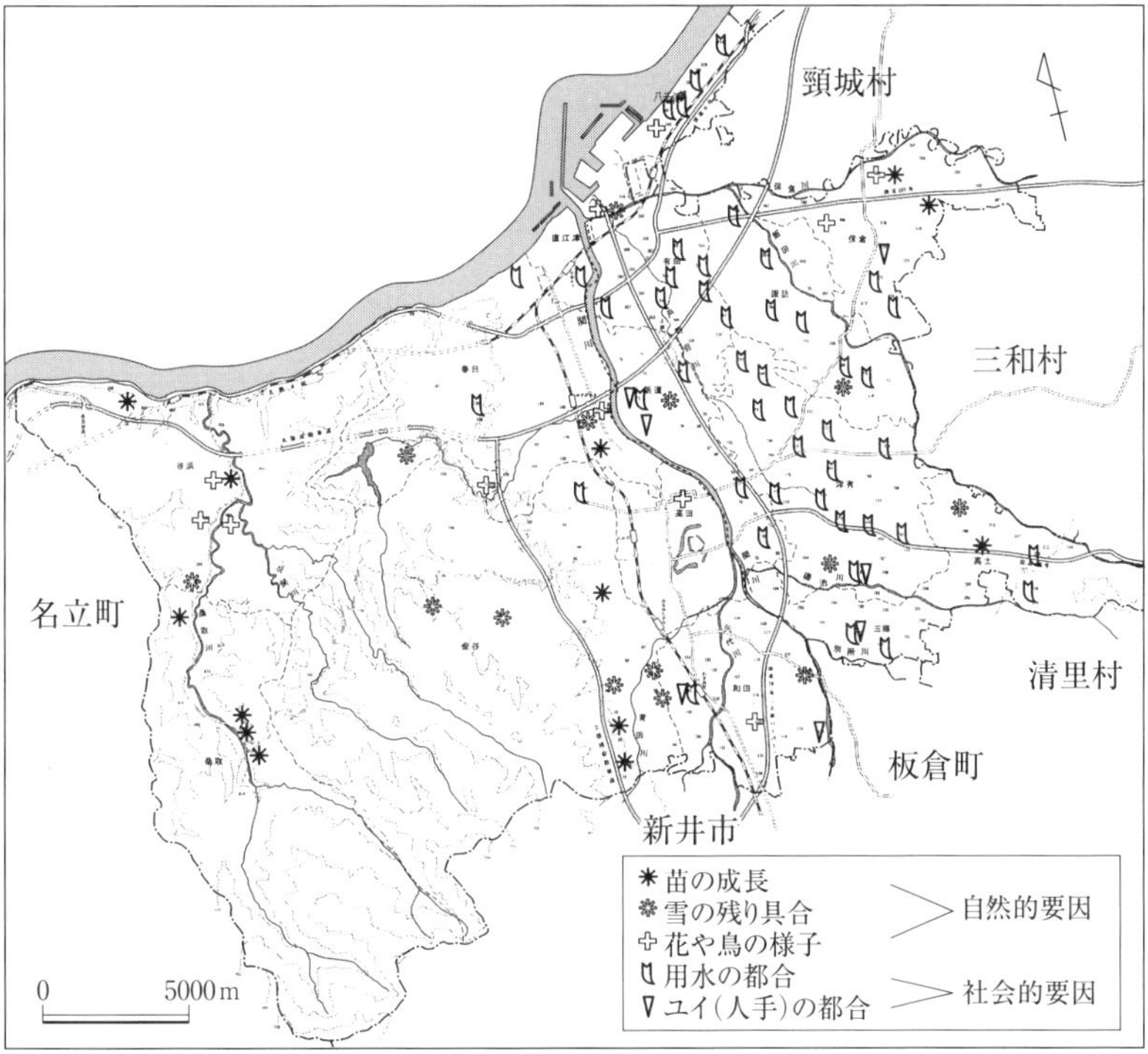

図３－３－９　田植えの目安

そのため、用水規制の厳しい地域では苗代は田植え日から逆算して作られることになる。それは、雪形の分布図（Ⅲ－四章の図3－4－5）のうち、苗代の種蒔きの目安に南葉山や妙高山の雪形が用いられたとする伝承が用水規制の厳しい地域には希薄であることをみてもよくわかる。気温や日照といった自然的要素に左右される雪形よりも、水利組織で決められる配水日の方が優先され、それにより苗代の種蒔きがおこなわれてきたことを示している。

また、そうした地域ではユイの範囲は広域化する傾向がある。通常、用水は水利組織内の村々を順に回っていくため、その水を田植え水として使うことができる期間はごく限られている。その限られた期間のうちに村内の田植えをすべて終えなくてはならないため、同じ村内ではユイの仲間を組むことは難しくなり、田植え日がずれる他村との間にユイを結ばざるをえないからである。そのようにユイ仲間との関係から田植え日が決められるというのもまた用水灌漑稲作地における特徴ということができよう。

このように見てくると、高田平野にあって用水灌漑が高度に発達した地域（水利組織による用水規制が厳しい地域）ほど田植え日が社会的要因で決められる傾向が強いことが分かる。それに対して、西部山間地やその縁辺部においては自然的要因から田植え日が決められてきた。そのことは、用水規制の少ない地域では年毎に変化する自然のいとなみに沿って、臨機応変に田植え日が決められてきたことを意味している。そうした臨機応変な対応というのは、裏返して考えると、山間地やその縁辺部では生計がそれほど稲作に特化していないからこそ可能なことであったといえる。高田平野にみるように水田率が九〇％を超えるような高度に稲作に特化した地域では、上記のように厳格な規制のもと人がきちんと水を管理していかなくては、それだけの水田用水をまかなうことはできなかったともいえよう。

2　自然に頼る——焼畑の志向——

稲作が自然を管理する志向性を持った農法の代表とするなら、上越には自然の力に頼ることで成り立つ農法も存在した。焼畑である。焼畑とは、山林や草地に火を放った後、その跡地に年限を区切って作物を栽培する農業技術である。焼畑の場合、耕地とはいっても、播種するところだけをごく簡単に耕すにすぎない。また、とくに肥料を施すこともなく、草木の灰がその役目を果たすとされる。そのため、何年かすると雑草や木が生えてきて畑として使い物にならなくなる。そうなると、そこを放棄してほかの場所に新たに焼畑を拓く。放棄した焼畑は、草木が生えるに任せ、自然の回復を待つことになる。そうしたことを繰り返すことに焼畑の特徴がある。

そうした稲作以前に遡るともされる農耕のあり方を彷彿とさせる焼畑が、上越市域でも昭和三〇年代（一九六〇年前後）までおこなわれていた。図3-3-10に示したのは、昭和初期（一九三〇年前後）において焼畑がおこなわれてい

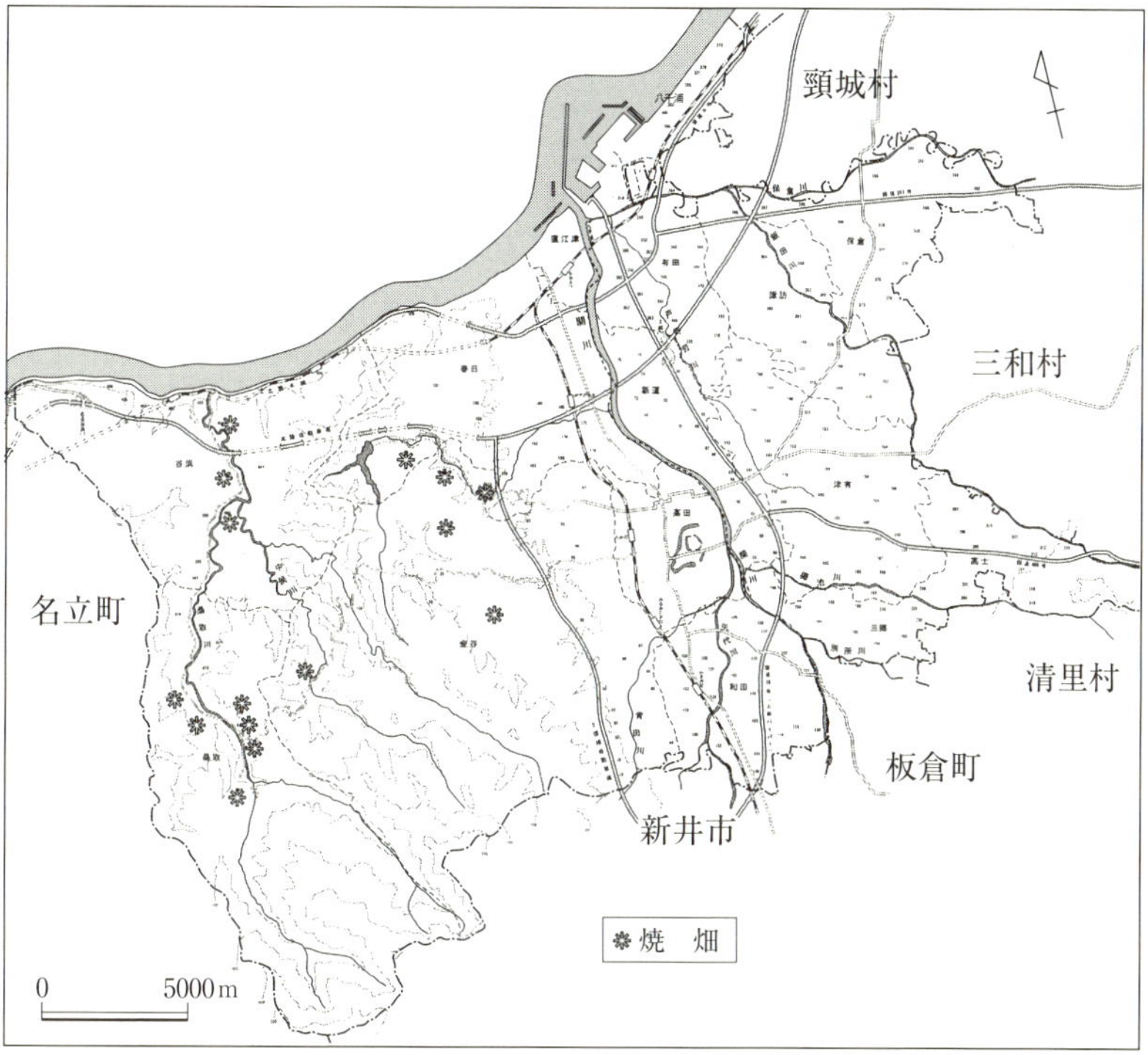

図３－３－10　焼畑がおこなわれたところ

たところである。市域の西半分を占める山間地において、かつては広くおこなわれていたことが分かる。

桑取谷では焼畑のことをノウ、またはノ、ノーヤキ、ヤケノと呼んでいた。栽培される作物によりダイコンノやソバノと呼んだりする。また、金谷地区中ノ俣ではキリカエバタ（切替畑）と呼んでいる。桑取谷のノウは二・三年間作物を作るとそこを放棄してまた草や木を生やす。

火を放った一年目はたいていダイコンないしはソバが栽培されるが、ソバとダイコンが同じノウで同時に作られることも多い。二年目以降は一年目と作物を変えてさまざまなものが作られる。アワやヒエといった穀類のほかに、ハクサイなどの菜類を作ることもある。桑取地区横畑では一年目にソバとダイコンを作り、二年目にアズキを作ると三年目にはそのまま放棄してしまう。そうして五・六年間放置してシバ（柴）を生やすと、そこはまたノウができるようになる。

ノウは山奥ではなく人里に近いシバヤマ（柴山）でおこなうことが多かった。シバヤマは大木が生えるような山ではなく、カヤやササなどの雑草や細い木が生える程度の草山である。ノウは主に自家用の作物を作るためのもので、面積的には一軒当たり二畝（二a）も作れば十分であった。ほとんどは家ごとに各自の持ち山を利用して作ったが、ときには何軒かで共同して大規模にノウをおこなうこともあった。そうした場合は、通常よりも山奥でおこなわれた。

ノウをする場合は、まず適地を選定し、その場の木や草を刈ることから始める。こうした作業をノーナギという。山間傾斜地での力仕事であるため男の仕事とされた。二・三畝（二・三a）のノーナギに五・六日かかる。桑取地区では田植え後のノヤスミ（農休み）を終えるとノーナギに取りかかることになっていた。そうしてノーナギ後は一週間ほど刈った草木を乾かしてから、それをまんべんなく広げ、火をつけて焼く。それをノーヤキといい、盆（八月一三日）までにおこなうものとされた。ノーヤキを終えると、まだ土が熱いうちに鍬で簡単に耕していく。この作業をノーブチというが、木の根などを取り除きながらすべて手作業でおこなう。これもおもに男の仕事である。まだ土が熱いうちにノーブチするのは、雨が降ると肥料分となる灰が流されてしまうためだとされる。また、ノーヤキ後に木の根などがあってもそのまま残しておく。立木の場合は幹を切ってあるので、一年も立つと根は自然と腐ってなくなる。

ダイコンノの場合は、土用ダイコンといって七月二〇日ころまでに種蒔きをする。そうすると一一月には収穫でき、それを冬の間じゅう食べることができる。ノウダイコン（ノウに栽培されるダイコン）は畑に作ったものに比べると、「す」が入らず、良質のものができるとされた。

そのように、一年目はダイコン・ソバ、二年目にはアズキやアワ・ヒエというように自家用の食料をノウではおもに栽培したが、ときには植林のためにノーヤキすることもあった。その場合には、一度に三反（三〇a）以上も焼いてしまい、一年ほど作物を作った後はスギの苗を植えてしまう。また、杉山のスギを伐り出した跡をノーヤキすることもある。そしてそこにまたスギの苗を植える場合には、苗が一mほどに成長するまでの数年間、苗間を畑として利用することもある（上越市史専門委員会民俗部会　一九九九）。

こうした焼畑とはまた別に、シバを薙いだだけで、そこにアズキを播いておくこともある。アズキの種は土に埋める必要はなく、単に薙いだ草木の間にバラ蒔きにしておくと、自然に発芽し栽培することができる。そうした栽培法をナギリという。これは火を付けてノーヤキすることのできないような水田と山の境目となるドテの部分でおこなわれた。

自然を改変し永続的に管理することで成り立つ水田稲作に比べると、ノウにしろナギリにしろ、人為の及ぶ期間は限定的で、かつ自然の力に頼る率の高い農法だといえる。本来、焼畑はいつでも自然に返すことが可能ないわば預かりものの耕地であった。

五　自然の営みをめぐる農と漁

農業や漁業はひとことでいえば自然の営みに沿っておこなわれる生業である。そのため、日々自然を相手にしているといってよい農業者や漁業者はさまざまに身の回りの自然を理解し、それを自分たちの知識や技術として利用してきた。当然、彼らには自然に関する多くの知識や技術が身体化され蓄積されている。

しかし、先に検討したように、両者の間にはそれぞれ独自の自然に関する伝承世界が存在する。自然をどのように捉えているのかを比較すると農業者と漁業者とではまったく違った傾向を持っていることがわかる。たとえば、気象に関して比較してみると、一般に上越の農村では雪や雨への関心が高いのに対して、海村では風への関心がひときは高い。

それは山を見る（利用する）まなざしの違いとしても現れる。農村では雪形についての知識が豊富で、また山を見て雨などの天気を占うといった民俗技術がよく発達している。それに対して、海村では山を見て天気を判断することはむしろ珍しい。その代わりに、風を読んで天気を判断する技術が精緻に発達している。海村ではそうした風により天候を判断することを「ケシキ（気色）を見る」といい、漁をおこなう上で不可欠の民俗技術となっている。

農村とくに平坦部の稲作村においては、雪形に象徴されるように、山は暮らしの中の折り目を教えてくれるものであり、いわば生活暦を組み立てる上で大きな役割を担っている。それは雪や山が詰まるところ農を支える用水に繋がるものだからである。とくに水田稲作にとって水は欠くことのできないものであり、それを涵養する山は作神として崇められるなど信仰の対象になってきた。上越市域では、東に望む米山と西の南葉山が、雨や雪の予測に用いられるとともに、作神として大きな意味を持っていた（上越市史専門委員会民俗部会、一九九九）。

それに対して、海村では山の持つ意味は限定的でかつ具体的である。当然、農村に比べると山自体が信仰の対象となることは少ない。

谷浜地区有間川における山の利用の事例を見てみよう。有間川では山は集落からの距離と標高により三つに民俗分類される。ひとつは信越国境に聳える二四〇〇mを超える山岳地である。妙高山や焼山がそれに当たる。それらの山々はケシキを見るのに用いられることもあるが、それは季節的に限定され、むしろ希なことであるといってよい。

二番目は、第一の山よりは有間川集落に近いところにあるもので、桑取谷の奥に見える標高約九五〇mの南葉山である。これは漁師が船の位置や網を仕掛けた場所などを記憶するために用いるヤマを見るときの遠い目印にされる。[(7)] また、有間川の漁師のほとんどが南葉山を遠方の基準にしている。また、有間川の住人にとっては南葉山麓の村々は魚の冷蔵用に雪を買うなどして日頃から付き合いがある地域である。

そして、三番目が、有間川集落のすぐ裏山である。有間川は他の海村と同じように海岸線近くまで山が迫っている。そうした山は標高は数十m程度で正式な山名もない。漁師はそうした山を形状や所在地から「三ッ山」だとか「お宮の裏山」などと呼んでいるが、有間川の人々からすれば畑なども点在する生活領域である。それらの集落に近い山はヤマを見るときの近い方の目印にされる。これは、遠方の目印となる南葉山とは違って、漁場が変われば容易に変更は可能で、実際に直江津方面に漁に出たときには、工場の煙突や堤防などの建造物が近くの目印に用いられる。

また、自然の捉え方をその時間幅から見てみると、やはり海村と農村とでは大きな違いがあることがわかる。農村では、前述のごとく、「春海秋山」や「春山秋海」という言い方に象徴されるように、自然認識はひと月や季節を単位とするような比較的長い期間を対象にしてなされる傾向がある。

本来的に農の営みというのは一日ごとの天気にはそれほど左右されないためである。また、農の営みは播種から収穫まで一連のものであり、その期間は長期にわたるからである。「春海秋山」または「春山秋海」というようなゆったりとした自然認識の仕方はまさに農村的といってよい。それに対して、海村では、一日または数時間単位で自然の把握と確認がなされている。風によるケシキの判断はその日にしか当てはまらないし、漁はその日その日が勝負だからである。そのため、「春海秋山」や「春山秋海」といった天気の予測は漁業者にとってはあまり意味がない。

また、漠然と自然といっても、その焦点の当て方は農村と海村とでは異なっている。農村では、栽培の直接的な対象となる作物を別にすると、土と水にたえず大きな関心が寄せられてきたといってよい。優れた農業者は土をよく理解し、何世代にもわたって良い耕土を作っていく。近代的な土地改良や農業基盤整備がおこなわれる以前から、営々と農業者は自分たちが使いやすいように大地を区画し耕地に作り変えてきた。水に関しても同様に、自然に流れる水を人が利用可能なかたち、つまり用水に変えてきた。そうした行為の積み重ねの中に土や水に関する膨大な民俗知識が形成されていったといえよう。

それに対して、海村では明らかに海と風が重要な意味を持っている。海や風をめぐっては日々の漁撈活動を通して自然認識が精緻化され、それは漁業者自身の経験として身体化されていく。海についていえば、潮の流れ・海底の様子・魚の生態などあらゆることにそれは及ぶ。事の真偽はおくとしても、腕のいい漁業者は、実際に海を覗かずとも、ヤマさえ見れば海底の地形や魚の居場所など海中の様子が手に取るようにわかるというのはそのためである。

注

（1）質問紙調査は、上越市史民俗編編纂の一環として筆者が主体となり二〇〇〇年におこなったものである。上越市域の三三五町内会（新興住宅地を含む）に質問紙を送付し、二一五ヶ所（対面調査による補充調査も含む）から回答を得た。回答率は約六四％。被調査者は町内会に生まれ育った方を中心に、主として昭和前期（一九三〇年前後）に時間軸をすえて回答を求めた。

（2）「夏山秋海」「夏海秋山」のように、春が夏に代わっているところが比較的海に近い地点にはある。

（3）関田山脈は斑尾山（一三八一ｍ）や黒岩山（九三八ｍ）が連なる信越国境の山並みである。関田山という山は存在しないが、長野県の飯山と新潟の上越を結ぶ主要な峠道として、関田峠は上越地域の人びとにはよく知られている。

（4）有間川は伝統的に小型の網漁と海藻類の採集をおこなってきた海村である。一九七一年には家数は一〇〇戸を超えていたが、一九九八年現在では八〇戸ほどになっている。

（5）テアゼのような温水化の工夫だけでなく、冷害対策としては深水にするなど、水管理による工夫がさまざまになされている。

（6）中江用水は高田藩家老の小栗美作により延宝六年（一六七八）に開削されたとされ、現在その管理は中江土地改良区に受け継がれている。

（7）ヤマアテ（山当て）ともいい、ＧＰＳなどの機器に頼らない海上での位置確認の方法である。海上から陸地の二方向を見て、それぞれに遠近二点の目印を見通す。そうすることで、二方向の交点に自分がいることになり、海上の位置が確定される。こうした遠近の目印を記憶することで、漁師の頭の中にヤマが蓄積され、漁や船の航行に利用される。したがって、かつては腕のよい漁師ほど多くのヤマを記憶しており、人によっては何百というヤマを持っていたという。

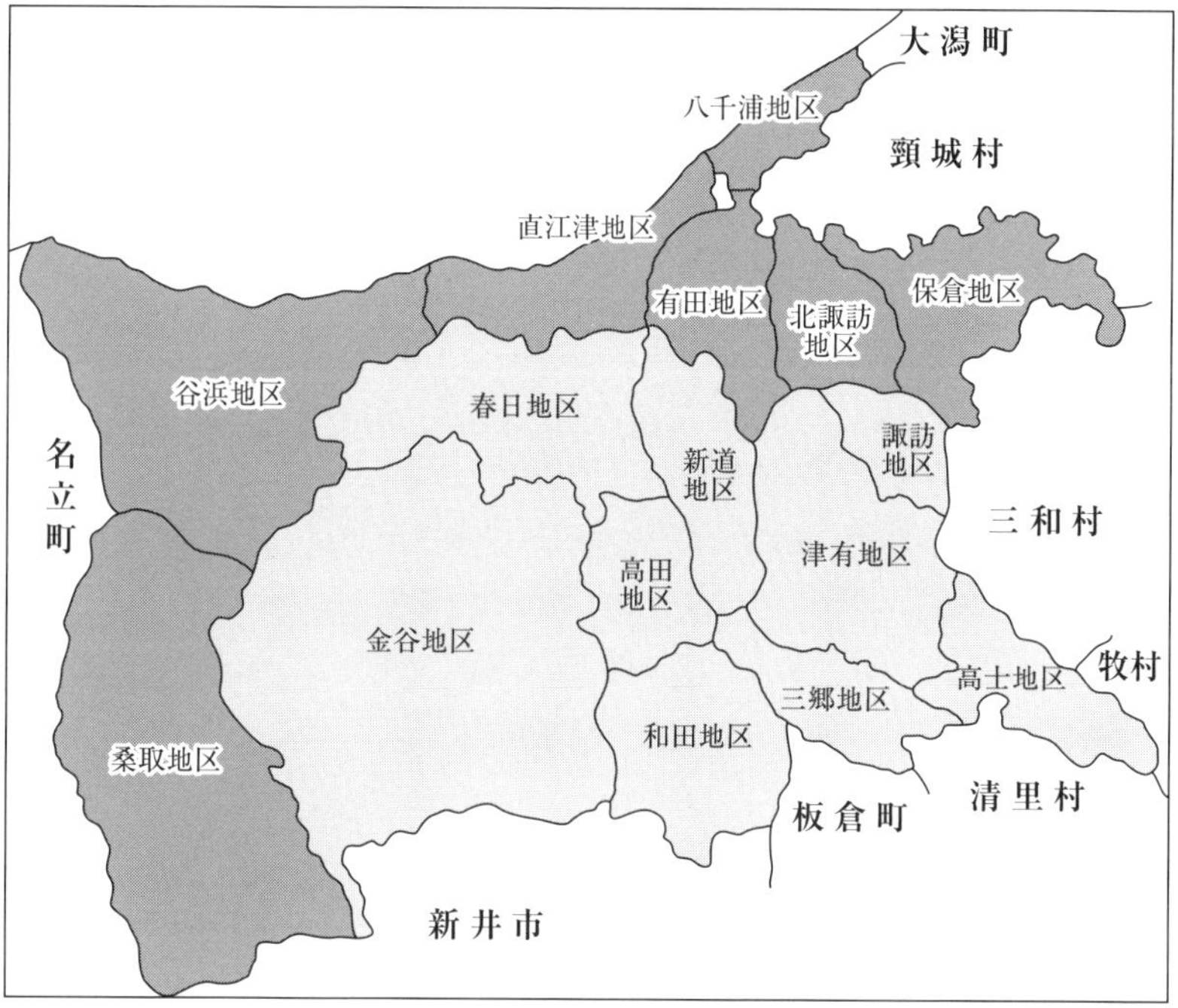

上越市の地区図　■北地区（旧直江津市域）　□南地区（旧高田市域）

※『上越市史 通史編７ 民俗』より転載

図３－３－11　上越市の地域区分―2004年現在―

引用参考文献

上越市史専門委員会民俗部会編
一九九九　『桑取谷民俗誌』上越市
上越市史編さん委員会編　二〇〇四
『上越市史 通史編七 民俗』上越市
水谷たけ子　一九九二　「小栗美作と
中江用水」『圃場と土壌』二八二号

四章　雪を知り、雪で知る
——雪の分類と命名——

一　はじめに

日本列島の場合、亜熱帯地域にある沖縄を除くとたいていのところで雪を見ることができる。とくに東北日本はもとより西南日本でも日本海岸では冬になるとたくさんの雪が降る。深々と降る雪は日本の冬をもっとも冬らしくする景色であるといってよい。

哲学者の和辻哲郎は、台風による夏の大雨と冬の大雪という組み合わせを、「熱帯的・寒帯的の二重性格」と呼び、それがモンスーン地帯にあって日本の風土をもっとも特徴づける現象であるとする（和辻、一九三五）。たしかに和辻の指摘する、風、雨、そして雪という自然的要素は、民俗学においても、もっとも豊富に伝承の蓄積がみられる自然現象である。

雪に関する伝承でもっとも多いのは、まず第一に雪がいつ降りだし、その年どれくらい積もるかを占うものである。雪の多寡が人びとの暮らしや生業に直結するできごとだからである。こうした伝承は雪そのものを知ることであるといってよい。本論タイトルの「雪を知る」とはそれを象徴している。それに対して、もうひとつ多くみられる雪の伝承は、雪形に代表されるように、雪を手がかりに種蒔きや春一番の仕事を決定するものである。これは、雪を利用する発想であるといえよう。本論タイトルの「雪で知る」とはそれを象徴している。

以上のように、本論では、雪に焦点を絞り、新潟県上越市において全市規模でおこなった質問紙調査[1]の成果から、自然認識に関する伝承の分布図（民俗地図）を作製し、それをもとに雪が地域の民俗文化形成に与えた影響について考察する（文中にあげた調査地点〔地区〕はⅢ―三章の図3―3―11を参照）。

なお上越市は新潟県の南西部にある人口二〇万人ほどの都市で、地理的には東西に大きく二分される。つまり市東部は高田平野の平坦地、西部は妙高高原から続く山間地となっており、民俗的にはさまざまな意味で対極をなす。さらに、市域は北に日本海、南に東頸城丘陵の裾野と接しており、この点でも対照的である。

二　雪を知る―雪の訪れと積雪量―

1　雪の予感

全国的に見ると、上越は雪国といってよいであろう。そのため、人々は雪の訪れを多様な自然現象の中に感じ取ってきた。雪はさまざまな意味で上越に暮らす人々の生活や行動を規定してきた。秋から冬へと移ろう季節のなか、雪の前触れを感じ取ると、人々は家屋に雪囲いをしたりまた庭木の雪釣りなどをして雪に備えてきた。そうした日々の積み重ねから、雪の訪れを知るための伝承が上越では発達している。

その一つが、「〇〇山に三度の雪が降れば、里（自分の住む村や町）にも雪がやってくる」という伝承である。こうした伝承は、図3―4―1に示すように、上越市域ではほぼ全域でみることができる。自分たちの暮らす里よりも標高の高い山を眺めては雪を予感しているのである。ときには、比較的里に近い山とともに、さらにその奥に聳える山岳地を見て、遠く高い山から平地へと段階的に雪のやってくる様子を説明する伝承もある。桑取地区北谷では、「遠く望む焼山（二四〇〇ｍ）に三度の雪が降るとツチナデ（重倉山と焼山の間の山間地）に雪が降り、さらにツチナデに三回

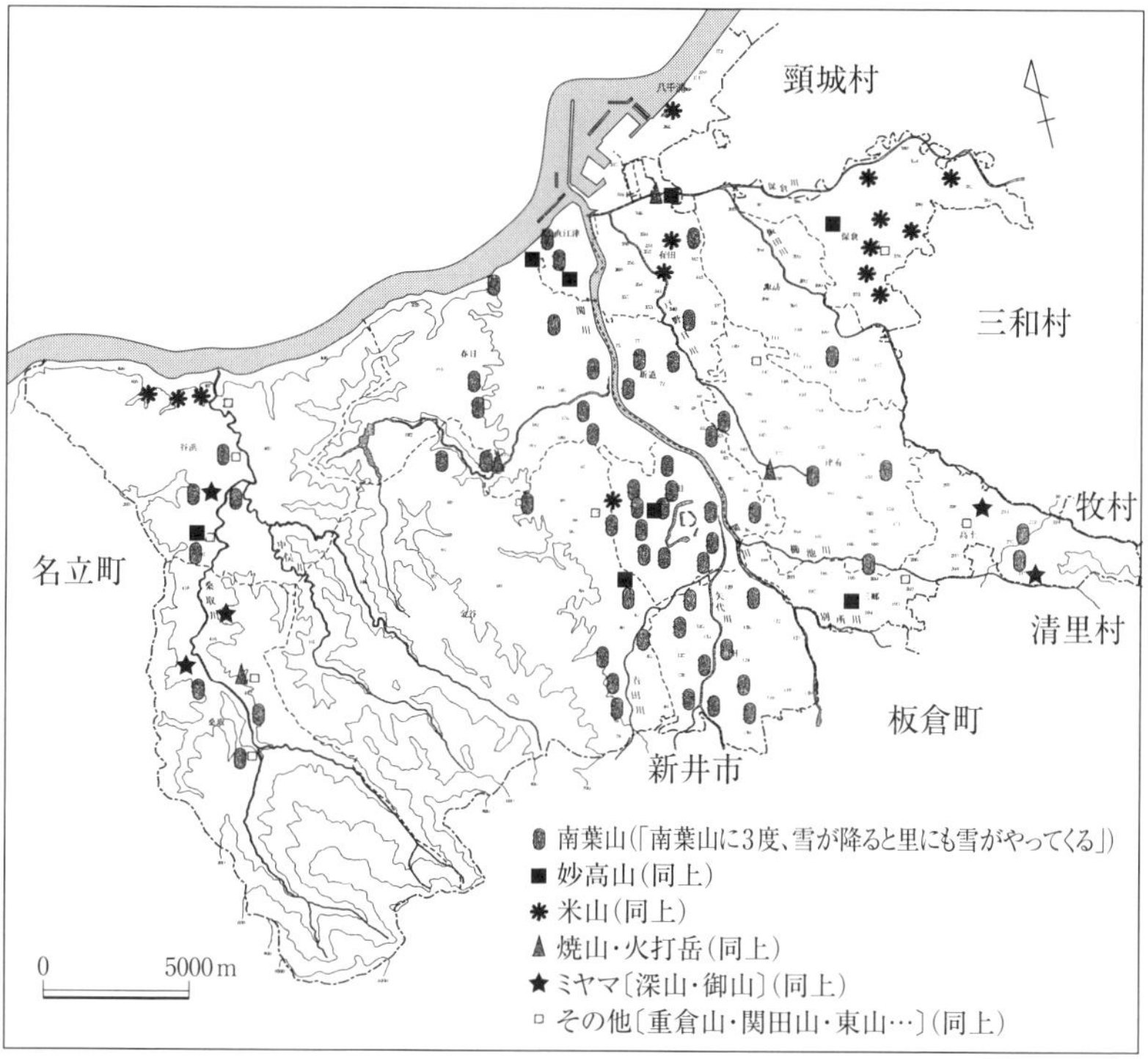

図３－４－１　初雪の目安

降ると重倉山（一〇二九m）にも雪が降り、その四回目に里に雪が下りて来る」（上越市史専門委員会民俗部会、一九九九）という。

上越市を含む高田平野は、北西方向に日本海が広がる。それに対して、東方向に米山（九九三m）のある東頸城丘陵、南方向に菱ガ岳（一一二九m）・斑尾山（一三八一m）から妙高山（二四五四m）へと続く信越国境の山並み、西方向には手前に南葉山[2]（九〇一m）、その奥に鉾ガ岳（一三一六m）や焼山といった妙高の連山に繋がる西頸城丘陵を望む。そうした高田平野を取り囲む山々が雪に関する上越市域の伝承には多く登場する。

雪の前兆を示す伝承のうち、もっとも広範囲かつ高密度に上越市域に伝承されているのが、「南葉山に三度雪が降ると里に下りてくる」というものである。それに対して、南葉山の伝承が希薄な保倉・有田・八千浦・谷浜地区には、米山の伝承が分布している。米山の伝承内容は南葉山の場合とほとんど同じ形態をとる。雪の予兆に関する限り、高田平野は西（南葉山）を眺める地域と東（米山）を眺める地域とに大きく二分されるといえよう。

このとき注目すべきは、米山の伝承が谷浜地区にも分布することである。米山を眺める人々が多く存在する保倉・八千浦・有田地区はともに市域の東の端つまり米山にもっとも近い位置にある。そうした地域において米山が雪の予兆に用いられるのはむしろ当然であろう。それに対して、谷浜地区は市域の西端にあり、南葉山の方がはるかに近い。にもかかわらず、谷浜地区に米山を見る人々が存在するということは、米山不動の存在を抜きにしては考えられない。なぜなら谷浜地区の中でもとくに沿岸の海村部に、米山を雪の予兆に用いる地域が存在するからである。かつて米山は日本海を航行する貨物船や漁船にとっては格好の目印となり、そのため漁業者や海運業者からの信仰が篤かったとされるが、そうした信仰が谷浜地区に米山の伝承を伝える背景にあると考えられる。

このほか特徴的な分布を示すものに、妙高山とミヤマ（御山・深山）がある。妙高山の場合は、その分布はまばらであるが、南葉山と同様ほぼ市の全域にわたる。妙高山は方角としては南西に当たり、南葉山とほぼ重なる位置にあるが、東の米山を眺める保倉地区にも伝承が分布する点は南葉山と異なる。比較的里に近く標高の低い南葉山は見える地域が距離的に限定されるのに対して、そうした山の奥にそびえる二〇〇〇m級の高山である妙高山はほぼ市全域から眺望することができるためである。その点はやはり同じ分布傾向を示す焼山や火打山にも当てはまる。

何か特定の山を指すのではなく、里近くの山の背後に聳え立つ妙高山や焼山・火打山といった山岳地を総称して、ミヤマと呼ぶ場合がある。ミヤマには「深山」ないし「御山」の字が当てられることが多い。そうした山を対象とした伝承の分布は妙高山に比べると地域的にかなり限定される。具体的には、桑取・谷浜・高士地区といった山間および山辺の村にしか伝承はみられない。そうしたことからも、ミヤマとは南葉山のような里に近い山ではなく、その奥

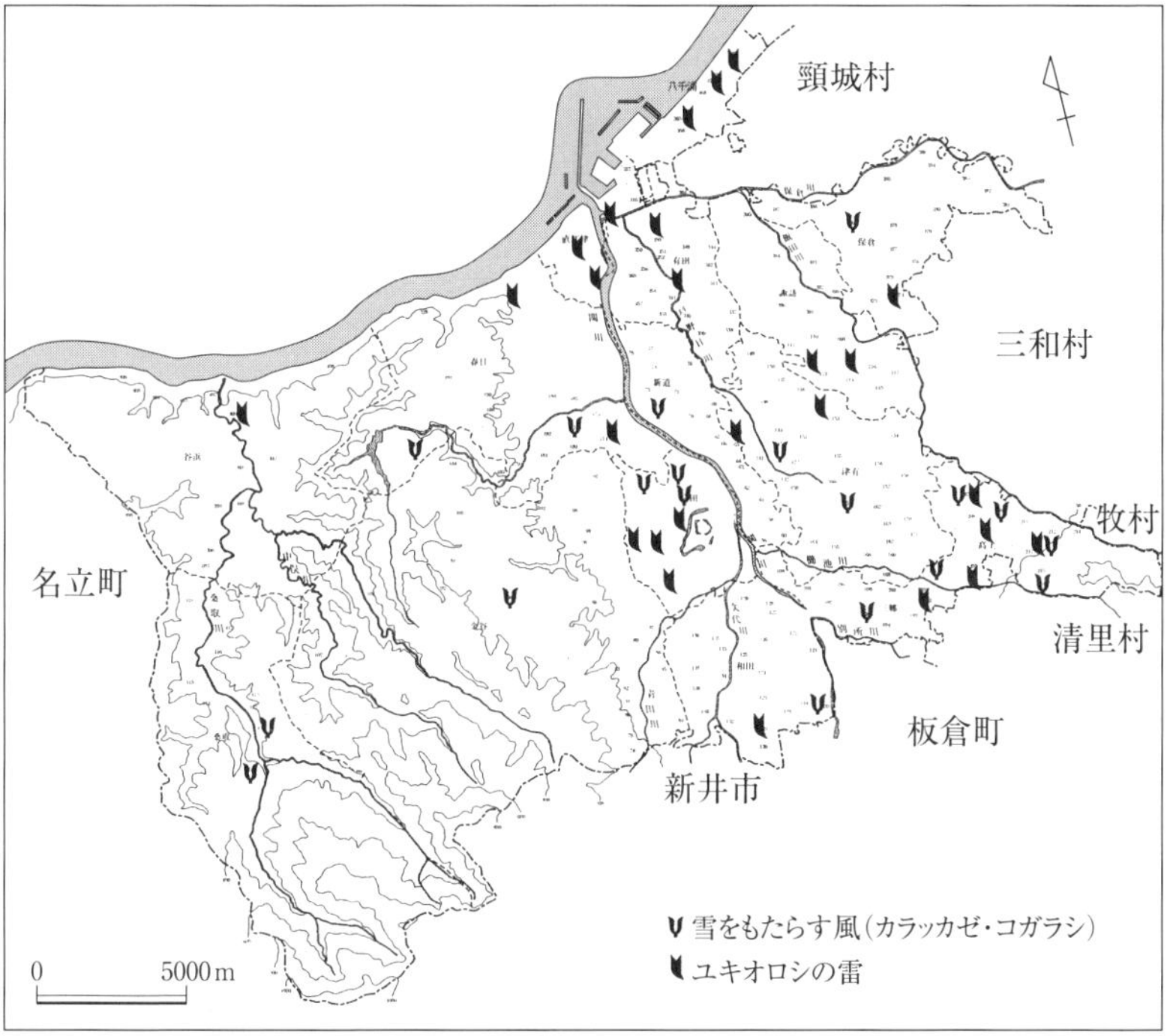

図３－４－２　雪の前兆―風と雪―

に聳えるいわゆる岳の「深山」を指すものと考えられよう。山間地ではその村自体が山中にあるため、さらに奥山を眺めざるをえない。また、「御山」という名称からは、そうした山は元来神々がおわすところであり、その山に示された雪の予兆は神の啓示であると受け止める、そうした山間地に暮らす人々の信仰を読みとることができる。

　このような山との関係から語られる雪の予兆とは別に、雪が降り出す前触れを他の気象現象と関連させて捉える発想も上越には多い。それに関して市域においてもっとも多く語られることは、雷と風にまつわる雪の伝承である。ひとつは、「ユキオロシの雷が鳴ると雪が降り出す」というもの、そしてもうひとつは「カラッカゼやコガラシ（ジガラシ・カラシ）が吹くと雪がやってくる」という伝承である。また、両者が融合したような「ユキオコシの風」という場合もある。

そうした伝承の分布は図3-4-2に示したとおりだが、それを見ると、雪をもたらすとされるユキオロシの雷は主として平坦地や海岸線に多いのに対して、カラッカゼやコガラシといった風は内陸に多く伝承されている。八千浦地区西ヶ窪浜では、「霜月のひとつ雷は根雪の合図」といい、一一月に鳴る雷は雪が積もる前触れと捉えられている。また、風の場合は、コガラシやカラッカゼが雪をもたらすとともに、またそうした冷たく乾いた風が吹くことで地面や空気が乾燥し雪が積もるのだと説明されることもある。春日地区上正善寺では、「コガラシで山の雑木の葉が落ち、山鳴り（木の音）が聞こえてくるようになると雪が降る」という。

このほか、何らかの自然現象を雪と関連づけている例としては、「イチョウの葉が全部落ちると雪が降る」（高田地区東本町、直江津地区虫生岩戸、有田地区上源入）、「モミジの葉があるうちは雪が降っても消えるが、葉が全部落ちてから降った雪は根雪になる」（高田地区仲町）、「ミソサザイ（鳥）が村にやってくると雪もやってくる」（和田地区島田上新田、三郷地区長者町、高士地区十二ノ木）などという伝承がある。

また、前記のようないわば自然現象に伴うもののほかにも、年中行事に関連づけて雪の到来を伝承する場合がある。直江津地区中央塩浜町では「カワビタリモチを食べるとみぞれが降り、続いて雪になる」といい、高田地区仲町では「一二月一日に子供たちがカワタリモチを売り歩くとコガラシが吹き雪がやってくる」という。こうした年中行事に対応した伝承は比較的町場に多い。

この点は、町人の場合、直接の自然現象よりも、暦により季節の移ろいを実感する傾向が強いことを示しており興味深い。農山村に比べると自然度の劣る町や都市の暮らしのなかでは、季節の訪れは折々の年中行事が知らせてくれることになるのであろう。また、季節と年中行事を結び付けて捉えることのできる感性を町人は日々の暮らしのなかで発達させてきたということもできよう。

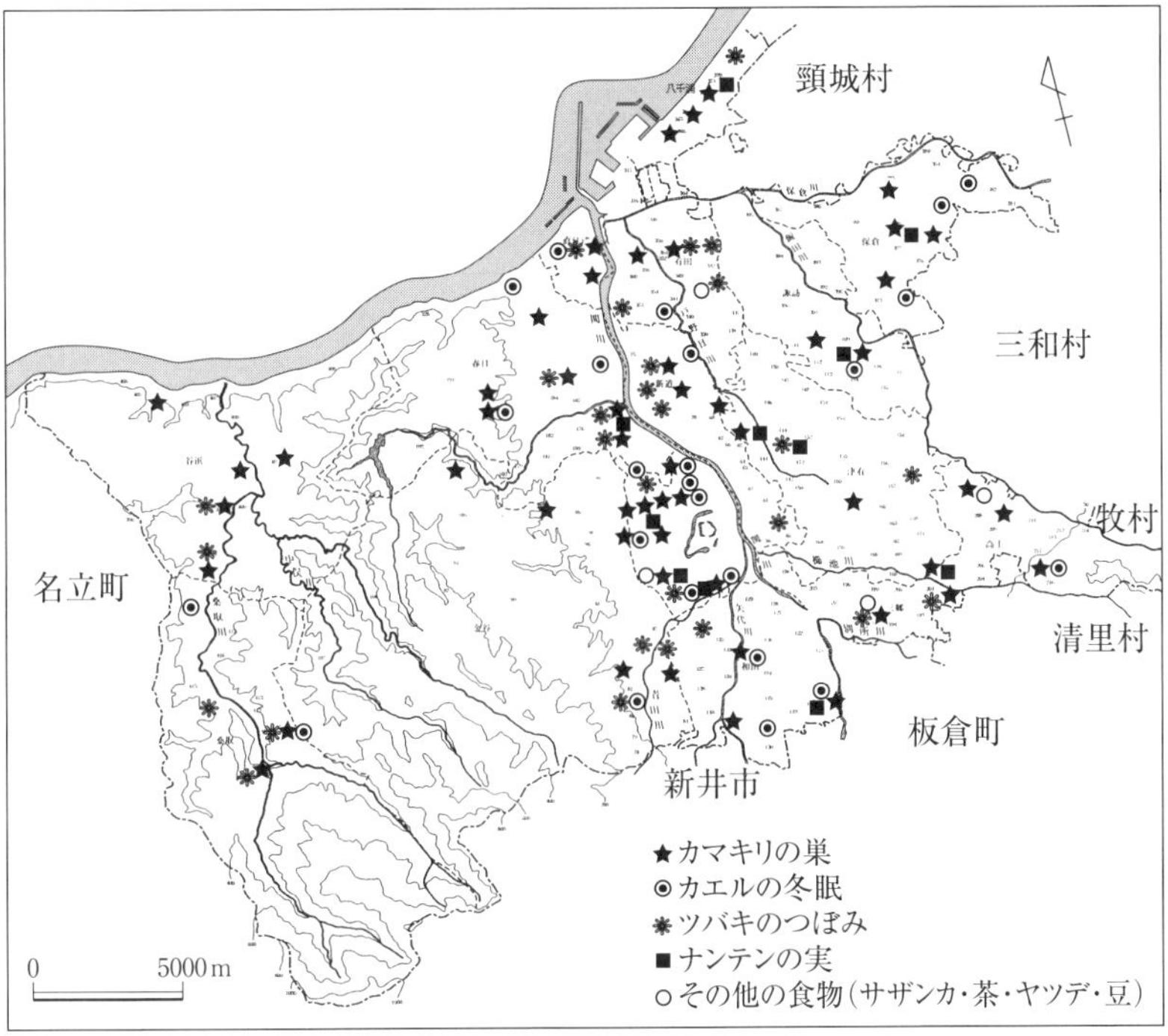

図3－4－3　積雪量を占う伝承―動植物―

2　大雪小雪と春の訪れ

上越に暮らす人々にとって、その年どれだけの雪が降るかは重大な関心事となる。雪消えに農作業の開始時期が左右される農家にとってはそれは切実な問題であろうし、町や海村に暮らす人々にとっても雪下ろしの苦労や雪囲いの手間を考えると無関心ではいられない。そのため経験的な知識を駆使して、その年の雪の量を占う方法が発達している。

積雪量を予測する方法としては、大きく二つに分けることができる。ひとつは、雪が降り出す前、動植物を観察してその様子から占うもの。そして、もうひとつは、数は少ないが、夏から冬にかけての気象状況から判断するものである。そこには動植物など自然界から発せられるサインをなんとかして読みとろうとする先人の苦労の痕が見てとれる。

図3-4-3に示したように、動植物の観察により積雪量を予想するとき、市域でもっとも広く用いられる植物はツバキとナンテン、動物はカマキリとカエルである。ツバキの場合は、「花が葉の上に咲くと小雪、下だと大雪」、「つぼみが上を向いていると小雪、下向きだと大雪」などといって積雪量を占うのが一般的である。同様なことは、同じツバキ科のサザンカや茶の木についてもいわれる。また、ナンテンの場合は、「実がたくさんなると大雪」、「実が上向きに付くと大雪」といったりする。このほか、植物では、「マメの木が伸びた年は大雪、あまり伸びないときは小雪」（三郷地区長者町）、「ヤツデのつぼみが堅く締まっていると大雪、膨らんでいると小雪」（高田地区寺町）ということろもある。

カマキリの場合は、「カマキリの巣（卵）が高いところにあると大雪、低いと小雪」といって積雪量を占っているが、こうした言い方は市全域にほぼ共通している。また、カエルの場合は、「冬眠の穴が地中深いと大雪、浅いと小雪」といい、同様の伝承はヘビにもある。また、ヘビやカエルについては「冬眠が早いと大雪」という伝承も存在する（高士地区南方）。このほか、動物を用いたものとしては、「モズの生け贄が高いところにあると大雪」（有田地区佐内町）という言い方がある。

このうちとくに注目されるのはツバキである。自然界におけるツバキの分布は青森県が北限とされるが、気候風土の面で新潟県はそれに近い。同じツバキ科のサザンカに至ってはその自然分布上の北限は山口県とされる。上越において同様な伝承を持つサザンカや茶の木は、ツバキとともに、葉が厚く表面に光沢をもった照葉樹（常緑広葉樹）であるが、全国的に見ると上越地域は植生上その北限に当たっている。こうした照葉樹が、上越のような冬の厳しい地域に存在し、それが民俗知識として積雪量の占いに用いられていることは興味深い。生物学上の真偽はともかくとしても、暖地を好む照葉樹が北限近くにおいては敏感に気候に反応し、それを人が観察することで自然の営みを予測す

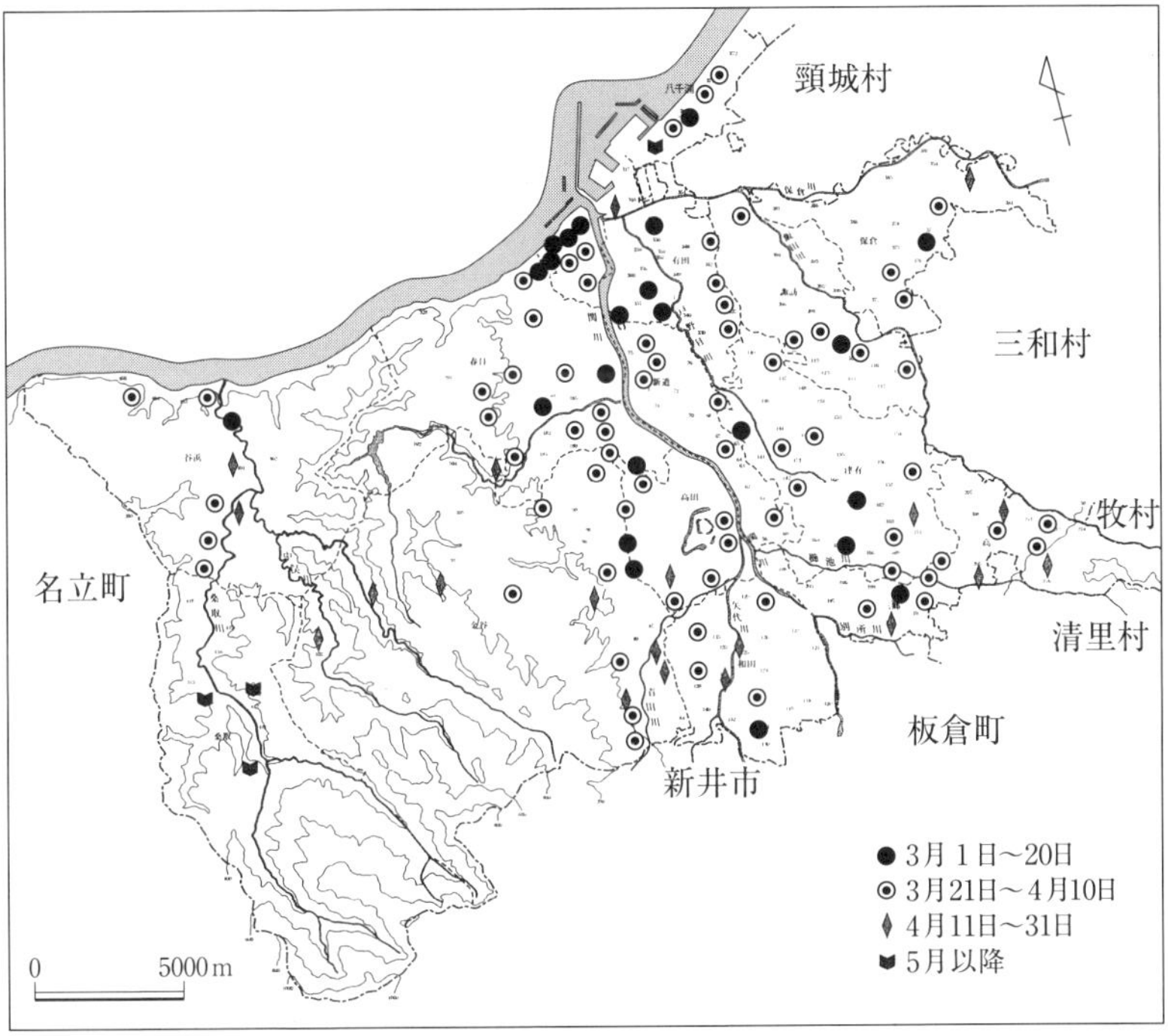

図3－4－4　雪囲いをはずす時期

る手だてとしたと考えることもできよう。

こうした動植物の観察による予測とは別に、雪とはまったく関係のない気象現象を取り上げて積雪量を予測することもある。和田地区今泉では、「正月三が日に東の方角に三回虹が出ると大雪になる」と言い伝え、三郷地区西松野木では「夏暑いと冬は雪が多い」という。また、直江津地区港町では「山の初雪が遅いと雪が多い」、直江津地区虫生岩戸では「青田に雪が降れば小雪」といったりする。

そうして、積雪期を過ぎると上越ではいよいよ春ということになる。そうした春の訪れもまたさまざまな自然現象から雪と関連づけて感得される。「雪降りもユキムシ（雪虫）がでると峠を越した」（三郷地区長者町、八千浦地区下荒浜）とされ、「秋に山から下りてきて冬を越したウグイスが初啼きすると、それ以降は雪が降らない」（高田地区仲町）という。

そして、冬の間に積もった雪は日に日に融

けていく。高士地区十二ノ木では「アゼガタ一〇日、ドテ二〇日」といって、水田のドテ（土手）が顔を出せば二〇日後、次いでアゼガタ（畦形）が見えるようになると一〇日後には雪が消えると予測される。地域によっては、「ハルイチバン（春一番）が吹くと、雪は三尺（九〇㎝）以上も一気に融けだす」とされる（保倉地区駒林、八千浦地区下荒浜など）。また、谷浜地区有間川では、三月中旬から四月中旬にかけてトーセンボまたはイトイガワダシと呼ぶ強い南西風が一週間ほど吹くが、これを別名ユキゲ（雪消え）の風といい、残雪を消し春の訪れを告げる風だとされる（上越市史専門委員会民俗部会、一九九九）。

雪消え時期は当然その年の積雪量と気温の上がり具合に対応しており一概にはいえないが、その目安として雪囲いを片づける時期をアンケート結果からまとめてみると図3-4-4のようになる。雪囲いを解く日は、例年ほぼ決まっていたとする報告がある一方、桜の花見などを目安にするという場合もある。通常の年は、三月下旬から四月はじめにかけて雪囲いを解くが、桑取地区など西部の山間地や南部でも和田・高士地区といった山に近いあたりでは四月中・下旬にならないと雪囲いを片づけることができない。さらに、桑取谷のもっとも奥まったあたりでは、それが五月にまでずれ込んでいる。ひとくちに上越といっても積雪量には地域差が大きく、山間地のように積雪量の多いところは必然的に雪囲いを解くのは遅くなってくる。

三　雪で知る—雪形と農のはじまり—

1　雪からの便り—雪形—

植物を栽培しようとするとき、種蒔き時期の判断は収穫量に関わる重大事である。そうしたとき、山の雪が作り出す造形を見て、播種の適期を知ろうとする知恵が雪形である。雪形は、山肌に雪が残った様子をいうものと、雪が消

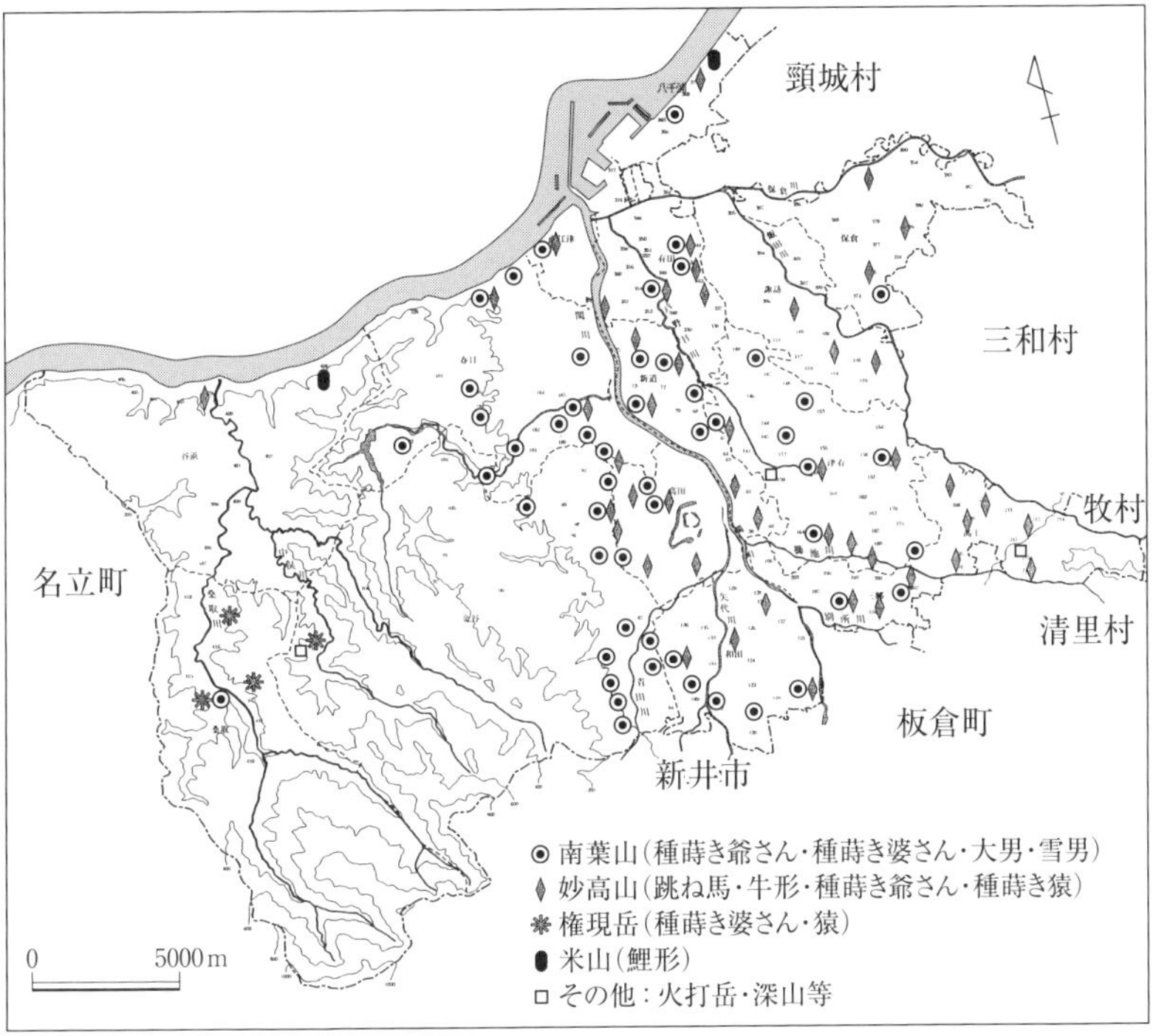

図3－4－5　雪形―農耕の目安―

えて露出した地面が作りだす文様をいうものとがある。上越で雪形といった場合、とくに後者を指すことが多い。

図3-4-5に示した雪形の分布を見ると、市域に広範な広がりを見せるものに南葉山と妙高山があることが分かる。大きな傾向としては、高田平野（市域）の東側において妙高山の雪形が色濃く分布するのに対して、西側には南葉山が多い。とくに保倉・高士・諏訪地区においては妙高山が卓越し、反対に金谷・春日地区では雪形はほぼ南葉山に限定されるといってよい。そして、その中間地帯となる関川の流域、具体的には直江津・有田・新道・高田・和田・津有の各地区では、同じ地点において南葉山と妙高山の雪形が同時に伝承されるところがいくつも存在している。そのなかには、イネには南葉山、畑作物には妙高山というように、播種の目安をそれぞれ使い分けている

ところもある。
また、そうした広範な広がりを見せる雪形とは別に、局地的な分布を見せる雪形もある。西部山間地の桑取地区には、権現岳（能生谷）の雪形が農耕の目安に用いられている。「権現岳の猿」や「種蒔きバーサン」がそれである。また、日本海岸の海村部には数こそ少ないが米山の雪形「コイガタ（鯉形）」が伝承されている。米山の場合、とくに市域西部に位置する谷浜地区有間川の事例は、海上から米山を望んだときに認められるもので、そこには背景に漁業者や海運業者の米山信仰があるものと考えられる。

もう少し具体的に、上越市域でもっとも多くの人々に用いられてきた南葉山と妙高山の雪形を見てみよう。南葉山の雪形は、「種蒔きジーサン」・「種蒔きバーサン」・「種蒔き男」・「南葉の大男」・「南葉の雪男」などと呼ばれるもので、そのほとんどすべてが人物像である。「種蒔きジーサン」・「種蒔き男」・「南葉の大男」のように種播く人を男とする伝承がもっとも多く、「種蒔きバーサン」（高田地区寺町、金谷地区下正善寺）のように女性に見立てるところは限られている。南葉山の場合、雪形として認められる人物像の多くは、その名称からも窺われるように、種を蒔く格好をしている。しかし、その細部を見てみると、種播く人が笠を被ったり、種袋や籠を持ったりするなど微妙に地域により捉えられ方が異なっている。雪形の場合、当然、見る場所や見る角度により、見え方が違ってくるため、集落毎にそうしたバリエーションが生まれるが、どれも人物像しかも種蒔きの所作であるということに南葉山の大きな特徴がある。

それに対して、妙高山の代表的な雪形は「跳ね馬」といい、馬が前足をあげて立ち上がったかたちをしている。これは妙高山の雪形を伝承する地域ではほぼすべてのところに共通する。その他、数は少ないが、妙高山には「ウシガタ（牛形）」（津有地区上富川、新道地区稲田）、「種蒔きジーサン」（有田地区塩屋新田）、「種袋」（直江津地区五智）、「大男」（八千浦地区夷浜）といった雪形を見るところもあり、そのかたちは人物像に限定されない。この点が南葉山の雪形との

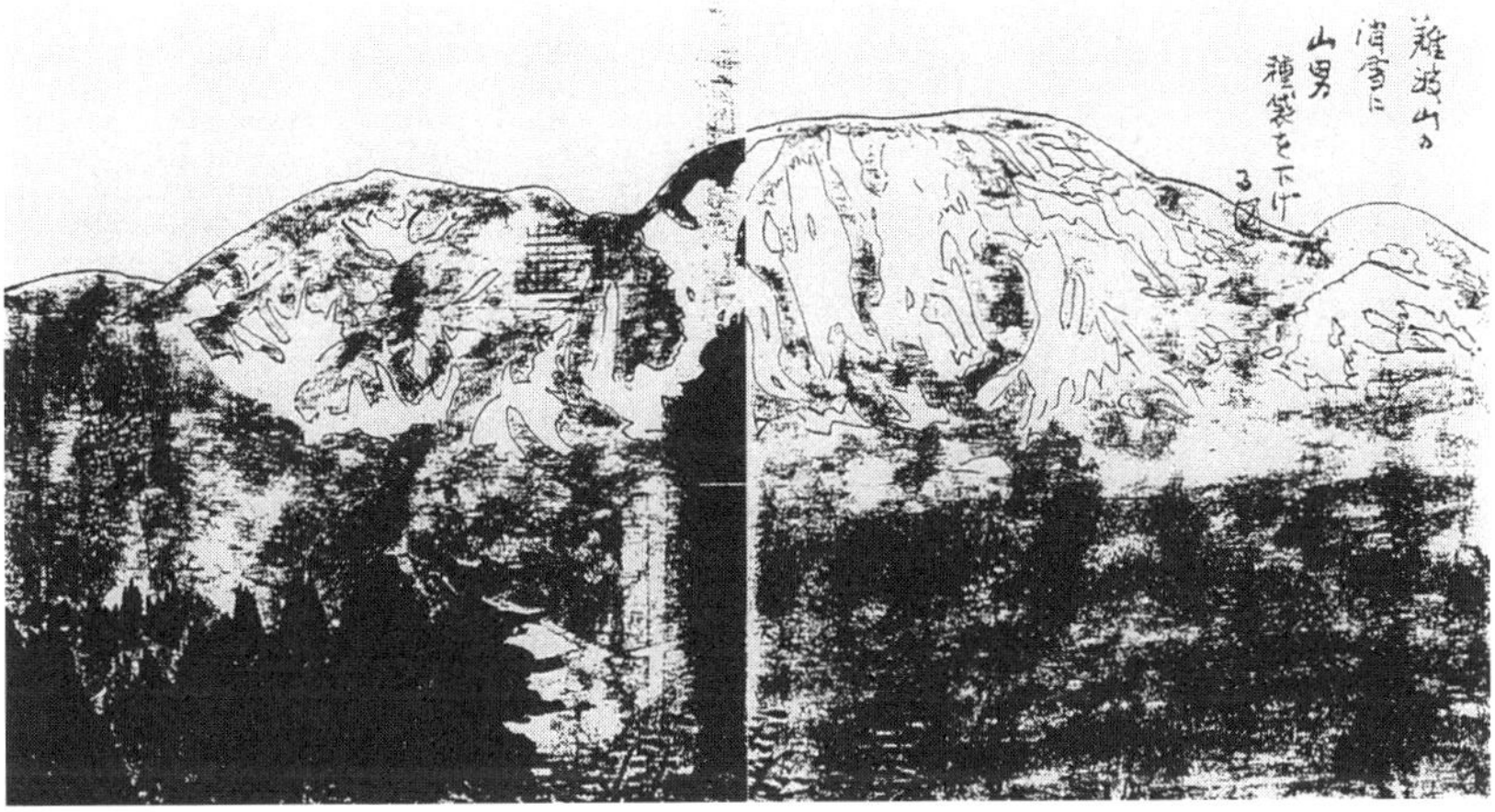

（斉藤孝美『明治稲田行事図絵 全』より）

図３－４－６　難波山（南葉山）**の雪形**

大きな違いであるといえる。

雪形は当然山のどの部分を見るかによってかたちが違ってくる。また、たとえ同じ山の同じ雪形でも、それを望む地点により、形が微妙に異なって見えるため、その捉え方や名称が違ってくる。たとえば、桑取地区土口では「権現山の猿」とされる雪形が、桑取地区東吉尾では「種蒔きバーサン」と呼ばれている。

また、高士地区十二ノ木では、昭和一〇年（一九三五）頃、それまで妙高山の「牛」と呼ばれていた雪形が「跳ね馬」に変わったとされる。この場合は、雪融けの進行状況によって、太って見えるとき（雪融けが進んだ状況）には牛になり、痩せて見えるとき（雪が多く残る状況）には馬に見えるものと考えられる。つまり、「牛」から「馬」への変化は農業技術の進展により播種の時期が早くなったために起こった変化であると解釈できよう。その意味で、雪形はいちがいに自然のなせる技とばかりはいえず、農業技術の伸展といったことも含み込んで臨機応変に変化するものである。

では、人々は雪形を見てどういった啓示を受けたのであろうか。かつて雪形によって苗代へのイネの播種時期を決定したとする地域は多かった。その一方でマメなど畑作物の播種の目安であるとするところも比較的多くみられる（金谷地区青木、和田地区岡原、津有地区下野田、有田地区三ッ屋町など）。また、こうした播種の時期を知るだけでなく、雪消え後、最初の農作業となる畦塗りや田起こしの時期を雪形で判断したとするところもある。和田地区五ケ所新田では妙高山に「跳ね馬」がでたら畦塗りを始めろといわれ、保倉地区西ヶ窪では米山に雪が見えなくなると田起こしの時期が来たとされた。さらには、雪形を見てその年の豊凶を占うこともある。津有地区虫川では、南葉山に「雪男」がでたらイネの種蒔きをしろといわれるが、雪男が担ぐ種袋が大きいと豊作、小さいときは不作というように占った。

元来、こうした雪形に利用される山々はその多くが里人にとってなんらかの信仰の対象となっていたことに注意しなくてはならない。とくに広範な分布を示す南葉山の場合、上越地域においては五穀豊穣を祈願する作神としての篤い信仰があったため、単純な暦としての働きではなく、一種の神の啓示としてその雪形はより信憑性をもって人々に受け止められていたと考えることができる。先の津有地区虫川の事例のように、雪形が種蒔き時期の目安として用いられるとともに、その年の豊凶の占いともなっていたことに、そうした意識を読み取ることができよう。

イネの品種改良が進み農耕技術も格段に進歩した現代では、すでに雪形と実際の農耕暦とはほとんどの場合一致しなくなっている。そのため、かつて存在していたにもかかわらず、現代では伝承としてすら残っていない雪形もある。たとえば、昭和四年（一九二九）の『明治稲田行事図絵全』（斉藤孝美、一九二九）には新道地区稲田に伝わる雪形として、「南葉山の山男」・「妙高山の牛」とともに「菱ヶ岳の蛤《はまぐり》」があげられているが、今回全市規模でおこなった質問紙調査では一例の報告もない。

そうしたなか、桑取地区土口では昭和三〇年代（一九六〇年前後）まで、「南葉山の大男と権現山の猿が袋を下げるとスジマキをしろ」といって苗代への播種の目安にしていたという（上越市史専門委員会民俗部会、一九九九）。こうした事例は、農耕技術の進展にうまく雪形を対応させていったものと考えられ、雪形が現代の農耕生活にも意味を持ち

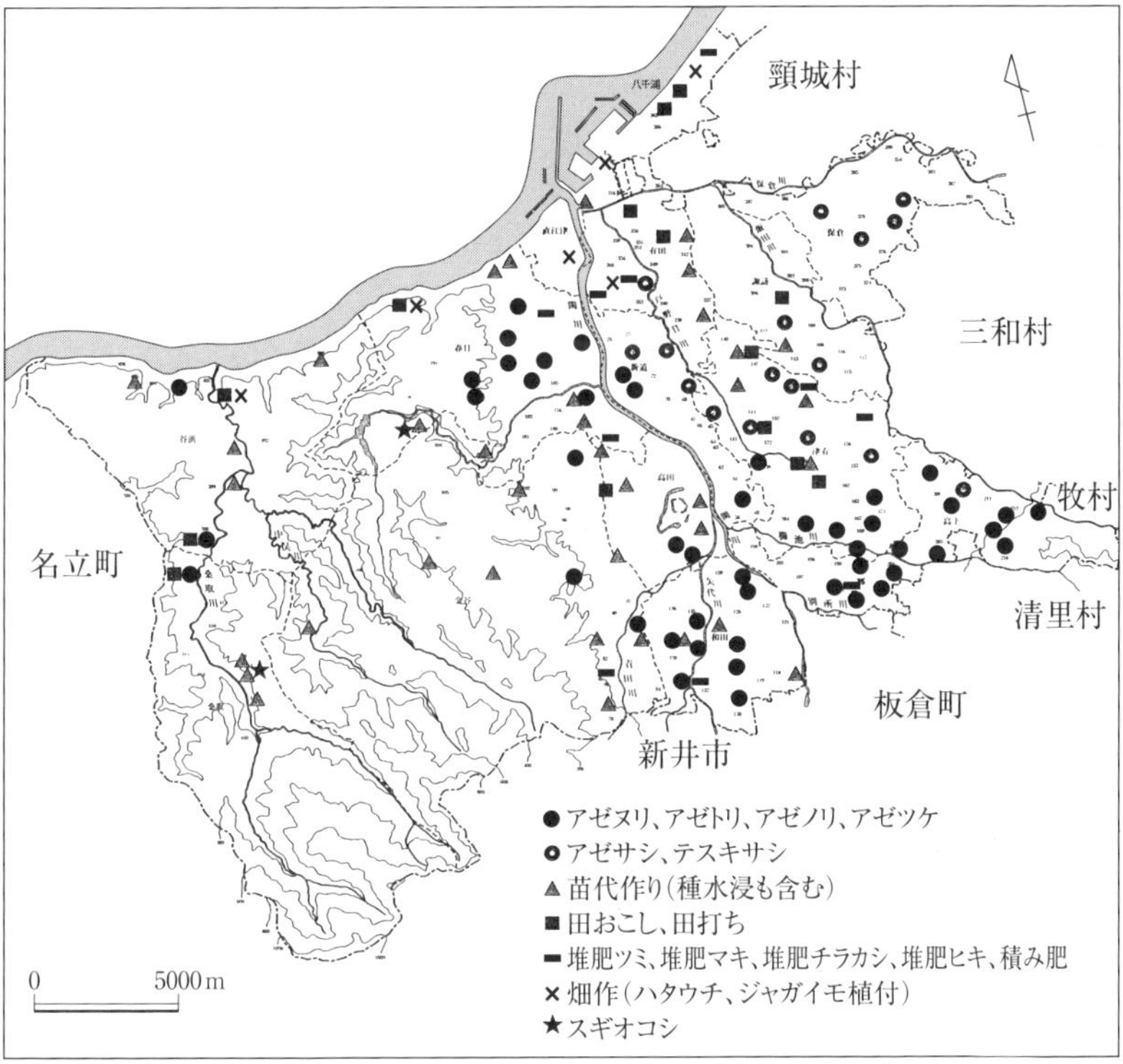

図３－４－７　雪融け後、最初の農作業

続けた数少ない例といえよう。

2　農のはじまり

上越のような雪国では、積雪期にはほとんど野良仕事はできない。そのため野良での農作業が本格化するのは雪消え後ということになる。しかし、だからといって、上越の人々は黙って雪消えを待っているわけではない。それは雪国ならではの苦労であり、また知恵でもある。

たとえば、苗代には灰を播いたり湧水を引き入れたりして、いち早く雪を融かす工夫がなされた。また、水田にまだ雪のあるうちにソリで堆肥を運んで積んでおき、雪融け後に田起こしをしながら田の中にまんべんなく堆肥を入れていく。そうした作業を、肥やし播き・堆肥散らかし・堆肥引き・積み肥などといっている。これは積雪という状況を利用した運搬労働軽減の工夫である。

北諏訪地区中真砂では、そうした作業を堆肥運びといい、ソリが引きやすいように二・三月の雪がしみる（凍る）時におこなったという。雪ソリに堆肥を積み、それを人がカンジキを履いて引いていく。雪があるため、ソリで引くと重いものも楽に運ぶことができるし、また農道や畔に関係なく自分の田に真っ直ぐに行くことができる。堆肥運びをするときには前日の夕方までに水田に雪穴を掘っておき、雪が締まっている朝一番に堆肥を運んでその穴に入れる。堆肥の量はソリ一台分が水田二畝（二a）の見当である。

こうして雪消えを迎えると、待ちかねたように本格的な野良仕事が始まる。図3-4-7は雪消え後、一番はじめにおこなう農作業を聞いたものである。上越市域は大きく三つの地域に分けられる。雪融け後はじめての農作業として、アゼヌリをするところ、アゼサシをするところ、苗代を作るところの三地域である。

雪融け後すぐに苗代を作るところは市全域に分布する。とくに山間地ではアゼヌリやアゼサシ作業がほとんど見られないこともあり、その分布は目を引く。このことは、平坦地が河川から引く用水路による灌漑稲作地なのに対して、山間地は河川はもちろん溜池・湧水などいくつもの多様な用水源をもっていることと関係している。つまり、多様な用水源を持つ山間地では雪融け後すぐに各農家の都合に合わせて苗代のための水を手当てすることが可能なのに対して、平坦地の用水灌漑稲作地においては用水規制が強く働くために各農家の都合にあわせて水を引き入れることはできない。とくに上江用水や中江用水のように、村の単位を越えて数ヶ村にも及ぶ水利組合が作られているところはそうであろう。

それに対して、雪融け後一番にアゼヌリやアゼサシがおこなわれるところはまさに平坦地の用水灌漑地であるといってよい。このとき注目すべきは、高田平野（市域）がきれいにアゼヌリ地帯とアゼサシ地帯に二分されることである。具体的にいうと、春日・高田・和田・三郷・高士・新道（一部）・津有（一部）地区がアゼヌリ地帯となってい

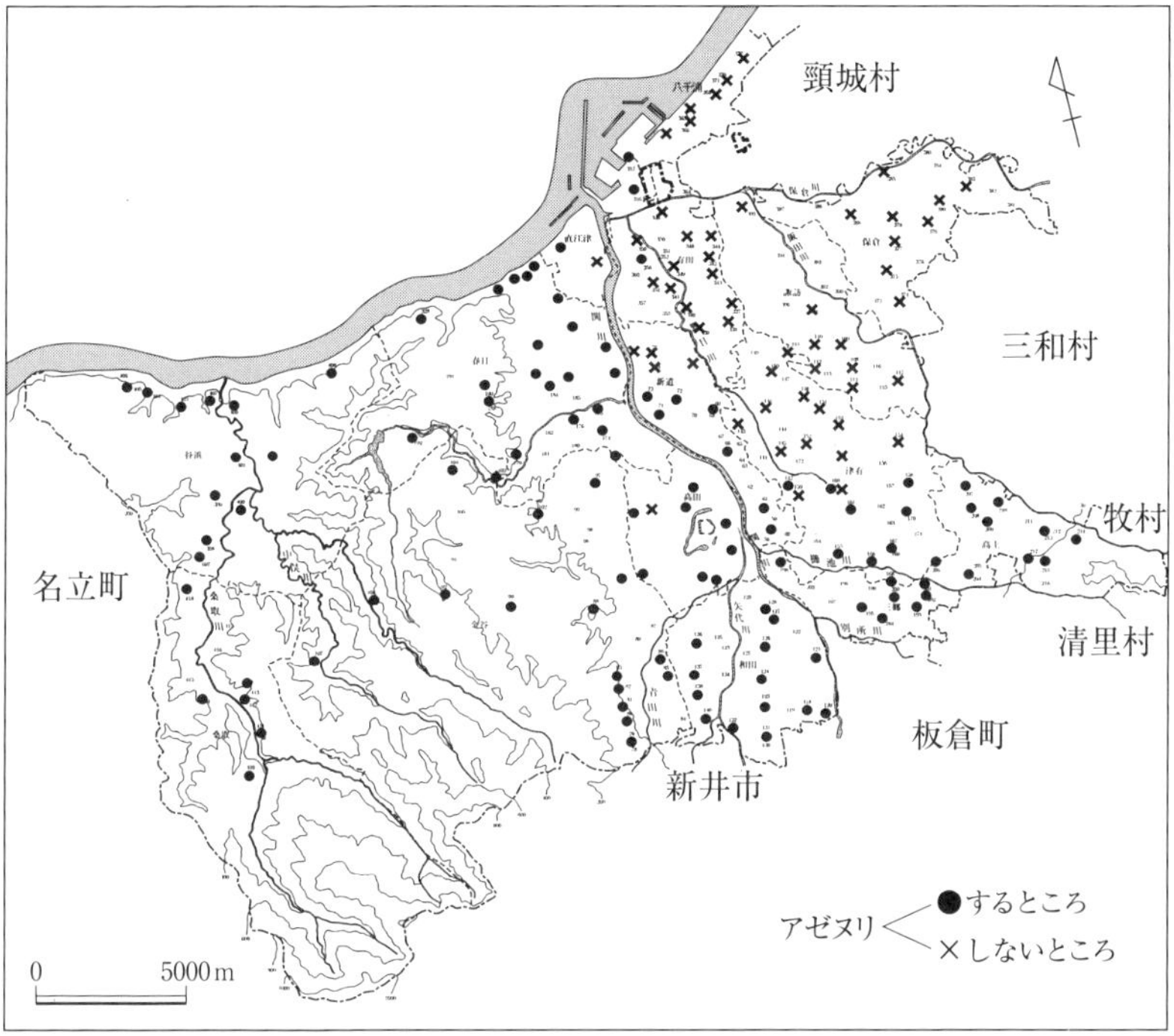

図３－４－８　アゼヌリ作業

るのに対して、保倉・諏訪・有田・新道（一部）・津有（一部）地区がアゼサシ地帯となっている。

アゼヌリとは、田植え前、水田の保水力を高めるために畦際の土をこねアゼに塗り付けていく作業をいう。アゼトリ・アゼツケ・アゼツキともいう。上越の場合、用水路の水を使うことなく、雪水によりアゼヌリがおこなわれるとするところが多い。そのため、用水灌漑地域であっても水利組合による用水規制に煩わされることなく、こうした作業は可能となる。

そうしたアゼヌリに対して、アゼサシはテスキと呼ぶ鋤を用いてアゼと作土との境に切れ目を入れていく作業である。テスキサシともいい、作土を犂などで田起こしするときにアゼと作土との離れをよくするためにおこなう。雪融け後すぐにアゼサシをおこなうとするところは、その後もアゼヌリをすることはない。それは図3-4-8にあるとおりで、図3-4-7に示したアゼサシ地帯はアゼヌリをしない地域とほぼ重なっている。アゼサシ地帯のアゼはクサアゼ（クゴアゼ）になっており、表面にはコモ草が生えている。津有地区下池部ではクサアゼはアゼヌリされることなく、秋にクレアゲ（作土の塊をアゼの上に載せること）をして補修するだけであったが、そのクサアゼから刈り取るアゼ草は牛馬の重要な餌となった。

アゼヌリ地帯とアゼサシ地帯とがこれほど明確に分かれるのはそもそも水田の成因が異なっていた可能性がある。つまり、アゼサシ地帯はもとは水草の繁茂する潟であったところが水田化されたものである。そうしたところは地盤が低く低湿なため、水田を区画するためのアゼはコモ草のような水性植物の繊維を積み上げたものであった。そのため、アゼヌリの前作業つまりアゼの表面の土をはぎ取ることができない。

このほか、雪融け後最初におこなう農作業としては、数はそれほど多くはないが、特徴的な分布を示すものに畑仕事がある。海岸線に沿った地域において、雪融け後に最初の野良仕事としてハタウチ（谷浜地区西戸野花立・直江津地区虫生岩戸・直江津地区東雲町）やジャガイモの植え付け（直江津地区市之町）がおこなわれるとする。また、西部山間地においては、積雪期に倒れたスギを起こす作業、スギオコシがやはり春一番の仕事とされているところもある（春日地区上正善寺、桑取地区西谷内）。

四　雪を知り、雪で知る

こうしてみてくると、上越という限られた地域ではあるが、人と雪との関わりについてある程度、傾向性のようなものが見えてくる。それは雪国に暮らす人びとの自然観の一端を示していると考えてよかろう。

上越において、雪に関する伝承でもっとも多いのは、まず第一に雪がいつ降りだし、その年どれくらい積もるかを占うものである。それは、積雪量が冬に限らず他の季節においても、たとえば夏の用水量や秋の実りに強く関連づけられるように、人びとの暮らしや生業に直結するできごとだからである(3)。それに対して、上越に多くみられるもうひとつの雪の伝承は、雪形に代表されるように雪が農作業などを開始するときの目安として用いられることである。これは、農事に関わる一種の暦としての機能ということができよう。

ひと言でいえば、前者が「雪を知る」、後者が「雪で知る」ことの代表であるといってよい。それら二つの伝承が同時に存在することが、上越における雪にまつわる伝承の特徴である。おそらく、雪の伝承に関して、「雪を知る」「雪で知る」といった二つの型（様式）があること、およびそれが同時に存在することは、上越市のみならず、東北日本や日本海側の多雪地帯に共通する生活感覚といってよかろう。

そして、雪に関する伝承について、もうひとつ特徴として指摘できることは、伝承の多くが農村にみられる点である。海村では農村ほど豊富な伝承は見られない。とくに先に挙げた二つの型のうち後者の方はほとんどが農村に伝承されるものであるといってよい。それは、雪が農の始まりと関連して語られることが多いからである。逆に見れば、雪は漁の始まりとはほとんど関係していないということになる。

その点は、風の伝承と真逆の関係にあるといってよい。本書Ⅲ―五章に掲げた「風を知り、風で知る」を見ればそれは明白なことである。農村に比べると、海村では風に関する伝承は詳細かつ豊富である。風は海村においては漁業と深く関わっているためである（安室、二〇一一）。

一方、雪の伝承と風のそれとで共通することとして、上越地域という限定はつくが、伝承中に特定の山が頻繁に登場することである。風の伝承でもまた雪の伝承でも、用いられる山はほとんど同じであるといってよい。里近いものとしては南葉山と米山が、また遠くに臨むものとしては妙高山や焼山のような信越国境にある二〇〇〇m級のいわゆる岳が頻繁に用いられている。農村と海村とでは、たとえ同じ山や岳を見ていても、そこから受け取る情報や啓示は異なったものになっていたことは興味深い。その点でいえば、風と雪はもっとも明瞭にそうした違いを示すものとなっている。

注

（1）質問紙調査は、上越市域の町内会単位におこなった。三三五町内会（新興住宅地を含む）に送付し、二一五ヶ所（対面調査による補充調査も含む）から回答を得た。回答率は約六四％。被調査者は町内会に生まれ育った方を中心に、主として昭和前期（一九三〇年前後）に時間軸をすえて回答を求めた。

（2）標高九〇〇mほどの南葉山は上越ではもっとも里に近い山として天気予測などさまざまに用いられる。南葉山は、正確には南葉山（九〇一m）・青田難波山（九四九m）・籠町南葉山（九〇九m）という三つの峰からなっているが、三峰の中ではもっとも標高の高い青田難波山を指している場合もあれば、また一括りにナンバサンとしてしまい区別されないことも多い。

（3）上越では、冬の多雪は翌年の豊作に繋がると伝承される地域は多い。

引用参考文献

斉藤孝美　一九二九　『明治稲田行事図絵全』
上越市史専門委員会民俗部会　一九九九　『桑取谷民俗誌』上越市
安室　知　二〇一一　「風を知り、風で知る―観天望気の民俗―」『歴博』一六五号
和辻哲郎　一九三五　『風土―人間学的考察―』岩波書店

五章　風を知り、風で知る
――風の分類と命名――

一　はじめに

海上で仕事をする漁師にとって天気の予測はとくに重要な意味をもっている。気象庁により現在のようにきめ細かく気圧配置が示される以前は、漁師は風や雲の様子を見てその日一日の天気を判断したが、そうした勘のほうが科学的な天気予報よりも当たるという自負心を漁師はみな持っていた。現在でも気象庁の発表する気圧配置や天気予報を参考にはしていても最終的には自分の考えにより漁に出るかどうかを決めるという漁師は多い。

そのように、漁師が独自に天気を予測することを、琵琶湖に面した守山市木浜では「ケシキ（気色）を見る」とか「ケシキを読む」という（安室、一九九〇）。ケシキをうまく読みとれるかどうかが漁の成否を左右し、かつ船上で安全に漁をするためには不可欠な技術となっていた。そのケシキを見るとき、とくに風は重要である。ケシキを見るとは結局のところ風を読むことであるといっても過言ではない。

それは風名に端的に現れる。漁師にとって風は単なる自然現象ではないし、また単に東西南北の方位で示されるものでもない。そのため、とくに意識する風、注意しなくてはならない風には特別な名前がつけられることになる。

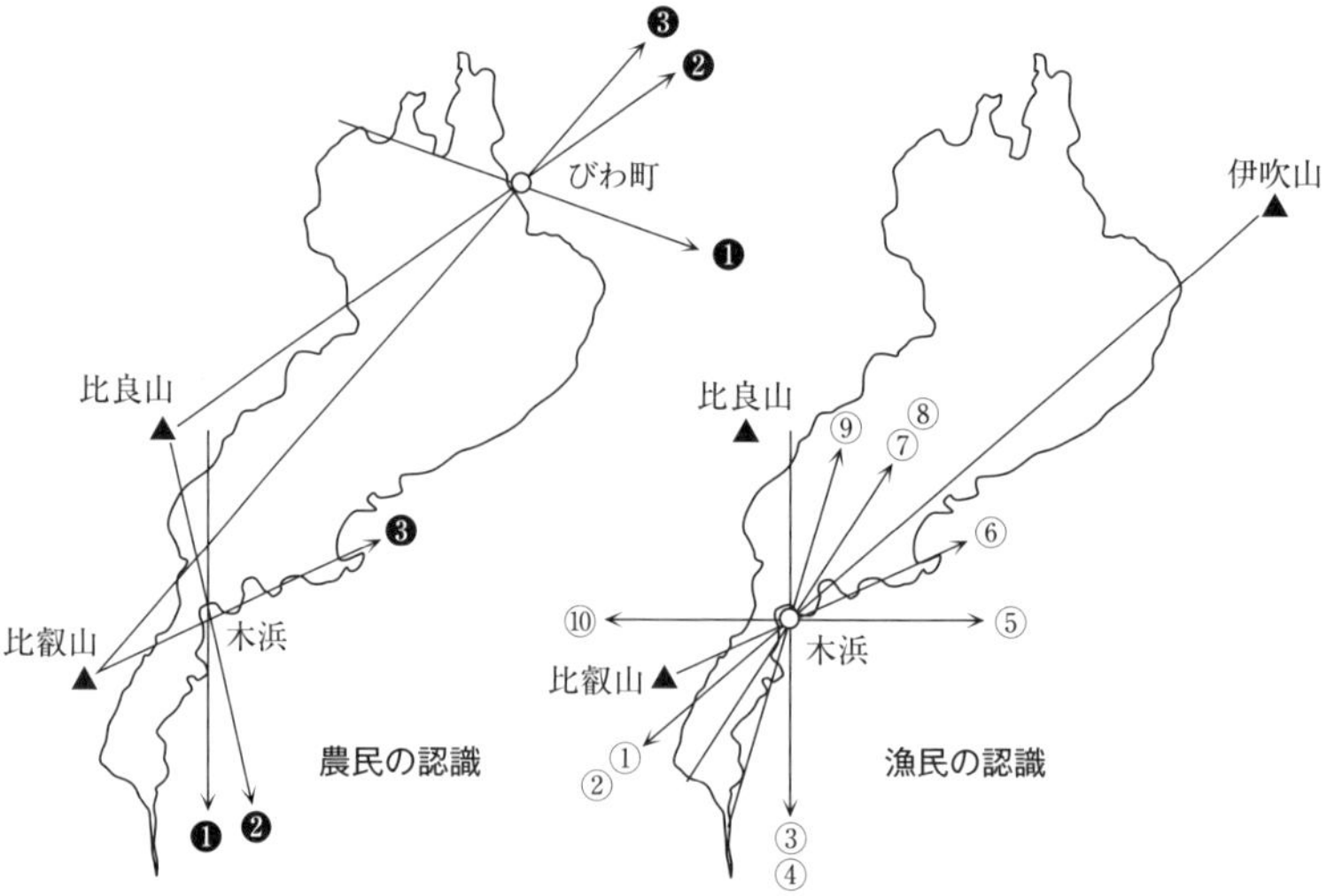

図３－５－１　**風の認識**―琵琶湖の漁師と農民の比較―

二　名付けられる風

図3-5-1は、琵琶湖[1]の湖岸にある木浜（滋賀県守山市）において、住人がどのように風を捉えていたかを風名をもとに示したものである（安室、一九九〇）[2]。漁師の場合、特別に命名された風が数にして一〇もある。三つしかない農民に比べると漁師がいかに風に敏感であったかがよく分かる。また、表3-5-1は風に関する漁師の認識を示しているが、その風がどのような天候と結びつき、またいかなる湖の状態をもたらし、ひいてはそれが漁にどう影響するのか、といったことが関連づけられている。つまり、風名には天気だけでなく、湖や漁に関する知識が数多く詰まっている。漁師にとって、風を読むことは、まさに漁そのものであるといってよい。

風名はその用いられる範囲において大きく二つに分けることができる。ひとつは、ユキオコシのように、ある程度広い範囲で共通して用いられる名称、いわゆる地方風である。木浜農民の認識する風はすべて琵琶湖の各地に共通し

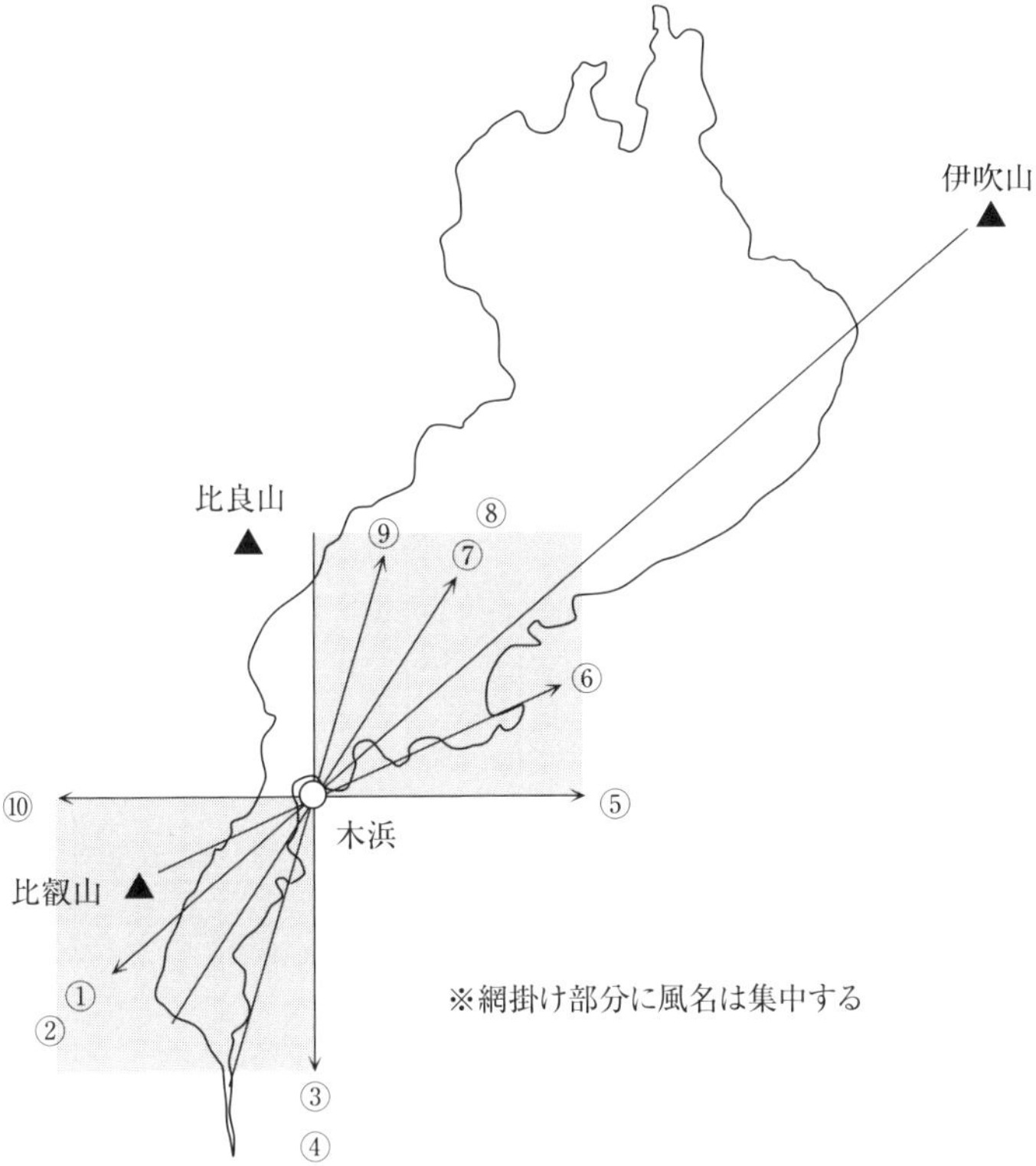

図３－５－２　漁師による風の認識―琵琶湖―

てみられるもので、その意味で地方風の典型といってよい。

もうひとつは、ヤタやオマガリといった、木浜の漁師の間でしか通用しない風名である。つまり、このレベルの風は漁師にしか認識されていない局地的（しかもその村内でしか通用しない）なものとなる。

地方風の場合には、風がもたらす現象（例えば、ユキオコシは雪をもたらす）にちなんで名付けられることが多く、その意味で農民の知識とも共通する。それに対して、木浜の漁師の間でしか通用しない名称は、具体的な小地名に由来し、かつまた木浜での漁に深く関わるものであることが多い。

また、もうひとつ興味深いこと

表3-5-1　風の認識と風名―琵琶湖の漁師と農民―

《漁師の認識》

風名	季節	特徴
①イブキ	冬から春	伊吹山の方角から吹いてくる風。この風が吹くと、雨になることが多い。魚が良く捕れ、漁には良い風となる。
②オマガリ	冬から春	雨を伴わないイブキをとくにオマガリと呼ぶ。この風が吹くと潮が速くなり、魚が捕れない。風名の由来となる大曲は、木浜の東北にある内陸の集落だが、昔から魚を食べないところとして有名で、魚を買ってくれないので漁師に嫌われている。
③マギタ	冬	北から吹いてくる風。漁には禁物である。
④ユキオコシ	冬	北から吹いてくる風。この風が吹いて三・四日もすると必ず雪が降る。三・四日も吹き荒れると止む。
⑤ニシ	一年中、とくに秋	西から吹いてくる風。秋になると、夕方にこの風が吹き、それにより翌日の天気が分かる。同じニシでも、少し南寄りの風のときは翌日はあまり良い天気にはならないが、少し北寄りのときには日和になる。
⑥カミニシ	冬	比叡山から吹き下ろす風。そのためエイザンオロシともいう。
⑦カミカラ	一年中	大津の方から吹いてくる風。漁には禁物である。
⑧ヒアラシ	冬	カミカラのうち、とくに冬に吹き荒れる風をヒアラシと呼ぶ。この風が吹くと三・四日は吹き止まず、近江八幡より北では雪が降っている。吹いている間は漁はできない。
⑨セタ	一年中、とくに秋	瀬田の方から吹いてくる風。そよそよとした微風。朝に吹く風はセタが多いが、夕方にも吹く。漁には何の支障もない。
⑩ミナミ	春から夏	東から吹いてくる風。この風が吹くと雨になり、魚がいなくなると言って漁師は嫌う。

《農民の認識》

風名	季節	特徴
❶ユキオコシ	一二月初旬〜一二月下旬	北から吹いてくる強い風。この風が吹いた翌日は大雪が降ることが多い。そのためユキオコシという。強風により、びわ町あたりは風をまともに受けるため浜に立っていることができない。そのため、湖北ではエリ（大型迷入陥穽漁具）の建造にもっとも影響を与える風となる。
❷ヒラオロシ	一二月中旬〜一二月中旬	比良山系から吹き下ろす冷たい風。湖北では琵琶湖上をこの風が渡ってくるため、波が大きくなり建てたエリが倒れるなどの被害がでる。琵琶湖では北に行くほど、この風の吹く期間は長く、従ってエリへの影響も大きくなる。
❸ヒエオロシ	一月初旬〜二月中旬	比叡山から吹いてくる風。この風が吹くと大変に寒くなり、湖岸が凍ってしまうことがある。そのため、水面上に出たエリの簀が凍り付き、簀をつないでいるシュロ縄が切れるといった被害がでる。

としては、風は漁師にとって意味のあるものとないものとに明確に区別され、そのことが風名の分布に如実に現れていることである。図3-5-2に示したように、木浜の場合には、漁師は南西から北東にかけて吹く風（またはその逆向きの風）に対して多く命名しており、そうした風に敏感になっていることが分かる。反対に、南東から北西方向に関してはまったく無頓着である。そのこともやはり漁や湖とのかかわり（具体的には、木浜の地理的立地と琵琶湖の形状）から理解される。つまり、湖上を渡ってくる風（南西から北東にかけて吹く風）というのは、総じて波を大きくするとともに、表層の流れを作り、その結果漁に多大な影響をもたらすものとなる。それに対して、陸上を吹き抜ける風（南東から北西にかけて吹く風）というのはよほどの強風でない限り木浜での漁にはなんら影響はないとされる。

そのように、漁師にとっては、風は単に空気の流れという自然現象を意味するのではなく、その認識は天気や湖

（海）の状況さらには漁そのものと密接に関わったものとなっていた。だからこそ、風に関しては、地域ごとに、自然的・地理的な特性に根ざした分類と命名の体系が作り上げられたといえる。それは現代の科学知とは対極にあるもので、その土地ならではの、かつそこでしか通用しない生活の知となっている。

三　百姓漁師の天気予測

三浦半島西岸にある海村、佐島（神奈川県横須賀市）では、かつて冬になると毎日のように、百姓漁師[3]はみな集落前の浜に出てはヤマをみたという。この場合、ヤマとはこれからの天気のこと、およびそれを判断するための空模様をいう。

そうしたヤマを見ることで、その日これから吹く風や波の様子を予測し、漁に出るかどうか判断した。一人で海に行くことが多い磯漁のような小職（個人漁）の場合、何かトラブルに見舞われたときには、すべてひとりで対応しなくてはならないため、出漁には細心の注意が必要で、それを判断する決め手として天気の予測は、佐島で暮らす上でとくに重要な意味を持つ。

百姓漁師が天気を予測する場合、風を中心に、雲そして雨はそれぞれ相互に関連して認識されている。風が雲や雨をもたらすものと語られたり、また反対に雲が風や雨の前兆として受け止められたりする。こうした風と雲と雨の相関は、海村に暮らす人びとの自然観をよく表している。

佐島では、西方つまり相模湾越しに山をみて天気の予測がなされてきた（Ⅱ―一章：図2-1-4）。民俗知識に基づく天気予測にはもっぱらタカヤマ（高山）が用いられるが、中でも佐島では富士山（三七七六ｍ）と伊豆大島の三原山（七六四ｍ）が重要である。ともに佐島からは海の向こうに望まれる山である。

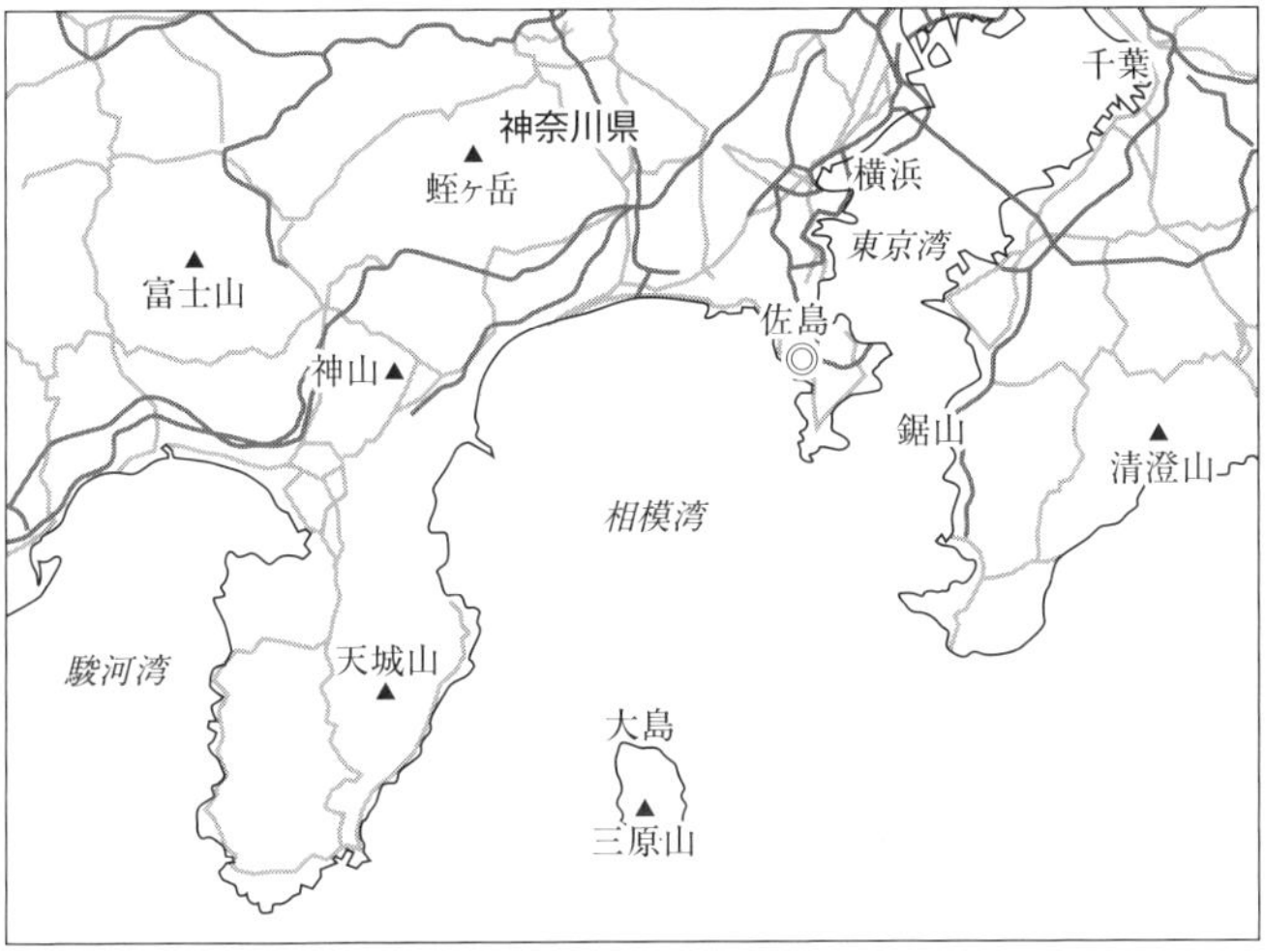

図３－５－３　佐島の立地環境

それに対して、東方つまり集落の背後に望む大楠山（二四二m）や武山（二〇六m）はもっぱらヤマアテ（山当て）に用いられる。大楠山や武山は集落から四㎞程度しか離れていないため、漁に出るときはいつも見えている山である。曇が掛かる（山が見えなくなる）ことで判断される天気予測のための山（富士山や三原山）と、見えなくなっては用をなさないヤマアテのための山（大楠山と武山）との違いである。

四　良い風、悪い風―一日ごとの風予測―

風の吹き方には節目があるとされる。佐島では、風は一日で止まないと三日続き、三日で止まないと五日、五日で止まないと七日、それで止まないと幾日吹くか分からないという。奇数日で風は変わることに根拠はないが、何となく当たっているとされる。そうしたある種の法則性がやはり風の吹き方を見て季節の変わり目を判断したり、また一一月中の二週間を見て次の年の天気を判断するオキテ（沖風）にもつながっている（後述）。

三浦半島西岸にある佐島では一般に西（北西）から南（南東）

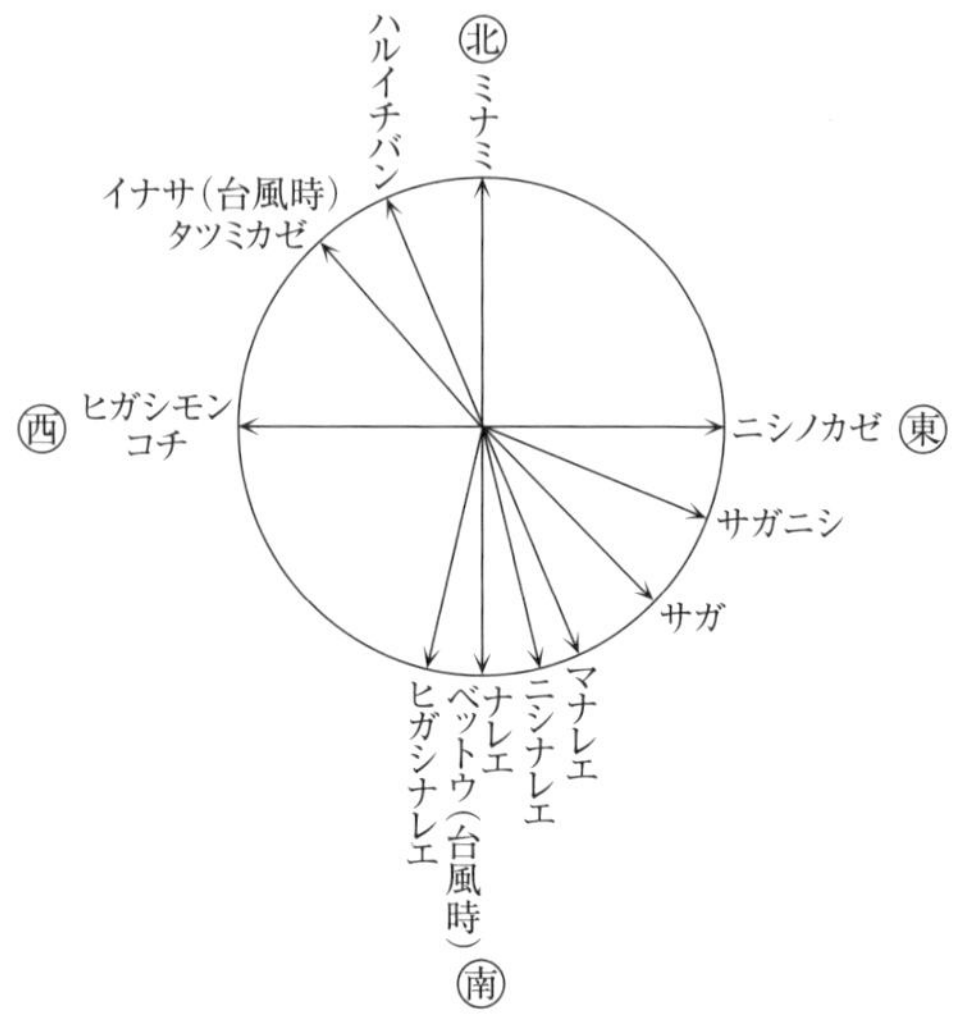

図３－５－４　風名と風向―横須賀市佐島―

にかけての風が悪いとされる。沖から吹く風となるためである。なかでも伊豆半島から相模湾を渡って吹いてくるニシノカゼはもっとも嫌がられる風である。それはときに突風を伴い、転覆の危険があるためである。

それに対して、北から東に掛けての風は陸（三浦半島内部）から吹き出す風となるため漁にはさほど影響はない。同じ三浦半島でも東岸となる東京湾側の村々では佐島では影響のない風とされるナレエ（北風）やコチ（東風）が怖い風となる。

図3-5-4を見ると、西から北にかけてとその裏返しで東から南にかけてに風名が多く設定されていることが分かる。こうした風の異称のあり方を見ても、西から北にかけての風に佐島の人びとはより敏感であったことが分かる。それは第一義的には漁および海上での安全に直結する風となるからである。

風に名前を付けるだけでなく、風を予測する、または風で予測するという感覚を、佐島では発達させている。もっとも象徴的なものとしては台風の進路と風の関係がある。台風が相模湾を北上（佐島の西方を通過）するときには風は時計回りに風向を変えていく。はじめにナレエが吹き、次にアテカゼになり、すぐにイナサに変わる。イナサの時がもっとも風が強くなる。その後、ミナミになり、台風が佐島の西側を通過するとき、最後にベットウが吹くが、このときまた風が一段と強くなる。そして、後は徐々に風が収まっていく。そうした風のうち、イナサとベットウは台風時に一段と強く吹くため、台風襲来時にのみ吹く風と認識されることが多い。このように、台風と風を関係づけるとともに、佐島の人びとは風の吹き方をみることで、台風の位置を刻々とイメージすることができる。

佐島の場合、台風に伴う風で、もっとも数多く、また影響の大きなものが、前記のように台風が相模湾を北上するパターンである。このパターンはその後の漁にも影響を与える。台風がこうした進路を取ると相模湾内の海水を大きく動かすので、海の中がきれいになり、その後は必ず漁が良くなるとされる。

反対に、三浦半島の東側つまり東京湾側を台風が通過するときには、佐島への影響は良い意味でも悪い意味でも少ないとされ、結果的にあまり関心も払われない。このパターンでは風は反時計回りに変わってゆくが、風の変化はあまり明確ではない。

表3―5―2　風の認識と風名―横須賀市佐島―

風名	特徴
ナレエ マナレエ ニシナレエ ヒガシナレエ	北から吹く風。山から出てくる風をナレエ（ナライ）と呼ぶ。西寄りならニシナレエ、東寄りならヒガシナレエといい、浜にまっすぐ山から吹き下ろしてくる風をマナレエという。冬に多く吹く風で、冬の間はひと月のうち二五日はナレエが吹き、五日はニシノカゼであるとされる。ナレエの時は凪が多く、沖へ出ない限り漁に支障はないし、一〇mくらいの波でも漁はできる。ただし、房州の漁師はナレエをとても怖がる。
ニシノカゼ	西南西の風。秋九月から冬一月にかけて吹く。吹くときには一週間くらい続く。秒速五mを超す強い風で漁には禁物である。強風のため漁に出られなくなる。それまでどんなに良い凪でも、ニシノカゼが来るとあっという間に風が強くなる。突風を伴うため、漁師はニシノカゼが来るとたいへんに緊張し、あわてて港へ逃げ帰る。風により波が立ち、転覆したり浸水したりする。沖（西の方向）が黒くなるのが前兆である。夏の間は同じ前兆が現れてもニシノカゼはやってこない。ニシノカゼが吹いたら秋だとされ、それまで風では揺れることのなかった天神島のマツが揺れだす。

イナサ	南東の風（長井の方から吹いてくる）。雨を伴い、もっとも大きな波が立つ。短時間で天候が急変し、イナサが吹き出すと漁船は海上で逃げ場を失うこともある。台風襲来時に吹く東南東のイナサはもっともこわい風である。
タツミカゼ	南東の風。タツミカゼが吹くと天気がくずれる。（イナサとの区別については不詳）
ベットウ	真北から吹く風で、冬に多い。力のある風で、船にはあまり良くない。また、台風の吹き返しの風をベットウ（ベットォ）と呼ぶ。台風が相模湾を北上するとき、最後に北西の強風が吹くと台風が通り過ぎたことが分かる。この風は台風の吹き返しの風で、「ウラナオシ（浦直し）のベットウ」と呼ぶ。このときには漁には出ることができないが、その後はウラナオシの名の通り相模湾の漁は良くなる。
ハルイチバン	春に吹く南寄りのもっとも強い風。主にオキカゼ（沖から吹く風）で、ハルイチバンが吹くと時化る。そのため漁師にとっては怖い風となる。
サガ サガニシ	北西の風。一―二月に吹く。波はそれほど立たないが、寒い風で漁には良くない。サガが吹くと魚（とくに回遊魚）はみな佐島の地先からいなくなってしまうといって漁師は嫌がる。ニシノカゼが吹いたあと凪いでくるとサガになるが、その風をとくにサガニシと呼ぶ。「サガニシが吹くと岸に寄った魚もみな沖にやってしまう」と嫌われる。
ヒガシモン	東風。一年じゅう吹く。三浦半島でも西岸にある佐島では漁や船には影響はない。佐島では通常はヒガシモンといい、コチは使わないが、ヒガシモンとコチとを区別する人もいる。
コチ	東風。半島東岸つまり東京湾側では怖い風となる。房総半島から東京湾を渡って吹いてくるためうねりがでる。アグリ（揚繰網）などは東京湾岸まで行って漁をするためコチには気を付けなくてはならない。コチの風名はアグリに乗って東京湾まで漁に出かける人たちがおもに使う。
ミナミ	南風。夏に多い。漁にはあまり良くない。沖から吹く風になるため、強く吹いたときには波がでる。

五　風の知らせ

また、風で風を予測することもある。前触れとしての風であり、それをアテカゼという。これは異変を知らせる風とされ、アテカゼ自体はそよそよと吹く風で風向もさまざまで漁や操船に影響を与えるようなものではない。

例えば、秋、それまで吹いていた風がいったん止み、そよそよとアテカゼがあると、すぐに大きなイナサが吹いてくる。この場合アテカゼはイナサとは反対の北西方向から吹く風である。また、ニシノカゼによる突風が吹くときも、前触れとして必ず南西からアテカゼがある。このようにアテカゼは、佐島ではイナサやニシノカゼといったもっとも警戒されている南西および西南西の強風が吹くときにその予兆として認識されている。まさに風で風を知るものである。

さらに、風が季節の訪れと関連して語られることがある。例えば、「ニシノカゼが吹いて天神島のマツが揺れるようになると秋」といったりするのはその典型である。

また「一日に二度、風が吹く」ようになると季節の変わり目だとされる。例えば、冬は朝のうち北風だと一日じゅう北風のままだが、それが朝のうち北風でも午後になると南風に変わるようになるともう春であるという。それとは反対に、朝に南風が吹き午後も南のままだとまだ夏が続き暑いままだが、朝に北風が吹いたのちに南風になると秋が近くすぐに涼しくなるとされる。

六　オキテ（沖風）―一年の風予測―

佐島を含む三浦半島西岸では、かつてオキテ（沖風）がさかんにおこなわれていた。オキテとは前年のうちに次の一年間の風を占うものである。オキテは、前年の旧暦一一月一日から二四日までの天気をみて占うもので、二日間を一ヶ月に見立てている。例えば、旧暦一一月一・二日が、翌年の新暦一月に相当し、順に三・四日が二月、そのように占っていくと、旧暦一一月二三・二四日が新暦一二月ということになる。

旧暦一一月は夏と冬の季節の境目と認識されており、風や雨、寒暖といった気象条件が多様に変わるときだとされる。そうした多様な変化が次

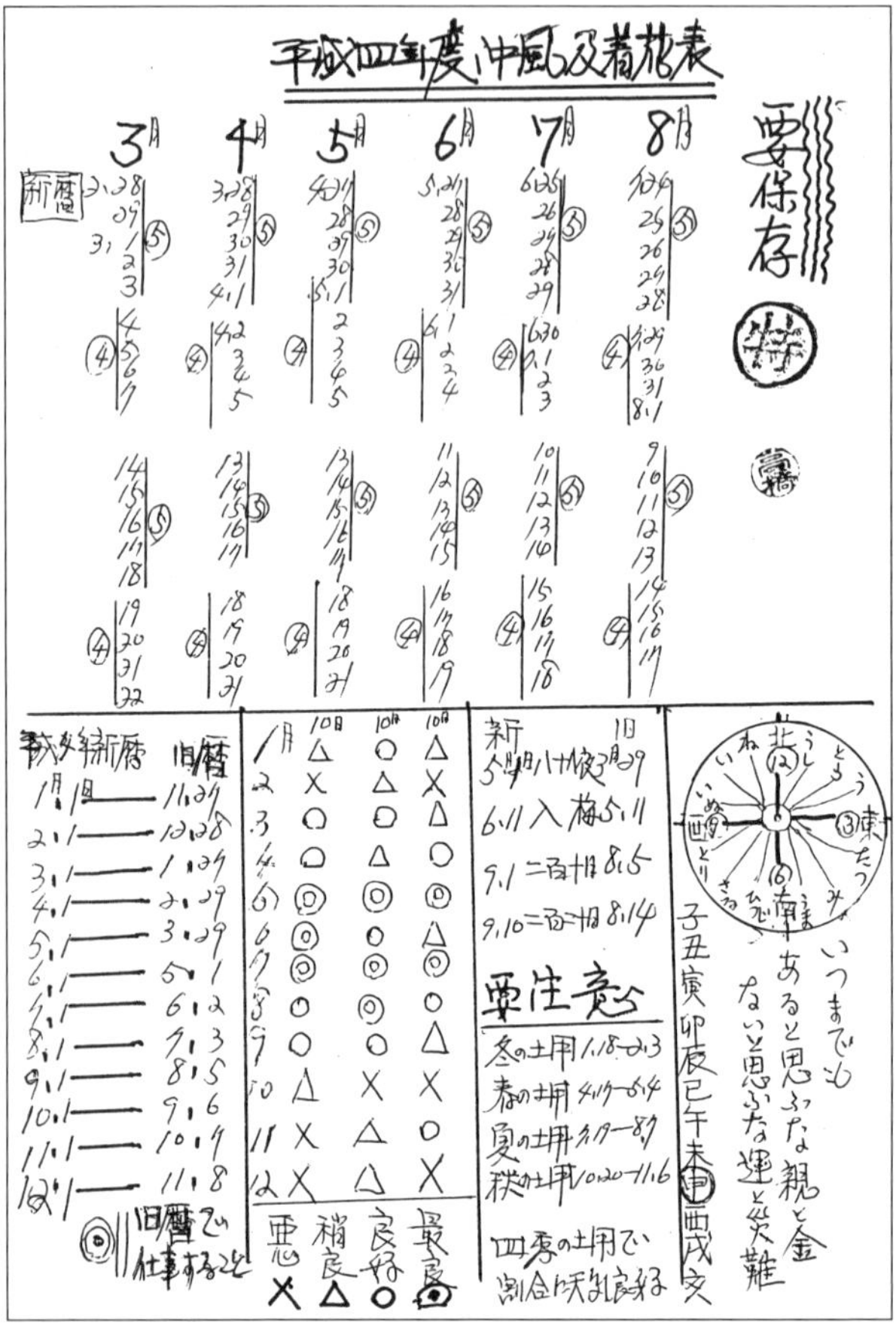

図3－5－5　オキテ（沖風）

の年の天候を予兆する。実際、佐島では「オキテが始まると寒くなる」とされ、旧暦一一月初旬（一―四日頃）は急に寒くなり、それは来年の一・二月を象徴する。また、そのうち、一一月半ばには小春日和のような天気になり、それはちょうど八・九月の夏の頃だとされる。このようにオキテの原理は説明されるが、なぜ旧暦で新暦の天気予報をするかについては民俗的な説明はない。

三浦半島西岸の漁師なら、みなある程度はオキテをみることができる。なかには抜きん出てオキテの上手な人（引退した漁師が多い）が村には一人ずつくらいいる。その人は評判を呼び、三浦半島各地から来年の天気を教えてもらいに来たという。なかには、オキテにより占った天気予報を紙に書いて、五〇円から一〇〇円程度で売る人もいた（図3-5-5）。買い求めに来るのは、主に半島内部の農家である。

多くの漁師はオキテはあくまで来年の目安にすぎないという。漁師は、一日ごとに風や雲の様子をみて、その日の出漁の可否を決めているので、いわば長期予報であるオキテにより日々の漁活動が影響を受けることはない。

それに対して、農家は金を払ってでもオキテを買い、それにより来年の作付けの計画を立てたりする。オキテは明らかに農にとって意味がある。とくに三浦半島西岸は海に向かって台地が広がっており、普段は日照時間が長く温暖なため野菜栽培に適している。しかし、大風など嵐が海からやって来ると、まともにそれを受けてしまい台地上の作物が全滅することがある。そのような立地の畑を「イナサ（風名）向きの畑」といい、半島西岸の台地には多くあった。そのため、嵐が予測される時期には、あらかじめイナサの影響の少ないヤト（台地に切れ込んだ浅い谷）の畑に作物を多く作っておいた。そして、オキテがあたりイナサ向きの畑が全滅したりすると、野菜の売値が高騰し、ヤトで作った野菜で大儲けすることもあったという。

七　風と生活の組み立て

三浦半島西岸は台地が海に突き出た形になっているため、海岸線には岩場を中心とした磯根が発達している。そうした磯漁地帯にある村の場合、漁師とはいっても実際には田畑を持つ〝百姓漁師〟であり、また同時に農家とはいってても海に出てミヅキ(4)（見突き）のような漁撈・採集をおこなう〝漁師百姓〟であった（安室、二〇一〇a・b）。比重のかけ方に違いがあるだけで、農と漁の複合生業を基盤とする農漁民(5)という性格は共通している。

そのため、ハマモン（浜もん：漁師のこと）を自称していても、実際には野菜を作り売る家も多くあり、オキテの必要性はそうした農漁民にこそあったといえる。漁の時は毎朝風や雲の様子を見て判断し、農の場面では長期予報であるオキテに応じて作付けの計画を立てる。それは、生活者自身による生業戦略であり、同時に農と漁という生業のもつ性格の違いに対応した自然認識のあり方といえよう。

また、オキテはその当否よりもむしろ来年に向けての心構えを示すものとなる。漠然と何も考えず畑に作物を植え付けるのではなくオキテをみながら来年の戦略を練ることは農漁民にとっては重要である。本来、漁ほどはギャンブル性のない農だけれども、イナサを読むことで農により思わぬ大金を得ることもある。そうした期待をもって来年の農に臨むのはいわゆる漁師気質にも合っている。オキテは漁のような大当たりのギャンブル性を農にもたらすものとして、多くの農漁民の心をつかんでいたといえよう。

そのように、農と漁を複合した生計活動をおこなう三浦半島西岸の農漁民にとって、オキテは、生計維持に欠くことはできないがともすると単調で地味な農作業におもしろみをもたらしてくれた。そして、そのことは、中世には鎌倉、近世には江戸・浦賀、そして近代に入ってからは東京・横浜・横須賀といった大消費地をつねに間近にひかえた三浦半島西岸の立地とも関係している。金銭収入源としての魚介や野菜は、商品として大都市に直結し、それは時に大もうけをもたらすものとなりえたからである。

注

（1）漁師は琵琶湖をウミ（海）と呼ぶ。面積六六九㎢、湖周二四一㎞に及ぶ、日本最大の湖。

（2）木浜を含め、琵琶湖の漁師は、太平洋戦争前まではウエやタツベと呼ぶ小型の陥穽漁具を何百と沿岸に仕掛けて漁をおこなう人びとであった。土地を持たず、したがって農耕はおこなわない。そのため農民からは一段低く見られる存在であった（安室、一九八九）。一九一〇年代に小糸網と呼ぶ刺網が普及して地位は向上したといわれ、さらに太平洋戦争後は淡水真珠養殖や農地経営もおこなうようになり、経済的には農家と肩を並べるかそれ以上の存在となった人もいる。そうして戦後は農家から一段低く見られることはなくなった。

（3）佐島を含め、三浦半島沿岸の海村に暮らす人びとの多くは百姓漁師である。百姓漁師は自称でもあり、その生活の基本をオカハマと表現する。つまり、磯漁を主としながら、少ないながらも自給的農業を営み、海産物行商などの商業活動もおこなう人びとである（安室、二〇一〇ａ）。

（4）ミヅキとは、小舟の上から水メガネで海中を覗き、竿の先に付けた漁具で魚貝を突いたり海藻を刈り採ったりする磯漁の一種。

（5）三浦半島の海村において、その基本的生計を、台地上の畑作と磯漁との組み合わせにあるとし、そうした生活様式を持つ人びとを「農漁民」と最初に表現したのは辻井善彌である（辻井、一九七七）。

引用参考文献

辻井善彌　一九七七　『磯漁の話』北斗書房

安室　知　一九八九　「エリをめぐる民俗①―琵琶湖のエリ―前編」『横須賀市研究報告〈人文科学〉』三四号

同　一九九〇　「エリをめぐる民俗①―琵琶湖のエリ―後編」『横須賀市研究報告〈人文科学〉』三五号

同　　二〇〇四a「自然をとらえる」上越市史編さん委員会編『上越市史　通史編七　民俗』上越市
同　　二〇〇四b「自然となりわい」『上越市史研究』一〇号
同　　二〇一〇a「『百姓漁師』という生き方」『国立歴史民俗博物館研究報告』一六二号（『日本民俗生業論』慶友社、二〇一二、所収）
同　　二〇一〇b「『百姓漁師』と『漁師百姓』」『国立歴史民俗博物館研究報告』一六二号（『日本民俗生業論』慶友社、二〇一二、所収）
横須賀市　二〇一三『新横須賀市史　別編民俗』横須賀市

あとがき

本書は、人がいかに〝自然〟を利用してきたか、その技法と特性を探るものである。そのとき、おもに民俗学の手法を用いることで生活者の視点に立ち、日本および中国をフィールドに具体的な事例にもとづく実証的な分析をおこなった。また、とくに生活世界における分類と命名に焦点を絞ってその特性を明らかにしようとした点が、本書におけるひとつの特徴といってよい。さらに、自然利用をめぐる民俗技術を切り口にして、現在につながる自然観を究明しようとしたことが本書におけるもうひとつの特徴となっている。

民俗学を含む広義の歴史学分野において、自然観を真正面から取り上げた実証的研究はほとんどないといってよい。それは、テーマが生活世界から離れ抽象的・概念的なものになりがちなこと、また叙情的・文学的な考察に陥りやすいことが理由として挙げられる。そのため、本書では、自然観を解明するときのひとつの突破口として、自然認識のあり方、なかでもとくに分類と命名に注目し、さらには具体的な時空を設定してのフィールドワークに基づく考察をおこなうこととした。

最初に、分類と命名という行為から自然観を導き出そうと思うに至ったのは、一九九〇年代、水田を利用したコイの養殖技術について一連の研究をしているときであった。魚の成長段階に応じて人がコイに名前をつけ呼び分けることや、そうした養魚システムに入り込んで殖えるフナの存在に気がつき、それを題材にしていくつか小論をまとめているときである。この一連の研究はすでに『水田漁撈の研究』（二〇〇五年、慶友社）や『水田をめぐる民俗学的研究』（一九九八年、慶友社）に納めてあるため、本書には掲載しなかったが、本書の発想の原点ともいえるものであるため、参照いただければ幸いである。

水田養魚というドメスティケーションの現場において、新たな魚名、成長段階名が次々と生み出される。それは、まさに生活世界だからこそ可能なことであり、人による自然の意味づけそのものの行為といってよい。またそれは、自然の道具化とも呼びうるものであろう。そうしたとき、学術用語には「二次的自然」という言い方が存在する一方、地域の生活者たる農家の人たちのなかにも水田を〝自然〟とみなす発想があり、さらにそうした〝自然〟を利用するための技術が存在することを発見したことは、筆者自身にとって新鮮な驚きであり強く興味を引きつけられることであった。

日本においては歴史的にみてもっとも長期にわたり、かつ継続的に人為が加え続けられてきた空間である水田に〝自然〟を意識するとはどういうことなのか、またそのときの〝自然〟とはいかなるものなのか。そう考えると、文化と自然を対立するものと捉えるよりは、一連のものまたは相互浸透的なものと考える方が、生活者の自然観のありようとしてはまさに自然のことのように感じられる。

「〝自然〟とは何か、〝文化〟の側から規定してみたい」とは、本書の冒頭に掲げた課題ではあるが、それが本書に収載した個別の考察を受けてできたかというと心許ない。ただ、これまで民俗学において俚諺や警句など民俗知識としてもっとも豊富にデータが集積されてきた生物・空間・気象の三要素に注目したことにより、対象（生物）・場（空間）・状況（気象）という位相の相違を利用して、自然観を立体的かつ構造的にある程度は分析することができたのではないかと考えている。また、その過程で、徹底して生活世界にこだわり、現在へとつながる視点に立って見てみることで、前記のような自然観のありようが自分なりに納得できたのも事実である。

◇

本書には一九九五年から二〇一五年までの間に執筆したものを集成している。本書に収録した論考の初出は後掲の通りである。どの初出論文も本書収録に当たって一部または大幅な改稿をおこなっている。また、中には、本来は二本の論考を本書の目的に合わせて合体させ大幅な改稿をおこなったものもある。また、反対に一本の論考を分割して二つの章にしたものもある。

筆者はこれまで日本列島を主に東アジアの農山漁村において多様に展開する自然利用の民俗技術について調査研究をおこなってきた。こうした研究により、民俗研究の方法論として複合生業論を提起したが、その延長線上に、本書にまとめた自然利用の民俗技術に関する研究がある。

自然利用の民俗技術に関しては、これまでも民俗学では研究が進められてきたが、自戒を込めていえば、どれも調査報告的なものばかりで理論的側面は弱かったといわざるをえない。しかし、近年たとえば水田環境を利用した漁撈といったことが魚類学など自然科学分野から人為的攪乱環境における生物多様性の例として注目されたり、また自然利用の民俗技術が環境倫理学や環境社会学といった分野で持続可能な技術として再評価されるなど、さらなる研究の必要性が指摘されている。

そのように、自然利用に関する民俗技術の研究は民俗学にとどまらず、自然や環境に関わる多方面から期待されている一方で、民俗学には未だその総体を分析的に論じた書が存在しない。つまり民俗学は現時点における研究水準を示すことが求められており、本書がその一端に位置づけられれば幸いである。

◇

本書は、独立行政法人日本学術振興会における平成二七年度科学研究費補助金（研究成果公開促進費「学術図書」、課題番号一五ＨＰ五一〇九）の交付を受けて出版したものである。

また、本書に関わる調査研究は、山口県史や上越市史といった自治体史の編纂事業とともに、科研費基盤研究Ｃ「日本歴史における水田環境の存在意義に関する民俗学的研究」（平成一五―一八年度）、国立歴史民俗博物館共同研究「自然と技の生活誌」（平成二〇―二二年度）、国際常民文化研究機構共同研究「漁場利用の比較研究」（平成二二―二四年度）、および神奈川大学非文字資料研究センター共同研究「水辺の生活環境史」（平成二三―二五年度）によりおこなってきたものである。

◇

そして、最後になってしまったが、本書の出版にご理解をいただいた慶友社、そしてその便宜をおはかりいただいた伊藤ゆり氏、また本書の編集担当として、本づくりには不慣れな私にさまざまにアドバイスいただいた小林基裕氏に、あらためて感謝申し上げなくてはならない。

思いのほか原稿の修正に手間取ってしまったため、本書の入稿・校正は遅れることになり、編集者の小林基裕氏にはその分よけいな手間をお掛けしてしまった。もとの原稿は横組みで執筆していたものが多く、当然、図版や記号もそれに合わせていた。そのため本書に掲載するに当たっては、表を組み替えたり、図を工夫するなど、その都度、小林氏は的確かつスピーディーにそうした煩瑣な作業を進めていただいた。こうして本書が日の目を見たのは、小林氏の適切なアドバイスと前記のような緻密な編集作業があってのことである。

初出一覧

Ⅰ―一章　原題「出世する魚」（『歴史と民俗』三一号、二〇一五年）
二章　原題「再考、魚名の研究」（『国立歴史民俗博物館研究報告』一八一集、二〇一四年）
三章　原題「納西族のヒツジ管理にみる家畜の命名と個体識別―予察―」（『比較民俗研究』一一号、一九九五年）
四章　原題「納西族の伝統養蜂」（『西南中国納西族・彝族の民俗文化』勉誠社、一九九九年）
Ⅱ―一章　原題「海付きの村に生きる」（『日本の民俗一　海と里』吉川弘文館、二〇〇八年）
二章　原題「百姓漁師の漁場認識」（『国際常民文化研究叢書　第一巻　漁場利用の比較研究』、二〇一三年）
三章　原題「海を利用する民俗技術」（『日本海水学会誌』六九巻三号、二〇一五年）
四章　原題「池の名前」（『歴史と民俗』二七号、二〇一一年）
五章　原題「盆地の民俗空間構造」（『市誌研究ながの』五号、一九九八年）
Ⅲ―一章　原題「自然のいとなみと民俗」（『山口県史　民俗編』山口県、二〇一〇年）
二章　原題「自然を読み、備える」（『山口県史　民俗編』山口県、二〇一〇年）
三章　原題「自然となりわい」（『上越市史研究』一〇号、二〇〇四年）
原題「自然のいとなみを読む」（『上越市史　通史編七　民俗』上越市、二〇〇四年）
四章　原題「雪を知り、雪で知る」（『上越市史　通史編七　民俗』上越市、二〇〇四年）
五章　原題「風を知り、風で知る」（『歴博』一六五号、二〇一一年）
原題「風の名前と民俗」（『人と自然』八号、二〇一四年）

索　引

地名索引

人名索引

事項索引

あ

い

う

え

の

は

ひ

ふ

へ

ほ

ま

図版（図・表・写真）一覧

[図]

[表]

[写真]

著者略歴

安室　知（やすむろ　さとる）

一九五九年、東京都生まれ
筑波大学大学院環境科学研究科修了。博士（文学）
熊本大学文学部・助教授、国立歴史民俗博物館研究部・教授、総合研究大学院大学・教授などを経て、現在は神奈川大学大学院歴史民俗資料学研究科・教授および日本常民文化研究所所員
専門は、民俗学（生業論・環境論）、物質文化論

〔主要著書〕

『水田をめぐる民俗学的研究』（一九九八年）、『餅と日本人』（一九九九年）、『水田漁撈の研究』（二〇〇五年）、『日本民俗生業論』（二〇一二年）、『田んぼの不思議』（二〇一四年）、『環境史研究の課題』（編著、二〇〇四年）、『日本の民俗　全一三巻』（企画編集、二〇〇八―二〇〇九年）

自然観の民俗学―生活世界の分類と命名―

二〇一六年二月五日　第一刷

著　者　安室　知

発行所　慶友社

〒一〇一―〇〇五一
東京都千代田区神田神保町二―四八
電　話〇三―三二六一―一三六一
FAX〇三―三二六一―一三六九

組　　版／ぷりんてぃあ第二
印刷・製本／エーヴィスシステムズ

ISBN978-4-87449-095-2 C3039